新编21世纪法学系列教材
总主编 曾宪义 王利明

环境法

第七版

主 编 周 珂 苏新建
谭柏平 唐双娥
副主编 牛 翔 谷海霞
万晓玲

撰稿人（以撰写章节先后为序）
于鲁平 楚道文 谷海霞 苏新建
汪小娟 马绍峰 秦赞谨 欧阳杉
贺佐琪 蒋昊君 谭柏平 史一舒
丁 妍 竺 效 牛 翔 丁 霖
罗 薇 万晓玲 傅江湲 李姗姗
罗晨煜 张卉聪 范晓丽 黄丽红
张天玉 吕 霞 韩增辉 梁文婷
曾媛媛 王丽敏 曹 霞 穆 斌
林潇潇 孙思嘉 徐 雅 王权典
郭俊萍 胡月明 张燕雪丹 高 原
李修棋 高晨笑 高桂林 于钧泓
侯佳儒 陈 微 谌千慧 莫 菲
唐双娥

Environmental Law

中国人民大学出版社
·北京·

内容简介

本书为环境法教材的第六次修订版，总结了近年来我国环境资源法学教学科研和法制建设的经验，结合党和国家环境法治建设的方针政策和最新立法，努力体现习近平生态文明思想和党的二十大以来生态文明建设的法治要求，注重理论与实践相结合，体现建构中国自主的环境法知识体系成果，满足环境资源法学教学与研究的发展需要。本书适应高等院校本科生和研究生教学要求，并可作为执法实际工作部门培训用书。

主编简介

周珂（1954—），男，辽宁省辽阳市人，法学博士，浙江工商大学法学院教授。

苏新建（1976—），男，河北邯郸人，法学博士，浙江工商大学法学院教授。

谭柏平（1966—），男，湖南耒阳人，法学博士，北京工业大学文法学部法律系主任，教授。

唐双娥（1975—），女，湖南省祁东县人，法学博士，湖南大学法学院副教授。

总序

曾宪义

在人类文明与文化的发展中，中华民族曾作出过伟大的贡献，不仅最早开启了世界东方文明的大门，而且对人类法治、法学及法学教育的生成与发展进行了积极的探索与光辉的实践。

在我们祖先生存繁衍的土地上，自从摆脱动物生活、开始用双手去进行创造性的劳动、用人类特有的灵性去思考以后，我们人类在不断改造客观世界、创造辉煌的物质文明的同时，也在不断地探索人类的主观世界，逐渐形成了哲学思想、伦理道德、宗教信仰、风俗习惯等一系列维系道德人心、维持一定社会秩序的精神规范，更创造了博大精深、义理精微的法律制度。应该说，在人类所创造的诸种精神文化成果中，法律制度是一种极为奇特的社会现象。因为作为一项人类的精神成果，法律制度往往集中而突出地反映了人类在认识自身、调节社会、谋求发展的各个重要进程中的思想和行动。法律是现实社会的调节器，是人民权利的保障书，是通过国家的强制力来确认人的不同社会地位的有力杠杆，它来源于现实生活，而且真实地反映现实的要求。因而透过一个国家、一个民族、一个时代的法律制度，我们可以清楚地观察到当时人们关于人、社会、人与人的关系、社会组织以及哲学、宗教等诸多方面的思想与观点。同时，法律是一种具有国家强制力、约束力的社会规范，它以一种最明确的方式，对当时社会成员的言论或行动作出规范与要求，因而也清楚地反映了人类在各个历史发展阶段中对于不同的人所作出的种种具体要求和限制。因此，从法律制度的发展变迁中，同样可以看到人类自身不断发展、不断完善的历史轨迹。人类社会几千年的国家文明发展历史已经无可争辩地证明，法律制度乃是维系社会、调整各种社会关系、保持社会稳定的重要工具。同时，法律制度的不断完善，也是人类社会文明进步的显著体现。

由于发展路径的不同、文化背景的差异，东方社会与西方世界对于法律的意义、底蕴的理解、阐释存有很大的差异，但是，在各自的发展过程中，都曾比较注重法律的制定与完善。中国古代虽然被看成是“礼治”的社会、“人治”的世界，被认为是“只有刑，没有法”的时代，但从《法经》到《唐律疏议》《大清律例》等数十部优秀成文法典的存在，充分说明了成文制定法在中国古代社会中的突出地位，唯这些成文法制所体现出的精神旨趣与现代法律文明有较大不同而已。时至20世纪初叶，随着西风东渐、东西方文化交流加快，中国社会开始由古代的、传统的社会体制向近现代文明过渡，建立健全的、符合现代理性精神的法律文明体系方成为现代社会的共识。正因为如此，近代以来的数百年间，在西方、东方各主要国家里，伴随着社会变革的潮起潮落，法律改革运动也一直呈方兴未艾之势。

从历史上看，法律的文明、进步，取决于诸多的社会因素。东西方法律发展的历史均充分证明，推动法律文明进步的动力，是现实的社会生活，是政治、经济和社会文化的变迁；同时，法律内容、法律技术的发展，往往依赖于一大批法律专家以及更多的受过法律教育的社会成员的研究和推动。从这个角度看，法学教育、法学研究的发展，对于法律文明的发展进步，也有着异常重要的意义。正因为如此，法学教育和法学研究在现代国家的国民教育体系和科学研究体系中，开始占有越来越重要的位置。

中国近代意义上的法学教育和法学研究，肇始于19世纪末的晚清时代。清光绪二十一年(公元1895年)开办的天津中西学堂，首次开设法科并招收学生，虽然规模较小，但仍可以视为中国最早的近代法学教育机构(天津中西学堂后改名为北洋大学，又发展为天津大学)。三年后，中国近代著名的思想家、有“维新骄子”之称的梁启超先生即在湖南《湘报》上发表题为《论中国宜讲求法律之学》的文章，用他惯有的富有感染力的激情文字，呼唤国人重视法学，发明法学，讲求法学。梁先生是清代末年一位开风气之先的思想巨子，在他辉煌的学术生涯中，法学并非其专攻，但他仍以敏锐的眼光，预见到了新世纪中国法学研究和法学教育的发展。数年以后，清廷在内外压力之下，被迫宣布实施“新政”，推动变法修律。以修订法律大臣沈家本为代表的一批有识之士，在近十年的变法修律过程中，在大量翻译西方法学著作，引进西方法律观念，有限度地改造中国传统的法律体制的同时，也开始推动中国早期的法学教育和法学研究。20世纪初，中国最早设立的三所大学——北洋大学、京师大学堂、山西大学堂均设有法科或法律学科目，以期“端正方向，培养通才”。1906年，应修订法律大臣沈家本、伍廷芳等人的奏请，清政府在京师正式设立中国第一所专门的法政教育机构——京师法律学堂。次年，另一所法政学堂——直属清政府学部的京师法政学堂也正式招生。这些大学法科及法律、法政学堂的设立，应该是中国历史上近代意义上的正规专门法学教育的滥觞。

自清末以来，中国的法学教育作为法律事业的一个重要组成部分，随着中国社会的曲折发展，经历了极不平坦的发展历程。在20世纪的大部分时间里，中国社会一直充斥着各种矛盾和斗争。在外敌入侵、民族危亡的沉重压力之下，中国人民为寻找适合中国国情的发展道路而花费了无穷的心力，付出过沉重的代价。从客观上看，长期的社会骚动和频繁的政治变迁曾给中国的法治与法学带来过极大的消极影响。直至20世纪70年代末期，以“文化大革命”宣告结束为标志，中国社会从政治阵痛中清醒过来，开始用理性的目光重新审视中国的过去，规划国家和社会的未来，中国由此进入长期稳定、和平发展的大好时期，以这种大的社会环境为背景，中国的法学教育也获得了前所未有的发展机遇。

从宏观上看，实行改革开放以来，经过二十多年的努力，中国的法学教育事业所取得的成就是辉煌的。首先，经过“解放思想，实事求是”思想解放运动的洗礼，在中国法学界迅速清除了极左思潮及苏联法学模式的一些消极影响，根据本国国情建设社会主义法治国家已经成为国家民族的共识，这为中国法学教育和法学研究的发展奠定了稳固的思想基础。其次，随着法学禁区的不断被打破、法学研究的逐步深入，一个较为完善的法学学科体系已经建立起来。理论法学、部门法学各学科基本形成了比较系统和成熟的理论体系和学术框架，一些随着法学研究逐渐深入而出现的法学子学科、法学边缘学科也渐次成型。1997 年，国家教育主管部门和教育部高校法学学科教学指导委员会对原有专业目录进行了又一次大幅度调整，决定自 1999 年起法学类本科只设一个单一的法学专业，按照一个专业招生，从而使法学学科的布局更加科学和合理。同时，在充分论证的基础上，确定了法学专业本科教学的 14 门核心课程，加上其他必修、选修课程的配合，由此形成了一个传统与更新并重、能够适应国家和社会发展需要的教学体系。法学硕士和博士研究生及法律硕士专业学位研究生的专业设置、课程教学和培养体系也日臻完善。再次，法学教育的规模迅速扩大，层次日趋齐全，结构日臻合理。目前中国有六百余所普通高等院校设置了法律院系或法律本科专业，在校本科学生和研究生已达二十余万人。除本科生外，在一些全国知名的法律院校，法学硕士研究生、法律硕士专业学位研究生、法学博士研究生已经逐步成为培养的重点。

众所周知，法律的进步、法治的完善，是一项综合性的社会工程。一方面，现实社会关系的发展，国家政治、经济和社会生活的变化，为法律的进步、变迁提供动力，提供社会的土壤。另一方面，法学教育、法学研究的发展，直接推动法律进步的进程。同时，全民法律意识、法律素质的提高，则是实现法治国理想的关键的、决定性的因素。在社会发展、法学教育、法学研究等几个攸关法律进步的重要环节中，法学教育无疑处于核心的、基础的地位。中国法学教育过去二十多年所走过的历程令人激动，所取得的成就也足资我们自豪。随着国家的发展、社会的进步，在 21 世纪，我们面临着更严峻的挑战和更灿烂的前景。“建设世界一流法学教育”，任重道远。

首先，法律是建立在经济基础之上的上层建筑，以法治为研究对象的法学也就成为一门实践性很强的学科。社会生活的发展变化，势必要对法学教育、法学研究不断提出新的要求。经过二十多年的奋斗，中国改革开放的前期目标已顺利实现。但随着改革开放的逐步深入，国家和社会的一些深层次问题，比如说社会主义市场经济秩序的真正建立、国有企业制度的改革、政治体制的完善、全民道德价值的重建、环境保护和自然资源的合理利用等，也已经开始浮现出来。这些复杂问题的解决，无疑最终都会归结到法律制度的完善上来。建立一套完善、合理的法律制度，构建理想的和谐社会，乃一项持久而庞大的社会工程，需要全民族的智慧和努力。其中的基础性工作，如理论的论证、框架的设计、具体规范的拟订、法律实施中的纠偏等等，则有赖于法学研究的不断深入，以及高素质人才特别是法律人才的养成，而培养法律人才的任务，则是法学教育的直接责任。

其次，21 世纪是一个多元化的世纪。20 世纪中叶发生的信息技术革命，正在极大地改变着我们的世界。现代科学技术，特别是计算机网络信息技术的发展，使传统的生活方式、思想观念发生了根本的改变，并由此引发许多人类从未面对过的问题。就法学教育而言，在21世纪所要面临的，不仅是教学内容、研究对象的多元化问题，而且还有培养对象、培养目标的多元化、教学方式的多元化等一系列问题，这些问题都需要法学界去思考、去探索。

中国人民大学法学院建立于1950年，是新中国诞生后创办的第一所正规高等法学教育机构。在半个多世纪的岁月中，中国人民大学法学院以其雄厚的学术力量、严谨求实的学风、高水平的教学质量以及丰硕的学术研究成果，在全国法学教育领域处于领先地位，并开始跻身于世界著名法学院之林。据初步统计，中国人民大学法学院已经为国家培养法学专业本科生、硕士生、博士生一万余人，培养各类成人法科学生三十余万人。经过多年的努力，中国人民大学法学院形成了较为明显的学术优势，在现职教师中，既有一批资深望重、在国内外享有盛誉的法学前辈，更有一大批在改革开放后成长起来的优秀中青年法学家。这些老中青法学专家多年来在勤奋研究法学理论的同时，也积极投身于国家的立法、司法实践，对国家法制建设贡献良多。

有鉴于此，中国人民大学法学院与中国人民大学出版社经过研究协商，决定结合中国人民大学法学院的学术优势和中国人民大学出版社的出版力量，出版一套“21世纪法学系列教材”。自1998年开始编写出版本科教材，包括按照国家教育部所确定的法学专业核心课程和其所颁布印发的《全国高等学校法学专业核心课程基本要求》而编写的14门核心课程教材，也包括法学各领域、各新兴学科教材及教学参考书和案例分析在内，到2000年12月3日在人民大会堂大礼堂召开举世瞩目的“21世纪世界百所著名大学法学院院长论坛暨中国人民大学法学院成立五十周年庆祝大会”之时，业已出版了50本作为50周年院庆献礼，到现在总共出版了80本。为了进一步适应高等法学教育发展的形势和教学改革的需要，最近中国人民大学法学院与中国人民大学出版社决定将这套教材扩大为四个系列，即：“本科生用书”“法学研究生用书”“法律硕士研究生用书”以及“司法考试用书”，总数将达二百多本。我们设想，本套教材的编写，将更加注意“高水准”与“适用性”的合理结合。首先，本套教材将由中国人民大学法学院具有全国影响的各学科的学术带头人领衔，约请全国高校优秀学者参加，形成学术实力强大的编写阵容。同时，在编写教材时，将注意吸收中国法学研究的最新的学术成果，注意国际学术发展的最新动向，力求使教材内容能够站在21世纪的学术前沿，反映各学科成熟的理论，体现中国法学的水平。其次，本套教材在编写时，将针对新时期学生特点，将思想性、学术性、新颖性、可读性有机结合起来，注意运用典型生动的案例、简明流畅的语言去阐释法律理论与法律制度。

我们期望并且相信，经过组织者、编写者、出版者的共同努力，这套法学教材将以其质量效应、规模效应，力求成为奉献给新世纪的精品教材，我们诚挚地祈望得到方家和广大读者的教正。

2006年7月1日

序言

法学教育是高等教育的重要组成部分，是建设社会主义法治国家、构建社会主义和谐社会的重要基础，并居于先导性的战略地位。 在我国社会转型的新世纪、新阶段，法学教育不仅要为建设高素质的法律职业共同体服务，而且要面向全社会培养大批治理国家、管理社会、发展经济的高层次法律人才。 近年来，法学教育取得了长足的进步，法科数量增长很快，教育质量稳步提高，培养层次日渐完善，目前已经形成了涵盖本科生、第二学士学位生、法学硕士研究生、法律硕士研究生、法学博士研究生的完整的法学人才培养体系，接受法科教育已经成为莘莘学子的优先选择之一。 随着中国法治事业的迅速发展，我们有理由相信，中国法学教育的事业大有可为，中国法学教育的前途充满光明。

教育的基本功能在于育人，在于塑造德才兼备的高素质人才。 法学教育的宗旨并非培养只会机械适用法律的“工匠”，而承载着培养追求正义、知法懂法、忠于法律、廉洁自律的法律人的任务。 要完成法学教育的使命，首先必须认真抓好教材建设。 我始终认为，教材是实现教育功能的重要工具和媒介，法学教材不仅仅是法学知识传承的载体，而且是规范教学内容、提高教学质量的关键，对法学教育的发展有着不可估量的作用。

第一，法学教材是传授法学基本知识的工具。 初学法律，既要有好的老师，又要有好的教材。 正如冯友兰先生所言：“学哲学的目的，是使人作为人能够成为人，而不是成为某种人。 其他的学习(不是学哲学)是使人能够成为某种人，即有一定职业的人。”一套好的教材，能够高屋建瓴地展示法律的体系，能够准确简明地阐释法律的逻辑，能够深入浅出地叙述法律的精要，能够生动贴切地表达深奥的法理。 所以，法学教材是学生学习法律的向导，是学生步入法律殿堂的阶梯。 如果在入门之初教材就有偏颇之处，就可能误人子弟，学生日后还要花费大量时间与精力来修正已经形成的错误观念。

第二，法学教材是传播法律价值理念的载体。好的法学教材不仅要传授法学知识，更要传播法律的精神和法治的理念，例如对公平、正义的追求，尊重权利的观念。本科、研究生阶段的青年学子，正处在人生观、价值观形成的阶段，一套优秀的法学教材，对于他们价值观的塑造和健全人格的培养具有重要意义。

第三，法学教材是形成职业共同体的主要条件。建设社会主义法治国家，有赖于法律职业共同体的生成。一套好的法学教材，向法律研习者传授共同的知识，这对于培养一个接受共同的价值理念、共同的法律思维、共同的话语体系的法律共同体，具有重要的作用。

第四，法学教材是所有法律研习者的良师益友。没有好的教材，一个好的教师或可弥补教材的欠缺和不足，但对那些没有老师指导的自学者而言，教材就是老师，其重要作用是显而易见的。

长期以来，在我们的评价体系中，教材并没有获得应有的注重，对学术成果的形式优先考虑的往往是专著而非教材。在不少人的观念中，教材与创新、与学术精品甚至与学术无缘。其实，要真正写出一部好的教材，其难度之大、工作之艰辛、影响之深远，绝不低于一部优秀的专著，它甚至可以成为在几百年甚至更长的时间内发挥作用的传世之作。以查士丁尼的《法学阶梯》为例，所谓法学阶梯，即法学入门之义，就是一部教材。但它概括了罗马法的精髓，千百年来，一直是人们研习罗马法最基本的著述。日本著名学者我妻荣说过，大学教授有两大任务：一是写出自己熟悉的专业及学术领域的讲义乃至教科书；二是选择自己最有兴趣、最看重的题目，集中精力进行终生的研究。实际上，这两者是相辅相成的。写出一部好教材，必须要对相关领域形成一个完整的知识体系，还要能以深入浅出的语言将问题讲清楚、讲明白。没有编写教材的基本功，实际上也很难写出优秀的专著。当然，也只有对每一个专题都有一定研究，才能形成对这个学术领域的完整把握。

虽然近几年我国法学教育发展迅速，成绩显著，但是法学教育也面临许多挑战。各个学校的师资队伍和教学质量参差不齐，这就更需要推出更多的结构严谨、内容全面、角度各有侧重、能够适应不同需求的法学教材，为提高法学教学和人才培养质量、保障法学教育健康发展提供前提条件。

长期以来，中国人民大学法学院始终高度重视教材建设。作为新中国成立后建立的第一所正规的法学教育机构，中国人民大学法律系最早开设了社会主义法学教学课堂，编写了第一套社会主义法学讲义，培养了新中国第一批法学本科生和各学科的硕士生、博士生，产生了新中国最早的一批法学家和法律工作者。中国人民大学法律系因此被誉为“新中国法学教育的工作母机”。半个多世纪以来，中国人民大学法学院为社会主义法制建设培养了大批优秀的法律人才，并为法学事业的振兴和繁荣作出了卓越贡献，也因此成为引领中国法学教育的重镇、凝聚国内法律人才的平台和沟通中外法学交流的窗口，并在世界知名法学院行列中崭露头角。为了对中国法学教育事业作出更大的贡献，我们有义务也有责任出版一套体现我们最新研究成果的法学教材。

承蒙中国人民大学出版社的大力支持，我们组织编写了本套教材，其中包括本科生用书、法律硕士研究生用书、法学研究生用书和司法考试用书四大系列，分别面向不同层次法科教育需求。编写人员以中国人民大学法学院教师为主，反映了中国人民大学法学院整体的研究实力和学术视野。相信本套教材的出版，一定能够为新时期法学教育的繁荣发展发挥应有的作用。

是为序。

2006 年 7 月 10 日

第七版修订说明

环境保护是实现我国经济与社会可持续发展的重要内容和基本保证。环境与资源保护法于 2012 年被教育部增列为法学专业核心课程，并已在全国大部分法学院校开设。中国法学会环境资源法学研究会教学研究委员会于 2009 年、2012 年和 2019 年召开会议，提出加强环境资源法学教学工作的指导意见，特别强调教材建设的规范化和实用性。本书的编写力求适应环境资源法学教学、理论研究与法律实务的实际需要。

本书在 2000 年、2005 年、2008 年、2013 年、2016 年和 2021 年各个版次的基础上，以习近平生态文明思想和党的二十大以来生态文明建设法治要求为指引，根据我国环境法治建设的发展情况，特别是环境立法的发展情况，结合近年来教学科研实践，吸纳师生和环境资源法学专家的意见进行修订。修订依据的立法资料截止到 2025 年 2 月。

此次修订由我和苏新建、谭柏平和唐双娥共同任主编，牛翔、谷海霞和万晓玲任副主编，他们在本次修订中承担了主要工作。修订撰写人按篇章次序为：第一章：于鲁平、楚道文、苏新建；第二章：汪小娟、马绍峰、秦赞谨；第三章：欧阳杉、贺佐琪、蒋昊君；第四章：谭柏平、史一舒、丁妍；第五章：竺效、牛翔、丁霖；第六章：罗薇、傅江湲；第七章：李姗姗、罗晨煜；第八章：张卉聪、范晓丽、黄丽红；第九章：谭柏平、张天玉；第十章：吕霞；第十一章：韩增辉；第十二章：梁文婷、曾媛媛、王丽敏；第十三章：曹霞、穆斌；第十四章：林潇潇、孙思嘉；第十五章：徐雅；第十六章：王权典；第十七章：郭俊萍、胡月明；第十八章：张燕雪丹、高原；第十九章：李修棋、高晨笑；第二十章：高桂林、于钧泓；第二十一章：侯佳儒、陈微、谌千慧。全书由周珂、苏新建、谭柏平、唐双娥、谷海霞和万晓玲统稿。

由于作者水平所限，不足之处在所难免，敬请读者批评指正。

周　珂

2025 年 2 月

编写说明

环境保护是实现我国经济和社会可持续发展的重要内容和基本保证，环境法是一门新兴的法律，环境法学则是我国近年来发展最快的一个法律分支学科。本书作为法学教材，在指导思想上力求体现我国环境保护事业发展的需要，体现当今世界环境保护的发展趋势，反映我国环境法制建设的实际。全书分为四编，理论体系上包括总论和分论两大部分。总论着重论述环境法的基础原理、基本原则和主要制度，分论部分包括国内法和国际法两部分，国内法部分采纳污染防治法和生态保护法的二元论结构主张，理论体系构建上旨在强调总论对分论的统领关系、污染防治与生态保护的融合关系、生态环境各领域保护的层次关系、国内法与国际法的衔接关系。本书在内容上力求博采众长，尽可能反映国内外环境法学界的较新成就。中国人民大学法学院“建设社会主义法治国家的生态环境问题”课题组的李延荣、李艳芳、谭柏平、陈特、汝婷婷、牛振宇、胡艳、吴国刚等同志对本书的编写予以很多支持，作者在此表示衷心的感谢。由于作者水平所限，不足之处在所难免，敬祈读者批评指正。

作　者

2000 年 4 月

目录

第一编 环境法学总论

第二编
环境污染防治法

第三编
生态环境保护法

1 PART ONE

|第一编|

环境法学总论

第一章
绪　论

重点知识

环境的概念　环境问题　环境保护　可持续发展

环境法学是在环境科学基础上产生、发展起来的一个新的法律分支学科，具有边缘学科的性质。本章的学习目的是对环境科学和生态学的基本问题有所了解，为学习和研究环境法学奠定基础。学习重点是理解不同学科意义上环境概念的区别与联系，环境问题的成因与解决，人类不同的环境观，环境保护的产生与发展。

第一节　环境与环境问题

一、环境

（一）环境的概念

1. 一般意义上的环境

《辞海》将环境概括为“周围的境况，如自然环境、社会环境”。所以，一般意义上的环境是指环绕着中心存在物的存在的总和，即围绕某个中心事物的外部空间、条件和状况。各种中心事物不相同，环境的范围、含义就不相同。基于各种中心事物发生的社会关系的不同，环境的范围和含义也会有所不同。

在环境保护社会关系中，按照中心事物的不同，环境可以从不同的角度进行分类，常见的分类方法包括：

依组成环境的物质与人类活动的关系，可将环境分为自然环境（天然环境）和人工环境（人为环境）。自然环境通常指环绕人类社会的自然界，它包括大气、水、土地、生物等自然要素。人工环境区别于自然环境的主要方面是经过了人类的加工改造，它是人类为了不断提高物质和文化生活水平，在自然环境的基础上进行加工、改造而形成的环境，如名胜古迹、城市环境等。这种分类法最早为 1972 年《斯德哥尔摩人类环境会议宣言》（以下简称《人类环境宣言》）所采用，《中华人民共和国环境保护法》（以下简称

《环境保护法》）亦采用这一分类法，这也是环境科学最常用的分类方法。

按照环境的经济功能，可将环境分为农业环境、工业环境、交通环境、生产环境、生活环境、旅游环境等，这是环境经济学最常用的分类方法。

按照环境对人类生存的意义，可将环境分为生活环境和生态环境，这是我国《宪法》规定的环境分类方法，这对于环境资源保护的权利和职能设置具有重要意义。

按照环境的不同要素，可将环境分为大气环境、水环境、海洋环境、土壤环境、生物环境、地质环境等，此种分类在解决具体环境问题方面具有重要意义，各环境保护单行立法主要采用这种分类法。

按照环境范围的不同，可将环境分为城市环境、区域环境、流域环境、国内环境和全球环境等，这些分类对于我国制定和实施环境政策法律、地方和区域环境立法，以及国内环境立法与国际环境法的衔接具有重要意义。

现代环境保护依据的自然科学主要是环境科学和生态学，与之相适应的两种最常用的环境概念是环境科学上的环境和生态学上的环境。

2. 环境科学上的环境

环境科学界一般将环境概括为：作用在“人”这一中心客体上的、一切外界事物和力量的总和。因此，环境科学上的环境是指围绕着人群的空间及其中可以直接或间接影响人类生活和发展的种种自然因素的总体，又称为人类环境。人类环境以人类为中心事物，包括自然环境和人工环境。自然环境指与人类生存和发展有密切关系的自然条件和自然资源，它包括各种自然物质（如空气、水、土壤、矿藏、臭氧层、野生动植物等）、能量（如阳光、电磁力、风、潮汐等）和自然现象（如气象、气候、地壳稳定性及其他自然力作用等）；人工环境指经过人类活动改造过的环境，如城市、乡村、文化古迹、公园、自然保护区等。

环境科学是研究人类与环境关系的科学。环境科学的研究内容包括：探索环境演化的规律，研究环境变化对人类生存的影响，研究人类生存发展与环境保护如何协调统一，研究人类生存发展在不同范围内对环境的整体性影响，研究环境污染综合防治的技术措施和管理方法，研究环境科学的认识论和方法论。①

环境科学是在环境问题逐渐呈现并日益严重的过程中产生和发展起来的一门综合科学。它综合运用化学、医学、生物学、物理学、地理学和工程技术学等学科的研究成果，从对人类与自然关系的研究出发，以解决人为因素所造成的环境问题（次生环境问题）为核心任务，以防治污染为基本目标。早期的环境科学研究和论述分散在一些专门的自然科学之中，19 世纪中叶以来，西方一些环境问题论著旨在探索人类活动对植物界、地理环境和气候变化的影响，即对自然界的影响。20 世纪中期以来，涉及不同学科、运用不同原理和方法研究和解决环境问题的途径，形成了独立的、跨学科性的环境科学。1954 年，美国一些学者最早提出了环境科学的名词，并成立了“环境科学学会”，20 世纪 60 年代出现了国际性的环境科学机构，20 世纪 70 年代出现了以环境科学为内容的专门著作。较早的环境科学侧重于研究环境污染机理和防治技术，后逐步扩展到自然资源

① 孙承咏．环境学导论．北京：中国人民大学出版社，1994：11－14.

保护、维护生态平衡以及协调人类活动同整个生命维持系统的关系等。“环境科学发展到今天，其研究内容不再仅仅是排放污染物所引起的人类健康问题，而是包括自然保护和生态系统的平衡，以及维持人类生存发展的资源开发利用等问题。”① 这表明环境科学的发展有与生态学趋同之势。

环境科学有三大特点。

一是综合性。环境问题涉及物理学、化学、生物科学、生态学、地理学、水文地质学、气象学、医学等多种自然科学，也涉及政治学、经济学、法学、管理学、历史学等社会科学，并涉及数学等思维科学以及系统科学、控制论等方法理论，还涉及工业、农业、交通、通信等技术科学和文化艺术等领域。这些学科领域与环境科学之间相互交叉、渗透，产生出许多环境科学的边缘分支学科，如环境地学、环境生物学、环境化学、环境物理学、环境医学、环境工程学、环境（与自然资源）经济学、环境管理学、环境法学等。而任何一个环境问题的解决，都需要综合所涉及的诸多环境分支学科，充分考虑各环境要素的彼此联系和相互制约关系，运用系统工程学的方法制定切实可行的最佳方案，而在方案的实施过程中同样需要涉及各分支环境学科的部门、地方的相互配合，同心协力。

二是实践性。环境科学是人类为解决环境问题、防治环境污染和环境破坏的需要而产生的。环境科学的成果既揭示了环境保护的思想方法和理论体系，也制定出大量环境保护的科学技术规则。环境科学的实践性具体表现在：通过揭示环境演化的规律，使人类改造环境的活动符合自然界的客观规律，使其朝着有利于人类的方向发展，避免向不利的方向发展；通过揭示人与自然环境的关系，使人类活动同环境的物质循环保持动态平衡，协调发展；通过研究环境变化对人类生存和发展的影响，为维护环境质量、制定各种环境质量标准和污染物排放标准提供科学依据，并为制定环境规划、环境政策和环境立法提供依据。同时，环境科学本身也只有在实践中才能不断完善，以适应人类经济与社会发展的需要。

三是人类中心性。环境科学是以人类与自然的关系为研究对象的，即环境的中心事物是人类，环境的范畴也是与人类活动有关的（主要是直接相关的）存在物。环境科学的产生缘起于以环境污染为主的环境问题，而且以人类活动造成的次生环境问题（或称为第二环境问题）为直接原因，直到20世纪70年代以后，环境科学的一些学说才将自然资源的保护和可持续利用以及生物多样性保护等问题纳入环境科学的研究领域，而对传统环境科学的人类中心学说也有了不同的理解和诠释。但如果考虑到当今的环境科学依然以人为原因引起的环境问题为主要研究对象，则可以认为环境科学的人类中心属性并未根本改变。

3. 生态学上的环境

生态学（ecology）是“研究生物与其环境间的交互关系，以及研究生物彼此间的关系的一门学科”②。“生态”一词在中文含义上，“生”可解释为“生物”或“生活”，“态”

---

① 孙承咏.环境学导论.北京：中国人民大学出版社，1994：11－14.

② 简明不列颠百科全书：第7卷.北京：中国大百科全书出版社，1986：168.

可解释为“状态”或“形象”，可以代表环境中的万事万物。[①] 生态学的概念，最早由德国生物学家海克尔（Ernst Haeckel）于1869年提出，当时仅限于研究动物与外界环境的关系，属于生物学的一个分支。生态学研究生物与其生存环境之间的复杂关系及其发展变化的规律。一些生态学者称今日的生态学是自然科学与社会科学的桥梁。[②]

生态学上的环境是指以整个生物界（包括人类、其他动物、植物和微生物）为中心、为主体的环境，即围绕生物界并构成生物生存的必要条件的外部空间和无生命物质（如大气、水、土壤、阳光及其他无生命物等）。生态学上的环境是生物的生存环境，故也称为“生境”，即以生物为中心的非生命体和特定的空间。我们可以把生态学上的环境概括为生物群体、无生命物质和特定空间这三个要素，此三要素也是本书“生态环境保护法”编的基本结构要素。

4. 法律上的环境

法律上的环境是指法律规范调整范围内的环境。调整环境社会关系的规范有多种，采用系统的法律调整手段是环境问题特别是公害问题深化的必然结果。研究、解决环境问题的环境科学必然是环境立法的主要依据，而且环境科学以人类活动为研究对象，其社会科学属性很强，与法学的距离更为接近。而早期生态学以生物学为基础，与法学的距离较为遥远。早期的环境法起源于环境科学，其特征是以人类为环境中心，以防治污染为规范重点，以各种污染要素为立法的基本分类标准。而现代环境法则是在环境科学不断发展的基础上，大量吸收了生态学的原理和方法，注重对生态系统全过程的整体保护，强调对生态系统的保护和建设并重，自然环境资源与人文环境资源相结合等。以日本环境法为例，环境法调整范围大致经历了三个发展变化阶段：第一个是公害防治法阶段，也可以说是以环境科学为立法基础的阶段；第二个是公害对策、自然保护两大分支并存阶段，也可以说是环境科学和生态学并列为立法基础的阶段；第三个是以1993年制定的《环境基本法》为标志，环境法扩大到有关环境的全部领域的阶段。[③] 这种发展过程表明了环境科学和生态学的融合与渗透的大趋势。

5. 环境资源的概念

现代环境保护中环境的概念常常包括资源，称为环境资源或环境与自然资源。这里的资源是指自然资源，即自然界形成的可供人类利用的一切物质和能量的总和。1972年联合国环境规划署将资源解释为：所谓资源，特别是自然资源，是指在一定时间、地点条件下能产生经济价值，以提高人类当前和将来福利的自然环境因素和条件。自然资源包括可再生资源、不可再生资源和恒定资源：可再生资源，即可以通过繁殖和更新而持续利用的资源，如森林、草原等植物和动物资源，以及淡水和土壤等资源；不可再生资源指数量有限又不可再生的资源，如各种矿产资源；恒定资源指人类不可能耗尽的资源，如太阳能、风能、海水潮汐能等。环境资源保护要求人类保证可再生资源的繁殖和更新速度，珍惜和合理利用不可再生资源，尽可能多地利用恒定资源。

---

① 郝道猛. 生态学概论. 台北：徐氏基金会出版，1977：7.

② 马世骏. 现代生态学透视. 北京：科学出版社，1990：5.

③ 歌川学. 日本的环境政策//刘大椿，等. 环境思想研究. 北京：中国人民大学出版社，1998：223.

自然资源广义上包括国土。《中国大百科全书》对国土的定义是：指一个国家管辖下的陆地、海域、空域的总体及其间的全部资源。环境、资源、国土三者是从不同角度定义、有不同侧重并相互交叉的概念，例如，自然资源中的土地、森林、草原、陆地水、海洋等本身就是环境要素，此外，自然资源也可以包括环境对污染物的自然承载或自净的数量和能力，如海洋对固体废物有一定的承载和消纳能力，在这种意义上，环境也是一种可以量化的自然资源。因此，环境与自然资源既密不可分又相互依存，两者关系非常紧密。

（二）在法律上对环境进行定义的方式

第一种是抽象定义方式，即在立法上给环境下一个抽象的定义，并不具体指明环境的具体范围。如 1991 年颁布的《保加利亚环境保护法》规定："环境是指相互关联并影响生态平稳、生活质量、人体健康、文化与历史遗产和景观的自然与人工因素的综合体。"但这种定义方式较少见。

第二种是列举定义方式，即在立法中并不对环境作抽象的定义，而是以列举具体环境要素的方式对法律上的环境下定义。英美等国大都采用此种定义方式。如美国《国家环境政策法》对人类环境的列举为："其中包括但不限于，空气和水——包括海域、港湾、河口和淡水；陆地环境——森林、干地、湿地、山脉、城市、郊区和农村环境。"

第三种是结合定义方式，即法律对环境的定义既包括抽象的概括，又有对具体环境要素的列举。如我国 2014 年修订的《环境保护法》第 2 条规定："本法所称环境，是指影响人类生存和发展的各种天然的和经过人工改造的自然因素的总体，包括大气、水、海洋、土地、矿藏、森林、草原、湿地、野生生物、自然遗迹、人文遗迹、自然保护区、风景名胜区、城市和乡村等。"这种法律定义方式既综合了前两种方式的优点，又较好地避免了这两种方式的不足，实践证明，这是一种比较科学的环境定义方式。这一"环境"定义具有明显的环境科学的学科印记，即"人类"是"环境"的主体，野生动物、其他自然体、区域等只能是"环境"的要素和组成部分。

第四种可以称为间接定义方式。一些国家特别是没有环境保护基本法、只有环境保护框架法和具体法的国家，其在环境立法中并不对环境作法律上的定义，但在各具体法中均分别规定了各自的适用范围，相当于间接列举性地规定了环境的法律定义。如瑞典虽然有一部《环境保护法》，但它只相当于污染防治方面的专门立法而不是环境保护基本法，该法第 1 条规定："本法适用于：（一）从土地、建筑物或设施将废水、固体废物或废气向河流、湖泊或其他水域排放；（二）以可能造成土地、河流、湖泊或其他水域以及地下水污染的方式对土地、建筑物或设施的使用；（三）以可能造成大气污染、噪声、振动、光污染或其他类似方式干扰周围环境的方式对土地、建筑物或设施的使用，但暂时性干扰除外……按照上述规定，本法所涉及的任何活动或利用仅限于对环境有害的行为。"其他各具体法律也规定了其适用范围。

如何在法律上对环境进行定义，实际上是如何确定法律对环境保护的范围问题，可宽可窄，其取决于三个因素：一是科学上的可能性。凡是人类科学尚未认识的环境问题，不可能由法律调整，例如当人类尚未认识到全球气候变化与温室气体排放有关时，就不可能制订《京都议定书》。二是经济社会发展的必要性。有些环境问题虽然人们已认识到了其危害或潜在的危害，但人们希望避免因法律上保护环境的严格禁止性规定妨碍经济发展，或者是某种环境问题的利弊尚待论证，就很可能不将或暂不将其纳入法律上环境的范畴，例如生物工程问题等。三是法律上的可行性。有些环境问题在法律上不具可操作性，例如在联合国成立前，海洋环境保护基本上不具可操作性，也就不可能产生《联合国海洋法公约》。

【案例】

李某购买了一套两居室房屋，该房屋内长期弥漫着装修所产生的对人体有害的物质，李某在入住仅三个月后就患病。请结合上述关于环境概念的内容思考：

（1）李某所住房屋的内部环境是否为我国《环境保护法》中“环境”的范畴？

（2）李某所受的损害应当如何依法解决？

二、环境问题

（一）环境问题的概念与分类

环境问题亦称环境资源问题或生态环境问题，指人类活动或自然变化引起或可能引起的环境破坏和恶化，以及由此给人类的生存和发展带来的不利影响。

环境问题因产生的原因不同可分为两种：第一种是由自然本身某些因素变化造成的环境问题，称为第一环境问题或原生环境问题，通常称为自然灾害问题；第二种是由人类的生产活动或生活活动造成的环境问题，称为第二环境问题或次生环境问题，通常称为环境污染和资源破坏。

环境污染指人类活动所引起的环境质量下降而有害于人类及其他生物的正常生存和发展的现象；资源破坏指人类不合理地开发利用自然资源，过量地向环境索取物质和能源，从而破坏生态平衡的现象。这两种环境问题是相互关联的。

（二）环境问题的发展阶段

环境问题的产生和解决与人类社会的发展是同步的。人类对环境的利用过程与自然环境的演变规律之间存在着矛盾，而人类对自然规律的认识水平在一定时期内存在着局限性，只要有人类社会存在，就必然会有环境问题。总体而言，环境问题的发展经历了两个阶段。

1. 农业文明中的黄色环境问题阶段

此 18 世纪工业革命以前的环境问题。在人类诞生后的漫长岁月里，生产力落后，科技水平很低，人类影响和作用环境的能力和程度很低，人类活动对环境的冲击还远没有超越环境的承载能力。人类原始社会的环境问题主要限于人类聚居、人口增加所引起的局部地区生物资源特别是作为食物的野生动植物资源的减少。人类农牧业生产的发展、城市的建立，往往伴随着砍伐森林、毁坏草原的行为，这引起了区域性环境的破坏，但这个时期的环境问题依然主要是原生环境问题，而人为环境问题具有局部、短期的特征。

2. 工业文明中的黑色环境问题阶段

从工业革命开始，随着蒸汽机、发电机等工业设备的发明和推广，人类改造自然的能力迅速增强，人类活动对环境的作用和影响超出了环境的承载能力。这个时期，局部的环境污染和生态破坏问题都已经十分突出。在环境污染方面，主要表现为"三废"的点源污染和区域性污染，煤烟尘、二氧化硫等造成的大气污染和矿冶、制碱等化学工业造成的水质污染等；在生态破坏方面，主要表现为不合理开发、利用矿产和森林等自然资源所造成的植被破坏和资源破坏等环境问题。

当代经济全球化加剧了环境问题的全球性。第二次世界大战以后，由于科技进步和经济的快速发展，人类开发利用环境资源的能力、规模和程度大大提高，人类活动对环境的影响和冲击远远超出了环境的承载能力，由此带来前所未有的严峻的环境问题，环境问题成为世界性的全局问题。当今世界五大问题：人口、资源、能源、粮食和环境，其中以环境和资源问题最为严峻，著名的事件有：印度博帕尔毒气泄漏、切尔诺贝利核电站泄漏、臭氧层空洞、全球气候变暖、全球荒漠化、全球水危机等。这五大问题实质上都是生态失衡问题，广义上都属于环境问题。随着可持续发展理论的提出，人们开始认识到环境保护的重要性，采取了一些有效的措施，局部地区的环境问题得到了一定程度的治理和恢复。

小资料　世界主要环境问题

（1）全球气候变化。联合国气候变化 IPCC 第六次评估报告《气候变化 2023》显示：2011 年至 2020 年全球地表温度比 1850 年至 1900 年升高了 1.1℃。推算的 2030 年全球温室气体排放量可能使 21 世纪全球温升超过 1.5℃。

（2）酸雨污染。现在"酸雨"一词已用来泛指酸性物质以湿沉降（雨、雪）或干沉降（酸性颗粒物）的形式从大气转移到地面上。酸雨中绝大部分是硫酸和硝酸，主要来源于人类广泛使用化石燃料，向大气排放的大量二氧化硫和氮氧化物。欧洲是世界上一大酸雨区，美国和加拿大东部也是一大酸雨区。亚洲的酸雨主要集中在东亚，其中中国南方是酸雨最严重的地区，成为世界上又一大酸雨区。

（3）土地荒漠化。荒漠化是当今世界最严重的环境与社会经济问题。1991 年联合国环境规划署对全球荒漠化状况的评估是：全球荒漠化面积已近 36 亿公顷，约占全球陆地面积的 1/4，已影响到全世界 1/6 的人口（约 9 亿人）、一百多个国家和地区。

（4）水资源危机。世界上许多地区面临着严重的水资源危机。根据国际经验，每人每年 1 000 立方米可重复使用的淡水资源是一个基本指标，低于这个指标的国家可能会遭受阻碍发展和损害健康的长期性水荒。然而，目前世界上约有 20 个国家已低于这一指标，主要位于西亚和非洲，总人口数已过亿。

此外，森林植被破坏、生物多样性锐减、海洋资源破坏和污染及持久性有机污染物的污染也已经成为较为严重的全球环境问题。

总体而言，环境资源问题具有边缘性的特征，主要表现为它既是经济和科学技术问题，又是政治和社会问题；既是国内问题，又是国际问题；既是法律问题，又是哲学、道德和国民素质问题。因此，环境资源问题必须综合治理。

（三）我国的环境问题

新中国成立以来，我国政府十分重视环境保护和人民健康，在保护和改善环境方面做了许多工作。但由于多种原因，我国环境问题十分严峻。例如，农业方面：几十年来以粮为纲的政策，导致毁林、毁牧、毁湖等行为，植被破坏加剧了水土流失，土壤退化和沙化、盐碱化，另外还存在滥用化肥农药的问题；工业方面：严重污染环境的“十五小”工业使环境破坏难以控制；城市建设方面：布局不合理，大工厂多建在城市中；资源产业方面：矿业盲目开采，森林乱采滥伐，此外，还有灭绝性地捕杀捕捞等。这些现象使我国环境资源问题面临很大的危机，成为制约经济发展、影响社会稳定的一个重要因素。

从根本上说，环境问题的解决就是要正确处理人与自然环境之间的关系。正确处理这种关系首先是要正确认识它。环境问题是人类社会发展过程中产生的问题，人类只有也必须在发展的过程中才能不断地解决它。以牺牲发展为代价的环境保护无异于因噎废食，事实上这种理论常常被一些发达国家用来限制发展中国家发展本国经济，因而受到大多数国家的反对。另外，以发展经济为由牺牲环境保护的观点，或者是先污染、后治理的观点，也同样是有害的。现代科技的发展不仅给予了人类认识和改造环境的能力，也在不断提高着人类自身对自然规律的认识水平，发展中国家不应该而且完全可以不重复少数发达国家牺牲环境保护来发展经济的老路，对于我国来说情况尤为如此。我国目前的生态环境本已十分脆弱，加上人口、产业结构、经济体制等因素，环境保护和治理已达到刻不容缓的地步。习近平总书记在中国共产党第十九次全国代表大会上的报告中指出，中国特色社会主义进入新时代，我国社会主要矛盾已经转化为人民日益增长的美好生活需要和不平衡不充分的发展之间的矛盾。人民美好生活需要日益广泛，不仅对物质文化生活提出了更高要求，而且在民主、法治、公平、正义、安全、环境等方面的要求日益增长。人民对环境问题解决的呼声更高，对美好环境的需求更盛。正因如此，我国将环境保护作为一项基本国策，并将“生态文明”写入《宪法》。《中国 21 世纪议程》指出：“本世纪以来，随着科技进步和社会生产力的极大提高，人类创造了前所未有的物质财富，加速推进了文明发展的进程。与此同时，人口剧增、资源过度消耗、环境污染、生态破坏和南北差距扩大等日益突出，成为全球性的重大问题，严重地阻碍着经济的发展和人民生活质量的提高，继而威胁着全人类的未来生存和发展。在这种严峻形势下，人类不得不重新审视自己的社会经济行为和走过的历程，认识到通过高消耗追求经济数量增长和‘先污染后治理’的传统发展模式已不再适应当今和未来发展的要求，而必须努力寻求一条经济、社会、环境和资源相互协调的、既能满足当代人的需求而又不对满足后代人需求的能力构成危害的可持续发展的道路。”这种新的环境观在我国已经成为共识，并上升为具有中国特色的科学发展观和社会主义生态文明观，对我国环境保护事业产生了深远的影响。

第二节 环境保护

一、环境保护的提出和界定

人类在不同的时期对自然环境有着不同的认识，在处理人与自然的关系时也就有着不同的态度。在工业革命前，人类不能完全摆脱自然环境的控制和威胁，在处理人与自然环境的关系上，或是基于哲学、传统习惯、道德伦理等而持敬畏的态度，或是持蒙昧的放任态度。工业革命之后，随着生产力的不断提高和科学技术的迅猛发展，人类在战胜自然方面取得了巨大的成就，从而陷入了征服自然和主宰自然的误区。人类在造成巨大环境污染和破坏的同时，虽然也针对环境污染问题采取了一些措施，但只是把治理污染作为单纯的技术问题，在人与自然的关系上，主流观念是人与自然的对立，在发展观上是将经济发展与环境保护对立起来，也没有将各种污染以及污染治理与自然保护联系起来。第二次世界大战后各国经济的发展使环境问题更为严峻，世界八大公害事件（1930 年比利时马斯河谷大气污染事件、1948 年美国多诺拉镇烟雾事件、20 世纪 40 年代初美国洛杉矶光化学烟雾事件、1952 年伦敦烟雾事件、1961 年日本四日市哮喘病事件、20 世纪 60 年代日本水俣病事件、1955—1972 年日本痛痛病事件、1958 年日本米糠油事件）是 1972 年召开联合国人类环境会议的直接原因。环境问题已由各国的国内社会问题迅速发展为威胁人类的全球性问题。20 世纪 70 年代末以来，现代环境问题引起所谓全球性的环境危机，最为严重的问题包括：酸雨、臭氧层破坏、温室效应、突发性环境污染事故和大规模的生态破坏等。环境问题已跨越了国界而成为各国无法回避的共同问题，解决这些问题也要求各国采取共同的行动。1972 年联合国人类环境会议召开并发表了《人类环境宣言》，提出了环境保护的科学概念，指出环境问题不是局部问题，而是全球问题；不仅是技术问题，而且是社会经济工作的重要组成部分。环境保护工作从此受到各国的普遍重视。

环境保护概念有泛指与特指之分。前者是指伴随着人类社会产生和发展的一切有利于保护环境和合理利用自然资源的认识和行动。后者在性质上是一个发展的概念，起源于环境污染防治，现已扩展到自然资源的合理开发利用。

环境保护作为一个较为明确和科学的概念自 1972 年联合国人类环境会议提出以来，其内涵和外延都在不断地发展，主要表现在环境保护中的“保护”含义的扩展。现代环境保护已不局限于传统的保护（protection）环境不受污染，而且包含了对生态的保育（conservation）和对自然资源的保存或保留（preservation）。例如联合国环境规划署等编制的《世界自然资源保护大纲》提出并使用的保育（conservation）的概念，其定义是：“安排人类对生物圈的合理使用，使目前这一代人得到最大的持久利益，并保持它的潜力，以满足后代的需要和愿望。”此种意义上的保护是积极的、有控制的保存和维持，以及持久性利用、恢复和改善自然环境。

根据我国现行环境保护政策和立法的原则和宗旨，环境保护是指以保证自然资源的合理开发利用，防止环境污染和生态失衡，协调社会、经济、环境的关系，保障人类生存和发展为目的和理念的行政、经济、法律、科技等行动的总称。

二、当代环境保护的理念

20世纪60年代以来，公害事件频发不断，生态资源遭到严重破坏，“环境危机”成为威胁人类生存、制约经济发展和影响社会稳定的直接因素，传统的发展方式已经走到了尽头，必须另辟蹊径。人类开始认真思考人与环境的关系，以高投入、高消耗为手段，以高速度、高发展为途径，以高消费、高享受为目的的传统发展方式显露出来了对环境的高污染和高破坏，以牺牲环境求取发展的模式具有种种弊端，人类对此有了比较清醒的认识。但在如何解决环境问题上人们的认识有很大差异，典型代表是“零的增长派”与“乐观派”之争。

1968年4月，由意大利工业家奥雷利奥·佩西担任总裁的罗马俱乐部成立。该俱乐部在《增长的极限》一书中所表达的“零的增长”理论为其主要观点。该观点认为：目前可以供人类自己使用的主要资产只有人类智慧和全球环境这两项了，但是它们或者未能被人类加以充分利用，或者遭到人类的浪费和破坏，或者被人类长期遗忘——这种情况如果任其发展下去，人类面临的则是黑暗的深渊，并将日趋灭亡。只有合理地利用资源，改善全球环境，人类才能走出危机，从而有力地把握自己的未来。如果目前的人口和资本的快速增长模式继续下去，世界就会面临一场“灾难性的崩溃”。其主张为了维护人类的生存环境，应对社会经济的发展实施全面的限制。这些观点的提出，使人们对发展过程中人与自然的不协调有了比较深刻的认识。其因对于解决人类面临的环境与发展的挑战具有一定的参考价值而一度风靡全球。但其“零的增长”的观点由于违背了人类社会进步的根本利益而在现实中难以推行。因为只有发展经济，才能使人民得到更丰富的生活享受；经济若不发展，社会即会陷入贫困之中，甚至造成更严重的生存危机。

“零的增长派”遭到“乐观派”的反对，后者的典型代表有朱利安·L.西蒙（Julian L. Simon）的《没有极限的增长》（《最后的资源》，1981年）、《资源丰富的地球》（1984年）和H.卡恩的《今后二百年》（1976年）。他们认为，生产的不断增长能为更多的生产进一步提供潜力。地球上有足够的土地和资源供经济不断发展之所需。只有新的技术和资本能够增加生产，保护并改善环境。虽然目前人口、资源和环境发展趋势给技术、工业化和经济增长带来一些问题，但人类能力的发展也是无限的，因而这些问题不是不能解决的，世界的发展趋势是在不断改善而不是在逐渐变坏。[①] 虽然该理论主张的科学进步和对资源利用效率的提高，对人类社会发展具有一定的意义，但现实当中环境悲剧的屡屡发生，业已证明在给定的历史条件下，资源是有限的、环境的负荷也是有限的这样一个基本事实，令人对环境问题无法乐观。

---

① 刘东辉.从“增长的极限”到“持续发展”//北京大学中国可持续发展研究中心.可持续发展之路.北京：北京大学出版社，1994：33.

上述争论推动了可持续发展理论的产生。1980 年 3 月 5 日，联合国向全世界发出呼吁："必须研究自然的、社会的、生态的、经济的以及利用自然资源过程中的基本关系，确保全球持续发展。"1981 年，美国世界观察所所长布朗（Brown）《建设一个可持续发展的社会》（Building a Sustainable Society）一书的问世，引起了广泛的关注。1983 年 11 月，联合国成立了世界环境与发展委员会（WCED），挪威前首相布伦特兰夫人（G. H. Brundland）任主席，成员有科学、教育、经济、社会及政治方面的 22 位代表，其中 14 人来自发展中国家，包括中国的马世骏教授。[①] 联合国要求该组织以"持续发展"为基本纲领，制订"全球的变革日程"。1987 年，该委员会把历经 4 年研究、经过充分论证的报告《我们共同的未来》（Our Common Future）提交给联合国大会，正式提出了可持续发展的模式。

该报告分为"共同的关切""共同的挑战"及"共同的努力"三大部分，对当前人类在经济发展和保护环境方面存在的问题进行了全面和系统的评价，一针见血地指出："过去我们关心的是发展对环境的影响，而现在我们则迫切地感到生态的压力，如土壤、水、大气、森林的退化对发展所带来的影响。不久以前我们还感到国家之间在经济方面相互联系的重要性，而现在我们则感到国家之间在生态方面相互依赖的重要性，生态与经济从来没有像现在这样紧密地联系在一个互为因果的网络之中。"并在此基础上提出："一个经济发展的时代必须立足于使环境资源得以持续发展的政策，使越来越多人贫困化及环境恶化的发展将难以满足下一世纪的需要，我们需要有一条新的发展道路，不是一条仅能在若干年内在若干地方支持人类进步的道路，而是一直到遥远的未来都能支持全球人类进步的道路。"

可见，"可持续发展"（sustainable development）同上述两种理论相比，无疑是当前人类求取发展的最佳选择，它提出为了确保人类的持续生存和发展，必须把环境保护与社会经济活动全面、有机地结合起来，并按照生态持续性、经济持续性和社会持续性的基本原则来组织和规范人类的一切活动。其核心思想是："既满足当代人的需要，又不对后代人满足其需要的能力构成危害。人类应享有以与自然相和谐的方式过健康而富有生产成果的生活的权利。为了公平地满足今世后代在发展与环境方面的需要，求取发展的权利必须实现。"其为环境和发展的统一提供了一个基本框架，并很快被国际社会普遍接受。

1992 年在巴西的里约热内卢召开了具有划时代意义的联合国环境与发展大会。会议的主导思想是以"可持续发展"为标志的《21 世纪议程》。它已被世界大多数国家当作走向新世纪的经济社会环境发展的蓝本，并对各国的环境保护工作产生了深刻的影响。各国的环境保护战略普遍发生了新的变化和转移。首先，在污染控制战略上，由原先的"末端控制"向"源头控制"转移，即由原来的着重对污染物产生后的排放限制或废物产生后的处理、处置等方面的控制，转向着重对污染源的源头控制，即推行清洁生产的预防污染战略。其次，在环境保护内容上，亦走出昔日重污染防治轻自然保护的误区，把合理开发利用自然资源、保护自然环境、维护生态平衡作为环境保护的重要内容和与污

① 中国 21 世纪议程管理中心.论中国的可持续发展.北京：海洋出版社，1994：118.

染防治相互联系的组成部分，坚持污染防治与自然保护并重的原则。最后，在环境保护与经济发展的相互关系上，亦抛弃了或一味追求“经济优先”，或过分强调“环境优先”的片面做法，而是将二者有机地结合起来，把环境保护规划纳入社会经济发展的整体规划中去，建立符合生态规律的生产方式和生活方式，实施全面协调人类同环境关系的可持续发展战略。

小资料　新进展——2012年联合国可持续发展大会

2012年6月20日至22日，联合国可持续发展大会（又称“里约+20”峰会）在巴西里约热内卢市举行。会议通过的《我们希望的未来》是当今国际可持续发展领域的一项文件，对于指导各国环境保护，特别是环境法制的发展起到积极的作用。《我们希望的未来》第1条宣示：各国再次承诺实现可持续发展，确保为我们的地球及今世后代，促进创造经济、社会、环境可持续的未来。第3条进一步规定：各国确认必须进一步将可持续发展纳入各级工作的主流，统筹经济、社会、环境工作，承认这些方面的彼此关联，在所有层面都实现可持续发展。

环境保护既带有鲜明的时代色彩，又具有明显的国家主义色彩。不同历史时期的环境保护思潮均对全球环境保护产生了重大的影响。例如冷战结束后欧洲盛行的“零增长”理论和美国施行的“单边主义”环境政策，表明环境保护不是一成不变的，它与国家的政治、经济、文化、国防、外交的发展要求一脉相承。

三、我国的环境保护

我国的环境保护广义上可分为三个时期：古代时期的环境保护（1840年以前），主要是自然资源保护问题；近现代时期的环境保护（1840年至1949年），由于工业不发达，环境保护仍以资源保护为主；当代时期的环境保护（1949年至今），随着经济和社会发展，环境和资源保护工作迅速发展，受到党和国家的高度重视。狭义上我国环境保护与国际社会明确提出的环境保护（1972年联合国人类环境会议以来的环境保护）同步，可分为两个阶段：第一个阶段为20世纪70年代至90年代的污染防治阶段。这一阶段我国环境保护的主要发展标志为：1972年我国参加联合国人类环境会议，1973年召开全国第一次环境保护工作会议，1974年成立了国务院环境保护机构，1978年宪法对环境保护作出规定，1979年制定了《中华人民共和国环境保护法（试行）》（以下简称《环境保护法（试行）》），1983年全国第二次环境保护工作会议将环境保护确定为我国的基本国策。党的十一届三中全会以后，环境保护工作得到了进一步发展，国家把环境保护作为一项基本国策，摒弃了“先污染后治理”的发展模式，制定了经济建设、城乡建设和环境建设同步规划、同步实施、同步发展，实现经济效益、社会效益和环境效益相统一的指导方针。第二个阶段为20世纪90年代以来的可持续发展环境保护阶段，即当代环境保护阶段。20世纪90年代以来，可持续发展成为我国环境保护的基本原则和经济发展战略，1994年我国政府发布了《中国21世纪议程》，提出了我国可持续发展的总体战略、对策和行动方案。我国环境与资源保护工作受到了前所未有的重视，环境资源保护立法迅速发展，在加强污染防治的基础上，自然资源保护和生态保护建设工作受到同等重视，环境污染防治与生态保护建设更充分地结合，环境资源法律体系日益完善。1996年3月，第八届全国人民代表大会第四次会议审议通过的《国民经济和社会发展“九五”计划和2010年远景目标纲要》，把实施可持续发展作为现代化建设的一项重大经济发展战略。20世纪90年代后期，党的十五大提出了建设社会主义法治国家的要求，包括环境权利在内的公民的各项基本权利不断提升。党的十六大提出了以人为本的科学发展观，党的十八大进一步提出“把生态文明建设放在突出地位，融入经济建设、政治建设、文化建设、社会建设各方面和全过程，努力建设美丽中国，实现中华民族永续发展”的目标。党的十九大提出牢固树立社会主义生态文明观，建设“人与自然和谐共生”的现代化，“提供更多优质生态产品以满足人民日益增长的优美生态环境需要”。环境保护在全国范围内更受到高度重视。党的二十大再次强调“中国式现代化是人与自然和谐共生的现代化”，提出“人类命运共同体”“人与自然生命共同体”等先进理念，提出“推动绿色发展，促进人与自然和谐共生”，为世界提供了行之有效的中国方案。其中“积极稳妥推进碳达峰碳中和”的目标，更是直接展现了充满大国风范的“中国担当”。

小资料 《2023年国民经济和社会发展统计公报》中的环保和绿色发展部分统计数据

在监测的339个地级及以上城市中，空气质量达标的城市占59.9%，未达标的城市占40.1%。

3 641个国家地表水考核断面中，水质优良（Ⅰ～Ⅲ类）断面比例为89.4%，Ⅳ类断面比例为8.4%，Ⅴ类断面比例为1.5%，劣Ⅴ类断面比例为0.7%。

全年近岸海域海水水质达到国家一、二类海水水质标准的面积占85.0%，三类海水占4.5%，四类、劣四类海水占10.5%。

在开展城市区域声环境昼间监测的326个城市中，全年声环境质量好的城市占5.8%，较好的占69.3%，一般的占23.9%，较差的占0.9%，无差的城市。

全年水资源总量24 780亿立方米。总用水量5 907亿立方米，比上年下降1.5%。其中，生活用水增长0.5%，工业用水增长0.2%，农业用水下降2.9%，人工生态环境补水增长3.9%。万元国内生产总值用水量50立方米，下降6.4%。万元工业增加值用水量26立方米，下降3.9%。人均用水量419立方米，下降1.4%。

全年完成造林面积400万公顷，其中人工造林面积133万公顷，占全部造林面积的33.4%。种草改良面积438万公顷。截至年末，共有国家公园5个。全年新增水土流失治理面积6.3万平方公里。

绿色低碳转型深入推进。全年全国万元国内生产总值二氧化碳排放与上年持平。水电、核电、风电、太阳能发电等清洁能源发电量31 906亿千瓦时，比上年增长7.8%。煤炭消费量占能源消费总量比重为55.3%，比上年下降0.7个百分点；天然气、水电、核电、风电、太阳能发电等清洁能源消费量占能源消费总量比重为26.4%，上升0.4个百分点。重点耗能工业企业单位电石综合能耗下降0.8%，单位合成氨综合能耗上升0.9%，吨钢综合能耗上升1.6%，单位电解铝综合能耗下降0.1%，每千瓦时火力发电标准煤耗下降0.2%。初步测算，扣除原料用能和非化石能源消费量后，全国万元国内生产总值能耗比上年下降0.5%。全国碳排放权交易市场碳排放配额成交量2.12亿吨，成交额144.4亿元。

法条链接

1.《中华人民共和国环境保护法》第2条；
2.《我们希望的未来》第2条、第3条；
3.《里约环境与发展宣言》原则1、原则3。

深度阅读

1. 孙承咏. 环境学导论. 北京：中国人民大学出版社，1994.
2. 中国21世纪议程管理中心. 论中国的可持续发展. 北京：海洋出版社，1994.
3. 刘东辉. 从“增长的极限”到“持续发展”//北京大学中国可持续发展研究中心. 可持续发展之路. 北京：北京大学出版社，1994.
4. 刘大椿，岩佐茂. 环境思想研究. 北京：中国人民大学出版社，1998.
5. 马世骏. 现代生态学透视. 北京：科学出版社，1990.
6. 郝道猛. 生态学概论. 台北：徐氏基金会出版，1977.

思考与练习

一、思考题

1. 自然科学上的环境概念与法学上的环境概念有哪些异同？
2. 如何理解人类环境与生态环境的关系？
3. 法律对环境定义有哪些方法？
4. 什么是环境问题？人类应当如何认识和解决环境问题？
5. 试述可持续发展理论对环境保护的推动。

二、练习题

1. 依组成环境的物质与人类活动的关系，可将环境分为：（　　）。
A. 自然环境　B. 农业环境　C. 水环境　D. 人工环境
2. 我国宪法规定的环境分类方法按照环境对人类生存的意义，将环境分为：（　　）。
A. 生活环境　B. 生态环境　C. 水环境　D. 工业环境
3.《中华人民共和国环境保护法》对环境进行定义的方式是：（　　）。
A. 抽象定义方式　B. 列举定义方式　C. 结合定义方式　D. 间接定义方式
4. 由自然本身某些因素变化造成的环境问题，可以称为：（　　）。
A. 次生环境问题　B. 环境污染　C. 原生环境问题　D. 环境破坏

5. 提出了环境保护的科学概念的法律文件是：(　　)。

A.《我们希望的未来》
B.《里约环境与发展宣言》
C.《中华人民共和国环境保护法》
D.《人类环境宣言》

6. 可持续发展的模式是由（　　）正式提出的。

A. 罗马俱乐部的《增长的极限》
B. 美国发表的《公元 2000 年的地球》
C. 布朗的《建设一个可持续发展的社会》
D. 联合国世界环境与发展委员会的《我们共同的未来》

第二章
环境法概述

重点知识

环境法的概念　环境法的特征　宪法性规定　综合性环境基本法　民法典中的环境法律规范

环境法是国家制定或认可的，为实现经济和社会可持续发展目的，调整有关保护和改善环境、合理利用自然资源、防治污染和其他公害的法律规范的总称。环境法作为现代社会法律体系的一个独立法律部门，除了具有一般法律的本质和功能，也具有其自身的特点。环境法的体系是由各种环境法律规范所组成的相互联系的统一整体，它是国家法律体系的第二层次的部门法体系。与其他部门法体系相比，环境法体系形成较晚，但发展较快，所包含的法律法规数量较多，以成文法为主，且在各国家和地区形态各异。本章学习的目的是掌握环境法的概念和特征，了解和比较美国、英国、法国和日本等国家的环境法体系模式，并全面掌握我国环境法的体系。

第一节　环境法的概念及特征

一、环境法的概念

法律上环境的概念具有不确定性，因此，环境法的概念和称谓在各国乃至各种理论学说中的表述有相当的差异。例如，美国有《国家环境政策法》，一般称为环境立法（environmental legislation）或环境法（environmental law），狭义上则称为环境保护法（environmental protection act）；日本 1967 年颁布了《公害对策基本法》，一般称为公害法，1993 年颁布了《环境基本法》；法国有《环境法典》；苏联和一些东欧国家曾普遍称为自然资源保护法，其中包括了环境保护、自然资源保护和名胜古迹保护等，20 世纪 90 年代以来才将环境保护法从自然资源保护法中独立出来。在我国一般称为环境保护法。

关于环境法的概念，我国法学界有不同的表述，主要可分为三种：

第一种为环境保护法的概念。“环境保护法，是指调整因保护和改善环境、合理利用自然资源，防治污染和其他公害而产生的社会关系的法律规范的总称。”①

第二种为环境法的概念。“环境法，是由国家制定或认可，并由国家强制力保证执行的关于保护环境和自然资源、防治污染和其他公害的法律规范的总称。”②

第三种为环境资源法的概念。“所谓环境资源法，是指由国家制定或认可，并由国家强制力保证实施的，调整有关环境资源的开发、利用、保护、治理的社会关系的法律规范的总和；是由环境保护法、自然资源法和区域开发整治法等组成的法律部门，相当于广义环境法。”③

上述三种表述虽然称谓不同，但这些概念下的具体内容基本一致，都体现了当代环境法的发展趋势。至于称谓本身，环境法的称谓可以区别于传统的环境保护法（污染防治法）概念，而环境资源法的概念在国际范围内尚很少采用，因而环境法的提法更具包容性，较为合理。我国环境法的概念可表述为：环境法是国家制定或认可的，为实现经济和社会可持续发展目的，调整有关保护和改善环境、合理利用自然资源、防治污染和其他公害的法律规范的总称。

二、环境法的特征

环境法作为现代社会法律体系的一个独立法律部门，除了具有一般法律的本质和功能，也具有自身的特点，可概括为以下几个方面。

1. 环境法是生态环境科技与法的结合

环境以生态为重心，而生态必须以自然科学为控制和管理的依据，因此，环境保护，包括法律对环境保护社会关系的调整，必须与环境科学技术相结合，必须体现自然规律特别是生态科学规律的要求，这些要求往往通过一系列技术规范、环境标准、操作规程等形式体现出来。环境法的立法中经常且大量存在直接对技术名词和术语赋予法律定义，并将环境技术规范作为环境法律法规的附件，使其具有法律效力的做法。环境执法和环境司法同样需要科学技术的保障。但与此同时，环境法律规范与环境技术规范不能等同，更不能以环境技术规范代替环境法律规范。在这个问题上，要防止所谓的环境法机械观，即“法律功能静止，科学规则与技术标准抬头，法官唯技术者是赖。法律沦为科技之工具，法律受科技所界限”④。虽然环境法律规范起源于环境科学和生态科学，但环境法的目的在于“超越此一科技限界，而追求实证技术外之人文价值”⑤。

---

① 韩德培. 环境保护法教程. 北京：法律出版社，1999：26.
② 金瑞林. 环境法学. 北京：北京大学出版社，1999：28.
③ 蔡守秋. 环境资源法论. 武汉：武汉大学出版社，1996：1.
④ 柯泽东. 环境法论. 台北：三民书局，1995：6.
⑤ 柯泽东. 环境法论. 台北：三民书局，1995：31.

2. 环境法是社会法

环境法除了具有法的一般性质，还具有比较明显的社会法特征。所谓社会法，按美国学者海伦·古拉克在其所著 Social Legislation 一书中的解释，指“为一般社会福利而立法”①。环境法也属于这种社会立法的范畴。环境法的社会性首先表现在它与阶级性和政治职能较强的一些立法如宪法、刑法等不同，它并非阶级矛盾不可调和的产物，而主要是人与自然矛盾的产物。环境法所关注和规范的是社会公共利益和保障基本人权，它反映了全体社会成员的共同愿望和要求，代表着人类的共同利益，侧重于社会领域的法律调整。其次，环境作为全人类的共同生存条件，并不能为某个人或某国所私有或独占，它必须符合整个社会和整个人类的利益，是以社会利益为本位的法。所谓社会利益，是公民对社会文明状态的一种愿望和需要。环境与生态是人类的经济和社会发展的基础，与社会、经济发展的秩序密切相关，因而成为社会利益的重要组成部分。

3. 环境法是综合部门法

环境法保护的对象相当广泛，包括自然环境要素、人为环境要素和整个地球的生物圈；法律关系主体不仅包括一般法律主体的公民、法人及其他组织，也包括国家乃至全人类，甚至包括尚未出生的后代人；环境法调整的内容也相当广泛，不仅要防止大气污染、水污染、海洋污染、环境噪声污染、放射性污染、有毒化学品污染等，而且要保护土地资源、森林资源、草原资源、水资源、矿产资源、物种资源、风景名胜资源和文化遗迹地等。环境法调整的范围相当广泛，涉及的社会关系复杂，运用的手段多样，这些决定了其所采取的法律措施的综合性。对于环境法相关的纠纷和其他社会关系，不仅可以适用诸如宪法、行政法、刑法等公法予以解决，也可以直接适用民法予以私法救济，甚至可以通过国际法予以调整，可以适用的法律规范不但包括上述部门法的实体法规范，而且包括程序法规范。环境法是上述法律规范的综合，是一个相对独立的综合部门法。我国《环境保护法》规定了财政、教育、农业、公安、监察机关、任免机关、人民法院等有关部门和机关都负有环保职责。

4. 环境法是以可持续发展为价值的法

环境法的价值是指环境法能促进主体的何种价值需要的实现。环境法除了具有一般法律的公平、正义、效率、秩序等价值，还具有自身特有的价值。环境法的特殊价值集中体现在现代环境法的立法目的上。概括和比较分析各国环境法有关目的性条款的规定，可以从理论上把环境法的目的分为两种：一是基础的直接的目的，即协调人与环境的关系，保护和改善环境；二是最终的发展目的，又包括两个方面——保护人类健康与保障经济社会的可持续发展。各个国家有不同的立法目的，即使同一国家，在不同时期的立法目的也有所不同。我国《环境保护法》把“促进经济社会可持续发展”规定为立法目的。当代环境法是以可持续发展为基本价值取向的，其核心内容是要求既满足当代人的需要，又不对后代人满足其需要的能力构成危害，这个内涵不是传统公法、私法所能真

① 曾繁正，等. 西方国家法律制度社会政策及立法. 北京：红旗出版社，1998：171.

正包容的。公法以国家利益为本位，其对政权稳固与安全的关心超过对社会发展的关心，私法则以个人利益为本位，其对自身利益的关心是第一位的，只有独立的社会利益并且形成社会公共力量，才会以社会的持续发展为最大关怀，因此，环境法成为可持续发展最有力的法律保障。

第二节　环境法的体系

一、西方国家环境法的体系

（一）美国的基本法模式

美国于 1969 年制定了《国家环境政策法》(National Environmental Policy Act)，作为联邦及各州环境立法和环境保护的基本行为准则，其对各州环境立法的母法功能，与宪法对各州立法的母法功能相同，因此，该法亦被称为环境宪法或环境基本法。这部基本法的立法工程浩大，其内容广泛涉及环境保护的各个方面，既包括宏观的总则类规定，也包括具体的细则性规定；既有实体法方面的规定，也包括大量程序法方面的规定；既包括对各种污染和公害的防治，也包括对自然资源和生态环境的保护。该法对环境保护范围的界定很广，法律效力等级很高。

美国的自然环境资源立法可追溯到 1785 年制定的第一个土地法。在空气污染控制方面，美国的立法历史可追溯到 19 世纪 80 年代，但当时大多限于州或地方条例，联邦性的立法则到 20 世纪三四十年代才开始受到重视。1955 年制定的《大气污染控制援助法》是美国国会制定的第一部联邦空气污染控制法，1970 年正式称为《清洁空气法》。在水污染控制方面，美国的立法历史则可追溯到 1899 年的《河川港湾法》，全面性的联邦立法则为 1948 年制定的《联邦水污染控制法》，后于 1965 年修订，1972 年美国国会以一项名为《清洁水法》的修正案对其进行大幅修订，又经 1977 年重大修订后沿用至今。1976 年《固体废物处置法》颁布，后随着以预防为主的环境保护战略的实施，该法于 1984 年重作修订，更名为《资源保护回收法》。1969 年《国家环境政策法》出台后，美国在环境立法的指导思想上实现了从治理为主到预防为主的转变，对环境实行综合性保护，大量制定和修改了单行法规。到 20 世纪 70 年代末，美国已制定了几十个联邦环境法律和近千件联邦环境法规，扩大了环境法的领域。

美国的环境法是在一个以专门的环境法律为主干和以其他相关成文法与不成文法为背景和基础的法律框架中运作的。美国环境法体系有以下特点：(1) 以宪法规定为最根本的基础；(2) 以环境保护基本法为中心；(3) 以大量的环境法律法规为主体。这种环境法体系结构的优点在于：权威性高、适应性强、系统化。因此，这种环境法律体系从形式上看比较适宜解决范围广泛、影响深远的环境问题。①

① 解振华. 中国环境执法全书. 北京：红旗出版社，1997：678.

（二）英国的整合化模式

英国是工业革命的发源地，其对环境的法律控制有很长的历史，可以追溯到中世纪关于小范围内污染控制的法规以及英国普通法中有关公害的法律原则。而现代意义上的环境法则产生于工业革命之后。工业革命一方面大大提高了社会生产力，另一方面也给自然环境与资源的合理利用带来不利影响。随着现代工业的发展，环境污染日益成为社会问题，迫切需要英国政府制定法律加以解决。但这一时期的英国环境法只是应时之作，只规定了对最危险以及对人类健康最具威胁的污染的控制，并未涉及环境污染的预防问题以及对环境的全面保护，而且在立法方面欠缺统一规则，使环境法缺乏连贯统一性，并形成了数目庞大的环境管理机构。20 世纪 70 年代以来，英国环境法有了较快的发展，法律的重心转向了保护人们的健康与安全。环境立法也一改早期零乱、欠缺规划的状态，向统一化的方向发展，如 1990 年的《环境保护法》《城市规划法》和 1991 年的《水资源法》《水电法》《野生动物及乡村法》已覆盖了环境保护的大部分内容。到 20 世纪 70 年代末，英国已有几十项环境法律、法规。

英国是一个不成文法国家，其早期的环境法多是针对特定的污染事故而制定的，《制碱法》为其典型代表，此外还有因 1952 年伦敦烟雾事件①而制定的《清洁空气法》等。直到 20 世纪 70 年代，随着形势的发展与人们环境权观念及全球环境意识的加强，制定综合性环境保护基本法才在英国成为现实，也由此逐步形成了以环境基本法为主干的相对完整的环境法律体系。英国的环境基本法是 1990 年颁布的《环境保护法》，它是在 1974 年的《污染控制法》的基础上制定的。该法总结了英国环境污染治理的经验，体现了环境污染的预防与治理相结合的方针，规定公民有获取环境污染信息权，以及环境工艺标准、区域环境质量控制标准与监测标准、环境犯罪的刑事责任等，内容涉及环境保护的大部分领域。其内容可以分为三部分：第一部分是有关水体与大气污染及污染综合防治的内容，第二部分是有关固体废弃物污染的控制，第三部分是有关噪声污染的控制。而英国整个环境法律体系就是以这三部分内容为主干，辅之以相关单行法规构建而成的。主要单行法规包括：水污染防治方面的《水资源法》（1991 年）、《水法》（1989 年）、《水电法》（1991 年）；大气污染防治方面的《清洁空气法》（1968 年）；固体废弃物污染防治方面的《矿山及采石场法》（1954 年）、《危险废弃物法》（1971 年）、《垃圾处理法》（1977 年）。此外，在有毒有害物质污染、海洋污染、自然资源保护法等方面都有相应的单行法规。

（三）法国的复合法典化模式

法国环境保护的范围较广，法国的环境法在理论上主要由两大部分组成：一是公害防治法（狭义上的环境保护法）。这类立法长期以来是以各独立并行的单行法规为主，并

---

① 1952 年 12 月，英国伦敦城市上空处于高压中心位置，一连几日无风，又值城市冬季大量燃煤取暖，煤炭燃烧产生的二氧化碳、一氧化碳、二氧化硫、粉尘等气体与污染物在城市上空蓄积，引发了连续数日的大雾天气，由于大气中的污染物不断积蓄，不能扩散，许多人都感到呼吸困难，眼睛刺痛，流泪不止，仅仅 4 天时间，死亡人数就达 4 000 多人，2 个月后，又有 8 000 多人陆续丧生，这就是骇人听闻的“伦敦烟雾事件”。

另行制定各种命令或专门立法分别予以补充。二是自然保育法。它主要源于民法的相关规定（如所有权、相邻权、地役权、损害赔偿等），并由此派生出农业、森林、渔业、矿业等专业法规及国有土地法、都市计划法、海港法等（相当于一些国家的自然资源法和国土整治法），而且刑法的相关条文可直接纳入准用。1976 年法国将这类规定整合为《自然保育法》。这些专门规范与准用规范的结合，使其环境法体系具有复合性的特征。法国于 20 世纪 80 年代末开始对现行有效的环境法律规范进行统一编纂的法典化工作，几经波折于 2000 年 9 月 18 日最终通过《环境法典》法律部分，并于 2007 年完成《环境法典》法规部分的编纂。该法典体系完备，结构严谨，内容广博，由卷、编、章、节、分节、段、条及数个附件组成，为大陆法系国家环境法的法典化提供了许多有益的经验。

（四）日本的统一法典模式

日本环境法在其发展过程中借鉴、综合了以上各种模式类型，体系较完备，既借鉴了美国的环境基本法模式，同时也制定了各种专门法规，注重立法之间的配合，使环境立法具备了法典化的形式与内容要求。日本的环境法大体上分为三个基本法或母法，各基本法之下有相关的子法，各基本法与子法之间内容连贯，用语一致，事权统一，避免了法规及执行上的权责抵触，形成了法典化体系。三个基本法分别为：《公害对策基本法》，主要调整环境污染防治方面的社会关系；《自然环境保全法》，主要调整与环境相关的自然资源保护方面的社会关系；《公害纷争处理法》，主要规范环境损害赔偿非诉讼解决的程序问题。三个基本法相互之间有分工也有配合。在法律层次方面，日本采取先公害后自然保育的做法，即公害防治优先于自然保育，这种现象源于日本环境法产生时公害剧烈的特殊历史背景，但这种立法体系模式已为许多经济高速增长的国家和地区所采用。

日本环境法的产生、发展和公害问题有着密不可分的联系。在早期日本对公害没有警觉而任其发展。在两次世界大战中，公害问题是在以“军需工业”为政策，对外发动侵略战争的背景下加剧的，在推进重工业和化学工业发展的同时，公害型产业也得以迅速发展，使矿害、公害损害全面化和深刻化。第二次世界大战后的日本，举国上下大搞产业复兴，专心致力于追求经济的高速增长，一度忽视了国土开发与环境保护，在全国到处都进行的过度开发和工厂作业，导致环境遭到极大的污染和破坏，致使震惊世界的公害事件①屡屡发生，从而被称为“公害大国”。在日趋严重的环境危机的压力下，日本政府开始将公害和环境问题正式提上议事日程予以重视，除了在经济、技术上采取措施、加以控制，用法律手段控制公害也成为日本政府的一个重要课题。为综合性、计划性地治理公害问题，日本着手制定了《公害对策基本法》(1967 年)，后于 1970 年对该法进行了重大修订，从立法目的中删除了“与经济调和”条款，扩大了公害的定义（增加了土壤污染及水质污染中包含水质以外的水状态或水体底质的恶化），明确了废弃物处理对

---

① 日本四大公害事件：20 世纪五六十年代由含汞的工业废水污染引发的日本熊本水俣病事件，1955—1972 年由废水镉污染引发的日本痛痛病事件，1961 年由废气污染引发的日本四日市哮喘病事件，1968 年由多氯联苯污染引发的日本米糠油事件。

策为公害对策，并规定了关于自然环境的保护，以及授予都道府县知事设立环境标准的权限等。自此，日本公害立法逐步走上了不断完备的道路。至 1993 年，鉴于《公害对策基本法》在环境保护方面的缺陷，日本又制定了《环境基本法》，作为其综合性的环境保护基本法。日本环境法得到了突飞猛进的发展，其环境立法体系之完备，内容之具体，法律、法规编纂、出版之及时，居于世界领先地位。

二、我国环境法的体系

我国关于环境保护的法律规定，最早可以追溯到殷商时期，在世界历史上是最早出现环境保护法律规定的国家之一。[①] 1972 年，我国参加了联合国人类环境会议，在该会议的影响下，我国于 1973 年 8 月召开了第一次全国环境保护会议，讨论通过了《关于保护和改善环境的若干规定（试行草案）》，由国务院予以颁发。该规定是我国第一个综合性的环境保护行政法规。1978 年，我国修改了《宪法》，首次将环境保护工作列入国家根本大法，而 1989 年在对《环境保护法（试行）》作大范围修改的基础上，颁布了新的《环境保护法》，该法于 2014 年进行了修订，一系列与之相配套的法律、法规纷纷面世，使环境法成为我国法律体系中发展最为迅速的部门法。我国环境法体系大致由以下六个部分组成。

（一）宪法性规定

宪法中关于环境保护的规定是环境法体系的基础，是各种环境法律、法规、制度的立法依据。许多国家都在宪法中将环境保护作为一项国家职责和基本国策加以明确，把公民享有在良好的生活环境中生活的权利及保护环境的义务作为公民的一项基本权利和义务加以规定，从而为环境保护奠定了宪法基础并赋予其最高的法律效力。我国《宪法》中这类规定主要如下。

1. 生态文明的国家目标

在习近平生态文明思想和习近平法治思想指导下，党的十八大以来，“生态文明建设”被纳入“五位一体”的国家发展总体布局。党的十八届三中全会又指出：“建设生态文明，必须建立系统完整的生态文明制度体系，用制度保护生态环境。”习近平指出，“只有实行最严格的制度、最严密的法治，才能为生态文明建设提供可靠保障”。用最严格的制度、最严密的法治保护生态环境推进生态文明法治建设，是习近平法治思想的组成部分，也是其生态文明思想的重要内容。[②] 2018 年 3 月 11 日第十三届全国人民代表大会将《宪法》序言中的“推动物质文明和精神文明协调发展，把我国建设成为富强、民主、文明的社会主义国家”修改为“推动物质文明、政治文明、精神文明、社会文明、生态文明协调发展，把我国建设成为富强民主文明和谐美丽的社会主义现代化强国，实现中华民族伟大复兴”，以国家目标的方式将生态文明写入《宪法》。

---

① 金瑞林. 环境法学. 2 版. 北京：北京大学出版社，2016：47.

② 张文显. 习近平法治思想的理论体系. 法制与社会发展，2021（1）：5－54.

2. 国家环境保护的职责

规定保护环境和维护生态平衡是国家的一项基本职责。我国《宪法》第 26 条规定："国家保护和改善生活环境和生态环境，防治污染和其他公害。"这一规定为国家环境保护活动和环境立法奠定了宪法基础。

3. 公民环境权利义务的依据

许多国家宪法中均规定公民有在良好的生活环境中生活的权利和保护环境的义务。我国宪法中虽然没有直接规定公民的环境权利和义务，但《宪法》第 51 条规定："中华人民共和国公民在行使自由和权利的时候，不得损害国家的、社会的、集体的利益和其他公民的合法的自由和权利。"这一规定既是公民主张环境权的基础，也是防止滥用个人权利造成环境污染和破坏的基本环境义务规范。

4. 环境保护的基本原则

我国《宪法》规定："国家保障自然资源的合理利用，保护珍贵的动物和植物。禁止任何组织或者个人用任何手段侵占或者破坏自然资源"（第 9 条）；"一切使用土地的组织和个人必须合理地利用土地"（第 10 条）；"国家厉行节约，反对浪费"（第 14 条第 2 款）；此外，我国《宪法》还对保护名胜古迹、珍贵文物和其他重要历史文化遗产，以及植树造林、保护林木作出了规定。

5. 国家生态文明建设职责

2018 年 3 月 11 日第十三届全国人民代表大会将《宪法》第 89 条"国务院行使下列职权"中的"（六）领导和管理经济工作和城乡建设"修改为"（六）领导和管理经济工作和城乡建设、生态文明建设"，明确了国家在生态文明建设中的职权与责任。

（二）综合性环境基本法

这是以宪法有关环境保护的规定为立法依据，将环境作为一个有机的整体加以保护和改善的综合实体法，在环境法体系中处于中心地位，是其他单行环境法的依据。这种基本法可以是一元的（如美国），也可以是多元的（如日本）。我国 1979 年试行、1989 年和 2014 年两次修订重新颁布的《中华人民共和国环境保护法》，是我国环境保护领域的基础性、综合性法律。① 该法对环境保护的重大问题作出了如下规定。

（1）规定了环境法的基本宗旨是"保护和改善环境，防治污染和其他公害，保障公众健康，推进生态文明建设，促进经济社会可持续发展"。（第 1 条）

（2）规定环境保护的对象是"直接或间接地影响人类生存和发展的环境要素的总体，包括大气、水、海洋、土地、矿藏、森林、草原、湿地、野生生物、自然遗迹、人文遗迹、自然保护区、风景名胜区、城市和乡村等"。（第 2 条）

（3）规定了环境保护的基本原则是"保护优先、预防为主、综合治理、公众参与、损害担责"。（第 5 条）

---

① 参见时任第十二届全国人大常委会委员长张德江在十二届全国人大常委会第八次会议闭幕会上的讲话，2014 年 4 月 24 日。

（4）规定了环境监督管理体制以及政府、单位和个人保护环境的义务。“保护环境是国家的基本国策。”（第 4 条）“一切单位和个人都有保护环境的义务。”“地方各级人民政府应当对本行政区域的环境质量负责。”“企业事业单位和其他生产经营者应当防止、减少环境污染和生态破坏，对所造成的损害依法承担责任。”“公民应当增强环境保护意识，采取低碳、节俭的生活方式，自觉履行环境保护义务。”（第 6 条）

（5）规定了环境保护的领域和责任。包括保护和改善环境、防治污染和其他公害、信息公开和公众参与以及法律责任等。（第三章、第四章、第五章、第六章）

（三）环境保护单行法

环境保护单行法是以《宪法》和环境保护基本法为依据，针对特定的保护对象或特定的污染防治对象或者就环境保护的特定方面而由全国人大常委会制定通过的单项法律。我国环境保护单行法在内容上可分为以下几个组成部分。

1. 综合管理性的环境保护单行法

综合管理性的环境保护单行法包括《环境影响评价法》《清洁生产促进法》《循环经济促进法》《环境保护税法》《城乡规划法》等。这些法律不是为了保护某一环境要素或者资源，而是对适用于多种环境要素和自然资源保护的环境影响评价制度、清洁生产制度、循环经济制度、环境税制度、城乡规划制度等进行规定。

2. 污染防治单行法

这类规定是在环境保护基本法之下的单行法，是传统的环境保护法中最重要的规范，在单行法中数量也最多。我国污染防治单行法包括大气污染防治、水质保护、噪声控制、废物处置、农药及其他有毒物品的控制与管理，也包括其他公害如震动、恶臭、放射性、电磁辐射、热污染、地面沉降等防治单行法。较重要的单行法包括：1982 年通过、2023 年第二次修订的《海洋环境保护法》，1984 年通过、2017 年第二次修正的《水污染防治法》，1987 年通过、2018 年第二次修正的《大气污染防治法》，2021 年通过的《噪声污染防治法》，1995 年通过、2020 年第二次修订的《固体废物污染环境防治法》，2003 年通过的《放射性污染防治法》，2017 年通过的《核安全法》，2018 年通过的《土壤污染防治法》等。

3. 自然资源保护单行法

这类规定以保护某一环境要素为主要内容，也包括对自然资源管理和防治对该类自然资源污染和破坏的法律规范。我国对这方面的立法不采取法国自然保育基本法的形式，而是多个单行立法并列，重要的法律有：《水法》《土地管理法》《渔业法》《矿产资源法》《森林法》《草原法》《水土保持法》《野生动物保护法》等。

（四）环境保护行政法规、地方性法规、行政规章

1. 环境保护行政法规

环境保护行政法规是由国务院制定颁布的，其效力低于宪法和法律，高于地方性法规和行政规章。环境保护领域的行政法规数量非常多。首先，对于全国人大及其常委会

颁布的法律制定实施细则或实施条例，一般都是由国务院以制定行政法规的方式实现的；其次，对于还没有被纳入全国人大常委会立法规划或者立法暂时还不成熟但又亟须予以规范的，往往由国务院制定行政法规予以先行管理规范，待条件成熟时再提请全国人大常委会制定法律。重要的行政法规包括：上述各环境保护法律的实施条例，《森林和野生动物类型自然保护区管理办法》《野生植物保护条例》《自然保护区条例》《风景名胜区条例》《水产资源繁殖保护条例》《基本农田保护条例》《土地复垦条例》等。

此外，行政法规还包括以下几个类别：一是有关环境标准、环境监测管理的行政法规，如2020年颁布的《生态环境标准管理办法》，以及地方制定的不低于国家标准的地方环境标准等；二是有关建设项目和经济区的环境行政管理法规，如《建设项目环境保护管理条例》（1998年通过，2017年修订）、《防治海岸工程建设项目污染损害海洋环境管理条例》（1990年通过，2018年第三次修订）等；三是有关企业的环境行政管理法规，如《工业企业环境保护考核制度实施办法（试行）》等；四是有关环境管理机构的设置、职权及行政处罚程序的规定，如国务院《关于环境保护工作的决定》（1984年）、国务院《关于进一步加强环境保护工作的决定》（1990年）、《环境保护税法实施条例》（2017年）等。

2. 环境保护地方性法规、行政规章

各个省、自治区、直辖市以及有地方立法权的设区的市的人大及其常委会有制定地方性法规的权力，可以根据本地实际对国家颁布的法律、行政法规规定更为详细的适用于本区域的实施办法，也可以针对本区域的特定情况制定地方性法规。有权制定地方性法规的人民代表大会所属的人民政府，都有制定地方性规章的权力。在环境保护领域，地方性法规、行政规章数量非常多，但大多是针对全国性法律法规的实施办法，内容和法律法规重复较多。

以北京市为例，北京市现行有效的地方性环境保护法规有：《北京市实施〈中华人民共和国渔业法〉办法》（2007年修订）、《北京历史文化名城保护条例》（2021年）、《北京市实验动物管理条例》（2021年修正）、《北京市实施〈中华人民共和国水法〉办法》（2022年修正）、《北京市公园条例》（2019年修正）、《北京市水污染防治条例》（2021年修正）、《北京市市容环境卫生条例》（2021年修正）、《北京市实施〈中华人民共和国防震减灾法〉规定》、《北京市大气污染防治条例》（2018年修正）、《北京市实施〈中华人民共和国节约能源法〉办法》（2019年修正）、《北京市森林资源保护管理条例》（2018年修正）、《北京市河湖保护管理条例》（2019年修正）、《北京市古树名木保护管理条例》（2019年修正）、《北京市矿产资源管理条例》（2016年修正）、《北京市野生动物保护管理条例》（2020年）、《北京市水利工程保护管理条例》（2021年修正）、《北京市绿化条例》（2019年修正）、《北京市水土保持条例》（2019年修正）、《北京市基本农田保护条例》（2016年修订）、《北京市城乡规划条例》（2021年修正）等。北京市地方环境法规主要有两种类型：一种是针对国家颁布的法律法规制定的具体实施办法，另一种是根据北京自身特点制定的对公园、古树名木等的特别保护法规。

（五）环境标准

环境标准，即环境保护标准是国家为了维护环境质量、控制污染，保护人群健康、社会财富和生态平衡而制定的各种技术指标和规范的总称，是环境保护法体系的重要组成部分。环境标准是和环境法相结合同时发展起来的，它是具有法律性质的技术规范，是制定环境目标和环境规划的依据，也是判断环境是否受到污染和制定污染物排放标准的法定依据。一般来说，我国国家立法机关往往只对防治环境污染破坏的事宜作出一些原则性的规定，而将具体的实质性规定授权给国务院；国务院则将各种环境标准的制定和颁布的权力授权给国家生态环境部门。我国国家级环境标准由生态环境部组织制定，截至 2023 年已颁布了 2 882 项国家生态环境标准；地方环境标准由省级生态环境部门组织制定，报同级人民政府审批、颁布和废止，一般来说，地方环境标准可高于但不得低于国家环境标准（具体内容见第四章第三节）。

环境法中很多规范都依赖于环境标准的运行。环境标准是一种科学判断，是人类对环境系统干扰量的体现，而环境法作为维持和提高环境质量的手段，其目的是将人类对环境体系的干扰控制在最低限度内。因此，虽然各国环境基本法对环境目标设定的内容各不相同，但在环境目标的设定及实现程度上，都与环境标准紧密相关。环境目标的设定是通过环境标准中的质量标准来表达的，其实现及实现程度即环境质量的好坏，也只能通过环境标准来判断，尤其依赖于环境质量标准与污染物排放标准。从这一意义上讲，传统环境法律体系是以环境标准为基础建立起来的，而环境标准又是建立在环境科学中的“环境消纳能力”的基础上的。因此，从环境法体系尤其是环境行政法角度看，判断环境违法行为的重要依据是遵守环境标准与否。环境法是环境管理的有效手段，环境标准也由此成为环境管理的核心与环境执法的主要技术依据。

环境标准是建立在环境科学基础上的科学判断。人类利用环境科学对某一污染物进行长期观测，建立数据模型，确定环境介质的消纳能力，然后据此制定环境标准。由于环境系统的复杂性，人们不能而且永远无法准确判断出环境的“消纳能力”，因此环境标准在科学意义上存在不肯定性。可以说环境标准由环境问题而生，也因环境科学的发展而不断变化，同时受制于社会生产力发展水平，因而环境标准的变化并非随心所欲，它不仅应适应国家经济发展的现状和对环境的现实需求，而且要与国际大环境相适应，逐步向国际环境标准靠拢，防止出现国外企业的污染转移，消除国际贸易壁垒。因此，国家在制定环境标准时要综合考虑各方面的因素，适用尺度要适当。

由于环境标准在环境科学上具有不肯定性（这是因为人们无法严格确定环境系统的消纳能力，同时也无法肯定何种环境标准是我们能够容忍的安全标准），而环境管理又要求环境标准的制定必须在上述不肯定性中作出一个既定的选择，即确定哪种环境标准才是环境管理所必需的、合适的，这就使以环境标准为基础的传统环境法律体系面临新的挑战。现代环境法基于对环境的保护，倾向于将风险防范精神引入环境法，即采取一定的防范措施来维护环境这个脆弱的系统，以克服环境标准所存在的不肯定性。虽然风险防范思想在环境法上的确立，在一定程度上冲击了环境法对环境标准依赖的局面，但这种冲击并非要以风险防范思想替代环境标准，两者可以并存互动，共同促进环境保护事业的发展。

（六）其他部门法中的环境保护规范

环境法与其他部门法有不同程度的渊源关系，如民法、刑法、国际法、行政法、劳动与社会保障法、经济法等。从环境法的体系来看，环境法的基本原则、基本制度等方面的内容较具独立性，而环境法的法律责任、程序制度等方面的内容则主要属于其他部门法中的相关法律规范，亦称为环境法的准用性规范。我国各主要部门法中的环境保护规范主要包括以下几项。

1. 民法中的相关规范

民法中的许多原理和制度与环境法有着重要的渊源关系，如物权法与自然资源法或自然保育法的渊源关系；相邻关系与环境侵权的渊源关系；损害赔偿与公害救济的渊源关系；民事责任原则与环境民事责任的渊源关系；合同法与排污权交易及自然资源财产权交易的渊源关系等。我国《民法典》绿色条款具有时代特色，形成了由绿色原则、绿色物权、绿色合同、绿色责任构成的有机体系。我国《民法典》中与环境法相关的主要规范如下。

（1）《民法典》第 9 条对绿色原则的规定："民事主体从事民事活动，应当有利于节约资源、保护生态环境。"本条在民法中宣示绿色发展理念，确立生态安全价值，协调经济自由发展与生态安全的关系；确立生态伦理观，协调代内公平与代际公平的关系；将生态伦理纳入民法的基本原则，为民法规范、条款、制度的"绿色化"和相关裁判解释提供依据。

（2）通过"绿色物权"制度体系确立环境私益与公益双重保护机制。《民法典》物权编通过部分绿色条款，从节约资源和保护环境两个角度建立了私益和公益的双重保护机制，确立了由相邻关系、建筑物区分所有权以及添附和地役权构成的三位一体的绿色制度体系。其中，第 288～296 条分别就用水、排水、通风、采光、日照及污染物质排放等常见生活性环境问题作出规定，确立了保护公民美好生活环境的底线。在环境公益保障方面，《民法典》物权编引入公法性内容，确认重要环境要素公有、分层保护环境公共权益。其中，第 209、251、252 条等确认并扩展宪法有关国有资源的范围，把重要环境要素纳入国家所有范畴，并在第 246 条重申"国家所有即全民所有"，为从全民利益、公众需要角度分配、管理和保护这些重要资源奠定权属根基。第 286、326、346 条规定了所有权和用益物权行使的生态环境约束，为环境公益保障提供了反向制度激励。其中第 346 条规定的"设立建设用地使用权，应当符合节约资源、保护生态环境的要求，遵守法律、行政法规关于土地用途的规定"，环保意义重大。

（3）通过"绿色合同"规则明确合同履行的环保义务。《民法典》合同编在《合同法》基础上新增了四个与生态环境保护有关的条款，为合同领域植入绿色要素，对经济交易活动提出了绿色要求，对生态文明的时代需求作出了制度性回应。包括：第 509 条在原《合同法》第 60 条基础上增加第 3 款，规定"避免浪费资源、污染环境和破坏生态"，将绿色原则纳入附随义务体系；第 558 条在《合同法》第 92 条基础上增加了"旧物回收"义务；新增第 625 条，对第 558 条规定的旧物回收义务进一步具体化；第 619 条关于包装方式不明确时应采取"有利于节约资源、保护生态环境"的包装方式的规定，明确了合同法上的适当包装义务，以立法方式确定了合同环保附随义务中的协助义务。

（4）通过“绿色责任”提高环境侵权违法成本，这是《民法典》与环境法联系最为紧密的部分。《民法典》侵权责任编采用专章方式，以第1229～1235条共七个条文规定“环境污染和生态破坏责任”，使环境侵权的责任理念、责任范围、责任方式、责任程度等均有很大“升级”。其中，第1229条明确将污染环境和破坏生态都作为环境侵权的具体类型，扩大了环境侵权责任的规制类型与范围。第1232条增设环境侵权惩罚性赔偿规定，第1235条对生态环境损害赔偿范围的规定，加重了恶意违法者实际承担的法律责任，在很大程度上提高了环境侵权的违法成本；在法律规范层面，更填补了生态环境破坏无对应的具体法律责任的漏洞，使司法实践中判决生态环境修复不用再借道“恢复原状”。第1234、1235条增设生态环境损害赔偿请求权主体与赔偿范围的规定，解决了生态环境损害赔偿诉讼无法律依据的问题，实现了《民法典》规范与环境法中公益诉讼、生态环境损害赔偿相关规定的良好衔接，建立起一个“公法义务、私法操作”的生态环境损害赔偿责任实现机制。①

2. 刑法中的相关规定

随着环境问题的日益严峻，近年来，各国在环境保护中都越来越充分地重视刑事责任的特殊功能，刑法在环境保护方面的适用范围不断扩大，一些国家修订普通刑法，设专章规定危害环境罪（如德国），另一些国家针对危害环境罪专门制定了单行的特别刑法（如日本的《公害罪法》）。在刑事责任形式方面，对环境相关的犯罪在采取人身刑的同时广泛地运用了财产刑。

我国《刑法》第二编第六章妨害社会管理秩序罪的第六节专门规定了“破坏环境资源保护罪”，其中破坏环境资源保护的具体犯罪包括：污染环境罪，非法处置进口的固体废物罪，擅自进口固体废物罪，走私废物罪，非法捕捞水产品罪，危害珍贵、濒危野生动物罪，非法狩猎罪，非法猎捕、收购、运输、出售陆生野生动物罪，非法占用农用地罪，破坏自然保护地罪，非法采矿罪，破坏性采矿罪，危害国家重点保护植物罪，非法引进、释放、丢弃外来入侵物种罪，盗伐林木罪，滥伐林木罪，非法收购、运输盗伐、滥伐的林木罪。此外，与环境相关的罪名还有：投放危险物质罪；过失投放危险物质罪；非法制造、买卖、运输、储存危险物质罪；危险物品肇事罪；非法经营罪；提供虚假证明文件罪；出具证明文件重大失实罪；妨害公务罪；破坏计算机信息系统罪；环境监管失职罪等。

3. 行政法中的相关规定

目前，世界上许多国家在环境保护的单行行政法规中直接规定环境犯罪的刑事条款，特别是英美法系国家大都采取行政刑法的模式规定和处罚环境犯罪。而在一些大陆法系国家，如日本，有关环境犯罪的行政刑罚也广泛适用。

我国《治安管理处罚法》中也有对尚不构成犯罪的环境违法行为给予行政处罚的规定。例如，第30条规定：“违反国家规定，制造、买卖、储存、运输、邮寄、携带、使

① 吕忠梅. 实施《民法典》绿色条款的几点思考. 法律适用，2020（23）：8.

用、提供、处置爆炸性、毒害性、放射性、腐蚀性物质或者传染病病原体等危险物质的，处十日以上十五日以下拘留；情节较轻的，处五日以上十日以下拘留。”第 58 条规定：“违反关于社会生活噪声污染防治的法律规定，制造噪声干扰他人正常生活的，处警告；警告后不改正的，处二百元以上五百元以下罚款。”

此外，我国经济行政法、文化行政法、卫生行政法、海关行政法等行政法中也包含大量有关环境保护的规范。

4. 经济法、劳动法、诉讼法等部门法中的相关规定

环境法与经济法有密切的关系，许多经济法规中都包含着环境法的内容，如企业法、土地法、农业法、交通运输法、涉外经济法、建筑法等。劳动法中有关于生产劳动环境保护的规定。诉讼法中有关于处理环境资源行政纠纷、民事纠纷、刑事审判的程序规定。

（七）国际法中的环境保护规范

由于环境问题具有全球性，环境保护的国际法规范越来越为各国所重视。根据习近平生态文明思想和习近平法治思想的要求，中国生态文明法治建设必须构建国内国际协同治理体系、向世界环境治理体系贡献中国智慧与中国方案。为此，中国积极参与联合国环境保护事务，缔约和加入了大量的环境保护国际条约。我国参加并已对我国生效的一般性国际条约中的环境保护规范和专门性国际环境保护条约中的环境保护规范，包括我国参加或缔结的有关环境资源保护的双边、多边协定和国际条约及履行这些协定和条约的国内法律等，也是我国环境法体系的重要组成部分。我国参加的重要的环境保护国际条约有《联合国海洋法公约》《控制危险废物越境转移及其处置巴塞尔公约》《保护臭氧层维也纳公约》《联合国气候变化框架公约》《生物多样性公约》《关于环境保护的南极条约议定书》等。

环境法学体系是环境法立法体系的延伸。我国法学界对环境法学体系有各种不同的认识。法学体系可以较立法体系超前，要体现当代环境法体系的发展趋势，适应我国环境法治建设的发展需要。“中国环境法正在将环境与资源、环境保护与经济社会发展结合起来，正在发展成为以保护环境资源为主，综合调整环境、经济、社会发展问题的可持续环境法体系。”① 基于这种认识，当前我国环境法学界将我国环境法学体系大致概括为四部分：一是总论，阐述环境法的基本原理和基本制度。二是环境污染防治法，这是传统环境保护法的基本内容，是现代环境法的两大任务之一。它以保护人的生命与健康权利为核心，以社会公共利益的保护为本位，以对污染的事先防范为主要目的。三是生态保护建设法或自然资源法，这是现代环境法的另一主要任务。在环境法体系中，生态保护建设法通过经济管理手段并更多地借助财产法的调整方法，直接保护所有者的各种自然资源财产权利，其根本的法律价值取向是保证自然资源的永续利用和国家的生态安全，促进经济和社会的可持续发展。四是国际环境法。这种体系旨在强调污染防治与生态保护建设的统一，并探索生态环境保护在法律上的整合途径。

---

① 蔡守秋. 当代中国环境法的发展特点和趋势. 1999 年可持续发展环境资源法学研讨会论文集：1.

法条链接

1.《中华人民共和国宪法》第 9 条、第 10 条、第 14 条第 2 款、第 22 条第 2 款、第 25 条、第 26 条、第 51 条等；

2.《中华人民共和国环境保护法》全文；

3.《中华人民共和国民法典》第 9 条；

4.《中华人民共和国民法典》第 209 条、第 224 条、第 225 条、第 120 条、第 326 条、第 346 条、第 288～296 条；

5.《中华人民共和国民法典》第 509 条、第 558 条、第 619 条、第 1229～1235 条等；

6.《中华人民共和国刑法》第二编第六章第六节破坏环境资源保护罪等；

7.《中华人民共和国治安管理处罚法》第 30 条等。

深度阅读

1. 周珂. 环境法学研究. 北京：中国人民大学出版社，2008.

2. 肖剑鸣，欧阳光明，等. 比较环境法专论. 北京：中国环境科学出版社，2004.

3. 徐祥民，巩固. 关于环境法体系问题的几点思考. 法学论坛，2009 (2).

4. 刘国涛. 科学发展观指导下的环境法体系之创新. 法学评论，2004 (4).

5. 竹下贤，李桦佩. 环境法的体系理念与法治主义的实质化. 太平洋学报，2009 (7).

思考与练习

一、思考题

1. 如何理解环境法的概念和特征？

2. 简述环境法的体系模式。

3. 我国环境法的体系包括哪些主要部分？

4. 我国《宪法》中有哪些环境法律规范？

5. 我国《环境保护法》在环境法体系中的地位如何？

6. 我国《民法典》中有哪些环境法律规范？

二、练习题

1. 下列哪一项不属于宪法规定的公民的基本权利？（　　）

A. 环境权　　B. 平等权　　C. 出版自由　　D. 受教育权

2. 某化肥厂以其污水处理设施“效率低、费用高”为由，予以停运拆除。在下列哪一情况下，该厂构成违反《环境保护法》的行为？（　　）

A. 未在事前获得权威性技术论证　　B. 未采用替代性的污水处理措施

C. 未征得当地环保局的同意　　D. 未征得附近村民的同意

3. 由于某化工厂长期排污，该厂周边方圆一公里内的庄稼蔬菜生长不良、有害物质含量超标，河塘鱼类无法繁衍，该地域内三个村庄几年来多人患有罕见的严重疾病。根据《环境保护法》的规定，下列哪一选项是错误的？（　　）

A. 受害的三个村的村委会和受害村民有权对该厂提起民事诉讼

B. 因环境污染引起的民事诉讼的时效为 3 年

C. 环境污染民事责任的归责原则实行公平责任原则

D. 环境污染致害的因果关系证明，受害方不负举证责任

4. 根据《环境保护法》的规定，下列哪一项是县级以上人民政府生态环境主管部门的职权？（　　）

A. 对国家环境质量标准中未作规定的项目，制定地方环境质量标准

B. 对国家污染物排放标准中未作规定的项目，制定地方污染物排放标准；对国家污染物排放标准中已作规定的项目，制定严于国家污染物排放标准的地方污染物排放标准

C. 定期发布环境状况公报

D. 会同有关部门对管辖范围内的环境状况进行调查和评价，拟订环境保护规划

5. 根据《中华人民共和国环境保护法》的规定，环境影响报告书应在建设项目的哪一阶段报批？（　　）

A. 设计阶段　　B. 可行性研究阶段

C. 竣工验收阶段　　D. 投入使用阶段

6. 根据《环境保护法》规定，下列哪些选项属于农业环境保护的措施？（　　）

A. 防治土地沙化、盐渍化、贫瘠化、沼泽化

B. 防治植被破坏、水土流失、水源枯竭

C. 推广植物病虫害的综合防治

D. 合理使用化肥、农药及植物生长激素

7. 关于环境民事责任的免责，下列哪些选项是错误的？（　　）

A. 凡不可抗拒的自然灾害造成环境污染的，均应免责

B. 第三者责任造成污染损失的，排污单位免责

C. 污染损失由受害者自身引起，排污单位也要承担责任

D. 排污单位积极采取减排措施，虽减少了污染损失，仍不可以免责

8. 某企业防治污染的设施年久老化，需拆除重建。根据《环境保护法》的规定，该企业应履行下列哪些程序？（　　）

A. 旧设施拆除经企业上级主管部门批准后即可实施

B. 旧设施拆除须经所在地环保局同意后方可实施

C. 新设施建成后应当按规定报请验收

D. 新设施建设期间该企业必须停止生产

9. 某化工厂将废水直接排入河道，流入秦某的鱼塘，造成鱼塘的鱼全部死亡。该厂承认其侵权，但对秦某提出的赔偿数额不接受。对此，下列哪些选项是正确的？（　　）

A. 秦某可以请求生态环境主管部门处理

B. 秦某对生态环境主管部门的处理决定不服的，可以向法院起诉

C. 秦某可以不经过生态环境主管部门处理而直接向法院起诉

D. 秦某要求损害赔偿的诉讼时效为 2 年

10. 某节目演出组到某山区演出，该地属自然保护区范围。演出组在某一天然景点搭设了一座栈桥，为运送演出设备在区内修建了一条简易公路。区内环境和植被因此遭受一定程度的毁坏。演出计划得到了主管部门和当地政府批准，演出组并已付钱请当地人承担恢复原貌工作。关于该事件的下列哪些意见是错误的？（　　）

A. 演出组在该自然保护区内景点修建的是临时建筑物，其影响环境的行为不受我国环境保护法的约束

B. 演出组为了演出需要而搭设栈桥，不属于工业性项目，也没有污染排放，环境保护管理部门无须过问

C. 演出组的行为即使对当地环境有影响，也不构成跨区环境问题，不属于国务院生态环境主管部门的监管范围

D. 对于该演出组的上述行为，我国法律目前没有可适用的处罚规定

11. 下列关于环境损害赔偿纠纷处理的说法，哪些是正确的？（　　）

A. 解决环境损害赔偿纠纷，必须先经过生态环境主管部门的调解处理，这是向人民法起诉之前的必经程序

B. 对生态环境主管部门的调解处理决定不服的，既可以提起行政诉讼，也可以提起民事诉讼

C. 因环境污染损害赔偿提起诉讼的时效期间为 3 年

D. 因环境污染引起的损害赔偿诉讼，对原告提出的侵权事实，被告否认的，由被告负举证责任

12. 2023 年 8 月，由于天气干旱，农民甲的农作物缺水，甲便将某化肥厂排放的污水引入自己的农田灌溉，结果造成农作物死亡，甲要求化肥厂承担赔偿责任。下列关于此案的说法哪些是正确的？（　　）

A. 根据无过错原则，化肥厂应承担赔偿责任

B. 甲可以直接以化肥厂为被告提起诉讼

C. 化肥厂须举证证明损害是由甲自己的行为造成的方可免责

D. 甲提起诉讼的最后期限为 2026 年 8 月

E. 造成环境污染危害的，其行为违法与否，不影响民事责任的确定

13. 前案例举证责任何者为正确？（　　）

A. 农民甲无须承担任何举证责任

B. 化肥厂如否认自己侵权，必须负举证责任

C. 化肥厂如能证明自己排放的污水没有超标，可免于承担责任

D. 农民甲需举证证明农作物死亡是污水导致的

第三章 环境法的基本原则

重点知识

保护优先原则　预防为主原则　综合治理原则　公众参与原则　损害担责原则

环境法的基本原则是环境法治建设的指导方针，是学习和掌握环境法具体制度的基础和纲领。本章的学习目的是通过学习掌握环境法的基本原则，进一步理解可持续发展的丰富内涵。通过深入理解环境法基本原则的性质、内容和作用，更准确地把握我国环境法的整体精神实质，从而认识环境法的整体关联性，全面地理解我国各种环境法律规范的核心内容，为学习和掌握具体环境法律制度奠定基础。

环境法的基本原则是指为我国环境法所规定或体现的，调整因保护和改善环境而产生的社会关系的基本准则，它以实现可持续发展为目标，适用于所有的环境保护法律法规，贯穿于整个环境法体系，反映环境法本质和特征，对贯彻和实施环境法具有普遍的指导作用。

环境法基本原则的性质在于：第一，浓缩了社会对环境保护行为和价值的根本判断，也体现了现代文明核心的道德观。作为当代中国生态文明建设的核心理念的习近平生态文明思想，蕴含着山水林田湖草沙是生命共同体的生态伦理观、绿水青山就是金山银山的协同发展观、保护生态环境就是保护生产力的科学政绩观和良好的生态环境是最普惠的民生福祉的公平正义观四个价值观念。我国环境法的基本原则也集中体现了这些价值观念。第二，是环境法律规范的基础，是在法律中较为稳定的原理和准则。第三，不预先设定任何确定而具体的事实状态，也没有规定具体的权利、义务和责任。第四，只有在被制定到环境保护法律中时才具有直接的拘束力。这是一个实证化的过程。比如污染者负担原则，它在制度规范层面的表现是排污收费制度、生态补偿制度和相应的行政罚则等。第五，不是空泛的口号，而是环境法律具体制度应当遵循的法治理念，其功能在于形成法律体系并引导法规范，具体表现为：(1) 普遍效力：只要具体法律规则被适用，法律原则就在发挥作用；(2) 直接效力：具体法律规则失效时，原则“临时理政”，被直接适用；(3) 补充法律漏洞；(4) 解释效力：通过原则解释解决规则冲突；(5) 续造效力：法官在司法活动中根据基本原则能动司法。

环境法的基本原则要符合以下要求：第一，在环境法律法规中有所体现，反映环境法的本质与特征，以可持续发展为目标；第二，全面贯彻于环境法律规范的始终，弥补具体法律规范对环境法律关系调整的不足；第三，是国家环境保护方针政策在法律上的体现，是贯穿于整个环境法的具有普遍意义的指导性规范；第四，是基于一定时期内环境问题的特点的认知和对策形成的，各国各历史时期基于国情和法律制度的不同，对基本原则也各有差异和变化。

各国环境立法中都重视基本原则的规定，如德国 1971—1976 年《联邦政府环境政策纲领》就出现了预防原则、污染者付费原则、合作原则等；欧盟环境立法有预防原则、融合性原则等；美国环境立法的环境正义原则等。我国于 1973 年 8 月召开的第一次全国环境保护工作会议上，通过了“全面规划，合理布局，综合利用，化害为利，依靠群众，大家动手，保护环境，造福人民”的环境保护工作 32 字方针，尽管 1979 年《环境保护法（试行）》和 1989 年《环境保护法》中都没有明确规定基本原则，但这个 32 字方针被视为环境保护工作的指导思想和基础性原则，并在实践中发挥出积极的作用。2014 年新修订的《环境保护法》第 5 条规定了我国环境保护的五项基本原则：保护优先、预防为主、综合治理、公众参与、损害担责。

一、保护优先原则

（一）概念和意义

2014 年新修订的《环境保护法》规定，环境保护坚持保护优先。该原则狭义上是指在环境保护管理活动中应当把环境保护放在优先的位置加以考虑，在环境利益和其他利益发生冲突的情况下，应当优先考虑环境利益，作出有利于环境保护的决定。广义上是指，国家按照环境保护基本国策和经济社会发展与环境保护相协调的要求，在处理经济社会发展与生态和环境保护的关系时，要把生态和环境保护放在较优先的位置予以考虑和对待。

这项原则表明，在我国环境资源保护与经济社会发展这对矛盾，前者已成为矛盾的主要方面，即成为瓶颈性问题。在如何对待自然资源问题上，资源保护相对于开发利用具有优先性，我国以往的环境资源保护法基本上都奉行开发利用优先的理念和原则，这不能满足经济社会可持续发展的要求。保护和开发利用是一对矛盾，当二者发生冲突时，要按照法律的规定，突出环境和自然资源保护的目的。在如何对待环境问题上，当环境保护与经济建设发生冲突时，要优先保护环境，经济社会发展要满足环境保护的需要。

（二）产生和发展

这项原则的前身是“环境保护与经济社会发展相协调”原则，两者都旨在明确和调整环境保护与经济社会发展的关系，但保护优先原则使这种关系的法律表达和规范更加清晰与合理。保护优先原则是国际环境保护的基本趋势。例如，《欧盟条约》中确立的“高级保护原则”，作为环境政策和法律中的一项基本原则规定：共同体的环境政策应该瞄准高水平的环境保护，考虑共同体内各种不同区域的各种情况。该政策应该建立在防备原则以及采取预防行动、环境破坏应该优先在源头整治和污染者付费等原则的基础之上。这不仅是对共同体的环境措施提出了严格的环境质量的要求，而且体现了明显的保护优先的政策定向。又如，2002 年颁布的《俄罗斯联邦环境保护法》第 3 条规定：为保证可持续发展和良好的环境，将人、社会和国家的生态利益、经济利益和社会利益科学合理地结合起来；自然生态系统、自然景观和自然综合体的保全优先；根据环境保护的要求确定经济活动和其他活动影响自然环境的容许度；禁止对环境的影响后果无法预测的经济活动和其他活动，禁止实施可能导致自然生态系统退化，植物、动物及其他生物体遗传基因改变和丧失，自然资源衰竭和其他不良环境变化的方法，明确地将“环境保护优先”规定为环境管理的一项基本原则。

我国最早规定保护优先的规范性文件是全国人民代表大会 2006 年通过的《中华人民共和国国民经济和社会发展第十一个五年规划纲要》。该纲要确立了国土空间的主体功能区划制度，要求在不同的功能区采取不同的经济发展策略和环境保护措施。其中在关于限制开发区域发展方向的规定中提出“坚持保护优先、适度开发、点状发展”的要求。我国 2014 年新修订的《环境保护法》中有关生态红线、环境健康、生态安全、基本国策以及环境保护目标责任制和考核评价制度等的规定，都是以保护优先原则为前提和基础的。

（三）内容和实施

保护优先原则在我国的贯彻实施首先体现在观念的确立上。在《环境保护法》中，该原则首先体现在总则规定的立法目的、基本国策、环境义务、政府环境责任上；其次体现在环境管理上，包括环境保护工作实施统一监督管理（第 10 条），环境保护工作纳入国民经济和社会发展规划（第 13 条），组织制定经济、技术政策应当充分考虑对环境的影响（第 14 条），可以制定严于国家环境质量标准的地方环境质量标准（第 15 条），可以制定严于国家污染物排放标准的地方污染物排放标准（第 16 条）等；最后，体现在保护和改善环境的制度上，如环境限期达标制度（第 28 条），生态保护红线制度（第 29 条），自然资源合理开发、保护生物多样性、保障生态安全（第 30 条），生态保护补偿制度（第 31 条），以及总量控制、排污许可、公共监测预警、环境公益诉讼制度等。

二、预防为主原则

（一）概念和意义

预防为主原则，是指国家在环境保护工作中采取各种预防措施，防止环境问题的产生和恶化，或者将对环境的污染和破坏控制在能够维持生态平衡、保护人体健康和社会物质财富及保障经济、社会持续发展的限度之内，并对已造成的环境污染和破坏进行积极治理的原则。

这项原则是现代环境保护的灵魂。传统的环境保护仅限于对环境污染和破坏造成的后果予以事后消极补救，对环境问题的事前规范功能很有限，而环境一旦遭受污染和破坏，要消除其危害往往比较困难，有些后果甚至是无法补救的。预防为主原则是对传统环境保护法律规范的重新解构，体现为积极的防治。传统法（尤其是行政法）所要规范的行为基本是确定的，相关的决策也是确定性的，无论是规则制定，还是对具体问题进行调处，如处罚、许可、强制，都要求有明确的事实、确凿的证据、明确的规则依据，甚至是精确的成本-效益计算，而风险及其规制则面对的是不确定性，风险是否存在、多大、该如何控制、可以控制在什么程度都无法准确计算。传统环境法的制度设计模式是管制—救济/整治，而现代环境法的制度设计模式是风险—管制—救济/整治。传统环境法的核心是危害排除，即强调对权益的保护，在风险占据理论制高点之后，风险排除和预防应成为环境法的核心，兼顾危害排除。预防为主原则是针对当代环境问题的特点，结合国内外防治环境污染和环境破坏的经验教训提出的。西方工业国家在经济发展的过程中大多走了一条“先污染后治理”的道路，虽然也制定了一些法律，但大都是采取“头痛医头，脚痛医脚”的方法，仅仅针对某一环境要素作出了保护规定，而未将环境作为一个整体来对待。从早期环境法所依据的相邻权制度、侵权法制度的法律原则来看，其均不可能包含预防为主的内容，而基本上是基于民法的具有事后救济性质的损害赔偿制度。到20世纪60年代，随着环境危机的频繁发生，人们开始意识到环境预防的重要性与迫切性，提出了“与其在环境问题出现后治理，不如在未出现前就预防”的观点。①

（二）产生和发展

1980年联合国环境规划署起草的《世界自然资源保护大纲》首先提出了“预期的环境政策”，要求任何可能引起环境污染的重大决定都能在其最早阶段就充分考虑到资源保护及其他要求。由此，预防为主的原则越来越受到各国的重视，并逐步成为国家环境管理和立法中的重要指导原则。《里约环境与发展宣言》原则15指出：国家为保护环境应应用符合预防原则所有可能性措施，在面对严重或无法恢复的威胁的时候，不得以欠缺完整的科学确定性为理由延缓各种具有成本有效性且可以避免环境劣化的措施。欧盟委员会在2002年就通过《关于预防原则的委员会声明》将风险预防原则正式纳入了公共决策的考量表。我国1973年提出的环境保护32字方针中的“全面规划，合理布局”即具有预防为主的功能。2014年修订的《环境保护法》第19条规定的“编制有关开发利用规划，建设对环境有影响的项目，应当依法进行环境影响评价。未依法进行环境影响评价的开发利用规划，不得组织实施；未依法进行环境影响评价的建设项目，不得开工建设”，体现了这一原则的要求。此外，各环境保护单行法中也有相关内容的规定。环境保护工作中的环境影响评价制度、“三同时”制度、排污许可证制度、限期治理制度、排污收费制度、清洁生产和循环经济制度等都体现了这项原则的要求。

（三）内容和实施

环境法确定这一原则主要是由环境问题本身的特点决定的。

（1）环境污染和破坏一旦出现就难以消除与恢复，甚至具有不可逆性，如重金属污染、地下水污染等。

（2）治理环境污染和破坏的成本高昂，往往要投入巨额资金。

（3）环境污染和破坏所造成的危害具有缓释性，在时间和空间上易变性很大，具有难以预见性和不确定性，加之科学技术的局限，人类对损害环境的活动所造成的影响和

---

① 程正康．环境法概要．北京：光明日报出版社，1986：49.

最终后果往往难以及时发现。

（4）环境污染和破坏所造成的后果往往比较严重，对人体健康危害极大，会导致一系列疾病的发生，而且这些疾病不易发现也不易治疗。

贯彻这一原则的具体要求是，根据我国环境法的有关规定，建立以预防为主的环境保护责任制度，采取有效措施，防止造成各种环境污染和破坏；严格控制新的环境污染和破坏，严格执行环境影响评价和“三同时”制度，加强对建设项目的环境管理，加强环境监测，建立环境突发事件预警和应对预案，对可能发生重大污染的企业事业单位采取防范措施等。

三、综合治理原则

（一）概念和意义

综合治理原则，是指法律规定一切单位和个人都有保护环境的义务，并通过行政的、市场的和自治的等各种机制和手段，积极有效地治理环境问题。它是协商民主与公共治理理念在环境保护中的体现。

这项原则集中体现在2014年修订的《环境保护法》中。

（1）多元共治：《环境保护法》第6条规定：“一切单位和个人都有保护环境的义务。地方各级人民政府应当对本行政区域的环境质量负责。企业事业单位和其他生产经营者应当防止、减少环境污染和生态破坏，对所造成的损害依法承担责任。公民应当增强环境保护意识，采取低碳、节俭的生活方式，自觉履行环境保护义务。”

（2）管理体制：《环境保护法》规定了统一管理、部门分工的管理体制，规定了生态环境主管部门、自然资源主管部门、财政、教育、农业农村、公安、监察机关、任免机关、人民法院等有关部门和机关的环保职责。[①] 第21条规定，国家采取财政、税收、价

---

① 2018年，根据党的十九大和十九届三中全会部署，我国进行了国务院机构改革。与环境和资源保护有关的改革主要涉及：

（1）组建生态环境部。将环境保护部的职责，国家发展和改革委员会的应对气候变化和减排职责，国土资源部的监督防止地下水污染职责，水利部的编制水功能区划、排污口设置管理、流域水环境保护职责，农业部的监督指导农业面源污染治理职责，国家海洋局的海洋环境保护职责，国务院南水北调工程建设委员会办公室的南水北调工程项目区环境保护职责整合，组建生态环境部，作为国务院组成部门。不再保留环境保护部。

（2）组建自然资源部。将国土资源部的职责，国家发展和改革委员会的组织编制主体功能区规划职责，住房和城乡建设部的城乡规划管理职责，水利部的水资源调查和确权登记管理职责，农业部的草原资源调查和确权登记管理职责，国家林业局的森林、湿地等资源调查和确权登记管理职责，国家海洋局的职责，国家测绘地理信息局的职责整合，组建自然资源部，作为国务院组成部门。自然资源部对外保留国家海洋局牌子。不再保留国土资源部、国家海洋局、国家测绘地理信息局。

（3）组建国家林业和草原局。将国家林业局的职责，农业部的草原监督管理职责，以及国土资源部、住房和城乡建设部、水利部、农业部、国家海洋局等部门的自然保护区、风景名胜区、自然遗产、地质公园等管理职责整合，组建国家林业和草原局，由自然资源部管理。国家林业和草原局加挂国家公园管理局牌子。不再保留国家林业局。

（4）另外，还撤销国家安全生产监督管理总局，组建应急管理部；撤销农业部，组建农业农村部；撤销文化部、国家旅游局，组建文化和旅游部，等。

参见2018年国务院机构改革的情况，中国机构编制网（2019年1月23日），http://www.scopsr.gov.cn/zlzx/jgyg/201902/t20190213_360120_1.html。

本书中涉及2018年国务院机构改革前颁布并且仍然生效的法律中有关改革前的称呼，并不作修改，只在此处作说明。

格、政府采购等方面的政策和措施，鼓励和支持环境保护技术装备、资源综合利用和环境服务等环境保护产业的发展。第22条规定，企业事业单位和其他生产经营者，在污染物排放符合法定要求的基础上，进一步减少污染物排放的，人民政府应当依法采取财政、税收、价格、政府采购等方面的政策和措施予以鼓励和支持。

这项原则体现了现代环境保护与民主法治相结合的客观要求。早期环境保护往往是单纯的政府行政管理行为，企业是管理的对象而非治理的主体，公众对环境保护仅限于从污染受害者角度的关注，治理手段局限于行政管理和对个别案件的司法审判。这种机制远远不能满足环境保护工作的实际需要，更无法实现对环境污染和生态破坏的有效遏制。此外，环境治理是国家治理能力的重要组成部分，提高国家治理能力客观上要求把民主法治更多地引入环境保护工作当中。

（二）产生和发展

我国20世纪70年代提出的环境保护工作32字方针中就有“大家动手”“综合利用”“化害为利”的提法，这是综合治理原则的雏形，并在环境保护工作中收到了良好的效果。20世纪80、90年代以来，协商民主和公共治理的理念逐步进入环境保护领域，一些重要的国际环境保护宣言和公约中对其都有所体现。环境协商民主机制实际上是政府、市场、社会三方互动来解决环境问题的一套运行机制。2013年11月15日，《中共中央关于全面深化改革若干重大问题的决定》提出，协商民主是我国社会主义民主政治的特有形式和独特优势，全会决定把推进协商民主广泛多层制度化发展作为政治体制改革的重要内容，强调在党的领导下，以经济社会发展重大问题和涉及群众切身利益的实际问题为内容，在全社会开展广泛协商，坚持协商于决策之前和决策实施之中。① 环境与整个社会发展和人民生活密切相关，环境问题不仅是我国经济社会发展面临的重大问题，而且是涉及群众切身利益的实际问题，环境问题的解决依赖于环境协商民主机制具有的可能性、必要性和正当性。

协商民主机制在环境保护中的重要体现是环境公共治理。所谓公共治理一般是指政府及其他组织组成组织网络，共同参与公共事务管理，谋求公共利益的最大化，并共同承担责任的治理形式。公共治理不同于政府治理，在公共治理理论的视域下，政府、市场与社会都不是唯一的治理主体，三者间的互动、合作成为必然选择。政府、市场与社会三种机制运行中各存在优势与不足，公共治理的理论基础是政府、市场与社会的三边互动。为了实现公共领域的良好治理，必须而且应当建立起三者良性的网络治理机制，在互动中开辟解决社会公共问题、增进社会公共利益的有效途径。如北京市2014年出台、2018年修正的《北京市大气污染防治条例》第二章为共同防治（初稿名为公共治理），其定义为：“防治大气污染应当建立健全政府主导、区域联动、单位施治、全民参与、社会监督的工作机制。”《环境保护法》正式把综合治理确定为环境保护的基本原则，而公共治理是综合治理最重要的理念和工具。

---

① 关于《中共中央关于全面深化改革若干重大问题的决定》的说明［EB/OL］.（2013－11－15）［2014－04－13］. http://news.xinhuanet.com/politics/2013－11/15/c_118164294.htm.

（三）内容和实施

综合治理在我国环境保护法中主要体现在以下几个方面。

1. 治理主体的多元性

《环境保护法》体现了国家、企业和个人环保公共治理的新理念和新机制。国家、企业、个人三者都有环境保护的义务，三者各自的特点及相互关系是：政府负责、企业积极、个人自觉。在主体关系上，环境公共治理是包含政府与企业、政府与公众的三维合作关系。另外也要重视发挥非政府组织（环保 NGOs）的积极作用。

“政府负责”针对的是我国以往环境法对政府的规定偏重于权而失之于责，2014 年修订《环境保护法》大大加强了政府的环境责任，这是我国环境保护的着力点。

“企业积极”针对的是我国以往企业在环境法中的角色是被动的被管理者，很少积极主动地参与环保。西方发达国家的企业在环保中越来越积极，重要的环境标准如 ISO14000、重要的环境法规如电子电器废物处理的立法均出自企业的自律规范。对比起来，我国企业在环保上还有很长的路要走，要以 2014 年修订《环境保护法》为契机，更积极主动地参与环保。

“个人自觉”针对的是我国目前公众环保意识要大力加强，要把环保与个人修养的提高和追求文明生活方式结合起来。环保的理想状态不是管出来的，而是大家自觉行动共同创造的。在全民中形成环保光荣、污染可耻的共识和准则，共同实现光荣美好的中国梦。

2. 治理途径的多样性

环境公共治理特别注重运用市场手段和经济政策，客观上要求转变政府职能，刺激市场机制发挥作用，鼓励公民社会参与，而且强调行政、市场与公众三者的结合。我国环境保护的一些创新型制度，如：生态补偿、第三方治理、排污权交易与碳排放交易、企业环保诚信制度、政府绿色采购、环保税、环境污染责任保险合同、能源管理等都体现了综合治理的特点。在手段上，环境公共治理机制既包含政府层面的市场化机制和管制措施，同时还有非政府组织的援助手段和公众参与的手段，以及自我规制、契约手段、志愿主义等私主体治理模式。

3. 治理机制的综合性

环境公共治理涉及环境事务中的立法、执法、司法、监督等各个环节，是一种从“预案参与”到“过程参与”、“末端参与”和“行为参与”的全覆盖性的合作治理。环境保护要全社会全方位齐抓共管，相互配合，实现治理的系统化。我国环境法规定了财政、教育、农业农村、公安、监察机关、任免机关、检察院等有关部门和机关的环境保护职责，规定了各级人民政府、生态环境主管部门和其他部门的环境保护职责。

四、公众参与原则

（一）概念和意义

公众参与原则，亦称依靠群众保护环境原则、环境民主原则，是指生态环境的保护与自然资源的开发利用必须依靠公众的广泛参与，环境法通过各种法定的形式和途径确立公众在参与环境管理与保护中的资格，鼓励公众积极参与环境保护事业，保障他们对污染环境和破坏环境的行为依法进行监督的权利。

公众参与原则是保障环境正义、提高环境效益的具体要求。长期以来我国环境法的产生和发展具有行政主导的特点，公众参与的深度和广度十分有限。党的十五大提出建设社会主义法治国家的目标，公民的各项民主权利不断得到保障，公众参与原则在理论和实践方面都得到迅速发展。正如民主、人权等概念的不统一一样，公众参与原则在各国环境法的规定中有不同的具体内容，这取决于一个国家的经济发展水平，以及由此决定的民主与法制建设程度。我国目前实施公众参与原则的主要任务是提高和强化全民族的环境意识和环境法治观念，树立保护和改善环境的良好社会风气。环境保护是一项公益性事业，不仅关系到人民群众的切身利益，影响到每个人的生活和健康，而且影响到社会经济的发展。只有通过宣传教育，使广大群众认识到环境保护的重要性，才能在全社会树立起保护环境、人人有责的风尚，把保护环境变成全体公民的自觉行动。

（二）产生和发展

在我国公众参与原则经历了一个不断发展和完善的过程。1973 年，在第一次全国环境保护会议上提出的环境保护工作 32 字方针中就有“依靠群众，大家动手”的内容，此即具有公众参与的含义。1991 年中国实施了一个由亚洲开发银行提供赠款的环境影响评价培训项目，该项目提出在中国的环境影响报告书中引入公众参与机制的问题，引起中国政府和学者们的兴趣，学者们提出了一些立法建议。1993 年由国家计委、国家环保局等部门联合发布的《关于加强国际金融组织贷款建设项目环境影响评价管理工作的通知》（现已废止）中，第一次提出了公众参与的明确要求，其第 7 条规定：“公众参与是环境影响评价的重要组成部分，《报告书》中应设专门章节予以表述，使可能受到影响的公众或社会团体的利益能得到考虑和补偿。公众参与工作可在《评价大纲》编制和审查、《报告书》审查阶段进行。”总的来说，在我国公众参与原则作为一项法律原则，地位日益提高，功能逐步加强。

（三）内容和实施

公众参与的功能旨在赋予公众环境知情权、参与权和监督权。2014 年《环境保护法》修订时增加了第五章“信息公开和公众参与”，其与相关立法对有关公众参与环境保护的权利内容概括如下。

1. 公民、法人和其他组织依法享有获取环境信息、参与和监督环境保护的权利，即环境知情权

《环境保护法》第 53 条规定：“公民、法人和其他组织依法享有获取环境信息、参与和监督环境保护的权利。”第 54 条规定：“国务院环境保护主管部门统一发布国家环境质量、重点污染源监测信息及其他重大环境信息。省级以上人民政府环境保护主管部门定期发布环境状况公报。县级以上人民政府环境保护主管部门和其他负有环境保护监督管理职责的部门，应当依法公开环境质量、环境监测、突发环境事件以及环境行政许可、行政处罚、排污费的征收和使用情况等信息。县级以上地方人民政府环境保护主管部门和其他负有环境保护监督管理职责的部门，应当将企业事业单位和其他生产经营者的环境违法信息记入社会诚信档案，及时向社会公布违法者名单。”公民有权获得行政机关所掌握的环境资料，对环境状况、政府决策、工程项目等信息享有知情权，有权就相关问题向政府咨询并及时得到答复。政府信息公开是公民环境知情权享有的关键，建立健全政府信息公开机制，包括信息公开的机关、信息的内容、公开度、公开的时间、公民查询的方式、就相关问题进行咨询的途径等都应作出明确的规定。

2. 诉讼权利

首先是司法救济权。公民的环境权益受到侵害时，应当能及时有效地诉诸司法，获得司法上的救济。公民的环境知情权、环境决策参与权受到非法侵害时，也有权通过诉讼得到法律救济。其次是环境公益诉讼权利。符合条件的社会组织提起公益诉讼，人民法院应当依法受理。各级人民政府生态环境主管部门和其他负有环境保护监督管理职责的部门，应当依法为公民、法人和其他组织参与和监督环境保护提供便利。《环境保护法》第 58 条规定，对污染环境、破坏生态，损害社会公共利益的行为，符合下列条件的社会组织可以向人民法院提起诉讼：（1）依法在设区的市级以上人民政府民政部门登记；（2）专门从事环境保护公益活动连续 5 年以上且无违法记录。符合前款规定的社会组织向人民法院提起诉讼，人民法院应当依法受理。提起诉讼的社会组织不得通过诉讼牟取经济利益。

3. 各级政府、生态环境部门必须公开环境信息，及时发布环境违法企业名单

县级以上地方人民政府生态环境主管部门和其他负有环境保护监督管理职责的部门，应当将企业事业单位和其他生产经营者的环境违法信息记入社会诚信档案，及时向社会公布违法者名单。

4. 排污单位必须公开自身环境信息，环评报告书应全文公开

《环境保护法》第 55 条规定：“重点排污单位应当如实向社会公开其主要污染物的名称、排放方式、排放浓度和总量、超标排放情况，以及防治污染设施的建设和运行情况，接受社会监督。”第 56 条规定：“对依法应当编制环境影响报告书的建设项目，建设单位应当在编制时向可能受影响的公众说明情况，充分征求意见。负责审批建设项目环境影响评价文件的部门在收到建设项目环境影响报告书后，除涉及国家秘密和商业秘密的事项外，应当全文公开；发现建设项目未充分征求公众意见的，应当责成建设单位征求公众意见。”

5. 鼓励和保护公民举报环境违法

《环境保护法》第 57 条规定：“公民、法人和其他组织发现任何单位和个人有污染环境和破坏生态行为的，有权向环境保护主管部门或者其他负有环境保护监督管理职责的部门举报。公民、法人和其他组织发现地方各级人民政府、县级以上人民政府环境保护主管部门和其他负有环境保护监督管理职责的部门不依法履行职责的，有权向其上级机关或者监察机关举报。接受举报的机关应当对举报人的相关信息予以保密，保护举报人的合法权益。”

6. 环境行政听证权

我国《环境影响评价法》第 11 条规定，“专项规划的编制机关对可能造成不良环境影响并直接涉及公众环境权益的规划，应当在该规划草案报送审批前，举行论证会、听证会，或者采取其他形式，征求有关单位、专家和公众对环境影响报告书草案的意见”；第 21 条规定，“除国家规定需要保密的情形外，对环境可能造成重大影响、应当编制环境影响报告书的建设项目，建设单位应当在报批建设项目环境影响报告书前，举行论证会、听证会，或者采取其他形式，征求有关单位、专家和公众的意见”。我国各专项环境保护法律法规也对公民的环境保护公众参与权予以保障，规范公众参与的各种途径和程序。

五、损害担责原则

（一）概念和意义

损害担责原则，是指任何对环境和生态造成损害的单位和个人，都必须依法承担相应的法律后果。

这项原则首先是指《环境保护法》第 64 条规定的情形：“因污染环境和破坏生态造成损害的，应当依照《中华人民共和国侵权责任法》的有关规定承担侵权责任。”此处的责任即民事损害责任。其次，也包括违反环境法律义务，直接或间接造成环境和生态损害后果所应承担的法律责任，即《环境保护法》第 6 条规定的情形：“一切单位和个人都有保护环境的义务。地方各级人民政府应当对本行政区域的环境质量负责。企业事业单位和其他生产经营者应当防止、减少环境污染和生态破坏，对所造成的损害依法承担责任。公民应当增强环境保护意识，采取低碳、节俭的生活方式，自觉履行环境保护义务。”造成环境损害所担的责任不仅是民事责任，还包括刑事责任和行政责任。这项原则最充分地体现了环境保护所必须遵循的环境公平正义法则，用以消除环境成本外部化或所谓的外部不经济性，寻求利益与责任相一致的实质公平，是作为环境法重要法理学依据的民法原则的延伸。

（二）产生和发展

在过去相当长的时间内，环境被认为是无主物或公共资源，造成环境污染和破坏的个人或组织只要没有对他人人身和财产造成直接的侵害就不承担任何责任。随着环境问题的加剧，一方面，政府对日益增加的环境保护投资越来越不堪重负；另一方面，环境问题陷入越治理污染越严重的恶性循环。政府环境支出实际上由全体纳税人来支付，个别不当行为造成的环境问题要由全体社会成员来承担，有违法律的公平正义。这就是所谓环境问题的外部不经济性“内部化”。有鉴于此，经济学上提出了“使用者付费”规则，德国联邦政府 20 世纪 70 年代制定环境政策纲领时，就这一原则作出定义：谁使得环境有所负担或污染，其就应支付所造成的负担及治理污染的费用。但污染者付费原则的弊端在于：如果一个排污者所缴纳的排污费远低于其生产所得的效益，那么，它就有很大的原始冲动持续污染。并且，在多重污染之下各污染者分别应付多少费用，以及对环境生态进行恢复的费用确实难以确定，付费的概念已经无法满足制度需要，而转向了“责任”的负担，责任的范围既包括金钱给付，如费用填补和罚金，也包括法律责任和事实上的整治责任，如法律上的行为义务、民事赔偿责任等。这意味着，污染者负责原则是动态的跨越环境法和环境保护整个横切面的原则，与之相关的制度包括排污收费制度、处罚制度、救济制度等。这种转变在法理上表明，环境不再是任人随意取用及毁损者不受制裁的自由财产，而是作为共有财产组成部分的“公共财产”，只有付出一定的代价才能使用，甚至要求使用时应尽可能采取一切措施，避免环境的破坏，在无法避免时，则要求行为人须负担为排除此一毁损及破坏所应支付的费用。1972 年，经济合作与发展组织环境委员会在债权理论的基础上首次提出了环境民事法律责任的基础性原则——污染者负担原则，或称污染者付费原则，提出由污染者承担治理的费用。由于这项原则有利于实现社会公平和防治环境污染，所以很快得到了国际社会的认可，并被许多国家确定为环境保护的一条基本原则。《我们共同的未来》指出，“可持续性要求对决策的影响承担更广泛的责任，可持续发展的目标必须纳入那些负责国家经济政策和计划的国会和立法委员会的职责范围，也就是纳入关键的部门和负责国家政策的机构的职权范围，进一步说，政府的主要经济和专业部门现在就应承担直接责任与义务，保证他们的政策项目和预算不但促进经济上的可持续发展，而且也促进生态上的可持续发展”①。1992 年通过的《里约环境与发展宣言》原则 13 规定：“各国应制定关于污染和其他环境损害的责任和赔偿受害者的国家法律。”原则 16 规定：“考虑到污染者原则上应承担排污费用的观点，国家当局应该努力促使内部负担环境费用。”这是对损害担责原则的国际认可。

损害担责原则在我国环境法中有一个发展和完善的过程。最初于 1979 年的《环境保护法（试行）》中规定了“谁污染谁治理”；20 世纪 80 年代后期我国实行自然资源有偿使用制度，这项原则随之增加了“利用者补偿”的内容；1996 年国务院发布的《关于环境保护若干问题的决定》则将这项原则完整地表述为“污染者付费、利用者补偿、开发者保护、破坏者恢复”；《环境保护法》将其确定为损害担责原则。

（三）内容和实施

1. 污染者付费

亦称污染者负担，指污染环境造成的损失及治理污染的费用应当由排污者承担，而不应转嫁给国家和社会。从经济学的角度来看，生产经营活动所造成的污染属于经营成本，如果经营者不承担这种成本，而由国家和社会承担，是与民法的公平原则格格不入的。污染者付费制度自 20 世纪 70 年代以来已为国际上所普遍承认，并被许多国家确定为环境保护法的一项基本原则。污染者负担主要是针对已经发生的污染，即事后的消极补偿，但有时这一手段并非十分奏效，有些污染者在缴纳了一定的排污费或排污税后，仍继续排污。针对这种情况，很多国家采用了一种污染者负担的新制度，即惩罚性赔偿制度。该制度规定，对那些为一己之利而故意违反环境法律法规，造成环境污染或破坏的单位和个人不仅责令其赔偿损失，而且责令其支付惩罚性赔偿费，这种惩罚性的赔偿

---

① 世界环境与发展委员会. 我们共同的未来. 王之佳，柯金良，等译. 长春：吉林人民出版社，1997：35.

费往往高于其污染所造成的实际损失的几倍或几十倍，目的在于惩罚故意违法者，威慑后来的违法者。自 20 世纪 80 年代以来，这一原则已逐步在我国环境法中得到体现。同时，我国也可以适当借鉴国外的惩罚性赔偿制度，严厉惩处污染或破坏环境的单位和个人，以加强对环境的保护。

2. 利用者补偿

亦称谁利用谁补偿，指开发利用环境资源者，应当按照国家有关规定承担经济补偿的责任，对所耗用的自然资源占有的环境容量和恢复生态平衡予以补偿，建立并完善有偿使用自然资源恢复生态环境的经济补偿机制。“现代社会生态危机的恶化使人们逐渐意识到较高品质的环境资源并非是一种取之不尽、用之不竭的公有物，而是具有一定价值的稀缺品。其价值表现在环境资源的再生产能力和稀缺性两个方面，价值衡量的标准是替代资源的成本大小。”① 在环境保护中，利用与补偿的关系虽有财产内容，但不等于买卖关系，即使在私有制条件下，环境与自然资源基于私人所有权的利用和处置也要受到法律必要的限制。这表现在，所谓的补偿是指对已利用的环境资源要有金钱上的对价，而更重要的是利用者应对其已利用的环境资源可再生或开发替代所应付出的劳动予以补偿，正如国务院《关于环境保护若干问题的决定》所规定的，要“建立并完善有偿使用自然资源和恢复生态环境的经济补偿机制”。

3. 开发者保护

亦称谁开发谁保护，指有权开发利用环境资源的单位和个人，同时承担保护环境资源的义务。“构成生态系统的各种环境要素和自然资源之间是相互联系和相互影响的，任何一种开发利用行为都不仅可能会对原有环境资源造成不同形式、程度的改变和破坏，而且还会对周围的环境和生态系统构成影响，而盲目的开发活动越发会导致环境和自然资源的破坏以及生态系统的失衡。”② 开发利用自然资源，必须采取措施保护生态环境。开发者保护是开发过程中的维护和开发后的后续整治，可以将资源开发对环境和生态系统的影响减少到最低限度，可以节约和综合利用不可更新资源，保持可更新资源的最大增值能力；也只有把开发与保护相结合，才能实现资源的永续或长久利用，才能实现生态环境系统的良性循环和经济系统的可持续增长。在我国，大量的自然资源属于国有，开发者大都为国有企业事业单位，这些单位无论是基于其法定身份，还是基于其开发行为，都具有保护环境资源的法定责任；对于非国有企业事业单位的开发者来说，保护环境资源则是其法定的义务。

4. 破坏者恢复

亦称谁破坏谁恢复，指造成环境资源破坏的单位和个人，须承担将受到破坏的环境资源予以恢复和整治的法律责任。这方面的规定与污染者付费、谁污染谁治理等规定既有联系也有区别：造成环境污染和破坏者即使付费了，也不当然免除其恢复和整治的责任；污染往往指危害自然环境的行为，而破坏还包括了危害自然资源的行为。《草原法》

---

① 常纪文. 环境法律责任原理研究. 长沙：湖南人民出版社，2001：72.

② 陈泉生. 环境法学基本理论. 北京：中国环境科学出版社，2004：148.

中关于恢复植被的规定、《矿产资源法》中关于土地复垦的规定等，都是这项原则的具体规范。此外，一切违反法定义务的行为，都必须承担相应的法律责任和后果。我国《环境保护法》第6条规定，“一切单位和个人都有保护环境的义务”。这意味着无论是各级人民政府，还是企事业单位等生产经营者或个人，也无论其行为是否造成了民事损害后果，只要是有违法行为的事实，并造成环境和生态损害后果，都要承担相应的法律责任，包括民事责任、刑事责任和行政责任，也包括自治规约、道义和纪律等责任。

法条链接

1.《中华人民共和国环境保护法》第1条、第2条、第5条、第6条；
2.《中华人民共和国水土保持法》第3条、第56条；
3.《中华人民共和国可再生能源法》第1条；
4.《中华人民共和国节约能源法》第1条；
5.《中华人民共和国清洁生产促进法》第1条。

深度阅读

1. 世界环境与发展委员会. 我们共同的未来. 王之佳，柯金良，等译. 长春：吉林人民出版社，1997.
2.［美］蕾切尔·卡逊. 寂静的春天. 吕瑞兰，李长生，译. 长春：吉林人民出版社，1997.
3.［美］丹尼斯·米都斯，等. 增长的极限：罗马俱乐部关于人类困境的研究报告. 李宝恒，译. 长春：吉林人民出版社，2005.
4. 吕忠梅. 超越与保守：可持续发展视野下的环境法创新. 北京：法律出版社，2003.
5. 蔡守秋. 调整论：对主流法理学的反思与补充. 北京：高等教育出版社，2003.
6. 陈泉生. 环境法学基本理论. 北京：中国环境科学出版社，2004.

思考与练习

1. 简述我国的环境法基本原则。

2. A发电集团与B省政府之间签署了电力发展的合作协议书，根据此协议书，A在B省的主要河流C旁，建成了一座大型水力发电站D。D的建成，带动了B省经济的发展，进而使得B省政府的财政收入得以增加。但是，也必须要看到，伴随着D的建成，诸如地质灾害频发、生物多样性锐减等一系列环境问题也产生了。

请结合本章内容思考：(1) B省政府在决策过程中，是否要引入公众参与机制？(2) 结合此案例，谈谈公众参与原则如何才能更有效地实施？

3. 请阅读《我们共同的未来》中节选文字并回答问题。

(1)“在一个流域，上游农民使用土地的方法会直接影响到下游农村的径流量。一个农场使用的灌溉方法、农药和肥料会影响邻近农场的生产率，特别是在那些小农场之中。工厂锅炉的效率决定煤烟和有毒化学品的排放，并影响到附近居民和工作的人。热电厂排入河流或排入当地海洋的热水会影响当地渔民的捕捞量。”

问：以上例子说明生态系统内各主体间具有怎样的关系？生态系统具有怎样的特点？我们通过宣布自己对某片领域具有所有权，就能避免受到邻近领域的影响吗？

(2)“经济与生态问题并不一定就是对立的。例如，保护农田质量和保护森林的政策改善了农业发展的长远前景。提高能源和原料的使用效率既符合生态目的，又能降低成本。不过，环境与经济目的的协调常常丧失于对个人或集体利益的追逐之中。不考虑对别人产生的影响、盲目相信科学解决问题的能力，并不顾今日决策的长远后果，机构的僵化加重了这种目光短浅的做法。僵化的一种主要表现是孤立地处理一个工厂或一个部门的问题，未能认识到部门间互相联系的重要性。现代农业使用大量的商品化的能源和大量的工业品……这些部门间的联系构成经济和生态相互依赖的方式，但都很少反映在决策过程中。各部门只追求本部门的目标，并将对其他部门的影响作为副作用来处理，只有在被迫的情况下才去考虑。然而，对森林的影响很少使那些指导公共政策或事务活动的人们感到忧虑，他们专心于能源、工业发展、农牧业或外贸。我们面临的许多环境与发展问题都根源于这种部门间职责的分割，可持续发展要求人们克服这种分割。”

问：以上文字反映了部门负责人在做决策时存在什么问题？基于片面简单的思维做决策，会给自己和周围的人带来什么影响？如果你作为部门负责人，在做决策时应该将哪些因素纳入考虑范围？

(3)“人民已经意识到他们相对贫困的状况并渴望从贫困中摆脱出来，提高他们的生活质量，这往往是有史以来的第一次。由于人民在物质上前进了，吃和住都比较好，过去曾经是奢侈品的东西，现在已被认为是生活必需品了。其结果是，对粮食、原材料和电力的需求比人口的增长要大。由于需求增加，结果把更大的压力放在世界有限的土地上，以生产所需要的产品。”

问：人类的物质需求可以被无限制地满足吗？人类的需求与地球资源间是否存在矛盾？如何解决人类无限的欲望与有限的生态承载力之间的矛盾？

(4)“今天，工业化国家的记载表明，它们从野生物种中获得经济利益比发展中国家更多……野生物种还可以用于制造药品，所有药品配方的一半来源于野生物种。现在，在美国，这些由野生生物制成的药品或药材的商业价值每年约 140 亿美元……野生物种也使工业受益。野生物种可用于制造橡胶、油、树脂、染料、鞣酸、植物油、蜡、杀虫剂和其他许多化合物……遗传工程的出现不再使野生种属成为无用。事实上，这种新的科学必须建立在遗传物质的基础上，从而使这些物质变得更有价值和用途。康奈尔大学的汤姆·艾斯纳（Tom Eisner）教授认为，灭绝不仅意味着一个物种的消失，而且意味着这个物种所带有的遗传基因的消失；如果这个物种不灭绝的话，它所携带的每一个遗传基因都可永远地保存下来，供其他物种的改进和选择性转换所用。”

问：野生物种和人工养殖的物种有何区别？生物多样性保护对我们的生活有何现实意义？

第四章

环境法的主要制度

重点知识

环境影响评价与“三同时”制度　环境行政许可制度　环境标准制度　清洁生产与循环经济制度　环境税费制度　环境事故报告制度　源头和特定区域保护制度

环境法的主要制度（或基本制度）是指根据环境法的基本原则，由调整特定环境社会关系的一系列环境法律规范形成的相对完整的实施规则系统。环境法的主要制度对具体环境法律规范具有指导、整合的功能和提纲挈领的作用，但它不同于环境法的基本原则，它本身就是可操作的实施性规范。环境法主要制度在适用对象上具有特定性，一项主要制度专门适用于环境保护的某一个方面，组成相对完整的一类规则系统；一系列主要制度相互配合，共同组成环境法主要制度的完整系统。环境法主要制度的系统对环境法制的健全与完善具有重要的促进作用。

构成环境法的主要制度至少要具备两个条件：一是特定性或独立性，即这项制度必须为环境法所独有，且具有不同于其他规范类型、部门法的显著特点；二是普遍性或完整性，即这项制度应当是在环境保护中起主导和决定作用的制度，在环境保护某一方面的全部法律规范中具有代表性或标志性，如果环境法的一项制度在环境保护中仅起辅助和配合作用，或是法律化程度有限（如环境保护目标责任制度、城市环境质量综合整治定量考核制度等），或是仅作为试点而尚未成为普遍性法律制度（如排污权交易等），则也不宜作为环境法的主要制度。此外，由于环境法主要制度既各自相对独立，又是彼此关联的一个体系，它们应当涵盖环境法的全部领域，其对环境保护关系的调整表现为一个操作性很强的运作过程，因而这些主要制度在法律适用的顺序上相对地有先后之分。基于以上考虑，可将我国环境法的主要制度归纳排列为七项：环境影响评价与“三同时”制度、环境行政许可制度、环境标准制度、清洁生产与循环经济制度、环境税费制度、环境事故报告制度、源头和特定区域保护制度。

第一节　环境影响评价与“三同时”制度

一、环境影响评价制度

（一）概念和沿革

环境影响评价，亦称环境质量预断评价、环境质量评估。我国《环境影响评价法》第2条规定：“本法所称环境影响评价，是指对规划和建设项目实施后可能造成的环境影响进行分析、预测和评估，提出预防或者减轻不良环境影响的对策和措施，进行跟踪监测的方法与制度。”环境影响评价制度则是有关环境影响评价的范围、内容、程序、法律后果等事项的法律规则系统。这项制度与“三同时”制度一起，在环境法律关系的调整中处于最初始的阶段，充分体现了预防为主的原则。

环境影响评价是由美国学者柯德威尔教授于1964年在加拿大召开的国际环境质量评价学术会议上首次提出来的。[①] 1966年10月，在美国众议院下属科学研究开发小组委员会的进展报告中，首次正式采用了“环境评价”这一术语。1969年美国制定了《国家环境政策法》（National Environmental Policy Act，NEPA），首次以法律形式规定了环境影响评价（EIA）制度。这项制度被视为预见性环境政策的支柱，它对转变环境管理思维起到了关键作用，是实施预防为主方针的基石，因此它在全世界范围得以迅速而广泛地传播，为许多国家环境立法所采用。如日本于1984年8月由议会通过的《环境影响评价实施纲要》规定了环境影响评价条例或纲要，联邦德国的《联邦污染控制法》中也有类似环境影响评价的规定。

我国1979年颁布的《环境保护法（试行）》中首次确立了环境影响评价制度；其后，1982年颁布的《海洋环境保护法》（2023年修订）、1984年颁布的《水污染防治法》（2017年修正）、1987年颁布的《大气污染防治法》（2018年修正）、1988年颁布的《水法》（2016年修正）、1988年颁布的《野生动物保护法》（2022年修订）、2021年颁布的《噪声污染防治法》、1998年国务院审议通过的《建设项目环境保护管理条例》（2017年修订）等专项立法，都对环境影响评价制度有进一步具体的规定。2002年10月第九届全国人大常委会第三十次会议通过，2003年9月1日起施行，2016年7月2日、2018年12月29日修改的《环境影响评价法》，是我国专门制定的有关环境影响评价制度的内容和程序的重要法律，它标志着这项制度在我国正日臻成熟。

（二）我国环境影响评价制度的主要内容

1. 环境影响评价的分类

我国环境影响评价（简称环评）有规划环评和建设项目环评两种：

---

① 最早提出环境影响评价的人.中国环境报，1991-12-14（4）.

（1）规划环评，即关于规划的环境影响评价，《环境影响评价法》第二章对此作出了专门规定。该法第 11 条规定，专项规划的编制机关对可能造成不良环境影响并直接涉及公众环境权益的规划，应当在该规划草案报送审批前，举行论证会、听证会，或者采取其他形式，征求有关单位、专家和公众对环境影响报告书草案的意见。但是，国家规定需要保密的情形除外。编制机关应当认真考虑有关单位、专家和公众对环境影响报告书草案的意见，并应当在报送审查的环境影响报告书中附具对意见采纳或者不采纳的说明。

规划环评的对象包括两类：第一类是综合性规划，包括土地利用规划和区域、流域、海域的建设、开发利用规划。第二类是专项规划，指工业、农业、畜牧业、林业、能源、水利、交通、城市建设、旅游等部门的专项规划，包括国务院有关部门的专项规划和设区的市级以上人民政府及有关部门的专项规划。

关于规划环评的程序，《环境影响评价法》第 13 条规定，设区的市级以上人民政府在审批专项规划草案，作出决策前，应当先由人民政府指定的生态环境主管部门或者其他部门召集有关部门代表和专家组成审查小组，对环境影响报告书进行审查。审查小组应当提出书面审查意见。参加前款规定的审查小组的专家，应当从按照国务院生态环境主管部门的规定设立的专家库内的相关专业的专家名单中，以随机抽取的方式确定。

（2）建设项目环评。建设项目环评，指一切对环境有影响的工业、交通、水利、农林、商业、卫生、文教、科研、旅游、市政等基本建设项目、技术改造项目、区域开发建设项目及引进的建设项目，都必须编制环境影响报告书或填报环境影响报告表。《环境影响评价法》根据建设项目对环境影响的程度，将建设项目环评分类进行管理。《环境影响评价法》第 27 条规定，在项目建设、运行过程中产生不符合经审批的环境影响评价文件的情形的，建设单位应当组织环境影响的后评价，采取改进措施，并报环境影响评价文件审批部门和建设项目审批部门备案；环境影响评价文件审批部门也可以责成建设单位进行环境影响的后评价，采取改进措施。

此外，我国《环境保护法》第 14 条规定：“国务院有关部门和省、自治区、直辖市人民政府组织制定经济、技术政策，应当充分考虑对环境的影响，听取有关方面和专家的意见。”这表明我国的政策性环境影响评价已进入新阶段。

2. 环境影响评价的内容

（1）综合性规划有关环境影响的篇章或者说明，应当对规划实施后可能造成的环境影响作出分析、预测和评估，提出预防或者减轻不良环境影响的对策和措施，并作为规划草案的组成部分一并报送规划审批机关。

（2）专项规划的环境影响报告书应当包括下列内容：实施该规划对环境可能造成影响的分析、预测和评估，预防或者减轻不良环境影响的对策和措施，环境影响评价的结论。

（3）建设项目的环境影响报告书的内容包括以下七个方面：一是建设项目基本情况。包括建设项目的地点、建设规模、产品方案和主要工艺方法、主要原料、燃料、用水量和来源、各种废物的排放量和排放方式、废弃物回收利用和处理方案、占地面积和土地利用情况、发展规划等。二是建设项目周围地区的环境状况调查。包括地质水文情况、气象情况、自然资源情况、人文环境情况等。三是建设项目对周围地区的环境影响的分析、预测和评估。四是建设项目环境保护措施及其技术、经济论证。五是建设项目对环境影响的经济损益分析。六是对建设项目实施环境监测的建议。七是环境影响评价的结论。此外，涉及水土保持的建设项目，还必须有经水行政主管部门审查同意的水土保持方案。

(4) 环境影响报告表和环境影响登记表的内容，应按 2020 年生态环境部制定的《〈建设项目环境影响报告表〉内容、格式及编制技术指南》中《建设项目环境影响报告表编制技术指南（污染影响类）（试行）》和《建设项目环境影响报告表编制技术指南（生态影响类）（试行）》的规定填写。

（三）环境影响评价的程序

我国环境影响评价程序大体包括以下三个方面。

1. 评价形式筛选

对于规划环评，综合性规划应当在规划编制过程中同步组织环境影响评价，并编写该规划有关环境的篇章或说明，但不必另外单独编写环境影响报告书。专项规划应当在该规划草案上报审批前，组织进行环境影响评价，并向审批该规划的机关提出环境影响报告书。

对于建设项目环评，筛选后分为以下三类，实行不同程度的管理。

第一类是可能造成重大环境影响的建设项目。所谓可能造成重大环境影响的建设项目指符合下列条件之一的项目：原料、产品或生产过程中涉及的污染物种类多、数量大或毒性大、难以在环境中降解的建设项目；可能造成生态系统结构重大变化、重要生态功能改变或生物多样性明显减少的建设项目；可能对脆弱生态系统产生较大影响或可能引发和加剧自然灾害的建设项目；容易引起跨行政区环境影响纠纷的建设项目；所有流域开发、开发区建设、城市新区建设和旧区改建等区域性开发活动或建设项目。《环境影响评价法》规定，这类建设项目必须编制环境影响报告书，对其产生的环境影响进行全面的评价，并规定："除国家规定需要保密的情形外，对环境可能造成重大影响、应当编制环境影响报告书的建设项目，建设单位应当在报批建设项目环境影响报告书前，举行论证会、听证会，或者采取其他形式，征求有关单位、专家和公众的意见。"建设单位报批的环境影响报告书应当附具对有关单位、专家和公众的意见采纳或者不采纳的说明，即要求在环评中必须有公众参与。

第二类是可能造成轻度环境影响的建设项目，指符合下列条件之一的建设项目：污染因素单一，而且污染物种类少、产生量小或毒性较低的建设项目；对地形、地貌、水文、土壤、生物多样性等有一定影响，但不改变生态系统结构和功能的建设项目；基本不对环境敏感区造成影响的小型建设项目。在管理上要求这类建设项目必须编制环境影响报告表，对其产生的环境影响进行分析或专项评价。

第三类是对环境影响很小的建设项目，指符合下列条件之一的建设项目：基本不产生废水、废气、废渣、粉尘、恶臭、噪声、震动、热污染、放射性、电磁波等不利环境影响的建设项目；基本不改变地形、地貌、水文、土壤、生物多样性等以及不改变生态系统结构和功能的建设项目；不对环境敏感区造成影响的小型建设项目。这类建设项目不需要进行环境影响评价，但应当填报环境影响登记表。

2. 评价报告编写和审批

国务院有关部门、设区的市级以上地方人民政府及其有关部门，对其组织编制的工业、农业、畜牧林业、能源、水利、交通、城市建设、旅游、自然资源开发的有关专项规划（以下简称专项规划），应当在该专项规划草案上报审批前，组织进行环境影响评价，并向审批该专项规划的机关提出环境影响报告书。

专项规划的编制机关在报批规划草案时，应当将环境影响报告书一并附送审批机关审查。设区的市级以上人民政府在审批专项规划草案，作出决策前，应当先由人民政府指定的生态环境主管部门或者其他部门召集有关部门代表和专家组成审查小组，对环境影响报告书进行审查。审查小组应当提出书面审查意见。由省级以上人民政府有关部门负责审批的专项规划，其环境影响报告书的审查办法，由国务院生态环境主管部门会同国务院有关部门制定。审查小组提出修改意见的，专项规划的编制机关应当根据环境影响报告书结论和审查意见对规划草案进行修改完善，并对环境影响报告书结论和审查意见的采纳情况作出说明；不采纳的，应当说明理由。设区的市级以上人民政府或者省级以上人民政府部门在审批专项规划草案时，应当将环境影响报告书结论以及审查意见作为决策的重要依据。

建设项目的环境影响评价文件，建设项目的环境影响报告书、报告表，由建设单位按照国务院的规定报有审批权的生态环境主管部门审批。海洋工程建设项目的海洋环境影响报告书的审批，依照《海洋环境保护法》的规定办理。

这一程序应在建设项目的可行性研究阶段完成。建设单位可以委托技术单位对其建设项目开展环境影响评价，编制建设项目环境影响报告书、环境影响报告表；建设单位具备环境影响评价技术能力的，可以自行对其建设项目开展环境影响评价，编制建设项目环境影响报告书、环境影响报告表。编制建设项目环境影响报告书、环境影响报告表应当遵守国家有关环境影响评价标准、技术规范等规定。国务院生态环境主管部门应当制定建设项目环境影响报告书、环境影响报告表编制的能力建设指南和监管办法。接受委托为建设单位编制建设项目环境影响报告书、环境影响报告表的技术单位，不得与负责审批建设项目环境影响报告书、环境影响报告表的生态环境主管部门或者其他有关审批部门存在任何利益关系。

审批部门应当自收到环境影响报告书之日起 60 日内，收到环境影响报告表之日起 30 日内，分别作出审批决定并书面通知建设单位。

3. 环境影响评价中的公众参与

除国家规定需要保密的情形外，专项规划和对环境可能造成重大影响的建设项目，建设单位应当在报批环境影响评价报告书前，举行论证会、听证会，或者采取其他形式，征求有关单位、专家和公众的意见。编制机关应当认真考虑有关单位、专家和公众对环境影响报告书草案的意见，并应当在报送审查的环境影响报告书中附具对意见采纳或者不采纳的说明。

（四）环境影响评价的法律效力及法律责任

《环境保护法》第 19 条规定：“编制有关开发利用规划，建设对环境有影响的项目，应当依法进行环境影响评价。未依法进行环境影响评价的开发利用规划，不得组织实施；未依法进行环境影响评价的建设项目，不得开工建设。”

（1）规划编制机关的法律责任。规划编制机关违反《环境影响评价法》规定，未组织环境影响评价，或者组织环境影响评价时弄虚作假或者有失职行为，造成环境影响评价严重失实的，对直接负责的主管人员和其他直接责任人员，由上级机关或者监察机关依法给予行政处分。

（2）规划审批机关的法律责任。规划审批机关对依法应当编写有关环境影响的篇章或者说明而未编写的规划草案，依法应当附送环境影响报告书而未附送的专项规划草案，违法予以批准的，对直接负责的主管人员和其他直接责任人员，由上级机关或者监察机关依法给予行政处分。

（3）建设单位的法律责任。《环境保护法》第 61 条规定：“建设单位未依法提交建设项目环境影响评价文件或者环境影响评价文件未经批准，擅自开工建设的，由负有环境保护监督管理职责的部门责令停止建设，处以罚款，并可以责令恢复原状。”第 63 条规定，企业事业单位和其他生产经营者“建设项目未依法进行环境影响评价，被责令停止建设，拒不执行的”，公安机关对其直接负责的主管人员和其他直接责任人员，可处 10 日以上 15 日以下拘留；情节较轻的，处 5 日以上 10 日以下拘留。《环境影响评价法》第 31 条规定：“建设单位未依法报批建设项目环境影响报告书、报告表，或者未依照本法第二十四条的规定重新报批或者报请重新审核环境影响报告书、报告表，擅自开工建设的，由县级以上生态环境主管部门责令停止建设，根据违法情节和危害后果，处建设项目总投资额百分之一以上百分之五以下的罚款，并可以责令恢复原状；对建设单位直接负责的主管人员和其他直接责任人员，依法给予行政处分。建设项目环境影响报告书、报告表未经批准或者未经原审批部门重新审核同意，建设单位擅自开工建设的，依照前款的规定处罚、处分。建设单位未依法备案建设项目环境影响登记表的，由县级以上生态环境主管部门责令备案，处五万元以下的罚款。海洋工程建设项目的建设单位有本条所列违法行为的，依照《中华人民共和国海洋环境保护法》的规定处罚。”

此外，法律还规定，对有关的行政主管人员、工作人员和其他直接责任人员违反法律规定，构成犯罪的，要依法追究刑事责任。

二、“三同时”制度

（一）“三同时”制度的概念

“三同时”制度是指一切可能对环境有影响的建设项目，其环境保护设施必须与主体工程同时设计、同时施工、同时投产使用的制度。这项制度在环境法律关系的调整时间顺序中仅次于环境影响评价制度，而先于其他制度。《环境保护法》第 41 条规定：“建设项目中防治污染的设施，应当与主体工程同时设计、同时施工、同时投产使用。防治污染的设施应当符合经批准的环境影响评价文件的要求，不得擅自拆除或者闲置。”“三同时”制度为我国所独创，是控制新污染源的产生、实现预防为主原则的重要途径。

“三同时”的提法最早出现于1973年经国务院批准的作为环境管理行政规定的《关于保护和改善环境的若干规定（试行草案）》中，1979年《环境保护法（试行）》将其确定为环境法的一项主要制度，此后的各种环境保护法律、法规也都体现了这项制度的要求。

（二）“三同时”制度的适用范围

“三同时”制度的适用范围开始仅限于新建、改建和扩建的企业，后来不断扩大，根据1998年发布的《建设项目环境保护管理条例》（2017年修订）的规定，“三同时”制度适用于以下开发建设项目：新建、扩建、改建项目，技术改造项目，一切可能对环境造成污染和破坏的工程建设项目，确有经济效益的综合利用项目。

（三）“三同时”制度的实施要求

建设项目一般包括设计、施工和投入使用三个阶段，“三同时”制度贯穿于建设项目的全过程，并对不同阶段提出了特定的管理要求。

在建设项目设计阶段，《建设项目环境保护管理条例》第16条规定：“建设项目的初步设计，应当按照环境保护设计规范的要求，编制环境保护篇章，落实防治环境污染和生态破坏的措施以及环境保护设施投资概算。建设单位应当将环境保护设施建设纳入施工合同，保证环境保护设施建设进度和资金，并在项目建设过程中同时组织实施环境影响报告书、环境影响报告表及其审批部门审批决定中提出的环境保护对策措施。”

在建设项目施工阶段，应当保护施工现场周围的环境，防止对自然环境的破坏，防止或减轻粉尘、噪声、震动等对周围生活居住区的污染和危害。建设项目的主管部门负责监督施工中环境保护措施的落实。各级生态环境主管部门对建设项目的环境保护实施统一监督管理，负责建设施工的检查，以此保证环境保护设施与主体工程同时施工。

在验收和正式投产使用阶段，《建设项目环境保护管理条例》第19条规定：“编制环境影响报告书、环境影响报告表的建设项目，其配套建设的环境保护设施经验收合格，方可投入生产或者使用；未经验收或者验收不合格的，不得投入生产或者使用。前款规定的建设项目投入生产或者使用后，应当按照国务院环境保护行政主管部门的规定开展环境影响后评价。”第20条还规定：“环境保护行政主管部门应当对建设项目环境保护设施设计、施工、验收、投入生产或者使用情况，以及有关环境影响评价文件确定的其他环境保护措施的落实情况，进行监督检查。环境保护行政主管部门应当将建设项目有关环境违法信息记入社会诚信档案，及时向社会公开违法者名单。”

（四）违反“三同时”制度的法律后果

违反《建设项目环境保护管理条例》的规定，建设单位编制建设项目初步设计未落实防治环境污染和生态破坏的措施以及环境保护设施投资概算，未将环境保护设施建设纳入施工合同，或者未依法开展环境影响后评价的，由建设项目所在地县级以上环境保护行政主管部门责令限期改正，处5万元以上20万元以下的罚款；逾期不改正的，处20万元以上100万元以下的罚款。违反《建设项目环境保护管理条例》的规定，建设单位在项目建设过程中未同时组织实施环境影响报告书、环境影响报告表及其审批部门审批决定中提出的环境保护对策措施的，由建设项目所在地县级以上环境保护行政主管部门责令限期改正，处20万元以上100万元以下的罚款；逾期不改正的，责令停止建设。

违反《建设项目环境保护管理条例》的规定，需要配套建设的环境保护设施未建成、未经验收或者验收不合格，建设项目即投入生产或者使用，或者在环境保护设施验收中弄虚作假的，由县级以上环境保护行政主管部门责令限期改正，处20万元以上100万元以下的罚款；逾期不改正的，处100万元以上200万元以下的罚款；对直接负责的主管人员和其他责任人员，处5万元以上20万元以下的罚款；造成重大环境污染或者生态破坏的，责令停止生产或者使用，或者报经有批准权的人民政府批准，责令关闭。违反《建设项目环境保护管理条例》的规定，建设单位未依法向社会公开环境保护设施验收报告的，由县级以上环境保护行政主管部门责令公开，处5万元以上20万元以下的罚款，并予以公告。

"三同时"制度与环境影响评价制度具有密切的联系：它们都处于环境保护的前期阶段，体现了预防为主的目的；它们都以严格的管理为实施保障。但它们也有明显的不同：首先是主体方面的不同，环评制度的主体比"三同时"制度的主体要丰富得多；其次是客体方面的不同，"三同时"制度仅限于环境保护设施，而环评制度则涉及规划和建设项目；最后是内容方面的不同，"三同时"制度的权利义务内容主要限于企业与主管部门的管理关系，而环评制度的权利义务内容要广泛得多。但从实施的过程来看，"三同时"制度更持久，特别是"同时投产使用"的要求强调的是一种持续的管理关系；但环评制度不是一种持续管理关系，基本上限于"三同时"制度中的设计阶段，而环评制度的后评价制度在一定程度上可以对同时施工和同时投产使用阶段起到保证作用。"三同时"制度体现了我国环境保护强烈的行政主导色彩，长期以来在我国环境保护事业中起着重要的作用。近年来随着我国环境法治的加强，环评制度的功能迅速提升，"三同时"制度与环评制度有逐步融合的趋势。

第二节　环境行政许可制度

一、环境行政许可制度概述

环境行政许可制度是指环保行政机关对从事可能造成环境不良影响活动的开发者、建设者或经营者提出的申请，经依法审查，通过颁发许可证、执照等形式，赋予或者确认该申请方从事该种活动的法律资格或法律权利的一系列法律制度。

环境行政许可制度是保障国家环保机关有效、合法地实施环境保护监督管理职能的重要手段，也是行政相对人获得相关权利、确认相关义务的法定方式。它有利于对开发利用环境的各种活动进行事先审查，也有利于对这类活动的事中控制和事后救济。因此，在许多国家环境行政许可制度都被视为环境法的支柱性法律制度。

环境行政许可制度也是我国环境法的一项基础性法律制度。目前我国建立了较为齐全的环境保护法律、行政法规及规章制度，这为环境保护行政许可实施体系的建立奠定了坚实基础。特别是 2004 年 7 月 1 日开始施行，2019 年修正的《中华人民共和国行政许可法》（以下简称《行政许可法》），也是规范我国环境行政许可制度的重要法律依据，从环境行政许可的设定、实施以及监督与责任等环节对行政许可进行了全面规范。根据《行政许可法》和《环境影响评价法》等法律、法规，我国环境保护主管部门先后制定了《环境保护行政许可听证暂行办法》《环境污染治理设施运营资质许可管理办法》（已废止）和《放射性同位素与射线装置安全许可管理办法》等部门规章。

环境许可的书面形式是环境行政许可证。环境行政许可证制度规定了环境行政许可证的申请、审查、颁发和监督管理的规则。环境行政许可证适用于不同环境要素的保护和一个环境要素的不同开发利用阶段的保护，例如，2004 年 7 月 1 日国务院颁布施行了《危险废物经营许可证管理办法》（2016 年修订），现行的《水污染防治法》提出国家实行排污许可制度等。

根据所颁发许可证和执照的内容，我国环境行政许可制度大致可分为三类：第一类是防止环境污染的行政许可，这是我国最重要的环境行政许可，比如颁发排污许可证，海洋倾废许可证，危险废物收集、贮存、处置许可证，放射性同位素与射线装置的生产、使用、销售许可证，化学危险物品生产、经营许可证，废物进口许可证等；第二类是防止环境破坏的行政许可，比如颁发林木采伐许可证、采矿许可证、渔业捕捞许可证、取水许可证、野生动物特许猎捕证、狩猎证、驯养繁殖许可证等；第三类是针对整体环境保护的行政许可，如颁发建设规划许可证等。

二、环境行政许可的设定与实施

（一）环境行政许可的设定原则

根据《行政许可法》第 11 条的规定，设定行政许可，应当遵循经济和社会发展规律，有利于发挥公民、法人或者其他组织的积极性、主动性，维护公共利益和社会秩序，促进经济、社会和生态环境协调发展。可见，经济、社会和生态环境协调发展是行政许可设定应遵循的原则之一，因此也是设定环境行政许可的重要原则。

（二）环境行政许可的设定事项

（1）根据《行政许可法》第 12 条的规定，行政机关实施的许可事项可分为五类：1）普通许可类，即直接涉及国家安全、公共安全、经济宏观调控、生态环境保护以及直接关系人身健康、生命财产安全等特定活动，需要按照法定条件予以批准的事项；2）特许许可类，主要是涉及有限自然资源开发利用、公共资源配置以及直接关系公共利益的特定的市场准入等，需要赋予特定权利的事项；3）认可，主要是对在环保领域从事提供公共服务所需专业技能和条件的资格资质认可；4）核准事项，主要是直接关系公共安全、人身健康、生命财产安全的重要设备、设施、产品、物品，需要按照技术标准、技术规范，通过检验、检测、检疫等方式进行审定的事项；5）登记事项，主要是企业或者其他组织的设立等，需要确定主体资格的事项。

《行政许可法》第13条又规定，对上述五类事项，通过下列方式能够予以规范的，可以不设行政许可：公民、法人或者其他组织能够自主决定的；市场竞争机制能够有效调节的；行业组织或者中介机构能够自律管理的；行政机关采用事后监督等其他行政管理方式能够解决的。

（2）根据国务院《国务院对确需保留的行政审批项目设定行政许可的决定》（2004年实施，2009年修正，2016年修正），国务院予以保留并设定为环境行政许可的项目，共计7项：1）环境保护设施专门运营单位资质审查；2）加工利用国家限制进口、可用作原料的废电器定点企业认定；3）民用核承压设备设计制造安装许可证核发；4）新化学物质环境管理登记证核发；5）危险废物越境转移核准；6）民用核承压设备焊接和检验人员资格证书核发；7）危险化学品出口环境管理登记证核发。

（三）环境行政许可的设定权分配

环境行政许可的设定权分配是指各种法律渊源形式在设定环境行政许可上的权力配置。根据《立法法》和《行政许可法》，法律可以设定环境行政许可；对于尚未制定法律的，行政法规可以设定环境行政许可。国务院决定、地方性法规以及地方政府规章则不能在《行政许可法》第12条规定的五类事项范围以外设定任何环境行政许可。地方性法规和省、自治区、直辖市人民政府规章，不得设定应当由国家统一确定的公民、法人或者其他组织的资格、资质的行政许可；不得设定企业或者其他组织的设立登记及其前置性行政许可；其设定的行政许可，不得限制其他地区的个人或者企业到本地区从事生产经营和提供服务，不得限制其他地区的商品进入本地区市场。行政法规可以在法律设定的行政许可事项范围内，对实施该行政许可作出具体规定。地方性法规可以在法律、行政法规设定的行政许可事项范围内，对实施该行政许可作出具体规定。规章可以在上位法设定的行政许可事项范围内，对实施该行政许可作出具体规定；法规、规章对实施上位法设定的行政许可作出的具体规定，不得增设行政许可；对行政许可条件作出的具体规定，不得增设违反上位法的其他条件。除法定特殊情况，其他规范性文件一律不得设定行政许可。

三、环境行政许可的实施主体

环境行政许可的实施主体，即环境行政许可的实施机关，是指行使环境行政许可权并承担责任的环境行政机关和法律、法规授权的组织。根据《行政许可法》和我国环境法律、行政法规的规定，我国环境行政许可的实施机关有以下三种。

（1）具有环境行政许可权的行政机关。我国环境保护实行的是统一监督管理与分工负责相结合的行政管理体制，即：地方各级政府对本辖区的环境质量负责，国家和地方各级生态环境主管部门对全国和辖区的环保工作实施统一监督管理；海洋行政主管部门、港务监督、渔政渔港监督、军队环保部门和各级公安、交通、铁路、民航管理部门，依法对相关环境污染防治实施监督管理；县级以上人民政府的土地、矿产、林业、农业、水利行政管理部门，依法对资源保护实施监督管理。因此具有环境行政许可权的行政机关大体可分为四种，即各级生态环境部门、依法对相关方面环境污染防治实施监督管理的部门、对资源保护实施监督管理的部门和地方各级人民政府。

（2）法律、法规授权的具有环境管理职能的组织。如中国环境保护产业协会、全国石油和化学工业协会、全国煤炭工业协会，这些全国性行业协会被国家授权具有部分或协助政府管理本行业的职能，行使诸如建设项目环境影响评价的预审职能，这些组织也构成建设项目环境影响评价行政许可的实施机关。①

（3）受委托的其他机关。

四、环境行政许可的实施程序

（一）申请与受理

申请即由申请人向有关主管机关提出书面申请，并附有审查所必需的各种材料。行政机关在受理环境行政许可申请时应该做到履行公示义务、做好有关解释说明工作、不得要求提供无关材料、规范受理申请等。

（二）审查与决定

环境行政许可实施机关可在报刊上公布受理的申请，并征求各方面的意见，根据有关规定对申请进行审查。主管机关经审查后作出颁布或拒发许可证的决定，同意发证的，应告知持证人的义务和限制条件；拒发证时，应说明拒发的理由。

（三）听证

听证制度有利于规范环境保护行政许可活动，保障和监督生态环境主管部门依法行政，提高环境保护行政许可的科学性、公正性、合理性和民主性，保护公民、法人和其他组织的合法权益，因此听证是环境行政许可程序的重要内容。《行政许可法》《环境影响评价法》等有关法律、法规对此都有规定，2004 年 7 月 1 日开始实施的《环境保护行政许可听证暂行办法》进一步对听证的适用原则、适用范围、听证主持人和听证参加人、听证程序、罚则等作了专门而详细的规定，不仅使环境保护行政许可听证有法可依，而且极大地提高了听证在实践中的可操作性。

（四）监督检查与处理

环境行政许可的监督主要包括行政机关内部的层级监督和行政机关对被许可人的监督两种。根据《行政许可法》第 60 条的规定，上级行政机关应当加强对下级行政机关实施行政许可的监督检查，及时纠正行政许可实施中的违法行为。环境行政许可实施机关对被许可人的监督检查原则上应采用书面检查方式，可要求持证人提供有关资料，现场

---

① 张国祥，毛显强.环境保护行政许可实施指南与应用实例.北京：化学工业出版社，2004：12.

检查设备，监测排污情况，发布行政命令等。在情况发生变化或持证人的活动影响周围公众利益时，可以修改许可证中原来规定的条件。如果被许可人违反许可证规定的义务或限制条件，环境行政许可实施机关可以中止、吊销许可证，并追究违法者的法律责任。

五、环境行政许可的法律责任

根据《行政许可法》第 4 条的规定，设定和实施环境行政许可应当依照法定的权限、范围、条件和程序。行政机关违法行使环境行政许可权，应当承担相应的行政法律责任，构成犯罪的，应当依据《刑法》承担刑事法律责任；对环境行政许可的申请人及其被许可人的法律责任，《行政许可法》规定了两个幅度，程度轻者予以行政处罚或者限制申请资格，较重者追究其刑事责任。《环境保护法》第 45 条专门规定了排污许可管理制度："国家依照法律规定实行排污许可管理制度。实行排污许可管理的企业事业单位和其他生产经营者应当按照排污许可证的要求排放污染物；未取得排污许可证的，不得排放污染物。"

第三节　环境标准制度

一、环境标准概述

（一）概念和意义

环境标准（environmental standards）是国家为了保护公众健康，防治环境污染，保证生态安全，合理利用能源和自然资源，依据环境法律和政策制定的，用以规范有关环境的活动和结果的准则。广义上也包括专业和行业组织制定的自治性环境管理标准。

环境标准是对重要环境要素所作的统一的、法定的和技术的规定，是环境保护工作的基础性工具和手段。一方面，它为环境保护工作和有关工作指引目标，是制定环境保护规定和计划的重要依据；另一方面，它又是考核环境保护和污染防治效果的依据。具体表现如下。

首先，环境标准是判断环境质量和衡量环保工作优劣的准绳。评价一个地区环境质量的优劣、评价一个企业对环境的影响，只有与环境标准相比较才有意义。

其次，环境标准是执法的依据。不论是环境问题的诉讼、排污费的收取，还是污染治理目标的确定等，其执法和司法依据都是环境标准。

最后，环境标准是组织现代化生产的重要手段和条件。通过实施环境标准可以实现以下效果：制止任意排污，促使企业对污染进行治理和管理；采用先进的无污染、少污染工艺；设备更新；资源和能源的综合利用等。

环境标准是按照严格的科学方法和程序制定的。环境标准的制定还要参考特定国家和地区在一定时期的自然环境特征、科学技术水平和社会经济发展状况。环境标准过于严格、不符合实际，将会限制社会和经济的发展；过于宽松，又不能达到保护环境的基本要求，造成人身危害和生态破坏。环境标准具有法律效力，同时也是进行环境规划、环境管理、环境评价和城市建设的依据。

（二）我国环境标准的发展沿革

在我国，环境标准是在考虑国内自然环境特征、社会经济条件和现有科学技术的基础上，规定环境中污染物的允许含量和污染源排放的数量、浓度、时间和速率及其他有关因素的技术规范，也包括国家认可和推行的国际环境标准。

1973 年 8 月颁布的《工业“三废”排放试行标准》是我国第一个环境标准。1979 年 9 月颁布的《中华人民共和国环境保护法（试行）》明确了环境标准的制定、审批、实施权限，环境标准工作从此有了法律支撑和保障。随后，有关大气、水质、噪声等的环境质量标准以及钢铁、化工、轻工等行业的四十多个国家工业污染物排放标准陆续出台。20 世纪 80 年代中期，我国又制定了相应的方法标准和标准样品标准。1991 年 12 月，环境标准工作座谈会在广州召开，会议提出了新的环境质量标准体系。2000 年 4 月，第九届全国人大常委会第十五次会议修改的《大气污染防治法》，贯彻了“超标即违法”的思想，进一步提升了环境标准的地位。在加快国内环境标准立法的同时，我国积极参与国际标准化活动。1980 年，我国加入国际标准化组织（ISO）。1996 年 ISO14000 系列标准发布，我国积极响应，于 1997 年成立了中国环境管理体系认证指导委员会，以推进该项国际标准的实施。我国在综合考察我国国情与国际趋势的基础上，已基本形成了种类齐全、结构完善、协调配套、科学合理的环境标准体系。

二、环境标准分类

我国环境标准可以进行如下的分类。

（一）依据职权范围

据此环境标准可分为国家环境标准和地方环境标准。《环境保护法》第 15 条规定：“国务院环境保护主管部门制定国家环境质量标准。省、自治区、直辖市人民政府对国家环境质量标准中未作规定的项目，可以制定地方环境质量标准；对国家环境质量标准中已作规定的项目，可以制定严于国家环境质量标准的地方环境质量标准。地方环境质量标准应当报国务院环境保护主管部门备案。国家鼓励开展环境基准研究。”第 16 条规定：“国务院环境保护主管部门根据国家环境质量标准和国家经济、技术条件，制定国家污染物排放标准。省、自治区、直辖市人民政府对国家污染物排放标准中未作规定的项目，可以制定地方污染物排放标准；对国家污染物排放标准中已作规定的项目，可以制定严于国家污染物排放标准的地方污染物排放标准。地方污染物排放标准应当报国务院环境保护主管部门备案。”国家环境标准在全国范围内执行，地方环境标准只在颁布该标准的省、自治区、直辖市辖区范围内执行。

（二）依据内容

根据《生态环境标准管理办法》第 4 条的规定，生态环境标准可具体分为六类，包括生态环境质量标准、生态环境风险管控标准、污染物排放标准、生态环境监测标准、生态环境基础标准和生态环境管理技术规范。

1. 生态环境质量标准

这类环境标准是对一定区域环境内在限定时间内各种污染物的最高允许浓度所作的综合规定。它是衡量环境质量的依据、制定环境政策的目标、进行环境管理的依据，也是制定污染物排放标准的基础。我国已发布的生态环境质量标准有：

环境空气质量标准（GB 3095—2012 代替 GB 3095—1996 GB 9137—88）；

地表水环境质量标准（GB 3838—2002 代替 GB 3838—88，GHZB 1—1999）；

海水水质标准（GB 3097—1997 代替 GB 3097—82）；

渔业水质标准（GB 11607—89）；

农田灌溉水质标准（GB 5084—2021 代替 GB 5084—2005、GB 22573—2008、GB 22574—2008）；

声环境质量标准（GB 3096—2008 代替 GB 3096—93，GB/T 14623—93）。

2. 生态环境风险管控标准

生态环境风险管控标准是指，为保护生态环境，保障公众健康，推进生态环境风险筛查与分类管理，维护生态环境安全，控制生态环境中的有害物质和因素，根据环境污染状况、公众健康风险、生态环境风险、环境背景值和生态环境基准研究成果等因素，对不同保护对象和用途功能进行区分，并科学合理确定风险管控要求的技术规范。生态环境风险管控标准包括土壤污染风险管控标准以及法律法规规定的其他环境风险管控标准，是开展生态环境风险管理的技术依据。污染风险管控标准主要用于风险筛查和分类，而非质量达标评价。

目前我国生态环境风险管控标准集中于土壤污染防治领域。我国《土壤污染防治法》明确规定，国务院生态环境主管部门根据土壤污染状况、公众健康风险、生态风险和科学技术水平，并按照土地用途，制定国家土壤污染风险管控标准，加强土壤污染防治标准体系建设。省级人民政府对国家土壤污染风险管控标准中未作规定的项目，可以制定地方土壤污染风险管控标准；对国家土壤污染风险管控标准中已作规定的项目，可以制定严于国家土壤污染风险管控标准的地方土壤污染风险管控标准。地方土壤污染风险管控标准应当报国务院生态环境主管部门备案。目前已颁布的生态环境风险管控标准有《土壤环境质量 建设用地土壤污染风险管控标准（试行）》（GB 36600—2018）、《土壤环境质量 农用地土壤污染风险管控标准（试行）》（GB 15618—2018 代替 GB 15618—1995）。

3. 污染物排放标准

污染物排放标准是国家对人为污染源排入环境的污染物的浓度或总量所作的限量规定，其目的是通过控制污染源排污量来实现环境质量标准或环境目标。污染物排放标准按污染物形态分为气态、液态、固态以及物理性污染物（如噪声）排放标准。气态污染物排放标准，规定了二氧化硫、氮氧化物、一氧化碳、硫化氢、氯、氟以及颗粒物等的容许排放量；液态污染物排放标准，规定了废水（废液）中所含的油类、需氧有机物、有毒金属化合物、放射性物质和病原体等的容许排放量；固态污染物排放标准，规定了填埋、堆存和进入农田等处的固体废物中的有害物质的容许含量。此外，还有物理性污染物排放标准如噪声标准等。

污染物排放标准按适用范围分为通用排放标准和行业排放标准。通用排放标准指通用的污染物排放标准，它规定一定范围（全国或一个区域）内普遍存在或危害较大的各种污染物的容许排放量，适用于各个行业。有的通用排放标准按不同排向（如按水污染物排入下水道、河流、湖泊、海域）分别规定容许排放量。行业排放标准规定某一行业所排放的各种污染物的容许排放量，只对该行业有约束力。因此，同一污染物在不同行业中的容许排放量可能不同。行业排放标准还可以按不同生产工序规定污染物容许排放量，如钢铁工业的废水排放标准可按炼焦、烧结、炼铁、炼钢、酸洗等工序分别规定废水中 pH 值、悬浮物总量和油等的容许排放量。

4. 生态环境监测标准

生态环境监测标准是为监测生态环境质量和污染物排放情况，开展达标评定和风险筛查与管控，规范布点采样、分析测试、监测仪器、卫星遥感影像质量、量值传递、质量控制、数据处理等监测技术要求，而制定的技术规范。生态环境监测标准又可以分为生态环境监测技术规范、生态环境监测分析方法标准、生态环境监测仪器及系统技术要求、生态环境标准样品等。制定生态环境监测标准应当配套支持生态环境质量标准、生态环境风险管控标准、污染物排放标准的制定和实施，以及优先控制化学品环境管理、国际履约等生态环境管理及监督执法需求。生态环境监测标准数量繁多，规范细致，如仅针对环境空气颗粒物（$PM_{2.5}$）的监测标准就有《环境空气颗粒物（$PM_{2.5}$）中无机元素连续自动监测技术规范》（HJ 1329—2023）、《环境空气颗粒物（$PM_{2.5}$）中水溶性离子连续自动监测技术规范》（HJ 1328—2023）、《环境空气颗粒物（$PM_{2.5}$）中有机碳和元素碳连续自动监测技术规范》（HJ 1327—2023）、《卫星遥感细颗粒物（$PM_{2.5}$）监测技术指南》（HJ 1264—2022）等。

5. 生态环境基础标准

这类环境标准是指在环境保护工作范围内，对有指导意义的符号、指南、导则等的规定，是制定其他环境标准的基础。由于基础标准在环境标准中的指导性地位，其制定和验证受到了国际上的重视，国际标准化组织（简称 ISO）环境技术委员会将基础标准和方法标准作为其工作的重点。我国已颁布的重要的环境基础标准包括《环境保护图形标志》、《中华人民共和国环境保护行业标准》、《制订地方水污染物排放标准的技术原则与方法》（GB 3839—1983）、《制定地方大气污染物排放标准的技术方法》（GB/T 3840—1991）等。

6. 生态环境管理技术规范

生态环境管理技术规范是为规范各类生态环境保护管理工作的技术要求，所制定的大气、水、海洋、土壤、固体废物、化学品、核与辐射安全、声与振动、自然生态、应对气候变化等领域的管理技术指南、导则、规程、规范等。生态环境管理技术规范为推荐性标准，在相关领域环境管理中实施。

（三）依据是否具有强制性

据此环境标准可分为强制性环境标准和推荐性环境标准。环境质量标准、污染物排放标准和法律、行政法规规定必须执行的其他环境标准属于强制性环境标准，强制性环境标准必须执行。强制性环境标准以外的环境标准属于推荐性环境标准，如ISO14000国际标准。国家鼓励采用推荐性环境标准，如果推荐性环境标准被强制性环境标准引用的，也必须强制执行。

三、ISO14000环境管理标准

（一）ISO14000概况

ISO14000是国际标准化组织为了满足各种类型的组织建立环境管理体系的需要而制定的国际统一的环境管理标准，其宗旨是规范企业和社会团体等所有类型的组织的环境行为，从而达到减少环境污染、节约资源，以及消除贸易壁垒，促进世界贸易发展的目的。它用标准和指南的形式规范了环境管理的内容、方式以及认证所需要的审核程序。

ISO14000的推出迎合了绿色革命的潮流，适应了可持续发展的需要。它通过在企业内部建立高水平的环境管理体系，提高环境管理效率，“绿化”企业活动的整个流程，进而有利于提升企业形象，提高产品竞争力，使环境效益有效转化为经济效益。

（二）ISO14000的主要内容

ISO14000系列标准是一体化的国际标准，它包括环境管理体系、环境审核、环境绩效评价、环境标志、产品生命周期评估等。与以往的环境排放标准和产品的技术标准等不同，它以市场驱动为前提，具有预防性、可操作性、广泛适用性、自愿性的特点。ISO14000系列标准顺应世界经济发展与环境保护的潮流，符合可持续发展的战略思维，也为企业微观环境管理提供了一整套标准化模式，对改善我国宏观环境管理及企业的微观环境管理将有较大的帮助，并可以进一步提升我国企业的环境形象，为企业走向国际市场开了绿灯。

第四节　清洁生产与循环经济制度

《环境保护法》第40条第1款规定：“国家促进清洁生产和资源循环利用。”

一、清洁生产

（一）清洁生产概述

1. 清洁生产的概念

联合国环境规划署（UNEP）在1989年把“清洁生产”定义为：将综合预防的环境策略持续地应用于生产过程和产品中，以便减少对人类和环境的风险。《中国21世纪议程》将清洁生产定义为：既可满足人们的需要又可合理使用自然资源和能源，并保护环境的实用生产方法和措施。

清洁生产不仅要求生产过程无污染、少污染，最大可能地节约原材料和能源，而且要求产品本身的绿化，即减少产品在整个生产周期中对人类和环境的影响，当然包括产品报废后回收与处理过程的无污染。不可否认，任何事物都是相对而言的，没有绝对的“清洁”。“清洁生产”是相对于传统的生产方法与模式而言的，要受当前科学与技术水平的限制。

传统的生产过程造成环境污染的直接原因是以掠夺性的方式利用资源而获得最终产品，大部分资源在生产过程中白白流失掉了，以废物的形态占据着空间，并且造成了污染与生态的紊乱，或者成为潜在的威胁，因此造成污染的主要源头不是污染物，而是落后的生产方式和全部生产过程。清洁生产替代了以前那种末端控制污染的模式，实行整个生产过程的“绿化”，这是人类生产方式的一大飞跃。清洁生产创造性地将环境预防战略持续应用于整个生产过程及产品中，从而提高了生产过程的效率，降低了危害人类健康和环境安全的风险，清洁生产无疑代表着一种先进的生产力。

2. 清洁生产的主要内容

清洁生产的主要内容包括以下三方面。

(1) 自然资源的合理利用。要求以最小的投入获得最大的产出。包括最大限度地节约能源和原材料，利用可再生能源或者清洁能源，利用无毒害原材料，减少使用稀有原材料，循环利用物料等措施。

(2) 经济效益最大化。通过节约资源、降低损耗、提高效能和产品质量，达到降低生产成本、提升企业竞争力的目的。

(3) 环境危害最小化。通过最大限度地避免和减少使用有毒害物料，采用无废、少废技术，减少生产过程中的危险因素，注重废物回收和循环利用，采用可循环可降解材料完成产品生产和包装，改善产品功能等一系列环保措施，实现对人类健康和环境的危害最小化和“工业绿化”的目的。

（二）国外的清洁生产立法

早在 20 世纪 70、80 年代，欧洲许多国家就已制定了以污染预防为目标的“清洁工艺”和“清洁生产”法规。在此基础上，欧共体理事会在 1979 年 4 月正式宣布推行清洁生产的政策；1979 年 11 月召开了开展国际合作的全欧高级会议，会议通过了《关于少废无废工艺和废料利用的宣言》；1984 年和 1987 年又制定了促进清洁生产的两个法规，明确对清洁生产的工业示范工程提供财政支持。1984 年美国国会通过了《资源保护与恢复法——固体有害废物修正案》，1990 年又通过了《污染预防法》，从而以污染预防政策取代末端治理的污染控制政策，以法律的形式确定污染预防作为国家治理污染的基本战略。日本自 1991 年以来制定了多部促进实施清洁生产的专门法律，如《资源有效利用促进法》《推动建立循环社会基本法》《容器包装再利用法》等。德国 1994 年公布了《循环经济和废物清除法》。加拿大、荷兰、丹麦等许多国家也出台了这类法规和政策。

（三）我国的清洁生产立法

自 1993 年第二次全国工业污染防治工作会议正式提出要积极推行清洁生产以来，我国先后颁布或修改的《大气污染防治法》《水污染防治法》《固体废物污染环境防治法》和《淮河流域水污染防治暂行条例》等法律、法规中都增加了有关清洁生产的法律规定，清洁生产开始成为我国环境保护的一项新的基本制度。1999 年 11 月我国第一部清洁生产地方性法规——《太原市清洁生产条例》正式颁布。2002 年 6 月 29 日，第九届全国人大常委会第二十八次会议通过了《清洁生产促进法》并予以公布，2003 年 1 月 1 日起施行。这是我国第一部以推行清洁生产为目的的法律，它的出台标志着我国污染预防和控制战略已步入法制正轨，为实现经济效益与环境效益的双赢提供了切实有力的法律保障，使我国清洁生产的实施有了基本的法律依据。该法于 2012 年修订，强化了政府推进清洁生产的职责，扩大了企业实施法制性清洁生产的审核范围，明确规定了建立清洁生产财政支持资金，强化了清洁生产审核法律责任及政府和社会的监督作用。

（四）我国清洁生产的主要法律规定

1. 立法宗旨

从《清洁生产促进法》的名称上，可以看出其立法宗旨是促进实施清洁生产，这决定了它不同于单纯的行政管理法，而是兼具了政策法与行政管理法的双重性质，是对清洁生产的政策性法律规制和管理性法律规制的结合。因而我国清洁生产立法强调企业在清洁生产实施过程中的自主性，注重政府对清洁生产行为的引导、鼓励和支持，这在立法内容上的体现是以促进实施清洁生产的鼓励性、促进性、倡导性法律规范为主，而不是以直接行政控制和制裁性法律规范为主，主要目的是强化政府在清洁生产中的推动作用，淡化其行政强制色彩。

2. 调整范围

《清洁生产促进法》第 2 条和第 3 条规定，我国清洁生产立法的调整范围包含全部生产和服务领域。立法一方面扩大了清洁生产的范围，由传统工业生产领域向全部生产和服务领域扩展；另一方面，为了突出强调工业生产领域的清洁生产，立法对其作出了具体规定，而对其他领域的清洁生产进行了原则性规定。这样的规定方式在满足我国当前工业领域推行清洁生产的迫切需要的同时，又体现了法律的前瞻性，为其他领域推行清洁生产提供了法律依据和活动空间。

3. 基本措施和管理体制

《清洁生产促进法》对清洁生产促进的基本措施作出了规定。国务院和县级以上地方人民政府应将清洁生产促进工作纳入国民经济和社会发展规划、年度计划以及环境保护、资源利用、产业发展、区域开发等规划。另外，国家鼓励开展这方面的科研、技术开发与国际合作，组织宣传、普及清洁生产知识，推广清洁生产技术，并鼓励社会团体和公众参与清洁生产的宣传、教育、推广、实施与监督。

在管理体制方面，《清洁生产促进法》规定：一是国务院清洁生产综合协调部门负责组织协调全国的清洁生产促进工作；县级以上地方人民政府负责领导本行政区域内的清洁生产促进工作；县级以上地方人民政府清洁生产综合协调部门负责组织协调本行政区域内的清洁生产促进工作。二是国务院生态环境、工业、科学技术、财政部门和其他有关部门，按照各自的职责，负责清洁生产促进工作。县级以上地方人民政府其他有关部门，按照各自的职责，负责有关的清洁生产促进工作。

4. 推行责任

《清洁生产促进法》第二章规定了各级政府及其有关部门对推行清洁生产的责任。

（1）各级政府在促进清洁生产中的责任。

各级政府在清洁生产的推行中主要负责政策制定、规划布局与清洁产品的采购与使用的责任。其中，国务院应当制定有利于实施清洁生产的财政税收政策；国务院及其有关部门和省、自治区、直辖市人民政府应当制定有利于实施清洁生产的产业政策、技术开发和推广政策；县级以上地方人民政府根据国家清洁生产推行规划、有关行业专项清洁生产推行规划，按照本地区节约资源、降低能源消耗、减少重点污染物排放的要求，确定本地区清洁生产的重点项目，制定推行清洁生产的实施规划并组织落实。各级政府还应优先采购节能、节水、废物再生利用等有利于环境与资源保护的产品，并应鼓励公众购买和使用此类产品。

（2）政府有关部门在促进清洁生产中的责任。

清洁生产综合协调部门是负责组织、协调清洁生产促进工作的行政主管部门。国务院清洁生产综合协调部门的主要职责是：会同国务院生态环境、工业、科学技术部门和其他有关部门，根据国民经济和发展规划及国家节约资源、降低能源消耗、减少重点污染物排放的要求，编制国家清洁生产推行规划，报经国务院批准后及时公布。国家清洁生产推行规划应当包括：推行清洁生产的目标、主要任务和措施，按照资源能源消耗、污染物排放水平确定开展清洁生产的重点领域、重点行业和重点工程。国务院有关行业主管部门根据国家清洁生产推行规划确定本行业清洁生产的重点项目，制定行业专项清洁生产推行规划并组织实施。国务院清洁生产综合协调部门会同国务院生态环境、工业、科学技术、建设、农业等有关部门定期发布清洁生产技术、工艺、设备和产品导向目录。县级以上人民政府负责清洁生产综合协调的部门、生态环境部门会同同级有关部门，组织编制重点行业或者地区的清洁生产指南，指导实施清洁生产。

（3）其他有关部门的职责。

包括：指导、支持清洁生产技术的示范和推广工作；将清洁生产技术和管理课程纳入有关的教育技术培训体系；加强对清洁生产实施的监督；在主要媒体上定期公布污染严重企业名单，方便公众参与监督；批准设立节能、节水、废物再生利用等环保产品标志，并制定相应标准；组织开展清洁生产的宣传和培训等。这些有关部门包括：县级以上人民政府的科技、教育、环境保护、有关行政主管部门、国务院有关行政主管部门以及新闻出版、广播影视、文化等单位和有关社会团体。

5. 实施机制及法律责任

《清洁生产促进法》第三章规定了清洁生产的实施要求，分为三类：指导性要求、自愿性要求和强制性要求；第五章针对违反强制性要求的行为规定了相应的法律责任。

指导性要求是对生产经营者从事清洁生产发出的倡导，主要内容涉及对新建、改建、扩建项目、企业技术改造、产品包装设计提出要求，并对农业生产者、服务性企业、建筑工程、矿产资源勘查和开采、废物回收和利用以及普通企业清洁生产审核都提出了相应的倡导性要求。

自愿性要求是鼓励生产经营者自愿实施清洁生产，改善企业及其产品形象，相应地可以依照有关规定得到奖励和享受政策优惠的要求，主要内容包括：自愿签订节约资源、削减污染物排放量的协议和自愿进行环境管理体系认证。许多发达国家都将自愿性要求作为推行清洁生产的重要策略之一。

清洁生产的推行要取得卓越的成效，除了加强宣传、提供必要的技术支持，关键是要建立切实可行的激励机制。因此《清洁生产促进法》专门设立“鼓励措施”一章，以确保清洁生产促进工作得以顺利有效地开展，具体措施包括表彰和奖励、资金支持、中小企业发展基金支持、税收优惠、审核培训支持等。

《清洁生产促进法》第五章规定了不履行清洁生产有关义务要承担的法律责任。主要包括注明产品材料成分、建筑和装修材料必须符合国家标准，产品和包装物的强制回收、超标排放或超总量控制指标排放污染物企业的清洁生产审核、公布主要污染物的排放情况等方面的要求和相应的法律责任。

二、循环经济

20 世纪 90 年代以来，循环经济与知识经济一道成为国际社会经济发展的两大趋势。知识经济以经济活动的知识化转向为特征，循环经济则以经济活动的生态化转向为己任。正是由于循环经济的“绿化”特征，自可持续发展战略确立以来，越来越多的国家把发展循环经济、建设节约型社会看作实施可持续发展战略的重要途径和实现方式。

（一）循环经济的概念

循环经济是一种将经济体系与环境资源紧密结合的生态经济模式。它是建立在物质不断循环利用基础上的，要求经济运行遵循“资源—产品—再生资源”的物质反复循环流动的环境友好型的经济发展模式。循环经济有效促进了社会经济的可持续发展，表现为低开发、高利用、低排放的特征。

（二）循环经济的三大原则

循环经济有三大经济活动的行为准则，又称 3R 原则，分别是减量化原则（Reduce）、再利用原则（Reuse）、再循环原则（Recycle）。

减量化原则意在减少生产源头的资源投入，要求用尽可能少的原料与能源达到既定的生产目的或消费目的。常常表现为要求产品体积小型化，产品重量轻型化。比如，用轻型汽车来替代重型汽车，在消费中追求产品包装的朴实无华，并且尽量选择耐用的可循环可降解的物品而不是一次性物品，以减少废弃物的产生。

再利用原则旨在延长产品或服务的使用时间。也就是说，尽可能多次或以多种方式使用物品，避免其过早地成为垃圾，抵制一次性用品的泛滥。在生产中制造商使用标准尺设计，例如：使用标准尺设计在电子产品领域可以使产品更容易升级换代，而不必更换整个产品。在生活中人们可以让可维修的物品返回市场供他人使用或捐献自己不用的物品。

再循环原则要求生产出来的产品在完成其使用功能后能变成可以重新利用的资源而不是无用的垃圾，也就是说废弃物可以变成资源再次为人所用，一般指我们所说的废品回收利用和废物的综合利用。作为消费者来说，也应增强购买再生物品的意识，为促进循环经济的实现贡献一分力量。

（三）循环经济的实施机制和法律责任

发展循环经济是国家经济社会发展的一项重大战略，应当遵循统筹规划、合理布局，因地制宜、注重实效、政府推动、市场引导、企业实施、公众参与的方针。首先，法律规定了政府发展循环经济的职责：监管、规划、支持、责任制。其次，规定了企业及其他社会组织的责任：建立制度、行业自律、宣传教育。再次，规定了个人和公众参与的责任：环境意识、自觉践行、监督举报等。最后，规定了激励机制：设立发展循环经济的有关专项资金、安排财政性资金予以支持、对促进循环经济发展的产业活动给予税收优惠、优先贷款等信贷支持、优惠价格政策、政府采购优先、表彰和奖励等。

循环经济的法律责任有两个方面：一是政府的法律责任。主管部门发现违法行为或者接到对违法行为的举报后不予查处，或者有其他不依法履行监督管理职责行为的，由本级人民政府或者上一级人民政府有关主管部门责令改正，对直接负责的主管人员和其他直接责任人员依法给予处分。二是经营者的法律责任。违法行为包括违反名录、标准、收购和销售等法律规定者，将被单处或并处罚款、责令停业或者关闭、吊销营业执照、吊销采矿许可证等行政处罚；造成企业损失的，依法承担民事赔偿责任。上述违法行为构成犯罪的，依法追究刑事责任。

（四）循环经济与清洁生产的关系

循环经济与清洁生产是紧密联系、互为支撑的。清洁生产要求在产品生产的整个周期中贯彻污染预防原则，从生产源头减少资源的耗费，开发资源的可循环利用，遏制污染产生，从而达到经济效益与环境效益的双赢；循环经济崇尚环境友好，主张在产品和消费过程中，以最小的自然资源投入得到最充分的产出，同时使排放的环境废物尽可能地最少，以减少和避免对环境的危害。循环经济提供了一种理想的经济发展模式，在环境与发展的矛盾与冲突之间找到了合理的平衡点。

在具体的经济活动中，循环经济主要在三个层面展开：企业层面、区域层面和社会层面。清洁生产属于第一层面，即单个生产者和消费者的行为方式，它是一个相对微观的概念，相对而言，循环经济则是更为广大的生产者和消费者的行为方式，是一个相对宏观的概念。由此可见，清洁生产是循环经济的形式之一，是实现循环经济的基础，而循环经济又将是清洁生产发展的终极目标。另外，清洁生产为循环经济的实现提供了技术支撑，清洁生产将先进工艺技术和设备应用到生产服务中去，提高资源利用率，减少废物产生，成为循环经济形成的一个关键因素。

两者的主要区别是：首先，清洁生产主要着眼于生产服务领域，而循环经济则囊括整个经济活动，更有利于解决环境与发展的矛盾。其次，清洁生产强调生产技术的生态化，更为具体；而循环经济的内涵是生态经济，要求经济活动同生态系统的平衡相结合，走社会经济发展生态化的路子。最后，两者的实施条件不同。与清洁生产相比，循环经济的实施要求更高的科技创新水平、更雄厚的经济实力、更成熟的政府宏观调控、更健全的市场运行机制、更正常的资源配置、更多的科技与管理人才、更强的民众环保意识和更为普遍的绿色消费倾向。从这种意义上，可以说清洁生产是循环经济的初级阶段，循环经济是清洁生产的高级阶段。

第五节　环境税费制度

一、环境税费制度的概念和意义

环境税费制度，是指国家税收机关和环境管理机关根据法律规定，对排放污染物者征收一定税费的法律制度。环境税费制度包括排污收费制度和环境税制度。

1. 排污收费制度的概念和意义

环境税费制度源于排污收费制度。排污收费制度是运用经济手段来保护环境的一项法律制度。征收排污费是最重要的经济手段，它体现的是污染者负担原则。这项制度能够为进一步消除污染以及技术进步提供持续不断的压力并刺激创新，因而更加有利于预防性环境政策和可持续发展的实现。该制度自 20 世纪初在德国产生以来，已为世界各国普遍采用，70 年代初期被世界经济合作与发展组织环境委员会确定为污染者负担原则，在世界各国特别是发达国家得到了程度不同但较为广泛的运用。排污收费的范围、标准、方法、收费的使用等具体规定各国不尽一致。美国、日本、英国和德国的通行做法是，排污费主要应用于污水和噪声的控制，排污超标违法的并加重收费。此外，美国还对固体废弃物征收排污费，日本对大气污染物征收排污费。我国《环境保护法》第 43 条规定："排放污染物的企业事业单位和其他生产经营者，应当按照国家有关规定缴纳排污费。排污费应当全部专项用于环境污染防治，任何单位和个人不得截留、挤占或者挪作他用。依照法律规定征收环境保护税的，不再征收排污费。"

排污收费制度属于国家强制性征收，征收的排污费纳入国家财政预算，作为环境保护专项资金使用。这项制度的意义在于：首先，它体现了利用经济杠杆调节经济发展与环境保护的关系，将环境保护与排污者的经济利益直接联系起来，从根本上改变了"污染有理，治理吃亏"的旧观念。其次，这项制度有利于促使排污者进行技术改造，开展综合利用，促进了对污染源的治理。最后，实行排污收费制度为治理污染开辟了一条重要的资金渠道，增强了治理污染的能力，并有利于加强环境监督管理机构的自身建设，提高各级生态环境管理部门和环境监测部门的业务能力。

我国 1979 年颁布的《环境保护法（试行）》中即规定了排污收费制度，并在一些城市进行了试点。最早的专门立法是 1982 年国务院颁布的《征收排污费暂行办法》。2003 年 7 月 1 日起施行的《排污费征收使用管理条例》（已失效）取代了该暂行办法。条例对征收排污费的目的、范围、标准、污染物排放种类、数量的核定、排污费的征收、使用等作出了具体规定。

2. 环境税制度的概念和意义

环境税（environmental taxation），是国家通过税收，把环境污染和生态破坏的社会成本，内化到生产成本和市场价格中去，再通过市场机制来分配环境资源的一种经济手段。随着可持续发展理论得到国际社会日益广泛的认同，环境保护问题倍受各国政府的重视。税收作为政府用以调节社会经济生活的一种重要工具和手段，在保护环境方面发挥着越来越重要的作用。

环境税在理论上有两大源流：一个是庇古的外部性理论，另一个是科斯的环境产权理论。这两个理论互相有着密切的联系，代表了解决环境问题的两种不同思路。可持续发展理论成为解决环境问题的指导思想，作为现代宏观经济政策主要工具之一的税收，也被用到了资源与环境的保护上，环境税得到重视和发展。20 世纪 80 年代，环境税的思想开始在一些发达国家落实到实践。由于国情和税收政策的差异，各国环境税收制度的具体内容不尽相同，通常都由两个部分所构成：一是以保护环境为目的，针对污染、破坏环境的特定行为课征专门性税种，一般称为环境保护税，它是环境税收制度的主要内容。二是其他一般性税种中为保护环境而采取的一种税收调节措施，包括为激励纳税人治理污染保护环境所采取的各种税收优惠措施和对污染、破坏环境的行为所采取的某些增加其税收负担的措施。

我国长期实行的排污费制度，虽然对于防治环境污染发挥了重要作用，但与税收制度相比，其存在着执法刚性不足、地方支付与部门干预等问题，因而有必要进行环境保护费改税的改革。《中华人民共和国环境保护税法》（简称《环境税法》）于 2016 年 12 月 25 日第十二届全国人大常委会第二十五次会议通过，自 2018 年 1 月1 日起施行。2017 年 12 月 25 日国务院公布了《中华人民共和国环境保护税法实施条例》，自 2018 年 1 月 1 日起施行。自此，我国实现了排污费支付向环境保护税制度的平稳转移。

《环境税法》根据现行排污费项目设置税目，将排污费的缴纳人作为环境保护税（简称“环境税”）的纳税人，将应纳污染物排放量作为计税依据，将现行排污费收费标准作为环境保护税的税额下限。考虑到各地情况差异较大，允许地方以《环境保护税税目税额表》规定的税额标准为基础，在税额幅度内确定应税污染物的适用税额。环境保护费改税后，征收部门由原环保部门（现生态环境部门）改为税务部门，同时又离不开生态环境部门的配合，立法对环境税征管分工协作机制也作了规定。环境税收的产生拓宽了税收的调节领域，不仅在保护人类生存环境方面发挥了重要作用，而且充分体现了税收的公平和效率原则，具有重要的社会经济意义。

二、环境税的征收

（一）纳税人

环境税的纳税人为在中华人民共和国领域和中华人民共和国管辖的其他海域，直接向环境排放应税污染物的企业事业单位和其他生产经营者［《环境税法》（下同）第 2

条］。企业事业单位和其他生产经营者向依法设立的污水集中处理、生活垃圾集中处理场所排放应税污染物，缴纳处理费用的，由于其不直接向环境排放应税污染物，不缴纳相应污染物的环境保护税；在符合国家和地方环境保护标准的设施、场所贮存或者处置固体废物的企业事业单位和其他生产经营者，不缴纳固体废物的环境保护税（第4条）。

（二）征税对象和征税范围

环境税的征税对象为大气污染物、水污染物、固体废物和噪声等四类（第3条）。具体税目、税额依照《环境税法》所附《环境保护税税目税额表》执行（第6条第1款）。《环境税法》实施之后，依照本法规定征收环境保护税，不再征收排污费（第27条）。

与排污费制度对大气污染物、水污染物的征收范围相衔接，《环境税法》规定每一排放口或者没有排放口的应税大气污染物，按照污染物当量数从大到小排序，对前三项污染物征收环境保护税。每一排放口的应税水污染物，按照本法所附《应税污染物和当量值表》，区分第一类水污染物和其他类水污染物，按照污染当量数从大到小排序，对第一类水污染物按照前五项、对其他类水污染物按照前三项征收环境保护税。同时，省、自治区、直辖市人民政府根据本地区污染物减排的特殊需求，可以增加同一排放口征收环境保护税的应税污染物项目数，报同级人大常委会决定，并报全国人大常委会和国务院备案（第9条）。每种应税大气污染物、水污染物的具体污染当量值，依照本法所附《应税污染物和当量值表》执行（第8条）。

（三）税负

环境税以现行排污费收费标准作为环境税的税额下限，根据税额表规定，大气污染物税额为每污染当量1.2～12元；水污染物税额为每污染当量1.4～14元；固体废物按不同种类，税额为每吨5～1 000元，噪声按超分贝数，税额为每月350～11 200元。同时，《环境税法》规定省、自治区、直辖市人民政府统筹考虑本地区环境承载能力、污染物排放现状和经济社会生态发展目标要求，可以在《环境保护税税目税额表》规定的税额幅度内提出，报同级人大常委会决定，并报全国人大常委会和国务院备案（第6条）。

（四）税收优惠

《环境税法》规定了五项免税情形：一是为支持农业发展，对农业生产排放的应税污染物免税，但鉴于规模化养殖对农村环境威胁较大，未将其列入免税范围。二是考虑到现行税制中已有车船税、消费税、车辆购置税等税种对机动车的生产和使用进行调节，其中车船税和消费税按排量征税，对促进节能减排发挥了积极作用，在当前推进结构性减税的大环境下，不宜再进一步增加使用成本，因此，对机动车、铁路机车、非道路移动机械、船舶和航空器等流动污染源排放的应税污染物免税。三是考虑到根据国家有关规定，达标排放污染物的城镇污水集中处理、生活垃圾集中处理场所免缴排污费，为保持政策的连续性，对依法设立的城镇污水集中处理、生活垃圾集中处理场所向环境达标排放的应税污染物免税，对工业污水集中处理场所不予免税。四是为鼓励固体废物综合利用，减少污染物排放，对纳税人符合标准综合利用的固体废物免税。五是国务院批准免税的其他情形（第 12 条第 1 款）。

为鼓励企业通过采用先进技术减少污染物排放，《环境税法》规定，纳税人排放应税大气污染物或者水污染物的浓度值低于国家和地方规定的污染物排放标准 50%的，减半征收环境保护税（第 13 条）。

（五）税收征管

《环境税法》规定：纳税人应当依法如实办理纳税申报，对申报的真实性和完整性承担责任（第 19 条第 2 款）；税务机关依法征收管理，生态环境主管部门依法负责对污染物的监测管理（第 14 条）；生态环境主管部门和税务机关应当建立涉税信息共享平台和工作配合机制，定期交换有关纳税信息资料（第 15 条）。

《环境税法》还对环境税应税污染物计税依据的确定方法（第 7 条），应税污染物的计算方法和顺序（第 10 条），应纳税额的计算方法（第 11 条）等作了规定。

第六节　环境事故报告制度

一、环境事故报告制度的概念和意义

环境事故报告制度，又称环境污染与破坏事故报告及处理制度或环境污染事故和环境紧急情况的报告及处理制度，是指发生事故或者其他突然事件，使环境受到或者可能受到严重污染或破坏时，事故或事件的当事人必须立即采取措施进行处理，及时向可能受到环境污染与破坏危害的公众通报，并向当地生态环境主管部门和有关部门报告，接受调查处理的法律制度。

环境污染与破坏事故是指因事故或意外事件等因素，致使环境受到污染或破坏，公众的生命健康和财产受到危害或威胁的紧急情况。根据事故的类型可分为水污染、大气污染、噪声与振动危害、固体废物污染、农药与有毒化学品污染、放射性污染事故和国家重点保护的野生动植物及自然保护区破坏事故等；根据事故危害的程度，可分为一般、较大、重大和特大环境污染与破坏事故。环境污染与破坏事故一般都具有突发性、蔓延性和危害性极大等特点，随着一些具有高度危险来源的产业规模的扩大，环境污染与破坏事故的范围更广、危害更深。据英国核能安全局统计，20 世纪 80 年代以后，全世界平均每年发生二百多起严重的污染事故。印度博帕尔农药泄漏事件、苏联切尔诺贝利核电站泄漏事故造成的惨重危害令人震惊。但更可怕的是一些环境事故的当事人出于各种目的而故意隐瞒事故真相，人为地造成环境事故危害范围的扩大、时间的延长，使本来可以及时避免或减轻的污染后果得不到有效控制。为了防止这种悲剧的重演，环境事故报告与处理制度应运而生。

环境事故报告制度的意义在于：首先，它可以使地方政府和生态环境主管部门及时掌握环境污染与破坏事故的情况，查明事故原因、确定危害程度，便于采取有效措施，防止事故的蔓延和扩大。其次，它可以使受到环境污染和破坏威胁的公众提前采取防范措施，避免或减少损失，最大限度地降低事故的危害程度。

二、环境事故报告制度的内容

我国1982年颁布的《海洋环境保护法》首次规定了环境事故报告处理制度，1989年修订的《环境保护法》确认了这项制度，《水污染防治法》《大气污染防治法》等单项环境保护法中也有相关的规定。2006年1月24日国务院发布了《国家突发环境事件应急预案》（2014年修订），目的是建立健全突发环境事件应急机制，提高政府应对涉及公共危机的突发环境事件的能力，维护社会稳定，保障公众生命健康和财产安全，保护环境，促进社会全面、协调、可持续发展。

（一）突发环境事件分级

突发环境事件，是指由于污染物排放或自然灾害、生产安全事故等因素，污染物或放射性物质等有毒有害物质进入大气、水体、土壤等环境介质，突然造成或可能造成环境质量下降，危及公众身体健康和财产安全，或造成生态环境破坏，或造成重大社会影响，需要采取紧急措施予以应对的事件，主要包括大气污染、水体污染、土壤污染等突发性环境污染事件和辐射污染事件。按照突发事件的严重性和紧急程度，突发环境事件分为四级：特别重大环境事件（Ⅰ级）、重大环境事件（Ⅱ级）、较大环境事件（Ⅲ级）和一般环境事件（Ⅳ级）。

（二）国家突发环境事件应急组织体系

（1）国家层面。生态环境部负责重特大突发环境事件应对的指导协调和环境应急的日常监督管理工作。根据突发环境事件的发展态势及影响，生态环境部或省级人民政府可报请国务院批准，或根据国务院领导同志指示，成立国务院工作组，负责指导、协调、督促有关地区和部门开展突发环境事件应对工作。必要时，成立国家环境应急指挥部，由国务院领导同志担任总指挥，统一领导、组织和指挥应急处置工作；国务院办公厅履行信息汇总和综合协调职责，发挥运转枢纽作用。

（2）地方层面。县级以上地方人民政府负责本行政区域内的突发环境事件应对工作，明确相应组织指挥机构。跨行政区域的突发环境事件应对工作，由各有关行政区域人民政府共同负责，或由有关行政区域共同的上一级地方人民政府负责。对需要国家层面协调处置的跨省级行政区域突发环境事件，由有关省级人民政府向国务院提出请求，或由有关省级生态环境主管部门向生态环境部提出请求。地方有关部门按照职责分工，密切配合，共同做好突发环境事件应对工作。

（三）预警及措施

《环境保护法》第47条规定：“各级人民政府及其有关部门和企业事业单位，应当依照《中华人民共和国突发事件应对法》的规定，做好突发环境事件的风险控制、应急准备、应急处置和事后恢复等工作。县级以上人民政府应当建立环境污染公共监测预警机制，组织制定预警方案；环境受到污染，可能影响公众健康和环境安全时，依法及时公布预警信息，启动应急措施。企业事业单位应当按照国家有关规定制定突发环境事件应急预案，报环境保护主管部门和有关部门备案。在发生或者可能发生突发环境事件时，企业事业单位应当立即采取措施处理，及时通报可能受到危害的单位和居民，并向环境保护主管部门和有关部门报告。突发环境事件应急处置工作结束后，有关人民政府应当立即组织评估事件造成的环境影响和损失，并及时将评估结果向社会公布。”

按照突发事件严重性、紧急程度和可能波及的范围，突发环境事件的预警分为四级，预警级别由低到高，颜色依次为蓝色、黄色、橙色、红色。发布突发环境事件预警信息的地方人民政府或有关部门，应当根据事态发展情况和采取措施的效果适时调整预警级别；当判断不可能发生突发环境事件或者危险已经消除时，宣布解除预警，适时终止相关措施。

地方生态环境主管部门研判可能发生突发环境事件时，应当及时向本级人民政府提出预警信息发布建议，同时通报同级相关部门和单位。地方人民政府或其授权的相关部门，及时通过电视、广播、报纸、互联网、手机短信、当面告知等渠道或方式向本行政区域公众发布预警信息，并通报可能影响到的相关地区。

上级生态环境主管部门要将监测到的可能导致突发环境事件的有关信息，及时通报可能受影响地区的下一级生态环境主管部门。

进入预警状态后，当地县级以上人民政府和政府有关部门应当采取以下措施：(1) 分析研判。组织有关部门和机构、专业技术人员及专家，及时对预警信息进行分析研判，预估可能的影响范围和危害程度。(2) 防范处置。迅速采取有效处置措施，控制事件苗头。在涉险区域设置注意事项提示或事件危害警告标志，利用各种渠道增加宣传频次，告知公众避险和减轻危害的常识、需采取的必要的健康防护措施。(3) 应急准备。提前疏散、转移可能受到危害的人员，并进行妥善安置。责令应急救援队伍、负有特定职责的人员进入待命状态，动员后备人员做好参加应急救援和处置工作的准备，并调集应急所需物资和设备，做好应急保障工作。对可能导致突发环境事件发生的相关企业事业单位和其他生产经营者加强环境监管。(4) 舆论引导。及时准确发布事态最新情况，公布咨询电话，组织专家解读。加强相关舆情监测，做好舆论引导工作。

（四）报告时限和方式

突发环境事件发生后，涉事企业事业单位或其他生产经营者必须采取应对措施，并立即向当地生态环境主管部门和相关部门报告，同时通报可能受到污染危害的单位和居民。因生产安全事故导致突发环境事件的，安全监管等有关部门应当及时通报同级生态环境主管部门。生态环境主管部门通过互联网信息监测、环境污染举报热线等多种渠道，加强对突发环境事件的信息收集，及时掌握突发环境事件发生情况。

事发地生态环境主管部门接到突发环境事件信息报告或监测到相关信息后，应当立即进行核实，对突发环境事件的性质和类别作出初步认定，按照国家规定的时限、程序和要求向上级生态环境主管部门和同级人民政府报告，并通报同级其他相关部门。突发环境事件已经或者可能涉及相邻行政区域的，事发地人民政府或生态环境主管部门应当及时通报相邻行政区域同级人民政府或生态环境主管部门。地方各级人民政府及其生态环境主管部门应当按照有关规定逐级上报，必要时可越级上报。

接到已经发生或者可能发生跨省级行政区域突发环境事件信息时，生态环境部要及时通报相关省级生态环境主管部门。对以下突发环境事件信息，省级人民政府和生态环境主管部门应当立即向国务院报告：(1) 初判为特别重大或重大突发环境事件；(2) 可能或已引发大规模群体性事件的突发环境事件；(3) 可能造成国际影响的境内突发环境事件；(4) 境外因素导致或可能导致我境内突发环境事件；(5) 省级人民政府和生态环境部认为有必要报告的其他突发环境事件。

第七节　源头和特定区域保护制度

一、概念和意义

源头和特定区域保护制度，是指国家通过环境资源承载能力监测预警、生态保护红线等机制，对生态环境源头和特定区域实行最严格保护的法律制度。

生态环境源头和特定区域是指重点生态功能区、生态环境敏感区和脆弱区等区域，国家对这些区域划定生态保护红线，实行严格保护。生态环境源头和特定区域是国家生态环境安全的基础，同时也往往是生态环境较为脆弱的区域，必须通过法律予以最严格的保护。例如，我国三江源地区是国土的重要生态源头区域，同时也是生态环境最脆弱和敏感的区域，一旦被破坏会加剧中下游区域水土流失和洪涝灾害，且很难恢复和治理。又如，人口密集的大型城市往往是生态环境敏感区域，生态环境容易遭受严重破坏，且影响巨大，同样需要严格保护。党的十八届三中全会通过的《中共中央关于全面深化改革若干重大问题的决定》提出，“建设生态文明，必须建立系统完整的生态文明制度体系，实行最严格的源头保护制度、损害赔偿制度、责任追究制度，完善环境治理和生态修复制度，用制度保护生态环境”。《环境保护法》通过设立环境资源承载能力监测预警、生态保护红线、跨行政区域联合防治等制度对源头实行严格保护。

二、目标识别

（一）重点生态功能区

重点生态功能区，是指在涵养水源、保持水土、调蓄洪水、防风固沙、维系生物多样性等方面具有重要作用的区域，需要国家和地方共同管理，并予以重点保护和限制开发的区域。保护和管理重点生态功能区，对于防止和减轻自然灾害，协调流域及区域生态保护与经济社会发展，保障国家和地方生态安全具有重要意义。①

---

① 参见环境保护部“2010年国家重点生态功能区保护和建设规划”。

（二）生态环境敏感区和脆弱区

生态环境敏感区和脆弱区，是指法律规定的各种重要的、值得保护或需要保护的敏感保护目标存在的区域。我国《环境保护法》《海洋环境保护法》《水土保持法》《土地管理法》等法律中规定的生态环境敏感保护目标如下。

（1）具有代表性的各种类型的自然生态系统区域。

（2）珍稀、濒危的野生动植物自然分布区域。

（3）重要的水源涵养区域。

（4）具有重大科学文化价值的地质构造、著名溶洞和化石分布区，冰川、火山、温泉等自然遗迹。

（5）人文遗迹、古树名木。

（6）风景名胜区、自然保护区等。

（7）自然景观。

（8）海洋特别保护区、海上自然保护区、滨海风景游览区。

（9）水产资源、水产养殖场、鱼蟹洄游通道。

（10）海涂、海岸防护林、风景林、风景石、红树林、珊瑚礁。

（11）水土资源、植被、（坡）荒地。

（12）崩塌滑坡危险区、泥石流易发区。

（13）耕地、基本农田保护区。

（14）建设部“建设项目环境保护分类管理名录（试行）”中，将以下区域确定为“环境敏感区”，并作为建设项目环境保护管理级别分类的重要依据。

1）需特殊保护地区：指国家或地方法律法规确定的、县以上人民政府划定的需特殊保护的地区，如水源保护区、风景名胜、自然保护区、森林公园、国家重点保护文物、历史文化保护地（区）、水土流失重点预防保护区、基本农田保护区。

2）生态敏感与脆弱区：指水土流失重点治理及重点监督区、天然湿地、珍稀动植物栖息地或特殊生境、天然林、热带雨林、红树林、珊瑚礁、产卵场、渔场等重要生态系统或自然资源。

3）社会关注区：指文教区、疗养地、医院等区域以及具有历史、科学、民族、文化意义的保护地。此外，环境质量已达不到环境功能区划要求的地区亦应视为环境敏感区。

（15）环境影响评价中“一般敏感保护目标”如下。

1）具有生态学意义的保护目标。主要有：具有代表性的生态系统，如湿地、海涂、红树林、珊瑚礁、原始森林、天然林、热带雨林、荒野地等生物多样性较高的和具有区域代表性的生态系统。重要保护生物及其生境，包括列入国家级和省级一、二级保护名录的动植物及其生境；列入红皮书的珍稀濒危动植物及其生境；地方特有的和土著的动植物及其生境；具有重要经济价值和社会价值的动植物及其生境。重要渔场及鱼类产卵场、索饵场、越冬地及洄游通道等。自然保护区、自然保护地、种质资源保护地等。

2）具有美学意义的保护目标。主要有：风景名胜区、森林公园及旅游度假区；具有特色的自然景观、人文景观、古树名木、风景林、风景石等。

3）具有科学文化意义的保护目标。如：具有科学文化价值的地质构造、著名溶洞和化石分布区，冰川、火山和温泉等自然遗迹，贝壳堤等罕见自然事物，具有地理和社会意义的地貌地物，如分水岭、省、市界等地理标志物。

4）具有经济价值的保护目标。如：水资源和水源涵养区；耕地和基本农田保护区；水产资源、养殖场以及其他具有经济学意义的自然资源。

5）重要生态功能区和具有社会安全意义的保护目标。主要有：重要生态功能区，如江河源头区、洪水蓄泄区、水源涵养区、防风固沙保护区、水土保持重点区、重要渔业水域等；灾害易发区，如崩塌、滑坡、泥石流区（地质灾害易发区）、高山、峡谷陡坡区等。

6）生态脆弱区。处于剧烈退化中的生态系统，都可能演化为灾害易发区，应作为一类重要的敏感目标对待，如沙尘暴源区、严重和剧烈沙漠化区、强烈和剧烈水土流失区和石漠化地区；处于交界地带的区域，如水陆交界之海岸、河岸、湖岸、岸区，处于山地平原交界处之山麓地带等；处于过渡的区域，如农牧交错带、绿洲外围带等。

7）人类建立的各种具有生态环境保护意义的对象。如植物园、动物园、珍稀濒危生物保护繁殖基地、种子基地、森林公园、城市公园与绿地、生态示范区、天然林保护区等。

8）环境质量急剧退化或环境质量已达不到环境功能区划要求的地域、水域。

9）人类社会特别关注的保护对象。如学校（关注青少年）、医院（关注体弱有病的脆弱人群）、科研文教区以及集中居民区等。

三、环境资源承载能力监测预警

（一）概念和意义

1. 环境资源承载力

环境资源承载力又称环境承受力或环境忍耐力，是指在一定时期内，在维持相对稳定的前提下，某一区域环境对人类社会、经济活动的支持能力的限度。

人类赖以生存和发展的环境是一个大系统，它既为人类活动提供空间和载体，又为人类活动提供资源并容纳废弃物。然而地球的面积和空间是有限的，它的资源是有限的，它的承载力也是有限的。人类的活动必须保持在地球承载力的极限之内。当今存在的种种环境问题，大多是人类活动与环境承载力之间出现冲突的表现。人类社会经济活动对环境的影响超过了环境所能支持的极限，即人类社会行为对环境的作用力超过了环境承载力。环境承载力决定着一个流域或区域经济社会发展的速度和规模。如果在一定社会福利和经济技术水平条件下，流域或区域的人口和经济规模超出其生态环境所能承载的范围，将会导致生态环境的恶化和资源的匮竭，严重时会引起经济社会的不可持续发展。环境资源承载力的容量是一个动态变化过程，受到人口规模、开发程度、城镇化规模、产业发展、基础设施建设、空间布局、气候和自然条件等诸多因素的影响，建立监测预警机制有利于实时掌握当前的环境资源承受能力，制定符合当前环境资源形势的决策部署和相关政策，找准承载力的制约因素和薄弱环节进行补充强化，避免过度开发，突破环境资源承载力的底线，一旦自然环境失去自我恢复的能力，将产生不可逆的后果。

科技进步可以提高区域环境承载力，提高人们的管理水平，提高废弃物的回收利用率；可以改变产品的结构、成分，从而使一些对人类有害的物质得到有效的控制，降低生产这些产品的活动对环境造成的压力；可以提供消除污染物的可能性。调整产业结构，降低那些对环境造成较大压力的产业比例，使资本密集型、劳动密集型产业向技术和知识密集型产业发展，优化产业结构，或通过合理的工业布局，改变人类活动的内容，也可提高区域环境承载力。区域之间社会、经济的协调发展是每个区域实现可持续发展的前提，充分利用各区域间环境承载力的互补作用，协调规划各区域的发展强度，调动区域外的因素，是提高区域环境承载力的又一措施，典型的案例如大气污染联防联控等。

2. 环境资源承载能力监测预警机制

环境资源承载能力监测预警机制是指建立在对环境资源状况进行调查和评价基础上的对环境资源承载能力预先发布警告的制度。其旨在通过及时提供警示的由机构、制度、网络、举措等构成的预警系统，为实现环境资源信息的超前反馈，为及时布置、预防环境资源风险奠定基础。《环境保护法》第 18 条规定："省级以上人民政府应当组织有关部门或者委托专业机构，对环境状况进行调查、评价，建立环境资源承载能力监测预警机制。"

（二）环境资源承载能力监测预警的主要监测对象

1. 土地资源承载力

土地资源承载力是指在一定时期和空间范围内，土地资源所能承载的人类各种活动规模和强度的极限。土地资源能够为人类提供耕地保障、经济建设空间、生活空间、生态空间，土地资源承载力表现为将耕地、建设用地、居住用地、生态用地划分适宜的面积。土地资源总量是固定的，每一类用地面积的增减必然影响其他类型用地的面积，从而降低土地提供其他服务的能力。

2. 水资源承载力

水资源承载力是指某一地区的水资源在某一具体历史发展阶段下，以可预见的技术、经济和社会发展水平为依据，以可持续发展为原则，以维护生态环境良性循环发展为条件，经过合理优化配置，对该地区社会经济发展的最大支撑能力。水资源承载力主要由水环境容量和水资源供给能力两部分组成。水环境容量是指水的纳污能力，是在水质或环境目标下，某水域能够允许承纳的污染物最大数量，这个环境容量对人类活动的支持能力同样影响到水资源承载力的大小。区域某一时期的水环境容量分析通过水质调查分析、水质规划、供水工程与污水处理等措施的优化组合才能进行。水资源供给能力主要是指能被人类生产生活所用的部分，水资源供给能力的大小必须考虑生态平衡的问题，即水资源总量减去生态需水量即为区域的水资源供力。

3. 能源环境承载力

能源环境承载力是指能源系统能够满足能源负荷需求以及其在规模、强度和速度上的发展能力。能源环境承载力与能源资源丰富程度、能源基础设施完善程度、能源系统效率等因素直接相关。如燃气或风力资源丰富，则可多用清洁和可再生能源减缓能源与环境的压力；环境保护力度越大、大气环境容量承载力越高，就可以支撑越多的环境排放，如脱硫率达到90%以上则可多使用煤；水资源和土地资源相对丰富，就可以支撑相对多的人口和建筑建设量等。一般来说，人民生活水平越高、社会经济发展程度越高，其支撑力越大，但所需的能源消耗越大，造成的环境压力越大。

4. 环境承载力

环境承载力按要素划分，可分为水、大气、土壤等的承载力。环境承载力并不是一个固定不变的数值，它不仅会随着时间有所变化，而且会因人们对不同的环境所要求的质量不同而不同。影响一个区域的环境承载力的主要因素有：科技的进步、区域内人类经济活动模式和区域外因素等。

四、生态保护红线

（一）概念与意义

“红线”一般是指不可逾越的界限，同时也包含了管控事物数量、比例或限值等方面的管理要求。基于生态保护红线提出的特定时代背景和最新形势需求，生态保护红线可定义为：为维护国家生态安全，在提升生态功能、改善环境质量、促进资源高效利用等方面必须实行严格保护的空间边界与管理限值。生态保护红线具体包括生态功能红线、环境质量红线和资源利用红线。生态功能红线是指在涵养水源、保持水土、防风固沙、调蓄洪水、保护生物多样性等方面具有重要作用，支撑经济社会发展的自然生态空间；环境质量红线是指为维护人居环境与人体健康的基本需要，必须严格执行的环境管理限值；资源利用红线是指为促进资源能源节约，保障能源、水、土地等资源高效利用的最高要求。生态保护红线是最基本的生态环境保护要求，是维护一定生态环境质量所必须坚持的防护底线，一般有三种形式。

一是特定地理区域红线，如主体功能区规划、环境功能区规划等。被列为限制开发区和禁止开发区的地区主要发挥生态屏障和生态效益的功能。

二是自然资源利用上限，虽然我国整体自然资源保护力度在加强，但很多自然资源，特别是不可再生的自然资源总量是有限的，所以，必须分区域分阶段地提出资源开发利用总量、强度、效率等上限管控要求，加强自然资源开发利用管控，实现保障生态安全和改善环境质量的根本目的。

三是污染物排放总量上限，现在四种主要污染物的排放总量都在下降，但一些其他污染物的排放总量还在增加，温室气体也在增加，对此必须限定一个上限。

以上三条线综合起来就构成一条完整的生态红线。

2013年5月24日，中共中央总书记习近平在中共中央政治局第六次集体学习时再次强调，要划定并严守生态红线，牢固树立生态红线的观念。在生态环境保护问题上，就是要不能越雷池一步，否则就应该受到惩罚。中共中央十八届三中全会更是把划定生态保护红线作为改革生态环境保护管理体制、推进生态文明制度建设最重要、最优先的任务。党的二十大报告中也提出，要以国家重点生态功能区、生态保护红线、自然保护地等为重点，加快实施重要生态系统保护和修复重大工程。划定生态红线已经不仅仅是生态保护领域的重点工作，更成为生态文明制度建设的关键内容，成为国家生态安全和经济社会可持续发展的基础性保障。根据《环境保护法》第29条第1款的规定，国家在重点生态功能区、生态环境敏感区和脆弱区等区域划定生态保护红线，实行严格保护。

生态保护红线的重大意义如下。

1. 推动生态环境日趋转好的客观需求

改革开放以来，我国经济快速发展并成为世界第二大经济体，但同时付出了沉重的环境代价，生态保护滞后于经济发展，生态赤字严重，生态空间被人为割裂或屡遭挤占，生态系统退化，生态环境问题成为制约经济社会发展的瓶颈和短板。党中央、国务院高度重视生态环境保护，作出一系列重大决策部署，推动生态环境保护工作取得明显进展。但是，我国生态环境总体仍比较脆弱。根据国务院印发的《全国主体功能区规划》，中度以上生态脆弱区域占全国陆域面积的55%；据第五次全国土地荒漠化和沙化监测，沙化和荒漠化面积分别为172.1万平方公里和261.2万平方公里，占国土总面积的17.93%和27.20%。划定生态保护红线，旨在强制性实施严格的生态保护制度，促进资源与能源的高效利用，加大中国生态关键地区的保护力度，改善生态系统功能和环境质量状况，缓解经济社会开发建设活动对自然生态系统造成的压力和不利影响，力促人口、资源、环境相均衡、经济社会效益和生态效益相统一。因此，划定生态保护红线是遏制生态环境退化趋势、推动生态环境日趋转好的迫切需要和有效手段。

2. 优化国家生态安全格局的基本前提

生态安全格局是实现国土空间优化开发，促进经济社会可持续发展的基础保障。在生态空间保护与优化方面，中国开展了全国生态功能区划、主体功能区规划、生物多样性保护战略与行动计划，加快了各类保护区建设步伐。各种类型的保护区发挥着重要的生态服务功能，对于改善人居环境质量，保障国家生态安全具有重要的促进作用。

中国生态保护区域类型多、面积大、覆盖广，但是划定科学性不足，缺乏严格的生态保护标准和管理措施，当前生态环境保护投入难以支撑有效管护。在各级政府优先追求GDP和财政收入、企业和个人优先追求眼前利益和经济利益的大环境下，中国高效稳定的国家生态安全格局亟待建立。因此，划定生态保护红线是整合各类保护区域、提高生态保护效率的最直接手段，是强化生态保护、科学构建生态安全格局的最有效途径。

3. 改革生态保护管理体制的必然途径

随着时代发展，特别是在环境保护实现历史性转变的关键时期，生态环境管理体制中存在的问题不断显现，许多问题已成为制约生态保护工作的障碍。由于历史和现实的原因，中国的生态环境保护体制建设落后于污染控制，政府的生态保护管理职能分散在各个部门，采取按生态和资源要素分工的部门管理模式，缺乏强有力的、统一的生态保护监督管理机制。由于在国家一级缺乏生态保护的统一决策、统一监督管理体制和机制，存在政府部门职能错位、冲突、重叠等体制性障碍，造成国家公共利益和部门行业利益的冲突，国务院提出的“统一法规、统一规划、统一监督”的要求难以落实。各部门大多从部门利益出发，积极推动制定本部门所管理的资源法律，并通过法律加强自身的授权和权力，造成法律法规之间的矛盾，“政出多门”加大了基层部门执行有关法律法规的难度；在规划和政策制定上各自为政，相互衔接不够，使生态保护标准各异，划建生态保护区的目的与分类体系不同，措施综而不合，极不利于国家对生态保护的宏观调控；一些分工不够明确合理，造成多头管理，执行分工时职能越位、交叉和重复，在一定程度上加重了生态环境的破坏，突出表现在物种保护与自然保护区管理、水资源管理与污染防治等方面。如资源管理部门政企不分，既有资源保护、监督生态建设的职能，又有经营和开发资源的任务，这种局面显然不利于生态环境的保护。

划定与严守生态保护红线是一项综合性很强的系统工程，目的在于从国家层面统筹考虑生态环境保护工作，将资源开发利用、环境管理、生态保护等众多领域进行有机整合，协调各主管部门职责与利益，实行严格的生态保护制度，从而改革当前的生态环境保护管理体制，建立起分工明确、协调统一的严格化生态保护机制。

（二）划定生态保护红线的基本原则

《生态保护红线划定指南》提出了我国陆地国土空间生态保护红线划定需要遵循的四条基本原则。

1. 科学性原则

以构建国家生态安全格局为目标，采取定量评估与定性判定相结合的方法划定生态保护红线。在资源环境承载能力和国土空间开发适宜性评价的基础上，按生态系统服务功能重要性、生态环境敏感性识别生态保护红线范围，并落实到国土空间，确保生态保护红线布局合理、落地准确、边界清晰。

2. 整体性原则

统筹考虑自然生态整体性和系统性，结合山脉、河流、地貌单元、植被等自然边界以及生态廊道的连通性，合理划定生态保护红线，应划尽划，避免生境破碎化，加强跨区域间生态保护红线的有序衔接。

3. 协调性原则

建立协调有序的生态保护红线划定工作机制，强化部门联动，上下结合，充分与主体功能区规划、生态功能区划、水功能区划及土地利用现状、城乡发展布局、国家应对气候变化规划等相衔接，与永久基本农田保护红线和城镇开发边界相协调，与经济社会发展需求和当前监管能力相适应，统筹划定生态保护红线。

4. 动态性原则

根据构建国家和区域生态安全格局，提升生态保护能力和生态系统完整性的需要，生态保护红线布局应不断优化和完善，面积只增不减。

法条链接

1.《中华人民共和国环境保护法》第 14 条、第 15 条、第 18 条、第 40 条、第 41 条、

第43条、第47条、第61条、第63条；

2.《中华人民共和国城乡规划法》第一章总则、第二章城乡规划的制定、第三章城乡规划的实施；

3.《中华人民共和国土地管理法》第三章土地利用总体规划；

4.《中华人民共和国水法》第二章水资源规划；

5.《中华人民共和国环境影响评价法》全文；

6.《中华人民共和国清洁生产促进法》全文；

7.《中华人民共和国循环经济促进法》全文；

8.《中华人民共和国水污染防治法》第4条、第9条、第二章水污染防治的标准和规划、第三章水污染防治的监督管理、第40条、第41条、第45条、第66条至第68条、第71条、第74条、第77条；

9.《中华人民共和国大气污染防治法》第2条、第3条、第6条、第7条、第11条至第16条、第19条至第22条、第33条、第34条、第46条至第48条；

10.《中华人民共和国固体废物污染环境防治法》第3条、第4条、第13条、第14条、第18条、第19条、第33条、第69条；

11.《中华人民共和国噪声污染防治法》第4条、第5条、第13条、第14条、第16条至第18条、第23条、第26条、第48条；

12.《中华人民共和国防沙治沙法》第4条、第二章防沙治沙规划。

深度阅读

1. 蔡守秋. 论环境标准与环境法的关系. 环境保护，1995（4）.

2. 曹明德. 排污权交易制度探析. 法律科学，2004（4）.

3. 周珂，等. 我国循环经济立法必要性刍议. 新华文摘，2005（11）.

4. 汪劲. 中外环境影响评价制度比较研究. 北京：北京大学出版社，2006.

5. 张承中. 环境规划与管理. 北京：高等教育出版社，2007.

思考与练习

一、思考题

1. 试述环境影响评价制度与“三同时”制度的联系与区别。

2. 环境行政许可制度与环境税费制度的作用和内容如何？

3. 试述清洁生产与循环经济的关系。

4. 试述环境标准的概念和分类。

5. ISO14000系列标准有哪些特点？

6. 环境事故报告制度的作用和内容如何？

7. 试述生态保护红线的概念与意义。

二、练习题

1. 我国对建设项目的环境影响评价实行分类管理制度。根据《环境影响评价法》的规定，下列哪些说法是正确的？（　　）

A. 可能造成重大环境影响的建设项目，应当编制环境影响报告书，对产生的环境影响进行全面评价

B. 可能造成轻度环境影响的建设项目，应当编制环境影响报告表，对产生的环境影响进行分析或者专项评价

C. 环境影响很小的建设项目，不需要进行环境影响评价，无须填报环境影响评价文件

D. 环境影响报告书和环境影响报告表，应当由具有相应资质的机构编制

2. 关于后评价制度，以下说法正确的是（　　）。

A. 发生在项目的可行性论证阶段

B. 发生在项目的建设过程中或者运行过程中

C. 项目已经进行过环评并且通过，但项目在建设、运行过程中又产生了不符合经审批的环境影响评价文件的情形

D. 项目原来没有进行过环评，在项目的建设、运行过程中由生态环境部门责成建设单位进行环境影响的后评价

3. 某造纸厂已取得排污许可证，并缴纳了环境税。但环保局检测发现，造纸厂所排污水中多项污染物指标超出了省级水污染物排放标准。根据《环境保护法》的规定，下列哪些选项是正确的？（　　）

A. 该厂拥有排污许可证并缴纳了环境税，所排污水虽然超出了省级水污染物排放标准，但未超过国家标准，故不违法

B. 该厂应缴纳环境税，并治理污染

C. 环保局有权对该厂进行罚款

D. 环保局有权责令该厂停业或关闭

4. 全国循环经济发展工作的组织协调和监督管理部门是（　　）。

A. 国务院循环经济发展综合管理部门

B. 国务院生态环境主管部门

C. 国务院工业和信息化主管部门

D. 国务院科技主管部门

5. 在北京市某宾馆，下列哪些行为不属于循环经济的范畴？（　　）

A. 采用节能照明设备

B. 倡导宾客在夏天将空调温度控制在26℃以上

C. 提供一次性产品

D. 垃圾分类处理

6. 下列有关环境质量标准的说法哪一个是正确的？（　　）

A. 环境质量标准包括国家环境标准和各级地方政府制定的地方环境标准

B. 对国家污染物排放标准已作规定的项目，不得制定地方标准

C. 凡是向已有地方污染物排放标准的区域排污的，应当执行该地方标准

D. 地方污染物排放标准必须报国务院生态环境主管部门批准

7. 根据《环境保护法》的规定，下列哪一项是县级以上人民政府生态环境主管部门的职权？（　　）

A. 对国家环境质量标准中未作规定的项目，制定地方环境质量标准

B. 对国家污染物排放标准中未作规定的项目，制定地方污染物排放标准；对国家污染物排放标准中已作规定的项目，制定严于国家污染物排放标准的地方污染物排放标准

C. 定期发布环境状况公报

D. 会同有关部门对管辖范围内的环境状况进行调查和评价，拟订环境保护规划

8. 根据《环境保护法》的规定，关于污染物排放标准，下列哪一说法是错误的？（　　）

A. 省级地方政府对国家污染物排放标准中已作规定和未作规定的项目，都可以制定地方污染物排放标准

B. 对国家污染物排放标准中已作规定的项目，在制定地方污染物排放标准时，可以因地制宜，严于或宽于国家污染物排放标准

C. 地方污染物排放标准须报国务院生态环境主管部门备案

D. 凡是向已有地方污染物排放标准的区域排放污染物的，应当执行地方污染物排放标准

9. 中央直接管辖的某大型国有企业在某县境内设立的工厂发生剧毒物质大量泄漏事故，该县张县长提出的下列哪些意见符合《环境保护法》的规定？（　　）

A. 要求该企业立即采取措施控制泄漏，并及时通报污染地区的单位和居民

B. 县环保局应立即上报市政府，请市政府采取有效措施紧急疏散群众

C. 建议省政府对该企业作出限期治理的决定

D. 该企业如未在限期内完成治理任务，县政府将处以罚款，并报省政府批准责令该工厂关闭

第五章

环境法律责任

重点知识

环境法律责任　环境民事责任　过错责任　无过错责任　客观过错论　过错推定　环境行政许可　环境行政执法　环境行政责任　环境行政处罚　环境刑事责任　破坏环境资源保护罪

环境法律责任，是指造成或可能造成生态环境污染和破坏的当事人依法所应承担的法律后果。习近平指出："要抓紧修订相关法律法规，提高相关标准，加大执法力度，对破坏生态环境的要严惩重罚。要大幅提高违法违规成本，对造成严重后果的要依法追究责任。"① 环境法律责任是环境法的重要组成部分，是环境保护最强有力的手段，完善环境法律责任制度、加强环境执法，是保证环境法有效实施、遏制环境违法行为的重要保证。我国《环境保护法》、其他有关的单行环境法律法规，以及地方性环境保护法规，都有环境法律责任的明确规定。我国环境法律责任分为民事责任、行政责任和刑事责任三种。本章的学习目的是：了解掌握环境法律责任的原理和特征，特别是环境责任构成要件的特殊性，了解掌握不同环境法律责任类型的功能和联系。

第一节　环境民事责任

一、环境民事责任的概念

环境民事责任是指环境法律关系主体依照民法规定的法律责任形式所承担的法律后果。因污染环境、破坏生态而引发的损害有两种类型：第一，对他人人身、财产等私人利益的损害；第二，对生态环境本身的损害，即生态环境公共利益的损害，又被称为生态环境损害或纯生态损害②，由此产生的环境民事责任也可以区分为传统的生态

① 习近平.论坚持人与自然和谐共生.北京：中央文献出版社，2022：43.

② 吕忠梅，窦海阳.以"生态恢复论"重构环境侵权救济体系.中国社会科学，2020（2）.

环境私益侵权责任和生态环境损害责任。传统侵权法仅救济私人人身、财产权益，而生态环境不能被某个社会主体所独占，所以生态环境权益属于公共利益，生态环境损害的救济通常不属于侵权法救济范围。但是，我国《民法典》第七编“侵权责任”第七章展示了立法者打破传统民法保护范围界限的决心，与总则编第 9 条确定的绿色原则相呼应，将生态环境损害责任也规定为一种侵权责任。《民法典》第 1229 条强调“因污染环境、破坏生态”对“他人”权益造成损害的，侵权人应当承担侵权责任，即对传统生态环境私益侵权的规定，对传统生态环境私益侵权的救济也是通过一般民事诉讼程序实现。《民法典》第 1234 条和第 1235 条又规定了“违反国家规定造成生态环境损害”时的生态环境修复责任和生态环境损害赔偿责任，即对生态环境损害责任的规定，对生态环境损害的救济则一般通过环境民事公益诉讼或者生态环境损害赔偿诉讼来实现。

因污染环境、破坏生态导致对他人人身、财产权益的损害的生态环境私益侵权，虽然相比较于针对公共利益的生态环境损害来说属于传统侵权，但作为现代社会特有的权益侵害现象，与侵权法中的一般侵权相比，生态环境私益侵权仍具有鲜明的特殊性，属于特殊侵权的一种。生态环境私益侵权的特殊性主要体现在以下几个方面。

（1）主体方面的特征。首先是当事人地位事实上的不平等。传统侵权行为的当事人一般在地位上具有平等性，而环境侵权当事人中的加害人多是具有特殊经济地位和实力的工商企业，而受害人则多为认知能力、防御能力和诉讼能力均较弱的分散的普通公众，二者地位事实上存在很大差异。其次，环境侵权的受害主体不仅包括当代人，而且可能包括后代人，甚至当代人侵害的完全是后代人的环境权益。根据现代环境法代际公平的理论，这种侵权同样要承担侵权民事责任。

（2）客体方面的特征。环境民事侵权侵害对象具有广泛性与复合性。首先，传统侵权行为一般是加害行为直接作用于个别受害人的人身或财产，环境侵权则要通过环境这一中介再作用于人身及财物，其侵害对象包括各种自然要素、无主物、公私财产与人身，远较一般侵权广泛。其次，由于环境具有整体性和共有性，因而，环境侵权行为一旦造成具体的损害后果，就必然损害不特定的多数人的生命、健康、财产及其他权益，而且损害程度往往也比传统侵权严重得多。

（3）内容方面的特征。首先，宏观上环境侵权行为具有价值双重性。传统的侵权行为本身在法律规范的价值判断上就是一种纯粹的无价值行为，即完全具有法律否定性的违法行为，如欠债不还、强占他人财物、伤害他人身体等。而环境侵权行为如排放“三废”污染环境，往往是伴随合法的生产活动而产生，而且可能在技术规范和行政管理规范上是合法的。其次，环境侵权具有持续性、潜在性及不明确性。传统侵权行为多为一次性侵害，损害一般也是一时之害，而环境侵权则常常具有持续性、反复性；传统侵权较易为受害人所发现，举证较容易，而环境侵权往往不能立即被受害者发现，举证往往比较困难。此外，环境法权利义务内容的一些重大理论问题比一般民事权利义务内容的要复杂得多，且存在许多争议，例如环境权问题等。

【案例5-1】

武汉梨农状告"行道树"栽种单位案[①]

案情：武汉市东西湖区2 227户梨农状告武汉市交通委员会等单位栽种"行道树"桧柏使梨树减产甚至绝收。被告向法庭提交了大量证据材料，证明导致东西湖区107国道沿线行道树两侧5公里范围内2003年梨锈病发生、梨树减产的原因是多方面的，原告提供的证据不能证明桧柏树与梨树损失之间存在法律上的因果关系。案件审理期间及开庭审理后，法庭依法进行了调解，但未能达成调解协议。

判决：法庭认为，桧柏的存在仅是梨锈病发生的条件之一，而梨锈病也只是原告方梨树减产的原因之一。对于梨锈病的发病原理，相关科研部门出具的分析报告和技术咨询报告均认为仅有桧柏的存在，并不会必然发生梨锈病，且梨锈病可防可治。调查表明，桧柏的种植时间主要在1995年至1998年，在种植期间及种植后的4年间，梨树产量并未受到影响，说明2003年梨树的减产与栽种桧柏并无必然因果关系。

问题：本案发生于《民法典》颁布前，当时的《侵权责任法》仅规定了因"污染环境"致人损害的环境侵权责任，本案中，法院认为引种"行道树"打破原生态系统平衡导致梨树减产，并非典型的因污染环境导致他人损害的情形，所以按照一般侵权进行了判决，那么，根据《民法典》的最新规定，因"破坏生态"行为致人损害的侵权行为是否属于生态环境私益侵权呢？

二、环境民事责任的归责原则

侵权法的历史发展大体上经过了从同态复仇到结果责任，再逐渐发展为过错责任，并从单一过错责任归责原则向过错责任、无过错责任等多元化归责体系发展的过程。从我国环境保护立法的规定来看，我国环境民事责任的归责原则应当是过错责任与无过错责任并立的二元化归责体系。

（一）过错责任原则及其调整

过错责任原则源于罗马法，其基本含义是，加害人对其有过错的行为承担民事责任，无过错即无责任。所谓过错，与传统刑事罪过的概念相类似，指行为人具有的一种应受非难的心理状态，包括故意和过失两种形态。由于这一原则能保护个人活动不必动辄得咎，所以有利于企业的活动和经济的活跃，它被强调个人自由的资产阶级民法理论视为罗马法中最有价值的遗产加以继承和发扬，与"契约自由""无限私有权"并列，成为19世纪资产阶级民法的三大原则，对于近代市场经济的发展起到了积极的推动作用。但是，随着社会经济的高度发展，包括环境公害在内的各种人为侵权造成的事故和灾害成为严重的社会问题，而这些侵权行为往往因加害主体复杂、因果关系不明和过错认定极

① 参见武汉梨农状告"行道树"栽种单位案一审判决（2005-03-18）. https://news. sina. com. cn/c/2005-03-18/22315399889s. shtml.

其困难，而逐渐令过错责任原则黯然失色，客观过错论和过错推定论应运而生。

客观过错论指以某种行为标准而非行为人的特殊心理活动来判定行为人有无过错，这种行为标准被形象地称为“良家父”或“善良管理人”所应尽的合理注意义务，没有尽到这种义务，即为过失。所谓过错推定是指若原告能证明其所受损害是由被告所致，而被告不能证明自己没有过错，法律上就应推定被告有过错并应使其负民事责任，其基本适用方法是实行举证责任倒置。过错推定责任原则对于受害人的保护更为有利，但它仍然以过错作为确定责任的最终论据，依然不能摆脱过错责任的局限性。

（二）无过错责任原则在环境法中的适用

无过错责任又称无过失责任，德国法称其为危险责任，普通法国家称其为严格责任，是指无论行为人有无过错，只要法律规定应当承担民事责任，行为人即应对其行为所造成的损害承担责任。依无过错责任原则，受害人无须就加害人的过错举证，也不必推定加害人过错，加害人也不得以其没有过错为由抗辩。

无过错责任原则是为弥补过错责任的不足，解决工业化社会中的一系列新型侵权行为所带来的挑战和难题而设立的新型民事责任归责原则。与过错责任原则仅局限于传统自然法学公平正义标准不同的是，无过错责任原则是从整个社会利益之均衡、不同社会群体力量之强弱对比，以及寻求补偿以息事宁人的角度来体现民法公平原则的，它反映了现代社会化大生产条件下的公平正义观，也明显带有社会法学的色彩。①

无过错责任原则为各国环境法所普遍采用的原因是：首先，现代工业生产的排污行为使生产活动本身具有高度危险性，即使企业采取各种安全措施，也不能完全消除使他人遭受污染损害的意外危险，且即使企业无过错，也可能造成环境污染及他人巨大的财产和人身损害；其次，现代工业生产及由此造成的污染往往涉及复杂的科学技术问题，作为普通公众的受害人难以了解污染的原因，更难以取得充足的证据，也就难以证实排污者的故意或过失；最后，无过错责任原则也是民法公平原则的客观要求，环境侵权中的加害人多是营利者，如果因加害人无过错或不能证明其有过错，而使受害人得不到法律的保护，无异于放纵图财害命。因此，无过错责任原则很快成为当代各国环境法新的归责原则。

我国法律也采纳了对传统生态环境私益侵权适用无过错责任原则的立法例。我国《民法典》第 1229 条规定：“因污染环境、破坏生态造成他人损害的，侵权人应当承担侵权责任。”即，不管侵权人有没有过错，只要其污染环境、破坏生态的行为造成了他人损害，就要承担侵权责任。而就造成他人损害的原因行为，也不再局限于污染环境一类，而是也包含了破坏生态。但是对于生态环境损害应适用的归责原则，目前学术界尚有争议，但《民法典》第 1234 条和第 1235 条的规定，都强调“违反国家规定”造成生态环境损害时，国家规定的机关或者法律规定的组织有权请求侵权人在合理期限内承担修复

---

① 社会法的基本特征应至少包括：其一，社会法的本位——社会整体利益；其二，社会法的基本原则——扶持社会弱势群体；其三，社会法的主体——特殊性、具体性和集团性的社会人；其四，社会法的调整手段和方式——行政、民事和刑事等诸种规制手段结合、并用；其五，社会法的法律规范——公法和私法的混合。竺效.“社会法”意义辨析.法商研究，2004（2）.

责任和赔偿损失，可解释为适用过错责任原则。

三、环境民事责任的构成要件和免责事由

（一）环境民事责任的构成要件

对环境侵权构成要件，我国法学界有不同的主张：有的主张二要件，即构成环境损害的事实以及损害与污染环境行为之间的因果关系。① 有的主张三要件，但具体内容又分为两种，一种是污染环境的行为、损害、污染环境行为与损害之间的因果关系三要件②，另一种是污染环境侵权行为的违法性、污染环境侵权行为的损害事实、污染环境侵权行为与损害事实之间的因果关系这三个要件。③ 笔者认为，由于我国环境民事责任应分别适用过错责任原则（主要适用于破坏环境责任）与无过错责任原则（主要适用于污染环境责任），环境民事责任的构成要件也相应地分为过错责任要件和无过错责任要件两种。对过错责任的构成要件，理论界争议不大，一般认为应包括四要件，即行为有违法性、有损害结果、违法行为与损害结果之间有因果关系、行为人有过错；至于无过错责任原则的构成要件，笔者同意二要件说，此说避免了因对违法性的争议而减损无过错责任原则的价值，更有利于对环境民事权益的保护。与一般民事责任相比，环境民事责任的特殊性主要表现在环境损害事实和因果关系两个构成要件上。

1. 环境损害的事实

环境损害的事实即环境侵权造成的环境损害后果，根据侵权行为法补偿功能的基本要求，无损害即无救济，因而它是环境民事责任的构成要件。环境损害具体包括财产损害、人身损害和环境享受损害三种。

（1）财产损害。指环境侵权造成的权利人财产的损害，如因污染使农作物受害减产、牲畜死亡，因污染水源致使水生养殖物死亡而减产，因污染使动产或不动产使用价值降低或增加修缮费用，因污染风景区、疗养地、公园使经营者因游人减少而减少了门票收入等，国家亦可因国有财产受污染损害而成为赔偿请求人，如依照《海洋环境保护法》第 114 条的规定，污染海洋环境、破坏海洋生态，造成海洋污染者应赔偿国家的损失。

（2）人身损害。指环境侵权对公民的生命健康权的损害，主要发生在环境污染民事责任中，如因严重超标排放“三废”污染环境，造成受害者伤残、患病、死亡等。这是最严重的环境损害，许多国家对此适用惩罚性的民事赔偿方法，体现了现代民法对公民生存权利的严格法律保护。

（3）环境享受损害，或生态环境公共利益损害。这是对公民享受良好环境质量权益的损害，它与财产损害和人身损害有关，但并不等同。人身、财产损害属于传统的私益损害，而环境享受损害或者生态环境公共利益损害则属于典型的公共利益损害。同时，财产损害与人身损害法律界定标准明确，而环境享受损害的标准具有不确定性，但这种

---

① 王利明. 民法·侵权行为法. 北京：中国人民大学出版社，1993：455－459.

② 张新宝. 中国侵权行为法. 北京：中国社会科学出版社，1998：93.

③ 钱水苗. 污染环境侵权行为民事责任的特点. 杭州大学学报，1993（2）.

损害是客观存在的，而且是环境侵权中最常见的。随着经济和社会文化的发展，公民对这方面的法律保护要求也不断提高，因而法律对此必须合理规范。环境享受损害通常表现在两个方面：一是妨碍他人依法享受适宜环境的权利或正常生活。如排放恶臭气体，使周围居民难以忍受；造成强大噪声、振动，使周围居民不能正常休息、工作。二是对环境要素造成非财产性损害，降低环境要素的功能或价值。如污染或破坏自然风景区，使其风景减色而降低其观赏娱乐价值；污染疗养胜地，使之失去疗养舒适价值；污染或破坏人文古迹，使其科学研究价值或美学价值降低或丧失等。对环境享受损害的认定比较复杂，有些国家直接在法律中规定了环境权，受害者可以此作为诉讼请求依据；此外，在缺少明确法律规定的情况下，前述忍受限度论原理也可作为求偿权的依据。

2. 因果关系

指环境损害行为与损害事实之间具有直接因果关系，即受害人的损害是行为人排放污染物或破坏环境所造成的。在许多情况下，特别是在环境污染损害中，要证明损害事实与损害行为之间有因果关系往往比较困难，其原因主要如下。

（1）污染物在环境中具有潜伏性和积累性，从污染行为到损害后果出现，往往历时久远，甚至时过境迁，此种时空延伸使因果关系认定极为困难。

（2）许多污染造成的损害是多因素复合作用的结果，例如，某人患上肺癌，其病因有可能是工厂超标排放废气造成的污染，也有可能是居住在公路附近吸入过多汽车废气，还可能是在工作环境中被动吸烟所致，甚至可能是这三种原因复合损害的结果。

（3）对于各种污染物的性质、毒性，及污染物在环境中的迁移、扩散和转化，现有的科技水平还不足以认识清楚，或者不足以证明环境污染与损害后果之间的因果关系。对此需要利用环境分析、化验等技术手段，并具备渊博的科技知识和专门的仪器设备，以及相当的人力、财力，这无论是对于受害人还是对于司法部门来说都有相当的困难。

由于上述原因，如果在环境侵权中仅以环境科学证明直接因果关系，很可能陷入科学争论而使受害人的请求无法得到救济，也不能对环境侵权行为及时予以制止，这种所谓法律役于科技的负面效果是环境法律责任制度所应当尽量避免的。为此，环境法采用因果关系推定的法律方法予以校正，包括以下三种主张。

第一种为盖然性因果关系。指受害人只需证明侵害行为引起的损害可能性（盖然）达到一定程度，即可推定因果关系存在，或证明如果没有该行为，就不会发生该结果的盖然性，便可推定因果关系。

第二种为流行病学（或疫学）因果关系。该学说采用流行病学集体性统计方法，从流行病学分析某种疾病发生之原因及其关系较大的因素，进行综合性研究判断，在判断中主要考虑四个条件：该因素在发病前曾发生作用；该因素作用的程度越显著，则该病患者比率越高（称为量与效果关系）；该因素作用减低，该病患者的比率或程度则下降；该因素引起该疾病的结论，与生物学的演说不发生矛盾。

第三种为间接反证说的因果关系理论。其原是德国民事证据法上的概念，被运用于环境侵权中，是指如果被害人能证明因果链条中的部分事实，就推定其余事实存在，而由致害人负反证其不存在的责任。

上述证明方法在环境保护制度发达的国家已不同程度地被采用，我国立法对此尚无明确规定。但是学者对《民法典》第 1230 条的规定是因果关系推定，还是举证责任倒置，莫衷一是，多数人认为是举证责任倒置。

【案例 5-2】

认定环境污染的侵权责任案

案情： A 从出生到现在一直住在 B 炼油厂生活区，附近是炼油厂未封闭地带、经常漏气的液化气罐装站、排放出有害物质的炼油厂火炬。现在 A 被诊断患有急性混合型白血病，其家人认为是炼油厂造成，在多次协商无果后起诉 B，在起诉状中表示：B 应对 A 人身伤害承担赔偿责任，请求法院判令 B 赔偿已花费的医疗费用 54 万元，后续医疗费用 15 万元，精神抚慰金 26 万元，交通费、住院费、住院伙食补助费 5 万元，共计人民币 100 万元。但 B 辩称：该厂进行密闭生产，而且生态环境部门严格监控并达标排放；同龄人只有 A 患病，原因可能有多种。

问题：（1）该案中环境侵权责任能否成立？

（2）若你是法官，能支持原告的哪些诉讼请求？

（二）环境民事责任的免责事由

环境侵权的免责事由又称抗辩事由，是指环境法所规定的在因环境侵权致人损害时加害人可以不承担民事责任的事由。它通常是由环境侵权责任的归责原则和构成要件所决定的，各国立法上的规定不尽一致。我国法律规定的环境侵权免责事由主要包括以下情形。

1. 不可抗拒的自然灾害

我国《水污染防治法》第 96 条、《海洋环境保护法》第 116 条等法律规定，不可抗力或不可抗拒的自然灾害为民事责任的免责事由。首先，不可抗力指无法预见、无法预防、无法避免和无法控制的事件，主要是因自然原因造成的不可抗拒的自然灾害，也可能是由于政府行为和社会异常事件等人为的或社会因素造成的。不可抗力与不可抗拒的自然灾害范围有所不同，应有所区别；前者的范围很窄，不得作扩大解释。其次，不可抗拒的自然灾害有不可预见和不可避免的含义，凡是可以预见或可以避免的自然灾害不能作为免责条件。再次，即使发生了不可抗拒的自然灾害，加害人也必须采取了合理措施，仍不能避免造成环境损害的，才可以免责，如果加害人未及时采取合理措施致使损害发生，仍不得免责。最后，只有损害完全是由于不可抗拒的自然灾害引起的，才可免除加害人的责任，如果此灾害只是引起损害发生的部分原因，则不能免除加害人的责任。

2. 受害人的过错

我国《水污染防治法》第 96 条第 3 款等法律中规定，水污染损害是由受害人故意造成的，排污方不承担赔偿责任。水污染损害是由受害人重大过失造成的，可以减轻排污方的赔偿责任。受害人对损害的发生具有故意或重大过失，足以表明受害人的行为是损害发生的直接原因，即该损害与排污者无因果关系，则免除排污者的责任，但被告应对受害人的过错举证。

3. 第三人的过错

《民法典》第1233条[①]和《水污染防治法》第96条第4款[②]就第三人过错造成损害的情形，为受害人设定了求偿选择权，即受害人可以选择向加害人或第三人求偿，若受害人选择向加害的污染者求偿，则污染者不得以第三人的过错造成损害为理由拒绝赔偿，而应先行向受害人赔偿后，再向第三人行使追偿权。

4. 战争行为

我国《海洋环境保护法》第116条规定，战争行为是海洋环境污染造成损害的免责条件之一。

《海洋环境保护法》第116条还规定，负责灯塔或者其他助航设备的主管部门，在执行职务时因疏忽或者其他过失行为，造成海洋环境污染损害的，船舶的所有者不承担赔偿责任。

此外，我国《民法典》总则编中规定的作为一般民事免责条件的正当防卫和紧急避险，也适用于环境责任制度。

关于行政合法性能否作为免责事由问题，经常发生的情况是：一些企业把取得了排污许可证、符合排放标准、缴纳了排污费等作为对抗受害人救济请求、逃避环境民事责任的理由，而这种理由在一些地方被认可。这就使环境损害受害人得不到法律救济，更严重的是放纵了环境污染和破坏行为。这种错误认识必须予以纠正。行政合法性之所以不能成为环境民事责任的免责事由，其原因在于：首先，在法理上行政权的行使、行政许可应以公民合法权益的保留为前提，而不得剥夺公民的民事权利；其次，公民不受环境损害的权利乃基于宪法中规定的公民基本权利，也受到民法、环境法这些法律的严格保护，而排放标准等具体行政许可制度则往往属于部门的和地方的法规和规章，更有一些属不合法的“土政策”，按效力位阶应优先适用宪法和法律，而不得以效力位阶低的法律规范对抗效力位阶高的宪法和法律；最后，如前所述，环境民事责任的法律规定并不以违法性为前提，这主要针对的就是以行政合法性作为民事责任免责事由的问题，也是为了防止我国环境行政标准执行中可能出现的弄虚作假、执法不严、地方保护以及环境标准过时或不科学等现象。

四、承担环境民事责任的方式

我国《环境保护法》规定的环境民事责任方式包括排除危害和赔偿损失两种。

（一）排除危害

环境法上的排除危害，是指国家强令已造成或者可能造成环境危害者，排除可能发

① 该条规定：“因第三人的过错污染环境、破坏生态的，被侵权人可以向侵权人请求赔偿，也可以向第三人请求赔偿。侵权人赔偿后，有权向第三人追偿。”

② 该款规定：“水污染损害是由第三人造成的，排污方承担赔偿责任后，有权向第三人追偿。”

生的危害或者停止已经发生的危害，并消除其影响的民事责任形式。

我国《环境保护法》规定的“排除危害”，与《民法典》总则编中规定的“排除妨碍”、“消除危险”和“停止侵害”在表述上有所不同，但在内容上应当是一致的。也就是说，对排除危害的方式应当理解为包含了《民法典》总则编规定的三种承担民事责任的方式，它既包括对已经发生的环境污染危害的排除，也包括对实际可能发生的环境污染危害的排除，具体应包括三方面含义：第一，消除、治理已造成的污染，使其不再继续损害他人；第二，设置或加强防治污染的措施、设备；第三，停止正在进行的污染行为。

上述三种具体方式中，第一种是比较纯粹的环境民事责任，而第二、三种形式在我国实践中往往不够严格，或是被列入行政责任，这使排除危害的作用受到局限。

（二）赔偿损失

环境法上的赔偿损失，是指国家强令污染危害者以自己的财产弥补对他人所造成的财产损失的民事责任形式。这是环境民事责任中最常采用的、也是最纯粹的民事责任形式。依我国现行立法及司法实践，环境损害赔偿范围如下。

（1）直接损失。指环境危害所直接造成的受害人财产的减少或丧失，如农作物减产，鱼虾死亡等；也包括环境危害人身而造成的医疗费、就医差旅费等。对于直接损失加害人应全部赔偿。此外，直接损失仅指直接受到损害的受害者，而不包括间接受损失者。例如，污水造成农民粮食绝收，而农民又事先与粮食收购单位签订了粮食收购合同，则直接受损失者是农民，可以请求赔偿，而作为间接受损失者的粮食收购单位则不能向造成环境危害的加害人索赔。

（2）间接损失。指环境危害造成受害人财产或人身受到损害，而这种损害又使受害人失去的预期利益。例如污水造成瓜农的瓜苗死亡，瓜农买瓜苗、化肥等投入的费用为直接损失，而绝收造成的预期可得到的卖瓜收益的损失则属于间接损失；又如环境危害造成人身伤害，受害人在治疗期间所丧失的工资收入等。对于间接损失原则上也应全部赔偿。

环境危害还有可能造成受害人的精神损害，包括严重污染造成受害者死亡，而给其亲属造成的精神上的巨大痛苦，也包括环境危害给受害人造成残疾，或是公民因环境享受权益受到损害引起的精神痛苦等。关于环境侵权造成的精神损害赔偿问题，首先，根据《民法典》第990条“人格权是民事主体享有的生命权、身体权、健康权、姓名权、名称权、肖像权、名誉权、荣誉权、隐私权等权利。除前款规定的人格权外，自然人享有基于人身自由、人格尊严产生的其他人格权益”的规定，可将涉及生命权、健康权等环境精神损害归属于人身权益。其次，《民法典》第1183条规定：“侵害自然人人身权益造成严重精神损害的，被侵权人有权请求精神损害赔偿。因故意或者重大过失侵害自然人具有人身意义的特定物造成严重精神损害的，被侵权人有权请求精神损害赔偿。”再次，关于环境精神损害赔偿方式，《民法典》第1187条规定：“损害发生后，当事人可以协商赔偿费用的支付方式。协商不一致的，赔偿费用应当一次性支付；一次性支付确有困难的，可以分期支付，但是被侵权人有权请求提供相应的担保。”

此外，为回应社会需求，我国《民法典》还将惩罚性赔偿制度引入生态环境侵权。《民法典》第1232条规定："侵权人违反法律规定故意污染环境、破坏生态造成严重后果的，被侵权人有权请求相应的惩罚性赔偿。"《最高人民法院关于审理生态环境侵权纠纷案件适用惩罚性赔偿的解释》还对惩罚性赔偿的适用范围、构成要件、计算基数和计算倍数等作出了具体规定。惩罚性赔偿制度的适用顺应了习近平生态文明思想中用最严格制度和最严密法治保护环境的生态文明理念，契合了《民法典》的绿色原则。

第二节 环境行政执法与环境行政责任

一、环境行政执法

（一）环境行政执法的概念、特征和原则

执法是国家有关机关执行法律的活动。环境执法是国家执法活动的一个组成部分，它是指有关国家机关按照法定权限和程序将环境法律规范中抽象的权利义务变成环境法主体的具体的权利义务的过程，或者说是国家有关机关将环境法规范适用于具体环境法主体的过程。习近平指出："制度的生命力在于执行，关键在真抓，靠的是严管……对任何地方、任何时候、任何人，凡是需要追责的，必须一追到底，决不能让制度规定成为'没有牙齿的老虎'。"[①] 环境执法根据执法机关的不同可分为环境行政执法和环境司法执法（有学者认为还包括环境仲裁执法[②]），环境行政执法即环境行政机关的执法。一般认为，环境行政执法是指有关行政管理机关执行环境法律规范的活动，它又可分为生态环境主管部门的执法和生态环境相关部门的执法。[③]

环境行政执法的特征主要表现如下。

第一，环境行政执法具有单方性，即环境行政执法机构可自行决定或直接实施执法行为，而无须与环境行政执法相对人协商或征得相对人的同意。

第二，环境行政执法主体具有多部门性。有权从事环境行政执法的部门，除了各级人民政府、生态环境主管部门，还有许多的相关部门。正因为环境行政执法多部门性的特点，环境行政执法特别强调各部门之间的协调和配合。

第三，环境行政执法手段具有多样性。既包括以说服教育性质为主的申诫罚，又包括经济制裁性质的财产罚和能力罚，对严重的行政违法行为甚至可处以人身罚。一些国家环境行政执法与刑事责任相结合产生了环境行政刑法制度。另外，由环境法的科学技术性的特点所决定，环境行政执法手段具有很高的技术性要求，因此，环境行政执法人员应具有一定的环境科学技术知识。

第四，环境行政执法往往具有超前性。亦即环境行政执法在许多情况下不是在环境

---

① 习近平.论坚持人与自然和谐共生.北京：中央文献出版社，2022：13.

② 乔世明.环境损害与法律责任.北京：中国经济出版社，1999：233.

③ 解振华.中国环境执法全书.北京：红旗出版社，1997：1.

被污染或被破坏的危害结果发生之后进行，而是在环境危害结果发生之前进行的，以通过行政制裁及时防止危害环境的后果发生。

环境行政执法应遵循以下原则：（1）合法性原则，即环境行政执法主体必须是依法组成的或依法被授权执法的机关；环境行政执法机构必须在法定权限内执法；执法内容与执法程序必须合法。（2）合理性原则，即环境行政执法机关的执法行为必须公允适当、具有合理性，只能根据违法行为的情节轻重、后果大小，选择合理的处罚标准，合理使用自由裁量权。（3）效率性原则，即环境行政执法机构的执法行为应讲求效率，在行使执法权时要以尽可能快的时间、尽可能少的人员，办理尽可能多的事务。（4）公正性原则，即环境行政执法机构必须对任何单位和个人所享有的环境权利给予同等的保护，同时对任何单位和个人的环境违法行为都要无一例外地加以追究和制裁。

（二）环境行政执法主体和相对人

1. 环境行政执法主体

环境行政执法主体是环境行政执法机构，即依法行使环境行政执法权的机构。行政机关是环境行政执法的主体，但不是所有的国家行政机关都具有环境行政执法这项职责，也并不是除国家行政机关之外的其他部门都不能行使环境行政执法权。生态环境主管部门是环境行政执法的主要主体，但它不是环境行政执法的唯一主体。按照我国现行法律法规的规定，环境行政执法机构有以下几种类型。

第一类是各级人民政府，主要行使对经济发展和社会生活有重大影响的环境行政执法权，如责令限期治理、责令企业事业单位停业关闭和采取强制性应急措施等。

第二类是生态环境主管部门，大量的、重要的环境行政执法职责都是由生态环境主管部门履行的，这是由它的工作性质决定的，因此，它也是最重要的环境行政执法机构。

第三类是环境保护法律、法规授权对某些方面的污染防治实施监督管理的有关部门，如国家海洋行政主管部门、港务监督、渔政渔港监督、军队生态环境主管部门和各级公安、交通、铁路、民航管理部门等。这类机构不是专门性的环境行政执法机构，而只是依照法律法规的特别授权，在与自身业务相关的范围内，对环境污染防治行使监督管理权。

第四类是环境保护法律、法规授权对某些方面的资源保护实施监督管理的部门，如县级以上人民政府的土地、矿产、林业、农业、水行政主管部门等。这类机构也不是专门的环境行政执法机构，而是在与自身业务相关的范围内对资源保护行使监督管理权。

第五类是除上述四类机构外，其他一些政府行政职能部门，如卫生、市政管理、市容环境卫生、园林、文物保护、核安全等行政主管部门，也负有某些环境行政执法的职责。

此外，其他国家机关、社会团体、企事业单位，如环境保护协会、环境监测站、企业内部的环保部门等，经过法律法规的特别授权或受行政机关的委托，也能从事环境行政执法活动。而且，地方人民政府根据地方性法规的规定或地方国家权力机关的决议，可以设立一些在环境保护方面享有行政执法权的机构或临时性机构，如环境监察大队等。

关于生态环境主管部门与其他对环境保护实施监督管理的部门之间以及其他对环境

保护实施监督管理的部门相互之间在环境行政执法方面如何划分职责的问题，环境法的规定比较原则。在环境行政执法中，当遇到几个环境行政部门都对某一事务享有监督管理权时，容易发生几个管理部门互相推诿、谁也不管，或互相争权、谁都要管的现象，另外，部分环境行政执法机构的工作人员越权行政或不履行执法职责的情况也时有发生。要解决这些问题，必须对各种环境行政执法机构的职责权限从立法上作出更明确、具体的规定，同时加强行政解释工作。必须明确规范环境行政执法主体的职责与地位。“各级环保部门行使环境执法权，必须在法律、法规规定的职权范围内进行，不得越权执法或滥用职权，也不得放弃法定职责；需要委托其他组织实施环境执法行为的，必须严格按照法律、法规和规章的规定办理书面委托手续，载明委托事项、权限、期限、条件；不得委托不具备法定条件的组织实施环境执法行为。法律、法规授权的环境执法组织实施环境执法行为，必须在授权的权限范围内并以自己的名义进行。受委托的环境保护组织实施环境执法行为，必须在委托的权限范围内以委托部门的名义进行，不得以自己的名义进行，也不得将委托事项再委托给第三者。”①

2. 关于环境行政执法相对人

环境行政执法相对人是在具体的环境管理关系中处于被管理一方的当事人，是与环境行政执法主体相对应的一方主体。环境行政执法相对人不是单纯指某一个人，我国境内的一切组织和个人，都可能成为环境行政执法相对人，包括：国家机关，企业、事业单位，社会团体及其他社会组织，中国公民，外国组织或者个人。其中，企业单位是最主要的环境行政执法相对人。环境行政执法相对人具有明显的相对性，它只反映环境行政执法相对人所表明的主体在具体的环境管理关系中的法律地位，并不表明该主体在其他领域管理关系中的地位。脱离了环境管理关系，环境行政执法相对人的法律地位就发生了变化，它可能成为其他管理关系中的执法主体，而不再是环境行政执法相对人了。环境行政执法相对人处于被管理一方，但“被管理”并不意味着它只能是义务人，而不能是权利人。实际上，相对人享有参与环境管理权、协助管理环境权、知悉权、批评检举权、秘密受保护以及申诉、起诉权等一系列权利，只是同执法主体相比较，它在具体的环境管理关系中不具有管理职权而已。

（三）环境行政执法行为及其效力

1. 环境行政执法行为

环境行政执法行为是环境行政执法机构在其职权范围内或在授权范围内依法对环境行政执法相对人实施的具有法律效力的行为。

环境行政执法行为的基本要求是：在主体方面，环境执法行为特指由环境行政执法机构实施的行为，而由其他部门或组织实施的行为，不是环境行政执法行为。在内容方面，环境行政执法机构的执法行为不得超越其职权范围或授权范围，执法机构非行使职权的行为或超越职权的行为不是环境行政执法行为。而且，环境行政执法行为必须是有

① 国家环境保护局关于加强环境行政执法工作的若干意见. 中国环境报，1998－05－02.

权的执法机构依据环境法律法规实施的行为，违反环境法律法规的执法行为不具有法律效力。在对象方面，环境行政执法行为是针对环境行政执法相对人实施的行为，由于在某一环境行政执法中，相对人总是确定的或特定的，因而环境行政执法行为又是一种具体行政行为。在效力方面，环境行政执法机构一旦依法实施执法行为，则具有法律效力，即产生直接法律效果。不产生直接法律效果的行为，如文件收发、资料保管、记录、复印等事务性行为，不是环境行政执法行为。

2. 环境行政执法行为的法律效力

环境行政执法行为具有以下五种法律效力：（1）拘束力，即环境行政执法行为是一种法律行为，具有法律规定的或环境行政机关决定的法律效果，不管是环境行政执法机构还是环境行政执法相对人都必须尊重并遵守之。（2）权威力，环境行政执法行为即使被认为是错误的，在有权行政机关或人民法院予以撤销或变更之前，环境行政执法相对人及其他人都不能以任何借口否认该执法行为的存在，而只能视该执法行为为有效行为。（3）强制力，即当环境行政执法相对人不履行环境义务时，环境行政执法机构依法可强制其实施该义务，这种行政强制执行是由环境行政执法机构依职权所作的执法行为的一种，不需要事先取得法院的判决。（4）时效力，即一旦超过就环境行政执法行为提起复议和诉讼的期限，环境行政执法相对人便不得就该执法行为提起争议的效力。（5）不可变更力，即环境行政执法机构一旦作出裁断，只要相对人无异议，即使事后判明该裁断是错误的，也不允许裁断人自己推翻已经作出的裁断。

（四）环境行政执法方式

环境行政执法方式是环境行政执法机构贯彻执行环境法律法规，针对环境行政执法相对人所采取的各种方法、手段和措施。环境行政执法具体采用什么样的执法方式，是由环境行政执法的内容决定的，并为履行环境行政执法内容服务。

环境行政执法方式，包括环境行政处理、环境行政处罚、环境行政许可、环境行政强制执行、环境行政监督检查等。这些执法方式并不是各自独立、互不关联的。相反，它们之间的联系是相当紧密的。如环境税作为一项环境行政执法内容，是以环境行政处理这一执法方式表现的。但是，在作出环境税的行政处理决定之前，生态环境主管部门已先对相对人采取了环境行政监督检查的执法方式。在作出决定之后，如果相对人拒不执行这一决定，生态环境主管部门还可对其作出警告或罚款的行政处罚的执法方式。

1. 环境行政处理和环境行政处罚

（1）环境行政处理是环境行政执法机关依法针对特定的环境行政管理相对人所作的具体的、单方面的、能直接发生行政法律关系的决定。

环境行政处理是环境行政执法的重要方式之一，同时，也是一个重要的步骤。在作出环境行政处理决定之后，常常需要对相对人执行该决定的情况进行监督检查（在某些情况下，是先监督检查，后作出环境行政处理决定），对不执行决定的相对人视情况可作出环境行政处罚。因此，在这种情况下，环境行政处理又成为环境行政执法机关进行执法检查或采取制裁措施的依据。

环境行政处理可按不同的方法进行分类，例如：按照环境行政处理是关于权利还是关于义务，可将其分为权利性的环境行政处理和义务性的环境行政处理；按照环境行政处理决定所包含的执法内容的不同，可将其分为征收环境税的决定、限期治理的决定、批准环境影响报告书（表）的决定、批准环保设施竣工验收报告决定、批准环保设施闲置的决定等。环境行政执法行为，大部分都是以环境行政处理决定的形式表现的。

（2）环境行政处罚是环境行政执法中最常采用的一种执法方式，它是指有权行使环境行政处罚权的行政主体，对实施了违反环境法律法规行为的相对人实施的一种行政制裁。有权行使环境行政处罚权的行政主体，是各级生态环境主管部门，此外，还包括其他依法对环境保护实施监督管理的行政机构。鉴于在环境行政执法方式中环境行政处罚的严厉性，没有法律的明确授权，环境行政处罚不得委托给其他机关或组织行使。环境行政处罚适用的对象是实施了违反环境法律法规行为的相对人，包括组织和个人。环境行政处罚是对环境违法相对人的一种行政制裁措施，它既是一种环境行政执法方式，又是一种环境行政法律责任形式。

我国行政法学界在理论上一般将行政处罚分为四种，即申诫罚、财产罚、能力罚和人身罚。在环境法中，有明确规定的申诫罚只有警告一种。能力罚即行为罚，是对具有某种法定资格或在环保方面具有作为或不作为义务的违法行为人实施的制裁，是环境法中环境行政执法机关使用最多的制裁形式。财产罚是对环境违法行为人的财产利益加以剥夺的制裁方式。在环境法中，罚款、没收、责令支付费用或赔偿等是财产罚的主要形式。人身罚又称自由罚，在环境法中，自由罚的形式只有行政拘留一种。

环境行政处罚权的行使必须遵循《行政处罚法》以及其他法律法规规定的处罚程序，包括简易程序、一般程序、听证程序和执行程序。

（3）关于环境行政处罚中的自由裁量权。在环境行政处罚中，自由裁量权是行使环境行政处罚权的机关在处理环境行政违法案件时，根据环境法律法规的规定，有权对具体的行政违法相对人在法律规定的范围内，根据情节轻重，选择与违法行为相适应的处罚形式及处罚幅度。从我国环境法律法规及执法实践来看，我国环境行政执法机关掌握着比较大的自由裁量权，具体体现是：第一，环境法律法规中有些条文规定有两种以上的处罚形式；第二，法律规定有些处罚形式“可以并处”，但没有明确规定什么情况下可以并处；第三，法律没有对环境行政处罚的情节作明确规定，对违法相对人是从重还是从轻处罚，由环境行政执法机关视情况而定；第四，环境行政处罚应用最多的形式是罚款，而且罚款幅度很大，上限与下限有时可以相差数十倍。

根据我国的实际情况、处罚目的以及法律本身的特点，环境行政处罚中存在自由裁量权是完全必要的，也具有客观必然性，但这也对正确行使环境行政处罚中的自由裁量权提出更高的要求。首先，要加强执法队伍的法律培训，提高其执法水平，保证其合法、合理、公正地行使自由裁量权。其次，要防止滥用环境行政处罚中的自由裁量权，必须引入社会监督与内部监督机制，健全行政救济制度，建立环境行政执法责任制。最后，在立法技术上，尽量避免自由裁量权过大，要区别不同违法情节，大致划分处罚幅度的若干档次，加强法律解释工作。

2. 环境行政许可

环境行政许可是享有环境行政许可权的行政主体根据环境行政管理相对人的申请，依法赋予符合法定条件的相对人从事某种为环境法律法规一般禁止事项的权利和资格的一种行政执法行为。环境行政许可作为环境法的一项主要制度，在本书前面有关章节已讨论，作为环境执法的一种方式，特别需要注意如下几点。

首先，环境行政许可由有权行使行政许可权的环境行政执法机关作出，在多数情况下是由生态环境主管部门作出的。环境行政管理相对人的申请，是实施环境行政许可的前提，如果没有相对人的申请，环境行政主体不能主动破坏环境法律规定的一般禁止原则而任意作出许可行为。

其次，环境行政许可是以环境法律法规的一般禁止为前提的，亦即环境法律法规的一般禁止是环境行政许可存在的前提，许可是对禁止的解除，没有法律法规的一般禁止，便没有环境行政许可的存在余地。

再次，环境行政许可是在相对人普遍没有资格和权利从事某种特定活动的情况下，允许一部分相对人从事这种特定活动。正因为相对人普遍没有资格和权利，他们在环境法律法规一般禁止的情况下从事被禁止的活动而不会违反环境法律。环境行政主体赋予特定相对人从事某种特定活动的权利和资格，必须依法进行，既不能把资格和权利赋予不合格的相对人，也不能赋予相对人不合法的资格和权利。

最后，环境行政主体有权力在作出许可决定时附加一定的义务或责任。

3. 环境行政强制执行

环境行政强制执行是环境行政管理相对人不履行环境法直接规定的或有关环境行政机关依法规定的义务时，有权的环境行政机关依法对相对人采取必要的强制措施，强迫其履行义务或达到与履行义务相同的状态的行政执法行为。

环境行政强制执行作为环境行政执法的一种方式，只能由环境行政机关或授权的组织来行使。虽然环境行政机关往往要申请人民法院强制执行，但是不能以此认为人民法院也享有环境行政强制执行权，更不得认为人民法院在环境强制执行过程中有变更或处分环境行政机关作出的强制执行决定的权力。

首先，人民法院的强制执行实际上是环境行政机关强制执行的继续和延伸，它只能根据环境行政机关的申请实施。人民法院作为司法机关，不享有行政执法权，只享有司法执法权，因此，人民法院不可能享有环境行政强制执行权。人民法院依环境行政执法机关的申请作出强制执行的决定，不是人民法院在行使行政强制执行权，而是环境行政机关行政强制执行权的延伸和继续，是环境行政机关由于其职权范围的限制，需要借助司法机关的司法权来最终实现其环境行政执法的目的。此时，人民法院的强制执行是其司法执法权的表现而不是其在行使行政执法权。

其次，人民法院的强制执行只能依环境行政机关的申请来作出，且不得改变环境行政机关作出的强制执行决定。环境行政机关不申请，人民法院的强制执行裁决就无从作出，可以说，强制执行也不是人民法院能经常自主行使的职权。另外，在环境行政强制执行过程中，不发生执行和解等改变环境行政强制执行决定的问题，因为对环境行政强制执行机关来说，强制相对人履行义务是其法定的职责，无论是执行的行政机关还是被申请执行的人民法院，均无权改变环境行政机关作出的强制执行决定，无权自由处分国家授予的职责。

再次，赋予人民法院环境行政强制执行权也不利于环境保护的目的。由于环境问题的特殊性，经常会发生突发性的污染事故，环境行政机关应采取即时的强制措施，避免危害的进一步加剧。如果此时再通过人民法院采取强制措施，则会贻误时机，甚至酿成灾难性的后果。

最后，环境行政机关行使行政强制执行权，需要与其他行政机关协商，与其他的行政执法方式协调。显然，由人民法院行使环境行政强制执行权不具有此种优势。

2011 年 6 月 30 日，第十一届全国人民代表大会常务委员会第二十一次会议通过《行政强制法》，统一了行政强制的有关事项，环境行政强制执行应严格遵循该法规定的程序。环境行政机关强制执行或申请强制执行应具备以下条件：(1) 环境行政相对人依照环境法律法规应当承担某种义务。如果不存在法定义务，也就不存在环境行政强制执行问题。(2) 环境行政相对人在法定期限内没有履行该义务，且不履行是出于故意，而非客观上不能履行。如果相对人履行了法定义务或者客观上不能履行义务，也不存在强制执行问题。(3) 所采取的强制执行措施须有法律的明确规定。(4) 作出强制执行决定的环境行政机关，必须享有该项行政强制执行权。环境行政强制执行可分为两种类型：一种是间接强制执行，另一种是直接强制执行。前者是指通过间接办法强制相对人履行义务，又分为代执行和执行罚两种；后者是环境行政机关在采取代执行、执行罚等强制措施无法达到执行目的时，或由于情况紧急，行政机关无法采用代执行、执行罚等强制措施时，依法对相对人的财产或行为采取直接的强制执行措施。有些环境行政强制执行，环境行政机关不能单独完成，需要其他行政机关的协助才能完成。有时强制执行措施要由两个以上的环境行政机关共同作出，但是，必须报请共同的上一级环境行政机关予以协调、监督。根据环境法律法规的规定，我国的环境行政强制执行措施，具体包括强制划拨、强行扣缴、强行拆除、强行检查、强行停产、强制关闭等形式。环境行政强制执行的对象只能是财产和行为，不存在人身强制的问题。

4. 环境行政监督检查

环境行政监督检查是环境执法机关为实现环境管理的职能，对环境行政管理相对人是否遵守环境保护法律法规、是否执行环境行政处理决定或环境行政处罚决定所进行的监督检查。

环境行政监督检查与其他环境行政执法方式的区别在于：后者都是对相对人的权利、义务进行设定、取消或确认，也就是说，对相对人的实体权利义务产生法律上的效力和后果；而环境行政监督检查不具有这样的功能，它只对相对人行使权利和承担义务的情况依职权进行了解。环境行政监督检查既是一项环境行政执法方式，又是环境行政执法的一个重要步骤，它与其他环境行政执法手段有着密切的联系。

环境行政监督检查依据内容的不同可作不同的分类：依监督检查的对象是否具有特定性，分为一般监督检查与特定监督检查；依监督检查所处的时间阶段的不同，分为事先监督检查、事中监督检查与事后监督检查；依监督检查的目的不同，分为环境守法监督检查与环境执行监督检查；依监督检查的方法不同，分为实地环境监督检查与全面环境监督检查，其中，现场检查与执法性的环境监测是环境行政执法中两种常用的实地环境监督检查的方式。

二、环境行政责任

（一）环境行政责任的概念

环境行政法律责任（简称“环境行政责任”），是指环境行政法律关系的主体违反环境行政法律规范或不履行环境行政法律义务所应承担的否定性的法律后果。它以当事人违法或不履行环境行政法律义务、主观上存在故意或过失为前提。[①]

环境行政责任不同于环境民事责任。首先，前者是基于不平等主体之间的法律关系即环境行政法律关系发生的，而后者是基于平等主体之间的法律关系即环境民事法律关系发生的。其次，环境民事责任的形式是恢复权利性的，如赔偿损失、恢复原状、返还原物等；而环境行政责任的形式既有恢复权利性的（如行政赔偿），也有惩罚性的（如行政处罚和行政处分）。再次，环境民事责任的追究机关和追究法律程序具有单一性，主要通过人民法院和民事诉讼程序；而正如前面所述，环境行政责任的追究机关具有多元性，且追究程序具有多样性，是不统一的。最后，两者承担责任的主体也不一样。环境民事责任是环境民事法律关系中一方当事人对另一方当事人承担责任；而环境行政责任主要是违法行为者向国家承担责任。另外，两者的归责要件也不一样。

环境行政责任不同于环境刑事责任。两者的主要区别在于，环境违法行为的严重程度不同。如果环境违法行为达到犯罪的严重程度，则构成危害环境犯罪，应追究刑事责任；如果环境违法行为尚未达到犯罪的严重程度，则是一般的环境行政违法行为，应追究行政责任。此外，两者的责任追究机关、追究程序以及责任形式都不同。必须指出，环境行政责任与环境刑事责任又是相互配合、相互协调的，从环境违法行为到环境犯罪行为，从承担行政责任到承担刑事责任，是一个由轻到重、由量变到质变的变化发展过程。如果环境行政责任能及时、有效地得到追究，那么危害环境的行为就可能被遏制在一般违法阶段。而且，刑事处罚与行政处罚也是交叉和协调的，例如，对实施了危害环境犯罪的单位，在处以刑罚处罚的同时，也可以决定对之予以停业整顿或关闭的行政制裁。

（二）环境行政责任主体

环境行政责任主体包括责任承担主体和责任追究主体。环境行政责任的承担主体包括行政主体和行政人（具有一定环境行政管理职权的机关及其工作人员），也包括行政相对人。我国现行《环境保护法》中明确规定环境行政责任的担责主体包括：各级人民政府、生态环境主管部门、其他负有环境保护监督管理职责的部门及其工作人员（第 67、68 条），环境影响评价机构、环境监测机构以及从事环境监测设备和防治污染设施维护、运营的机

---

① 解振华. 中国环境执法全书. 北京：红旗出版社，1997：189.

构（第 65 条），以及企业事业单位和其他生产经营者等行政相对人（第 59～63 条）。

现行《环境保护法》改变了以往行政主体环境行政责任不明的困境，突出强调了政府的环境保护责任。《环境保护法》不仅在总则部分突出地方各级人民政府应当对本地环境质量负责，而且增加对政府实行环保目标责任制和考核评价制度的规定，并要求各级地方政府制订限期达标规划，同时授权生态环境主管部门对未达标地区实行区域限批。法律还要求考核结果向社会公开，政府应每年向本级人大报告环保目标完成情况，接受人大监督；还规定了财政、教育、农业、公安、监察机关、任免机关、人民法院等有关部门和机关的环保职责。现行《环境保护法》所规定的政府环境保护责任，就是政府的环境保护义务与职责，政府不履行法定义务与职责或怠于履行法定义务与职责，则将承担现行法所规定的法律责任，包括环境行政法律责任。

环境行政责任的追究机关指具有一定环境行政管理职权，有权追究责任者环境行政责任的机关。环境行政主管部门是环境行政责任的当然追究机关，其他依照法律规定行使环境监督管理权的部门也是环境行政责任的追究机关。当然，“其他部门”成为行政责任追究机关必须依照法律规定。现行《环境保护法》规定的“其他部门”主要是“负有环境保护监督管理职责的部门”（第 61 条）及“公安机关”（第 63 条）。现行《环境保护法》第 61 条规定的“负有环境保护监督管理职责的部门”，“不限于环境保护部门，还包括其他有环境影响评价文件审批权的部门，如海洋环境保护部门；也不限于审批环境影响评价文件的部门，有可能是审批环境影响评价文件部门的上级部门，或者是受原审批环境影响评价文件部门委托的部门”①。该法第 63 条新增了对环境违法者行政拘留的行政处罚责任，由于涉及对公民人身自由的限制，行政拘留权只能由县级以上公安机关行使。另外，现行《环境保护法》第 67 条明确规定了上级人民政府及其生态环境主管部门、任免机关或者监察机关，是对行政主体和行政人行政法律责任的追究机关。

（三）承担环境行政责任的客观方面

承担环境行政责任的客观方面即环境行政责任主体的环境行政违法行为。我国现行《环境保护法》第六章对行政主体与行政相对人进行了明确规定。现行《环境保护法》第 59 条至第 62 条列举了行政相对人的四种应当承担行政责任的环境违法行为，包括：（1）企业事业单位和其他生产经营者违法排放污染物受到罚款处罚，被责令改正，拒不改正的（第 59 条）；（2）企业事业单位和其他生产经营者超过污染物排放标准或者超过重点污染物排放总量控制指标排放污染物的（第 60 条）；（3）建设单位未依法提交建设项目环境影响评价文件或者环境影响评价文件未经批准，擅自开工建设的（第 61 条）；（4）违反本法规定，重点排污单位不公开或者不如实公开环境信息的（第 62 条）。该法第 63 条规定了对行政相对人更为严重的四种环境违法行为处以“行政拘留”的处罚方式，包括：（1）建设项目未依法进行环境影响评价，被责令停止建设，拒不执行的；（2）违反法律规定，未取得排污许可证排放污染物，被责令停止排污，拒不执行的；（3）通过暗管、渗井、渗坑、灌注或者篡改、伪造监测数据，或者不正常运行防治污染设施等逃避监管

---

① 信春鹰. 中华人民共和国环境保护法释义. 北京：法律出版社，2014：217.

的方式违法排放污染物的；（4）生产、使用国家明令禁止生产、使用的农药，被责令改正，拒不改正的。

另外，现行《环境保护法》第68条还对行政主体地方各级人民政府、县级以上人民政府生态环境主管部门和其他负有环境保护监督管理职责的部门承担环境行政责任的情形进行了规定，明确了行政主体承担环境行政责任的客观方面，包括以下九种情形：（1）不符合行政许可条件准予行政许可的；（2）对环境违法行为进行包庇的；（3）依法应当作出责令停业、关闭的决定而未作出的；（4）对超标排放污染物、采用逃避监管的方式排放污染物、造成环境事故以及不落实生态保护措施造成生态破坏等行为，发现或者接到举报未及时查处的；（5）违反本法规定，查封、扣押企业事业单位和其他生产经营者的设施、设备的；（6）篡改、伪造或者指使篡改、伪造监测数据的；（7）应当依法公开环境信息而未公开的；（8）将征收的排污费截留、挤占或者挪作他用的；（9）法律法规规定的其他违法行为。

（四）环境行政责任的构成要件

行为违法性和过错，是行为人承担环境行政责任所必须具备的条件，可称“必要条件”；危害后果和违法行为与危害后果有因果关系，则只有在法律明文规定的场合才成为行为人承担行政责任的必要条件，故可称为“选择条件”[①]。

1. 环境行政责任的必要条件

（1）行为违法性。行为违法性是构成环境行政责任的必要条件之一。法学界对“违法”含义的解释有“主观违法说”和“客观违法说”两种：前者立足于行为人的行为本身，凡行为违反法律强制性或者禁止性规范即构成违法；反之，即使行为侵犯了应受或者已受法律保护的权益，如果行为本身并未违反法律强制性或者禁止性规范，也不构成违法。后者则以行为效力为着眼点，行为侵犯了应受或者已受法律保护的权益，即使行为未违反法律强制性或者禁止性规范，也构成违法。所谓“应受法律保护的权益”是指虽然法律没有明确规定，但从法的目的、作用以及法所追求的价值而言，应当获得法律保护的利益。

（2）过错。环境行政责任中的过错亦分为故意和过失，此亦为环境行政责任的必要条件之一。故意是指行为人明知自己的行为会造成环境损害后果，并且希望或者放任这种后果发生的心理状态，故意可分为直接故意和间接故意。过失是指行为人应当预见自己的行为可能发生环境损害后果，却因疏忽大意的过失或过于自信的过失导致了环境损害后果的发生。过错的形式不同，行为人承担环境行政责任的形式也不一样，对故意心理状态的行政责任的追究，较之过失心理状态的行政责任的追究要严厉。

2. 环境行政责任的选择条件

（1）行为的危害后果。行为的危害后果是承担环境行政责任的选择条件之一。在某些情况下，法律规定没有造成危害后果的违法行为也要承担环境行政责任；而在另一些

---

① 韩德培. 环境保护法教程. 北京：法律出版社，1999：289－291.

情况下，根据法律规定，环境违法行为必须产生了危害环境的后果才承担环境行政责任；此外，在某些场合，法律规定只有“危害后果”较严重时，才符合追究环境行政责任的条件。例如，我国现行《环境保护法》第59条至第63条，没有规定将危害后果作为承担环境行政责任的条件，就属于第一类情况。《水污染防治法》第94条的规定，属于第二、三类情况。在环境保护领域，由于环境致害的性质不同，环境危害后果也有其自身的特点。例如，环境致害具有多元性，往往单一的致害行为尚不至于造成环境危害后果，而众多的致害行为相加，则产生了危害后果；环境致害具有复杂性，环境危害后果因难以分清致害者，从而行政责任承担者也难以落实。环境危害后果的表现情形也有其特殊性，除造成损失、人畜伤亡之外，还表现为对他人环境权益的妨碍，对环境要素造成的非经济性损害，如降低环境要素的功能或使用价值，等等。正因为环境危害后果的上述特点及其表现情形，应将环境危害后果作“有形损害”与“无形损害”、“直接损害”与“间接损害”、“现实损害”与“潜在损害”的区别。基于这些区别，在法律规定没有造成危害后果的违法行为也要承担环境行政责任的情况下，所谓的“没有造成危害后果”，实际上是指没有造成现实的、直接的、有形的危害后果，但违法行为肯定会对环境造成危害，只不过这种危害后果是潜在的、无形的或是间接的而已。因此，这类违法行为也必须承担环境行政责任。

（2）环境违法行为与危害后果之间的因果关系。环境违法行为与危害后果之间的因果关系是构成环境行政责任的选择条件。环境违法行为是原因，行为的危害后果是结果，没有无因之果，也没有无果之因。因此，在法律规定不以危害后果作为承担环境行政责任条件的情况下，则不存在确定因果关系的问题。反之，在法律规定以行为造成了危害后果作为承担环境行政责任条件的情况下，必须确定危害后果与环境违法行为之间存在因果关系。

（五）环境行政责任形式

环境行政责任的形式指责任承担者承担的是什么样的环境行政责任。

我国现行环境法规定的环境行政责任的主要形式包括环境行政处分、环境行政处罚和环境行政赔偿，分述如下。

1. 环境行政处分

环境行政处分是指政府主管机关、企事业单位，按照行政隶属关系，依据环境法律法规和企事业单位内部规章的规定，对其下属的环境监管人员、环境行政相对人的违法、失职但尚未构成犯罪的行为，实施的一种行政法律制裁。环境行政处分可分为环境监管人员的行政处分和环境行政相对人的行政处分。环境行政处分具有以下特点：（1）实施环境行政处分的机构，必须是具有行政隶属关系和行政处分权限的政府主管机关和企事业单位。“行政隶属关系”是一种行政上的领导与被领导的关系。如果受处分者与处分实施单位之间没有隶属关系，即没有行政处分权。（2）受处分者是实施了环境违法或渎职行为的环境监管人员和环境行政相对人的个人，对单位不能实施环境行政处分。（3）环境监管人员和环境行政相对人的个人渎职、违法行为尚未构成犯罪。（4）环境行政处分是一种违反环境法律法规的法律责任，属于行政责任（环境监管人员的渎职行为也是一种违法行为）。（5）环境行政处分的依据是国家环境法律法规和企事业单位的内部规章，还包括国家关于行政处分的《公务员法》等。

根据《公务员法》第62条的规定，对公务员的行政处分分为如下几种：警告、记过、记大过、降级、撤职、开除。现行《环境保护法》第68条也规定了对公务员的行政处分的类型，如对直接负责的主管人员和其他直接责任人员给予记过、记大过或者降级处分，以及撤职或者开除处分。

环境行政处分的程序是：调查取证；会议讨论；当事人申辩；作出处分决定；上级主管部门批准生效；通知；存档；复议或申诉。

2. 环境行政处罚

环境行政处罚是由法定行使环境行政管理职权的机关对违反环境法律法规尚未构成犯罪的单位和个人实施的一种行政法律制裁。环境行政处罚具有以下特点。

（1）实施处罚的机关，必须是法定的环境行政管理机关或其委托、授权的组织。大致分为四类：县级以上人民政府；县级以上人民政府生态环境主管部门；其他依法对污染防治实施监督管理的部门；自然资源保护监督管理部门。

（2）被处罚人必须是实施了破坏或者污染环境的行为，违反了环境法律法规的一切单位和个人，但不包括正在履行环境保护公职的国家机关和企事业单位的工作人员，这些人造成环境破坏或污染事故，情节较重时，将受到行政处分，而不是行政处罚。

（3）环境行政处罚是一种环境行政责任，不是民事责任，也不是刑事责任。受处罚者尚未构成犯罪。

（4）环境行政处罚的实施必须遵循严格的法定程序，处罚的方式必须有法律、法规的明确规定。

环境行政处罚与环境行政处分虽然都属于行政法律制裁的性质，并且都是对违反环境法律法规而应承担行政责任者实施的，但是两者存在明显的区别。

（1）实施的机关不同。前者只能由法定具有环境行政处罚权的机关实施；后者由违法行为人所在单位或政府主管机关实施。而且，能够行使行政处分权的机关可能并不具有环境行政处罚权。此外，后者的实施者与被实施者存在行政上的隶属关系，前者的实施者与被实施者一般不存在隶属关系。

（2）适用的对象不同。环境行政处分适用于保护环境和资源的违法失职者，即适用的对象只是个人；而环境行政处罚适用的对象既可以是个人，也可以是单位。

（3）责任形式不同。两者的责任形式除了警告一种形式相同外，其余责任形式均不相同。环境行政处罚是多种制裁形式综合运用，并以行为罚和财产罚为主；环境行政处分主要是精神和名誉方面的制裁方式。

（4）制裁的情节不同。环境行政处分是对“情节较重”尚不构成犯罪的有关责任人员或者主管人员实施的；如果属于一般情节，则只对单位实施环境行政处罚。

（5）补救途径不同。对环境行政处分不服的，只能向本单位或其上级主管机关申诉，而不能向人民法院起诉；对环境行政处罚不服的，既可以申请行政复议，也可以向人民法院起诉。此外，两者实施的程序不同，制裁的目的和作用也不尽相同。

环境行政处罚的种类是指对环境行政违法者实施环境行政处罚的形式与方式。我国现行的环境法规中所规定的行政处罚种类有两个特点：一是环境行政处罚的形式多为行为罚；二是环境行政处罚的设置特别突出预防性。根据《行政处罚法》和《环境保护法》，结合其他法律、行政法规和部门规章，环境行政处罚的种类有：(1) 警告；(2) 罚款；(3) 责令停产整顿；(4) 责令停产、停业、关闭；(5) 暂扣、吊销许可证或者其他具有许可性质的证件；(6) 没收违法所得、没收非法财物；(7) 行政拘留；(8) 法律、行政法规设定的其他行政处罚种类。

(1) 警告是一种精神罚，是一种最轻微的环境行政处罚形式，只能对实施轻微的环境行政违法行为的单位和个人适用。需要给予警告处罚的环境行政违法行为，包括不履行法定义务的不作为和故意或过失违反法定义务的作为。

(2) 罚款是一种财产罚，是一种责令环境违法者缴纳一定数额金钱的环境行政处罚形式，也是一种最常用的环境行政处罚形式。罚款只对单位和非履行环境保护公职的公民适用，对于渎职的公职人员主要是实施行政处分，一般不采用罚款。我国环境法规中规定的罚款幅度比较大，而在环境法实施中还大量存在以罚款代替其他行政处罚的现象。此外，为了解决"守法成本高，违法成本低"的问题，《环境保护法》在 2014 年修订时还引入了按日计罚制度。《环境保护法》第 59 条规定，"企业事业单位和其他生产经营者违法排放污染物，受到罚款处罚，被责令改正，拒不改正的，依法作出处罚决定的行政机关可以自责令改正之日的次日起，按照原处罚数额按日连续处罚"。2014 年 12 月 19 日环境保护部出台了《环境保护主管部门实施按日连续处罚办法》，对按日计罚的适用范围、实施程序和计罚方式进行了具体规定。按日计罚制度作为一种特殊的行政处罚，较大幅度增加了企业的违法成本，对持续性违法排污者形成了强有力的震慑。

(3) 责令停产整顿。责令停止生产或者使用是一种临时性的环境行政处罚形式，不以造成环境污染危害为实施处罚的条件，可以并处罚款。现行《环境保护法》第 60 条规定，对于企业事业单位和其他生产经营者超过污染物排放标准或者超过重点污染物排放总量控制指标排放污染物的行为，县级以上人民政府生态环境主管部门可以责令其采取限制生产、停产整治等措施，即属于责令停产整顿的行政处罚方式。

(4) 责令停产、停业、关闭是一种最严厉的环境行政处罚形式，由人民政府作出处罚决定。而且，可以与罚款并用。现行《环境保护法》第 60 条规定，企业事业单位和其他生产经营者超过污染物排放标准或者超过重点污染物排放总量控制指标排放污染物，情节严重的，报经有批准权的人民政府批准，责令停业、关闭。

(5) 暂扣、吊销许可证或者其他具有许可性质的证件。暂扣、吊销许可证或者其他具有许可性质的证件，是禁止从事某种活动或取消某种资格的处罚。它是指行政机关或被授权组织撤销或暂扣违法者已经获得的从事某种活动的许可证书，其目的在于取消被处罚人的一定资格和剥夺、限制某种特许的权利。

吊销与暂扣是有区别的。吊销是对违法者从事某种活动或享有某种资格的权利的取消；而暂扣则是对违法者从事某种活动或享有某种资格的权利的中止。因此，暂扣和吊销也是两种相互独立的环境行政处罚种类。

(6) 没收违法所得、没收非法财物。没收财物属于财产罚，具体包括没收违法所得和非法财物，是由行政机关实施的将违法行为人的部分或全部违法收入、物品收归国有的处罚方式。没收的对象包括：违法者的非法所得及非法占有的利益、违法工具和物品、违禁品等。具体执行过程中可以视情节轻重决定部分或全部没收上述物品。没收的物品，除应当销毁及存档备查的外，均应当上缴国库或交由法定机关处理；合法收入和没有用来进行违法行为的物品不应当成为没收处罚的对象。因此，没收违法所得和非法财物也是两种相互独立的处罚种类。

（7）行政拘留，是指公安机关对违反治安管理的人，在短期内剥夺其人身自由的一种处罚形式，属于人身自由罚。行政拘留是一种严厉的处罚方式，它只适用于自然人而不能适用于法人或其他组织。现行《环境保护法》第63条对环境行政违法行为进行行政拘留的期限作出了明确规定，即处10日以上15日以下拘留；情节较轻的，处5日以上10日以下拘留。

（8）法律、行政法规设定的其他行政处罚种类。除了我国《环境行政处罚办法》第10条前7项列举的具体处罚种类，该《办法》在第10条第8项规定的处罚种类还包括法律、行政法规设定的其他行政处罚种类。

在我国各种自然资源法和防治污染单行法规中，还规定了多种环境行政处罚的特殊形式，如责令停止违法作业，采取补救措施，责令停止开荒，恢复植被，限期拆除或没收建筑物，补种树木，吊销采矿许可证，责令限期治理，责令缴纳排污费，责令支付消除污染费用，责令赔偿国家损失等。

对于不同种类的环境行政处罚，环境法中常有关于并处的规定。这种规定大致可以分为以下几种情况。

（1）必要并处。是指环境法律法规规定两种以上行政处罚必须同时并处的情况，如《固体废物污染环境防治法》第102条规定的就是这种情况。凡规定必要并处的，行政管理机关只给一种处罚的，其处罚为非法。

（2）选择并处。是指环境法律法规规定两种以上的行政处罚可以同时并处也可以单处的情况。例如，《水污染防治法》第84条规定："在饮用水水源保护区内设置排污口的，由县级以上地方人民政府责令限期拆除，处十万元以上五十万元以下的罚款；逾期不拆除的，强制拆除，所需费用由违法者承担，处五十万元以上一百万元以下的罚款，并可以责令停产整治。"

（3）有条件并处。是指环境法律法规规定在某种特定条件下可以将两种以上行政处罚同时科处的情况。往往对违法行为比较严重、违法情节比较恶劣的，规定给予两种以上的处罚。

环境行政处罚的情节包括从重、从轻、减轻、免除和不处罚等情况。目前我国环境立法中对行政处罚情节的规定比较混乱，而且规定不具体，界限不清，散见于环境保护法、各种自然资源保护法、环境监管部门的行政处罚规章、行政处罚法、治安管理处罚法中。

环境行政处罚的程序是指有权实施环境行政处罚的机关依法对破坏资源、污染环境而应承担行政责任者，提出、认定并给予行政处罚的方式、方法、步骤的总称。根据《行政处罚法》和《生态环境行政处罚办法》等环境法规的有关规定，环境行政处罚的程序包括：一般程序、简易程序、执行程序、结案和归档。

（1）一般程序是环境行政执法机关在实施行政处罚时应遵循的法定基本程序，它是环境行政处罚中最完整、适用最广泛的法定程序。除适用简易程序的外，其他行政处罚案件都适用一般程序，因为这类案件情节较复杂，需要给予较重处罚。一般程序包括立案、调查取证、案件审查、告知和听证、处理决定等内容。环境行政处罚决定书一经送达，便产生一定的法律后果。

其中，听证程序是重要的程序。它是指环境行政处罚机关在对重大行政处罚案件作出处罚决定之前，公开举行听证会，听取有关利害关系人和各方面意见的活动。听证会应当事人要求举行，由环境行政机关的非本案调查人员主持，有关利害关系人参加并对案件进行指控与申辩。在环境行政处罚中适用听证程序的是关于责令停产停业、吊销许可证、较大数额罚款的行政处罚。听证程序是：听证告知、申请与决定，听证通知，听证会的组织程序（包括宣布听证会开始及宣读有关事项、调查人员发言、当事人申辩、双方辩论、当事人最后陈述、听证笔录等）。

（2）简易程序是环境行政机关对符合法定条件的行政处罚事项，当场进行处罚的行政处罚程序。它适用于违法事实确凿并有法定依据，对公民处以 200 元以下、对法人或者其他组织处以 3 000 元以下罚款或者警告的行政处罚。它的内容包括执法人员表明身份；确认违法事实；说明处罚理由及法律依据；制作行政处罚决定书并送达；当事人签名；备案。

（3）执行程序是为了保证使环境行政处罚决定为当事人确定的义务得以履行。环境行政处罚中的执行程序主要包括罚款决定与收缴罚款分离、当场收缴罚款、执行措施、执行例外。当场收缴罚款的适用范围：一是依法给予 100 元以下罚款；二是边远、水上、交通不便地区，难以执行的；三是不当场收缴事后难以执行的。除依法可以当场收缴罚款外，其他正常情况下的罚款均实行罚缴分离制度，即罚款由指定的银行统一收缴。执行措施主要有加处罚款和强制执行。执行例外是指允许当事人暂缓或者分期履行的情形。

（4）结案和归档。有下列情形之一的，应当结案：行政处罚决定由当事人履行完毕的；行政处罚决定依法强制执行完毕的；不予行政处罚等无须执行的；行政处罚决定被依法撤销的；生态环境主管部门认为可以结案的其他情形。结案的行政处罚案件，应当按照法律要求将案件材料立卷归档。案卷归档后，任何单位、个人不得修改、增加、抽取案卷材料。案卷的保管及查阅，按档案管理有关规定执行。

对环境行政处罚决定不服的行政相对人，可以向作出环境行政处罚决定机关的上一级行政机关申请复议；对复议决定不服的，可以在收到复议决定之日起的 15 日内向人民法院提起环境行政诉讼；当事人也可以不经复议而直接向人民法院起诉。

3. 环境行政赔偿

环境行政赔偿是环境行政机关因职务侵权而应承担的一种行政责任，它的侵权实施主体、赔偿主体、归责原则等都不同于环境民事赔偿。它是指环境行政机关及其工作人员违法行使职权侵犯环境行政相对人的合法权益造成损害的，由环境行政机关给予赔偿的法律制度。它具有以下特点：（1）环境行政侵权的实施主体是环境行政机关及其工作人员。（2）环境监督管理行为违法，即职务违法。（3）环境行政侵权行为人主观上有过错，没有过错不承担赔偿责任。（4）造成的损害由环境行政机关给予赔偿。环境行政赔偿既是一种环境行政责任，又是一种促使环境行政机关依法行使执法权的监督机制。

环境行政赔偿请求人是因环境行政机关及其工作人员违法行使职权而使其合法权益

受到损害的行政相对人，包括单位和个人。受害的个人死亡的，其继承人和其他有抚养关系的亲属有权要求赔偿；受害的单位终止的，承受其权利的单位有权要求赔偿。

确定环境行政赔偿义务机关有如下几种情况：(1) 环境行政机关及其工作人员实施职务侵权行为的，该环境行政机关是赔偿义务机关；(2) 两个以上环境行政机关共同实施职务侵权行为的，共同侵权的环境行政机关是共同赔偿义务机关；(3) 受环境行政机关委托的组织实施违法侵权行为的，委托的环境行政机关是赔偿义务机关；(4) 经复议机关复议的，最初造成侵权行为的环境行政机关是赔偿义务机关，但是，复议机关的复议决定加重损害的，复议机关对加重的部分履行赔偿义务；(5) 赔偿义务机关被撤销的，继续行使其职权的行政机关是赔偿义务机关；(6) 法律、法规授权的组织在行使授予的行政权力时实施违法侵权行为的，被授权的组织是赔偿义务机关。

环境行政赔偿的范围包括：(1) 违法实施的环境行政处罚造成行政相对人财产损害的，如责令停止生产或者使用、责令停业关闭等；(2) 违法采取行政措施而造成财产损害的，如吊销许可证和环境影响评价证书、强制减少或停止排污等；(3) 不作为的违法行为造成财产损害的，如行政相对人申请颁发“三同时”验收合格证，环境行政机关不予批准等；(4) 环境行政机关违法要求履行义务而造成财产损害的，如违法决定限期治理等。但是，如果环境行政机关工作人员与行使职权无关的个人行为或行政相对人自己的行为致使损害发生的，环境行政机关不承担赔偿责任。

环境行政机关侵犯行政相对人的财产权造成损害的，应按下列标准予以赔偿或处理：(1) 违法实施罚款或者违反国家规定征收排污费的，应返还违法收取的罚款或排污费；(2) 吊销许可证或环境影响评价证书、责令停止生产或者使用、责令停业关闭的，赔偿停产停业期间必要的经常性费用开支；(3) 强制减少或停止排污、违法决定限期治理的，应给付与所造成的直接损失相应的赔偿金；(4) 不履行法定义务的，应给付与所造成的直接损失相应的赔偿金；(5) 对财产权造成其他损害的，按照直接损失给予赔偿。

环境行政赔偿程序可分为申请、受理、审理和决定四个阶段。申请是被侵害相对人请求赔偿义务机关给予行政赔偿的意思表示。申请环境行政赔偿应注意，如果赔偿请求人提起诉讼，人民法院已经受理的，不得再申请赔偿义务机关赔偿；同样，赔偿请求人申请赔偿，赔偿义务机关已经受理的，不得再向人民法院起诉。赔偿义务机关在收到赔偿申请后，根据受理条件对赔偿申请进行审查，并应在收到赔偿申请之日起两个月内作出是否赔偿的决定。审理的主要内容包括：被认为侵权的具体行政行为是否合法、适当；环境行政机关是否具备环境监管权，是否越权或滥用职权；作出的具体行政行为是否符合法定程序；赔偿请求人申请赔偿的理由以及要求赔偿的数额是否合理。赔偿义务机关对赔偿请求人的申请进行全面审理之后，就是否给予赔偿作出决定。

第三节　环境刑事责任

一、环境刑事责任的概念

刑事责任，是指行为人在因实施刑法规定的犯罪行为而与国家形成的刑法关系中，依法应当向国家担负刑事后果的义务。[①] 刑事责任与犯罪及刑罚（刑事法律后果）有着紧密的联系，犯罪是刑事法律关系赖以产生的法律事实，刑事责任是刑事法律关系中刑法义务的基本内容，而刑罚则是刑事责任的基本实现方式。因此，犯罪与刑事责任是“因”与“果”的关系，刑事责任与刑罚是责任与责任承担方式的关系。三者之间的相互关系表明，刑事责任是刑法中与犯罪相对应的一个独立的具有实质内容的概念。

所谓环境刑事责任，是指行为人违反环境法律法规造成环境严重污染或破坏，构成犯罪时，依法所应承担的以刑罚为处罚方式的法律后果。它是刑事责任的一种，又是环境法律责任的一个重要组成部分。追究环境刑事责任是对环境违法行为的最严厉制裁，是国家运用刑事手段调整有关环境保护的社会关系的具体表现形式。

二、环境刑事责任的构成要件

各国对危害环境犯罪的法律概念表述有所不同，我国刑法称这类犯罪为破坏环境资源保护罪，学术界简称为危害环境罪，该罪可作如下定义：自然人或单位违反环境保护法律法规的规定，故意或过失地超标准排污或不合理地开发利用自然资源，破坏环境和生态平衡，造成严重损害后果或有造成严重后果危险的行为。一种破坏环境资源的行为是否构成犯罪，是否应当承担刑事责任，可以从积极要件和消极要件两个方面来加以认定。

（一）积极要件

所谓积极要件是指行为人的行为符合刑法分则规定的犯罪构成。根据刑法学上的犯罪构成理论，一般包括以下四个方面。

1. 危害环境罪的主体

危害环境罪的主体可分为自然人和非自然人。自然人作为犯罪主体，分为一般主体与特殊主体，所谓非自然人，是指法人、非法人组织，政府机构或国家。

2. 危害环境罪的主观方面

犯罪的主观方面是指犯罪主体对其所实施的危害社会行为的危害结果所持的心理状态。危害环境犯罪的主观方面的构成要件，多数国家基本上是采取故意和过失作为要件，个别国家也以无过失或称客观事实作为惩治危害环境罪的要件之一。

故意危害环境罪是指行为人（包括自然人及非自然人）明知自己的行为会引起破坏和污染环境的危害结果，希望或放任这种危害结果发生的行为。在实践中，由于这类犯罪往往与企业的生产活动相关，行为人的主观动机往往是为了完成生产任务或是为了营利，而放任破坏和污染环境的结果发生。因此，间接故意在环境犯罪中乃是较常见的一种罪过形式。

过失危害环境罪是指行为人（包括自然人与非自然人）应该预见自己的泄漏、开发

---

① 张文，等. 刑事责任要义. 北京：北京大学出版社，1997：4.

利用等行为会发生危害环境的结果，因为疏忽大意而没有预见，或者已经预见，但轻信能够避免，以致发生严重破坏和污染环境事故。一般来说，过失犯罪主要存在于自然人主体所实施的污染大气、水体、土壤等自然要素的污染环境的犯罪之中，但破坏土地、破坏草原、破坏珍稀濒危动物等破坏自然资源的犯罪，应排除在过失犯罪形态之外。

3. 危害环境罪的客体

犯罪客体，是指我国刑法所保护的，为犯罪行为所危害的社会关系。也有人提出犯罪客体是法律所保护的而为犯罪行为所侵犯的利益与价值，概括为“法益”。我国法学界关于危害环境罪的客体的认识主要有以下观点。

（1）环境权说：危害环境罪侵犯的客体是国家、法人、公民的环境权。所谓环境权，是指一切法律关系的主体（包括自然人、法人、特殊法人——国家）在其生存的自然环境方面所享有的权利及承担的义务。①

（2）复杂客体说：危害环境罪侵害的是公民的所有权、人身权和环境权。②

（3）管理秩序说：认为危害环境罪侵害的是国家调整人类与环境各种关系的正常管理秩序。③

（4）公共安全说：危害环境罪侵害的是不特定的多数人的生命、健康和重大公私财产的安全。④

（5）双重客体说：认为刑法所保护的，而为环境犯罪所间接侵犯的是人与自然之间的生态关系，和为环境犯罪所直接侵犯的人与人之间的社会关系。⑤

（6）综合客体说：认为危害环境罪的客体包括国家环境保护管理制度，公民的环境权及与环境有关的公民与法人（非法人组织）的财产权、人身权多方面内容的综合性的同类客体。⑥

（7）环境社会关系说：认为破坏环境资源保护罪的客体，应为环境社会关系，即人们在开发、利用、保护和改善环境与资源过程中形成的人与人之间的社会关系。⑦

由于犯罪现象的复杂性，根据犯罪行为所直接侵犯的社会关系的简单或复杂，可以将犯罪直接客体分为简单客体与复杂客体，简单客体是指一种犯罪行为只直接侵犯到一种具体社会关系，复杂客体是指犯罪行为所直接侵犯的客体包括两种以上的具体社会关系。不论将来在刑法中设专章规定危害环境罪或是依照现行的立法模式即刑法设专节规定“破坏环境资源保护罪”，危害环境罪的犯罪客体都应属于同类客体或是同类客体之下的一个“次层次”的同类客体。

4. 危害环境罪的客观方面

犯罪的客观方面，是指犯罪活动的客观外在表现，是主观犯罪心理活动的客观化，

---

① 胡晓琳. 论危害环境罪. 武汉大学学报社会科学论丛（环境法），1986（1）.

② 邹清平. 论危害环境罪. 法学评论，1986（3）.

③ 周国庆. 我国刑法增设危害环境罪刻不容缓. 法律学习与研究，1990（2）.

④ 王力生. 环境犯罪及其立法的完善. 当代法学，1991（3）.

⑤ 付立忠. 环境犯罪新论. 法律科学，1995（2）.

⑥ 朱弘. 论环境的刑法保护. 法学，1996（9）.

⑦ 张义军. 破坏环境资源保护罪论略. 中国环境管理，1997（5）.

其事实特征可以归纳为危害行为、危害结果及行为与后果之间的因果关系，危害环境罪的客观方面亦如此。

（1）危害环境罪的行为方式。

危害环境罪的行为，一般表现为人们在开发、利用自然资源的过程中，过度地开发资源或超标准排污，导致自然资源遭破坏，环境遭受污染的行为。根据不同的标准，可以将危害环境的犯罪行为划分为不同的种类。

第一，从行为手段上看，主要有污染行为和破坏行为两大类。

污染环境的行为，通常是指自然人或非自然人在生产或生活过程中排污、倾倒、处置、泄漏等行为而导致环境污染的行为，行为的实质在于向环境中输入的大量物质和能量，超过了环境的自净能力，因而引起环境质量下降，造成了严重后果或造成可能导致严重后果的危险状态。它既可由作为行为构成，也可由不作为行为构成；既可能是由故意构成，也可以由过失构成，甚至可能由无过错构成。

破坏行为一般是指自然人或非自然人在开发、利用自然资源过程中的非法砍伐林木、捕杀珍稀濒危动物、乱挖植被、沙土等破坏资源、情节严重的行为。这类行为的实质在于人们在开发、利用环境的过程中，过度地向环境索取物质和能量，超出了环境及资源的再生更新能力，使物种消灭或濒于消灭，或使生态平衡遭受破坏。这类行为只能由作为构成，亦只能以过错为构成要件。此外，还有破坏文化环境及破坏公海、臭氧等犯罪行为。所有这些行为构成犯罪的关键是侵害了公民、法人、国家、人类的环境权，危及了人类的健康、生命和可持续发展。

第二，从行为状态（过程）上分析，危害环境犯罪的行为，可以分为行为犯、危险犯和结果犯。

行为犯，是指行为人只要实施了法律禁止的一定行为，不管是否造成了现实的危害后果，只要使侵害的对象处于某种危害之中，即可构成犯罪的情形。如我国《刑法》第339条第1款规定，违反国家规定，将境外的固体废物进境倾倒、堆放、处置的，处5年以下有期徒刑或者拘役，并处罚金。这一条便是典型的处罚行为犯的规定，又如美国对这类行为犯的规定为：对故意非法运输、储存、处理、处置或出口危险废弃物的行为，可处5年以下的监禁或每日5万美元的罚金，或二者并处。

所谓危险犯，是指行为人实行了污染或破坏环境的行为，从而造成了一种危险状态，对环境或人身财产构成严重威胁，即可构成犯罪。例如，日本1970年的《公害罪法》第2条规定："凡伴随工厂或事业单位的企事业活动而排放有损于人体健康的物质，给公众的生活或身体带来危险者，应处3年以下徒刑或300万元以下的罚金。"我国《刑法》第114条的规定实际上也包含了危险犯的内容，但在危害环境罪中却没有危险犯的规定。确认危害环境的行为使自然环境处于危险状态就可以构成犯罪，可以更有效地防患于未然，从而达到保护环境的最佳后果。因此，许多学者纷纷指出：要在危害环境罪中规定危险犯，以发挥刑法的预测、指引以及威慑、惩罚功能，预防环境污染和破坏后果的发生，把环境犯罪制止在危险状态，更有效地防止危害结果的发生。依据环境保护本身的要求及我国惩治环境犯罪的现实需要，我们有必要借鉴国外惩治环境犯罪的立法经验，在今后的环境保护立法中，增加惩治危险犯的规定。当然，在未增加之前，有必要加强对环境未遂犯的打击力度。

结果犯，是指行为人实施了污染或破坏环境的行为，并实际上造成环境被污染或破坏或人的生命、健康和财产受到损害的结果，才被视为犯罪的情形。如《刑法》第 339 条第 2 款规定：未经国务院有关主管部门许可，擅自进口固体废物用作原料，造成重大污染事故，致使公私财产遭受重大损失或者严重危害人体健康的，处 5 年以下有期徒刑或者拘役，并处罚金；后果特别严重的，处 5 年以上 10 年以下有期徒刑，并处罚金。我国关于环境保护的刑事立法大多是以结果犯为处罚对象的。

（2）危害环境罪的结果。

危害环境罪的结果，是指对大气、水、土以及野生动物等生态要素造成的损害，从而破坏生态平衡、引起物种消灭或有消失的危险。有些危害环境罪的行为同时也伴随着人身伤亡或公私财产的损失。如果某种犯罪行为仅仅对人身或财产造成了损害，而没有对生态环境造成损害，则应归入一般的刑事犯罪之中，而不属于环境犯罪。

当然，上述结果是针对结果犯而言，对于行为犯而言，犯罪行为造成的违法状态应视为犯罪结果，对于危险犯而言，犯罪行为造成的危险状态即应视为犯罪结果。

（3）因果关系。

刑法上的因果关系，是指行为人的危害行为同危害结果之间的因果关系。在我国的刑法总则中，虽然没有对查明因果关系问题作出一般规定。但是，在处理刑事案件时，一般认为，依据罪责自负的原则，查明某人的行为同危害结果有无因果关系，是正确认定行为人的行为性质及该行为对危害结果有无罪责（是否应承担刑事责任）的必要条件。

在危害环境的犯罪中，因果关系也具有十分重要的意义，因为环境污染可以导致多种损害，其中包括直接后果和间接后果，且间接后果通常十分广泛，尤其是在大气污染造成的环境犯罪中。一般认为，我国刑法未将犯罪的间接后果纳入刑事责任的范畴中。

（二）消极要件

消极要件是指对表面上符合刑法分则某一犯罪的构成，但根据刑法总则的有关规定，依法免除或减轻刑事责任的要件。这些要件主要包括以下几项。①

1. 刑事责任年龄

《刑法》第 17 条规定，除故意杀人等几种严重刑事犯罪的刑事责任年龄起点为 14 周岁（特殊情形下为 12 周岁），其他犯罪的刑事责任年龄起点均为 16 周岁。据此，我国环境资源犯罪的刑事责任年龄必须是在 16 周岁以上，否则即使实施了分则中的犯罪行为，也不能追究刑事责任。

2. 刑事责任能力

根据《刑法》第 18 条的规定，精神病人在不能辨认或者不能控制自己行为的时候造成危害结果的，不负刑事责任。尚未完全丧失辨认或者控制自己行为能力的精神病人犯

---

① 刘仁文. 环境资源保护与环境资源犯罪. 北京：中信出版社，2004：142－143.

罪的，可以从轻或者减轻处罚。另外，《刑法》第 19 条还规定，对又聋又哑的人或者盲人犯罪的，可以从轻、减轻或者免除处罚。这些规定对环境资源犯罪同样适用。

3. 意外事件

《刑法》第 16 条规定："行为在客观上虽然造成了损害结果，但是不是出于故意或者过失，而是由于不能抗拒或者不能预见的原因所引起的，不是犯罪。"刑法理论和司法实践将该条规定称为"意外事件"，它也适用于环境资源犯罪。

4. 正当防卫和紧急避险

根据《刑法》第 20 条的规定，为了使国家、公共利益、本人或者他人的人身、财产和其他权利免受正在进行的不法侵害，而采取的制止不法侵害的行为，对不法侵害人造成损害的，属于正当防卫，不负刑事责任。正当防卫明显超过必要限度造成重大损害的，应当负刑事责任，但是应当减轻或免除处罚。根据《刑法》第 21 条的规定，为了使国家、公共利益、本人或者他人的人身、财产和其他权利免受正在发生的危险，不得已采取的紧急避险行为，造成损害的，不负刑事责任。紧急避险超过必要限度造成不应有的损害的，应当负刑事责任，但是应当减轻或免除处罚。

5. 追诉时效

《刑法》第 87 条规定，犯罪经过下列期限不再追诉：（1）法定最高刑不满 5 年有期徒刑的，经过 5 年；（2）法定最高刑为 5 年以上不满 10 年的，经过 10 年；（3）法定最高刑为 10 年以上有期徒刑的，经过 15 年；（4）法定最高刑为无期徒刑或者死刑的，经过 20 年。如果 20 年以后认为必须追诉的，须报请最高人民检察院核准。

三、我国危害环境犯罪的主要罪名及其处罚

《刑法》分则第六章"妨碍社会管理秩序罪"中专门设立了"破坏环境资源保护罪"一节，结合刑法修正案的规定，危害环境犯罪的具体罪名主要如下。

1. 污染环境罪

污染环境罪的前身是重大环境污染事故罪，为适应社会发展和环境保护的需求，2011 年《刑法修正案（八）》将原《刑法》第 338 条的重大环境污染事故罪修正为污染环境罪，修正后的污染环境罪规定，"违反国家规定，排放、倾倒或者处置有放射性的废物、含传染病病原体的废物、有毒物质或者其他有害物质，严重污染环境的，处三年以下有期徒刑或者拘役，并处或者单处罚金；后果特别严重的，处三年以上七年以下有期徒刑，并处罚金"。修正后，除描述简洁外，最重要的是该罪名成立不以"造成重大污染事故，致使公私财产遭受重大损失或者人身伤亡的严重后果"为必要条件，而是以构成"严重污染环境"为条件，这在某种程度上是由结果犯改为行为犯，可见对该类污染环境的行为处罚力度的加大。但至于修改后的罪名成立标准低到何种程度，还需要有关部门作出进一步解释，以便执法。

2021 年施行的《刑法修正案（十一）》又对《刑法》第 338 条污染环境罪进行了修正，规定："违反国家规定，排放、倾倒或者处置有放射性的废物、含传染病病原体的废

物、有毒物质或者其他有害物质，严重污染环境的，处三年以下有期徒刑或者拘役，并处或者单处罚金；情节严重的，处三年以上七年以下有期徒刑，并处罚金；有下列情形之一的，处七年以上有期徒刑，并处罚金：（一）在饮用水水源保护区、自然保护地核心保护区等依法确定的重点保护区域排放、倾倒、处置有放射性的废物、含传染病病原体的废物、有毒物质，情节特别严重的；（二）向国家确定的重要江河、湖泊水域排放、倾倒、处置有放射性的废物、含传染病病原体的废物、有毒物质，情节特别严重的；（三）致使大量永久基本农田基本功能丧失或者遭受永久性破坏的；（四）致使多人重伤、严重疾病，或者致人严重残疾、死亡的。有前款行为，同时构成其他犯罪的，依照处罚较重的规定定罪处罚。”《刑法修正案（十一）》对原刑法污染环境罪增设了一档法定刑幅度和四个适用情形，力图解决原刑法污染环境罪的量刑对于恶性污染环境行为偏轻问题，对惩治司法实践中出现的恶性污染环境的情形提供了立法依据，推动了我国生态文明建设的进一步发展。

同时，根据《刑法》第 346 条的规定，单位犯本罪，对单位判处罚金，对直接负责的主管人员和其他直接责任人员，依上述规定处罚。

【案例 5－3】

顾某违法倾倒污染环境案

案情：顾某于 2016 年左右从刘某处购得废油，再将废油混入柴油作为燃料销售给工厂，后将废油中不能再使用的残液放入塑料桶中露天存放。2022 年 4 月 11 日上午，被告人顾某将上述废油残液用水稀释后抽到油罐车中，运至农场附近小路欲倾倒，后因害怕而未实施。当晚，被告人顾某将油罐车开回公司内，将油罐车内的废油残液全部倾倒在公司的空地上，并用水冲洗，废油残液通过下水道排入公司旁的河内，造成河水污染、附近水厂紧急停运的重大环境污染事故。经当地环境监测中心测试，该公司内地面采样水及公司附近河流排放口采样水等均检测出柠檬烯等化合物及二氯甲烷、三氯甲烷等有毒物质，且某段河流水样检测为中毒，水质受到污染。经鉴定，该次事故共造成公私财产损失计人民币 387 100 元。检察院指控被告人顾某犯污染环境罪，于 2022 年 7 月 28 日向法院提起公诉。

判决：法院认为，被告人顾某违反国家规定，向土地、水体倾倒有毒物质，造成重大环境污染事故，致使公私财产遭受重大损失，其行为已构成污染环境罪，依法应予惩处。被告人顾某犯罪后自动投案，并如实供述自己的罪行，系自首，依法可以从轻处罚。为维护社会管理秩序，保护环境资源不受侵犯，依照《刑法》第 12 条第 1 款、第 338 条、第 67 条第 1 款、第 52 条、第 53 条之规定，判决被告人顾某犯污染环境罪，判处有期徒刑 1 年，并处罚金人民币 10 万元。

2. 非法处置进口的固体废物罪

根据《刑法》第 339 条第 1 款、第 346 条的规定，非法处置进口的固体废物罪是指自然人或单位违反国家规定，将境外的固体废物进境倾倒、堆放、处置的行为。

《刑法》第 339 条第 1 款对非法处置进口的固体废物罪设置了三个量刑档次：（1）犯

本罪的，处 5 年以下有期徒刑或者拘役，并处罚金；（2）造成重大环境污染事故，致使公私财产遭受重大损失或者严重危害人体健康的，处 5 年以上 10 年以下有期徒刑，并处罚金；（3）后果特别严重的，处 10 年以上有期徒刑，并处罚金。同时，根据《刑法》第 346 条的规定，单位犯本罪，对单位判处罚金，对其直接负责的主管人员和其他直接责任人员，依上述规定处罚。

3. 擅自进口固体废物罪

根据《刑法》第 339 条第 2 款、第 346 条的规定，擅自进口固体废物罪是指自然人或者单位未经国务院有关主管部门许可，擅自进口固体废物用作原料，造成重大环境污染事故，致使公私财产遭受重大损失或者严重危害人体健康的行为。

《刑法》第 339 条第 2 款对擅自进口固体废物罪规定了两个量刑档次：（1）造成重大环境污染事故，致使公私财产遭受重大损失或者严重危害人体健康的，处 5 年以下有期徒刑或者拘役，并处罚金；（2）后果特别严重的，处 5 年以上 10 年以下有期徒刑，并处罚金。同时，根据《刑法》第 346 条的规定，单位犯本罪，对单位判处罚金，对其直接负责的主管人员和其他直接责任人员，依上述规定处罚。

4. 非法捕捞水产品罪

根据《刑法》第 340 条、第 346 条的规定，非法捕捞水产品罪是指自然人或者单位故意违反保护水产资源法规，在禁渔区、禁渔期或者使用禁用的工具、方法捕捞水产品，情节严重的行为。

根据《刑法》第 340 条的规定，自然人犯本罪的，处 3 年以下有期徒刑、拘役、管制或者罚金；根据《刑法》第 346 条的规定，单位犯本罪的，对单位判处罚金，并对其直接负责的主管人员和其他直接责任人员，依照《刑法》第 340 条的规定处罚。

5. 危害珍贵、濒危野生动物罪

根据《刑法》第 341 条第 1 款、第 346 条的规定，危害珍贵、濒危野生动物罪是指自然人或单位故意违反野生动物保护法律法规，未经有关部门批准，非法猎捕、杀害国家重点保护的珍贵、濒危野生动物，或者非法收购、运输、出售国家重点保护的珍贵、濒危野生动物及其制品的行为。

根据《刑法》第 341 条第 1 款的规定：（1）自然人犯本罪的，处 5 年以下有期徒刑或者拘役，并处罚金；（2）情节严重的，处 5 年以上 10 年以下有期徒刑，并处罚金；（3）情节特别严重的，处 10 年以上有期徒刑，并处罚金或者没收财产。根据《刑法》第 346 条的规定，单位犯本罪的，对单位判处罚金，并对其直接负责的主管人员和其他直接责任人员，依照《刑法》第 341 条第 1 款的规定处罚。

6. 非法狩猎罪

根据《刑法》第 341 条第 2 款、第 346 条的规定，非法狩猎罪是指自然人或者单位故意违反狩猎法规，在禁猎区、禁猎期或者使用禁用的工具、方法进行狩猎，破坏野生动物资源，情节严重的行为。

根据《刑法》第 341 条第 2 款的规定，自然人犯本罪的，处 3 年以下有期徒刑、拘役、管制或者罚金。根据《刑法》第 346 条的规定，单位犯本罪的，对单位判处罚金，并对其直接负责的主管人员和其他直接责任人员，依照《刑法》第 341 条第 2 款的规定处罚。

7. 非法猎捕、收购、运输、出售陆生野生动物罪

根据《刑法修正案（十一）》和《刑法》第 341 条第 3 款的规定，违反野生动物保护管理法规，以食用为目的非法猎捕、收购、运输、出售第一款规定以外的在野外环境自然生长繁殖的陆生野生动物，情节严重的，处 3 年以下有期徒刑、拘役、管制或者罚金。

8. 非法占用农用地罪

根据《刑法修正案（二）》和《刑法》第 342 条的规定，非法占用农用地罪是指单位或者个人故意违反土地管理法规，非法占用耕地、林地等农用地，改变被占用土地用途，数量较大，造成耕地、林地等农用地大量毁坏的行为。

根据《刑法》第 342 条的规定，自然人犯本罪的，处 5 年以下有期徒刑或者拘役，并处或者单处罚金。根据《刑法》第 346 条的规定，单位犯本罪的，对单位判处罚金，并对其直接负责的主管人员和其他直接责任人员，依照《刑法》第 342 条的规定处罚。

9. 破坏自然保护地罪

根据《刑法修正案（十一）》和《刑法》第 342 条之一的规定，违反自然保护地管理法规，在国家公园、国家级自然保护区进行开垦、开发活动或者修建建筑物，造成严重后果或者有其他恶劣情节的，处 5 年以下有期徒刑或者拘役，并处或者单处罚金。有前款行为，同时构成其他犯罪的，依照处罚较重的规定定罪处罚。

10. 非法采矿罪

根据《刑法修正案（八）》和《刑法》第 343 条第 1 款的规定，非法采矿罪是指违反矿产资源法的规定，未取得采矿许可证擅自采矿，擅自进入国家规划矿区、对国民经济具有重要价值的矿区和他人矿区范围采矿，或者擅自开采国家规定实行保护性开采的特定矿种，情节严重的行为。该罪成立不以“经责令停止开采后拒不停止开采，造成矿产资源破坏”为要件。

自然人犯本罪，情节严重的，处 3 年以下有期徒刑、拘役或者管制，并处或者单处罚金；情节特别严重的，处 3 年以上 7 年以下有期徒刑，并处罚金。根据《刑法》第 346 条的规定，单位犯本罪的，对单位判处罚金，并对其直接负责的主管人员和其他直接责任人员，依照《刑法》第 343 条第 1 款的规定处罚。

11. 破坏性采矿罪

根据《刑法》第 343 条第 2 款、第 346 条的规定，破坏性采矿罪是指自然人或者单位故意违反矿产资源法的规定，采取破坏性的开采方法开采矿产资源，造成矿产资源严重破坏的行为。

根据《刑法》第 343 条第 2 款的规定，自然人犯本罪的，处 5 年以下有期徒刑或者拘役，并处罚金。根据《刑法》第 346 条的规定，单位犯本罪的，对单位判处罚金，并对其直接负责的主管人员和其他直接责任人员，依照《刑法》第 343 条第 2 款的规定处罚。

12. 危害国家重点保护植物罪

根据《刑法修正案（四）》修正后的《刑法》第 344 条、第 346 条的规定，危害国家重点保护植物罪是指自然人或者单位故意违反国家规定，非法采伐、毁坏珍贵树木或者国家重点保护的其他植物，或者非法收购、运输、加工、出售珍贵树木或者国家重点保护的其他植物及其制品的行为。

根据修正后的《刑法》第 344 条的规定，自然人犯本罪的，处 3 年以下有期徒刑、拘役或者管制，并处罚金；情节严重的，处 3 年以上 7 年以下有期徒刑，并处罚金。根据《刑法》第 346 条的规定，单位犯本罪的，对单位判处罚金，并对其直接负责的主管人员和其他直接责任人员，依照《刑法》第 344 条的规定处罚。

13. 非法引进、释放、丢弃外来入侵物种罪

根据《刑法修正案（十一）》和《刑法》第 344 条之一的规定，违反国家规定，非法引进、释放或者丢弃外来入侵物种，情节严重的，处 3 年以下有期徒刑或者拘役，并处或者单处罚金。

14. 盗伐林木罪

根据《刑法修正案（四）》修正后的《刑法》第 345 条第 1 款和第 346 条的规定，盗伐林木罪是指自然人或者单位盗伐森林或者其他林木，数量较大的行为。

根据《刑法》第 345 条第 1 款的规定，自然人犯本罪的，处 3 年以下有期徒刑、拘役或者管制，并处或者单处罚金；数量巨大的，处 3 年以上 7 年以下有期徒刑，并处罚金；数量特别巨大的，处 7 年以上有期徒刑，并处罚金。根据《刑法》第 346 条的规定，单位犯本罪的，对单位判处罚金，并对其直接负责的主管人员和其他直接责任人员，依照《刑法》第 345 条第 1 款的规定处罚。修正后的《刑法》第 345 条第 4 款还规定，盗伐国家级自然保护区内的森林或者其他林木的，从重处罚。

15. 滥伐林木罪

根据《刑法修正案（四）》修正后的《刑法》第 345 条第 2 款和第 346 条的规定，滥伐林木罪是指自然人或者单位故意违反森林法的规定，滥伐森林或者其他林木，数量较大的行为。

根据修正后的《刑法》第 345 条第 2 款的规定，自然人犯本罪的，处 3 年以下有期徒刑、拘役或者管制，并处或者单处罚金；数量巨大的，处 3 年以上 7 年以下有期徒刑，并处罚金。根据《刑法》第 346 条的规定，单位犯本罪的，对单位判处罚金，并对其直接负责的主管人员和其他直接责任人员，依照《刑法》第 345 条第 2 款的规定处罚。修正后的《刑法》第 345 条第 4 款还规定，滥伐国家级自然保护区内的森林或者其他林木的，从重处罚。

16. 非法收购、运输盗伐、滥伐的林木罪

根据《刑法修正案（四）》修正后的《刑法》第 345 条第 3 款和第 346 条的规定，非法收购、运输盗伐、滥伐的林木罪是指自然人或者单位非法收购、运输明知是盗伐、滥伐的林木，情节严重的行为。

根据修正后的《刑法》第345条第3款的规定，自然人犯本罪的，处3年以下有期徒刑、拘役或者管制，并处或者单处罚金；情节特别严重的，处3年以上7年以下有期徒刑，并处罚金。根据《刑法》第346条的规定，单位犯本罪的，对单位判处罚金，并对其直接负责的主管人员和其他直接责任人员，依照《刑法》第345条第3款的规定处罚。

17. 走私珍贵动物、珍贵动物制品罪

根据《刑法》第151条第2款的规定，走私珍贵动物、珍贵动物制品罪是指自然人或者单位违反海关法规和野生动物法规，逃避海关监管，非法运输、携带、邮寄国家禁止进出口的珍贵动物及其制品进、出境的行为。

根据《刑法》第151条第2款的规定，走私国家禁止进出口的珍贵动物及其制品的，处5年以上10年以下有期徒刑，并处罚金；情节特别严重的，处10年以上有期徒刑或者无期徒刑，并处没收财产；情节较轻的，处5年以下有期徒刑，并处罚金。根据《刑法》第151条第4款的规定，单位犯本罪，对单位判处罚金，对其直接负责的主管人员和其他直接责任人员，依上述规定处罚。

18. 走私国家禁止进出口的货物、物品罪

根据《刑法》第151条第3款的规定，走私国家禁止进出口的货物、物品罪是指单位或者自然人违反海关法规和环境保护法规，逃避海关监督，非法运输、携带、邮寄珍稀植物及其制品等国家禁止进出口的其他货物、物品进、出境的行为。

根据《刑法》第151条第3款的规定，走私珍稀植物及其制品等国家禁止进出口的其他货物、物品，处5年以下有期徒刑或者拘役，并处或者单处罚金；情节严重的，处5年以上有期徒刑，并处罚金。根据《刑法》第151条第4款的规定，单位犯本罪，对单位判处罚金，对其直接负责的主管人员和其他直接责任人员，依上述规定处罚。

19. 走私废物罪

根据《刑法修正案（四）》第2条、《刑法》第152条第2款的规定，走私废物罪是指单位或者自然人违反海关法规和环境保护法规，逃避海关监督，将境外的固体废物、液态废物和气态废物运输进境，情节严重的行为。

根据《刑法》第152条第2款的规定，犯本罪，情节严重的，处5年以下有期徒刑，并处或者单处罚金；情节特别严重的，处5年以上有期徒刑，并处罚金。单位犯本罪，对单位判处罚金，对其直接负责的主管人员和其他直接责任人员，依上述规定处罚。

20. 非法转让、倒卖土地使用权罪

根据《刑法》第228条和第231条的规定，非法转让、倒卖土地使用权罪是指自然人和单位，以牟利为目的，违反土地管理法规，非法转让、倒卖土地使用权，情节严重的行为。

根据《刑法》第228条的规定，以牟利为目的，违反土地管理法规，非法转让、倒卖土地使用权，情节严重的，处3年以下有期徒刑或者拘役，并处或者单处非法转让、倒卖土地使用权价额5%以上20%以下罚金；情节特别严重的，处3年以上7年以下有期徒刑，并处非法转让、倒卖土地使用权价额5%以上20%以下罚金。单位犯本罪的，对单位判处罚金，并对其直接负责的主管人员和其他直接责任人员，依照上述的规定处罚。

21. 违法发放林木采伐许可证罪

根据《刑法》第407条的规定，违法发放林木采伐许可证罪是指林业主管部门的工作人员违反森林法的规定，超过批准的年采伐限额发放林木采伐许可证或者违反规定滥发林木采伐许可证，情节严重，致使森林遭受严重破坏的行为。

根据《刑法》第407条的规定，林业主管部门的工作人员犯本罪的，处3年以下有期徒刑或者拘役。

22. 环境监管失职罪

根据《刑法》第408条的规定，环境监管失职罪是指负有环境保护监督管理职责的国家机关工作人员严重不负责任，导致发生重大环境污染事故，致使公私财产遭受重大损失或者造成人身伤亡的严重后果的行为。

根据《刑法》第408条的规定，林业主管部门的工作人员犯本罪的，处3年以下有期徒刑或者拘役。

23. 非法批准征收、征用、占用土地罪

根据《刑法》第410条的规定，非法批准征收、征用、占用土地罪是指国家机关工作人员徇私舞弊，违反土地管理法规，滥用职权，非法批准征收、征用、占用土地，情节严重的行为。

根据《刑法》第410条的规定，犯本罪，情节严重的，处3年以下有期徒刑或者拘役；致使国家或者集体利益遭受特别重大损失的，处3年以上7年以下有期徒刑。

24. 非法低价出让国有土地使用权罪

根据《刑法》第410条的规定，非法低价出让国有土地使用权罪是指国家机关工作人员徇私舞弊，违反土地管理法规，滥用职权，非法低价出让国有土地使用权，情节严重的行为。

根据《刑法》第410条的规定，犯本罪，情节严重的，处3年以下有期徒刑或者拘役；致使国家或者集体利益遭受特别重大损失的，处3年以上7年以下有期徒刑。

法条链接

1.《中华人民共和国民法典》第1192条、第1129～1235条；
2.《生态环境行政处罚办法》第10～12条；
3.《中华人民共和国环境保护法》第61条、第63条；
4.《中华人民共和国行政处罚法》第8条；
5.《中华人民共和国刑法修正案（八）》第46条、第47条；
6.《中华人民共和国刑法修正案（十一）》第40～43条。

深度阅读

1. 张梓太. 环境法律责任研究. 北京：商务印书馆，2004.
2. 竺效. 生态损害的社会化填补法理研究. 北京：中国政法大学出版社，2007.
3. 赵秉志，等. 环境犯罪比较研究. 北京：法律出版社，2004.
4. 程雨燕. 环境罚款数额设定的立法研究. 法商研究，2008（1）.

思考与练习

一、思考题

1. 什么是环境法律责任？其特征有哪些？
2. 什么是环境民事责任？
3. 环境侵权的特征有哪些？
4. 试述我国环境民事责任的归责原则。
5. 试述我国环境民事责任的构成要件。
6. 环境侵权诉讼中因果关系举证责任的分配是怎样的？
7. 如何理解环境民事责任的免责事由？
8. 环境民事责任方式有哪些？
9. 纯经济损失是否属于环境侵权的赔偿范围？
10. 什么是环境行政执法？环境行政执法应遵循哪些原则？
11. 环境行政执法行为的效力如何？
12. 环境行政执法有哪些方式？
13. 如何加强我国环境行政执法的力度？
14. 如何理解环境行政责任？
15.《生态环境行政处罚办法》第 8 条第 4 项规定的“责令停产整治”和“责令停产、停业”中的“责令停产”之间有何关系？
16. 试述环境行政责任的构成要件。
17. 什么是政府环境行政责任？
18. 什么是环境刑事责任？我国环境刑事责任立法如何？
19. 什么是破坏环境资源保护罪（危害环境罪）？
20. 什么是污染环境罪？与修改前的“重大环境污染事故罪”有何区别？
21. 什么是非法处置进口的固体废物罪和擅自进口固体废物罪？
22. 试述危害环境罪的犯罪构成要件。
23. 如何理解危害环境罪的主体要件？
24. 如何理解危害环境罪的主观方面要件？
25. 如何理解危害环境罪的客体要件？
26. 如何理解危害环境罪的客观方面要件？

27. A 公司向水体排污，造成当地居民受损。当地居民提起诉讼，要求 A 公司承担损害赔偿责任。请结合本章内容思考：(1) A 是否应承担责任？(2) 若 A 有责任，对 A 的责任如何证明？

二、练习题

1. 由于某化工厂长期排污，该厂周边方圆 1 千米内的庄稼、蔬菜生长不良，有害物质含量超标，河塘鱼类无法繁衍，该地域内三个村庄几年来多人患有罕见的严重疾病。根据《环境保护法》的规定，下列哪一选项是错误的？(　　)

A. 受害的三个村的村委会和受害村民有权对该厂提起民事诉讼

B. 因环境污染引起的民事诉讼的时效为 3 年

C. 环境污染民事责任的归责原则实行公平责任原则

D. 环境污染致害的因果关系证明，受害方不负举证责任

2. 关于环境民事责任的免责，下列哪些选项是错误的？(　　)

A. 凡不可抗拒的自然灾害造成环境污染的，均应免责

B. 第三者责任造成污染损失的，排污单位免责

C. 污染损失由受害者自身责任引起，排污单位也要承担责任

D. 排污单位积极采取减排措施，虽减少了污染损失，仍不可以免责

PART TWO

2

|第二编|

环境污染防治法

第六章

环境污染防治法概述

重点知识

环境要素污染　有毒有害物质　污染排污申报登记制度　现场检查制度　防止污染转嫁制度　淘汰落后设备、工艺制度　采用清洁生产工艺、设备和技术制度

污染防治是环境保护事业的两大任务之一，防治污染尤其是防治工业污染，是环境保护法的首要内容。传统的环境保护法关注造成污染后的事后补偿。按现代环境法的精神，污染防治法应以保护人的生命与健康为核心，以保护社会公共利益为本位，以对污染的事先防范为目的。本章的学习目的在于：了解并掌握我国环境污染防治的制度、措施及相关法律规定。重点是环境要素污染防治法的特点、防治环境污染制度和措施的法律规定。

第一节　环境污染的概念和特征

一、环境污染和其他公害的概念

环境污染是指人类在生产和生活活动中，向环境排入了超过环境自净能力的物质或能量，使得环境的化学、物理、生物等性质发生变异，从而导致环境质量下降，破坏了生态平衡或者危害了人类正常生存和发展。公害主要指环境污染给人类生活环境造成的一种社会性危害。我国在立法上对环境污染与公害没有作严格的区别，宪法和环境保护法虽然都使用“公害”一词，但对公害的定义并未作出规定。我国现行的《环境保护法》所列举的环境污染是指人们在生产建设或者其他活动中产生的废气、废水、废渣、废热、粉尘、恶臭气体、放射性物质等对环境的污染和噪声、振动、电磁波辐射等对环境的危害，而“其他公害”是指除上述的环境污染和危害之外，现在尚未出现而今后可能出现的，或者现在已经出现但尚未包括在环境保护法所列举的上述环境污染和危害之中的公害。之所以采用“其他公害”这样的开放性立法语言，是为了使该项规定具有灵活性，可以包含复杂多变的环境问题引发的新的环境污染和危害，防止法律出现调整空白，增

强法律的适应性。

我国现行的《环境保护法》把“防治污染和其他公害”并列提出并规定在该法的第四章，虽然没有对环境污染和公害作出明确的界定，但是，两者既在很大程度上具有同一性，又在内涵上存在细微的差别。环境污染着重强调的是人类活动对环境造成的危害，而公害着重强调的是环境污染对人类造成的危害。它们在某种情况下表现出来的是一种因果关系，环境污染导致公害，是原因；而公害是由环境污染引起、造成的，是结果。但二者又不完全对应，例如，有些行为并不一定污染环境要素，例如制造电磁辐射、噪声、强光等，但会通过环境要素介质对人体造成危害，即产生公害；而有些污染环境的行为并不一定直接产生公害，例如，在无人区排放污染物等。从本质上说，源于日本的公害概念并未被国际社会普遍接受，而如果把环境污染同时理解为结果，且不限于对人群的结果，则环境污染的概念应当可以吸收公害的概念。

二、环境污染和其他公害的产生及类型

造成环境污染和其他公害的原因很多，概言之不外乎人祸与天灾，即人类活动中的排污行为和自然界中的灾害性事故。人类在生产建设和其他活动中，一方面生产出大量的物质和文化财富，丰富了人类的物质生活和精神生活，为人类自身的生存和发展做好了准备；另一方面，也产生出大量的污染物，如废气、废水、废渣、粉尘、恶臭气体，放射性物质以及噪声、振动、电磁波辐射、光污染、废热等，给环境带来污染，造成公害。防治环境污染和其他公害，主要针对的是由于人类活动所造成的对环境的污染和危害。

根据造成环境污染和危害的污染物的性质的不同，可以把环境污染和其他公害大致分为两种类型：环境要素污染和有毒有害物质污染。还可以从其他方面对环境污染和其他公害进行分类，如根据环境的不同性质，可将其分为大气污染、水污染、海洋污染、土壤污染，等等；根据污染物的形态不同，可将其分为废气污染、废水污染、废渣及其他固体废物污染、噪声污染、放射性污染、电磁波辐射污染等。而环境要素污染和有毒有害物质污染是对环境污染和其他公害的基本分类，环境要素是人类与环境进行物质交换与能量流动的介质，如大气、水、海洋、土壤等。有毒有害物质是人体或环境难以降解或不能降解的那些物质，如重金属、放射性物质、固体废物、化学品、农药等。

在环境法学的理论与实践中，环境要素污染与有毒有害物质污染是通常的分类。本编采用对环境要素污染防治法分章论述、在具体一章内对有毒有害物质污染防治法分节论述的体例。

三、环境污染的特征

从环境污染的产生方式及表现形式角度考查，环境污染具有如下特征。

（1）原因的人为性。环境污染是伴随着人类的生产、生活活动而产生的；由人的意志以外的原因，如火山、地震、洪水等所造成的环境污染属于自然灾害，不属于严格意

义上的环境污染的范畴，但由此引起的环境突发事故也应按环境污染事故报告制度处理。

（2）途径的介入性。环境污染主要是指污染物以较低浓度、长时间而且往往是多种物质同时存在，对环境综合地起作用，且是积累性、连续性地起作用，并以环境为介质对不特定人体及其他多种权益造成危害。而环境突发事故是环境污染的特殊情况。

（3）机制的变异性。环境污染物进入环境可通过生物的或物理、化学的作用发生转化、增毒、降解或富集，从而改变环境的原有性质、状态或浓度，产生不同的危害作用。

（4）后果的致害性。环境污染物可通过环境和食物等多种途径对人体产生长期影响，受影响的对象多，危及的范围广，造成的后果严重，如对人体的危害性难以发现，发现后往往还难以根治，可能还会危及下一代。

（5）系统的破坏性。环境要素及其相互关系构成的环境系统是一个动态平衡的体系，各种环境要素彼此相互依赖，其中任何一个要素发生变化便会影响整个系统的平衡，环境污染所造成的任何一个环境要素的变化均会破坏环境系统的稳定，对环境系统构成威胁。

第二节　防治环境污染的基本制度

我国对保护和改善环境，防治环境污染和其他公害极为重视，习近平在2023年全国生态环境保护大会上强调：要持续深入打好污染防治攻坚战，坚持精准治污、科学治污、依法治污。我国为此还颁布了一系列法律、法规，确立了许多行之有效的防治环境污染和其他公害的原则和制度，以指导和规范我国防治环境污染和其他公害的工作。我国《宪法》在总纲第26条第1款中规定：国家保护和改善生活环境和生态环境，防治污染和其他公害。明确了既要保护环境，又要改善环境；既要保护和改善生活环境，又要保护和改善生态环境，从而把保护、改善生活、生态环境上升为国家的一项基本国策与根本任务。我国《环境保护法》把“防治污染和其他公害”单独列为一章（第四章）加以规定，表明国家对防治环境污染和其他公害的重视程度。该法还为防治环境污染和其他公害确立了一些专门的法律制度，如排污申报登记、现场检查、污染事故报告、防止污染转嫁等。另外，《大气污染防治法》《水污染防治法》《土壤污染防治法》《海洋环境保护法》《噪声污染防治法》《固体废物污染环境防治法》《清洁生产促进法》《环境影响评价法》《放射性污染防治法》等一些法律法规，还规定了适用于防治环境污染和其他公害的新制度和措施，如淘汰落后设备、工艺，提倡先进设备、技术制度等。这些法律规范的制定体现了习近平在2018年5月在全国生态环境保护大会上提出的“坚持用最严格制度最严密法治保护生态环境”的严密法治观念。现将我国上述法律法规确立的防治环境污染的专门制度分述如下。

一、现场检查制度

县级以上人民政府生态环境主管部门及其委托的环境监察机构和其他负有环境保护

监督管理职责的部门，有权对排放污染物的企业事业单位和其他生产经营者进行现场检查。被检查者应当如实反映情况，提供必要的资料。实施现场检查的部门、机构及其工作人员应当为被检查者保守商业秘密。其他行使环境监督管理权的部门，是指国家海洋行政主管部门、港务监督、渔政渔港监督、军队环境保护部门和各级公安、交通、铁道和民航管理部门，这些部门依照有关的法律规定对环境污染防治实施监督管理。被检查的排污单位提供必要的资料，是指提供以下资料：污染物排放情况；污染物处理设施的操作、运行和管理情况；监测仪器、设备的型号和规格以及校验情况；采用的监测分析方法和监测记录；限期治理执行情况；事故情况及有关记录；与污染有关的生产工艺、原材料使用方面的资料；其他与环境污染防治有关的情况和资料；等等。由于在市场竞争日益激烈的情况下，企业事业单位的技术秘密与业务秘密直接关系到这些单位的经济利益，秘密的泄露可能导致在市场竞争中败北而遭受损失，所以，检查机关应当为被检查的单位保守秘密。此外，为了防止假冒，检查人员必须持有省辖市级以上人民政府环境监督管理部门签发的检查证件，佩戴“中国环境监理”证章。

二、污染事故报告制度

污染事故是指由于违反操作规程或者管理上不负责任致使环境受到污染的现象。污染事故报告制度，是指因发生事故或者其他突然性事件，以及在环境受到或可能受到严重污染，威胁居民生命财产安全时，依照法律法规的规定进行通报和报告有关情况并及时采取措施的制度。其他突发性事件是指因不可抗拒的自然灾害等所致的环境污染。两者的主要区别在于，前者是由于人的过错，后者则属于没有过错的意外事件。因发生事故或者其他突发性事件，造成或者可能造成环境污染的单位，必须立即采取措施处理，及时通报可能受到污染危害的单位和居民，并向当地生态环境主管部门和有关部门报告，接受调查处理。可能发生重大污染事故的企业事业单位，应当采取措施加强防范。县级以上地方人民政府生态环境主管部门，在环境受到严重污染威胁居民生命财产安全时，必须立即向当地人民政府报告，由人民政府采取有效措施，消除或者减轻危害。

三、防止污染转嫁制度

防止污染转嫁是指防止国外、境外地区的厂商或我国企业事业单位，将污染严重的设备、技术工艺或者有毒有害废弃物，转移给没有污染防治能力的单位和个人进行生产、加工、经营或者处理，造成环境污染。污染转嫁行为必须具备三个构成要件：（1）转移的设备、技术、废弃物属于对环境的污染危害严重的物质；（2）接受转移的企业事业单位没有防治污染的技术、设备、资金，因而不能防止其对环境的污染危害；（3）行为者主观上有过错。三者缺一不可。其中，转嫁的一方大都出于故意和贪利的动机，接受转移的一方也有出于故意心理状态的情况，但还有不少是因为对该行为危害性认识不足。

污染转嫁有许多不同的方式，主要有：将境外已禁止生产、使用、销售的设备、工艺，委托或者以联合生产、合资经营甚至是独资经营等形式转移给境内无污染防治能力的企业事业单位生产、加工或者使用；对我国法律规定淘汰的设备、工艺，非法进行生产、销售、使用或者转移给无防治污染能力的单位生产、使用；以联合生产、设工厂甚至是以“支农”的名义将城市中淘汰下来的设备、工艺转移至郊区农村生产、经营、使用；在技术工艺、设备引进合同中不同时引进境内不能配套生产的相应的防治污染设施，外商乘机将污染严重的工艺、设备转移给我方；等等。我国《环境保护法》和防治大气污染、水污染、固体废物污染，放射性污染防治的单行法规，以及我国参加的《控制危险废物越境转移及其处置的巴塞尔公约》，均对防止污染转嫁作了严格的规定。

四、淘汰落后设备、工艺，提倡先进设备、技术制度

国家对严重污染环境的落后生产工艺、生产设备，限期禁止生产、销售、进口和使用，也不得转让给他人使用。工业技术水平低和设备落后，是造成环境污染的重要原因。为了从根源上防止污染，必须大力开发有利于环境保护的先进技术，淘汰产生严重污染环境的污染物的落后生产工艺、生产设备。

为了实施淘汰制度，国务院经济综合主管部门会同国务院有关部门公布限期禁止采用的严重污染环境的工艺名录，和限期禁止生产、销售、进口、使用的严重污染环境的设备名录；生产者、销售者、进口者或者使用者，必须在上述规定的期限内分别停止生产、销售、进口或者使用列入名录中的设备或生产工艺；被淘汰的设备，任何单位或个人不得转让给他人使用。

在实行淘汰落后生产设备、生产工艺制度的同时，我国环境法还规定了，提倡使用先进生产设备、生产技术。我国《环境保护法》以及《大气污染防治法》、《水污染防治法》和《固体废物污染环境防治法》等均有明确规定，如《土壤污染防治法》规定，国家鼓励和支持农业生产者使用低毒、低残留农药以及先进喷施技术；如“新建工业企业和现有工业企业的技术改造，应当采用资源利用率高、污染物排放量少的设备和工艺，采用经济合理的废弃物综合利用技术和污染物处理技术”；“企业应当采用原材料利用率高、污染物排放量少的清洁生产工艺，并加强管理”；《清洁生产促进法》规定，“国家鼓励和促进清洁生产”；等等。企业采用清洁生产，对转变传统的污染防治基本战略具有重大的意义。

此外，前述我国环境保护法的基本法律制度，如环境影响评价制度、“三同时”制度等，也同样适用于防治环境污染和其他公害。

法条链接

1.《中华人民共和国环境保护法》第四章；

2.《中华人民共和国水污染防治法》第一章、第三章；

3.《中华人民共和国大气污染防治法》第一章、第三章；

4.《中华人民共和国固体废物污染环境防治法》第一章、第二章、第三章；

5.《中华人民共和国放射性污染防治法》第一章、第二章；

6.《中华人民共和国噪声污染防治法》第一章、第二章、第三章；

7.《中华人民共和国清洁生产促进法》全文；

8.《中华人民共和国土壤污染防治法》全文。

深度阅读

1. 吕忠梅.《水污染防治法》修改之我见. 法学，2007（11）.

2. 李艳芳. 从“马萨诸塞州等诉环保局”案看美国环境法的新进展. 中国人民大学学报，2007（6）.

3. 胡苑，郑少华. 从威权管制到社会治理：关于修订《大气污染防治法》的几点思考. 现代法学，2010（6）.

思考与练习

一、思考题

1. 什么是环境污染和公害？污染防治法在环境法体系中处于什么地位？

2. 什么是环境要素防治法？它有哪些特征？

3. 我国防治环境污染的法律制度和措施有哪些？

二、练习题

1. 县级以上人民政府生态环境主管部门，在环境受到严重污染威胁居民生命财产安全时，应采取的措施是：（　　）。

A. 必须立即责令产生环境污染的单位采取有效措施，解除或减轻危害

B. 必须立即向当地人民政府报告，由生态环境主管部门采取有效措施，解除或减轻危害

C. 必须立即向当地人民政府报告，由人民政府采取有效措施，解除或减轻危害

D. 必须立即向当地人民政府报告，由当地卫生防疫部门采取有效措施，解除或减轻危害

2.（　　）会同国务院有关部门公布限期禁止采用的严重污染环境的工艺名录，和限期禁止生产、销售、进口、使用的严重污染环境的设备名录。

A. 国务院经济综合主管部门

B. 国务院生态环境主管部门

C. 国务院国有资产行政主管部门

D. 国务院自然资源主管部门

3. 在某农村，很多农户都从事“小漂洗”业（直接将需要清洗的脏物放入河中进行冲洗），实际上，这对水体的污染十分严重。农户们将这些废水就地放流或挖坑渗透，甚至直接将废水排到河内，严重影响了水质和周边居民的生活，形成了水污染。请结合本章内容思考：这些农户违反了我国的哪些法律与法规？

第七章
大气污染防治法

重点知识

大气污染　我国大气污染防治的监督管理体制　大气环境质量标准　区域限批制度　大气污染物排放总量控制和许可证制度　污染物排放超标违法制度　排污收费制度　防治燃煤污染的措施　机动车船污染控制的措施　防治废气、扬尘和恶臭污染的措施

大气污染是由于人们的生产活动和其他活动，使有毒有害物质进入大气，导致其物理、化学、生物或者放射性等方面的特性改变，使生活环境和生态环境受污染，危害人体健康、生命安全的现象。大气污染是人类社会常见的公害之一。国务院和地方各级人民政府在防治大气污染中的总职责是统一规划管理、依靠科学技术、综合手段调整和重视植树绿化。我国各级人民政府的生态环境主管部门是对大气污染防治实施统一监督管理的机关。县级以上人民政府其他有关部门在各自职责范围内对大气污染防治实施监督管理。企业事业单位和其他生产经营者应当采取有效措施，防止、减少大气污染，对所造成的损害依法承担责任。我国的大气环境质量标准由国务院生态环境主管部门或者省、自治区、直辖市人民政府制定。国务院生态环境主管部门设立大气污染监测机构并组织监测网络，制定统一的监测方法。本章的学习目的在于了解大气污染的概念、大气污染物的种类与来源以及大气污染的危害，学习和掌握我国大气污染防治立法的历史进程，围绕《大气污染防治法》及其配套性法规和规章，全面掌握我国防治大气污染的主要法律规定和重要法律制度。

第一节　大气环境污染问题

一、大气和大气污染的概念

1. 大气的概念

大气即空气。[①] 大气是极重要的环境要素，是人类及地球上一切生物生存的基本条件

① 有学者认为，对室内、车间、厂区或集会场所等的空气污染，用空气污染一词，而对区域性空气污染使用大气污染一词。彭守约，陈汉光. 环境保护法教程. 武汉：武汉大学出版社，1996：102.

之一。大气质量的好坏，不仅直接影响到人体健康，而且直接影响到工农业生产以及社会经济的发展。大气是一种由多种气体组成的混合物，其主要成分包括氮、氧、氩、氖、氦、氪、氙以及二氧化碳、水蒸气和其他杂质。在正常情况下，大气中的上述各种成分所占比例一般为：氮约占78.1%，氧约占20.9%，氩及其他惰性气体约占0.94%，二氧化碳及其他气体、杂质约占0.06%。构成大气的诸多成分中，氮、氧、惰性气体为恒定成分，二氧化碳、水蒸气为可变成分，杂质及其他有害化合物等为不定成分。大气的不定成分是造成大气污染的根源，而二氧化碳排放过多，则是造成地球温室效应的重要原因。

地球表面被一层大气包围着，这层随地球引力而旋转的大气层称为大气圈。由于地球引力的缘故，大气的质量越近地面越高：海拔越低的地方，大气的密度越大；海拔越高的地方，大气的密度越小。大气圈约1 400千米厚，超过1 400千米的地方就是宇宙空间了。大气圈可以分为对流层、平流层、中层、热层和外层。超出外层为外层空间，在外层空间已无大气，因此它不属大气保护的范围。大气保护主要是保护对流层的大气质量，主要的大气污染都发生在对流层，8～19千米厚。由于该层温度下高上低，给大气污染物的扩散创造了条件。但有时也会出现温度随高度升高而升高或不变的现象，分别称为逆温或等温现象，这种情况往往使污染物得不到扩散而使地面污染加剧。在平流层中有一臭氧层，它能吸收对人体及生物有杀伤力的紫外光，因此，保护臭氧层不受污染物破坏也是大气保护的内容。

2. 大气污染的概念

大气污染是指由于人们的生产活动和其他活动，使有毒有害物质进入大气，导致其物理、化学、生物或者放射性等方面的特性改变，使生活环境和生态环境受污染，危害人体健康、生命安全的现象。大气污染扩散速度快，影响范围大，持续时间长，是人类社会常见的公害之一。大气污染的实质，是大气中的不定成分和可变成分中的二氧化碳大量增加，超过大气的本底含量或者自净能力，从而对人类和各种动植物等生物物体造成污染和危害。大气有自净能力，它能通过物理的扩散和稀释、化学反应以及生物学的作用使其中的不定成分的浓度逐渐降低，直至恢复原来的状态。但当其中污染物的数量超过了一定极限时，大气就无法通过自净能力而恢复。

大气污染可以由自然活动，如火山爆发等引起，也可以由人为活动而引起，法律所要防治的是由人为活动而引起的大气污染。人类活动所引起的大气污染的污染源，从产生来源看，主要有以下四种。

（1）生活污染源：由城市居民、机关和服务性行业，由于烧饭、取暖、沐浴等生活上的需要，燃烧矿物燃料向大气排放煤烟造成大气污染。

（2）工业污染源：由火力电厂、钢铁厂、化工厂及水泥厂等工矿企业在生产过程中和燃烧过程中排放煤烟、粉尘及无机和有机化合物等造成大气污染。

（3）交通污染源：由行驶中的汽车、火车、船舶和飞机等交通工具，排放出含有一氧化物、碳氢化合物、铅等污染物的尾气造成大气污染。

（4）扬尘污染源：由于自然力的原因和农村、城市的过度开发，植被和水面因遭受破坏减少或消失，地表裸露，沙尘被风力或施工、交通等人类活动扬起，可吸入颗粒物悬浮于大气中，造成大气污染。这是我国近年来大气污染的一个严重的污染源，我国修改后的《大气污染防治法》突出了对这类污染源的治理。

3. 空气中主要污染物的构成及致害机制

二氧化硫（SO_2），主要由燃煤及燃料油等含硫物质燃烧产生，其次是来自自然界，如火山爆发、森林起火等产生。二氧化硫对人体的结膜和上呼吸道黏膜有强烈刺激性，可损伤呼吸器官，致支气管炎、肺炎，甚至肺水肿呼吸麻痹，对金属材料、房屋建筑、棉纺化纤纺织品、皮革纸张等制品容易引起腐蚀、剥落、褪色而损坏，还可使植物叶片变黄甚至枯死。国家环境空气质量标准规定，居住区日平均浓度低于 0.15 毫克/立方米，年平均浓度低于 0.06 毫克/立方米。

氮氧化物（NOx），空气中含氮的氧化物有一氧化二氮（N_2O）、一氧化氮（NO）、二氧化氮（NO_2）、三氧化二氮（N_2O_3）等，其中主要成分是一氧化氮和二氧化氮，以NOx（氮氧化物）表示。NOx 污染主要来源于生产、生活中所用的煤、石油等燃料燃烧的产物（包括汽车及一切内燃机燃烧排放的 NOx）；其次是来自生产或使用硝酸的工厂排放的尾气。当 NOx 与碳氢化物共存于空气中时，经阳光紫外线照射，发生光化学反应，产生一种光化学烟雾，它是一种有毒性的二次污染物。NO_2 比 NO 的毒性高 4 倍，可引起肺损害，甚至造成肺水肿。国家环境空气质量标准规定，居住区的日平均浓度低于 0.10 毫克/立方米，年平均浓度低于 0.05 毫克/立方米。

粒子状污染物，空气中的粒子状污染物数量大、成分复杂，它本身可以是有毒物质或是其他污染物的运载体。其主要来源于煤及其他燃料的不完全燃烧而排出的煤烟、工业生产过程中产生的粉尘、建筑和交通扬尘、风的扬尘等，以及气态污染物经过物理、化学反应形成的盐类颗粒物。在空气污染监测中，粒子状污染物的监测项目主要为总悬浮颗粒物、自然降尘和飘尘。总悬浮颗粒物，指粒径在 100 微米以下的颗粒物，简称TSP。对人体危害最大的是 10 微米以下的浮游状颗粒物，称为飘尘。其中包括广受关注的 $PM_{2.5}$，它是空气动力学直径小于 2.5 微米的颗粒物质，又称为细颗粒物。$PM_{2.5}$ 体积小、重量轻的特性使它在空气中可以长时间、大范围地滞留，污染面积非常大，若在无风情况下和空气中的水分结合就会悬浮在空中，形成我们所说的"雾霾天气"。自然降尘指粒径大于 10 微米在空气中经重力作用就能沉降到地面上的灰尘。其来源以风沙扬尘为主。慢性呼吸道炎症、肺气肿、肺癌的发病与空气颗粒物的污染程度明显相关。国家环境空气质量标准规定，居住区日平均浓度低于 0.3 毫克/立方米，年平均浓度低于 0.2 毫克/立方米。

酸雨，指降水的 pH 值低于 5.6 时，降水即为酸雨。煤炭燃烧排放的二氧化硫和机动车排放的氮氧化物是形成酸雨的主要因素；其次气象条件和地形条件也是影响酸雨形成的重要因素。降水酸度 pH 值低于 4.9 时，将会对森林、农作物和材料产生明显损害。

一氧化碳（CO），是无色、无臭的气体。主要来源于含碳燃料、卷烟的不完全燃烧，其次是炼焦、炼钢、炼铁等工业生产过程所产生的。人体吸入一氧化碳易与血红蛋白相结合生成碳氧血红蛋白，而降低血流载氧能力，导致意识力减弱，中枢神经功能减弱，心脏和肺呼吸功能减弱；受害人感到头昏、头痛、恶心、乏力，甚至昏迷死亡。国家环境空气质量标准规定，居住区一氧化碳日平均浓度低于 4.00 毫克/立方米。

氟化物（F），指以气态与颗粒态形式存在的无机氟化物。主要来源于含氟产品的生产、磷肥厂、钢铁厂、冶铝厂等工业生产过程。氟化物对眼睛及呼吸器官有强烈刺激，吸入高浓度的氟化物气体时，可引起肺水肿和支气管炎。长期吸入低浓度的氟化物气体会引起慢性中毒和氟骨症，使骨骼中的钙质减少，导致骨质硬化和骨质疏松。国家环境空气质量标准规定，城市地区日平均浓度低于 7 微克/立方米。

铅及其化合物（Pb），指存在于总悬浮颗粒物中的铅及其化合物。主要来源于汽车排出的废气。铅进入人体，可大部分蓄积于人的骨骼中，损害骨骼造血系统和神经系统。引起临床症状为贫血、末梢神经炎，出现运动和感觉异常。我国尿铅 80 微克/升为正常值，血铅正常值小于 50 微克/毫升。

汞（Hg）及其化合物，属于剧毒物质，可在体内蓄积。汞对人体的危害主要表现为头痛、头晕、肢体麻木和疼痛等。总汞中的甲基汞在人体内极易被肝和肾吸收，其中只有 15%被脑吸收，但首先受损的是脑组织，并且难以治疗，往往促使死亡或遗患终生。

二、大气污染的危害

1. 大气污染对人体健康的危害

大气污染对人体健康的危害，主要通过以下三条途径产生：通过器官、皮肤的表面直接接触；食入含有大气污染物的水和食物；吸入被污染的空气。最后一条途径最为危险，因为每天一个成年人要吸入约一万公升的空气，污染物可随这些空气大量侵入人体。

大气污染物对人体的危害是多方面的，但其主要表现是呼吸道疾病与生理机能障碍，以及眼鼻等黏膜组织因受到刺激而患病。突然性高浓度污染物可造成人类的急性中毒，几天之内可夺去成千上万人的生命。与低浓度污染气体的长期接触，可引起人类的慢性支气管炎、支气管哮喘、肺气肿及肺癌等病症。研究表明，在恶性肿瘤的死亡中，我国城市仍以肺癌的死亡率为最高，这与城市大气污染有直接关系。在国际上曾经发生过两起著名的因大气污染引发的环境公害：一起是 1936 年因汽车尾气污染引发的洛杉矶光化学烟雾事件，致使当地居民发病率和死亡率急剧增高；另一起是 1952 年因煤烟污染引发的伦敦雾事件，在短短四天之内死亡 4 000 余人。

2. 大气污染对工业生产的危害

从经济角度来看就是增加了生产的费用，提高了成本，缩短了产品的使用寿命。主要危害有两方面：一是大气中的酸性污染物和二氧化硫、二氧化氮等对工业材料、设备和建筑设施的腐蚀，降低其使用寿命；二是飘尘增多，给精密仪器、设备的生产、安装调试和使用带来不利后果，直接影响其正常使用。

3. 大气污染对农业生产的危害

大气污染使植物生长减慢，发育受阻，叶片褪绿枯萎脱落，品质变劣，产量下降，作物和森林大片死亡。如联邦德国 1986 年因酸雨明显受害的森林面积达 395.7 万公顷，为森林总面积的 53.7%。酸雨不但使整个城市建筑灰暗脏旧，还使土地酸化，病虫害加剧。研究结果表明，20 世纪 90 年代我国酸雨面积已占国土面积 40%，酸雨对我国农作物造成极大的危害。由于二氧化硫和氮氧化物的排放量日渐增多，我国酸雨的问题越来越突出。中国已是仅次于欧洲和北美的第三大酸雨区。我国酸雨主要分布地区是长江以南的四川盆地、贵州、湖南、湖北、江西，以及沿海的福建、广东等省。

4. 大气污染对动植物的危害

大气污染会使动物发生畸变、癌变，破坏遗传基因。大剂量的大气污染，会使数千头牲畜很快中毒死亡。小剂量的大气污染物的长时间作用，会使家禽、牲畜、鸟类的呼吸道受感染而患病。牧草受大气污染会使家畜食用后中毒，出现牙齿松动、骨骼变脆等症状。大气污染对植物的危害表现为三种情况：第一种是植物在高浓度污染影响下产生急性危害，使表面产生伤斑，或者直接使叶面枯萎脱落；第二种是植物在低浓度污染物长期影响下产生慢性危害，使叶片褪绿；第三种情况为不可视危害，指在低浓度污染物影响下，植物外表不出现受害症状，但植物的生理机能受到了影响，造成植物产量下降，品质变坏。大气污染还会对植物的外形和生长发育产生间接影响，表现为植物生长减弱，对病虫害的抵抗能力降低。

5. 大气污染对天气、气候自然生态的影响

大气污染首先可造成局部地区空气变浊，能见度降低，交通事故增多，还使太阳光直接照射到地面的数量大减。其次是城市的“热岛效应”。在大工业城市的上空，工厂废热大量排入天空，使近地面气温比四周郊区高 1%～4%，形成局部地区环流，即工业区热空气上升，郊区冷空气从低层吹入市区。这种现象使热量和各种大气污染物长时间在城市上空循环，不易沿下风方向扩散，从而加剧了大气污染。再次，出现“拉波特效应”，即在大工业城市的下风向地区，由于工厂向天空排放大量的烟尘和其他污染物，烟尘对水蒸气有凝结作用，促使下风向雨量增加。最后，出现酸雨。大气中的硫氧化物、氮氧化物、碳氧化物会发生化学变化形成酸雨。

大气污染对大气层的危害主要表现为全球变暖和臭氧层变薄和空洞。大气污染对全球气候的影响，是近年来世界各国所关心的严重环境问题之一。人类向大气排放的氟氯烃等正在消耗大气中的臭氧层，而臭氧层是保护人类、农作物、动物和海洋生命免受太阳紫外线辐射的威胁所不可缺少的。此外，二氧化硫等气体在大气中的含量继续增加也可能造成全球气温升高和海平面上升，从而给人类带来灾难。

第二节 防治大气污染立法概述

一、西方国家大气污染防治立法简介

西方国家大气污染防治立法，大致可分为四个阶段。

第一阶段，即 18 世纪产业革命爆发以前，是大气污染防治立法的萌芽时期。有些国家的法律中开始出现一些零星的大气污染防治法律规范。

第二阶段，即产业革命爆发到 1952 年伦敦烟雾事件发生，是大气污染防治立法开始

兴盛的时期。这一时期大气污染逐渐严重，大气污染防治立法也开始引起人们注意，有些国家开始制定大气污染防治的单行法规。如英国 1863 年颁布了《制碱法》，1906 年扩大为《制碱工厂管理法》；美国辛辛那提市 1881 年颁布了《烟尘控制法》，1921 年全美 28 个人口超过 20 万的城市中，已有 22 个城市制定了类似的法律；法国 1917 年制定《环境保护分类工厂法》，1948 年制定了《能源利用法》。但是，各国这一阶段大气污染防治立法，都没有控制住大气污染的发展。震惊世界的八大公害事件中，有五起是大气污染事件，而其中有四起就是发生在这个时期。

第三阶段，即伦敦烟雾事件发生以后的 1955 年到 1970 年，这 15 年是大气污染防治立法的大发展时期。许多国家逐步提高了对大气污染危害的认识，颁布了比较严格和完整的大气污染防治法。如美国 1955 年颁布了《机动车污染控制法》，1970 年修订了《净化大气法》；英国 1956 年颁布了《净化大气法》，1968 年进行了修改；法国 1961 年对《环境保护分类工厂法》作了补充规定，1963 年、1964 年、1969 年又分别对汽车排气、工厂烟囱高度、各污染工业制定了法令；日本 1962 年制定了《煤烟控制法》，1968 年制定了《大气污染防止法》。此外，意大利、联邦德国、荷兰等国家在这一时期也各自制定了大气污染控制法。

第四阶段，即 1971 年以来，是大气污染控制立法的继续完备时期。许多国家大气污染的情况有很大好转，各国在过去立法的基础上，对各项法律加以修订或增订，使大气污染防治立法继续完备，效果更好。如意大利 1971 年制定了《机动车辆管理法》；日本在 1971 年、1972 年、1974 年对《大气污染防止法》又作了三次修订；法国 1976 年修订了《环境保护分类工厂法》；联邦德国 1974 年颁布了《联邦污染控制法》，1976 年又对该法加以修订。

二、我国防治大气污染立法

我国关于防治大气污染的法规，最早为国务院于 1956 年 5 月 31 日颁布的《关于防止厂、矿企业中矽尘危害的决定》，该决定主要是为了保护厂矿企业的空气，消除矽尘对职工的危害。20 世纪 70 年代，大气污染防治以改造锅炉和消烟除尘为主要内容。1973 年，国家计委发出了《关于加强防止矽尘和有毒物质危害工作的通知》，制定了《防止企业中矽尘和有毒物质危害的规划》。国家计委、国家建委、卫生部还联合发布了《工业“三废”排放试行标准》，规定了二氧化硫、一氧化碳等 13 类有害物质的排放标准，提出“三同时”等重要措施和制度。1979 年颁布的《环境保护法（试行）》，首次对大气污染防治作了原则的规定。1979 年 9 月 30 日，卫生部、国家建委、国家计委、国家经委和国家劳动总局联合颁布了经过修订的《工业企业设计卫生标准》，这是我国最早颁布的工业区大气环境质量标准和车间空气质量标准。20 世纪 80 年代以来，国家在防治大气污染方面，除了继续做好锅炉改造和消烟除尘工作，防治工作的重点转向了以改变城市能源结构和煤炭的加工改造方面，特别是大力发展成型煤燃烧，这是符合我国国情的。在这期间，国家先后颁布了《关于结合技术改造防治工业污染的几项规定》（已失效）、《关于防治煤烟型污染技术政策的规定》《大气环境质量标准》《锅炉烟尘排放标准》《汽车柴油机全负荷烟度排放标准》《硫酸工业污染物排放标准》《关于发展民用型煤的暂行办法》《城市烟尘控制区管理办法》等，这些法规对我国防治大气污染工作都起到了积极的作用。

为了加强大气环境管理，防治大气污染，1987 年 9 月 5 日通过了《大气污染防治法》，自 1988 年 6 月 1 日起施行。该法根据我国大气污染的状况和对大气污染治理认识的深入而先后在 1995 年、2000 年、2015 年和 2018 年进行了一系列修改。1987 年的法律条文为 41 条，经过四次修改，2018 年时增至 129 条。《大气污染防治法》是我国目前防治大气污染的基础性法律，其对大气污染防治的监督管理体制、主要的法律制度、防治燃烧产生的大气污染、防治机动车船排放污染以及防治废气、尘和恶臭污染的主要措施、法律责任等都作了较为具体的规定。地方法规、规章较典型的有北京市人大常委会制定的《北京市大气污染防治条例》。

第三节　我国防治大气污染的主要法律规定

一、各级人民政府在防治大气污染中的职责

《大气污染防治法》对国务院和地方各级人民政府在大气污染防治中的职责作出规定，可概括为两个方面。

（1）统一规划管理。《大气污染防治法》第 3 条规定："县级以上人民政府应当将大气污染防治工作纳入国民经济和社会发展规划，加大对大气污染防治的财政投入。地方各级人民政府应当对本行政区域的大气环境质量负责，制定规划，采取措施，控制或者逐步削减大气污染物的排放量，使大气环境质量达到规定标准并逐步改善。"这一规定将大气环保工作纳入国家发展计划，是保障大气污染防治与经济建设协调发展的关键。

（2）依靠科学技术。国务院和地方各级人民政府必须加强大气污染防治的科学研究，并采取各种防治大气污染的技术措施，如改进城市燃料结构等。《大气污染防治法》第 6 条规定，"国家鼓励和支持大气污染防治科学技术研究，开展对大气污染来源及其变化趋势的分析，推广先进适用的大气污染防治技术和装备，促进科技成果转化，发挥科学技术在大气污染防治中的支撑作用"。只有国家和地方各级行政机关亲自组织推广，这些科学技术措施才能在大气环境保护中得以有效地实施。

二、防治大气污染的监督管理体制

我国大气污染防治任务艰巨，大气污染源多，牵涉面广，危害范围大，仅由生态环境主管部门承担监督管理职责是难以胜任的。因此，《大气污染防治法》第 5 条规定："县级以上人民政府生态环境主管部门对大气污染防治实施统一监督管理。县级以上人民政府其他有关部门在各自职责范围内对大气污染防治实施监督管理。"这是该法对防治大气污染的监督管理体制的规定。县级以上人民政府其他有关部门应该制定与《大气污染

防治法》相配套的行政法规、规章，来实施对大气污染防治的监督管理。

三、排污单位防治大气污染的义务

排污单位是指在我国境内向大气排放污染物的一切企业、事业单位、机关、团体、军队等，也包括近年来发展迅速并已造成附近居民生活环境严重污染的饮食服务业。向大气排放污染物的单位，不论是否超过国家或者地方规定的排放标准，都有义务采取防治大气污染的措施，而不是超标准排放污染物时，才应当“负责治理”。

四、防治大气污染的监督管理制度

《大气污染防治法》对大气污染防治监督管理制度设专章（第三章）作了规定。首先，大气污染防治适用污染防治一般法律制度，这些制度有：环境影响评价制度、排污许可制度、重点大气污染物排放总量控制制度、大气环境监测管理制度、淘汰制度和现场检查制度等。其次，大气污染监测制度是《大气污染防治法》第 23 条专门设置的一项法律制度。“国务院生态环境主管部门负责制定大气环境质量和大气污染源的监测和评价规范，组织建设与管理全国大气环境质量和大气污染源监测网，组织开展大气环境质量和大气污染源监测，统一发布全国大气环境质量状况信息。县级以上地方人民政府生态环境主管部门负责组织建设与管理本行政区域大气环境质量和大气污染源监测网，开展大气环境质量和大气污染源监测，统一发布本行政区域大气环境质量状况信息。”国务院生态环境主管部门设立大气污染监测机构并组织监测网络，制定统一的监测方法，以开展全国性的大气污染监测工作评价和掌握大气环境质量和大气污染状况，为大气污染防治提供监测数据和测试技术、方法。“大气监测网络”，是指由生态环境保护主管部门牵头，把全国有关部门的监测机构组织起来，分工合作，共同开展大气污染监测活动，然后汇总整理，为制定全国大气环境保护规划和各地大气污染防治计划提供数据和资料。“制定统一的监测方法”，是指由生态环境保护主管部门统一制定大气污染的监测方法，以保证监测数据的准确性和可比性。目前，我国已初步建成覆盖全国的国家环境监测网。2012 年 3 月 23 日，环境保护部发布的《关于加强环境空气质量监测能力建设的意见》提出，“十二五”期间，以建设先进的环境空气质量监测预警体系为目标，整合国家大气背景监测网、农村监测网、酸沉降监测网、沙尘天气对大气环境影响监测网、温室气体试验监测等信息资源，增加监测指标，建立健全统一的质量管理体系和点位管理制度，完善空气质量评价技术方法与信息发布机制。

五、防治燃煤产生的大气污染

我国能源主要依靠燃煤，防治大气污染应以防治燃煤所产生的烟尘和二氧化硫为主。为此，《大气污染防治法》设专节（第四章第一节）对此作了明确的规定，主要包括燃煤和其他能源污染的一般防治与燃煤产生的二氧化硫污染的特殊防治两个方面的内容。

1. 燃煤和其他能源污染防治

（1）锅炉产品必须符合标准才能制造、销售或者进口。《大气污染防治法》第 40 条规定，锅炉制造行业的主管部门应当根据锅炉烟尘排放标准，“县级以上人民政府市场监督管理部门应当会同生态环境主管部门对锅炉生产、进口、销售和使用环节执行环境保护标准或者要求的情况进行监督检查；不符合环境保护标准或者要求的，不得生产、进口、销售和使用”。过去我国锅炉产品中没有烟的黑度、尘的浓度等环保指标，一投入使用就成了新的污染源。因此，该条规定从污染源头进行防治，体现了预防为主的原则，可望改变这种现象。

（2）发展集中供热。《大气污染防治法》第 39 条规定：“城市建设应当统筹规划，在燃煤供热地区，推进热电联产和集中供热。在集中供热管网覆盖地区，禁止新建、扩建分散燃煤供热锅炉；已建成的不能达标排放的燃煤供热锅炉，应当在城市人民政府规定的期限内拆除。”发展集中供热，使用高效、低排污的锅炉，可以节省燃料、减少污染，又可以充分利用余热，方便生产和生活。可见，发展城市集中供热是防治烟尘污染的有效途径。

（3）改进城市燃料结构，推广清洁能源的生产和使用。《大气污染防治法》第 38 条规定：“城市人民政府可以划定并公布高污染燃料禁燃区，并根据大气环境质量改善要求，逐步扩大高污染燃料禁燃区范围。高污染燃料的目录由国务院生态环境主管部门确定。在禁燃区内，禁止销售、燃用高污染燃料；禁止新建、扩建燃用高污染燃料的设施，已建成的，应当在城市人民政府规定的期限内改用天然气、页岩气、液化石油气、电或者其他清洁能源。”

2. 对燃煤产生的二氧化硫污染的特殊防治

燃煤除了产生烟尘污染大气环境，还会产生二氧化硫并引起酸雨污染，这种污染危害极大，是燃煤污染防治的重点。为防治这种大气污染，《大气污染防治法》第 33 条第 1 款规定：“国家推行煤炭洗选加工，降低煤炭的硫分和灰分，限制高硫分、高灰分煤炭的开采。新建煤矿应当同步建设配套的煤炭洗选设施，使煤炭的硫分、灰分含量达到规定标准；已建成的煤矿除所采煤炭属于低硫分、低灰分或者根据已达标排放的燃煤电厂要求不需要洗选的以外，应当限期建成配套的煤炭洗选设施。”为了降低煤的硫分和灰分，除了限制高硫分、高灰分煤炭的开采，《大气污染防治法》还规定，新建的所采煤炭属于高硫分、高灰分的煤矿企业，必须建设配套的煤炭洗选设备；对已建成的所采煤炭属于高硫分、高灰分的煤矿企业，必须建设配套的煤炭洗选设备，应当按照国务院批准的规划限期建成。此外，《大气污染防治法》还规定，国家禁止一切单位和个人开采含放射性和砷等有毒有害物质超过规定标准的煤炭。

六、工业污染防治

《大气污染防治法》对工业污染防治作了专节规定，基本内容如下。

1. 严格废气和粉尘的排放

工矿企业在生产过程中会向环境排放大量含有毒物质的废气，如汞蒸气、氯气等，对人体健康十分有害。粉尘是工业锅炉以及用汽油的汽车所排放的烟尘微粒，对人体危害性更大。因此，《大气污染防治法》第 45 条规定：“产生含挥发性有机物废气的生产和服务活动，应当在密闭空间或者设备中进行，并按照规定安装、使用污染防治设施；无法密闭的，应当采取措施减少废气排放。”第 48 条规定：“钢铁、建材、有色金属、石油、化工、制药、矿产开采等企业，应当加强精细化管理，采取集中收集处理等措施，严格控制粉尘和气态污染物的排放。工业生产企业应当采取密闭、围挡、遮盖、清扫、洒水等措施，减少内部物料的堆存、传输、装卸等环节产生的粉尘和气态污染物的排放。”

2. 防止可燃性气体污染大气

工业生产中排放的许多可燃性气体，如焦炉气、石油化工尾气等，是可以回收利用作为工业或民用的燃料和热源的。《大气污染防治法》第 49 条规定：“工业生产、垃圾填埋或者其他活动产生的可燃性气体应当回收利用，不具备回收利用条件的，应当进行污染防治处理。可燃性气体回收利用装置不能正常作业的，应当及时修复或者更新。在回收利用装置不能正常作业期间确需排放可燃性气体的，应当将排放的可燃性气体充分燃烧或者采取其他控制大气污染物排放的措施，并向当地生态环境主管部门报告，按照要求限期修复或者更新。”

3. 配备脱硫装置

《大气污染防治法》第 43 条规定：“钢铁、建材、有色金属、石油、化工等企业生产过程中排放粉尘、硫化物和氮氧化物的，应当采用清洁生产工艺，配套建设除尘、脱硫、脱硝等装置，或者采取技术改造等其他控制大气污染物排放的措施。”针对特定行业排放气体情况，国家规定应当配备脱硫装置或者采取其他脱硫措施。但对含有硫化物的气体脱硫，不仅仅是对污染的治理，也可以进行综合利用。如二氧化硫，在对大气环境造成危害的同时又是可以利用的化工原料。

4. 建立台账

《大气污染防治法》第 46 条规定，工业涂装企业应当使用低挥发性有机物含量的涂料，并建立台账，记录生产原料、辅料的使用量、废弃量、去向以及挥发性有机物含量。台账保存期限不得少于 3 年。

5. 减少物料泄漏和安装油气回收装置

《大气污染防治法》第 47 条规定，石油、化工以及其他生产和使用有机溶剂的企业，应当采取措施对管道、设备进行日常维护、维修，减少物料泄漏，对泄漏的物料应当及时收集处理。储油储气库、加油加气站、原油成品油码头、原油成品油运输船舶和油罐车、气罐车等，应当按照国家有关规定安装油气回收装置并保持正常使用。

七、机动车船等污染防治

近年来，我国汽车使用量急剧增加，机动车辆排放的氮氧化物已成为大城市的重要污染物。为了遏止这种趋势，《大气污染防治法》作了如下规定。

1. 倡导低碳、环保出行

国家倡导低碳、环保出行，根据城市规划合理控制燃油机动车保有量，大力发展城市公共交通，提高公共交通出行比例。国家采取财政、税收、政府采购等措施推广应用节能环保型和新能源机动车船、非道路移动机械，限制高油耗、高排放机动车船、非道路移动机械的发展，减少化石能源的消耗。省、自治区、直辖市人民政府可以在条件具备的地区，提前执行国家机动车大气污染物排放标准中相应阶段排放限值，并报国务院生态环境主管部门备案。城市人民政府应当加强并改善城市交通管理，优化道路设置，保障人行道和非机动车道的连续、畅通。

2. 达标排放

机动车船、非道路移动机械不得超过标准排放大气污染物。禁止生产、进口或者销售大气污染物排放超过标准的机动车船、非道路移动机械。

机动车、非道路移动机械生产企业应当对新生产的机动车和非道路移动机械进行排放检验。经检验合格的，方可出厂销售。检验信息应当向社会公开。省级以上人民政府生态环境主管部门可以通过现场检查、抽样检测等方式，加强对新生产、销售机动车和非道路移动机械大气污染物排放状况的监督检查。工业、市场监督管理等有关部门予以配合。

在用重型柴油车、非道路移动机械未安装污染控制装置或者污染控制装置不符合要求，不能达标排放的，应当加装或者更换符合要求的污染控制装置。

3. 排放检验与监督

在用机动车应当按照国家或者地方的有关规定，由机动车排放检验机构定期对其进行排放检验。经检验合格的，方可上道路行驶。未经检验合格的，公安机关交通管理部门不得核发安全技术检验合格标志。县级以上地方人民政府生态环境主管部门可以在机动车集中停放地、维修地对在用机动车的大气污染物排放状况进行监督抽测；在不影响正常通行的情况下，可以通过遥感监测等技术手段对在道路上行驶的机动车的大气污染物排放状况进行监督抽测，公安机关交通管理部门予以配合。

生态环境主管部门应当会同交通运输、住房城乡建设、农业行政、水行政等有关部门对非道路移动机械的大气污染物排放状况进行监督检查，排放不合格的，不得使用。

4. 减排与禁排区域

国家倡导环保驾驶，鼓励燃油机动车驾驶人在不影响道路通行且需停车 3 分钟以上的情况下熄灭发动机，减少大气污染物的排放。

城市人民政府可以根据大气环境质量状况，划定并公布禁止使用高排放非道路移动机械的区域。

5. 环境保护召回

国家建立机动车和非道路移动机械环境保护召回制度。生产、进口企业获知机动车、非道路移动机械排放大气污染物超过标准，属于设计、生产缺陷或者不符合规定的环境保护耐久性要求的，应当召回；未召回的，由国务院市场监督管理部门会同国务院生态环境主管部门责令其召回。

6. 强制报废与提前报废

在用机动车排放大气污染物超过标准的，应当进行维修；经维修或者采用污染控制技术后，大气污染物排放仍不符合国家在用机动车排放标准的，应当强制报废。其所有人应当将机动车交售给报废机动车回收拆解企业，由报废机动车回收拆解企业按照国家有关规定进行登记、拆解、销毁等处理。

国家鼓励和支持高排放机动车船、非道路移动机械提前报废。

7. 船舶污染防治

船舶检验机构对船舶发动机及有关设备进行排放检验。经检验符合国家排放标准的，船舶方可运营。内河和江海直达船舶应当使用符合标准的普通柴油。远洋船舶靠港后应当使用符合大气污染物控制要求的船舶用燃油。新建码头应当规划、设计和建设岸基供电设施；已建成的码头应当逐步实施岸基供电设施改造。船舶靠港后应当优先使用岸电。

禁止生产、进口、销售不符合标准的机动车船、非道路移动机械用燃料；禁止向汽车和摩托车销售普通柴油以及其他非机动车用燃料；禁止向非道路移动机械、内河和江海直达船舶销售渣油和重油。

发动机油、氮氧化物还原剂、燃料和润滑油添加剂以及其他添加剂的有害物质含量和其他大气环境保护指标，应当符合有关标准的要求，不得损害机动车船污染控制装置效果和耐久性，不得增加新的大气污染物排放。

八、扬尘污染防治

1. 管理体制

地方各级人民政府应当加强对建设施工和运输的管理，保持道路清洁，控制料堆和渣土堆放，扩大绿地、水面、湿地和地面铺装面积，防治扬尘污染。住房城乡建设、市容环境卫生、交通运输、国土资源等有关部门，应当根据本级人民政府确定的职责，做好扬尘污染防治工作。

2. 施工单位的责任

施工单位应当在施工工地设置硬质围挡，并采取覆盖、分段作业、择时施工、洒水抑尘、冲洗地面和车辆等有效防尘降尘措施。建筑土方、工程渣土、建筑垃圾应当及时清运；在场地内堆存的，应当采用密闭式防尘网遮盖。工程渣土、建筑垃圾应当进行资源化处理。施工单位应当在施工工地公示扬尘污染防治措施、负责人、扬尘监督管理主管部门等信息。暂时不能开工的建设用地，建设单位应当对裸露地面进行覆盖；超过3个月的，应当进行绿化、铺装或者遮盖。

施工单位要防止道路遗撒运输煤炭、垃圾、渣土、砂石、土方、灰浆等散装、流体物料的环节产生扬尘。为此，运输此类物料的车辆应当采取密闭或者其他措施防止物料遗撒造成扬尘污染，并按照规定路线行驶。装卸物料应当采取密闭或者喷淋等方式防治扬尘污染。城市人民政府应当加强道路、广场、停车场和其他公共场所的清扫保洁管理，推行清洁动力机械化清扫等低尘作业方式，防治扬尘污染。

九、农业以及其他大气污染物防治

1. 防治恶臭气体和有毒有害烟尘污染

恶臭气体是指能刺激人的感官引起不快或有害影响的气体。为防治恶臭气体污染大气，《大气污染防治法》第75条规定：“畜禽养殖场、养殖小区应当及时对污水、畜禽粪便和尸体等进行收集、贮存、清运和无害化处理，防止排放恶臭气体。”第80条规定：“企业事业单位和其他生产经营者在生产经营活动中产生恶臭气体的，应当科学选址，设置合理的防护距离，并安装净化装置或者采取其他措施，防止排放恶臭气体。”第82条第1款规定：“禁止在人口集中地区和其他依法需要特殊保护的区域内焚烧沥青、油毡、橡胶、塑料、皮革、垃圾以及其他产生有毒有害烟尘和恶臭气体的物质。”焚烧这些物质不仅有恶臭气味，而且还产生对人体健康有毒有害的气体和粉尘，所以必须禁止。

2. 禁止露天焚烧秸秆

省、自治区、直辖市人民政府应当划定区域，禁止露天焚烧秸秆、落叶等产生烟尘污染的物质。各级人民政府及其农业行政等有关部门应当鼓励和支持采用先进适用技术，对秸秆、落叶等进行肥料化、饲料化、能源化、工业原料化、食用菌基料化等综合利用，加大对秸秆还田、收集一体化农业机械的财政补贴力度。县级人民政府应当组织建立秸秆收集、贮存、运输和综合利用服务体系，采用财政补贴等措施支持农村集体经济组织、农民专业合作经济组织、企业等开展秸秆收集、贮存、运输和综合利用服务。

3. 减排技术和工艺

向大气排放持久性有机污染物的企业事业单位和其他生产经营者以及废弃物焚烧设施的运营单位，应当按照国家有关规定，采取有利于减少持久性有机污染物排放的技术方法和工艺，配备有效的净化装置，实现达标排放。

4. 防治饮食服务业排放油烟污染

餐饮油烟已经成为大气污染的重要来源，影响公众健康和生活安居环境。餐饮服务业在食物加工、烹饪过程中挥发出油脂、有机质及其加热分解或裂解产物，这类物质俗称油烟。《大气污染防治法》第81条规定：“排放油烟的餐饮服务业经营者应当安装油烟净化设施并保持正常使用，或者采取其他油烟净化措施，使油烟达标排放，并防止对附近居民的正常生活环境造成污染。禁止在居民住宅楼、未配套设立专用烟道的商住综合楼以及商住综合楼内与居住层相邻的商业楼层内新建、改建、扩建产生油烟、异味、废气的餐饮服务项目。任何单位和个人不得在当地人民政府禁止的区域内露天烧烤食品或者为露天烧烤食品提供场地。”这是针对近年来迅速发展的城市第三产业所作的新规定。

十、重点区域大气污染联防联治

国家建立重点区域大气污染联防联控机制，统筹协调重点区域内大气污染防治工作。

国务院生态环境主管部门根据主体功能区划、区域大气环境质量状况和大气污染传输扩散规律，划定国家大气污染防治重点区域，报国务院批准。重点区域内有关省、自治区、直辖市人民政府应当确定牵头的地方人民政府，定期召开联席会议，按照统一规划、统一标准、统一监测、统一的防治措施的要求，开展大气污染联合防治，落实大气污染防治目标责任。国务院生态环境主管部门应当加强指导、督促。省、自治区、直辖市可以参照前述规定划定本行政区域的大气污染防治重点区域。重点区域，是指功能区上相对敏感、大气污染相对严重的区域。

区域联防联治是一项系统工作，一是需要各级政府对区域控制大气污染统一行动计划。《大气污染防治法》第 87 条是对重点区域大气污染联合防治行动计划的规定。国务院生态环境主管部门会同国务院有关部门、国家大气污染防治重点区域内有关省、自治区、直辖市人民政府，根据重点区域经济社会发展和大气环境承载力，制订重点区域大气污染联合防治行动计划，明确控制目标，优化区域经济布局，统筹交通管理，发展清洁能源，提出重点防治任务和措施，促进重点区域大气环境质量改善。二是提高重点区域大气环境保护要求。国务院经济综合主管部门会同国务院生态环境主管部门，结合国家大气污染防治重点区域产业发展实际和大气环境质量状况，进一步提高环境保护、能耗、安全、质量等要求。重点区域内有关省、自治区、直辖市人民政府应当实施更严格的机动车大气污染物排放标准，统一在用机动车检验方法和排放限值，并配套供应合格的车用燃油。

国家大气污染防治重点区域内新建、改建、扩建用煤项目的，应当实行煤炭的等量或者减量替代。

十一、重污染天气应对

国家建立重污染天气监测预警体系。国务院生态环境主管部门会同国务院气象主管机构等有关部门、国家大气污染防治重点区域内有关省、自治区、直辖市人民政府，建立重点区域重污染天气监测预警机制，统一预警分级标准。可能发生区域重污染天气的，应当及时向重点区域内有关省、自治区、直辖市人民政府通报。省、自治区、直辖市、设区的市人民政府生态环境主管部门会同气象主管机构等有关部门建立本行政区域重污染天气监测预警机制。县级以上地方人民政府应当将重污染天气应对纳入突发事件应急管理体系。省、自治区、直辖市、设区的市人民政府以及可能发生重污染天气的县级人民政府，应当制定重污染天气应急预案，向上一级人民政府生态环境主管部门备案，并向社会公布。

应急响应是落实应急预案的关键，县级以上地方人民政府应当依据重污染天气的预警等级，及时启动应急预案，根据应急需要可以采取责令有关企业停产或者限产、限制部分机动车行驶、禁止燃放烟花爆竹、停止工地土石方作业和建筑物拆除施工、停止露天烧烤、停止幼儿园和学校组织的户外活动、组织开展人工影响天气作业等应急措施。应急响应结束后，人民政府应当及时开展应急预案实施情况的评估，适时修改完善应急预案。

法条链接

1.《中华人民共和国环境保护法》第二章、第四章；
2.《中华人民共和国大气污染防治法》全文；
3.《中华人民共和国环境影响评价法》全文；
4.《中华人民共和国节约能源法》第三章第二节、第四节。

深度阅读

1. 晋海. 低碳城市建设与《大气污染防治法》的修订. 江淮论坛，2012（4）.
2. 胡苑，郑少华. 从威权管制到社会治理——关于修订《大气污染防治法》的几点思考. 现代法学，2010，32（6）.
3. 吕晨光，周珂. 英国环境保护命令控制与经济激励的综合运用. 法学杂志，2004（6）.
4. 丁峰，梁鹏，李时蓓，等. 新环境空气质量标准实施后环评如何应对?. 环境保护，2012（15）.
5. 吴晓青. 我国大气氮氧化物污染控制对策. 环境保护，2009（16）.
6. 郝吉明，程真，王书肖. 我国大气环境污染现状及防治措施研究. 环境保护，2012（9）.
7. 胡敏，等. 我国大气颗粒物来源及特征分析. 环境与可持续发展，2011（5）.
8. 周珂，于鲁平. 解析新《大气污染防治法》. 环境保护，2015（18）.

思考与练习

一、思考题

1. 什么是大气污染?
2. 空气中主要污染物的构成及致害机制是什么?
3. 政府防治大气污染的基本职责有哪些?
4. 试述我国大气污染防治的监督管理体制。
5. 排污单位防治大气污染的义务如何?
6. 我国防治燃煤产生的大气污染的法律规定基本内容有哪些?
7. 我国防治废气、扬尘和恶臭产生的大气污染的法律规定基本内容有哪些?
8. 针对我国目前大气污染状况，思考应如何修改《大气污染防治法》?
9. 案情：A工厂在生产过程中排放出大量的含铅烟尘，由于A工厂没有任何回收含铅烟尘的设备，故这些含铅烟尘飘落到附近的居民区，造成了严重的污染。该区居民中，不少人出现铅中毒的症状，患病严重者更因此丧失了劳动能力。

请结合本章内容思考：（1）该案应该如何处理?（2）如何才能防止此类事件的发生?

10. 案情：某市国营老厂曙光硫酸厂，因生产连续多年向大气中超标排放废气，引起了周围居民的强烈不满。受害居民代表多次找到市环境保护局，要求市环境保护局依法行政，制止该厂的排放行为。鉴于此市环境保护局对该厂作出了限期治理的决定。由于企业是微利企业，筹集污染治理资金困难，所以，为在限期治理阶段完成污染治理任务，曙光硫酸厂与张工程师签订了包含很多优惠条件的承包合同。其中有关环境保护的条款规定为："鉴于该厂设备陈旧又是微利企业，为鼓励和支持承包人积极治理环境污染，市环境保护局征收的排污费全额留给企业专项储存，用于本厂的环境污染治理设施建设。"

请结合本章内容思考：本案中哪些做法不符合法律规定？为什么？

二、练习题

1. 大气污染的形成主要取决于排入大气中污染物的（　　）。

A. 浓度　　B. 排放总量

C. 排放源的高度　　D. 气象和地形

2.（　　）应当将大气污染防治工作纳入国民经济和社会发展规划，加大对大气污染防治的财政投入。

A. 国务院　　B. 省级以上人民政府

C. 市级以上人民政府　　D. 县级以上人民政府

3. 县级以上地方人民政府生态环境主管部门负责组织建设与管理本行政区域（　　）和大气污染源监测网，开展大气环境质量和大气污染源监测，统一发布本行政区域大气环境质量状况信息。

A. 水环境质量　　B. 大气环境质量

C. 固体环境质量　　D. 重金属环境质量

4. 根据《大气污染防治法》的规定，在集中供热管网覆盖地区，禁止新建、扩建分散燃煤供热锅炉；已建成的不能达标排放的燃煤供热锅炉，应当在城市人民政府规定的期限内（　　）。

A. 治理　　B. 拆除　　C. 整改　　D. 达标

5. 重点区域内有关省、自治区、直辖市人民政府应当确定牵头的地方人民政府，定期召开联席会议，按照（　　）的要求，开展大气污染联合防治，落实大气污染防治目标责任。国务院生态环境主管部门应当加强指导、督促。

A. 统一规划、统一标准　　B. 统一规划、统一要求

C. 统一监测、统一的防治措施　　D. 统一检测、统一的防治措施

6.（　　）人民政府生态环境主管部门会同气象主管机构等有关部门建立本行政区域重污染天气监测预警机制。

A. 省、自治区、直辖市　　B. 设区的市

C. 市　　D. 县

第八章

水污染防治法

重点知识

水污染　地表水　地下水　病原体污染　悬浮物及沉积物污染　需氧物质污染　植物营养物质污染　有毒化学物质污染　放射性污染　热污染　水环境质量标准　污染物排放标准　水资源保护与水污染　防治相结合原则　总量控制和核定制度　城市污水集中处理制度　划定生活饮用水源保护区制度

我国人均水资源少，水资源时空分布不均，水污染日趋严重。水环境保护和防治水污染是各级人民政府的重要管理职责。防治水污染的基本原则是：水资源保护与水污染防治相结合，防治水污染应当采用按流域或区域统一规划的原则，水污染防治与企业布局、改造相结合的原则。《水污染防治法》强调总量控制和核定制度、城市污水集中处理制度、划定生活水源保护区制度和公众参与环境影响评价制度。

第一节　水环境污染问题

一、水污染的概念

污染防治法中的水环境污染简称水污染，是指陆地水污染，即由于人类在其生产和生活活动中将物质或能量排入陆地水体，导致其化学、物理、生物或者放射性等方面特性的改变，造成水质恶化，从而影响水的有效利用，危害人体健康或者破坏生态环境的现象。水污染所指的水体，包括所有的江河、运河、湖泊、渠道、水库等地表水和地下水，以及水中的悬浮物、底泥和水生生物等。

造成水污染的原因很多，既有自然界灾害性因素，如火山爆发、地震等；也有人为因素，如人类在生产、生活中的排污行为、战争等。从环境保护的角度来讲，水污染主要是指人为因素造成的污染。随着人类进入城市化、工业化社会，生产力水平大大提高，一方面，大量的城市生活污水集中地排放到城市周围的河流、湖泊中去，或者通过渗井等方式排到地下去，带入大量的污染物质，超过了水体的自净能力；另一方面，工业生产产生的大量废水也排放到河流、湖泊中，这些废水中往往含有细菌所不能分解的各种物质，有的具有毒性，如汞、镉、铅等无机物。另外，大量的工业废渣、城市生活垃圾堆置在地面上，通过渗透作用将有毒物质渗入地下水体和河流、湖泊，产生了长期难以消除的严重的水污染现象。

水污染主要有以下几方面的特点：第一，水污染影响的范围大，涉及地区广，接触污染的对象普遍；第二，水污染的作用时间长，接触者长时间遭受水污染的危害；第三，污染物质种类繁多，性质各异，经过转化、代谢、降解和富集，改变其原来的性质，产生不同的危害，而且污染往往危害潜伏期很长，有些对人体的危害不容易被发现；第四，水污染造成的某些疾病不易彻底治愈；第五，水污染治理困难，一旦形成，即使停止排污，已发生的污染也难以消除，有的已不可能恢复，且水污染治理费用大、费时长、代价高，治理费用往往要比预防费用高出许多。

二、水污染的类型

水污染依其污染物质的不同性质，大体上可以分为九种类型。

（一）病原体污染

病原体污染在水污染中历史最长久。在生活污水、畜禽饲养场污水、生物制品生产污水、医疗污水和制革、洗毛、屠宰等工业废水中，往往含有病毒、病菌、寄生虫卵等各种病原体。水体受到病原体污染，会造成疾病传播。历史上流行的瘟疫，有的就是以水为媒介传染的。

（二）悬浮物及沉积物污染

主要是指由土壤及矿物质颗粒，被风刮入水中或被雨水冲入水中的各种不溶于水的固体物质等引起的污染。其主要污染源是水土流失较为严重的土地、农村及城市的径流以及造纸等工业排污、沿岸的废弃物。这些污染物破坏水的表现有堵塞河道、淤塞水库、湖泊，降低水的透明度，使水生物得不到阳光，造成水质恶化，危害水生物的生存，降低水的利用效益。

（三）需氧物质污染

生活污水、食品加工和造纸等工业废水中，含有碳水化合物、蛋白质、油脂、木质素等有机物质。这些物质存在于污水之中，需要通过微生物的生物化学作用才能分解。在其分解过程中需要消耗氧气，因而被称为需氧污染物。这类污染物可能造成水中溶解氧减少，影响鱼类和其他水生生物的生长。水中溶解氧耗尽后，有机物将进行厌氧分解，产生硫化氢、氨和硫醇等难闻气味，使水质进一步恶化。

（四）植物营养物质污染

在生活污水、工业废水和施用磷肥、氮肥的农田水中，经常含有一定量的磷、氮等植物营养物质。这些物质在水中的含量增加时，会刺激水生物（尤其是藻类）的生长。藻类的大量繁殖，使它占据越来越大的水体空间，使鱼类等生活的空间越来越小。而且藻类浮在水面，阻碍了与大气之间的氧气交换，使水中的溶解氧越来越少。藻类阻挡阳光，使底层水生植物因缺少氧气、阳光而死亡，造成水体“老化”乃至“死亡”。这种现象称为水体的富营养化。

（五）石油污染

即由排入、流入水体的石油及其炼制品所引起的污染。油比水轻，油在水体表面形成油膜，阻碍水体从大气中获得氧气。石油污染主要危害水体中的鱼类和水域内的水鸟，尤其影响鱼卵及幼体的生长、发育，引起某些鸟类的死亡。

（六）酸、碱、盐污染

主要是指由无机碱、无机酸、无机盐等引起的水污染，多来自工业污水及矿井污水。其危害是使淡水资源的矿化度增高，导致水体的 pH 值发生变化，破坏水的自净能力，损害工农业生产。如，当水体的 pH 值小于 4.5 时，水便不能用于灌溉。

（七）有毒化学物质污染

主要是重金属和难分解的有机物所造成的污染。重金属如汞、铬、镉、铅、砷等在工厂、矿山生产过程中随废水排出，通过各种途径进入水体，造成污染。有毒重金属在自然界中一般不易消失，它会直接作用于人体，引起疾病，还可能促进慢性病的发展。难分解的有机物主要有多环有机化合物、有机氰化合物、有机氮化合物和有机重金属化合物。其中有不少难分解的化合物是致癌物质。

（八）放射性污染

放射性污染主要来源于核动力工厂排出的冷却水、向海洋投弃的放射性废弃物、核爆炸落到水体的散落物和核动力船舶事故泄漏的核燃料。主要危害是通过污染水生生物和土壤，再通过食物链危害人体健康。

（九）热污染

由工矿企业向水体中排放高温废水所造成。热污染使水温升高，水中化学反应、生化反应的速度随之加快，溶解氧减少，影响鱼类的生存和繁殖，同时，水温升高也使某些污染物的毒性加剧。

三、水污染的危害

（一）对人体健康的危害

这种危害基本上可以分为两类：一类是由病原体引起的传染病的蔓延，另一类是水体中有毒的物质通过各种渠道进入人体而引起人的中毒。水被病原体污染后，人如果直接饮用，就会诱发各种疾病，如痢疾、肝炎、血吸虫病等，有时甚至会造成疾病蔓延与扩散，如流行性肝炎、霍乱等。后一类危害更是当前的严重公害，因为有毒物质在人体中往往需要经过较长时间的积累才显示出疾病症状，而在其蓄积过程中通常不易为人们所重视和察觉。它们通过人们饮水、食鱼等日常生活，经食物链的逐渐富集进入人体，因此也不容易发现。有毒重金属污染引起的公害病，曾在不少国家出现，特别是 1956 年发生在日本的水俣病，病状之惨、死亡率之高，成为轰动世界的公害事件。

（二）对渔业的危害

水污染对渔业的危害最直接。世界上许多河流、湖泊受到严重污染后，鱼类绝迹，水污染造成大量死鱼的事件屡有发生。某些污染物，如油、酚等，即使是微量，也会使鱼虾带有异臭味而降低品质，甚至不能食用。有毒污染物可以使鱼类畸变。由于水污染，鱼类的产卵场被破坏，有些鱼类未洄游到产卵场就中途返回，或者迷失方向，从而影响鱼类的繁殖，对渔业造成严重损害。

（三）对工农业生产的危害

工农业生产都离不开水，水是农业的命脉、工业的血液，水污染直接影响到工农业生产的正常进行，关系到工农业生产的产品的质量和经济效益。用受污染的水浇灌农作物，轻则造成农作物中毒、产生病虫害，农产品品质下降、变坏，重则导致农作物死亡。水污染对于工业生产而言，会使水处理费用提高，经济效益降低。严重的水污染还会直接导致一些工业企业的停产和关闭。

水污染除上述危害外，还会影响航运、旅游业的发展，妨碍人们对娱乐、休养、体育活动等的良好环境的享受。

四、我国水污染现状

水资源在社会、经济发展中起着极其重要的作用，防治水污染的紧迫性及应采取的措施与各国水资源的特点有关。我国水资源具有以下特点：第一，人均水资源少。我国目前人均水资源量不到 2 000 立方米，不足世界人均水资源量的 1/3。随着人口和经济的发展，更多城市和地区将出现严重的缺水问题。第二，水资源时空分布不均。从空间上说，地表水分布总的来说是南多北少；从时间上说，降水量年内分布不平衡，我国北方缺水地区，全年降水几乎集中在夏季，使储水不易，全年有很长时间缺水。第三，年际变化量大。如淮河，1956 年年径流量是 1966 年的 15 倍左右。很多河流连续出现很长的枯水期。水资源的短缺一方面加剧了水污染的程度，另一方面也加剧了水污染后果的严峻性。

据有关环境公报数据，截至 2023 年，全国监测的 3 632 个地表水国控断面中，优良（Ⅰ～Ⅲ）水质断面占 89.4%，劣Ⅴ类水质断面占 0.7%，主要污染指标为化学需氧量，总磷和高锰酸盐指数。长江、黄河、珠江、松花江、淮河、海河、辽河七大流域和浙闽片河流、西北诸河主要江河监测的 3 119 个国控断面中，Ⅰ～Ⅲ类水质断面占 91.7%。长江流域、黄河流域、珠江流域，浙闽片河流、西北诸河和西南诸河水质为优，淮河流域、海河流域和辽河流域水质良好，松花江流域为轻度污染。开展水质监测的209个重要湖泊（水库）中，Ⅰ～Ⅲ类水质湖泊（水库）占74.6%，劣Ⅴ类水质湖泊（水库）占4.8%。主要污染指标为总磷、化学需氧量和高锰酸盐指数。开展营养状态监测的205个重要湖泊（水库）中。贫营养状态湖泊（水库）占8.3%，中营养状态湖泊（水库）占64.4%，轻度富营养状态湖泊（水库）占23.4%，轻度富营养状态湖泊（水库）占3.9%。全国监测的1 888个国家地下水环境质量考核点位中，Ⅰ～Ⅳ类水质点位占77.8%，Ⅴ类占22.2%。其中潜水点位占1 084个，Ⅰ～Ⅳ类水质点位占75.2%；承压水点位804个，Ⅰ～Ⅳ类水质点位占81.2%。主要超指标为铁、硫酸盐和氯化物。从以上数据看，我国的水污染问题依然比较突出。水污染治理道阻且长。我国水污染结构也在发生变化，过去水污染物中工业污染物的排放总量占绝对优势，生活污水是次要的。进入21世纪以来，废水的排放总量中，生活污水占52%，工业废水占48%。工业污水、农业污水和城市生活污水目前各占1/3左右。工业污水同生活污水的比重相比，生活污水的比重在增加。排放污水的总量和环境自净能力相比，前者大大超出了环境的自净能力。另外，水污染导致城市缺水现象更加严重，我国南方城市因水污染导致的缺水量占这些城市总缺水量的60%～70%。水污染严重和水资源短缺已成为实现中国水资源可持续利用的两大重要障碍。因此，我国必须采取积极措施，依法加强对水污染的防治。习近平在党的二十大报告中提出："统筹水资源、水环境、水生态治理，推动重要江河湖库生态保护治理，基本消除城市黑臭水体。"

水资源危机的解决有赖于水资源的可持续利用，污水资源化正是实现水资源可持续利用，解决水资源供需矛盾的有效措施。只有把水污染防治和水资源保护有机地结合起来，而且把水资源节约利用作为水资源保护的核心，才能实现防治水污染的目标。

第二节　防治水污染立法概述

一、西方国家水污染防治立法简介

国外水污染防治立法，以欧美为代表，大致可分为三个阶段。

第一阶段，即19世纪末以前，是水污染防治立法的开始阶段。在产业革命以前，有的国家的法律中开始出现关于污染防治的零星规范。产业革命后，由于工厂林立的大城市的兴起，一些工业较发达的国家开始制定水污染防治的单行法规。最早立法的国家是英国、爱尔兰、西班牙、美国。英国在1833年制定了《水质污染控制法》。爱尔兰于1847年制定、1863年修改了《河道法令》，1876年制定、1893年修改了《河流污染防治条例》，1878年制定、1890年修改了《公共卫生条例》。西班牙水污染控制法比较零碎，在公共卫生、渔业保护、采矿、洗涤剂及杀虫剂等方面的法规中都有所涉及，1879年6月13日《水法》的条款，至今仍然有效。美国于1899年制定了《河川港湾法》。

第二阶段，从20世纪初开始到20世纪60年代末，是水污染防治立法逐步深入的时期。随着水污染问题的逐渐严重，水污染防治的立法被更多的国家注意。一些立法较早的国家，水污染防治法律规范进一步具体化。

第三阶段，由于水污染在一些工业发达国家成了严重的社会问题，20 世纪 70 年代以来，是水污染防治立法的大发展时期。联邦德国于 1976 年制定《水法》和《污水收费法》。美国在过去水污染控制法的基础上，于 1970 年修订《联邦水污染防治法》，并于 1972 年、1977 年、1981 年、1982 年进行了修订。意大利也于 1976 年制定了《水污染控制法》。

20 世纪 70 年代，震惊世界的日本水俣病事件、富山事件等逐步查清，许多国家更加重视水污染防治立法，纷纷制定严格的、完整的水污染防治特别法。日本于 1970 年召开了“公害国会”，修订了《公害对策基本法》，并制定了《水质污浊防治法》。

由于切实加强了水污染防治的法律调整，一些原来水污染严重的国家，情况有了根本好转。

防治水污染法律制度较为有代表性的是下列一些国家。

（一）美国

美国的《联邦水污染控制法》(Federal Water Pollution Control Act) 也称《清洁水法》(Clean Water Act)，它在整个美国水污染控制法律体系中居于主要地位，属于美国法典第 33 卷“航行与可航水域法律”中的第 26 章，共计 137 条。《清洁水法》的立法目的是“恢复并保持国家水体的化学的、物理的和生物学的完整性”，并且规定了两项国家目标和五项国家政策。

《清洁水法》针对不同的污染源制订了不同的控制计划，主要有点、源污染控制和其他项目管理三项内容。其中，关于点源控制是最重要的，点源是指任何可辨认的、可控制的和分立的排放或者可以排放许可证制度。非点源污染，比如区域地面径流和厂区地面径流，污染程度常常并不亚于点源污染，因此也在《清洁水法》中加以规定。除了点源和非点源的管理，《清洁水法》还规定了一些特殊的污染管理项目，主要有关于疏浚和填埋物质的管理、关于雨水排放的管理和关于油类物质和危险污染物的排放以及泄漏事故的管理，这些内容也是《清洁水法》的重要组成部分。

1874 年美国国会制定了《安全饮用水法》，其目的是控制饮用水水质和保护地下水源，以弥补《清洁水法》在地下水污染控制方面的不足。类似于《清洁水法》，《安全饮用水法》也采取了联邦政府和州政府相配合的管理体制，联邦政府的职责主要是制定基本政策、条例、基准和标准并且监督州政府的实施，州政府的职责是通过州实施计划来实施联邦政府制定的政策、条例、基准和标准，而且州的实施计划必须经过联邦政府的批准。

《安全饮用水法》有如下主要内容：第一，保护饮用水。在《国家初级饮用水条例》和《国家二级饮用水条例》中规定了初级饮用水和二级饮用水中的各种污染物的最大水平，规定了饮用水质标准的变异和豁免以及水质标准的适用对象和执行。第二，保护地下水源，其中包括地下灌注控制和单一含水岩层保护两方面。第三，对水源保护区的规定。第四，有关紧急情况下联邦的紧急处置权。

《海洋倾倒法》管制对海洋倾倒物的活动，适用于美国和美国以外国家的任何私人、实体和政府部门、机关及其官员、雇员和代理人，所有这些人或实体在美国海域从事倾倒活动，都要受该法的管制。这里的海域概念，包括美国的领海和毗连区。主管机关是联邦环保局和陆军工程部，它们各自颁发联邦环保局倾倒许可证和陆军工程部疏浚物质倾倒许可证。

（二）德国

虽然德国有关对水的所有规则都由州法予以实行，但是联邦在1967年仍然制定了《水质管理法》。尽管如此，有关水的联邦法只是框架法，各种细则必须通过州法予以具体规定（州法不得与联邦法相抵触）。

联邦《水质管理法》经过1986年修改，适用于所有的地表水、海岸水（落差为3海里的范围）和地下水，其目的在于：首先，避免对作为生态系统重要组成部分的水域产生不良影响，以确保公共、个人对水的利用；其次，在实施对水域可能产生影响的措施时，预防水污染以及其他有害变化，促进对水的有效利用。

（三）法国

进入20世纪90年代以后，法国的降水量连年减少。以此为契机，法国公民对水质污染的关心程度也不断提高。与大气污染的规则一样，法国关于水质污染的规则也制定有各种法律、政令，然而主要的还是关于水的1964年12月16日基本法。

该基本法主要规定，对包括地下水在内领土范围内的水质造成影响的所有的废水与物质的排放、投弃、沉积等行为都必须获得许可。特别在海水方面制定了禁止一切对海水水质造成影响的排放行为的严格禁止性规定。

1992年法国制定了新的关于水的基本法（1992年1月3日基本法）。为了实施新基本法的规定，尽管需要由政令制定具体规则的部分比较多，但是在水质污染方面还是强化了有关的规则以及刑罚的措施。

二、我国防治水污染立法

我国在《环境保护法（试行）》颁布之前就已进行了大量的水污染防治立法工作。国务院环境保护领导小组成立以后，曾于1975年2月7日发出了《关于淮河污染情况和治理意见的报告》等，并颁布了一些有关水环境保护标准，如1976年颁布的《生活饮用水卫生标准（试行）》、1979年颁布的《渔业水质标准（试行）》《农田灌溉水质标准（试行）》和《工业企业设计卫生标准（试行）》等水环境质量标准。在水污染物排放标准方面，1973年颁布的《工业“三废”排放试行标准》中，规定了能在环境或动植物体内蓄积，对人体健康产生长远影响的5类有害的物质的最高容许排放浓度。1979年颁布的《环境保护法（试行）》，对水污染防治的基本原则和基本制度都作了原则的规定，这些规定是以后颁布的《水污染防治法》的基本立法依据。为了贯彻实施上述规定。国务院于1981年颁布了《关于在国民经济调整时期加强环境保护工作的决定》，1983年和1984年又陆续颁布了《关于结合技术改造防治工业污染的几项规定》（已失效）和《关于环境保护工作的决定》，对水污染防治工作都作了一些具体的法律规定。在水环境质量标准方面，1988 年国家颁布了《地面水环境质量标准》（现已废止）。在水污染物排放标准方面，先后颁布了医院、造纸、甜菜制糖、甘蔗制糖、合成脂肪酸、合成洗涤剂、制革、石油开发、石油炼制、船舶、电影洗片 11 个行业的水污染物排放标准。这些法规标准的贯彻实施，对新建项目废水排放的控制、已建工矿企业的水污染防治以及缓和水质恶化的趋势，都起了一定的作用。

随着经济建设的发展和人口的迅速增长，我国水环境有继续恶化的趋势，水污染防治工作亟须加强，《水污染防治法》的制定和颁布实施势在必行。1984 年 5 月 11 日第六届全国人大常委会第五次全体会议通过了《中华人民共和国水污染防治法》，并于同日由第 12 号主席令公布，自 1984 年 11 月 1 日起施行。该法是我国在内陆水污染防治方面比较全面的综合性法律。为了贯彻实施该法，国务院于 1989 年 7 月 12 日批准发布了《水污染防治法实施细则》（现已废止）。这些法律法规的实施，使我国的水污染防治工作取得了一定的成效。

《水污染防治法》进行了三次修改：第八届全国人大常委会第十九次会议于 1996 年 5 月 15 日通过了《关于修改〈中华人民共和国水污染防治法〉的决定》，并于同日公布施行，这是第一次修正；第二次是 2008 年 2 月 28 日第十届全国人大常委会第三十二次会议表决通过了修订后的《水污染防治法》，并于 2008 年 6 月 1 日起施行；2017 年 6 月 27 日第十二届全国人民代表大会常务委员会第二十八次会议通过了《关于修改〈中华人民共和国水污染防治法〉的决定》，这是《水污染防治法》第二次修正，自 2018 年 1 月 1 日起施行。

第二次修正后的《水污染防治法》共 8 章 103 条。与原法相比，新的《水污染防治法》作出了 55 处重大修改，涉及河长制、农业农村水污染防治、饮用水保护、环保监测等内容。不仅内容大为丰富，而且结构进行了很大的调整，法律的主干部分划分为：水污染防治的标准和规划、水污染防治的监督管理、水污染防治措施、饮用水水源和其他特殊水体保护、水污染事故处置等。

此外，2015 年 4 月 2 日国务院正式发布了《水污染防治行动计划》（或称“水十条”），这是我国水污染防治领域一项重要的政策性文件。

第三节　我国防治水污染的主要法律规定

一、水污染防治的原则

水污染防治的原则是在一定时期内指导水污染防治领域各项工作的指导思想，也是制定各项具体政策应当体现的精神。《水污染防治法》第 3 条规定了防治水污染的基本原则，即：“水污染防治应当坚持预防为主、防治结合、综合治理的原则，优先保护饮用水水源，严格控制工业污染、城镇生活污染，防治农业面源污染，积极推进生态治理工程建设，预防、控制和减少水环境污染和生态破坏。”

1. 预防为主、防治结合、综合治理的原则

基于我国水污染问题的严重现状，以及基于水污染的特点，我国对水污染防治采取“预防为主、防治结合、综合治理”的环境保护原则。它指的是采取各种预防措施，尽量防止水环境问题的产生和恶化，同时对产生的污染积极予以综合治理，把水环境污染和破坏控制在至少能够维持生态平衡，保障人体健康和社会物质财富以及经济、社会持续发展的最低安全水平以上。

2. 优先保护饮用水水源，严格控制工业污染、城镇生活污染，防治农业面源污染，积极推进生态治理工程建设的原则

（1）优先保护饮用水水源。在水所有的用途中，“基本生活用水”是人生存发展之必需品，而生存权和健康权是最基本的人权，所以加强生活饮用水水源的保护，就是保护人类的生存与发展。作为基本人权的物质基础——“基本生活用水”必须得到优先和重点保护，这便是这一原则的理论和价值基础。只有加强饮用水水源地的保护，经济、社会可持续发展和人民生活水平不断提高才能得到有效保证。

（2）严格控制工业污染、城镇生活污染。20 世纪 60 年代以前，工业“三废”是造成我国环境污染，包括水污染的最主要的污染源，目前，工业废水仍然是我国水污染主要污染源之一。因此，工业污染一直都是水污染防治的重中之重，“严格控制工业污染”是水污染防治的一个重要原则。同时，随着经济社会的发展，城镇生活污水已经逐渐成为水污染的另一重要来源。在有的城市，城镇生活污水的排放量甚至已经超过了工业污水，成为排放量最大的污染源。因此，必须加强对城镇生活污水的防治。

（3）防治农业面源污染。随着我国农业生产方式的转变，乡镇企业的迅速发展，农业面源污染造成的水污染问题日益突出。根据各方面的意见和建议，2008 年修订后的《水污染防治法》特别在水污染防治原则中增加了“防治农业面源污染”的原则，并在第四章“水污染防治措施”中，以专节对农业和农村水污染防治作了具体规定。

（4）积极推进生态治理工程建设。生态治理工程建设是预防、控制和减少水环境污染和生态破坏的重要措施。

二、各级人民政府在水环境保护中的责任

《水污染防治法》第 4 条规定：“县级以上人民政府应当将水环境保护工作纳入国民经济和社会发展规划。地方各级人民政府对本行政区域的水环境质量负责，应当及时采取措施防治水污染。”一个地区的水环境的好坏，与地方人民政府是否切实承担起防治水污染的职责密切相关。因此，该法同时规定，国家实行水环境保护目标责任制和考核评价制度，将水环境保护目标完成情况作为对地方人民政府及其负责人考核评价的内容。这样，才能保证法律规定的各项水污染防治措施落到实处。

三、水污染防治的监督管理体制

《水污染防治法》第 9 条对我国水污染防治的统一监督管理与分管部门监督管理机构

和职责作出规定。我国当前水环境监督管理体制可概括为：县级以上人民政府生态环境主管部门对水污染防治实施统一监督管理；交通主管部门的海事管理机构对船舶污染水域的防治实施监督管理。这一规定有利于发挥分管部门的积极性，共同做好监督管理工作。因为“协同”监督管理的行政部门只有享有行政处罚权之后，才能实施其监督管理职责。该法第 9 条第 3 款还规定，县级以上人民政府水行政、国土资源、卫生、建设、农业、渔业等部门以及重要江河、湖泊的流域水资源保护机构，在各自的职责范围内，对有关水污染防治实施监督管理。

引入河长制是本法的一大亮点。该法第 5 条规定：“省、市、县、乡建立河长制，分级分段组织领导本行政区域内江河、湖泊的水资源保护、水域岸线管理、水污染防治、水环境治理等工作。”河长制是河湖管理工作的一项制度创新，也是我国水环境治理体系和保障国家水安全的制度创新。2016 年 12 月，中共中央、国务院印发了《关于全面推行河长制的意见》，要求全面建立省、市、县、乡四级河长体系。各省（自治区、直辖市）设立总河长，由党委或政府主要负责同志担任，提出到 2018 年年底前全面建立河长制。另外，本法第 28 条明确规定：“国务院环境保护主管部门应当会同国务院水行政等部门和有关省、自治区、直辖市人民政府，建立重要江河、湖泊的流域水环境保护联合协调机制，实行统一规划、统一标准、统一监测、统一的防治措施。”

四、水环境保护标准制度

1. 水环境质量标准

水环境质量标准，也称水质标准，是为了保护人体健康和水的正常使用功能、生态功能，对水体中污染物或者其他物质的容许浓度所作的规定。该标准是一国、一地区水体质量的综合体现，是制定水污染物排放标准的首要依据，是各级环境保护主管部门对水体进行科学管理的重要尺度。《水污染防治法》第 12 条规定，国家水环境质量标准统一由国务院环境保护主管部门制定，对于国家环境质量标准中未规定的项目，可由省、自治区、直辖市人民政府制定补充标准，并报国务院环境保护主管部门备案。

国务院生态环境主管部门会同国务院水行政主管部门和有关省、自治区、直辖市人民政府，可以根据国家确定的重要江河、湖泊流域水体的使用功能以及有关地区的经济、技术条件，确定该重要江河、湖泊流域的省界水体适用的水环境质量标准，报国务院批准后施行。

2. 污染物排放标准

污染物排放标准是为实现水环境质量标准，结合经济、技术条件和环境特点，限制排入环境中的污染物或者对造成环境危害的其他因素所作出的规定。根据《水污染防治法》第 14 条的规定，国家水污染物排放标准由国务院生态环境主管部门制定，省级人民政府可制定国家排放标准中未规定的项目的地方水污染物排放补充标准。对国家水污染物排放标准中已作规定的项目，可以制定严于国家水污染物排放标准的地方水污染物排放标准。地方水污染物排放标准须报国务院生态环境主管部门备案。《水污染防治法》第

14 条第 3 款规定，凡向已有地方水污染物排放标准的水体排放污染物的，应当执行地方水污染物排放标准。该项规定既是“地方法优于国家法”原则的体现，也是环境保护地域性特点的需要。

五、水污染防治的主要法律制度

1. 重点水污染物排放的总量控制制度

重点水污染物排放总量控制制度，是指在特定的时期内，综合经济、技术、社会等条件，采取通过向排污源分配水污染排放量的形式，将一定空间范围内的排污源产生的水污染物的数量控制在水环境容许限度内而实行的污染控制方式及其管理规范的总称。

为了体现预防为主的原则，加强对水污染物的源头削减和排放控制，《水污染防治法》将实施重点水污染物排放总量控制制度的范围扩大到了全国：一是国家对重点水污染物排放实施总量控制制度。二是重点水污染物排放总量控制指标，由国务院环境保护主管部门在征求国务院有关部门和各省、自治区、直辖市人民政府意见后，会同国务院经济综合宏观调控部门报国务院批准并下达实施。省、自治区、直辖市人民政府应当按照国务院的规定削减和控制本行政区域的重点水污染物排放总量。具体办法由国务院环境保护主管部门会同国务院有关部门规定。省、自治区、直辖市人民政府可以根据本行政区域水环境质量状况和水污染防治工作的需要，对国家重点水污染物之外的其他水污染物排放实行总量控制。对超过重点水污染物排放总量控制指标或者未完成水环境质量改善目标的地区，省级以上人民政府环境保护主管部门应当会同有关部门约谈该地区人民政府的主要负责人，并暂停审批新增重点水污染物排放总量的建设项目的环境影响评价文件。约谈情况应当向社会公开。

2. 排污许可制度

排污许可制度是加强污染物排放监管的重要手段。《水污染防治法》在这方面进行了规定，即国家实行排污许可制度。直接或者间接向水体排放工业废水和医疗污水以及其他按照规定应当取得排污许可证方可排放的废水、污水的企业事业单位，应当取得排污许可证。城镇污水集中处理设施的运营单位，也应当取得排污许可证。排污许可证应当明确排放水污染物的种类、浓度、总量和排放去向等要求。排污许可的具体办法由国务院规定。禁止企业事业单位和其他生产经营者无排污许可证或者违反排污许可证的规定向水体排放前款规定的废水、污水。同时，禁止私设暗管或者采取其他规避监管的方式排放水污染物。否则，应当承担本法第 83 条规定的法律责任。

六、水污染防治主要措施

1. 水污染防治一般规定

根据《水污染防治法》第四章的规定，水污染防治措施的一般规定如下。

（1）禁止向水体排放、倾倒有毒有害物质的规定。根据《水污染防治法》第 33、

34、37、38 条的规定，禁止向水体排放、倾倒有毒有害的物质。这些物质包括：1）油类、酸液、碱液或者剧毒废液；2）放射性固体废物或者含有高放射性和中放射性物质的废水；3）工业废渣、城市垃圾和其他废弃物；4）含汞、镉、砷、铬、铅、氰化物、黄磷等可溶性剧毒废渣。此外，禁止在水体清洗装贮过油类或者有毒污染物的车辆和容器；禁止在江河、湖泊、运河、渠道、水库最高水位线以下的滩地和岸坡堆放、存贮固体废弃物和其他污染物；禁止将可溶性剧毒废渣直接埋入地下。

（2）限制向水体排入其他污染物的规定。《水污染防治法》第 34 条第 2 款、第 35、36 条对含低放射性物质废水、含热废水、含病原体废水都作了具体的规定。归纳起来，就是要求上述污染物的排放应当符合国家或者地方规定的排放标准。另外，第 37 条第 3 款规定存放可溶性剧毒废渣的场所，应当采取防水、防渗漏、防流失的措施。

（3）防止地下水污染的禁止规定。《水污染防治法》第 39 条、第 40 条对防止地面渗漏污染地下水作了如下禁止规定：1）禁止利用渗井、渗坑、裂隙、溶洞，私设暗管，篡改、伪造监测数据，或者不正常运行水污染防治设施等逃避监管的方式排放水污染物。2）化学品生产企业以及工业集聚区、矿山开采区、尾矿库、危险废物处置场、垃圾填埋场等的运营、管理单位，应当采取防渗漏等措施，并建设地下水水质监测井进行监测，防止地下水污染。加油站等的地下油罐应当使用双层罐或者采取建造防渗池等其他有效措施，并进行防渗漏监测，防止地下水污染。禁止利用无防渗漏措施的沟渠、坑塘等输送或者存贮含有毒污染物的废水、含病原体的污水和其他废弃物。

（4）防止开发、回灌活动污染地下水。《水污染防治法》第 41、42、43 条，对防止开采地下水、兴建地下工程、采矿和人工回灌活动污染地下水体作了如下的规定：1）在开采多层地下水的时候，如果各层含水层的水质差异大，应当分层开采；对已受污染的潜水和承压水，不得混合开采。2）兴建地下工程设施或者进行地下勘探、采矿等活动，应当采取防护性措施，防止地下水污染。报废矿井、钻井或者取水井等，应当实施封井或者回填。3）人工回灌补给地下水，不得恶化地下水质。

2. 工业水污染防治

国务院有关部门和县级以上地方人民政府应当合理规划工业布局，要求造成水污染的企业进行技术改造，采取综合防治措施，提高水的重复利用率，减少废水和污染物排放量。国家对严重污染水环境的落后工艺和设备实行淘汰制度。国家禁止新建不符合国家产业政策的小型造纸、制革、印染、染料、炼焦、炼硫、炼砷、炼汞、炼油、电镀、农药、石棉、水泥、玻璃、钢铁、火电以及其他严重污染水环境的生产项目。企业应当采用原材料利用效率高、污染物排放量少的清洁工艺，并加强管理，减少水污染物的产生。

此外，新修正的《水污染防治法》增加了一条作为第 45 条，对工业废水排放进行了明确规定，即：“排放工业废水的企业应当采取有效措施，收集和处理产生的全部废水，防止污染环境。含有毒有害水污染物的工业废水应当分类收集和处理，不得稀释排放。工业集聚区应当配套建设相应的污水集中处理设施，安装自动监测设备，与环境保护主管部门的监控设备联网，并保证监测设备正常运行。向污水集中处理设施排放工业废水的，应当按照国家有关规定进行预处理，达到集中处理设施处理工艺要求后方可排放。”

3. 城镇水污染防治

2008 年《水污染防治法》修改时将城镇水污染防治作为单独的一节（第四章第三节）列了出来，再次明确“城镇污水应当集中处理”，并明确了建设主管部门在污水处理设施建设、规划和运营监管中的责任。《水污染防治法》第 49 条第 3 款规定，国务院建设主管部门应当会同国务院经济综合宏观调控、环境保护主管部门，根据城乡规划和水污染防治规划，组织编制全国城镇污水处理设施建设规划。县级以上地方人民政府建设主管部门应当按照城镇污水处理设施建设规划，组织建设城镇污水集中处理设施及配套管网，并加强对城镇污水集中处理设施运营的监督管理。第 49 条第 4 款规定，城镇污水集中处理设施的运营单位按照国家规定向排污者提供污水处理的有偿服务，收取污水处理费用，保证污水集中处理设施的正常运行。收取的污水处理费用应当用于城镇污水集中处理设施的建设运行和污泥处理处置，不得挪作他用。

对于污水处理设施的运行，《水污染防治法》第 50 条第 2 款还规定了城镇污水集中处理设施的运营单位负责制，即城镇污水集中处理设施的运营单位，应当对城镇污水集中处理设施的出水水质负责。第 3 款规定，环境保护主管部门应当对城镇污水集中处理设施的出水水质和水量进行监督检查。

此外，《水污染防治法》在本节增加了一条作为第 51 条，规定：“城镇污水集中处理设施的运营单位或者污泥处理处置单位应当安全处理处置污泥，保证处理处置后的污泥符合国家标准，并对污泥的去向等进行记录。”

4. 农业和农村水污染防治

随着经济的快速发展，农村的水污染现象已经成为一个不容忽视的问题。尤其是由于农药、畜禽养殖、水产养殖、农业灌溉等引起的面源污水成为很多水体污染的一个重要因素。因此，《水污染防治法》有必要将“农业和农村水污染防治”单独作为一节。该节共 7 条，自第 52 条至第 58 条，分别对农村污水和垃圾、化肥、农药、畜禽养殖、水产养殖、农业灌溉等引起的面源污染进行了规定。具体措施包括：（1）县级以上地方人民政府农业主管部门和其他有关部门，应当采取措施，指导农业生产者科学、合理地施用化肥和农药，推广测土配方施肥技术和高效低毒低残留农药，控制化肥和农药的过量使用，防止造成水污染。（2）国家支持畜禽养殖场、养殖小区建设畜禽粪便、废水的综合利用或者无害化处理设施。（3）畜禽养殖场、养殖小区应当保证其畜禽粪便、废水的综合利用或者无害化处理设施正常运转，保证污水达标排放，防止污染水环境。畜禽散养密集区所在地县、乡级人民政府应当组织对畜禽粪便污水进行分户收集、集中处理利用。（4）从事水产养殖应当保护水域生态环境，科学确定养殖密度，合理投饵和使用药物，防止污染水环境。（5）国家支持农村污水、垃圾处理设施的建设，推进农村污水、垃圾集中处理。地方各级人民政府应当统筹规划建设农村污水、垃圾处理设施，并保障其正常运行。（6）制定化肥、农药等产品的质量标准和使用标准，应当适应水环境保护要求。使用农药，应当符合国家有关农药安全使用的规定和标准。运输、存贮农药和处置过期失效农药，应当加强管理，防止造成水污染。（7）农田灌溉用水应当符合相应的水质标准，防止污染土壤、地下水和农产品。禁止向农田灌溉渠道排放工业废水或者医疗污水。向农田灌溉渠道排放城镇污水以及未综合利用的畜禽养殖废水、农产品加工废水的，应当保证其下游最近的灌溉取水点的水质符合农田灌溉水质标准。

5. 船舶水污染防治

为了加强内河船舶的污染防治，减少和降低船舶作业活动对内河水域的污染，《水污染防治法》主要就以下四个方面进行了规定。

一是防止船舶污染物造成水污染的规定，包括：（1）船舶排放含油污水、生活污水，应当符合船舶污染物排放标准。（2）船舶的残油、废油应当回收，禁止排入水体。（3）禁止向水体倾倒船舶垃圾。（4）防止装载运输油类或者有毒货物污染。（5）进入中华人民共和国内河的国际航线船舶排放压载水的，应当采用压载水处理装置或者采取其他等效措施，对压载水进行灭活等处理。禁止排放不符合规定的船舶压载水。

二是明确船舶应当采取的防污措施。该法第 60 条规定，船舶应当配置相应的防污设备和器材，并持有合法有效地防止水域环境污染的证书与文书；船舶进行涉及污染物排放的作业时，应当严格遵守操作规程，并如实记载在相应的记录簿上。

三是加强废弃物处理单位的管理。港口、码头、装卸站和船舶修造厂所在地市、县级人民政府应当统筹规划建设船舶污染物、废弃物的接收、转运及处理处置设施。港口、码头、装卸站和船舶修造厂要备有足够的船舶污染物、废弃物的接收设施；从事船舶污染物、废弃物接收作业或者从事装载油类、污染危害性货物船舱清洗作业的单位，应当具备相应的接收处理能力。

四是加强对船舶作业的污染监控。该法第 62 条规定，船舶及有关作业单位从事有污染风险的作业活动，应当按照有关法律法规和标准，采取有效措施，防止造成水污染。海事管理机构、渔业主管部门应当加强对船舶及有关作业活动的监督管理。船舶进行散装液体污染危害性货物的过驳作业，应当编制作业方案，采取有效的安全和污染防治措施，并报作业地海事管理机构批准。禁止采取冲滩方式进行船舶拆解作业。

七、饮用水水源和其他特殊水体的保护

为了确保城乡居民的饮用水安全，进一步完善饮用水水源保护区管理制度，《水污染防治法》第 1 条把“保障饮用水安全”作为立法目的之一，而且第 3 条又将“饮用水水源”保护放在了优先位置；同时，将“饮用水水源和其他特殊水体保护”专门列为第五章，从第 63 条到第 75 条，共有 13 条内容从饮用水水源保护区制度、项目、保护措施等方面规定了饮用水水源和其他特殊水体的保护。以上内容显示了国家对于饮用水水源保护的决心和重视程度。其主要规定如下。

1. 饮用水水源保护区管理制度

《水污染防治法》第 63 条规定，饮用水水源保护区分为一级保护区和二级保护区；必要时，可以在饮用水水源保护区外围划定一定的区域作为准保护区。所谓“饮用水水源保护区”，是指国家为防止饮用水水源地污染、保证水源地环境质量而划定，并要求加以特殊保护的一定面积的水域和陆域。本条还规定了饮用水水源保护区的划定程序、设

立标志和争议的解决。即饮用水水源保护区由有关市、县人民政府提出划定方案，报省、自治区、直辖市人民政府批准；跨市、县饮用水水源保护区由有关市、县人民政府协商提出划定方案，报省、自治区、直辖市人民政府批准；协商不成的，由省、自治区、直辖市人民政府环境保护主管部门会同同级水行政、国土资源、卫生、建设等部门提出划定方案，征求同级有关部门的意见后，报省、自治区、直辖市人民政府批准。跨省、自治区、直辖市的饮用水水源保护区，由有关省、自治区、直辖市人民政府商有关流域管理机构划定；协商不成的，由国务院环境保护主管部门会同同级水行政、国土资源、卫生、建设等部门提出划定方案，征求国务院有关部门的意见后，报国务院批准。

2. 明确了饮用水水源保护区的严格管理制度

（1）规定在饮用水水源保护区内，禁止设置排污口。

《水污染防治法》第 65 条规定，在饮用水水源一级保护区内，禁止新建、改建、扩建与供水设施和保护水源无关的建设项目，已建成的与供水设施和保护水源无关的建设项目，由县级以上人民政府责令拆除或者关闭；禁止从事网箱养殖、旅游、游泳、垂钓或者其他可能污染饮用水水体的活动。

《水污染防治法》第 66 条规定，在饮用水水源二级保护区内，禁止新建、改建、扩建排放污染物的建设项目，已建成的排放污染物的建设项目，由县级以上人民政府责令拆除或者关闭；从事网箱养殖、旅游等活动的，应当按照规定采取措施，防止污染饮用水水体。

《水污染防治法》第 67 条规定，禁止在饮用水水源准保护区内新建、扩建对水体污染严重的建设项目；改建建设项目，不得增加排污量。

（2）其他禁止或限制性措施。

《水污染防治法》第 69、73 条规定，县级以上地方人民政府应当组织环境保护等部门，对饮用水水源保护区、地下水型饮用水源的补给区及供水单位周边区域的环境状况和污染风险进行调查评估，筛查可能存在的污染风险因素，并采取相应的风险防范措施。饮用水水源受到污染可能威胁供水安全的，环境保护主管部门应当责令有关企业事业单位和其他生产经营者采取停止排放水污染物等措施，并通报饮用水供水单位和供水、卫生、水行政等部门；跨行政区域的，还应当通报相关地方人民政府。饮用水水源受到污染可能威胁供水安全的，环境保护主管部门应当责令有关企业事业单位采取停止或者减少排放水污染物等措施。国务院和省、自治区、直辖市人民政府根据水环境保护的需要，可以规定在饮用水水源保护区内，采取禁止或者限制使用含磷洗涤剂、化肥、农药以及限制种植养殖等措施。

3. 建设应急或备用水源、完善供水模式

新修正的《水污染防治法》增加了一条，对建设应急或备用水源、完善供水模式进行了规定，即第 70 条规定："单一水源供水城市的人民政府应当建设应急水源或者备用水源，有条件的地区可以开展区域联网供水。县级以上地方人民政府应当合理安排、布局农村饮用水水源，有条件的地区可以采取城镇供水管网延伸或者建设跨村、跨乡镇联片集中供水工程等方式，发展规模集中供水。"

4. 明确了饮用水供水单位对供水水质负责

为了进一步明确饮用水供水单位对供水水质负责，《水污染防治法》新增加了第71条规定："饮用水供水单位应当做好取水口和出水口的水质检测工作。发现取水口水质不符合饮用水水源水质标准或者出水口水质不符合饮用水卫生标准的，应当及时采取相应措施，并向所在地市、县级人民政府供水主管部门报告。供水主管部门接到报告后，应当通报环境保护、卫生、水行政等部门。饮用水供水单位应当对供水水质负责，确保供水设施安全可靠运行，保证供水水质符合国家有关标准。"

此外，新增加的第72条对地方政府的义务作出了规定："县级以上地方人民政府应当组织有关部门监测、评估本行政区域内饮用水水源、供水单位供水和用户水龙头出水的水质等饮用水安全状况。县级以上地方人民政府有关部门应当至少每季度向社会公开一次饮用水安全状况信息。"

5. 在饮用水准保护区内实行积极的保护措施

《水污染防治法》第68条规定，在准保护区内，县级以上地方人民政府应当根据实际需要，采取工程措施或者建造湿地、水源涵养林等生态保护措施，防止水污染物直接排入饮用水水体，确保饮用水安全。其中，工程保护措施包括农村卫生环境整治、库岸带生物屏障建设、农村截污、城镇截污等，通过这些工程建设，防治污染物进入水体，从而确保饮用水安全。实践中确保饮用水安全的生态保护措施，除了法律列举的建造湿地、水源涵养林两种，还有很多种。不同地区由于经济自然条件不同，所采取的生态保护措施不尽相同，这就需要地方人民政府根据当地的实际情况因地制宜地来确定。

6. 特殊水体的保护

某些水体因具有特殊的经济文化价值，需要采取特殊保护措施，防止水体污染，以保证水质符合规定用途的水环境质量标准。这些特殊水体包括风景名胜区水体、重要渔业水体和其他具有特殊经济文化价值的水体。法律规定通过划定特殊水体保护区对其进行有效保护，并且规定在特殊水体保护区内，不得新建排污口；在保护区附近新建排污口，应当保证保护区水体不受污染。

【案例分析】

紫金矿业集团股份有限公司紫金山金铜矿重大环境污染事故案

案情简介：

自2006年10月份以来，被告单位紫金矿业集团股份有限公司紫金山金铜矿（以下简称"紫金山金铜矿"）所属的铜矿湿法厂清污分流涵洞存在严重的渗漏问题，虽采取了有关措施，但随着生产规模的扩大，该涵洞渗漏问题日益严重。紫金山金铜矿于2008年3月在未进行调研认证的情况下，违反规定擅自将6号观测井与排洪涵洞打通。在2009年9月福建省环保厅明确指出问题并要求彻底整改后，仍然没有引起足够重视，整改措施不到位、不彻底，隐患仍然存在。2010年6月中下旬，上杭县降水量达349.7毫米。2010年7月3日，紫金山金铜矿所属铜矿湿法厂污水池HDPE防渗膜破裂造成含铜酸性废水渗漏并流入6号观测井，再经6号观测井通过人为擅自打通的与排洪涵洞相连的通道进入排洪涵洞，并溢出涵洞内挡水墙后流入汀江，泄漏含铜酸性废水9 176m^3，造成下游水体污染和养殖鱼类大量死亡的重大环境污染事故，上杭县城区部分自来水厂停止供水1天。

2010年7月16日，用于抢险的3号应急中转污水池又发生泄漏，泄漏含铜酸性废水500m^3，再次对汀江水质造成污染。致使汀江河局部水域受到铜、锌、铁、镉、铅、砷等的污染，造成养殖鱼类死亡达370.1万斤，经鉴定鱼类损失价值人民币2 220.6万元；同时，为了网箱养殖鱼类的安全，当地政府部门采取破网措施，放生鱼类3 084.44万斤。

裁判结果：

福建省龙岩市新罗区人民法院一审判决、龙岩市中级人民法院二审裁定认为：被告单位紫金山金铜矿违反国家规定，未采取有效措施解决存在的环保隐患，继而发生了危险废物泄漏至汀江，致使汀江河水域水质受到污染，后果特别严重。被告人陈某某（2006年9月至2009年12月任紫金山金铜矿矿长）、黄某某（紫金山金铜矿环保安全处处长）是应对该事故直接负责的主管人员，被告人林某某（紫金山铜矿湿法厂厂长）、王某（紫金山铜矿湿法厂分管环保的副厂长）、刘某某（紫金山铜矿湿法厂环保车间主任）是该事故的直接责任人员，对该事故均负有直接责任，各被告人行为均已构成重大环境污染事故罪。

据此，综合考虑被告单位自首、积极赔偿受害渔民损失等情节，以重大环境污染事故罪判处被告单位紫金山金铜矿罚金人民币3 000万元；被告人林某某有期徒刑3年，并处罚金人民币30万元；被告人王某有期徒刑3年，并处罚金人民币30万元；被告人刘某某有期徒刑3年6个月，并处罚金人民币30万元。对被告人陈某某、黄某某宣告缓刑。

分析：

被告的行为构成重大环境污染事故罪。造成事故而应承担责任的不仅有直接责任人员，还包括应对该事故直接负责的主管人员，即企业的法定代表人等。同时被告还应承担相应的民事赔偿责任。

（案例来源：2013年6月18日最高人民法院通报四起环境污染典型案例。）

法条链接

1.《中华人民共和国宪法》第41条；

2.《中华人民共和国环境保护法》第8条至第11条、第17条、第28条；

3.《中华人民共和国水污染防治法》全文；

4.《饮用水水源保护区污染防治管理规定》第3条、第7条至第17条；

5.《中华人民共和国水法》第22条、第33条；

6.《中华人民共和国标准化法》第6条；

7.《生态环境标准管理办法》；

8.《中华人民共和国刑法》第254条。

深度阅读

1. 吕忠梅. 水污染的流域控制立法研究. 法商研究，2005（5）.

2. 汪劲. 从日本水污染防治立法，探讨我国水污染防治法的修改. 上海环境科学，2003（5）.

3. 朱谦.《水污染防治法》第 73 条与第 74 条选择适用问题探讨. 公民与法，2011（11）.

4. 叶媛博，ERICA LEWIS. 浅谈我国水污染控制过程中主要制度的完善. 中国环境法治，2011（1）.

5. 刘超.《水污染防治法》控制手段的反思与重构. 中国人口·资源与环境，2010（11）.

6. 孙佑海.《中华人民共和国水污染防治法》解读. 北京：中国法制出版社，2008.

7. 2014 年中国环境状况公报. [2015-08-17]. 中华人民共和国环境保护部网站.

8. 中国 21 世纪议程. 第十四章“自然资源保护与可持续利用”. [2015-08-17]. 中国环保网.

思考与练习

一、思考题

1. 什么是水污染？如何认识我国防治水污染的重要性？

2. 我国防治水污染的基本原则主要有哪些？

3. 试述我国水污染防治法律制度的主要内容。

二、练习题

1. 下列不属于《中华人民共和国水污染防治法》调整范围的是（　　）。

A. 湖泊　　B. 海洋　　C. 江河　　D. 地下水

2. 省、市、县、乡建立河长制，（　　）组织领导本行政区域内江河、湖泊的水资源保护、水域岸线管理、水污染防治、水环境治理等工作。

A. 分级　　B. 分段

C. 分级分段　　D. 以上选项都不正确

3. 下列关于我国水污染总量控制制度表述正确的是（　　）。

A. 县级以上人民政府决定实施总量控制的水体

B. 实施总量控制的水体，不执行污染物的排放标准

C. 县级以上人民政府应该削减和控制本行政区域的重点水污染物排放总量

D. 省级以上人民政府可以决定要实施总量控制的水体

4. 下列说法正确的是（　　）。

A. 我国水污染的形势已得到有效控制

B. 世界上最早的水污染防治法律是英国 1833 年制定的《水质污染控制法》

C. 我国湖泊污染主要是富营养化逐年加重

D. 我国饮用水源地基本未遭受污染

5. 下列属于饮用水水源一级保护区内禁止从事的行为有（　　）。

A. 设置排污口

B. 新建、改建、扩建与供水设施和保护水源无关的建设项目

C. 从事网箱养殖、旅游、游泳、垂钓或者其他可能污染饮用水水源的活动

D. 新建、扩建对水体污染严重的建设项目

第九章
土壤污染防治法

重点知识

土壤　土壤污染　土壤污染防治　土壤污染防治立法　《土壤污染防治法》　土壤污染防治监管体制　土壤环境信息共享机制　土壤污染防治规划　土壤环境监测　土壤污染重点监管单位名录　未污染土壤和未利用地保护　土壤风险管控和修复　土壤污染责任　农用地　建设用地　土壤污染防治基金　土壤污染防治金融措施

土壤污染防治法是我国环境要素污染防治法的新领域，也是我国粮食安全的重要保障。本章学习重点是了解土壤污染及其法律防治的特殊性，立法原则、政府责任、管理体制，以及各项重要制度。

第一节　土壤污染问题

一、土壤污染的概念

我国《土壤污染防治法》规定："本法所称土壤污染，是指因人为因素导致某种物质进入陆地表层土壤，引起土壤化学、物理、生物等方面特性的改变，影响土壤功能和有效利用，危害公众健康或者破坏生态环境的现象。"土壤污染是由人类活动所产生的各种污染物通过各种途径进入土壤，其数量和速度超过了土壤的容纳和净化能力，使土壤的性质、组成及性状等发生变化，破坏土壤的自然生态平衡，并导致土壤的自然功能失调、土壤质量恶化的现象。"因人为因素导致某种物质进入陆地表层土壤"，除了引起土壤"化学、物理、生物"方面特性的改变，如果确实引起土壤"放射性方面特性的改变"，并影响土壤功能和有效利用，危害公众健康或者破坏生态环境的现象，也应认定为"土壤污染"。

与"土壤污染"相关的一个概念是"污染地块"，根据《污染地块土壤环境管理办法（试行）》的规定，"污染地块"是指按照国家技术规范确认超过有关土壤环境标准的疑似污染地块。而"疑似污染地块"，则指从事过有色金属冶炼、石油加工、化工、焦化、电镀、制革等行业生产经营活动，以及从事过危险废物贮存、利用、处置活动的用地。

土壤污染有其特殊性质：（1）累积性，土壤中长年累月的污染物累积到一定程度才起作用，据统计，包括水污染、大气污染在内所有污染90%的污染物质最终都要归于土壤，并在其中累积；（2）隐蔽性，土壤污染被称作“看不见的污染”，大气和水污染比较直观，人体感官都能感受到，但土壤污染必须通过监测设备采样分析才可以检测出来；（3）滞后性，土壤的污染物质及其危害性不会很快就能显现，一般要经过十年甚至更长的一段时间才能显现出来。

导致土壤污染的因素包括：（1）工业排放的“三废”，即废气、废水、废渣；（2）污水灌溉；（3）农药、化肥等化学制品的使用；（4）重金属污染；（5）非降解农膜的大面积使用等。①

土壤受到污染，进而影响植物的正常生长发育，造成有害物质在植物体内累积，并通过食物链进入人体，以致危害人体健康，它不仅对工农业生产造成影响，还会对水环境、大气环境造成连带污染。因此，土壤污染问题已经成为影响群众身体健康、损害群众利益的重要因素。土壤污染对食品安全、农业可持续发展和生态环境构成严重威胁，成为我国乃至全球性土壤退化的主要因素，它在学术界被称为“化学定时炸弹”，已经成为我国推进生态文明建设、实现可持续发展的重大障碍。所以，防治土壤污染，直接关系农产品质量安全、民众身体健康和经济社会的可持续发展。土壤污染问题与大气、水污染问题同样受到全社会关注，土壤污染防治作为重大环境保护和民生工程，已经纳入国家环境治理体系。

二、土壤污染的类型

根据土壤污染物性质的不同，可以把土壤污染分为不同的类型。土壤污染物的种类较多，既有化学污染物、物理污染物、生物污染物，也有放射性污染物等，其中，又以化学污染物最为普遍，其造成的土壤污染最为严重，土壤修复最为复杂。

（一）有机物污染引起的土壤污染

土壤有机污染物主要是化学农药，其中主要包括有机磷农药、有机氯农药氨基甲酸酶类、苯酚、胺类等。此外，化肥、石油、多环芳烃、多氯联苯、甲烷、有害微生物等也是土壤中常见的有机污染物。大量农药流失进入大气、水体、土壤及农产品之中，一些难降解的农药在土壤中残留逐年增加。农药进入土壤后，虽然有部分被分解转化，但仍有不少残留被作物吸收，农药可进入作物的籽实和茎叶。含有农药的各种食品被人食用后，残存农药进入人体之内却不容易分解，这些有毒有害物质经过长期积累则会引起人体内脏机能受损，使人体的正常生理功能发生失调，造成慢性中毒。特别是杀虫剂所引起的致癌、致畸、致突变“三致”问题给人类带来极大危害。另外，在畜禽饲料中，由于大量添加铜、铁、锌、锰、钴、硒和碘等微量元素、抗生素以及动物生长激素，使

① 陈德敏，薛婧媛. 中国土壤污染现状与法律责任解读. 重庆大学学报（社会科学版），2008（1）：94.

得许多未被畜禽吸收的微量矿物质元素和有机污染物随粪便排出体外，又严重污染了土壤环境。

（二）重金属污染引起的土壤污染

土壤中的重金属主要来自污水灌溉、工矿活动、施用农药肥料等。重金属污染土壤的途径，一是使用含有重金属的废水进行灌溉，二是随着大气沉降进入土壤，三是施用含有重金属农药等。进入土壤的重金属污染物以可溶性、不溶性颗粒存在，如镉、汞、铬、铜、锌、铅、镍等。重金属污染物在土壤中移动性差、滞留时间长、不能被微生物降解、可为生物富集，其自然净化过程和人工治理都非常困难。所以，土壤一旦被重金属污染，对人类具有极大的危害性。在全世界范围内，由于重金属引起的疾病和环境公害事件已经相当普遍。此外，我国出口的一些农副产品也曾因重金属含量过多等原因而被迫退出国际市场，造成较大损失。

（三）病原体引起的土壤污染

土壤中含有一定量的病原体，包括肠道致病菌、肠道寄生虫、钩端螺旋体、破伤风杆菌、霉菌和病毒等，主要来自人畜的粪便、垃圾、生活污水和医院污水等。用未经无害化处理的人畜粪便、垃圾做肥料，或者直接用生活污水灌溉农田，都会使土壤受到病原体污染。被病原体污染的土壤危害极大：（1）传播各类传染病，这些传染病的病原体再通过雨水的冲刷和渗透被带进地表水或地下水中，进而引起这些疾病的流行；（2）一些人畜共患的传染病或与禽类有关的疾病，如禽流感，可通过土壤在禽类间或人与禽类间传染；（3）被有机废弃物污染的土壤是蚊蝇滋生和鼠类繁殖的场所，而蚊蝇和鼠类又是许多传染病的媒介，因此，被有机废弃物污染的土壤在流行病学上被称为特别危险的物质；（4）一些在土壤中长期存活的植物病原体能严重危害植物，造成农作物减产，如某些致病真菌污染土壤后能引起一百多种蔬菜的根肿病，引起小麦、高粱、玉米、稻谷的黑穗病，引起茄子、棉花等多种植物的枯萎病等。

（四）放射性元素引起的土壤污染

放射性元素主要来源于大气层核试验的沉降物，以及原子能和平利用过程中所排放的各种废气、废水、废渣和核武器的试验。含有放射性元素的物质可以因自然沉降、雨水冲刷和废弃物堆放而污染土壤，土壤一旦被放射性物质污染就难以自行消除，放射性元素只能自然衰变为稳定元素。放射性物质可通过食物链、外部辐射、身体接触等多种途径进入人体，并可引起很多病变、肿瘤、不育和早衰等。放射性病症有较长的潜伏期。另外，放射性污染也可以通过污染土壤影响动植物的生长发育，甚至导致动植物的死亡。

除此以外，还可以根据土壤污染问题的成因是否与人类活动有关分为：由人类活动引起的土壤污染以及因自然原因引起的土壤污染；根据引起土壤污染问题污染源的不同可以划分为：由于大气颗粒物沉降引起的土壤污染、由于水污染引起的土壤污染、由于固体废弃物引起的土壤污染；还可以根据人类活动的方式分为：人类生产活动引起的土壤污染和人类生活引起的土壤污染等。①

三、土壤污染的危害及管控

土壤污染的危害主要包括：（1）耕地污染影响农产品质量。土壤污染影响农作物生长，造成减产。农作物可能会吸收和富集某些污染物，影响农产品质量，给农业生产带来经济损失；长期食用超标农产品可能严重危害人体健康。（2）危害人居环境安全。住宅、商业、工业等建设用地土壤污染可能通过经口摄入、呼吸吸入和皮肤接触等方式危害人体健康。污染地块未经治理修复就直接开发，会给有关人群造成长期的危害。（3）威胁生态环境安全。土壤污染影响植物、动物（如蚯蚓）和微生物（如根瘤菌）的生长和繁衍，危及正常的土壤生态过程和生态服务功能，不利于土壤养分转化和肥力保持，影响土壤的正常功能。土壤中的污染物，可能发生转化和迁移，继而进入地表水、地下水和大气环境，影响其他环境介质，可能会对饮用水源造成污染。

土壤污染的管控措施主要包括两方面内容：一方面是实施农用地分类管理，保障农业生产环境安全。对轻中度污染的土壤，制定实施受污染耕地安全利用方案，采取农艺调控、替代种植等措施，降低农产品超标风险；对重度污染土壤，严格管控其用途，依法划定特定农产品禁止生产区域，严禁种植食用农产品；制定实施重度污染耕地种植结构调整或退耕还林还草计划。另一方面，则是实施建设用地准入管理，防范人居环境风险。将建设用地土壤环境管理要求纳入城市规划、供地管理和土地开发利用管理。对拟收回土地使用权的有色金属冶炼、石油化工、石油加工、化工、焦化、电镀、制革等行业企业用地，以及用途拟变更为居住和商业、学校、医疗、养老机构等公共设施的上述企业用地，由土地使用权人负责开展土壤环境状况调查评估；已经收回的，由所在地市、县人民政府负责开展调查评估。根据调查评估结果，建立污染地块名录及其开发利用的负面清单，合理确定土地用途。制定一系列能客观反映当前我国土壤风险状况和管控要求的土壤环境标准，显得尤为迫切。当然，土壤污染的管控措施终究离不开法律制度的规范与保障。

四、我国土壤污染现状

我国经济发展方式长期较为粗放，污染物排放总量居高不下，土壤作为污染物的最终受体，土壤污染日趋严重，且土壤的污染源呈多样化的特点。总体来看，我国土壤污染的面积在增加，土壤污染物种类在增加，土壤污染的类型在增加，土壤污染物的含量在增加。根据《2023 年中国生态环境状况公报》，截至 2023 年年底，全国农用地安全利用率为 91%，而根据《2019 年全国耕地质量等级情况公报》，全国耕地质量平均等级为 4.76 等。其中，一至三等、四至六等和七至十等耕地面积分别占耕地总面积的 31.24%，46.81%和 21.95%。2022 年水土流失动态监测成果显示，全国水土流失面积为 265.34

---

① 蔡守秋，李建勋. 土壤污染防治法论纲. 河南财经政法大学学报，2008（3）：124－125.

万平方千米。其中，水力侵蚀面积为 109.06 万平方千米，风力侵蚀面积为 156.28 万平方千米。按侵蚀强度分，轻度、中度、强烈及以上强度侵蚀面积分别占全国水土流失总面积的 60.44%、17.99%、21.57%。[①] 第六次全国荒漠化和沙化调查结果显示，全国荒漠化土地面积为 257.37 万平方千米，沙化土地面积为 168.78 万平方千米。岩溶地区第四次石漠化调查结果显示，岩溶地区现有石漠化土地面积 722.3 万公顷。总之，全国土壤环境状况总体不容乐观，部分地区土壤污染较重，耕地土壤环境质量堪忧，工矿业废弃地土壤环境问题突出。因此，土壤污染问题成为我国亟须解决的重大环境问题。

第二节　土壤污染防治立法概述

一、国外土壤污染防治立法

20 世纪以来，随着各国工业化的发展与城镇化的推进，人类开始大规模开发利用土地资源，土壤污染问题日益突出。由于土壤污染的累积性、隐蔽性、滞后性，其危害后果直至 20 世纪 60 年代以后才逐渐显露出来。土壤污染给人类的生产生活和人体健康带来巨大威胁，这一严峻形势使得土壤污染成为国际社会几十年来重点关注的问题之一。发达国家土壤污染的立法模式主要有两类：有的国家制定了专门的土壤污染防治法，如德国的《联邦土壤保护法》、日本的《土壤污染对策法》等；有的国家并没有制定专门的土壤污染防治法，而是通过修改现有的环境保护法或者相关法来应对土壤污染，如法国的土壤污染防治立法就属于这一类。

（一）欧盟

欧洲是土壤污染防治技术体系较完善的地区。欧盟各国有关土壤污染防治的立法是先由欧盟作出指令和原则性规定，然后再由各成员国在其国内法中作出相应的规定。

欧共体于 1972 年颁布了《欧洲土壤宪章》，第一次将土壤视为需要保护的有限稀缺资产。1986 年 7 月欧共体发布了第 86/278/EEC 号“环境保护，尤其是土壤保护指令”，该指令规定，在农业中使用污泥应该防止对土壤、植被、动物和人类造成有害影响，鼓励正确使用污泥，要求成员国禁止使用重金属含量超标的污泥。1998 年 12 月在德国波恩召开了一个关于欧盟土壤保护政策的国际讨论会，会议目的主要是促使相关国家就土壤保护方面的信息充分交流，并通过了一份关于土壤保护的共同原则和目标的备忘录。欧盟于 2003 年修改了《污水处理厂污泥处理规程》，下调了污泥中污染物含量的上限，将其适用范围扩展到污水处理厂污泥存在的所有地区以及其他种类的污泥。2004 年欧盟委员会制定了土壤保护战略、《堆肥和其他生物垃圾处理规程》、发布了第 2004/35/CE 号指令，要求所有成员国在 2007 年 4 月 30 日以前根据该指令的要求实施一些必要的法

① 参见《2022 年中国水土保持公报》（水利部，2023 年 8 月 25 日）。

律、法规与行政条款，以防止和清除环境损害，其中包括保护土壤免遭污染、损害。2006年制定了土壤保护专题战略（Thematic Strategy for Soil Protection，TSSP），强调以风险预防为原则，在欧盟层面和国家层面上采取有利于土壤可持续性的防治措施。其中包含《土壤框架指令》草案（Soil Framework Directive，SFD），该草案旨在建立统一的通用行动方案，指导各成员国开展土壤防治工作，各成员国根据本国实际情况建立国家土壤修复计划，以减轻土壤环境风险，草案还要求成员国采取措施以交流用于修复含有持久性有机污染物（POPs）场地的最佳技术，但由于技术转让、各成员国的市场成熟度以及利益者冲突等因素，该指令未能最终通过。

（二）美国

1.《土壤保护法》

美国在土壤污染防治方面的立法较早。20世纪30年代的美国“黑色风暴”事件①引起了社会各界对土壤问题的关注，这主要是美国拓荒时期开垦土地造成植被破坏引起的。为此，美国在农业部中增设土壤保护局（现为自然资源保护局），并着手对土壤进行立法保护。1935年4月制定了《土壤保护法》，此后，国会相继通过了一系列法令，内容涉及建立土壤保持区、农田保护、土地管理政策、土地利用、小流域规划和管理、洪水防治、控制采伐和自由放牧等各个方面，把土地管理和水土保持逐步纳入法制轨道。

2.《固体废物处置法》

美国主要还是通过制定污染物和污染源控制的法律，以及实施联邦和州的相应行动计划来从事土壤污染防治工作。如1976年，美国制定了《固体废物处置法》（又称《资源保护和回收法》），旨在全面控制固体废物污染土地和其他环境，此后进行了几次修订，成为美国防治土壤污染的一部重要法律，重在预防危险物质污染环境和危害人体健康。

3.《超级基金法》(CERCLA)

1978年，美国发生了“洛夫运河污染事故”②，造成较大影响。1980年美国政府颁布了土壤污染防治的一部基本法律，即《综合环境污染响应、赔偿和责任认定法》（The Comprehensive Environmental Response Compensation and Liability Act，CERCLA），并建立名为“超级基金”的信托基金（其除来自联邦财政部分拨款外，大部分来自生产石油和无机化学制品行业的专门税），对实施这部法律提供资金支持，因此，该法常被称为《超级基金法》，其在一定程度上是对《固体废物处置法》的补充，旨在对美国范围内

---

① 1935年4月14日星期天，美国南部大平原出现一股沙尘“黑云”，造成极大的人身与财产损失，4月14日也因此被称为“黑色星期天”。之后，在20世纪30年代美国南部发生了上千次沙尘暴，波及美国本土27个以上的州，成为一场巨大的生态灾难。

② 洛夫运河（Love Canal）建于1892年，1920年西方石油公司的子公司胡克化学公司购买了这条运河，将其用于填埋化工垃圾。1953年，胡克化学公司在填满这条运河后平整土地，修成了辽阔的空地，并以1美元的价格将它卖给了尼亚加拉大瀑布教育董事会。此后，该地块上为低收入者兴建了许多住宅和学校。1978年，地下水位上升，使填埋的化学品裸露并引发严重的污染事故，之前居民身体损害的原因也得以显露。

的“棕色地块”[1] 开展修复，并对拥有土地、厂房和施舍等资产的污染者、所有者和利用者以溯及既往的方式规定法律责任。根据该法，化工事故的“潜在责任人”（Potentially Responsible Party，任何可能对污染负责的机构或个人）必须对其排放的超标污染物进行无害化处理，并对受污染影响的个人或机构进行赔偿；如果对污染负责者一时难以查明，修复和赔偿资金就由根据该法案专门建立的环境修复和赔偿的“超级基金”垫付，再由联邦环保局（EPA）代位向对污染负责者求偿。值得一提的是，《超级基金法》是美国法律中极少数按照严格责任原则和无限追诉期制定的法律，即除不可抗力、战争行为和第三者作用以外，无论“潜在责任人”在事故中是否有过失，无论造成污染的事故发生在多久以前，污染事故的“潜在责任人”都负有赔偿责任。《超级基金法》的内容现已被多个国家借鉴和采用。《超级基金法》颁布后，针对环境问题发展过程中出现的新情况，美国也陆续出台了一些修订版和补充法案，如 1986 年，美国国会对《超级基金法》进行了第一次修正，修正法案称为《超级基金增补和再授权法案》；2002 年美国制定了《小型企业责任免除和棕色地块振兴法案》，对《超级基金法》进行修订，给中小企业免除一定的责任，给棕色地块的振兴提供经济援助，增强州反应计划，促进棕色地块的清除和再利用。

（三）日本

日本专门的土壤污染防治立法主要有两部，即《农业用地土壤污染防治法》和《土壤污染对策法》。

1.《农业用地土壤污染防治法》

20 世纪中叶，日本发生了举世震惊的“四大公害事件”[2]，其中 1955—1972 年的“痛痛病”事件，是发生在日本富士县神通川流域的一起土壤污染公害事件，土壤污染的主要污染源是重金属，造成的原因是附近冶炼厂排放的含镉废水污染了河水，两岸居民使用河水灌溉农田，致使土壤含镉量明显增高，土壤受到镉污染进而造成当地居民身体受到损害。“痛痛病事件”直接促使日本政府于 1970 年颁布了《农业用地土壤污染防治法》。

《农业用地土壤污染防治法》的主要目的是防治和消除农业用地被特定有害物质污染，以及合理利用已经被污染的农业用地，内容包括指定及变更农业用地土壤污染对策地区、制定及变更农田土壤污染对策计划、指定及变更特别地区、调查测定农业土壤污染、现场调查、农作物等种植的劝告等。

2.《土壤污染对策法》

然而，《农业用地土壤污染防治法》仅适用于农村地区，且限于土壤的表层，对 20 世纪 70 年代以后城市地区频繁出现的大量土壤污染事件无能为力。1975 年，六价铬污染土壤事件在东京地区频繁爆发，逐渐演化成严重的社会问题，进而引起全社会对“城

---

① 棕色地块（Brownfield Site，或简称为“棕地”）：根据《超级基金法》的界定，棕色地块是一些不动产，这些不动产因为现实的或潜在的有害和危险物的污染而影响到它们的扩展、振兴和重新利用。棕色地块以工业用地居多，与其他用地的区别主要是存在一定程度的污染或环境问题。

② 20 世纪 60 年代，日本经济高速发展时期，国内环境问题常引起诸多群体性事件，引发了轰动一时的日本四大公害事件，即新潟水俣病事件、四日市哮喘病事件、富山痛痛病事件、米糠油事件。

市型”土壤污染的关注。在此背景下，日本于 2002 年 5 月 29 日公布了针对“城市型”土壤污染的《土壤污染对策法》(Soil Contamination Countermeasures Law，或称《土壤污染整治法》)。同年 12 月 26 日，日本还公布了《土壤污染防治法实施细则》。

3. 与土壤污染预防相关的立法

除了土壤污染防治专门立法，日本还有大量与土壤污染防治相关的立法，包括《大气污染防治法》《二噁英类物质特别对策法》《水质污浊防止法》《废弃物处理法》《肥料取缔法》《农药取缔法》《矿山保安法》等，这些相关法律通过对大气污染、二噁英类物质污染、水污染、固体废物污染、特定化学物质污染、化肥和农药污染以及矿物污染的控制，从不同方面来阻断新的土壤污染源，从而达到预防土壤污染的目标。

二、我国土壤污染防治立法概述

（一）前期土壤污染防治立法

自 1979 年《环境保护法（试行）》颁布以来，我国就注重通过立法对环境污染防治工作进行规范，其中，有大量的内容是针对土壤污染防治的，这方面的法律规定散见于环境法律、行政法规和部门规章之中，也有数量众多的地方性法规与地方政府规章。此外，为了把土壤污染防治工作落到实处，我国还出台了许多针对性很强的政策性文件，其内容既有对现行法律规定的组织实施，也有对现行立法不足的补充，这些内容有许多已被后来新的土壤污染防治立法所吸收。

1. 法律

在法律方面，我国的环境保护基本法以及几部环境要素污染防治法，均对土壤污染防治作出了规定。(1)《环境保护法》(2014 年修订）对土壤污染防治作出了原则性规定。(2)《水污染防治法》(2017 年修改）与土壤污染防治工作密切相关，许多内容均涉及对土壤污染源的控制。(3)《大气污染防治法》(2015 年修订）与土壤污染防治的联系点在于，排放的大气污染物最终都会沉降于水体或土壤中，或形成酸雨，对土壤造成污染，因此，该法第四章“大气污染防治措施”，对于土壤污染的预防都是具有积极意义的法律规定，并禁止在人口集中地区对树木、花草喷洒剧毒、高毒农药。(4) 固体废物的处理处置是土壤污染防治的一项重要内容，《固体废物污染环境防治法》(2020 年修订）是我国从污染物和污染源上控制土壤污染的一部重要法律，重在预防危险物质污染土壤环境和危害人体健康。此外，还有《农业法》《农产品质量安全法》《土地管理法》《水土保持法》等相关的法律，其中也有涉及土壤污染防治的内容。

2. 法规规章与标准

在行政法规和部委规章方面，与土壤污染防治相关的内容较多，这些法规规章主要的有：《水污染防治法实施细则》(已失效)、《危险化学品安全管理条例》《农药管理条例》《基本农田保护条例》《土地复垦规定》(现为《土地复垦条例》)、《农药限制使用管理规定》(已失效)、《农产品产地安全管理办法》《工业污染源监测管理办法（暂行）》(已失效)、《城市生活垃圾管理办法》《废弃危险化学品污染环境防治办法》(已失效)、

《污染地块土壤环境管理办法（试行）》《土壤污染防治行动计划实施情况评估考核规定（试行）》《农用地土壤环境管理办法（试行）》《工矿用地土壤环境管理办法（试行）》等，其中不乏关于土壤污染物与风险控制方面的规定。

环境标准在我国土壤污染防治立法体系中也占有重要的地位，如《农用污泥中污染物控制标准》（已失效）、《农药安全使用标准》（已失效）、《农田灌溉水质标准》《土壤环境质量农用地土壤污染风险管控标准（试行）》《土壤环境质量建设用地土壤污染风险管控标准（试行）》等。

此外，还有数量众多的地方性法规、规章，因地制宜对当地的土壤污染问题进行了一定程度的规范，涉及的内容包括土壤保护，防治农药污染土壤，有关土壤污染治理、修复、土壤状况调查等。

3. 政策

除了上述规范性法律文件，我国土壤污染防治的具体工作往往离不开政策性文件的作用，其内容对我国土壤污染防治立法产生了重要影响，最为重要的政策性文件是2016年5月28日国务院印发的《土壤污染防治行动计划》（国发［2016］31号），又称“土十条”，由环境保护部会同国家发展改革委等多部门编制而成，是我国应对重点环境问题的又一行动纲领，集中体现了党中央、国务院关于土壤污染防治的决策部署，其亮点包括：（1）摸清底数，强化监测；（2）健全规范，依法治土；（3）分类管理，突出重点；（4）风险管控，保护优先；（5）开展修复，加强技术；（6）政府主导，责任明确。“土十条”在每一条中的具体工作后都附上牵头部门与参与部门，其明确规定，地方各级政府是实施本行动计划的主体，且地方政府要承担污染修复责任主体不明或缺失时的兜底修复责任。除了政府主导，企业责任、市场作用、公众参与也在“土十条”中得以明确规定。

（二）立法历程

我国《土壤污染防治法》的制定经过了较长过程，历经几个不同阶段。

一是国务院生态环境部门组织研究阶段。2006年，原国家环保总局着手启动土壤污染防治立法研究工作，并成立了土壤污染防治法立法起草研究小组。2008年国务院机构改革后，环境保护部成立。2012年土壤污染防治立法列入国务院立法工作计划三类项目。2013年10月底，第十二届全国人大常委会公布了立法规划，《土壤污染防治法》被正式列入第一类项目，任期内提请审议。2013年11月，全国人大环境与资源保护委员会作为牵头起草单位，向环境保护部发出委托函，委托起草土壤污染防治法。环境保护部在前期工作基础上，先后征求各地方、各有关部门意见，并向社会公开征求意见，形成了《土壤污染防治法（草案建议稿）》。经过部务会议审议后，于2014年12月向全国人大环境与资源保护委员会提交《土壤污染防治法（草案建议稿）》。

二是全国人大环境与资源保护委员会提出草案阶段。环资委作为负责牵头起草和提请审议的机关，成立了起草领导小组，制定了工作方案和计划。根据科学立法、民主立法的要求，认真研究国内相关立法和国际有关土壤污染防治的立法经验，先后赴有关地方调研，了解情况并听取地方人大、政府及其有关部门、企业、专家学者等对土壤污染防治立法的意见和建议，并将草案书面征求有关部门和各省级人大常委会以及有关单位意见，形成《土壤污染防治法（草案）》，经环资委全委会审议通过，向全国人大常委会提出提请审议的议案。

三是全国人大常委会审议阶段。该法经过两届全国人大三次审议。2017 年 6 月，第十二届全国人大常委会第二十八次会议对《土壤污染防治法（草案）》进行了初次审议，随后向社会公开征求意见。2017 年 12 月，第十二届全国人大常委会第三十一次会议对《土壤污染防治法（草案）》进行第二次审议，随后再次向社会公开征求意见，并根据征求意见情况作了修改。2018 年 8 月，第十三届全国人大常委会第五次会议对《土壤污染防治法（草案）》进行第三次审议，2018 年 8 月 31 日表决，并全票通过了《土壤污染防治法》。

《土壤污染防治法》于 2019 年 1 月 1 日起施行，这是我国首次制定专门的法律来规范土壤污染防治工作，意义重大。《土壤污染防治法》的颁布实施，是贯彻落实党中央、国务院有关土壤污染防治的决策部署，填补了我国土壤污染防治领域的立法空白，有助于完善中国特色生态环境保护的法律体系，为扎实推进“净土保卫战”，用最严格的制度和最严密的法治为土壤污染防治提供了有力的法律保障。

第三节　我国土壤污染防治的主要法律规定

一、《土壤污染防治法》的立法目的与基本原则

（一）立法目的

《土壤污染防治法》的立法目的是，保护和改善生态环境，防治土壤污染，保障公众健康，推动土壤资源永续利用，推进生态文明建设，促进经济社会可持续发展。直接目的是实现环境效益，即“保护和改善生态环境”“防治土壤污染”“推动土壤资源永续利用”；间接目的是实现经济效益和社会效益，即“保障公众健康”“推进生态文明建设”“促进经济社会可持续发展”。

（二）基本原则

《土壤污染防治法》第 3 条规定：土壤污染防治应当坚持预防为主、保护优先、分类管理、风险管控、污染担责、公众参与的原则。

据此，我国土壤污染防治工作应遵循以下六项基本原则：(1) 预防为主原则。要求在整个土壤污染防治过程中主要采用防患于未然的方式。因为，土壤一旦被污染，治理和修复的成本很大，而且有些污染破坏是不可逆转的。《土壤污染防治法》第三章以“预防和保护”为题，专章规定了一系列预防性措施。(2) 保护优先原则。在处理土壤质量保护与土壤开发利用的关系上，要避免“先污染、后治理”，防止“先破坏、后修复”，要从源头上加强土壤保护和合理利用，有效预防土壤污染和生态破坏。“土十条”提出了优先保护的要求。《土壤污染防治法》第四章第二节以“农用地”为题，对农用地的优先保护作了专门规定。(3) 分类管理原则。这是国内外土壤污染防治的经验总结，也是

“土十条”明确规定的符合土壤污染防治特点的基本原则。《土壤污染防治法》吸纳了国家有关文件内容和实际经验，如第 49 条规定：国家建立农用地分类管理制度。按照土壤污染程度和相关标准，将农用地划分为优先保护类、安全利用类和严格管控类。(4) 风险管控原则。就土壤污染而言，由于其治理代价高昂，从成本效益考虑，应当以较小的成本，寻求最大的环境效益，这也正是土壤污染防治与大气、水等污染防治有所区别之处。“土十条”首次在总体要求部分提出了“风险管控”的原则，还分别针对农用地污染、建设用地污染，提出了采取替代种植、隔离污染物等风险管控措施。《土壤污染防治法》第 53 条、第 63 条对风险管控措施作出了规定。(5) 污染担责原则。造成环境污染的责任者应当为其造成的污染损害承担责任，这是《环境保护法》规定的基本原则之一，也是土壤污染防治的基本原则之一。《土壤污染防治法》对土壤污染责任人的责任作出了相应规定。(6) 公众参与原则。如《土壤污染防治法》规定，任何组织和个人都有保护土壤、防止土壤污染的义务；公民、法人和其他组织享有依法获取信息、参与和监督土壤污染防治的权利；任何组织、个人对污染土壤的行为，有权依法报告或者举报；有关社会组织可以依法向法院提起环境公益诉讼等。

二、土壤污染防治的政府责任

（一）土壤污染防治目标责任制和考核评价

《土壤污染防治法》第 5 条规定：“地方各级人民政府应当对本行政区域土壤污染防治和安全利用负责。国家实行土壤污染防治目标责任制和考核评价制度，将土壤污染防治目标完成情况作为考核评价地方各级人民政府及其负责人、县级以上人民政府负有土壤污染防治监督管理职责的部门及其负责人的内容。”

土壤污染防治目标责任制，就是确定土壤污染防治工作的具体目标及任务，规定实现该目标的具体措施，通过签订责任文书明确责任，按照有关规定实施考核，保障措施得以落实、目标得以实现。考核评价制度，就是指对于目标责任制所确定的具体目标和任务的责任的实施情况和具体效果，按照预先设定的指标和评估方法，进行绩效评价。

考核评价的对象包括两类主体：一是地方政府，具体指地方各级政府及其负责人，即将土壤污染防治目标完成情况作为考核评价地方各级政府及其负责人的内容；二是地方政府部门，具体指县级以上政府负有土壤污染防治监督管理职责的部门及其负责人，即将土壤污染防治目标完成情况作为考核评价有关部门及其负责人的内容。

根据《土壤污染防治行动计划实施情况评估考核规定（试行）》的规定，评估考核内容包括两个方面：一是年度性评估土壤污染防治重点工作完成情况，二是终期性考核土壤污染防治目标完成情况。评估考核采用评分法，评估考核工作由生态环境部牵头，会同国务院相关部门组成评估考核工作组，负责组织实施评估考核工作；评估考核采取自查评分、部门审查、组织抽查、综合评价四个步骤。

（二）政府基本职责

《土壤污染防治法》第 6 条规定：“各级人民政府应当加强对土壤污染防治工作的领

导，组织、协调、督促有关部门依法履行土壤污染防治监督管理职责。”根据《环境保护法》的规定，地方各级政府应当对本行政区域的环境质量负责，这当然也包括对土壤污染防治工作的领导。

《土壤污染防治法》明确规定了各级政府在土壤污染防治方面的基本职责。它包括两个层次：一是统一领导职责，即要求各级政府应当加强对土壤污染防治工作的统一领导，主要内容包括：国务院统一领导全国土壤污染状况普查；县级以上政府应当将土壤污染防治工作纳入国民经济和社会发展规划、环境保护规划；根据实际情况组织实施土壤污染风险管控和修复；将符合条件的优先保护类耕地划为永久基本农田，实行严格保护等。二是组织、协调、督促职责，即要求各级政府组织、协调、督促有关部门依法履行土壤污染防治监督管理职责，主要内容包括：设区的市级以上地方政府组织开展土壤污染状况详查；统筹规划、建设城乡生活污水和生活垃圾处理、处置设施，并保障其正常运行；重点保护未污染的耕地、林地、草地和饮用水水源地；根据实际情况组织实施土壤污染风险管控和修复等。

三、土壤污染防治的监管体制

《土壤污染防治法》第 7 条规定：“国务院生态环境主管部门对全国土壤污染防治工作实施统一监督管理；国务院农业农村、自然资源、住房城乡建设、林业草原等主管部门在各自职责范围内对土壤污染防治工作实施监督管理。地方人民政府生态环境主管部门对本行政区域土壤污染防治工作实施统一监督管理；地方人民政府农业农村、自然资源、住房城乡建设、林业草原等主管部门在各自职责范围内对土壤污染防治工作实施监督管理。”

根据《土壤污染防治法》的规定，土壤污染防治监管体制包括国家和地方两个层级，明确了主管部门和相关部门的基本职责，充分体现了统一监管与分工负责相结合，既有分工又有协作的部门间工作原则。

（一）主管部门，即生态环境主管部门

土壤污染防治是生态环保工作的重要方面，各级生态环境主管部门负有统一监督管理的职责。

1. 国务院生态环境主管部门的职责

根据 2018 年 3 月印发的《深化党和国家机构改革方案》和第十三届全国人大批准的《国务院机构改革方案》的规定，组建生态环境部，其主要职责之一是“监督管理污染防治”。该方案同时规定，整合组建生态环境保护综合执法队伍，整合环境保护和国土、农业、水利、海洋等部门相关污染防治和生态保护执法职责、队伍，统一实行生态环境保护执法，由生态环境部指导。据此，生态环境部负有对全国土壤污染防治工作实施统一监督管理的职责。而且，生态环境部所属的环境执法机构享有现场检查的职权。

根据《土壤污染防治法》的规定，生态环境部的统一监督管理职责，实际包括以下三种类型：(1) 独立实施的职责，如组织开展全国土壤污染状况普查；制定国家土壤污染风险管控标准；制定土壤环境监测规范；统一规划国家土壤环境监测站点设置；统一

发布全国土壤环境信息；进行现场检查；依法实施行政处罚等。（2）会同实施的职责，如会同农业、资源、住建、水利、卫生、林草等部门，构建全国土壤环境数据库和信息平台；会同发改、农业、资源、住建、林草等部门，编制全国土壤污染防治规划；会同国务院农业、资源、住建、水利、卫生、林草部门，组织监测网络；会同农业、资源、住建、林草部门，组织开展全国土壤污染状况普查；会同卫生健康等部门，公布重点控制的土壤有毒有害物质名录；会同自然资源部门，认定建设用地土壤污染责任人等。（3）配合实施的职责，如配合农、林部门，对高风险农用地，进行重点监测；配合农业部门，拟开垦为耕地的未利用地、复垦土地，进行土壤污染状况调查，实施分类管理；配合农、林部门，对有土壤污染风险的农用地，进行土壤污染状况调查、风险评估，实施分类管理；配合农、林部门，认定农用地土壤污染责任人等。

2. 地方生态环境主管部门的职责

地方生态环境主管部门，包括省（自治区、直辖市）级、地市级、县区级生态环境主管部门，根据《土壤污染防治法》相关条款的具体规定，在自身职责范围内，对本行政区域的土壤污染防治工作实施统一监督管理。地方生态环境主管部门在土壤污染防治方面，既有独立实施的职责，也有会同实施的职责，还有配合实施的职责。根据《土壤污染防治法》第 77 条的规定，地方各级生态环境主管部门所属的环境执法机构享有现场检查的职权。

（二）其他部门

《土壤污染防治法》除了规定生态环境主管部门统一监督管理的职责，还明确列举了四个相关的主管部门的监管职责，此外，还包括其他的相关部门，统称为“其他负有土壤污染防治监督管理职责的部门”。

《土壤污染防治法》明确列举了四个相关的主管部门，分别是：（1）农业农村主管部门，其主要职责包括：配合生态环境部门，组织开展土壤污染状况普查，配合组织土壤监测网络；会同生态环境部门，对高风险农用地地块进行重点监测；配合生态环境部门，对农田灌溉用水质进行监测和监督检查；管理农药、化肥、农用薄膜等农用投入品的回收处理，并依法实施处罚等。（2）自然资源主管部门，其主要职责包括：配合生态环境部门，组织开展土壤污染状况普查，配合组织土壤监测网络；会同生态环境部门，对高风险建设用地地块进行重点监测；配合生态环境部门，制定建设用地土壤污染风险管控和修复名录等。（3）住房城乡建设主管部门，其主要职责有：配合生态环境部门，建设土壤环境基础信息库，编制土壤污染防治规划，组织开展土壤污染状况普查，组织土壤环境监测网络；依法监督城乡生活污水、生活垃圾处理、处置设施的正常运行；监督未达到风险管控、修复目标的建设用地等。（4）林业草原主管部门，其主要职责包括：配合生态环境部门，组织开展土壤污染状况普查，组织土壤环境监测网络；会同生态环境部门，对高风险林草类农用地地块进行重点监测，认定林草类农用地土壤污染责任人，对有污染风险的林草类农用地进行土壤污染状况调查、风险评估，并实施分类管理等。这四个相关部门在各自职责范围内对土壤污染防治工作实施监督管理。

除了生态环境主管部门，农业农村、自然资源、住房城乡建设、林业草原四个相关的主管部门之外，《土壤污染防治法》还针对特定的具体事项，规定了其他多个相关部门或者特定机构的具体职责。主要包括：（1）发展改革部门，如第 11 条的规定；（2）水利部门，如第 8 条、第 15 条、第 28 条规定；（3）卫生健康部门，如第 8 条、第 20 条、第 81 条的规定；（4）工信部门，如第 22 条的规定；（5）财政部门，如第 69 条、第 71 条的规定；（6）税收部门，如第 69 条、第 73 条的规定；（7）价格部门，如第 69 条的规定；（8）不动产登记机构，如第 67 条的规定；（9）金融监管机构，如第 72 条的规定；（10）食品主管部门，如第 81 条；（11）科技主管部门；（12）标准化主管部门，如第 24 条、第 26 条的规定；（13）出入境检验检疫，如第 34 条的规定；（14）新闻宣传主管部门，如第 10 条的规定；等等。

（三）其他主管部门与生态环境主管部门履行监管职责的关系

就其他有关部门与生态环境主管部门履行土壤污染防治监督管理职责的关系而言，可以分为以下几种不同情况：（1）独立实施，即某个有关部门主管某个特定事项的土壤污染防治职责。如《土壤污染防治法》第 26 条第 2 款规定，国务院农业农村主管部门负责农药、肥料登记，组织开展农药、肥料对土壤环境影响的安全性评价。（2）联合实施，即两个或者多个有关部门共同主管某项土壤污染防治职责。如第 53 条规定，对安全利用类农用地地块，地方人民政府农业农村、林业草原主管部门，应当结合主要作物品种和种植习惯等情况，制定并实施农艺调控、替代种植等安全利用方案。（3）配合实施，即其他一个或者多个有关部门会同生态环境主管部门履行特定事项的土壤污染防治职责。如第 16 条规定，地方人民政府农业农村、林业草原主管部门应当会同生态环境、自然资源主管部门对农产品污染物含量超标、污水灌溉区等农用地地块进行重点监测。第 48 条规定，土壤污染责任人不明确或者存在争议的，农用地由地方人民政府农业农村、林业草原主管部门会同生态环境、自然资源主管部门认定。

此外，在土壤污染防治工作方面，环境信息共享机制尤为重要，建立一个跨部门、跨领域、跨系统的开放型的土壤环境信息资源共享机制和共享平台，是保障土壤污染防治科学决策，加强土壤污染防治工作的基本保障。因此，《土壤污染防治法》规定，国家建立土壤环境信息共享机制。国务院生态环境主管部门应当会同国务院农业农村、自然资源、住房城乡建设、水利、卫生健康、林业草原等主管部门建立土壤环境基础数据库，构建全国土壤环境信息平台，实行数据动态更新和信息共享。

四、规划、标准、普查和监测

（一）土壤污染防治规划

《土壤污染防治法》第 11 条规定："县级以上人民政府应当将土壤污染防治工作纳入国民经济和社会发展规划、环境保护规划。设区的市级以上地方人民政府生态环境主管部门应当会同发展改革、农业农村、自然资源、住房城乡建设、林业草原等主管部门，根据环境保护规划要求、土地用途、土壤污染状况普查和监测结果等，编制土壤污染防治规划，报本级人民政府批准后公布实施。"

将土壤污染防治工作纳入国民经济和社会发展规划中，可以在人力、物力、财力上保障土壤环境保护工作，使土壤环境保护的各项工作能够落到实处。而且，在国民经济和社会发展规划中对加强土壤污染防治工作也有所要求，如《国民经济和社会发展第十三个五年规划纲要》要求，加大环境综合治理力度，实施土壤污染分类分级防治，优先保护农用地土壤环境质量安全，切实加强建设用地土壤环境监管。

环境保护工作有赖于环境保护规划先行。将土壤污染防治工作纳入环境保护规划，有助于强化提升土壤污染防治工作，如《“十三五”生态环境保护规划》将土壤环境质量定为约束性指标，并设专节要求分类防治土壤环境污染，推进土壤基础调查和监测网络建设，实施农用地土壤环境分类管理，加强建设用地环境风险管控，开展土壤污染治理与修复，强化重点区域土壤污染防治。

（二）土壤污染风险管控标准

《土壤污染防治法》第 12 条第 1 款规定：“国务院生态环境主管部门根据土壤污染状况、公众健康风险、生态风险和科学技术水平，并按照土地用途，制定国家土壤污染风险管控标准，加强土壤污染防治标准体系建设。”

环境标准是环境监督管理和环境执法的依据，也是衡量排污状况和环境质量状况的主要尺度。环境质量标准是评价环境状况的标尺，是国家环境政策目标的具体体现，是制定污染物排放标准的依据，是生态环境主管部门和有关部门对环境进行科学管理的重要手段。我国于 1995 年 7 月 13 日颁布了《土壤环境质量标准》（GB 15618—1995），1996 年 7 月 1 日实施。该标准在我国土壤环境保护和管理中发挥了重要基础性作用，但也存在适用范围小、项目指标少、实施效果不理想等问题，既不适应农用地土壤污染风险管控的需要，也不适用于建设用地，难以满足当前土壤环境管理的需要。《土壤污染防治法》《土壤污染防治行动计划》明确了土壤污染防治坚持预防为主、保护优先、分类管理、风险管控的原则，这是国外几十年土壤污染治理与修复的经验和教训的总结。为充分体现土壤污染风险管控的思路，《土壤污染防治法》将标准名称由“土壤环境质量标准”调整为“土壤污染风险管控标准”。为保护土壤环境质量、管控土壤污染风险，2018 年 6 月生态环境部会同国家市场监管总局批准《土壤环境质量　农用地土壤污染风险管控标准（试行）》（GB 15618—2018）、《土壤环境质量　建设用地土壤污染风险管控标准（试行）》（GB 36600—2018）两项标准为国家环境质量标准，从 2018 年 8 月 1 日起实施。自实施之日起，《土壤环境质量标准》（GB 15618—1995）废止。

我国现行土壤污染防治标准体系包括三类：土壤污染风险管控类标准、土壤环境监测规范类标准、土壤环境基础类标准。《土壤污染防治行动计划》要求系统构建标准体系，健全土壤污染防治相关标准和技术规范。下一步标准制修订工作主要包括：一是制修订土壤环境监测、调查评估、风险管控、治理与修复等技术规范以及环境影响评价技术导则；二是完善土壤污染防治相关标准，修订肥料、饲料、灌溉用水中有毒有害物质限量和农用污泥中污染物控制等标准，制定可降解农用地膜标准，修订农用地膜、农药包装标准；三是完善土壤中污染物分析测试方法；四是分类研制一批土壤环境标准样品。通过这些标准的制定和修订，加快构建完善国家土壤污染防治标准体系。

《土壤污染防治法》第 12 条第 2 款规定了地方土壤污染风险管控标准的制定主体和备案要求，即："省级人民政府对国家土壤污染风险管控标准中未作规定的项目，可以制定地方土壤污染风险管控标准；对国家土壤污染风险管控标准中已作规定的项目，可以制定严于国家土壤污染风险管控标准的地方土壤污染风险管控标准。地方土壤污染风险管控标准应当报国务院生态环境主管部门备案。"

《土壤污染防治法》还规定，土壤污染风险管控标准是强制性标准。这意味着，无论是国家土壤污染风险管控标准，还是地方土壤污染风险管控标准，一经公布生效，都有强制执行的效力，必须据以执行，并由各级生态环境主管部门及其他相关主管部门监督实施。

此外，《土壤污染防治法》关于国家支持土壤环境背景值和土壤环境基准研究的规定，为各专业部门和学术团体开展土壤环境背景值和土壤环境基准研究提供了法制保障。所谓的"土壤环境背景值"，是指基于土壤环境背景含量的统计值，通常以土壤环境背景含量的某一分位值表示。所谓的"土壤环境基准"，是指土壤中物理、化学等要素对土壤生物、作物、健康或使用功能不产生不良或有害影响的最大限值或临界含量。

制定土壤污染风险管控标准，应当组织专家进行审查和论证，并征求有关部门、行业协会、企业事业单位和公众等方面的意见。土壤污染风险管控标准的执行情况应当定期评估，并根据评估结果对标准适时修订。省级以上人民政府生态环境主管部门应当在其网站上公布土壤污染风险管控标准，供公众免费查阅、下载。

（三）土壤污染状况普查

《土壤污染防治法》第 14 条规定："国务院统一领导全国土壤污染状况普查。国务院生态环境主管部门会同国务院农业农村、自然资源、住房城乡建设、林业草原等主管部门，每十年至少组织开展一次全国土壤污染状况普查。国务院有关部门、设区的市级以上地方人民政府可以根据本行业、本行政区域实际情况组织开展土壤污染状况详查。"

我国土壤环境管理起步晚，监测体系尚不健全，污染状况底数不清的问题成为制约土壤环境管理的重要瓶颈。开展土壤污染状况普查和详查，就是要在已有调查的基础上进一步开展系统调查，查明农用地土壤污染的面积、分布及其对农产品的影响，查清重点行业企业用地中污染地块的分布及其环境风险情况，为农用地土壤环境分类管理和建设用地准入管理奠定基础，为土壤污染防治工作提供坚强的基础支撑。

为进一步摸清土壤环境状况，《土壤污染防治行动计划》要求，深入开展土壤环境质量调查。在现有相关调查基础上，以农用地和重点行业企业用地为重点，开展土壤污染状况详查，2018 年年底前查明农用地土壤污染的面积、分布及其对农产品质量的影响；2020 年年底前掌握重点行业企业用地中的污染地块分布及其环境风险情况。建立土壤环境质量状况定期调查制度，每 10 年开展一次。从总体评估情况看，全国农用地土壤采样、制样工作与计划进度基本一致。

（四）土壤环境监测

任何环境决策都离不开环境监测基础数据的支持，每一项环境管理措施的优劣成败都要依靠环境监测来验证。环境监测数据，既是环境保护税征收、环境执法、目标责任考核、环境统计、风险管控的依据，也是提升环境管理和执法效能的保障。只有依靠准确的环境质量监测，客观地反映环境质量状况和环境容量，才能落实环保目标责任制，实现环境保护目标。为此，《土壤污染防治法》第15条规定："国家实行土壤环境监测制度。国务院生态环境主管部门制定土壤环境监测规范，会同国务院农业农村、自然资源、住房城乡建设、水利、卫生健康、林业草原等主管部门组织监测网络，统一规划国家土壤环境监测站（点）的设置。"目前，我国已初步建成了国家土壤环境监测网，基本实现对所有土壤类型、县域和主要农产品产地全覆盖。

《土壤污染防治法》明确规定，地方人民政府农业农村、林业草原主管部门应当会同生态环境、自然资源主管部门对下列农用地地块进行重点监测：(1) 产出的农产品污染物含量超标的；(2) 作为或者曾作为污水灌溉区的；(3) 用于或者曾用于规模化养殖，固体废物堆放、填埋的；(4) 曾作为工矿用地或者发生过重大、特大污染事故的；(5) 有毒有害物质生产、贮存、利用、处置设施周边的；(6) 国务院农业农村、林业草原、生态环境、自然资源主管部门规定的其他情形。

地方人民政府生态环境主管部门应当会同自然资源主管部门对下列建设用地地块进行重点监测：(1) 曾用于生产、使用、贮存、回收、处置有毒有害物质的；(2) 曾用于固体废物堆放、填埋的；(3) 曾发生过重大、特大污染事故的；(4) 国务院生态环境、自然资源主管部门规定的其他情形。

五、预防和保护

（一）环境影响评价

《土壤污染防治法》第18条规定："各类涉及土地利用的规划和可能造成土壤污染的建设项目，应当依法进行环境影响评价。环境影响评价文件应当包括对土壤可能造成的不良影响及应当采取的相应预防措施等内容。"这是土壤污染防治有关预防为主原则的体现，要求对涉及土地开发利用规划，如区域开发规划，工业、城市建设和自然资源开发规划等规划；对土壤可能造成影响的建设项目，如有色金属冶炼、石油加工、化工、焦化、电镀、制革等项目，都应当依法开展环境影响评价，其环境影响评价文件应当对可能造成的土壤环境影响进行分析、预测和评估，提出预防或者减轻土壤污染的对策和措施。

2018年5月，生态环境部发布了《工矿用地土壤环境管理办法（试行）》，针对有色金属冶炼、石油加工、化工、焦化、电镀、制革等可能对土壤较为严重污染的项目，就该类项目建设的环境影响评价及运行过程中的土壤污染防治作出了明确规定，如要求该类项目在开展环境影响评价时，应当按照国家有关技术规范开展工矿用地土壤和地下水环境影响评价。

（二）防止有毒有害物质污染土壤

《土壤污染防治法》对涉及有毒有害物质活动的单位和个人在防止土壤污染义务方面作了规定，即生产、使用、贮存、运输、回收、处置、排放有毒有害物质的单位和个人，应当采取有效措施，防止有毒有害物质渗漏、流失、扬散，避免土壤受到污染。

对有毒有害物质采取较一般污染物更严格的风险管控措施是各国通行做法。如欧盟《工业排放指令》要求，任何“设施”或焚烧厂、废物焚烧厂或废物协同焚烧厂未获得许可，不得运行。申领许可证的，应当在许可证中载明防止向土壤和地下水排放的措施，以及对这些措施的定期检查要求，以防止在设备使用期间和贮存期间的泄漏、溢出和事故事件。

对有毒有害物质应当体现风险预防理念，停止或者最大限度地减少有毒有害物质的生产和使用，通过更安全的替代品或消减对这些物质的需求才是最有效的解决办法。为此，《土壤污染防治法》对土壤有毒有害物质名录发布主体、依据和工作程序作了规定，即国务院生态环境主管部门应当会同国务院卫生健康等主管部门，根据对公众健康、生态环境的危害和影响程度，对土壤中有毒有害物质进行筛查评估，公布重点控制的土壤有毒有害物质名录，并适时更新。

设区的市级以上地方人民政府生态环境主管部门应当按照国务院生态环境主管部门的规定，根据有毒有害物质排放等情况，制定本行政区域土壤污染重点监管单位名录，向社会公开并适时更新。土壤污染重点监管单位应当履行下列义务：(1) 严格控制有毒有害物质排放，并按年度向生态环境主管部门报告排放情况；(2) 建立土壤污染隐患排查制度，保证持续有效防止有毒有害物质渗漏、流失、扬散；(3) 制定、实施自行监测方案，并将监测数据报生态环境主管部门。前述义务应当在排污许可证中载明。土壤污染重点监管单位应当对监测数据的真实性和准确性负责。生态环境主管部门发现土壤污染重点监管单位监测数据异常，应当及时进行调查。设区的市级以上地方人民政府生态环境主管部门应当定期对土壤污染重点监管单位周边土壤进行监测。

（三）拆除设施、设备或者建筑物、构筑物活动的土壤污染防治

企业事业单位拆除设施、设备或者建筑物、构筑物的，应当采取相应的土壤污染防治措施。土壤污染重点监管单位拆除设施、设备或者建筑物、构筑物的，应当制定包括应急措施在内的土壤污染防治工作方案，报地方人民政府生态环境、工业和信息化主管部门备案并实施。

根据《土壤污染防治行动计划》的规定，有色金属冶炼、石油加工、化工、焦化、电镀、制革等行业企业拆除生产设施设备、构筑物和污染治理设施，要事先制定残留污染物清理和安全处置方案，并报所在地县级环境保护、工业和信息化部门备案；要严格按照有关规定实施安全处理处置，防范拆除活动污染土壤。《土壤污染防治法》与上述行动计划的规定保持了衔接一致。

（四）矿产资源开发活动土壤污染防治

在矿产资源开发利用过程中，对土壤的影响主要表现在土壤侵蚀、土壤酸化和土壤污染等方面。矿产资源开发利用造成的土壤污染主要包括：矿物开采加工过程中造成的汞、镉、铅等重金属污染；石油化工工业造成的有机物污染；采矿过程中造成的固体废物等污染。

我国有关法律法规如《矿产资源法》《水污染防治法》等对矿山、尾矿库的土壤环境保护已作出了规定。为了使相关规定在内容上衔接好，《土壤污染防治法》明确要求：各

级人民政府生态环境、自然资源主管部门应当依法加强对矿产资源开发区域土壤污染防治的监督管理，按照相关标准和总量控制的要求，严格控制可能造成土壤污染的重点污染物排放。尾矿库运营、管理单位应当按照规定，加强尾矿库的安全管理，采取措施防止土壤污染。危库、险库、病库以及其他需要重点监管的尾矿库的运营、管理单位应当按照规定，进行土壤污染状况监测和定期评估。

（五）特殊设施的土壤污染防治

《土壤污染防治法》对污水集中处理设施、固体废物处置设施这两类特殊设施的土壤污染防治要求作了明确规定。一是对污水集中处理设施、固体废物处置设施的建设和运行单位提出义务性要求。污水集中处理设施、固体废物处置设施若管理不善，易发生有毒有害污染物的渗漏、流失，对土壤和地下水环境造成污染。部分垃圾填埋场的垃圾渗滤液对土壤与地下水环境安全构成严重威胁。一些污水集中处理设施及其管网漏损，雨污分流不彻底，导致污水外渗入土壤与地下水。土壤与地下水污染具有隐蔽性、长期性和复杂性特点，一旦污染，修复期漫长，费用昂贵。因此，应当对易造成土壤和地下水污染的设施建立定期监测制度，及时发现隐患，及时整改。二是对地方生态环境监管部门对两类设施的监测与监管提出要求。即应当定期对污水集中处理设施、固体废物处置设施周边土壤进行监测，根据监测结果，及时发现污染隐患，并要求设施运营管理单位及时采取相应的改进措施。地方各级人民政府应当统筹规划、建设城乡生活污水和生活垃圾处理、处置设施，并保障其正常运行，防止土壤污染。

（六）防止农用地土壤污染

由于化肥、农药等农业投入品对土壤环境的不利影响，应该从化肥、农药的产品质量和使用入手，严格控制产品中的有害物质，减少使用量和减少使用过程对环境的影响，对有效防治其造成的土壤污染至关重要。因此，《土壤污染防治法》规定，国务院农业农村、林业草原主管部门应当制定规划，完善相关标准和措施，加强农用地农药、化肥使用指导和使用总量控制，加强农用薄膜使用控制。国务院农业农村主管部门应当加强农药、肥料登记，组织开展农药、肥料对土壤环境影响的安全性评价。制定农药、兽药、肥料、饲料、农用薄膜等农业投入品及其包装物标准和农田灌溉用水水质标准，应当适应土壤污染防治的要求。

地方人民政府农业农村、林业草原主管部门应当开展农用地土壤污染防治宣传和技术培训活动，扶持农业生产专业化服务，指导农业生产者合理使用农药、兽药、肥料、饲料、农用薄膜等农业投入品，控制农药、兽药、化肥等的使用量。地方人民政府农业农村主管部门应当鼓励农业生产者采取有利于防止土壤污染的种养结合、轮作休耕等农业耕作措施；支持采取土壤改良、土壤肥力提升等有利于土壤养护和培育的措施；支持畜禽粪便处理、利用设施的建设。

禁止向农用地排放重金属或者其他有毒有害物质含量超标的污水、污泥，以及可能造成土壤污染的清淤底泥、尾矿、矿渣等。县级以上人民政府有关部门应当加强对畜禽粪便、沼渣、沼液等收集、贮存、利用、处置的监督管理，防止土壤污染。农田灌溉用水应当符合相应的水质标准，防止土壤、地下水和农产品污染。地方人民政府生态环境主管部门应当会同农业农村、水利主管部门加强对农田灌溉用水水质的管理，对农田灌溉用水水质进行监测和监督检查。

国家鼓励和支持农业生产者采取下列措施：（1）使用低毒、低残留农药以及先进喷施技术；（2）使用符合标准的有机肥、高效肥；（3）采用测土配方施肥技术、生物防治等病虫害绿色防控技术；（4）使用生物可降解农用薄膜；（5）综合利用秸秆、移出高富集污染物秸秆；（6）按照规定对酸性土壤等进行改良。

《土壤污染防治法》还对农业投入品的包装废弃物和农用薄膜的回收处理进行了规定，即禁止生产、销售、使用国家明令禁止的农业投入品。农业投入品生产者、销售者和使用者应当及时回收农药、肥料等农业投入品的包装废弃物和农用薄膜，并将农药包装废弃物交由专门的机构或者组织进行无害化处理。具体办法由国务院农业农村主管部门会同国务院生态环境等主管部门制定。国家采取措施，鼓励、支持单位和个人回收农业投入品包装废弃物和农用薄膜。

（七）对未污染土壤和未利用地的保护

根据《土地管理法》的规定，土地类型分为农用地、建设用地和未利用地。农用地和建设用地因直接涉及“菜篮子”“米袋子”“水缸子”“盖房子”等百姓民生问题，一直是土壤污染防治工作关注的重点。因未利用地尚未进行开发利用，通常是我们认为的“一片净土”。但近年来，未利用地污染问题日益凸显。因此，《土壤污染防治法》规定，国家加强对未污染土壤的保护。地方各级人民政府应当重点保护未污染的耕地、林地、草地和饮用水水源地。各级人民政府应当加强对国家公园等自然保护地的保护，维护其生态功能。对未利用地应当予以保护，不得污染和破坏。

（八）其他

在采用新技术、新材料方面，国家鼓励在建筑、通信、电力、交通、水利等领域的信息、网络、防雷、接地等建设工程中采用新技术、新材料，防止土壤污染。禁止在土壤中使用重金属含量超标的降阻产品。

县级以上地方人民政府及其有关部门应当按照土地利用总体规划和城乡规划，严格执行相关行业企业布局选址要求，禁止在居民区和学校、医院、疗养院、养老院等单位周边新建、改建、扩建可能造成土壤污染的建设项目。

此外，《土壤污染防治法》对土壤资源保护和合理利用、对进口土壤的检验检疫也作出了明确规定。

六、风险管控和修复

（一）一般规定

1. 土壤污染风险管控和修复的主要环节

土壤污染风险管控和修复的主要目的是调查土壤污染风险，并根据实际情况采取相应的措施，控制或者治理修复受污染的土壤，保障公众健康。具体包括以下几个环节：（1）土壤污染状况调查；（2）土壤污染风险评估；（3）风险管控、修复；（4）风险管控效果评估和修复效果评估；（5）后期管理等。

2. 土壤污染状况调查报告

实施土壤污染状况调查活动，应当编制土壤污染状况调查报告。土壤污染状况调查报告的主要内容包括：一是地块基本信息，包括地块位置、面积、权属、实际利用状况、预期用途等基本情况。二是污染物含量是否超过土壤污染风险管控标准。

3. 土壤污染风险评估报告

实施土壤污染风险评估活动，应当编制土壤污染风险评估报告。土壤污染风险评估报告应当主要包括下列内容：（1）主要污染物状况，即主要污染物的种类、含量等情况；（2）土壤及地下水污染范围，即土壤和地下水污染的分布情况；（3）农产品质量安全风险、公众健康风险或者生态风险；（4）风险管控、修复的目标和基本要求等。

4. 对于风险管控和修复活动的要求

（1）实施风险管控、修复活动前，地方人民政府有关部门有权根据实际情况，要求土壤污染责任人、土地使用权人采取移除污染源、防止污染扩散等措施。（2）实施风险管控、修复活动，应当因地制宜、科学合理，提高针对性和有效性。（3）实施风险管控、修复活动，不得对土壤和周边环境造成新的污染。（4）实施风险管控、修复活动中产生的废水、废气和固体废物，应当按照规定进行处理、处置，并达到相关环境保护标准。（5）实施风险管控、修复活动中产生的固体废物以及拆除的设施、设备或者建筑物、构筑物属于危险废物的，应当依照法律法规和相关标准的要求进行处置。（6）修复施工期间，应当设立公告牌，公开相关情况和环境保护措施。

5. 对异位修复活动的环境保护要求

修复施工单位转运污染土壤的，应当制订转运计划，将运输时间、方式、线路和污染土壤数量、去向、最终处置措施等，提前报所在地和接收地生态环境主管部门。转运的污染土壤属于危险废物的，修复施工单位应当依照法律法规和相关标准的要求进行处置。

6. 效果评估报告

实施风险管控效果评估、修复效果评估活动，应当编制效果评估报告。效果评估报告应当主要包括是否达到土壤污染风险评估报告确定的风险管控、修复目标等内容。风险管控、修复活动完成后，需要实施后期管理的，土壤污染责任人应当按照要求实施后期管理。

《土壤污染治理与修复成效技术评估指南（试行）》规定了第三方机构受省（区、市）人民政府或其相关部门等评估组织单位委托，对本行政区域各县（市、区）土壤污染治理与修复成效进行的综合评估的相关内容。风险管控效果评估、修复效果评估可以参考其中的相关规定。

7. 第三方服务单位的条件要求

从事土壤污染状况调查和土壤污染风险评估、风险管控、修复、风险管控效果评估、修复效果评估、后期管理等活动的单位，应当具备相应的专业能力。根据《土壤污染治理与修复成效技术评估指南（试行）》的规定，相关评估机构应符合以下基本条件：（1）遵守国家有关法律法规和政策规定；（2）有健全的组织机构和比较稳定的研究队伍；（3）社会信誉良好；（4）具有承担国家和地方生态环境保护有关战略、规划、政策研究和咨询的工作经验；（5）具有 3 名以上长期（10 年及以上）从事环境保护管理、政策、规划、技术咨询工作经验的高级职称研究人员。

受委托从事前述活动的单位对其出具的调查报告、风险评估报告、风险管控效果评估报告、修复效果评估报告的真实性、准确性、完整性负责，并按照约定对风险管控、修复、后期管理等活动结果负责。

8. 突发事件造成的土壤污染防治

发生突发事件可能造成土壤污染的，地方人民政府及其有关部门和相关企业事业单位以及其他生产经营者应当立即采取应急措施，防止土壤污染，并依照本法规定做好土壤污染状况监测、调查和土壤污染风险评估、风险管控、修复等工作。

9. 土壤污染责任的承担主体

其一，土壤污染责任人负有实施土壤污染风险管控和修复的义务，即土壤污染责任人应当对土壤污染状况调查和土壤污染风险评估、风险管控、修复、风险管控效果评估、修复效果评估、后期管理等活动负责。土壤污染具有积累性和滞后性，当发现土壤污染时，土壤污染已经较为严重，而且导致昂贵的修复费用和赔偿。因此，多数国家都在不同程序上允许特定主体就历史污染求偿。《土壤污染防治法》规定，土壤污染责任人负有实施土壤污染风险管控和修复的义务，对该法实施前已经发生的土壤污染也应当承担风险管控和修复的责任。

其二，土壤污染责任人无法认定的，土地使用权人应当实施土壤污染风险管控和修复。地方人民政府及其有关部门可以根据实际情况组织实施土壤污染风险管控和修复。国家鼓励和支持有关当事人自愿实施土壤污染风险管控和修复。

其三，因实施或者组织实施土壤污染状况调查和土壤污染风险评估、风险管控、修复、风险管控效果评估、修复效果评估、后期管理等活动所支出的费用，由土壤污染责任人承担。

其四，土壤污染责任人变更的，由变更后承继其债权、债务的单位或者个人履行相关土壤污染风险管控和修复义务并承担相关费用。

其五，土壤污染责任人不明确或者存在争议的，农用地由地方人民政府农业农村、林业草原主管部门会同生态环境、自然资源主管部门认定，建设用地由地方人民政府生态环境主管部门会同自然资源主管部门认定。认定办法由国务院生态环境主管部门会同有关部门制定。

（二）农用地

1. 农用地分类

国家建立农用地分类管理制度。按照土壤污染程度和相关标准，将农用地划分为优先保护类、安全利用类和严格管控类。根据《土壤污染防治行动计划》第7条规定：划定农用地土壤环境质量类别。按污染程度将农用地划为三个类别：未污染和轻微污染的划为优先保护类，轻度和中度污染的划为安全利用类，重度污染的划为严格管控类。以耕地为重点，分别采取相应管理措施，保障农产品质量安全。划定结果由各省级人民政府审定，数据上传全国土壤环境信息化管理平台。根据土地利用变更和土壤环境质量变化情况，定期对各类别耕地面积、分布等信息进行更新。

县级以上地方人民政府应当依法将符合条件的优先保护类耕地划为永久基本农田，实行严格保护。在永久基本农田集中区域，不得新建可能造成土壤污染的建设项目；已经建成的，应当限期关闭拆除。

未利用地、复垦土地等拟开垦为耕地的，地方人民政府农业农村主管部门应当会同生态环境、自然资源主管部门进行土壤污染状况调查，依法进行分类管理。

2. 农用地土壤污染状况调查和风险评估

土壤污染状况调查，是指在可能存在土壤污染风险的情况下，对某一特定区域的农用地的土壤污染实际情况进行详细的调查，以确定其污染物的种类和数量，是否需要开展风险评估及后续风险管控或者修复等活动。当土壤污染状况调查表明污染物含量超过土壤污染风险管控标准的情况下，应当启动土壤污染风险评估。

对土壤污染状况普查、详查和监测、现场检查表明有土壤污染风险的农用地地块，地方人民政府农业农村、林业草原主管部门应当会同生态环境、自然资源主管部门进行土壤污染状况调查。对土壤污染状况调查表明污染物含量超过土壤污染风险管控标准的农用地地块，地方人民政府农业农村、林业草原主管部门应当会同生态环境、自然资源主管部门组织进行土壤污染风险评估，并按照农用地分类管理制度管理。

3. 安全利用方案

对安全利用类农用地地块，地方人民政府农业农村、林业草原主管部门，应当结合主要作物品种和种植习惯等情况，制定并实施安全利用方案。安全利用方案应当包括下列内容：（1）农艺调控、替代种植；（2）定期开展土壤和农产品协同监测与评价；（3）对农民、农民专业合作社及其他农业生产经营主体进行技术指导和培训；（4）其他风险管控措施。

4. 风险管控措施

对严格管控类农用地地块，地方人民政府农业农村、林业草原主管部门应当采取下列风险管控措施：（1）提出划定特定农产品禁止生产区域的建议，报本级人民政府批准后实施；（2）按照规定开展土壤和农产品协同监测与评价；（3）对农民、农民专业合作社及其他农业生产经营主体进行技术指导和培训；（4）其他风险管控措施。各级人民政府及其有关部门应当鼓励对严格管控类农用地采取调整种植结构、退耕还林还草、退耕还湿、轮作休耕、轮牧休牧等风险管控措施，并给予相应的政策支持。

5. 地下水、饮用水水源污染防治

与土壤污染修复的高昂成本相比，农用地种植产生的经济效益往往较低。因此农用地土壤污染防治主要考虑保障农产品质量安全，以风险管控为主，需要修复的情况较少。

对于未进行修复的农用地，采取风险管控措施只能保障其产出的农产品质量安全。在此情形下，若农用地地块的土壤污染影响或者可能影响地下水、饮用水水源安全，有必要由政府出面对其采取措施，防止对公众健康和生态造成威胁。因此，《土壤污染防治法》规定，安全利用类和严格管控类农用地地块的土壤污染影响或者可能影响地下水、饮用水水源安全的，地方人民政府生态环境主管部门应当会同农业农村、林业草原等主管部门制定防治污染的方案，并采取相应的措施。

6. 农用地风险管控要求

所谓风险管控，是指通过切断或阻隔污染物影响受体的途径，以及限制或者避免受体与污染物接触的可能性，以减少风险事件发生时造成的损失。风险管控强调的是对已经存在的土壤污染采取控制措施，防止污染物对食用农产品和人体健康造成直接影响。

对安全利用类和严格管控类农用地地块，土壤污染责任人应当按照国家有关规定以及土壤污染风险评估报告的要求，采取相应的风险管控措施，并定期向地方人民政府农业农村、林业草原主管部门报告。

7. 农用地地块修复方案与效果评估

对产出的农产品污染物含量超标，需要实施修复的农用地地块，土壤污染责任人应当编制修复方案，报地方人民政府农业农村、林业草原主管部门备案并实施。修复方案应当包括地下水污染防治的内容。

修复活动应当优先采取不影响农业生产、不降低土壤生产功能的生物修复措施，阻断或者减少污染物进入农作物食用部分，确保农产品质量安全。风险管控、修复活动完成后，土壤污染责任人应当另行委托有关单位对风险管控效果、修复效果进行评估，并将效果评估报告报地方人民政府农业农村、林业草原主管部门备案。

农村集体经济组织及其成员、农民专业合作社及其他农业生产经营主体等负有协助实施土壤污染风险管控和修复的义务。

（三）建设用地

1. 建设用地的土壤污染风险管控和修复名录制度

国家实行建设用地土壤污染风险管控和修复名录制度，这是严格建设用地准入管理，防范人居环境安全的一项基础制度。建设用地土壤污染风险管控和修复名录由省级人民政府生态环境主管部门会同自然资源等主管部门制定，该名录属于主动公开的政府信息，应当按照规定向社会公开，并根据风险管控、修复情况适时更新。

建设用地土壤污染风险管控和修复名录的内容，原则上应当包括地块名称、地址、面积、四至范围、主要污染物、风险管控和修复进展等。土壤污染状况调查报告、风险评估报告、风险管控方案、修复方案、风险管控效果评估报告、修复效果评估报告等可作为名录相应地块的附件。

2. 土壤污染状况调查

启动土壤污染状况调查的情形有两种：一是发现问题线索的，要启动调查；二是用途拟变更的，要启动调查。

对土壤污染状况普查、详查和监测、现场检查表明有土壤污染风险的建设用地地块，地方人民政府生态环境主管部门应当要求土地使用权人按照规定进行土壤污染状况调查。用途变更为住宅、公共管理与公共服务用地的，变更前应当按照规定进行土壤污染状况调查。上述规定的土壤污染状况调查报告应当报地方人民政府生态环境主管部门，由地方人民政府生态环境主管部门会同自然资源主管部门组织评审。

由于土壤污染具有复杂性和隐蔽性，如类似于“病情诊断”存在不确定性，土壤污染状况调查存在一定的不确定性。土壤污染状况调查报告即使通过评审，之后发现问题的，依然可以要求重新进行调查。

3. 土壤污染风险评估

对土壤污染状况调查报告评审表明污染物含量超过土壤污染风险管控标准的建设用地地块，土壤污染责任人、土地使用权人应当按照国务院生态环境主管部门的规定进行土壤污染风险评估，并将土壤污染风险评估报告报省级人民政府生态环境主管部门。

为规范建设用地土壤污染风险评估，生态环境部门发布了一系列技术规范和导则，如《建设用地土壤环境调查评估技术指南》、《污染场地风险评估技术导则》（HJ 25.3—2014）和《工业企业场地环境调查评估与修复工作指南（试行）》等技术文件。

从各国实践看，风险评估结论与土壤污染状况调查的方法与不确定性密切相关。为保障人居环境安全，风险评估通常遵循合理的保守原则，如对污染物的毒性数据以及反映人体吸收污染物水平的暴露参数均选用了一定的“安全系数”，以保证风险评估获得的污染物含量限值能为保护人体健康留下较为可靠的安全范围。

4. 地块的确定和管理

省级人民政府生态环境主管部门应当会同自然资源等主管部门按照国务院生态环境主管部门的规定，对土壤污染风险评估报告组织评审，及时将需要实施风险管控、修复的地块纳入建设用地土壤污染风险管控和修复名录，并定期向国务院生态环境主管部门报告。

列入建设用地土壤污染风险管控和修复名录的地块，不得作为住宅、公共管理与公共服务用地。

5. 风险管控措施

对建设用地土壤污染风险管控和修复名录中的地块，土壤污染责任人应当按照国家有关规定以及土壤污染风险评估报告的要求，采取相应的风险管控措施，并定期向地方人民政府生态环境主管部门报告。风险管控措施应当包括地下水污染防治的内容。

风险管控措施有管理措施，也有工程措施，通常考虑技术可达性、环境安全、经济成本、时间周期等多个方面，可以是以下措施之一或以下措施的组合：（1）及时移除或者清理污染源；（2）采取污染隔离、阻断等措施，防止污染扩散；（3）开展土壤、地表水、地下水、空气环境监测；（4）发现污染扩散的，及时采取有效补救措施。同一地块也可以根据实际情况分区域或分阶段采取多种适宜的风险管控技术。

6. 地方生态环境部门的风险管控措施

对建设用地土壤污染风险管控和修复名录中的地块，地方人民政府生态环境主管部门可以根据实际情况采取下列风险管控措施：(1) 提出划定隔离区域的建议，报本级人民政府批准后实施；(2) 进行土壤及地下水污染状况监测；(3) 其他风险管控措施。

地方人民政府生态环境主管部门因实施或者组织实施土壤污染风险管控等活动所支出的费用，由土壤污染责任人承担。土壤污染责任人变更的，由变更后承继其债权、债务的单位或者个人承担相关费用。

7. 地块治理修复

对建设用地土壤污染风险管控和修复名录中的地块需要实施修复的地块，土壤污染责任人应当结合土地利用总体规划和城乡规划编制修复方案，一方面主要考虑不同的土地利用类型，对土壤污染防治的要求不一样。例如，将《城市用地分类与规划建设用地标准》规定的城市建设用地分为第一类用地和第二类用地。第一类用地，儿童和成人均存在长期暴露风险，主要是居住用地。考虑到社会敏感性，将公共管理与公共服务用地中的中小学用地、医疗卫生用地和社会福利设施用地，公园绿地中的社区公园或儿童公园用地也列入第一类用地。第二类用地主要是成人存在长期暴露风险，主要是工业用地、物流仓储用地等。另一方面，涉及成片污染地块分期分批开发的，要注意开发时序，原则上住宅、学校等敏感类用地应后开发，以防止周边未完成治理修复的污染地块对敏感人群造成不良影响。

修复方案应当报地方人民政府生态环境主管部门备案。

修复方案应当包括地下水污染防治的内容。对涉及地下水污染的，应当根据风险评估报告的要求实施地下水修复。

8. 风险管控效果、修复效果评估

风险管控、修复活动完成后，土壤污染责任人应当另行委托有关单位对风险管控效果、修复效果进行评估，并将效果评估报告报地方人民政府生态环境主管部门备案。

从事土壤污染风险管控效果评估、修复效果评估的单位，应当具备相应的专业能力；对风险管控效果评估报告、修复效果评估报告的真实性、准确性、完整性负责。

受委托从事土壤污染风险管控效果评估、修复效果评估活动的单位，出具虚假效果评估报告的，处以罚款；情节严重的，禁止从事上述业务；有违法所得的，没收违法所得。对直接负责的主管人员和其他直接责任人员处以罚款；情节严重的，十年内禁止从事前述规定的业务；构成犯罪的，终身禁止从事前述规定的业务。

9. 地块移出

对达到土壤污染风险评估报告确定的风险管控、修复目标的建设用地地块，土壤污染责任人、土地使用权人可以申请省级人民政府生态环境主管部门移出建设用地土壤污染风险管控和修复名录。

省级人民政府生态环境主管部门应当会同自然资源等主管部门对风险管控效果评估报告、修复效果评估报告组织评审，及时将达到土壤污染风险评估报告确定的风险管控、修复目标且可以安全利用的地块移出建设用地土壤污染风险管控和修复名录，按照规定向社会公开，并定期向国务院生态环境主管部门报告。

未达到土壤污染风险评估报告确定的风险管控、修复目标的建设用地地块，禁止开工建设任何与风险管控、修复无关的项目。

10. 土地使用权人的职责

土壤污染重点监管单位生产经营用地的用途变更或者在其土地使用权收回、转让前，应当由土地使用权人按照规定进行土壤污染状况调查。土壤污染状况调查报告应当作为不动产登记资料送交地方人民政府不动产登记机构，并报地方人民政府生态环境主管部门备案。

土壤污染重点监管单位生产经营用地的用途变更前，开展土壤污染状况调查，有利于保障土地用途变更后的建设用地安全，特别是人居环境安全。土壤污染重点监管单位生产经营用地在其土地使用权收回、转让前，开展土壤污染状况调查，确定土壤污染状况，有利于明晰土壤污染责任。

此外，土地使用权已经被地方人民政府收回，土壤污染责任人为原土地使用权人的，由地方人民政府组织实施土壤污染风险管控和修复。

七、保障和监督

（一）土壤污染防治保障

1. 经济政策和措施

《土壤污染防治法》第 69 条规定，“国家采取有利于土壤污染防治的财政、税收、价格、金融等经济政策和措施”。有利于土壤污染防治的财政政策和措施，就是指在财政资金安排上加大对土壤污染防治的规划、标准、普查、监测、普查和土壤环境信息平台等监管方面的投入，土壤污染防治的科学研究、技术研究、人才培养等科技支撑方面的投入，以及对农用地、建设用地、未利用地的风险管控和修复等方面的投入。有利于土壤污染防治的税收政策，是指对土壤污染防治投入科学研究，对从事土壤污染状况调查和土壤污染风险评估、风险管控、修复、风险管控效果评估、修复效果评估、后期管理等活动的企业、单位和个人可以给予税收优惠。通过减免个人所得税、企业所得税等，鼓励企业、单位和个人开展土壤污染防治的相关工作。在土壤污染防治工作方面的价格政策，主要是通过对可能造成土壤污染的商品，如有毒有害物质、降阻产品、农药等，进行价格上的调控，以减少对土壤造成污染的可能性。金融政策和措施主要是指通过金融机构在涉及土壤污染防治有关的事项上对相关的信贷给予支持，并鼓励这些金融机构在信贷、融资等方面加强对土壤的污染状况调查。

2. 土壤污染防治的资金安排

各级人民政府应当加强对土壤污染的防治，安排必要的资金用于下列事项：（1）土壤污染防治的科学技术研究开发、示范工程和项目；（2）各级人民政府及其有关部门组织实施的土壤污染状况普查、监测、调查和土壤污染责任人认定、风险评估、风险管控、修复等活动；（3）各级人民政府及其有关部门对涉及土壤污染的突发事件的应急处置；（4）各级人民政府规定的涉及土壤污染防治的其他事项。使用资金应当加强绩效管理和审计监督，确保资金使用效益。

3. 土壤污染防治基金制度

国家加大土壤污染防治资金投入力度，建立土壤污染防治基金制度。设立中央土壤污染防治专项资金和省级土壤污染防治基金，主要用于农用地土壤污染防治和土壤污染责任人或者土地使用权人无法认定的土壤污染风险管控和修复以及政府规定的其他事项。

对《土壤污染防治法》实施之前产生的，并且土壤污染责任人无法认定的污染地块，土地使用权人实际承担土壤污染风险管控和修复的，可以申请土壤污染防治基金，集中用于土壤污染风险管控和修复。

土壤污染防治基金的具体管理办法，由国务院财政主管部门会同国务院生态环境、农业农村、自然资源、住房城乡建设、林业草原等主管部门制定。

4. 土壤污染防治的金融措施

《土壤污染防治法》规定，国家鼓励金融机构加大对土壤污染风险管控和修复项目的信贷投放。国家鼓励金融机构在办理土地权利抵押业务时开展土壤污染状况调查。2015年12月31日，国家发展改革委办公厅发布了《关于印发〈绿色债券发行指引〉的通知》。其中，土壤污染治理项目是支持重点，绿色债券为金融机构支持土壤污染治理与修复产业开辟了债务资本市场融资渠道。国务院于2016年5月发布的《土壤污染防治行动计划》中明确规定："积极发展绿色金融，发挥政策性和开发性金融机构引导作用，为重大土壤污染防治项目提供支持。鼓励符合条件的土壤污染治理与修复企业发行股票。探索通过发行债券推进土壤污染治理与修复，在土壤污染综合防治先行区开展试点。"

5. 税收优惠

《土壤污染防治法》规定，从事土壤污染风险管控和修复的单位依照法律、行政法规的规定，享受税收优惠。《企业所得税法》明确规定，企业购置环境保护专用设备的投资额，可以按照一定比例实行税额抵免。

《"十三五"生态环境保护规划》规定："落实环境保护、生态建设、新能源开发利用的税收优惠政策。"对土壤修复行业企业实行税收优惠或减免政策。对积极开展土壤污染防治的企业，可以根据其防污、治污、修复投入资金数量减免其纳税额；对降低污染程度明显、修复土壤污染成绩比较突出的企业，给予一定期限或一定额度的税收返还；对污染减排、土壤修复设施采取低税率，或允许设备增值税收进项抵扣，对环保设备实行加速折旧等政策。鼓励企业积极研制、开发土壤污染治理与修复的技术和设备。

此外，国家鼓励并提倡社会各界为防治土壤污染捐赠财产，并依照法律、行政法规的规定，给予税收优惠。

（二）土壤污染防治监督

1. 人大监督

《土壤污染防治法》第75条规定，县级以上人民政府应当将土壤污染防治情况纳入环境状况和环境保护目标完成情况年度报告，向本级人民代表大会或者人民代表大会常务委员会报告。上述规定体现了国家对土壤污染防治的高度重视，也有利于通过人大监督不断推动土壤污染防治工作的改进和提升。

2. 约谈

省级以上人民政府生态环境主管部门应当会同有关部门对土壤污染问题突出、防治工作不力、群众反映强烈的地区，约谈设区的市级以上地方人民政府及其有关部门主要负责人，要求其采取措施及时整改。约谈整改情况应当向社会公开。

约谈是行政机关内部的监督制度，是预防和解决地方人民政府不作为、乱作为、滥作为和违法行政的有效手段。针对土壤污染问题约谈的主体是省级以上人民政府生态环境主管部门和有关部门，有关部门包括组织部门、监察机关和其他有关部门和机构。约谈的对象是土壤污染问题突出、防治工作不力、群众反映强烈的地区的设区市级以上地方人民政府及其有关部门主要负责人。为规范环保约谈工作，督促地方政府及其有关部门切实履行环保责任，解决突出环境问题，2014 年 5 月，环境保护部专门制定了《环境保护部约谈暂行办法》，对应当进行约谈的情形、约谈的程序、约谈的组织机构、约谈的纪要和文件等作了细化规定。

3. 现场检查

生态环境主管部门及其环境执法机构和其他负有土壤污染防治监督管理职责的部门，有权对从事可能造成土壤污染活动的企业事业单位和其他生产经营者进行现场检查、取样，要求被检查者提供有关资料、就有关问题作出说明。被检查者应当配合检查工作，如实反映情况，提供必要的资料。实施现场检查的部门、机构及其工作人员应当为被检查者保守商业秘密。

对土壤污染现场检查的内容包括：现场监督检查土壤污染源的污染物排放情况、污染防治设施运行情况、环境保护行政许可执行情况、建设项目环境保护法律法规的执行情况等；现场监督检查自然保护区、畜禽养殖污染防治等生态和农村环境保护法律法规执行情况。在检查过程中，执法人员可以采取勘察、取样、监测、拍照、录音、录像、制作笔录等方式开展现场检查；可以查阅、复制相关资料；可以约见、询问有关人员。

4. 行政强制措施

企业事业单位和其他生产经营者违反法律法规规定排放有毒有害物质，造成或者可能造成严重土壤污染的，或者有关证据可能灭失或者被隐匿的，生态环境主管部门和其他负有土壤污染防治监督管理职责的部门，可以查封、扣押有关设施、设备、物品。

行政强制包括行政强制措施和行政强制执行。其中，行政强制措施，是指行政机关在行政管理过程中，为制止违法行为、防止证据损毁、避免危害发生、控制危险扩大等情形，依法对公民的人身自由实施暂时性限制，或者对公民、法人或者其他组织的财物实施暂时性控制的行为。行政强制措施的种类包括：限制公民人身自由，查封场所、设施或者财物，扣押财物，冻结存款、汇款以及停止供水供电等。

5. 尾矿库和未利用地的监管

地方人民政府安全生产监督管理部门应当监督尾矿库运营、管理单位履行防治土壤污染的法定义务，防止其发生可能污染土壤的事故；地方人民政府生态环境主管部门应当加强对尾矿库土壤污染防治情况的监督检查和定期评估，发现风险隐患的，及时督促尾矿库运营、管理单位采取相应措施。

地方人民政府及其有关部门应当依法加强对向沙漠、滩涂、盐碱地、沼泽地等未利用地非法排放有毒有害物质等行为的监督检查。

6. 企业环境信用评价

省级以上人民政府生态环境主管部门和其他负有土壤污染防治监督管理职责的部门应当将从事土壤污染状况调查和土壤污染风险评估、风险管控、修复、风险管控效果评估、修复效果评估、后期管理等活动的单位和个人的执业情况，纳入信用系统建立信用记录，将违法信息记入社会诚信档案，并纳入全国信用信息共享平台和国家企业信用信息公示系统向社会公布。

生态环境主管部门在企业环境信用评价、环境违法信息纳入社会征信系统、记入社会诚信档案、纳入全国信用信息共享平台和国家企业信用信息公示系统向社会公布等环境违法“黑名单”制度方面开展了一系列创新性、引领性工作，取得了较好的效果。

7. 土壤环境信息公开

生态环境主管部门和其他负有土壤污染防治监督管理职责的部门应当依法公开土壤污染状况和防治信息。国务院生态环境主管部门负责统一发布全国土壤环境信息；省级人民政府生态环境主管部门负责统一发布本行政区域土壤环境信息。生态环境主管部门应当将涉及主要食用农产品生产区域的重大土壤环境信息，及时通报同级农业农村、卫生健康和食品安全主管部门。公民、法人和其他组织享有依法获取土壤污染状况和防治信息、参与和监督土壤污染防治的权利。

土壤污染状况普查报告、监测数据、调查报告和土壤污染风险评估报告、风险管控效果评估报告、修复效果评估报告等，应当及时上传全国土壤环境信息平台。

8. 其他监督

舆论监督是土壤污染防治的有效监督方式。《土壤污染防治法》规定，新闻媒体对违反土壤污染防治法律法规的行为享有舆论监督的权利，受监督的单位和个人不得打击报复。

此外，《土壤污染防治法》还规定了举报制度，即任何组织和个人对污染土壤的行为，均有向生态环境主管部门和其他负有土壤污染防治监督管理职责的部门报告或者举报的权利。生态环境主管部门和其他负有土壤污染防治监督管理职责的部门应当将土壤污染防治举报方式向社会公布，方便公众举报。接到举报的部门应当及时处理并对举报人的相关信息予以保密；对实名举报并查证属实的，给予奖励。举报人举报所在单位的，该单位不得以解除、变更劳动合同或者其他方式对举报人进行打击报复。

八、侵权责任与环境公益诉讼

（一）侵权责任

污染土壤造成他人人身或者财产损害的，应当依法承担侵权责任。土壤污染责任人无法认定，土地使用权人未依照本法规定履行土壤污染风险管控和修复义务，造成他人人身或者财产损害的，应当依法承担侵权责任。土壤污染引起的民事纠纷，当事人可以向地方人民政府生态环境等主管部门申请调解处理，也可以向人民法院提起诉讼。

2014年以来，新修改的《环境保护法》《大气污染防治法》和《水污染防治法》均对环境污染损害侵权责任作出了准用性规定，即适用《民法典》侵权责任编的规定。《土壤污染防治法》在上述规定基础上更进一步：一是明确承担环境侵权责任的范围是人身或者财产损害。考虑到环境侵权责任主要是民事责任，侵权担责原则是填补受损利益，而非实施社会惩戒，因此将侵权责任范围限定在人身或者财产损害范围内。二是采取法律拟制的规定。考虑到土壤污染责任人认定技术难度大，在无法认定污染责任人的情况下，将未依法履行风险管控和修复义务的土地使用权人拟制为责任人，由其承担环境侵权责任。三是明确规定行政机关对环境侵权民事纠纷的调解机制。行政调解是行政机关主持下行政相对人自愿协商达成协议的活动，公安机关处理交通事故的损害赔偿调解是常见的行政调解。由于行政调解是诉讼外和解，不具有法律上的强制执行效力，一方当事人不履行协议的，可以依法向法院提起诉讼。相对人也可以不选择行政调解，直接向法院提起诉讼。

（二）土壤污染损害的环境公益诉讼

污染土壤损害国家利益、社会公共利益的，有关机关和组织可以依照《环境保护法》《民事诉讼法》《行政诉讼法》等法律的规定向人民法院提起诉讼。

2017年，全国人民代表大会常务委员会修改了《民事诉讼法》和《行政诉讼法》，增加了检察机关提起或者支持环境公益诉讼的规定，明确赋予了检察机关提起环境公益诉讼的诉讼主体资格。修改后的《民事诉讼法》（2021年、2023年又经历了两次修正）第55条第2款规定："人民检察院在履行职责中发现破坏生态环境和资源保护、食品药品安全领域侵害众多消费者合法权益等损害社会公共利益的行为，在没有前款规定的机关和组织或者前款规定的机关和组织不提起诉讼的情况下，可以向人民法院提起诉讼。前款规定的机关或者组织提起诉讼的，人民检察院可以支持起诉。"修改后的《行政诉讼法》第25条第4款规定："人民检察院在履行职责中发现生态环境和资源保护、食品药品安全、国有财产保护、国有土地使用权出让等领域负有监督管理职责的行政机关违法行使职权或者不作为，致使国家利益或者社会公共利益受到侵害的，应当向行政机关提出检察建议，督促其依法履行职责。行政机关不依法履行职责的，人民检察院依法向人民法院提起诉讼。"

2018年，最高人民法院、最高人民检察院公布《关于检察公益诉讼案件适用法律若干问题的解释》（2020年已修正），对办理检察公益诉讼案件的程序、检察机关的诉讼权利义务等内容作出系统规定。司法解释明确界定了检察机关"公益诉讼起诉人"的身份，规定生态环境和资源保护刑事案件中，需追究被告民事侵权责任的，检察机关可以一并提起附带民事公益诉讼。同时确立了检察机关诉前程序推动解决环境侵害问题，促进行政机关依法履职。

考虑到相关诉讼法已有系统规定，《土壤污染防治法》仅在《环境保护法》规定的基础上作出了衔接性规定。

【案例】

“常州毒地”案

案情简介：

“常州毒地”案所涉地块为位于常州市外国语学校北部的面积约 26.2 公顷的平地。2016 年，江苏常州市外国语学校数百名学生体检查出皮炎、湿疹、支气管炎、血液指标异常、白细胞减少等症状。学校附近正在进行土壤修复施工的“毒地”成为学生家长怀疑的对象，涉案地块曾先后被建于 1958 年的江苏常隆化工有限公司、建于 1983 年的常州市常宇化工有限公司、建于 1990 年的江苏华达化工集团有限公司（以下简称“三家化工企业”）使用过。2010 年前后，三家化工企业搬迁，案涉地块被政府收储，此后政府对此“毒地”进行土地修复。

作为该“毒地”修复单位，常州市黑牡丹建设投资有限公司于 2013 年曾向江苏省环保厅报送《建设项目环境影响报告表》，该报告表披露了三家企业的问题：使用大量的有毒有害化工原料，部分化工原料及其中间产品具有高毒或致癌性。报告还称，“原企业搬迁后遗留的已受污染的土壤和地下水成为该场地的主要污染源；该场地地下水大都受到污染，是该场地的一个面源污染”。修复单位在调查结果中指出，该地块土壤和地下水确实污染较重，环境风险不可接受，必须对污染场地实施修复。报告分析，该地块的土壤和地下水污染，与产品生产过程或事故状态时所产生的跑、冒、滴、漏以及物料存放、废水排放、废物废液管理不规范有密切关联。

2016 年 4 月 29 日，北京市朝阳区环保组织自然之友环境研究所和中国生物多样性保护与绿色发展基金会对造成污染的上述三家化工企业提起环境民事公益诉讼，要求三家企业承担污染土壤和地下水的环境修复费用 3.7 亿元，并向公众赔礼道歉，承担原告因本诉讼支出的相关费用。

常州市中级人民法院一审判决认为，案涉地块的环境污染修复工作已由常州市新北区政府组织开展，环境污染风险得到了有效控制，两原告的诉讼目的已在逐步实现，遂判决两原告败诉，共同承担 189.18 万元的案件受理费。

常州中院的一审判决结果引起社会热议与业界广泛关注。两原告不服，提起上诉，此案二审于 2018 年 12 月 19 日在江苏省高院开庭审理。庭审中，两环保组织认为，三家化工企业是环境修复责任主体，政府实施环境修复仅为履行管理职能，政府已支出的费用、将来支出费用应由被上诉人承担。三家被诉化工企业则认为，土地已被政府收储，环境污染修复责任应由土地受让人承担，且地方政府已经在组织实施修复，污染危害已得到初步控制。

针对三家化工企业是否应当承担环境污染侵权责任，二审判决认为，根据相关调查、评估，三家企业各自原厂区内土壤和地下水超标污染物种类，重点污染物的区域、点位、种类、浓度和生物毒性的区域、级别等与三家企业在案涉地块厂区内各类产品生产区、辅助生产区、办公生活区、污水处理与仓储区等区域基本对应，可以印证案涉场地污染主要系三家化工企业从事农药、化工生产所致。因此，三家企业应当就其生产经营行为对案涉场地造成的环境污染承担相应的侵权责任。三家企业认为，案涉地块国有土地使用权已被收储，土地使用权已经依法转让，相关侵权责任应当由土地受让人地方政府承担，并非法律规定的不承担责任或者减轻责任的情形，法院不予支持。

关于三家化工企业是否应当承担污染风险管控和修复责任，判决认为，组织实施污染风险管控和修复是污染者的法律义务，尽管当地政府已组织实施污染风险管控、修复工作，但与污染者担责的归责原则并不冲突。同时，当地政府收储案涉地块后根据不同时期的用地规划，先后以居住用地、绿化用地为标准制定了污染风险管控和修复方案，且已经取得阶段性成效，方案已涵盖了被上诉人应当承担的案涉场地污染风险防控和修复责任范围。目前，没有判决三家化工企业再另行组织实施污染场地修复治理的必要性。

针对三家化工企业是否要承担地方政府支出的污染治理费用，判决认为，当地政府在本案诉讼前已经组织实施案涉地块的污染风险管控和修复，若其认为相关费用应由三家化工企业负担或分担，可以依法向三家企业追偿。在本案中，二审上诉人提出由三家化工企业负担政府支出的修复费用的诉求超出了环境公益诉讼的请求范围，不予支持。

判决还认为，上诉人提出的由被上诉人三家化工企业承担修复费用的诉求因无法确定后续治理所需费用，不能作为案件受理费的计算依据。且上诉人优先诉求是由被上诉人修复受损环境，承担修复费用系优先诉求不能实现时的备位诉求，应当按照优先诉求确定案件受理费。因此，本案按照非财产案件计算案件受理费。

2018 年 12 月 27 日上午，“常州毒地”案二审在江苏省高级人民法院公开宣判，并通过互联网平台全程直播。

裁判结果：

二审判决结果：(1) 撤销江苏省常州市中级人民法院（2016）苏 04 民初 214 号民事判决；(2) 江苏常隆化工有限公司、常州市常宇化工有限公司、江苏华达化工集团有限公司在本判决生效后 15 日内，在国家级媒体上就其污染行为向社会公众赔礼道歉；(3) 江苏常隆化工有限公司、常州市常宇化工有限公司、江苏华达化工集团有限公司在本判决生效之日起 10 日内，共同向北京市朝阳区自然之友环境研究所支付本案律师费、差旅费 230 000 元，向中国生物多样性保护与绿色发展基金会支付本案律师费、差旅费 230 000 元；(4) 驳回北京市朝阳区自然之友环境研究所、中国生物多样性保护与绿色发展基金会的其他诉讼请求。

分析：

“常州毒地”案二审判决有其进步意义：第一，肯定了本案属于环境公益诉讼的受案范围；第二，认定了被上诉人应当承担环境污染侵权责任，并在判决书中明确提出“污染者担责”；第三，肯定该案起诉并未超过诉讼时效；第四，案件受理费相对于一审堵死公益诉讼这条路的天价受理费，100 元的受理费可以接受，也有道理。至于律师费，虽然二审判决没有达到原告所要求的数额，但至少让公益诉讼律师的劳动没有白白付出。

但是，二审判决还是没有实现提起环境公益诉讼的最终目的。从总体上说，二审判决可归结为一句话，即“污染者担责，政府买单”，这不能接受，因为由政府替污染者“买单”，违背了“污染者担责”的法律原则与环境立法原意。① 本案例的审判在《土壤污

① 谭柏平.“污染者担责，政府买单”，这不能接受［EB/OL］.（2019－02－04）. https://mp. weixin. qq. com/s? __biz=MzAxOTExMzM4Mg%3D%3D&idx=6&mid=2649620607&sn=15c1f0b8da91d1ee855b6affb6147588.

染防治法》出台后但是没有实施之前，但是该案的判决没有违反2019年实施的《土壤污染防治法》。

［案例来源：江苏省常州市中级人民法院民事判决书（2016）苏04民初214号；江苏省高级人民法院民事判决书（2017）苏民终232号。］

法条链接

1.《中华人民共和国宪法》第10条、第26条；

2.《中华人民共和国环境保护法》第二章、第三章、第四章；

3.《中华人民共和国土壤污染防治法》全文；

4.《中华人民共和国大气污染防治法》第41条、第74条；

5.《中华人民共和国水污染防治法》第51条、第58条；

6.《中华人民共和国土地管理法》第四章、第五章。

深度阅读

1. 生态环境部法规与标准司.《中华人民共和国土壤污染防治法》解读与适用手册.北京：法律出版社，2018.

2. 秦天宝.德国土壤污染防治的法律与实践.环境保护，2007（10）.

3. 王树义.关于制定《中华人民共和国土壤污染防治法》的几点思考.法学评论，2008（3）.

4. 蔡守秋，李建勋.土壤污染防治法论纲.河南财经政法大学学报，2008（3）.

思考与练习

思考题

1. 什么是土壤污染？它有哪些危害？

2. 阐述国外土壤污染防治立法的主要经验。

3. 试述我国土壤污染防治立法的必要性和可行性。

4. 简述我国《土壤污染防治法》的立法目的与基本原则。

5. 我国《土壤污染防治法》有哪些特点？其主要内容是什么？

第十章

海洋环境保护法

重点知识

海洋环境污染　海洋环境保护立法　海洋环境管理　海洋生态保护　陆源污染　海岸工程污染　海洋倾废污染　船舶及有关作业活动污染　拆船污染　海域保护　海岛保护

海洋环境保护特别强调污染防治与自然资源保护的一致性，体现了现代环境保护法的发展趋势。本章的学习目的在于了解海洋污染和海洋环境保护的概念和特点，了解我国海洋环境保护立法的概况，掌握海洋环境保护法的基本原理和主要制度。重点是海洋环境保护监督管理体制、海洋生态保护和防止各种污染源对海洋造成污染损害的基本规定和主要措施。

第一节　海洋污染问题

一、海洋环境

海洋约占地球表面积的71%，海水占地球水总量的97%，全部海水的体积达13.7亿立方公里，比高于海平面的陆地体积大14倍，是人类可开发利用的巨大空间。海洋是人类生命的摇篮，地球上的生物就是从海洋中产生和发展来的。海洋也是地球的气候调节器，直接影响着地球的气候，调节着地球的温度和湿度。海洋中的藻类每年能产生360亿吨氧气，占大气含氧量的3/4；同时海洋吸收的二氧化碳占大气中的二氧化碳总含量的2/3，因而海洋又被称为地球之肺，对保持大气中的气体平衡发挥着巨大的作用。海洋还可为人类提供航运的便利，在国际经济交流中发挥着重要的作用。海洋更是资源的宝库。据估计，海洋每年可向人们提供30亿吨鱼、贝类。海洋中埋藏的矿产资源极为丰富。据估计，地球上的石油总埋藏量约有3 000亿吨，其中的900多亿吨埋藏在海底。海洋中还富含锰、溴、碘、金、铜、镍、铀等矿产资源。另外，流动的海水还是取之不尽的动力资源。据估计，利用潮汐能每年可以发电1.24亿千瓦。海洋、波浪的动能也可以用来发电。与陆地环境需要保护一样，保护海洋环境也已成为当今世界各沿海国家甚至全世界必须面对的任务。海岛是海洋的重要组成部分，保护海洋环境就是保护包括海岛在内的海洋的环境。

濒临我国的海洋与太平洋相连接。这一部分海洋分为四个海域：渤海、黄海、东海和南海，总面积约 470 万平方千米。我国海岸线漫长，大陆架宽广，蕴藏着丰富的油气资源；沿海地带有面积 1.51 万平方千米广阔的滩涂，适宜于水产养殖和晒制海盐；海岸多天然良港，适宜于发展海洋运输事业；我国的海域纵跨热带、亚热带和温带三大气候带，适合多种海洋生物生长繁殖。在我国海域，经济鱼类有 1 500 多种，海洋渔场面积约 150 万平方千米，每年生产 300 多万吨水产品，占全国水产品总产量的 3/4。海洋对人类环境具有巨大的净化作用。人们认识到了海洋的这种功能，也不断地在利用这种功能，但在相当长的历史时期中却忽略了海洋自身也需要“净化”，人类的海洋环境也需要保护。这种忽略和对海洋的太多的物质引入造成了日益严重的环境污染。面对这种污染和这种污染带来的对人类生存发展的威胁，人们有必要重新审视海洋环境，认真对待海洋环境污染问题。因此，合理开发利用海洋资源，防治海洋环境污染，是发展我国经济的一项重要任务，是我国可持续发展的基本保障条件之一。

二、海洋污染的概念

根据《联合国海洋法公约》的定义，海洋环境污染是指“人类直接或间接把物质或能量引入海洋环境，其中包括河口湾，以致造成或可能造成损害生物资源和海洋生物、危害人类健康、妨碍包括捕鱼和海洋的其他正当用途在内的各种海洋活动、损坏海水使用质量和减损环境优美等有害影响”。我国《海洋环境保护法》（2024 年 1 月 1 日实施）对海洋环境污染的认定与该公约的定义相类似。《海环法》关于“海洋环境污染损害”的规定反映了该法对海洋环境污染的理解。第 120 条规定：“海洋环境污染损害，是指直接或者间接地把物质或者能量引入海洋环境，产生损害海洋生物资源、危害人体健康、妨害渔业和海上其他合法活动、损害海水使用素质和减损环境质量等有害影响。”这些“有害影响”中的“损害海水使用素质和减弱环境质量”等非常明确地属于海洋环境污染。

海洋具有一定的自净能力。所谓自净能力就是指由于海水的不停运动以及海洋中发生的物理、化学、生物等过程的作用，污染物进入海洋环境后，会被海水稀释、扩散，或者由于氧化、还原、生物降解等综合作用而逐渐被分解破坏，转化为各种形式的物质。这种转化过程可以起到净化海水，或无害化处理污染物质的作用，从而使海洋免受污染。但是，海洋的自净能力是有限的。当进入海洋的污水、废弃物、有毒或有害物质的数量、浓度超过环境容量，即超过了海洋的自净能力时，就会造成海洋环境污染，诸如海洋油污染、海洋重金属污染、海洋热污染、海洋放射性污染等。所以，可以说海洋环境污染实际上就是向海洋引入了超出其自净能力的污染物而必然出现的一种自然现象。

海洋环境污染的危害主要表现在：

（1）对海洋生物资源的危害。有机物和重金属污染海洋，会造成鱼体内残留毒物增加，鱼质下降，甚至鱼类死亡。有机物污染还易引发“赤潮”。“赤潮”发生期间，海水中溶解氧被大量浮游生物消耗，会导致鱼、贝、虾、蟹因缺氧而窒息死亡。1998 年，我国海域监测到赤潮 22 次，而在 2013 年，海域发现赤潮达 46 次，累计面积 4 070 平方千米。其中，东海赤潮由 1998 年的 5 次上升到 2013 年的 25 次。赤潮的发生，破坏了海洋的正常生态结构，也破坏了海洋中的正常生产过程，从而威胁海洋生物的生存。

（2）对人体健康的危害。海洋生物资源是人类食物和药物的主要来源之一，人类食用被污染的鱼类等海洋生物会对人体健康产生不利的影响。尤其严重的是，许多有毒有害的污染物质，能通过食物链关系在海洋生物体中逐级富集，最终在海洋生物被人食用后对人体健康造成严重危害。日本熊本县水俣湾在 20 世纪 50 年代发生的“水俣病”，就是因为附近居民长期食用在该湾捕获的鱼、贝类之后，大量的汞被摄入人体，侵害中枢神经造成的。

（3）对海水水质的危害。人类活动产生的大量污染物质和有害能量不断地进入海洋，逐渐超过了一些海域的自然净化能力，使海洋环境的构成发生变化，恶化了海水水质和环境质量，造成海水使用素质的下降。据《2017 中国生态环境状况公报》，2017 年，全国近岸海域水质基本保持稳定，水质级别为一般，主要污染指标为无机氮和活性磷酸盐。417 个点位中，四类为 6.5%，比 2016 年上升 3.4 个百分点；劣四类为 15.6%，比 2016 年上升 2.4 个百分点。通过对直排海污染源的监测，404 个日排污水量大于 100 立方米的直排海工业污染源、生活污染源、综合排放口监测结果显示，污水排放总量约为 636 042 万吨，化学需氧量为 172 414 吨，石油类为 906.3 吨，氨氮为 10 759 吨，总氮为 56 625 吨，总磷为 2 169 吨，部分直排海污染源排放汞、六价铬、铅和镉等污染物。

海洋环境污染是对海洋环境的一种引入性破坏。除了向海洋引入污染物质可以引起对海洋环境的破坏，引入其他非污染物质也有可能对海洋环境造成某种危害。《联合国海洋法公约》第 196 条要求各国应采取一切必要措施以防止、减少和控制“由于故意或偶然在海洋环境某一特定部分引进外来的或新的物种致使海洋环境可能发生重大和有害的变化”。在不受控制的情况下，外来物种可能会快速繁殖，这种入侵会对海洋生物多样性产生破坏性影响。根据联合国环境规划署编写的《全球环境展望 3》，全球物种入侵现象正在不断增加，其最常见的媒介是船舶的压舱水。每天大约有三千种动植物经由压舱水传送。为了控制以船舶压舱水为传播途径的物种入侵问题，国际海洋组织还制定了船舶压舱水管理的新规则（2003 年生效）。

海洋环境遭受的另一种破坏是“取出性”的。比如，过度捕鱼会对鱼类种群的延续造成威胁，滥采乱挖珊瑚礁就等于破坏许多鱼类赖以生存的家园。在重视对海洋污染的防止、减少和控制的同时，《联合国海洋法公约》也注意到了对海洋生态系统的保护。该公约第 194 条要求各国为“保护和保全稀有或脆弱的生态系统，以及衰竭、受威胁或有灭绝危险的物种和其他形式的海洋生物的生存环境”采取必要的措施。

三、海洋环境污染的特点

海洋环境污染不同于陆地、河流、大气的污染，它有以下主要特点：

（1）污染源广。人类活动产生的废物，最后多半进入海洋。污染物质进入海洋的途径主要有以下几个方面：陆地上的废物直接排入海洋；挥发到空气中的有毒物质，经风吹雨打沉降入海洋；海上船舶排污和海损事故造成石油和其他有害物质流失入海；海上石油勘探开发活动向海洋跑、冒、滴、漏的石油；人类有意向海洋倾倒的有毒有害物质等。人类行为可以直接控制的污染源主要有：陆源污染、海岸工程污染、海洋工程污染、船舶污染、倾废污染、拆船污染等。

（2）扩散迁移范围大。世界的海洋是连成一片的整体，海洋中的水体一刻不停地运动着，海水运动的方式之一是方向恒定地流动，称为海流。海流可以把混入海水中的污染物从一海区搬运到另一个海区，从沿岸河口搬运到远洋。外国海域或公海的污染物可能漂流到我国海域，污染我国的海洋环境，同样，我国海洋环境中的污染物也有可能扩散到其他海域。

（3）污染物质没有转移的场所。大气中的污染物质可能沉降于地面和海洋；陆地、河流、湖泊的污染物可以由河流带入海洋；而海洋只能接收这些污染物，没有或极少向外排出的路径。虽然海洋具有较强的自净能力，但只能降解不能排除就决定了海洋污染是具有持久性的污染。又由于不可降解物质最后停留在海洋里，这就更使海洋环境污染难以迅速消除。

第二节 海洋环境保护立法概述

一、国外和国际海洋环境保护立法

18 世纪工业革命以来大规模的工业生产，尤其是化学工业的发达引起的污染逐渐蔓延到海洋。海洋作为地球上最大的纳污场所，其纳污能力受到了来自工业污染的挑战。海洋环境污染首先出现在工业发达国家濒临的局部海域。由于这类污染最先影响的是近岸海域，而遭受损失的首先也是这些海域的沿岸国家，所以，也是这些沿岸国家最先在法律上对海洋污染作出反应。

一般认为，在 1899 年美国《河流和港口法》中出现了有关海洋环境污染防治最早的法律规定，而各国关于海洋污染防治的专门立法则基本是在 20 世纪 60 年代后发展起来的。① 在 1899 年的《河流与港口法》之后，美国 1924 年的《防止油污染法》和 1925 年的《公共船舶法》中都作了一些关于防治海洋污染的或与防治海洋污染有关的规定。② 1972 年，美国颁布《海洋倾倒法》，用以规范在美国海域从事倾倒活动的行为。该法所说的美国海域包括美国的领海和毗连区。这部法律禁止向美国海域倾倒放射性、化学和生物武器媒介、高水平放射性废物和医疗废物等。对允许倾倒的废物，该法规定实行许可证制度。在此基础上，该法还实行倾倒交费的制度，规定倾倒下水道污泥和工业废物等必须缴纳倾倒费。此外，该法还作了制裁性的规定。

日本曾有“公害列岛”之称。作为一个岛国，其环境污染在海洋上的反映更迅速。

---

① 马骧聪. 环境资源法. 北京：北京师范大学出版社，1999：199.

② 蔡守秋，何卫东. 当代海洋环境资源法. 北京：煤炭工业出版社，2001：22.

为了应对严重的环境公害，1970 年召开的日本第六十四届国会制定了一系列防治公害的法律，其中包括《海洋污染和海上灾害防治法》。[①]《海洋污染和海上灾害防治法》和同期颁布的《水质污染防止法》对保护海洋环境，遏制海洋环境恶化的趋势发挥了一定的作用，但难以取得彻底扭转海洋环境恶化趋势的效果。为了保护濑户内海的环境，日本于 1973 年颁布《濑户内海环境保护临时措施法》，1978 年又将该法定为永久法，更名为《濑户内海环境保护特别措施法》。

其他许多沿海工业发达国家也都先后制定了保护海洋环境的法律、法规。如英国有《海洋倾倒法令》，荷兰有《海水污染法》，苏联有《苏共中央和苏联部长会议关于防止北极地带海洋、河流和其他水体污染措施的决定》，新加坡有《防止海洋污染法令》，韩国有《海洋污染防治法》等。

受联合国环境与发展大会的影响，1992 年缔结的《东北大西洋海洋环境保护公约》吸收了《里约环境与发展宣言》和《21 世纪议程》所倡导的许多思想和原则，采纳了谨慎行事原则、污染者付费原则、环境影响评价制度、信息开放措施和经济调节手段，代表了海洋环境保护法的新发展。在此之后的十多年中，又有数十个国际环境方面的规范性文件出台。它们多数是对已有公约的修订或附加议定书。这些新出台的法律文件都在一定程度上接受了《里约环境与发展宣言》和《21 世纪议程》确定的原则、制度等。许多国家根据《联合国海洋法公约》和联合国《21 世纪议程》对其国内保护海洋环境的法律、政策进行了调整和完善。1994 年 11 月 16 日，《联合国海洋法公约》正式生效。由于《公约》对内水、领海、毗连区、大陆架、专属经济区、公海等重要概念做了界定，因此在处理各国在领海主权、海上天然资源和污染管理等问题上具有重要的指导和裁决作用。

二、我国海洋环境保护立法的发展历程

我国自 20 世纪 70 年代开始陆续制定海洋环境保护法规。1972 年的人类环境会议推动了我国环境法治建设，包括海洋环境保护法治建设的发展。1974 年国务院批准发布了《中华人民共和国防止沿海水域污染暂行规定》。该暂行规定是我国防治海洋环境污染的第一个规范性法律文件。该暂行规定对防止油类和其他有害物质污染沿海水域作了 10 条规定，对沿海工矿企业、船舶、油轮、临海油库、炼油厂、油运码头及油区装卸作业设备等排污单位，都分别作了具体的规定。在国务院转发《交通部关于〈中华人民共和国防止沿海水域污染暂行规定〉的报告》中，还对沿海水域保护、防止沿海水域污染的监督管理工作做了分工。

我国 1978 年宪法作了“国家保护环境和自然资源，防治污染和其他公害”的明确规定，为以后的环境立法奠定了宪法基础。1979 年颁布的《环境保护法（试行）》对海洋环境污染防治作了原则性的规定。为贯彻实施《环境保护法（试行）》关于“维持水质良好状态”的规定，国务院环境保护领导小组于 1982 年 4 月 6 日颁布了《海水水质标准》。

---

① 日本在 1921 年和 1956 年分别制定了《公有水面填埋法》与《海岸法》，这些法律都不是专门为保护海洋环境而制定的。

该标准按照海水的用途将海水水质要求分为三类。该标准还按三类水质的要求分别规定了海水中有害物质最高容许浓度，另外还规定了防护措施和监督执行的机关。

分别于1989年与2014年修改的《环境保护法》均对保护海洋环境提出了更明确的要求。2014年新《环境保护法》第34条规定："国务院和沿海地方各级人民政府应当加强对海洋环境的保护。向海洋排放污染物、倾倒废弃物，进行海岸工程和海洋工程建设，应当符合法律法规规定和有关标准，防止和减少对海洋环境的污染损害。"第42条第4款规定："严禁通过暗管、渗井、渗坑、灌注或者篡改、伪造监测数据，或者不正常运行防治污染设施等逃避监管的方式违法排放污染物。"这项规定对于防治陆源污染物污染损害海洋环境将起到积极作用。

1982年8月23日，第五届全国人大常委会第二十四次会议通过了《海洋环境保护法》。该法是我国第一部保护海洋环境的综合性专门法律。它的出台表明我国已将海洋事业的发展与海洋环境保护有机地结合起来，并纳入了法制轨道。为了实施该法律，国务院陆续颁布了《防止船舶污染海域管理条例》（1983年通过，已被2009年《防治船舶污染海洋环境管理条例》废止）、《海洋石油勘探开发环境保护管理条例》（1983年）、《海洋倾废管理条例》（1985年）、《防止拆船污染环境管理条例》（1988年）、《防治陆源污染物污染损害海洋环境管理条例》（1990年）、《防治海岸工程建设项目污染损害海洋环境管理条例》（1990年通过，2007年修订）等行政法规。2010年11月16日交通运输部发布了《船舶及其有关作业活动污染海洋环境防治管理规定》，并于2013年8月31日、2013年12月24日、2016年12月13日和2017年5月23日进行了四次修正。国务院有关部门制定了《船舶污染物排放标准》《海洋石油开发工业含油污水排放标准》《渔业水质标准》《景观娱乐用水水质标准》等海洋环境保护的国家标准，以及《海洋调整规范》《海洋监测规范》等海洋环境保护规范。我国还积极参加了海洋环境保护的国际合作，先后加入了一些防治海洋环境污染的国际公约，如《国际油污损害民事责任公约》《国际干预公海油污事故公约》《防止倾倒废物及其他物质污染海洋的公约》《国际防止船舶造成污染公约》《联合国海洋法公约》等。

随着我国改革开放的不断深入，沿海经济快速发展，国际海洋事务也呈现新的发展和变化，为适应强化海洋环境管理的趋势，满足切实保护海洋环境的需要，1999年12月25日第九届全国人民代表大会常务委员会第十三次会议对《海洋环境保护法》进行了第一次修订。2013年12月28日，第十二届全国人大常委会第六次会议再次通过了关于修改《中华人民共和国海洋环境保护法》的决定，这是《海洋环境保护法》的第一次修正。修正后的法律强调从整体上对保护海洋生态系统，海洋环境监督管理作出了更为全面、系统的规定，增加了对重点海域将实行总量控制制度、海洋污染事故应急制度、"三同时"制度、落后工艺淘汰制度、排污收费制度、申报制度、现场检查制度、环境影响评价制度等内容，强化了环境法律责任，并对国内法与国际公约相衔接的问题作出明确规定。根据2016年11月7日第十二届全国人民代表大会常务委员会第二十四次会议《关于修改〈中华人民共和国海洋环境保护法〉的决定》对《海洋环境保护法》进行了第二次修正，接着，2017年11月4日第十二届全国人民代表大会常务委员会第三十次会议对《海洋环境保护法》进行了第三次修正。2023年第十四届全国人民代表大会常务委员会第六次会议对《海洋环境保护法》进行了第二次修订。新修订的《海洋环境保护法》于 2024 年 1 月 1 日起施行。新修订的《海洋环境保护法》中有很多制度安排都体现了习近平在 2023 年全国生态环境保护大会中强调的实施最严格的地上地下、陆海统筹、区域联动的生态环境治理制度这一理念。

近年来，我国海洋环境保护立法重视污染防治与海洋资源的保护相结合，有关海岛和海域保护的立法工作正在进行中，这对于加强保护我国海洋生态环境和自然资源，促进我国海洋事业的可持续发展都具有重要的意义。

三、海洋环境保护法的特点

由于保护对象——海洋的特殊性，海洋环境保护法具有以下特点：

（一）空间效力范围不限于国家管辖海域

根据法学一般理论，法的空间效力范围，在国内法层面是国家主权所及的范围，在国际法层面是国际条约或协定的缔约国和参加国。但是一国海洋环境保护法的空间效力范围并不限于该国所管辖的海域。我国《海洋环境保护法》第 2 条虽然把该法的适用范围确定为“适用于中华人民共和国管辖海域”，但该条第 3 款的规定却把空间效力范围扩展到了管辖海域之外。第 3 款规定：“在中华人民共和国管辖海域以外，造成中华人民共和国管辖海域环境污染、生态破坏的，适用本法相关规定。”海洋环境保护法的空间效力之所以不严格以国家管辖范围为限，这是根据海洋的特点在法律上采取的变通。海水具有流动性，海洋环境污染会在自然的作用下逐渐扩散蔓延，不受国家疆域和法律界限的限制，所以要控制海洋环境污染，对污染者实施法律监督，只能允许有关国家根据自己的法律处理发生在管辖区域之外但对管辖区域内的利益有妨碍的事项。

（二）区域性国际条约大量存在

覆盖地球的海洋虽然是一个整体，但是由于地理和经济等因素的影响，海洋中也存在一些几乎封闭或相对独立的区域。地中海和波罗的海是其中的显例。这两个区域的海水与区域外的海水交融较少，更新速度慢，又都是海上运输的繁忙区域，加上沿岸人口的密度大，容易引起污染。于是 1974 年，波罗的海沿岸六国通过了《保护波罗的海区域海洋环境公约》。由于同一区域内的国家在地理、文化、经济、社会、政治等方面的相通性，容易建立合作关系，所以与全球性公约相比，区域性条约具有易于达成、易于生效及实施的优势。《保护波罗的海区域海洋环境公约》的签订和有效实施引起了联合国环境规划署的重视。规划署吸收《保护波罗的海区域海洋环境公约》的经验，推动地中海沿岸国家顺利地缔结了《保护地中海免受污染公约》。此后，又有波斯湾、东南太平洋、红海和亚丁湾等 15 个区域海洋制定了类似的区域性多边条约。

（三）力求平衡环境保护与资源开发利用、自由航行的关系

环境与资源“在其存在形式即客观载体上有着必然的同一性”，是对“同一客观实

在”的不同的角度、不同侧面的认识。保护环境与保护自然资源有着极为密切的联系。传统的海洋法原则，如海洋自由原则的确立已有近四百年历史，虽然它们曾为反对海洋大国独霸海洋作出过贡献，但却无力阻止各国船舶的排污行为以及各国在海上任意倾倒、排放污染物和有毒物质的行为，甚至成为一些国家滥捕滥捞海洋生物资源尤其是渔业资源的根据。要为保护海洋环境建立行之有效的海洋环境保护法，人类面临着变革原有国际法原则的艰巨任务。实现这一变革的路径是在环境保护与开发利用海洋资源、保障海上自由航行之间寻求平衡。《联合国海洋法公约》已经为此作出了努力。它是唯一一个在使用、滥用海洋及海洋资源的各个方面都有所涉及的综合性国际公约，被国外学者称为首个力图为人口爆炸、海洋资源的保全和环境保护提供全球性解决框架的公约。该公约为国际环境法后来的发展作出了榜样。

第三节　我国海洋环境保护的主要法律规定

一、立法目的

《海洋环境保护法》第 1 条明确规定了该法的立法目的，即“为了保护和改善海洋环境，保护海洋资源，防治污染损害，保障生态安全和公众健康，维护国家海洋权益，建设海洋强国，推进生态文明建设，促进经济社会可持续发展，实现人与自然和谐共生，根据宪法，制定本法”。这是根据我国环境保护政策和海洋环境保护的任务规定的。首先，为了保护和改善海洋环境，保护海洋资源，防治污染损害，保障生态安全和公众健康这一表述突出了对海洋环境资源整体的保护，强调环境、资源、人类三者的紧密联系。当今世界各国海洋环境立法对立法目的的规定大致都包含这一内容。这一规定表明，我国的海洋环境立法不是消极地满足于对付海洋污染公害，而是立足于提高整个海洋环境质量，维护海洋生态平衡，造福全人类。其次，“促进经济社会可持续发展”的目的表明了海洋环境保护不仅是海洋事业发展的需要，而且事关整个国民经济甚至是世界经济的发展。最后，海洋环境保护要正确处理经济发展与环境污染的矛盾，保护海洋环境的目的不是要限制经济发展，而是要在保护海洋环境的同时，促进经济和社会的可持续发展。

二、适用范围

《海洋环境保护法》第 2 条规定：“本法适用于中华人民共和国管辖海域。在中华人民共和国管辖海域内从事航行、勘探、开发、生产、旅游、科学研究及其他活动，或者在沿海陆域内从事影响海洋环境活动的任何单位和个人，应当遵守本法。在中华人民共和国管辖海域以外，造成中华人民共和国管辖海域环境污染、生态破坏的，适用本法相关规定。”该条宣布了《海洋环境保护法》的对人效力和空间效力。

首先，该法的空间效力范围是“中华人民共和国管辖海域”。值得注意的是，根据《海洋环境保护法》第 2 条第 3 款的规定，即使排污行为不发生在中国管辖海域范围内，如果污染后果波及中国管辖海域，该法也具有管辖效力。

其次，该法对人的效力范围包括“在中华人民共和国管辖海域内从事航行、勘探、开发、生产、旅游、科学研究及其他活动，或者在沿海陆域内从事影响海洋环境活动的任何单位和个人”，同时也包括“在中华人民共和国管辖海域以外，造成中华人民共和国管辖海域环境污染、生态破坏的任何单位和个人”。

三、海洋环境监督管理的法律规定

为了严格、有效地保护海洋环境，《海洋环境保护法》在总则中明确规定了各涉海部门在海洋环境监督管理方面的职责，并设立了“海洋环境监督管理”一章，对海洋环境监督管理的各项具体制度作出明确规定。

（一）海洋环境监督管理的职责分工

与其他环境要素保护的法律制度相比，海洋环境保护涉及的行政部门较多。要有效保护海洋环境，必须让各有关部门先有一个合理的职责分工。一方面要充分发挥各部门的专业优势，齐抓共管；另一方面也要有明确的工作权限划分。海洋环境是一个统一的整体，有效的管理方式应当是由国家海洋环境保护部门实行综合管理，既不应按沿海行政区划分割管理，也不应把整体的海洋按一般行政管理的行业界限分而治之。

《海洋环境保护法》第 4 条规定：“国务院生态环境主管部门负责全国海洋环境的监督管理，负责全国防治陆源污染物、海岸工程和海洋工程建设项目（以下称工程建设项目）、海洋倾倒废弃物对海洋环境污染损害的环境保护工作，指导、协调和监督全国海洋生态保护修复工作。

“国务院自然资源主管部门负责海洋保护和开发利用的监督管理，负责全国海洋生态、海域海岸线和海岛的修复工作。

“国务院交通运输主管部门负责所辖港区水域内非军事船舶和港区水域外非渔业、非军事船舶污染海洋环境的监督管理，组织、协调、指挥重大海上溢油应急处置。海事管理机构具体负责上述水域内相关船舶污染海洋环境的监督管理，并负责污染事故的调查处理；对在中华人民共和国管辖海域航行、停泊和作业的外国籍船舶造成的污染事故登轮检查处理。船舶污染事故给渔业造成损害的，应当吸收渔业主管部门参与调查处理。

“国务院渔业主管部门负责渔港水域内非军事船舶和渔港水域外渔业船舶污染海洋环境的监督管理，负责保护渔业水域生态环境工作，并调查处理前款规定的污染事故以外的渔业污染事故。

“国务院发展改革、水行政、住房和城乡建设、林业和草原等部门在各自职责范围内负责有关行业、领域涉及的海洋环境保护工作。

“海警机构在职责范围内对海洋工程建设项目、海洋倾倒废弃物对海洋环境污染损害、自然保护地海岸线向海一侧保护利用等活动进行监督检查，查处违法行为，按照规定权限参与海洋环境污染事故的应急处置和调查处理。

“军队生态环境保护部门负责军事船舶污染海洋环境的监督管理及污染事故的调查处理。”

根据上述规定，我国各级生态环境主管部门是海洋环境保护工作的各级统一监督管理部门，而国务院自然资源主管部门、国务院交通运输主管部门、国务院渔业主管部门、海警机构和军队生态环境保护部门、国务院发展改革、水行政、住房和城乡建设、林业和草原等部门则依法律规定的职责范围行使各自的海洋环境保护监督管理职权。为了加强对海洋环境的监管，协调政府各部门的工作，《海洋环境保护法》规定，环境影响报告书报生态环境主管部门审查批准，环境保护行政主管部门在批准环境影响报告书之前，必须征求海洋、海事、渔业行政主管部门和军队环境保护部门的意见。

此外，《海洋环境保护法》第 6 条规定："沿海县级以上地方人民政府可以建立海洋环境保护区域协作机制，组织协调其管理海域的环境保护工作。

"跨区域的海洋环境保护工作，由有关沿海地方人民政府协商解决，或者由上级人民政府协调解决。

"跨部门的重大海洋环境保护工作，由国务院生态环境主管部门协调；协调未能解决的，由国务院作出决定。"

（二）海洋环境监督管理法律制度

《海洋环境保护法》规定了海洋环境监督管理的各项法律制度，主要包括：

1. 海洋环境标准制度

海洋环境标准是确定和衡量海洋环境好坏的一种尺度。一般分为三类，即海水水质标准、海洋沉积物标准和海洋生物体残毒标准。1982 年我国颁布了《海水水质标准》（GB 3097—82）。目前执行的主要是《海水水质标准》（GB 3097—1997）。此外，我国的《污水综合排放标准》（GB 8978—1996）中也包含对排入各类海域的污水的相关规定。

《海洋环境保护法》第 16 条规定："国务院生态环境主管部门根据海洋环境质量状况和国家经济、技术条件，制定国家海洋环境质量标准。

"沿海省、自治区、直辖市人民政府对国家海洋环境质量标准中未作规定的项目，可以制定地方海洋环境质量标准；对国家海洋环境质量标准中已作规定的项目，可以制定严于国家海洋环境质量标准的地方海洋环境质量标准。地方海洋环境质量标准应当报国务院生态环境主管部门备案。"

国家和地方水污染物排放标准的制定，应当将国家和地方海洋环境质量标准作为重要依据之一。

2. 排污和倾倒收费制度

《海洋环境保护法》第 21 条规定："直接向海洋排放应税污染物的企业事业单位和其他生产经营者，应当依照法律规定缴纳环境保护税。

"向海洋倾倒废弃物，应当按照国家有关规定缴纳倾倒费。具体办法由国务院发展改革部门、国务院财政主管部门会同国务院生态环境主管部门制定。"

3. 海洋环境质量管控制度和生态保护红线制度

《海洋环境保护法》第 13 条规定："国家优先将生态功能极重要、生态极敏感脆弱的海域划入生态保护红线，实行严格保护。

“开发利用海洋资源或者从事影响海洋环境的建设活动，应当根据国土空间规划科学合理布局，严格遵守国土空间用途管制要求，严守生态保护红线，不得造成海洋生态环境的损害。沿海地方各级人民政府应当根据国土空间规划，保护和科学合理地使用海域。沿海省、自治区、直辖市人民政府应当加强对生态保护红线内人为活动的监督管理，定期评估保护成效。”

《海洋环境保护法》第 19 条规定：“国家加强海洋环境质量管控，推进海域综合治理，严格海域排污许可管理，提升重点海域海洋环境质量。

“需要直接向海洋排放工业废水、医疗污水的海岸工程和海洋工程单位，城镇污水集中处理设施的运营单位及其他企业事业单位和生产经营者，应当依法取得排污许可证。排污许可的管理按照国务院有关规定执行。

“实行排污许可管理的企业事业单位和其他生产经营者应当执行排污许可证关于排放污染物的种类、浓度、排放量、排放方式、排放去向和自行监测等要求。

“禁止通过私设暗管或者篡改、伪造监测数据，以及不正常运行污染防治设施等逃避监管的方式向海洋排放污染物。”

4. 海洋环境监测、监视信息管理制度

《海洋环境保护法》第 23 条规定：“国务院生态环境主管部门负责海洋生态环境监测工作，制定海洋生态环境监测规范和标准并监督实施，组织实施海洋生态环境质量监测，统一发布国家海洋生态环境状况公报，定期组织对海洋生态环境质量状况进行调查评价。

“国务院自然资源主管部门组织开展海洋资源调查和海洋生态预警监测，发布海洋生态预警监测警报和公报。

“其他依照本法规定行使海洋环境监督管理权的部门和机构应当按照职责分工开展监测、监视。”

该法第 25 条规定：“国务院生态环境主管部门会同有关部门和机构通过智能化的综合信息系统，为海洋环境保护监督管理、信息共享提供服务。

“国务院有关部门、海警机构和沿海县级以上地方人民政府及其有关部门应当按照规定，推进综合监测、协同监测和常态化监测，加强监测数据、执法信息等海洋环境管理信息共享，提高海洋环境保护综合管理水平。”

5. 海上重大污染事故应急制度

重大的海洋污染事故往往是突发性的，如果不及时采取措施，往往会造成巨大损失。要减少重大海洋污染事故的损害，必须坚持预防为主的原则，充分预测风险，事先制定应急方案。一旦事故发生，必须立即、有计划地实施应对行动。

《海洋环境保护法》第 27 条规定：“因发生事故或者其他突发性事件，造成或者可能造成海洋环境污染、生态破坏事件的单位和个人，应当立即采取有效措施解除或者减轻危害，及时向可能受到危害者通报，并向依照本法规定行使海洋环境监督管理权的部门和机构报告，接受调查处理。

“沿海县级以上地方人民政府在本行政区域近岸海域的生态环境受到严重损害时，应当采取有效措施，解除或者减轻危害。”

第 28 条规定："国家根据防止海洋环境污染的需要，制定国家重大海上污染事件应急预案，建立健全海上溢油污染等应急机制，保障应对工作的必要经费。

"国家建立重大海上溢油应急处置部际联席会议制度。国务院交通运输主管部门牵头组织编制国家重大海上溢油应急处置预案并组织实施。

"国务院生态环境主管部门负责制定全国海洋石油勘探开发海上溢油污染事件应急预案并组织实施。

"国家海事管理机构负责制定全国船舶重大海上溢油污染事件应急预案，报国务院生态环境主管部门、国务院应急管理部门备案。

"沿海县级以上地方人民政府及其有关部门应当制定有关应急预案，在发生海洋突发环境事件时，及时启动应急预案，采取有效措施，解除或者减轻危害。

"可能发生海洋突发环境事件的单位，应当按照有关规定，制定本单位的应急预案，配备应急设备和器材，定期组织开展应急演练；应急预案应当向依照本法规定行使海洋环境监督管理权的部门和机构备案。"

此外，我国其他环境保护单行法规已实行的一些制度，如"三同时"制度、落后设备强制淘汰制度、限期治理制度、申报制度、现场检查制度、环境影响评价制度等，在《海洋环境保护法》中都有规定，而且限期治理制度、强制淘汰制度、环境监测制度等都比其他单行法规的规定更为严格。我国《海洋环境保护法》还规定了船舶油污损害民事赔偿制度和船舶油污保险制度等。

四、关于保护海洋生态系统的规定

海洋生态保护是 1999 年《海洋环境保护法》新增加的内容，也是中国海洋生态环境日益恶化在立法上的反映。我国《海洋环境保护法》关于海洋生态保护的规定主要包括如下内容：

1. 政府对生态保护和整治的责任

《海洋环境保护法》第 33 条规定："国家加强海洋生态保护，提升海洋生态系统质量和多样性、稳定性、持续性。

国务院和沿海地方各级人民政府应当采取有效措施，重点保护红树林、珊瑚礁、海藻场、海草床、滨海湿地、海岛、海湾、入海河口、重要渔业水域等具有典型性、代表性的海洋生态系统，珍稀濒危海洋生物的天然集中分布区，具有重要经济价值的海洋生物生存区域及有重大科学文化价值的海洋自然遗迹和自然景观。"这一规定明确了各级人民政府对海洋生态保护的责任。

2. 重要的海洋生态系统等纳入自然保护地保护

《海洋环境保护法》第 34 条规定："国务院和沿海省、自治区、直辖市人民政府及其有关部门根据保护海洋的需要，依法将重要的海洋生态系统、珍稀濒危海洋生物的天然集中分布区、海洋自然遗迹和自然景观集中分布区等区域纳入国家公园、自然保护区或者自然公园等自然保护地。"根据这个规定，不再单独建立海洋自然保护区和海洋特别保护区，而是把这些需要保护的海洋生态系统纳入现有的国家公园、自然保护区或者自然公园等自然保护地进行保护。这个规定体现了陆海统筹的新理念。

3. 对引进、开发活动的限制性规定

《海洋环境保护法》第 35 条规定："国家建立健全海洋生态保护补偿制度。

"国务院和沿海省、自治区、直辖市人民政府应当通过转移支付、产业扶持等方式支持开展海洋生态保护补偿。

"沿海地方各级人民政府应当落实海洋生态保护补偿资金，确保其用于海洋生态保护补偿。"

《海洋环境保护法》第 36 条规定："国家加强海洋生物多样性保护，健全海洋生物多样性调查、监测、评估和保护体系，维护和修复重要海洋生态廊道，防止对海洋生物多样性的破坏。

"开发利用海洋和海岸带资源，应当对重要海洋生态系统、生物物种、生物遗传资源实施有效保护，维护海洋生物多样性。

引进海洋动植物物种，应当进行科学论证，避免对海洋生态系统造成危害。"

4. 防止海水养殖对海洋生态的破坏

《海洋环境保护法》第 44 条规定："国家鼓励发展生态渔业，推广多种生态渔业生产方式，改善海洋生态状况，保护海洋环境。

"沿海县级以上地方人民政府应当因地制宜编制并组织实施养殖水域滩涂规划，确定可以用于养殖业的水域和滩涂，科学划定海水养殖禁养区、限养区和养殖区，建立禁养区内海水养殖的清理和退出机制。"

第 45 条规定："从事海水养殖活动应当保护海域环境，科学确定养殖规模和养殖密度，合理投饵、投肥，正确使用药物，及时规范收集处理固体废物，防止造成海洋生态环境的损害。

"禁止在氮磷浓度严重超标的近岸海域新增或者扩大投饵、投肥海水养殖规模。

"向海洋排放养殖尾水污染物等应当符合污染物排放标准。沿海省、自治区、直辖市人民政府应当制定海水养殖污染物排放相关地方标准，加强养殖尾水污染防治的监督管理。

"工厂化养殖和设置统一排污口的集中连片养殖的排污单位，应当按照有关规定对养殖尾水自行监测。"

五、关于防止陆源污染物对海洋环境的污染损害的规定

陆源，即陆地污染源，是指从陆地向海域排放污染物质，造成或者可能造成海洋污染损害的场所、设施等。目前我国海洋污染主要是来自陆源的污染。陆源污染物指由陆地污染源排放的污染物，主要有石油、农药、有机污染物、放射性物质、废热水、固体废弃物以及传染病原体等。这些废弃物通过江河径流、雨尘降落、工业和生活污水的直接排放等途径，大量进入沿岸海域。为防治陆源污染物污染损害海洋环境，《海洋环境保护法》第四章作了专门规定，主要有以下几个方面的内容：

1. 达标排放制度

《海洋环境保护法》第 46 条规定：“向海域排放陆源污染物，应当严格执行国家或者地方规定的标准和有关规定。”向海域排放低水平放射性废水，含病原体的医疗废水、生活污水和工业废水、含热废水等，必须采取防治措施，达标排放。

2. 排污口管理制度

《海洋环境保护法》第 47 条第 1、3、4 款规定：“入海排污口位置的选择，应当符合国土空间用途管制要求，根据海水动力条件和有关规定，经科学论证后，报设区的市级以上人民政府生态环境主管部门备案。排污口的责任主体应当加强排污口监测，按照规定开展监控和自动监测”；“沿海县级以上地方人民政府应当根据排污口类别、责任主体，组织有关部门对本行政区域内各类入海排污口进行排查整治和日常监督管理，建立健全近岸水体、入海排污口、排污管线、污染源全链条治理体系”；“国务院生态环境主管部门负责制定入海排污口设置和管理的具体办法，制定入海排污口技术规范，组织建设统一的入海排污口信息平台，加强动态更新、信息共享和公开”。第 48 条规定：“禁止在自然保护地、重要渔业水域、海水浴场、生态保护红线区域及其他需要特别保护的区域，新设工业排污口和城镇污水处理厂排污口；法律、行政法规另有规定的除外。在有条件的地区，应当将排污口深水设置，实行离岸排放。”以减轻对近岸海域的污染损害。

3. 排污许可制度

《海洋环境保护法》第 19 条规定：“国家加强海洋环境质量管控，推进海域综合治理，严格海域排污许可管理，提升重点海域海洋环境质量。

“需要直接向海洋排放工业废水、医疗污水的海岸工程和海洋工程单位，城镇污水集中处理设施的运营单位及其他企业事业单位和生产经营者，应当依法取得排污许可证。排污许可的管理按照国务院有关规定执行。

“实行排污许可管理的企业事业单位和其他生产经营者应当执行排污许可证关于排放污染物的种类、浓度、排放量、排放方式、排放去向和自行监测等要求。

“禁止通过私设暗管或者篡改、伪造监测数据，以及不正常运行污染防治设施等逃避监管的方式向海洋排放污染物。”

4. 特殊污染物禁排制度

《海洋环境保护法》第 51 条规定：“禁止向海域排放油类、酸液、碱液、剧毒废液。

“禁止向海域排放污染海洋环境、破坏海洋生态的放射性废水。

“严格控制向海域排放含有不易降解的有机物和重金属的废水。”

第 53 条规定：“含有机物和营养物质的工业废水、生活污水，应当严格控制向海湾、半封闭海及其他自净能力较差的海域排放。”

另外，《海洋环境保护法》在海洋生态保护部分，还对于防止沿海农田、牧场使用的化学农药、化肥、植物生长调节剂对海洋的污染，防止固体废物、危险废物、大气污染物对海洋环境的污染损害作出了明确的规定。

六、关于防止工程建设项目对海洋环境的污染损害的规定

海岸工程是指人们在海岸带上建设的各种工程，既包括港口码头工程、入海河口水

利工程、海涂围垦工程、潮汐发电工程等与海洋资源开发利用有关的各种工程，也包括一切在海岸带兴建的并可能对海洋环境产生影响的其他工程建设项目。海岸带是连接陆地和海洋的纽带，通常包括自海岸向陆地至10公里、向海域至15米等深线的范围。海岸的环境变化，既影响陆地环境，又影响海洋环境，是环境保护的重点区域。不合理的海岸工程建设会破坏海岸带生态系统，污染损害海洋环境，如引起港口航道淤积，破坏海洋生物的生存环境等。海洋工程是指在海岸线以下的施工工程，如开发海底隧道、铺设海底电缆、建设人工岛屿、在海岸线以下进行的围海工程等，它不包括海岸工程。《海洋环境保护法》第五章中的工程建设项目包括海岸工程建设项目和海洋工程建设项目。

1. 工程建设项目必须严格执行环境影响报告书制度和“三同时”制度

《海洋环境保护法》第62条规定：“工程建设项目应当按照国家有关建设项目环境影响评价的规定进行环境影响评价。未依法进行并通过环境影响评价的建设项目，不得开工建设。

“环境保护设施应当与主体工程同时设计、同时施工、同时投产使用。环境保护设施应当符合经批准的环境影响评价报告书（表）的要求。建设单位应当依照有关法律法规的规定，对环境保护设施进行验收，编制验收报告，并向社会公开。环境保护设施未经验收或者经验收不合格的，建设项目不得投入生产或者使用。”

第63条规定：“禁止在沿海陆域新建不符合国家产业政策的化学制浆造纸、化工、印染、制革、电镀、酿造、炼油、岸边冲滩拆船及其他严重污染海洋环境的生产项目。”

第64条规定：“新建、改建、扩建工程建设项目，应当采取有效措施，保护国家和地方重点保护的野生动植物及其生存环境，保护海洋水产资源，避免或者减轻对海洋生物的影响。

“禁止在严格保护岸线范围内开采海砂。依法在其他区域开发利用海砂资源，应当采取严格措施，保护海洋环境。载运海砂资源应当持有合法来源证明；海砂开采者应当为载运海砂的船舶提供合法来源证明。

“从岸上打井开采海底矿产资源，应当采取有效措施，防止污染海洋环境。”

2. 对特殊污染物质和污染行为的专门规定

一些特殊污染物质如放射性物质和有毒有害物质在海洋中扩散极快，污染范围广，很难消除，是工程建设中重点防止污染危害的物质。为此，防止海洋污染的一些国际公约都对这些特殊污染物质和污染行为作出禁止性的规定。我国《海洋环境保护法》第65条规定：“工程建设项目不得使用含超标准放射性物质或者易溶出有毒有害物质的材料；不得造成领海基点及其周围环境的侵蚀、淤积和损害，不得危及领海基点的稳定。”

工程建设的特殊污染行为主要指爆破作业等破坏渔业和其他海洋资源的行为。常见的工程建设爆破作业是勘探海洋石油的过程中采用的爆破方法。它是通过制造人工地震以探查储油构造。此外，海军训练、水声调查等活动也需要爆破作业。常用的震源是炸药、气体、电火花等。炸药爆破产生的冲击波对渔业资源危害最大。防止这类作业对渔业资源损害的措施可视作业方式、时间和海区情况而定，如鱼汛期间和鱼类产卵场所不得进行爆破作业。海洋石油勘探要积极用电火花、空气枪等非炸药震源。实施爆破作业须事前报告主管部门，并应有明显标志、信号等。

3. 工程建设废弃物排放的规定

在钻井、试油、采油、输油作业中，会产生含油污水、残油、废油、油基泥浆等油性混合物、工业垃圾和生活垃圾。对这些污染物质的排放和处理必须严格管理，

《海洋环境保护法》第 67 条规定："工程建设项目不得违法向海洋排放污染物、废弃物及其他有害物质。

"海洋油气钻井平台（船）、生产生活平台、生产储卸装置等海洋油气装备的含油污水和油性混合物，应当经过处理达标后排放；残油、废油应当予以回收，不得排放入海。

"钻井所使用的油基泥浆和其他有毒复合泥浆不得排放入海。水基泥浆和无毒复合泥浆及钻屑的排放，应当符合国家有关规定。"

第 68 条规定："海洋油气钻井平台（船）、生产生活平台、生产储卸装置等海洋油气装备及其有关海上设施，不得向海域处置含油的工业固体废物。处置其他固体废物，不得造成海洋环境污染。"

4. 防止海上作业油类污染的规定

海上作业油类污染主要因海上试油时油气燃烧不充分而流入海洋或因作业事故溢油造成。为此，《海洋环境保护法》第 69 条规定："海上试油时，应当确保油气充分燃烧，油和油性混合物不得排放入海。"第 70 条规定："探开发海洋油气资源，应当按照有关规定编制油气污染应急预案，报国务院生态环境主管部门海域派出机构备案。"

七、关于废弃物倾倒污染防治的规定

向海洋倾倒废弃物是指通过船舶、航空器、平台或其他载运工具，将废弃物和其他有害物质投入海洋，包括弃置船舶、航空器、平台及其他浮游工具、与海底矿物资源勘探开发相关的海上加工所产生的废弃物、从陆地发运的生产生活废弃物等。"倾倒"在广义上也包括在海上焚烧，《海洋环境保护法》第 77 条规定，禁止在海上焚烧废弃物。倾倒活动已成为我国海洋环境污染损害最直接和最重要的原因之一，需要严加管理。为此，《海洋环境保护法》对于防治倾倒废弃物对海洋环境污染损害作出了如下一些规定。

1. 废弃物分类管理的规定

《海洋倾废管理条例》第 11 条规定，废弃物根据其毒性、有害物质含量和对海洋环境的影响等因素，分为三类：第一类是禁止倾倒的物质，包括剧毒或长期不能分解，或严重妨碍航行、渔业及其他海上活动的物质；第二类是需要获得特别许可证才能倾倒的物质，包括对海洋生物没有剧毒性，但能在海洋生物体内富集，污染水产品，危害航行、渔业及其他海上活动的物质；第三类是不属于前两种物质的其他低毒或无毒的废弃物。这三类废弃物的具体标准，由国家海洋局制定。此外，我国法律规定严禁境外废弃物在我国海域倾倒。

2. 划定海洋倾倒区的规定

国家海洋行政主管部门按照科学、合理、经济、安全的原则选划海洋倾倒区，经国

务院生态环境主管部门提出审核意见后，报国务院批准。选划海洋倾倒区，可以在一定程度上避免或减少海洋倾废造成的环境污染损害。

国家海洋行政主管部门监督管理倾倒区的使用，组织倾倒区的环境监测。对于经确认不宜继续使用的倾倒区，国家海洋主管部门应当予以关闭。获准倾倒废弃物的单位，必须按照许可证注明的期限及条件，到指定的区域进行倾倒。1986—1993年，国务院先后5次批准设立了34个海洋倾倒区。由于海洋开发活动增多、海洋功能区划的调整以及海洋环境条件的变化等因素，各地方政府纷纷提出选划一批海洋倾倒区的申请。2010年国务院再次批准了9处海洋倾倒区，同时大幅减少临时海洋倾倒区的数量，实现集约节约利用海域空间，降低海洋环境影响，促进海洋生态环境保护的目标。

3. 倾倒许可证的规定

需要倾倒废弃物的单位，应根据其倾倒废弃物的具体情况申领许可证，获得许可证后方可倾倒。同时，倾倒单位应履行相应的义务，包括按照许可证注明的期限及条件到指定的地区倾倒并对倾倒的情况作出详细书面记录；废弃物装载之后，应经批准部门核实；倾倒之后，倾倒单位应将倾倒情况书面报告批准单位。

4. 依法倾倒，倾倒者对不利后果负责的规定

依法倾倒，倾倒者对不利后果负责的规定。倾倒废弃物者除了遵守许可证制度等的规定，还需要遵守其他规则，并对倾废引起的污染损害等承担责任。倾废单位必须履行下列各项义务：（1）领得倾废许可证获准向海域倾倒废弃物之后，在废弃物装载时，倾倒单位应通知主管部门核实；利用船舶倾倒废弃物时，还应通知驶出港或就近的港务监督核实。（2）应按许可证注明的期限和条件，到指定的海洋倾倒区进行倾倒，如实地填写倾倒情况记录表，并按许可证注明的要求，将记录表报送主管部门。（3）倾倒废弃物的船舶、航空器、平台和其他载运工具应有明显的标志和信号。（4）在海上航行或作业的船舶、航空器、平台和其他载运工具，因不可抗拒的原因而弃置时，其所有者应向主管部门和就近的港务监督报告，并尽快打捞清理。在我国管辖海域以内和以外倾倒废弃物，造成我国海域污染损害的，应承担相应的责任。此外，我国法律禁止境外废弃物，包括弃置船舶、航空器、平台和其他海上人工构造物等运至中华人民共和国管辖海域倾倒。为了倾倒的目的，经过中华人民共和国管辖海域运送废弃物的任何船舶和其他载运工具，应当在进入中华人民共和国管辖海域15天之前，通报主管部门，报告进入的时间、航线，以及废弃物的名称、数量和成分。

八、关于船舶及有关作业活动污染防治的规定

海洋环境保护法所说的“船舶”，是指一切类型的机动和非机动船只，但不包括海上石油勘探开发作业中的固定式和移动式平台。从事海上运输和其他海上作业活动的船舶，由于违章排放或海损事故等，每年都把大量油类和其他污染物质排入海洋，对海洋造成污染。《海洋环境保护法》对于防治船舶及有关作业活动对海洋环境的污染作了一些专门的规定，也确立了一些制度。主要有以下几个方面。

1. 禁止排放污染物的规定

《海洋环境保护法》第 79 条规定："在中华人民共和国管辖海域，任何船舶及相关作业不得违法向海洋排放船舶垃圾、生活污水、含油污水、含有毒有害物质污水、废气等污染物，废弃物，压载水和沉积物及其他有害物质。

"船舶应当按照国家有关规定采取有效措施，对压载水和沉积物进行处理处置，严格防控引入外来有害生物。

"从事船舶污染物、废弃物接收和船舶清舱、洗舱作业活动的，应当具备相应的接收处理能力。"

2. 关于防污设备的规定

《海洋环境保护法》第 80 条规定："船舶应当配备相应的防污设备和器材。

"船舶的结构、配备的防污设备和器材应当符合国家防治船舶污染海洋环境的有关规定，并经检验合格。

"船舶应当取得并持有防治海洋环境污染的证书与文书，在进行涉及船舶污染物、压载水和沉积物排放及操作时，应当按照有关规定监测、监控，如实记录并保存。"

150 总吨以上的油轮和 400 总吨以上的非油轮，应当设有相应的防污设备和器材。不足 150 总吨的油轮和不足 400 总吨的非油轮，应当设有专用容器，用以回收残油、废油。造船、修船、拆船和打捞船单位均应备有防止污染的器材和设备；进行作业时，应当采取预防措施，防止油类、油性混合物和废弃物污染海域。

3. 船舶防污能力资格证书制度

船舶必须按照有关规定持有防治海洋环境污染的证书与文书，在进行涉及污染物排放的操作时，应当如实记录。150 总吨以上的油轮和 400 总吨以上的非油轮，应当备有油类记录簿。载运 2 000 吨以上的散装货油的船舶，应当持有有效的《油污损害民事责任保险或其他财务保证证书》，或《油污损害民事责任信用证书》，或提供其他财务信用保证。150 总吨以上的油轮和 400 总吨以上的非油轮，排放含油污水，必须按照国家有关船舶污水的排放标准和规定进行，并如实地记入油类记录簿。载运有毒、腐蚀性货物的船舶排放洗舱水和其他残余物的，必须按照国家有关船舶污水排放的规定进行，并如实地记入航海日志。

4. 船舶申报、评估和核准制度

《海洋环境保护法》第 83 条规定："载运具有污染危害性货物进出港口的船舶，其承运人、货物所有人或者代理人，应当事先向海事管理机构申报。经批准后，方可进出港口或者装卸作业。"需要船舶装运污染危害性不明的货物，应当按照有关规定事先进行评估。第 89 条规定："船舶及有关作业活动应当遵守有关法律法规和标准，采取有效措施，防止造成海洋环境污染。海事管理机构等应当加强对船舶及有关作业活动的监督管理。船舶进行散装液体污染危害性货物的过驳作业，应当编制作业方案，采取有效的安全和污染防治措施，并事先按照有关规定报经批准。"

5. 海上污染报告制度

《海洋环境保护法》第 91 条规定："所有船舶均有监视海上污染的义务，在发现海上污染事件或者违反本法规定的行为时，应当立即向就近的依照本法规定行使海洋环境监督管理权的部门或者机构报告。

“民用航空器发现海上排污或者污染事件，应当及时向就近的民用航空空中交通管制单位报告。接到报告的单位，应当立即向依照本法规定行使海洋环境监督管理权的部门或者机构通报。”

6. 油污损害民事赔偿责任制度和船舶油污保险、油污损害赔偿基金制度

鉴于船舶对海洋环境的污染损害以油污染最为普遍且危害最甚，《海洋环境保护法》特别对船舶油污损害的民事赔偿责任制度作出规定，确定了按照船舶油污损害赔偿责任由船东和货主共同承担风险的原则，并建立了船舶油污保险、油污损害赔偿基金制度。具体办法由国务院制定。

九、关于防止拆船污染损害海洋环境的规定

拆船包括岸边拆船和水上拆船。岸边拆船是指废船停靠在拆船码头拆解、废船在船坞拆解和废船冲滩拆解。水上拆船是指对完全处于水上的废船进行拆解。为了防止拆船作业对环境的污染，国务院制定了《防止拆船污染环境管理条例》。该《条例》的主要内容如下：

（1）拆船厂合理选址。缺乏规划，布局不合理是造成拆船污染的重要原因。因此，地方人民政府应当根据需要和可能，结合本地区的特点、环境状况和技术条件，统筹规划、合理设置拆船厂。在饮用水源地、海水淡化取水点、盐场、重要的渔业水域、海水浴场、风景名胜区以及其他需要特殊保护的区域，不得设置拆船厂。设置拆船厂必须执行环境影响评价制度。

（2）配备防污设施。拆船单位必须配备防止拆船污染必需的拦油装置、废油接收设备、含油污水接收处理设施或设备，必须有废弃物回收处置场等，具体的拆船作业须经环境保护部门验收合格后进行。

（3）健全规章，加强监管。拆船单位应当健全环境保护规章制度，并认真组织实施。监督拆船污染的主管部门有权对拆船单位的拆船活动进行检查。对严重污染环境的拆船单位，依法采取限期治理措施。

（4）拆解作业应遵循有利于防止污染的程序。拆船单位在废船拆解前，必须清除易燃、易爆和有毒物质；关闭海底阀和封闭可能引起油污水外溢的管道。垃圾、残油、废油、油泥、混合油污水和易燃、易爆物品等废弃物必须送到岸上集中处理，但不得采用渗坑、渗井的处理方式。废油船在拆解前，必须进行洗舱、排污、清舱、测爆等工作。在水上进行拆船作业的，必须事先采取有效措施，严格防止溢出、散落水中的油类和其他漂浮物扩散；一旦出现溢出、散落的情况，必须及时收集处理。排放洗舱水、压舱水和舱底水，必须符合国家和地方规定的排放标准。拆下的船舶部件或者废弃物，不得投弃或者存放水中。船舶拆解完毕，拆船者应当及时清理拆船现场。拆船单位关闭或搬迁，必须及时清理遗留的污染物，并由监督拆船污染的主管部门检查验收。

第四节 海域和海岛保护

一、海域保护

海域是一种重要的自然资源，同时也是其他自然资源的载体，是海洋开发利用的空间基础和资源宝库。随着海域开发利用的规模和深度不断拓展，以市场机制为基础的经济手段的作用开始日渐突出。在这样的时代背景下，及时形成和建立以海域物权为中心、市场交易规则和相关管理规范为主干的海域法律制度，将成为当前及今后对海域合理开发和有效利用的前提条件与根本保障。

海域属于海洋国土的范畴。根据《联合国海洋法公约》和《中华人民共和国领海及毗连区法》的规定，国家对内水和领海享有主权。然而，海域物权并非简单等同于国家主权。主权是公法上的权利，而海域物权，则是一国行使主权，通过财产法制度对海域实施支配与安排的结果，基本属于私权的范畴。民法一直为海域物权立法留有充足的发展空间，尽管发展缓慢，但总的趋势是由非法定所有权到法定所有权，由所有权逐步扩展到使用权，由非法定使用权扩展到法定使用权，由实质意义的物权扩展到形式意义的物权，由特别单行立法扩展到与物权立法相配合。

目前，我国海域保护的主要法律规定如下。

（1）海域物权制度。我国《民法典》第 247 条规定海域属于国家所有，第 328 条规定依法取得的海域使用权受法律保护。海域物权制度（包括海域所有权制度与海域使用权制度），是有效利用国有海域资源的必然选择。遵循物权法原理创设的海域使用权，通过权利分配的契约化与权利、义务的法定化，赋予海域使用权人占有、使用、收益海域的权利。

（2）海域使用管理制度。我国 2001 年 10 月 27 日公布的《海域使用管理法》，明确了“海域属于国家所有，国务院代表国家行使海域所有权”。同时，根据所有权与使用权分离的原则，确立了海域使用权制度，于第 3 条规定：“单位和个人使用海域，必须依法取得海域使用权。”并且规定了海域使用权的取得方式以及有偿使用制度。此外，我国有关部门还颁布了《海域使用权登记办法》（已失效）、《海籍调查规范》等。

二、海岛保护

海岛，是指四面环海水并在高潮时高于水面的自然形成的陆地区域，包括居民海岛和无居民海岛。其中，无居民海岛是指不属于居民户籍管理的住址登记地的海岛。无居民海岛属于国家所有，国务院代表国家行使无居民海岛所有权。一般认为，海岛是对岛屿、岩礁、礁石或低潮高地的通称，而低潮高地，是指在低潮时四面环海水并高于水面但在高潮时没入水中的自然形成的陆地区域。在我国，通常将海洋中面积大于 500 平方米的陆地区域称为岛，而将小于 500 平方米的称为岩礁。海岛保护，是指海岛及其周边海域生态系统保护，无居民海岛自然资源保护和特殊用途海岛保护。海岛及其周边海域生态系统，是指由维持海岛存在的岛体、海岸线、沙滩、植被、淡水和周边海域等生物群落和非生物环境组成的有机复合体。

海岛直接涉及一国的主权安全，海岛归属涉及国家主权问题。海岛的生态系统和自然资源有其特殊性和独立性，海岛的生态系统与自然资源之间存在着相互制约、唇齿相依的密切关系：如果海岛自然环境被严重污染或破坏，必然引起其生态系统恶化而失衡。反之，如果海岛自然资源能得到很好的维护和可持续利用，其生态系统就能保持长期平衡和稳定。海岛权益直接涉及公民的基本权利，作为海岛权益的主体的公民不单是指有居民海岛的单位和岛民，常住户口居住地在岛屿之外的其他单位和公民，也可以投资参与海岛的开发利用，作为海岛开发利用的主体。只要公民通过合法程序取得海岛使用权证，在海岛的开发利用过程中，不违反法律规定，遵守海岛管理制度，履行保护海岛资源和生态环境的义务，公民的海岛权益应该得到充分尊重，其合法的权益应受到法律保护并不得被非法剥夺。为了保护海岛及其周边海域生态系统，合理开发利用海岛自然资源，维护国家海洋权益，促进经济社会可持续发展，第十一届全国人大常委会第十二次会议于 2009 年 12 月 26 日通过了《海岛保护法》，自 2010 年 3 月 1 日起施行。此外，我国对海岛各种资源的开发利用以及海岛生态环境的保护，还适用《环境保护法》《土地管理法》《矿产资源法》《渔业法》《海域使用管理法》《海洋环境保护法》《无居民海岛保护与利用管理规定》等法律法规。

我国《海岛保护法》的主要内容如下。

（1）立法目的与基本原则。《海岛保护法》的立法目的是：保护海岛及其周边海域生态系统，合理开发利用海岛自然资源，维护国家海洋权益，促进经济社会可持续发展。海岛保护的基本原则是：科学规划、保护优先、合理开发、永续利用。

（2）海岛保护规划。国家实行海岛保护规划制度。海岛保护规划是从事海岛保护、利用活动的依据。制定海岛保护规划应当遵循有利于保护和改善海岛及其周边海域生态系统，促进海岛经济社会可持续发展的原则。全国海岛保护规划应当按照海岛的区位、自然资源、环境等自然属性及保护、利用状况，确定海岛分类保护的原则和可利用的无居民海岛，以及需要重点修复的海岛等。国家建立完善海岛统计调查制度、建立海岛管理信息系统。

（3）海岛保护的一般规定。国务院和沿海地方各级人民政府应当采取措施，保护海岛的自然资源、自然景观以及历史、人文遗迹。禁止改变自然保护区内海岛的海岸线。禁止采挖、破坏珊瑚和珊瑚礁。禁止砍伐海岛周边海域的红树林。国家保护海岛植被，促进海岛淡水资源的涵养；支持有居民海岛淡水储存、海水淡化和岛外淡水引入工程设施的建设。国家支持利用海岛开展科学研究活动，依法保护和管理海岛生物物种，支持在海岛建立可再生能源开发利用、生态建设等实验基地。国家安排海岛保护专项资金，用于海岛的保护、生态修复和科学研究活动。

（4）有居民海岛生态系统的保护。有居民海岛的开发、建设应当遵守有关城乡规划、环境保护、土地管理、海域使用管理、水资源和森林保护等法律、法规的规定，保护海岛及其周边海域生态系统。有居民海岛的开发、建设不得超出海岛的环境容量。有居民海岛及其周边海域应当划定禁止开发、限制开发区域。严格限制在有居民海岛沙滩建造建筑物或者设施。严格限制在有居民海岛沙滩采挖海砂。严格限制填海、围海等改变有居民海岛海岸线的行为，严格限制填海连岛工程建设。

(5) 无居民海岛的保护。未经批准利用的无居民海岛，应当维持现状；禁止采石、挖海砂、采伐林木以及进行生产、建设、旅游等活动。严格限制在无居民海岛采集生物和非生物样本。从事全国海岛保护规划确定的可利用无居民海岛的开发利用活动，应当遵守可利用无居民海岛保护和利用规划，采取严格的生态保护措施，避免造成海岛及其周边海域生态系统破坏。

(6) 特殊用途海岛的保护。国家对领海基点所在海岛、国防用途海岛、海洋自然保护区内的海岛等具有特殊用途或者特殊保护价值的海岛，实行特别保护。

(7) 监督检查。县级以上人民政府有关部门应当依法对有居民海岛保护和开发、建设进行监督检查。海洋主管部门应当依法对无居民海岛保护和合理利用情况进行监督检查。海洋主管部门及其海监机构依法对海岛周边海域生态系统保护情况进行监督检查。

违反上述规定的，根据情节轻重应分别承担民事责任、行政责任，甚至刑事责任。

另外，我国政府制定了《中国21世纪议程》，其中把海岛的可持续开发与保护作为重要的行动方案领域之一。在随后制定的《中国海洋21世纪议程》中，第四章专门阐述了海岛可持续发展问题，涉及四个方案领域：海岛经济开发；海岛资源和环境保护；无人岛屿的管理和保护；海岛基础设施建设和社会发展。在每一方案领域内，又包括三部分：行动依据，说明该方案领域的国际、国内法律根据，要解决的主要问题及解决问题的时空可行性等；目标，主要说明该领域采取各种行动要达到的目标和目的；行动，实现目标需要采取的各种措施和行动。在国务院颁布的《全国海洋经济发展规划纲要》中，专门提到要加大扶持力度，促进海岛的建设和发展。

【案例分析】

21名养殖户状告“康菲”石油污染案

案情简介：

2011年6月，美国康菲石油中国有限公司（以下简称“康菲公司”）与中海油合作开发的蓬莱19－3油田发生溢油事故。事故发生以后，国土资源部、环境保护部、交通运输部、农业部、国家安监总局、国家能源局派出联合调查组，调查后认定这是一起造成重大海洋溢油污染的责任事故。8月24日，康菲石油公司就渤海湾漏油事件在北京召开媒体发布会，康菲公司总裁司徒瑞在发布会上向公众道歉，表示将对溢油事件负责。8月31日，国家海洋局要求康菲公司实现“两个彻底”（彻底排查溢油风险点，彻底封堵溢油源）的最后期限。9月2日下午，国家海洋局宣布，经过现场核查和专家评估，国家海洋局认定康菲公司没有完成“两个彻底”。鉴于此次事故共造成6 200平方公里的海域海水受到污染，其中870平方公里海水受到重度污染，为此，国家海洋局公布了五项处罚措施：一是责令蓬莱19－3全油田停止回注、停止钻井、停止油气生产作业。二是责令康菲公司必须采取有力有效的措施，继续排查溢油风险点、封堵溢油源，并及时清除溢油事故油污。三是重新编制蓬莱19－3油田开发海洋环境影响报告书，经核准后逐步恢复生产作业。四是在实施“三停”期间，康菲公司为开展溢油处置的一切作业应在确保安全、确保不再产生新的污染损害的前提下进行。五是有关事故处置工作进展的信息，应当在第一时间向国家海洋行政主管部门报告，同时及时向社会公布，接受公众监督。

2011 年 12 月 30 日，天津海事法院宣布正式受理“蓬莱 19－3 油田”溢油事故引发的 29 名养殖户损害赔偿纠纷案，同时对另一起 107 名养殖户诉康菲公司损害赔偿案的原告身份逐户核实，而这 29 名养殖户索赔额度超过了 2 亿元。

2014 年 12 月 9 日至 10 日，原告栾树海等人诉被告康菲公司、中国海洋石油总公司海上污染损害责任纠纷一案，在天津海事法院第一法庭公开开庭审理，原告由 29 人变为 21 人。原告诉称：21 名原告在乐亭县海域从事海参养殖，共计拥有海参养殖池 2 905.99 亩，工厂化养殖 5 727 平方米。2011 年 6 月，二被告所属的蓬莱 19－3 油田的 B 平台和 C 平台发生溢油事故，造成渤海湾发生大面积的环境污染。由于被告没有及时向社会公布溢油事故，致使原告误将混有蓬莱 19－3 油田油污的海水纳入海参养殖区，造成大量海参死亡。为此，21 名原告请求二被告连带赔偿原告损失 141 亿元和鉴定费用 703 万元，并承担本案诉讼费用。

二被告主要答辩意见为：第一，原告未依法取得养殖证，不是适格原告；第二，原告提供的证据不能证明蓬莱 19－3 油田溢油事故对其养殖区域造成污染；第三，原告主张的损失与蓬莱 19－3 油田溢油事故没有法律上的因果关系；第四，原告主张的损失不具有客观真实性。因此，请求法院驳回原告诉讼请求。

分析：

根据我国《海洋环境保护法》（2017 年）第 89 条的规定，造成海洋环境污染损害的责任者，应当排除危害，并赔偿损失。

该案从纠纷到上诉，从上诉到立案，又从立案到开庭，时间跨度大，媒体关注多，各方专家争论激烈。本案的争议焦点是：（1）原告是否具有合法的养殖权利和索赔权利；（2）蓬莱 19－3 油田溢油事故是否对原告的养殖区域造成污染；（3）原告主张的损失与蓬莱 19－3 油田溢油事故是否具有法律上的因果关系；（4）原告遭受损失的程度和具体数额；（5）中国海洋石油总公司是否就本次事故承担赔偿责任。

由于这起案件涉及当事人人数众多，证据材料也比较多，比一般案件的情况复杂。当事人的身份要逐一进行审查，即审查当事人身份是否真实，起诉是否是起诉人真实的意思表示。按照我国原《侵权责任法》的规定，对于损害行为和损害结果间的因果关系，举证责任是倒置的，也就是由污染方承担，但是并不等于原告方不承担任何举证责任，原告一要证明和本案有利害关系，也就是说一要证明受到了污染，二要证明有损失的存在。

本案立案的时候是 29 人，开庭变为 21 人。事故发生后，农业农村部、国家海洋局等行政主管部门于 2012 年年初以行政协调集中索赔方式，与油田作业者康菲公司协商污染损害索赔，获得养殖损失和天然渔业资源损失赔偿补偿款 10 亿元人民币（其中 7.315 亿元用于赔偿渔民养殖损失），海洋生态损害赔偿补偿款 16.83 亿元人民币。截至 2012 年 11 月，河北、辽宁“四县三区”（河北省唐山市乐亭县，秦皇岛市海港区、山海关区、北戴河区，昌黎县和抚宁县，辽宁省葫芦岛市绥中县）地方政府已经向广大受损渔民发放了行政协调补偿款，除极少部分养殖户不愿意接受行政协调补偿外，绝大多数渔民（约 4 500 户渔民）接受了行政协调补偿。栾某某等 21 名原告不接受行政协调补偿而坚持诉讼，法院认为这是当事人的权利，故受理。

此外，开庭的案件案号为（2012）津海法事初字第1号，公告日期是2014年12月3日。案号时间与公告时间之间跨了近三年。这是因为，经中方与康菲公司协调，该公司拿出专款用来改善海洋环境及赔偿因本次污染受损失的养殖户，已有部分养殖户拿到了赔偿款。另外，500强排名第12的康菲公司虽然是美国大型能源公司，但是其注册地在利比里亚，立案后，恰逢利比里亚内乱持续升级，导致办理公证手续颇费周折。本案的审判发生在新《海洋环境保护法》实施之前，本案按照现行《海洋环境保护法》应当适用第115条规定追究责任人法律责任。

（案例来源：赵荣君.康菲石油污染案开庭 合议庭归纳五大争议焦点.天津日报，2014-12-11.本文综合新华网、央广网等报道对相关内容进行了增删。）

法条链接

1.《中华人民共和国海洋环境保护法》全文；

2.《中华人民共和国海岛保护法》第1条、第8条、第24条。

深度阅读

1. 徐祥民.保护海洋环境应当贯彻的几项基本原则//徐祥民.海洋法律、社会与管理.北京：海洋出版社，2010.

2. 王灿发.论修订后的《海洋环境保护法》的特点.环境保护，2000（4）.

3. 田其云.海洋生态系统法律保护研究.河北法学，2005（1）.

4. 黄锡生.我国湿地保护的法律思考.中国人口·资源与环境，2005（6）.

5. 刘卫先.中国《海环法》法律责任的局限性分析：海洋生态保护的视角.环境科学与管理，2008（10）.

思考与练习

1. 海洋污染有哪些表现和特点？

2. 我国《海洋环境保护法》的适用范围如何？

3. 试述我国海洋环境监督管理职责分工和主要制度。

4. 什么是海洋功能区划？其作用如何？

5. 我国《海洋环境保护法》中对海洋生态环境保护有哪些规定？

6. 海洋污染防治包括哪些方面？

7. 我国法律对海域和海岛保护有哪些规定？

8. A油轮在进行例行的清洗工作时，不慎将盛有石油的集装箱损坏，造成大面积的石油泄漏事件，进而使得周边海洋受到了严重的污染。请结合本章内容思考：对于这次的海洋污染事件，依照我国的法律应如何处理？

第十一章

环境噪声污染防治法

重点知识

环境噪声污染防治立法概述　我国防治环境噪声污染的主要法律规定及应用　国外环境噪声污染防治立法分析　我国《噪声污染防治法》的立法不足及完善　我国防治环境噪声污染法律制度体系的合理构建

环境噪声污染防治是现代环境保护法律制度的重要内容之一。本章的学习目的在于：了解环境噪声污染的特点及危害，了解我国环境噪声污染的现状和立法的发展，掌握环境噪声污染防治法的基本法律制度，重点是我国环境噪声污染防治的监督管理体制和控制环境噪声污染的各项基本措施。

第一节　环境噪声污染问题

一、环境噪声的概念

噪声是来源于固体、液体或气体的振动而有害于人体健康的声音。从物理学观点讲，噪声是各种不同频率、不同声强的声音无规则的杂乱组合。如汽车的轰隆声、机器的尖叫声、建筑工地的嘈杂声等，它的波形图是没有规则的非周期性的曲线。从生理学观点讲，噪声使人烦躁，令人讨厌，为人们所不需要或对人体有害。环境法中所谓的环境噪声，是指在工业生产、建筑施工、交通运输和社会生活中所产生的干扰周围生活环境的声音。噪声的来源及其类型是多种多样的。按其产生的机理可分为机械性噪声、空气动力性噪声和电磁性噪声三大类。按时间变化的程度，可分为稳态噪声和非稳态噪声两大类。按其产生的区域，可分为城市环境噪声、农村环境噪声和海洋环境噪声三大类。按噪声污染来源的种类，可分为工业噪声、建筑施工噪声、交通噪声和社会生活噪声四大类，我国关于环境噪声污染防治的立法是针对这四类环境噪声污染而规定的，它们都是人为原因造成的噪声。而对于自然现象产生的噪声，如山崩、风雷等，法律不予调整，也不能调整。

环境噪声的量度与噪声的物理量和人对声音的主观听觉有关，并且人耳对声音的感觉不仅和噪声声压级大小有关，而且和噪声频率的高低有关。根据听觉特性，在声学测量仪器中，设置有“A 计权网络”，通过“A 计权网络”测得的噪声值较为接近人耳的感觉，其测得单位称为 A 声级，以分贝（A）或 dB（A）记。由于 A 声级能够较好地反映出人们对噪声的主观感，它几乎成为一切噪声评价的基本值。研究表明，声级为 30～40 分贝的环境比较安静、舒适，适宜于人们正常生活、工作和学习。

环境噪声污染被称为城市四大主要公害之一。我国环境噪声污染总体水平长期居高不下，尽管近年有所好转但遭受噪声污染的城市仍占较大比例，其中，生活噪声影响范围广并呈扩大趋势，交通噪声对生活环境干扰最大。习近平指出，“良好生态环境是最公平的公共产品，是最普惠的民生福祉”。而营造良好生态环境离不开噪声污染的防治。

根据国家的声环境质量标准，居民、文教区的标准值为昼间 55 分贝（A）、夜间 45 分贝（A），居民、商业、工业混合区为昼间 60 分贝（A）、夜间 50 分贝（A），工业集中区为昼间 65 分贝（A）、夜间 55 分贝（A）。

二、环境噪声污染的特点及危害

环境噪声被称为“慢性毒药”，已成为世界上最大的公害之一，世界上知名的大都市，无不受到噪声污染的困扰。例如，日本东京早在 20 世纪 80 年代，个别街区的噪声就达到 95 分贝，日本科学家指出，东京住宅区的噪声水平相当于每平方千米有 80 万人大声喧哗。又如，意大利罗马，是欧洲噪声污染最严重的城市之一，在车流高峰时刻，罗马最拥挤的街道和广场上的噪声强度竟达 79 分贝，有些地方达到 91 分贝。环境噪声对环境和他人干扰的程度有轻有重，并且在不同的区域，针对不同的干扰对象，其妨害的程度也不相同，所以，在实践中存在着应当将何种程度的噪声作为环境污染防治的控制对象问题。我国《噪声污染防治法》是以国家规定的噪声排放标准确定的最高限值为界限，来界定噪声和噪声污染的。该法第 2 条第 2 款规定，噪声污染，“是指超过噪声排放标准或者未依法采取防控措施产生噪声，并干扰他人正常生活、工作和学习的现象”。噪声污染与其他类型的环境污染公害相比，有以下几个特点。

第一，噪声污染是一种感觉性公害。噪声污染只有当噪声声源通过传播媒介与人的听觉相联系的时候，才构成危害。同等强度的噪声，由于人们的身体素质差异、生理及心理承受能力的不同以及人们所处环境的不同而使不同的人有不同的反应，对不同的人有不同程度的危害结果。

第二，噪声污染是一种能量型污染。它是声音能量在环境中的过量释放而造成的，其污染的范围与噪声声能所能波及的范围相一致，其污染的程度与噪声源的声能强度成正比例关系，噪声能源强，则污染重；噪声能源弱，则污染轻；噪声能源消失，则污染停止。

第三，噪声污染是一种局部性和多发性公害。噪声污染的局部性是指它对周围环境的影响只波及附近的区域，不像大气污染或海洋污染那样范围非常广阔，例如，交通噪声只影响道路两侧附近的人，工地施工噪声只影响工地附近的居民。然而，噪声源的分布却多而分散，例如，交通噪声里每辆正在使用的汽车都是一个噪声源，数量大且分散，给噪声污染的控制带来种种困难。

第四，噪声污染是一种暂时性的危害。噪声污染随噪声声能的产生而产生、随噪声声能的消失而消失。虽然噪声也能随声音能量的传递而在一定时空范围内传播，但噪声污染绝不会像其他污染物一样在环境体中积累、遗留和迁移。噪声对人体的危害只是限定在特定的时空范围内，一旦时空发生转移、变化，则该噪声对人体的危害也就消失。

第五，噪声污染是一种危害性不易评估的公害。环境噪声污染对人群的危害，特别是对环境变化比较敏感者的危害不可能以一定的客观数值来衡量或评价。在国外，司法实践中通常是以人群对噪声可以忍受的最大限度作为判断是否可能造成干扰或妨害的标准。噪声污染是现代社会的一大公害，也是各国环境保护工作的一个重点防治对象。噪声污染的危害是多方面的，其危害性主要表现为对人体健康的影响，并且，噪声也会给人类财产造成一定的损害。

（1）噪声污染影响人体健康主要表现为：1）影响人们的正常学习、工作、休息和睡眠。如果噪声声级达到 50 分贝左右，就会使人觉得烦躁不安，不能入睡；达到 60 分贝左右就会给人们的学习、工作带来影响；70 分贝以上声级的噪声会造成人们精神分散，注意力不集中；如达到 90 分贝以上，则会严重干扰人们的工作，导致工作失误、事故增多。2）损害听觉。人们如果长期处于 90 分贝以上声级的噪声环境中，会使听力持续下降，听觉迟钝，甚至造成噪声性耳聋。3）引起疾病和造成其他危害。噪声声级达到 120 分贝，就会导致人的神经系统、心血管系统、消化系统和视觉系统的功能紊乱和造成障碍，出现诸如头晕、呕吐、失眠、记忆力减退、血压升高、心律不齐、心跳加速、消化不良、食欲减退等症状；达到 175 分贝以上，就可能导致人的死亡；长期受强噪声危害的人，往往身体持续紧张，全身疲劳，导致健康水平下降。

（2）环境噪声对人类财产的危害主要表现为：1）强噪声会影响生产，损伤建筑物、机器设备，危害科研和国防建设等。如超音速飞机产生的巨大压力波，可震裂墙体，破坏门窗，震落瓦片，甚至使古老建筑物倒塌，钢筋结构因产生“声疲劳”而损坏。2）强噪声还可能导致自动化设备、高精度仪表失灵等。此外，噪声污染同样能够对动物的听觉器官、内脏器官和中枢神经系统造成病理性变化和损伤，强烈的噪声还会引起动物死亡。

第二节　环境噪声污染防治立法概述

一、国外环境噪声污染防治立法简介

噪声污染防治步入法制化轨道始于 20 世纪初期，1914 年瑞士制定了第一个关于机动车辆的规则，规定机动车辆必须装配有效的消声器。美国密歇根州的庞蒂亚城于 1929 年制定了《噪声控制法令》。由于人们对噪声污染防治立法重要性的认识不断提高和科学研究的发展，20 世纪 60 年代末期，噪声污染防治的立法逐渐完备。英国噪声防治的立

法始于1936年的《公共卫生法》，最重要的立法是1974年制定的《污染控制法》。日本于1968年颁布《噪声控制法》，1970年、1971年分别作了修订；1967年制定《关于防止公用机场周围遭受飞机噪声危害》等法律；1976年制定《振动控制法》。美国于1972年制定《噪声控制法》，1978年又出台了《宁静社会法》。联邦德国于1971年颁布《飞机噪声法》，1974年颁布《联邦污染控制法》，1980年制定《噪声防护法》。法国在1977年制定的《关于改革规划的条例》中作了控制噪声的规定，1980年又通过了一项《反噪声法》。在欧洲，一些国家反噪声的活动正在统一步调，防治噪声污染立法的主要内容表现为对交通噪声、工业噪声、社会生活噪声的控制等几个方面。

二、我国环境噪声污染防治立法简介

制定环境噪声污染防治法律、法规，颁布一系列声环境质量标准和环境噪声排放标准，依法控制噪声危害是防治环境噪声污染的基本手段。我国早在20世纪50年代制定的《工厂安全卫生规程》中就对工厂内各种噪声源规定了防治措施。1957年我国制定的《治安管理处罚条例》中，也对在城市任意发放高大声响、影响周围居民的工作和休息且不听制止者规定了处罚条款。我国实质意义上的环境噪声污染防治工作，是随着我国环境保护法治建设的步伐同时开展的。1973年国务院发布的《关于保护和改善环境的若干规定（试行草案）》专门对工业和交通噪声的控制作出了规定。1979年颁布的《环境保护法（试行）》，对城市区域、工业和交通运输等环境噪声污染的防治作了原则性的规定。随后，在国务院《关于结合技术改造防治工业污染的几项规定》《关于加强乡镇、街道企业环境管理的规定》和国务院批发的《对外经济开放地区环境管理暂行规定》以及在《军队环境噪声污染防治规定》和《铁路技术管理规程》中，也有关于防治环境噪声污染的规定。结合当时国家开展的对道路交通噪声现状的调查，国家标准总局在1979年颁布了《机动车辆允许噪声标准》；同年，在对全国工厂噪声进行调查的基础上，卫生部、原国家劳动总局联合颁布了《工业企业噪声卫生标准（试行草案）》。1982年，交通部发布了《运输船舶舱室噪声标准》。国务院环境保护领导小组于1982年发布了《城市区域环境噪声标准》，这是我国在环境噪声污染防治方面颁布的第一个综合性环境噪声标准。为完善环境保护法制，我国于1982年着手噪声控制法草案的起草工作。1986年国务院制定了《民用机场管理暂行规定》，对于防治民用飞机产生的噪声作出了控制性规定。在总结各地环境噪声污染防治法规实施的基础上，国务院于1989年9月26日发布了《环境噪声污染防治条例》，自1989年12月1日起施行。

1996年10月29日由第八届全国人大常委会第二十二次会议通过了《环境噪声污染防治法》，自1997年3月1日起施行。1989年9月26日国务院发布的《环境噪声污染防治条例》同时废止。《中华人民共和国噪声污染防治法》已由中华人民共和国第十三届全国人民代表大会常务委员会第三十二次会议于2021年12月24日通过，自2022年6月5日起施行。后面简称《噪声污染防治法》。

《噪声污染防治法》共9章90条。第一章总则，第二章规定了噪声污染防治标准和规划，第三章规定了噪声污染防治的监督管理，第四章至第七章分别规定了对工业噪声、建筑施工噪声、交通运输噪声和社会生活噪声的污染防治，第八章法律责任，第九章附则，该法的立法目的是“为了防治噪声污染，保障公众健康，保护和改善生活环境，维护社会和谐，推进生态文明建设，促进经济社会可持续发展”。根据世界各国立法惯例，一般都是从声源控制、传播途径控制和受害者保护三方面运用法律手段来防治环境噪声污染，而企业内部的噪声防护往往不受噪声污染防治法的调整，主要通过劳动、卫生立法加以解决。所以《噪声污染防治法》适用于“噪声污染的防治”，“因从事本职生产经营工作受到噪声危害的防治，适用劳动保护等其他有关法律的规定”。

在《噪声污染防治法》颁布以后，有关行政机关又颁布了一系列防治环境噪声污染的规章和文件，如1999年国家环保总局等三机关发布了《关于加强社会生活噪声污染管理的通知》，2001年国家环保总局、铁道部发布了《关于加强铁路噪声污染防治的通知》，2002年环境保护部还颁布了《关于开展创建安静居住小区活动的通知》等。2017年交通运输部发布了《航空器型号和适航合格审定噪声规定》（2022年已修正）。

第三节 我国防治环境噪声污染的主要法律规定

一、环境噪声污染防治的监督管理体制

我国实行统一管理与部门分工负责管理相结合的环境保护管理体制，因此，《噪声污染防治法》规定，国务院生态环境主管部门对全国噪声污染防治实施统一监督管理。地方人民政府生态环境主管部门对本行政区域噪声污染防治实施统一监督管理。各级住房和城乡建设、公安、交通运输、铁路监督管理、民用航空、海事等部门，在各自职责范围内，对建筑施工、交通运输和社会生活噪声污染防治实施监督管理。基层群众性自治组织应当协助地方人民政府及其有关部门做好噪声污染防治工作。

在行使环境噪声污染监督管理的权限方面，县级以上人民政府生态环境主管部门和其他环境噪声污染防治工作的监督管理部门、机构，有权依据各自的职责对管辖范围内排放环境噪声的单位进行现场检查。被检查的单位必须如实反映情况，并提供必要的资料。任何单位和个人都有保护声环境的义务，并有权对造成环境噪声污染的单位和个人进行检举和控告。

二、各级人民政府防治环境噪声污染的主要职责

（1）县级以上人民政府应当将噪声污染防治工作纳入国民经济和社会发展规划、生态环境保护规划，将噪声污染防治工作经费纳入本级政府预算。生态环境保护规划应当明确噪声污染防治目标、任务、保障措施等内容。

（2）各级人民政府及其有关部门制定、修改国土空间规划和相关规划，应当依法进行环境影响评价，充分考虑城乡区域开发、改造和建设项目产生的噪声对周围生活环境的影响，统筹规划，合理安排土地用途和建设布局，防止、减轻噪声污染。有关环境影

响的篇章、说明或者报告书中应当包括噪声污染防治内容。

（3）国家鼓励、支持噪声污染防治科学技术研究开发、成果转化和推广应用，加强噪声污染防治专业技术人才培养，促进噪声污染防治科学技术进步和产业发展。

（4）对在噪声污染防治工作中做出显著成绩的单位和个人，按照国家规定给予表彰、奖励。

三、关于声环境标准与城市功能分区控制环境噪声的法律规定

《噪声污染防治法》规定的与环境噪声污染防治相关的标准主要包括国家声环境质量标准、环国家噪声排放标准以及相关的环境振动控制标准、噪声限值等。由于国家标准已经涵盖环境噪声污染的各个方面且比较严格，基本上不需要另行制定地方标准。

（一）声环境质量标准

我国《噪声污染防治法》规定，国务院环境保护行政主管部门分别对不同的功能区制定国家声环境质量标准。根据国家声环境质量标准和国家经济、技术条件，制定国家环境噪声排放标准。我国已颁布的声环境质量标准主要是《声环境质量标准》（2008年）。该标准将城市区域的类别划分为0～4五类：0类标准，昼间50分贝，夜间40分贝，适用于疗养区等特别需要安静的区域；1类标准，昼间55分贝，夜间45分贝，适用于以居民住宅、医疗卫生、文化教育、科研设计、行政办公为主要功能，需要保持安静的区域；2类标准，昼间60分贝，夜间50分贝，适用于以商业金融、集市贸易为主要功能，或者居住、商业、工业混杂，需要维护住宅安静的区域；3类标准，昼间65分贝，夜间55分贝，适用于以工业生产、仓储物流为主要功能，需要防止工业噪声对周围环境产生严重影响的区域；4类标准，昼间70分贝，夜间55分贝，适用于交通干线两侧一定距离之内，需要防止交通噪声对周围环境产生严重影响的区域，包括高速公路、一级公路、二级公路、城市快速路、城市主干路、城市次干路、城市轨道交通（地面段）、内河航道两侧区域和铁路干线两侧区域。其他声环境质量标准还有《城市区域环境振动标准》。此外，国家还制定了《建筑施工场界噪声测量方法》（已被替代）、《工业企业厂界噪声测量方法》《城市区域环境振动测量方法》以及《机场周围飞机噪声测量方法》等执行环境质量标准的技术性规范。

声环境质量标准还是城市规划部门划定建筑物与交通干线防噪声距离的法定标准之一。《噪声污染防治法》规定，确定建设布局，应当根据国家声环境质量标准和民用建筑隔声设计相关标准，合理划定建筑物与交通干线等的防噪声距离，并提出相应的规划设计要求。县级以上地方人民政府根据国家声环境质量标准和国土空间规划以及用地现状，划定本行政区域各类声环境质量标准的适用区域；将以用于居住、科学研究、医疗卫生、文化教育、机关团体办公、社会福利等的建筑物为主的区域，划定为噪声敏感建筑物集中区域，加强噪声污染防治。声环境质量标准适用区域范围和噪声敏感建筑物集中区域范围应当向社会公布。

（二）环境噪声排放标准

环境噪声排放标准是判断企事业单位的噪声排放是否超标的直接依据。噪声排放是指声源向周围生活环境辐射噪声。环境噪声排放标准是噪声源向周围环境排放噪声的最高限值。

我国已颁布了一系列环境噪声排放标准，主要有：《机场周围飞机噪声环境标准》《铁路边界噪声限值及其测量方法》《工业企业厂界环境噪声排放标准》《建筑施工场界噪声限值》（已被替代）、《汽车定置噪声限值》《汽车加速行驶车外噪声限值及测量方法》《摩托车和轻便摩托车定置噪声排放限值及测量方法》《摩托车和轻便摩托车加速行驶噪声限值及测量方法》等。

四、关于环境噪声污染防治的监督管理制度的法律规定

（一）环境影响报告和“三同时”制度

《噪声污染防治法》规定，新建、改建、扩建可能产生噪声污染的建设项目，应当依法进行环境影响评价。

防治噪声污染要实行“三同时”制度，建设项目的噪声污染防治设施应当与主体工程同时设计、同时施工、同时投产使用。

建设项目在投入生产或者使用之前，建设单位应当依照有关法律法规的规定，对配套建设的噪声污染防治设施进行验收，编制验收报告，并向社会公开。未经验收或者验收不合格的，该建设项目不得投入生产或者使用。

（二）落后设备淘汰制度

国家鼓励、支持低噪声工艺和设备的研究开发和推广应用，实行噪声污染严重的落后工艺和设备淘汰制度。国务院发展改革部门会同国务院有关部门确定噪声污染严重的工艺和设备淘汰期限，并纳入国家综合性产业政策目录。生产者、进口者、销售者或者使用者应当在规定期限内停止生产、进口、销售或者使用列入前款规定目录的设备。工艺的采用者应当在规定期限内停止采用列入前款规定目录的工艺。

（三）环境噪声监测制度

《噪声污染防治法》第 23 条规定：国务院生态环境主管部门负责制定噪声监测和评价规范，会同国务院有关部门组织声环境质量监测网络，规划国家声环境质量监测站（点）的设置，组织开展全国声环境质量监测，推进监测自动化，统一发布全国声环境质量状况信息。

地方人民政府生态环境主管部门会同有关部门按照规定设置本行政区域声环境质量监测站（点），组织开展本行政区域声环境质量监测，定期向社会公布声环境质量状况信息。

地方人民政府生态环境等部门应当加强对噪声敏感建筑物周边等重点区域噪声排放

情况的调查、监测。

五、关于工业噪声污染防治的法律规定

工业噪声是指在工业生产活动中使用固定的设备时产生的干扰周围生活环境的声音。《噪声污染防治法》设立专章，对防治工业噪声污染作了以下规定。

（一）对噪声排放的要求

工业企业选址应当符合国土空间规划以及相关规划要求，县级以上地方人民政府应当按照规划要求优化工业企业布局，防止工业噪声污染。

在噪声敏感建筑物集中区域，禁止新建排放噪声的工业企业，改建、扩建工业企业的，应当采取有效措施防止工业噪声污染。

（二）噪声排放许可管理制度

排放工业噪声的企业事业单位和其他生产经营者，应当采取有效措施，减少振动、降低噪声，依法取得排污许可证或者填报排污登记表。实行排污许可管理的单位，不得无排污许可证排放工业噪声，并应当按照排污许可证的要求进行噪声污染防治。实行排污许可管理的单位应当按照规定，对工业噪声开展自行监测，保存原始监测记录，向社会公开监测结果，对监测数据的真实性和准确性负责。噪声重点排污单位应当按照国家规定，安装、使用、维护噪声自动监测设备，与生态环境主管部门的监控设备联网。

（三）规定工业设备的噪声限值

国务院标准化主管部门会同国务院发展改革、生态环境、工业和信息化、住房和城乡建设、交通运输、铁路监督管理、民用航空、海事等部门，对可能产生噪声污染的工业设备、施工机械、机动车、铁路机车车辆、城市轨道交通车辆、民用航空器、机动船舶、电气电子产品、建筑附属设备等产品，根据声环境保护的要求和国家经济、技术条件，在其技术规范或者产品质量标准中规定噪声限值。

前款规定的产品使用时产生噪声的限值，应当在有关技术文件中注明。禁止生产、进口或者销售不符合噪声限值的产品。

县级以上人民政府市场监督管理等部门对生产、销售的有噪声限值的产品进行监督抽查，对电梯等特种设备使用时发出的噪声进行监督抽测，生态环境主管部门予以配合。

六、关于建筑施工噪声污染防治的法律规定

建筑施工噪声是指在建筑施工过程中产生的干扰周围生活环境的声音。《噪声污染防治法》第五章第 39 条至第 43 条规定了建筑施工噪声污染防治，主要规定如下。

（1）建设单位应当按照规定将噪声污染防治费用列入工程造价，在施工合同中明确施工单位的噪声污染防治责任。施工单位应当按照规定制定噪声污染防治实施方案，采

取有效措施，减少振动、降低噪声。建设单位应当监督施工单位落实噪声污染防治实施方案。

（2）在噪声敏感建筑物集中区域施工作业，应当优先使用低噪声施工工艺和设备。

国务院工业和信息化主管部门会同国务院生态环境、住房和城乡建设、市场监督管理等部门，公布低噪声施工设备指导名录并适时更新。

（3）在噪声敏感建筑物集中区域施工作业，建设单位应当按照国家规定，设置噪声自动监测系统，与监督管理部门联网，保存原始监测记录，对监测数据的真实性和准确性负责。在噪声敏感建筑物集中区域，禁止夜间进行产生噪声的建筑施工作业，但抢修、抢险施工作业，因生产工艺要求或者其他特殊需要必须连续施工作业的除外。

因特殊需要必须连续施工作业的，应当取得地方人民政府住房和城乡建设、生态环境主管部门或者地方人民政府指定的部门的证明，并在施工现场显著位置公示或者以其他方式公告附近居民。所谓的“噪声敏感建筑物集中区域”，是指医疗区、文教科研区和以机关或者居民住宅为主的区域。所谓的“夜间”是指晚 10 点至晨 6 点期间。

七、关于交通运输噪声污染防治的法律规定

交通运输噪声，是指机动车、铁路机车车辆、城市轨道交通车辆、机动船舶、航空器等交通运输工具在运行时所产生的干扰周围生活环境的声音。目前，交通运输噪声污染呈日益恶化的严重态势，已成为环境噪声污染防治的重点。《噪声污染防治法》对防治交通运输噪声污染作出专章规定，主要内容如下。

（一）防止成品汽车超标排放噪声

《噪声污染防治法》规定，机动车的消声器和喇叭应当符合国家规定。禁止驾驶拆除或者损坏消声器、加装排气管等擅自改装的机动车以轰鸣、疾驶等方式造成噪声污染。使用机动车音响器材，应当控制音量，防止噪声污染。机动车应当加强维修和保养，保持性能良好，防止噪声污染。

（二）按规定使用声响装置

机动车、铁路机车车辆、城市轨道交通车辆、机动船舶等交通运输工具运行时，应当按照规定使用喇叭等声响装置。警车、消防救援车、工程救险车、救护车等机动车安装、使用警报器，应当符合国务院公安等部门的规定；非执行紧急任务，不得使用警报器。

（三）禁行、禁鸣区域和时间的规定

地方人民政府生态环境主管部门会同公安机关根据声环境保护的需要，可以划定禁止机动车行驶和使用喇叭等声响装置的路段和时间，向社会公告，并由公安机关交通管理部门依法设置相关标志、标线。

（四）防治在道路建设和基础设施建设中产生的噪声污染的措施

公路养护管理单位、城市道路养护维修单位应当加强对公路、城市道路的维护和保养，保持减少振动、降低噪声设施正常运行。

（五）交通指挥作业时减轻噪声污染的规定

在车站、铁路站场、港口等地指挥作业时使用广播喇叭的，应当控制音量，减轻噪声污染。

（六）铁路机车运行时噪声污染的防治措施

城市轨道交通运营单位、铁路运输企业应当加强对城市轨道交通线路和城市轨道交通车辆、铁路线路和铁路机车车辆的维护和保养，保持减少振动、降低噪声设施正常运行，并按照国家规定进行监测，保存原始监测记录，对监测数据的真实性和准确性负责。

因公路、城市道路和城市轨道交通运行排放噪声造成严重污染的，设区的市、县级人民政府应当组织有关部门和其他有关单位对噪声污染情况进行调查评估和责任认定，制定噪声污染综合治理方案。

噪声污染责任单位应当按照噪声污染综合治理方案的要求采取管理或者工程措施，减轻噪声污染。

因铁路运行排放噪声造成严重污染的，铁路运输企业和设区的市、县级人民政府应当对噪声污染情况进行调查，制定噪声污染综合治理方案。

铁路运输企业和设区的市、县级人民政府有关部门和其他有关单位应当按照噪声污染综合治理方案的要求采取有效措施，减轻噪声污染。

（七）防治航空器噪声污染的措施

这些措施有：民用机场管理机构负责机场起降航空器噪声的管理，会同航空运输企业、通用航空企业、空中交通管理部门等单位，采取低噪声飞行程序、起降跑道优化、运行架次和时段控制、高噪声航空器运行限制或者周围噪声敏感建筑物隔声降噪等措施，防止、减轻民用航空器噪声污染。

民用机场管理机构应当按照国家规定，对机场周围民用航空器噪声进行监测，保存原始监测记录，对监测数据的真实性和准确性负责，监测结果定期向民用航空、生态环境主管部门报送。

因民用航空器起降排放噪声造成严重污染的，民用机场所在地人民政府应当组织有关部门和其他有关单位对噪声污染情况进行调查，综合考虑经济、技术和管理措施，制定噪声污染综合治理方案。

民用机场管理机构、地方各级人民政府和其他有关单位应当按照噪声污染综合治理方案的要求采取有效措施，减轻噪声污染。

八、关于社会生活噪声污染防治的法律规定

社会生活噪声是指人为活动所产生的除工业噪声、建筑施工噪声和交通运输噪声之外的干扰周围生活环境的声音。社会生活噪声的污染，特别是饮食服务、娱乐场所等所产生的环境噪声污染日益严重，是环境噪声污染的防治重点，《噪声污染防治法》有专章规定。

（一）公共场所噪声排放要求

文化娱乐、体育、餐饮等场所的经营管理者应当采取有效措施，防止、减轻噪声污染。

（二）商业经营活动中防治环境噪声污染的规定

禁止在商业经营活动中使用高音广播喇叭或者采用其他持续反复发出高噪声的方法进行广告宣传。对商业经营活动中产生的其他噪声，经营者应当采取有效措施，防止噪声污染。使用空调器、冷却塔、水泵、油烟净化器、风机、发电机、变压器、锅炉、装卸设备等可能产生社会生活噪声污染的设备、设施的企业事业单位和其他经营管理者等，应当采取优化布局、集中排放等措施，防止、减轻噪声污染。

（三）使用声响器材时防治噪声污染的规定

禁止在噪声敏感建筑物集中区域使用高音广播喇叭，但紧急情况以及地方人民政府规定的特殊情形除外。

在街道、广场、公园等公共场所组织或者开展娱乐、健身等活动，应当遵守公共场所管理者有关活动区域、时段、音量等规定，采取有效措施，防止噪声污染；不得违反规定使用音响器材产生过大音量。

公共场所管理者应当合理规定娱乐、健身等活动的区域、时段、音量，可以采取设置噪声自动监测和显示设施等措施加强管理。

家庭及其成员应当培养形成减少噪声产生的良好习惯，乘坐公共交通工具、饲养宠物和其他日常活动尽量避免产生噪声对周围人员造成干扰，互谅互让解决噪声纠纷，共同维护声环境质量。

使用家用电器、乐器或者进行其他家庭场所活动，应当控制音量或者采取其他有效措施，防止噪声污染。

（四）室内装修活动防治环境噪声污染的规定

对已竣工交付使用的住宅楼、商铺、办公楼等建筑物进行室内装修活动，应当按照规定限定作业时间，采取有效措施，防止、减轻噪声污染。居民住宅区安装电梯、水泵、变压器等共用设施设备的，建设单位应当合理设置，采取减少振动、降低噪声的措施，符合民用建筑隔声设计相关标准要求。

已建成使用的居民住宅区电梯、水泵、变压器等共用设施设备由专业运营单位负责维护管理，符合民用建筑隔声设计相关标准要求。

新建居民住房的房地产开发经营者应当在销售场所公示住房可能受到噪声影响的情况以及采取或者拟采取的防治措施，并纳入买卖合同。

新建居民住房的房地产开发经营者应当在买卖合同中明确住房的共用设施设备位置和建筑隔声情况。

【案例分析】

环境噪声污染侵权上诉案

案情简介：

上诉人：石某等，系某街道老住户，其住所位于某高速公路旁。

被上诉人：某高速公路集团有限公司（以下简称“高速公路公司”），系该高速公路的所有人。

因来往车辆产生的交通噪声，石某等在高速公路修建期间及通车后数次向高速公路公司等及相关政府职能部门反映，要求为其房屋实施搬迁，一直未果。石某等遂以噪声妨害了其正常生活和身心健康为由向某区人民法院起诉称：高速公路集团有限公司及其相关分公司修建、经营的高速公路距其房屋仅 17 米，考虑到公路通车后可能产生的噪声污染，其在公路修建过程中多次找到被上诉人及拆迁安置部门，要求搬迁；被上诉人当时承诺若公路正常营运后产生噪声污染即对其房屋实施搬迁。现高速公路投入使用后，来往车辆产生的噪声严重影响了石某等的正常生活，为此，要求被上诉人立即将其房屋搬迁，并按 20 000 元/人的标准赔偿石某等精神损失共计 100 000 元。在审理过程中，石某等于 2010 年 9 月 1 日提出申请，要求对高速公路交通噪声的污染程度进行鉴定，因无相应鉴定机构，鉴定未果。

高速公路公司辩称：是否拆迁的问题不属于民事诉讼范畴，不应在民事诉讼中解决。高速公路建成后，通过了国家环境影响评估和验收，而石某等未提供高速公路噪声超标的任何证据，其未能证明侵权事实的存在。石某等住所的噪声是多种噪声源共同作用的结果，并非由高速公路交通噪声单方面形成，将所有责任归咎于被上诉人是不公平的。即使噪声超标，也完全可以通过栽种高大乔木、安装隔音墙或隔音窗户等降噪措施予以解决，石某等提出赔偿不符合实际。要求依法驳回石某等的全部诉讼请求。

裁判结果：

一审法院认为：《最高人民法院关于民事诉讼证据的若干规定》（2001 年）第 4 条第 1 款第 3 项规定：因环境污染引起的损害赔偿诉讼，由加害人就法律规定的免责事由及其行为与损害结果之间不存在因果关系承担举证责任。因此石某等主张交通噪声污染，应就存在噪声污染行为承担举证责任。虽然石某等申请对噪声污染程度进行鉴定，但因无相关鉴定机构，致使噪声是否超过国家规定的排放标准的争议无法通过鉴定结论予以认定，因此，对需要鉴定的事项负有举证责任的石某等应承担举证不能的法律后果。石某等要求高速公路公司及其分公司承担噪声污染侵权损害赔偿责任缺乏事实依据，该院不予支持。

经实地察看，该高速公路产生的交通噪声客观上对石某等的生活造成了妨害。但可以通过建立隔音屏障、修建隔音门窗等方式进一步减小交通噪声的干扰，使室内声环境质量符合要求。现高速公路公司及其分公司也愿意采取相应的防护措施减小交通噪声的干扰，而石某等坚持要求高速公路公司及其分公司将其房屋搬迁，经法院多次释明后仍坚持该诉讼请求，而石某等的该诉讼请求也不符合法律规定的承担民事责任的方式，一审法院难以支持。因此，判决驳回石某等的诉讼请求。案件受理费 2 300 元，由石某等负担。

石某等不服一审判决，向某市中级人民法院提起上诉。

某市中级人民法院二审查明：经上诉人石某等申请，中院委托市环境损害司法鉴定中心对上诉人房屋所在位置的噪声进行监测，鉴定是否存在噪声污染。2012 年年底市环境监测中心出具监测报告，市环境损害司法鉴定中心据此作出“司法鉴定检验报告书”。该鉴定报告载明：“……2、鉴定结论。(1) 声环境功能区及执行标准的确定……基于现有情况，上诉人房屋所在位置为 4 类声环境功能区，执行声环境质量标准 4a 类标准，即：昼间环境噪声限值为 70 分贝，夜间环境噪声限值为 55 分贝。(2) 根据本次监测结果，上诉人房屋所在位置环境噪声 1 号监测点昼间、夜间等级声级分别为 66.6 分贝、62.8 分贝，昼间噪声等效声级未超标，夜间噪声等效声级高于 55 分贝的标准值，超标 7.8 分贝…… (3) 鉴定结论：基于现有情况，上诉人房屋所在位置的环境噪声构成噪声污染。”

中院经审理认为，因二审出现新证据补强了石某等的关于高速公路公司等存在噪声污染行为的举证责任，一审判决应予改判。判决如下：(1) 撤销某区人民法院 (2010) 长法民初字第 03428 号民事判决；(2) 由高速公路公司于本判决生效后 10 日内赔偿石某等精神损失费 3 600 元；(3) 由高速公路公司于本判决生效后 10 日内一次性支付石某等隔音降噪设施费 3 900 元，由石某等自行采取相应隔音降噪措施；(4) 驳回石某等的其他诉讼请求。一审案件受理费 2 300 元，由高速公路集团有限公司负担；二审案件受理费2 300 元，公证费 1 400 元，鉴定费 10 900 元，由高速公路集团有限公司负担。

分析：

本案争议的焦点集中表现为：高速公路环境噪声污染是否构成噪声污染侵权的举证责任由谁承担问题，噪声污染鉴定方法是否恰当以及责任主体、责任如何承担等问题。

关于是否构成噪声污染侵权的举证责任由谁承担的问题。某市中级人民法院认为，《环境噪声污染防治法》(1996 年) 第 2 条规定：“环境噪声污染，是指所产生的环境噪声超过国家规定的环境噪声排放标准，并干扰他人正常生活、工作和学习的现象。”根据上述规定，只有超过国家规定的环境噪声排放标准的噪声，并干扰他人生活的，才是噪声污染。《民事诉讼法》(2007 年) 第 64 条规定：“当事人对自己提出的主张，有责任提供证据。”上诉人认为来往车辆产生的噪声即已形成噪声污染，根据上述规定，其应对该主张承担举证责任。《环境噪声污染防治法》第 61 条规定：“受到环境噪声污染危害的单位和个人，有权要求加害人排除危害；造成损失的，依法赔偿损失。”石某等人要求按 20 000 元/人的标准赔偿精神损失共计 100 000 元，因石某等人生活在噪声污染区，确实存在一定精神损害，酌情补偿 3 600 元。对于已形成的噪声污染，高速公路公司应采取一定措施隔音降噪。鉴于本案实际情况，可由高速公路公司一次性支付上诉人 3 900 元，由上诉人自行采取措施控制环境噪声污染。本案判决适用的是《环境噪声污染防治法》第 2、61 条规定，现行实施的是《噪声污染防治法》。按照《噪声污染防治法》，本案应当适用第 2、86 条规定作出判决。

（案例来源：中国法院网。本文有修改。）

法条链接

《中华人民共和国噪声污染防治法》全文。

深度阅读

1. 环境保护部污染防治司大气处. 建立协调联动机制 改善城乡声环境质量：《关于加强环境噪声污染防治工作 改善城乡声环境质量的指导意见》的解读. 环境保护，2011 (5).

2. 张斌，秦琴，户文成. 噪声污染防治：挑战与机遇并存. 环境保护，2011 (7).

3. 孙江联，茹毅. 排污收费制度与城市环境噪声污染防治. 商品与质量，2011 (S4).

4. 刘聪祥. 论《环境噪声污染防治法》的修改. 现代商贸工业，2012 (4).

5. 田飞. 主要发达国家环境噪声污染防治立法及对我国的立法启示. 唯实，2012 (7).

6. 曹树青，蒋信福. 谈《环境噪声污染防治法》的修改. 环境保护，2011 (7).

思考与练习

一、思考题

1. 什么是环境噪声污染？其危害性和特点有哪些？
2. 我国环境噪声污染防治监督管理体制如何？
3. 工业噪声污染防治有哪些主要法律规定？
4. 建筑施工噪声污染防治有哪些主要法律规定？
5. 交通运输噪声污染防治有哪些主要法律规定？
6. 社会生活噪声污染防治有哪些主要法律规定？

二、练习题

1. 依据《噪声污染防治法》判断下列哪些说法是正确的？(　　)

A. 环境噪声是指在工业生产、建筑施工、交通运输和社会生活中所产生的干扰周围生活环境的声音

B. 环境噪声污染是指所产生的环境噪声超过国家规定的环境噪声排放标准，并干扰他人正常生活、工作和学习的现象

C. 噪声敏感建筑物是指医院、学校、机关、科研单位、住宅等需要保持安静的建筑物

D. 噪声敏感建筑物集中区域是指医疗区、文教科研区和以机关或者居民住宅为主的区域

E. 噪声排放是指噪声源向周围生活环境辐射噪声

2. 在已竣工交付使用的住宅楼进行室内装修活动，应当限制作业时间，并采取其他有效措施，以减轻、避免对周围居民造成环境噪声污染。对违反者进行处罚的部门是（　　）。

A. 生态环境主管部门　　B. 当地人民政府

C. 公安机关　　D. 建设行政主管部门

3. 依据《噪声污染防治法》判断，下列说法正确的是（　　）。

A. 在城市范围内向周围生活环境排放工业噪声的，应当符合国家规定的工业企业厂界环境噪声排放标准

B. 在城市范围内向周围生活环境排放建筑施工噪声的，应当符合国家规定的建筑施工场界环境噪声排放标准

C. 在城市市区内，禁止夜间进行产生环境噪声污染的建筑施工作业，但抢修、抢险作业和因生产工艺上要求或者特殊需要必须连续作业的除外

D. 不论在城市范围，还是在农村地区，产生环境噪声污染的工业企业都应当采取有效措施，减轻噪声对周围生活环境的影响

E. 只有在城市范围内产生环境噪声污染的工业企业才应当采取有效措施，减轻噪声对周围生活环境的影响

4. 下列关于环境噪声污染防治的说法中，错误的是（　　）。

A. 县级以上人民政府生态环境主管部门对于本行政区域内的环境噪声污染防治实施统一监督管理

B. 国务院生态环境主管部门分别不同的功能区制定国家声环境质量标准

C. 建设项目可能产生环境噪声污染的，建设单位必须提出环境影响报告书

D. 施工单位在城市市区施工产生噪声的，应当事先向施工地的居民委员会申报有关情况

5. A 买了一台榨油机，放在与其邻居 B 一墙之隔的房屋内，开办对外营业的榨油作坊。榨油机整日隆隆作响，有时深更半夜还开机榨油，吵得 B 整日不得安宁。请结合本章内容思考：对 A 的行为应如何评价？

第十二章

有毒有害物质污染防治法

重点知识

有毒有害物质　有毒化学品　固体废物污染　放射性物质污染　有毒化学品污染　农药污染

本章的学习目的在于，了解防治有毒有害物质污染环境的重要性，了解有毒有害物质污染防治立法的体系，掌握我国防治有毒有害物质污染法律规定的主要内容。重点是有毒有害物质污染防治法的特点、我国有关防治有毒有害物质污染的立法体系、防治固体废物污染环境的法律原则及其与循环经济法的关系、防治有毒化学品污染环境的主要法律规定、防治农药污染环境的主要法律规定等。

第一节　有毒有害物质污染防治概述

一、有毒有害物质污染

在环境法学上，可以把环境要素污染以外的其他类型污染归纳为有毒有害物质污染。各国环境保护往往对这些物质污染采取专门立法的方式，根据国际上较为普遍的做法与我国立法的现状，可以把有毒有害物质污染分为有毒化学品污染、固体废物污染、放射性物质污染三大类。

有毒化学品污染是指进入环境后通过环境蓄积、生物累积、生物转化或化学反应等方式损害健康和环境，或者通过接触对人体具有严重危害和具有潜在危险的化学品污染。

固体废物污染是指因对固体废物的处置不当而使其进入环境，从而导致危害人体健康或财产安全，以及破坏自然生态系统、造成环境质量恶化的现象。固体废物污染环境防治实行“三化”原则、全过程控制原则、集中处置和分散处置相结合的原则、分类管理的原则。

放射性物质污染是指人类的生产、生活活动排放的放射性物质，使环境中的放射性水平改变，从而危害人体健康的现象。

有毒有害物质污染具有以下特征。

（1）有毒有害物质有许多是致癌物、致畸物，或使基因突变，对人类的正常生存和繁衍产生严重影响。

（2）有毒有害物质通过环境介质进入植物、动物、人体等生物领域，其中许多无机的、有机的毒物能在生物体中富集、积累并转移，最终通过食物链威胁和危害人体健康。

（3）有毒有害物质进入环境后，有些污染物能在环境中发生化学反应，转化成为害处更大的二次污染物，对生态系统和人体健康产生更大的危害。

（4）有毒有害物质大多化学性质稳定，不易被生物分解，而且在自然界中长期残留，其毒性对人体健康的影响稳定且持久，对生态平衡的干扰和破坏也十分严重。

（5）有毒有害物质进入不同的环境介质便形成不同的环境要素污染，如有毒有害物质进入大气则为大气污染，进入水体则为水污染。因此，有毒有害物质污染与环境要素污染的划分标准是相对的。

（6）与一般的废水、废气相比，有毒有害物质的物理形态较稳定，物质形态明显，可处置性强，它既是污染物又是可以有效重新利用的资源和能源，在减量化、无害化的同时，要全力做到资源化，使之化害为利。因此，有毒有害物质污染防治与清洁生产和建立循环经济相结合是当代环境保护的发展方向。

有毒有害物质污染的突出特点是，此类污染物质是人体或环境难以降解或不能降解的，其所造成的环境污染和危害往往是持久和难以消除的。一般来说，有毒有害物质不仅会对大气、水体、土壤、海洋等所有的环境要素造成污染，而且可不通过环境介质要素而直接对人的生命健康造成危害，与一般污染物质相比，其危害性更为强烈，因此需要法律的严格控制。

二、有毒有害物质污染防治法

有毒有害物质污染防治法是以防治有毒有害物质污染为立法对象的一类法律规范，其作为环境污染防治法的重要组成部分，是对各环境要素污染防治法的补充和完善。有毒有害物质污染防治法以控制污染物和污染源、阻止有毒有害物质进入生态系统的循环为直接内容，在法律上表现为关于对人体健康具有特别危害的那些有毒有害物质污染防治的专门立法，如对固体废物、放射性物质、有毒化学品、农药的专门立法等，其主要特点如下。

（1）有毒有害物质污染防治法是环境污染防治法的重要组成部分，它与环境要素污染防治法从不同的层面和不同的角度对环境污染的防治作了规定。环境要素污染防治法着重于对环境要素的全面保护；而有毒有害物质污染防治法则着重于某一污染物质对诸环境要素危害的防治。两者既协调配合，相互补充，又各有侧重，各有不可替代的作用。

（2）有毒有害物质污染防治法是对某一类特定的污染物或污染源的防治所进行的专门立法，其目的在于防治某一特定的污染物对于生态平衡和人体健康的干扰与破坏。

（3）有毒有害物质污染防治法重点突出，但涉及的范围广泛，其所建立的监督管理体制和控制制度较之于环境要素污染防治法更为特殊。

目前，我国有关防治有毒有害物质污染的法律法规主要有：《固体废物污染环境防治法》（1995 年 10 月通过，2020 年修订）、《农药管理条例》（1997 年发布，2022 年修订）等。

针对某一类有毒有害物质污染，我国现在只颁布了一部综合性的法律，就是防治固体废物污染的《固体废物污染环境防治法》，对有毒化学品、放射性物质和农药等污染的防治立法，大都是以部门规章的形式出现或散见于其他的规范性法律文件中。

我国的有毒有害物质污染防治法主要针对对于人体健康和生态平衡影响极大的有毒化学品、固体废物、放射性物质这三种类型而制定，而对这些污染物的防治涉及除环境保护行政主管部门以外的多个管理部门。因此，在法律的表现形式上，这类立法多以数个相关管理部门的联合管理法律、法规为主；在管理体制上，则赋予各相关部门明确的管理职责和权限并强调各部门间的协调与配合。

第二节　固体废物污染防治法

一、固体废物污染概述

（一）固体废物的概念

固体废物是指在生产建设、日常生活和其他活动中产生的污染环境的固态、半固态废物。固态废物是指具有一定形状、体积，占有一定空间的物体，包括工业固体废物、城市生产垃圾和危险废物等。半固态废物是指一些未纳入废气、废水管理范围的高浓度液体或混状物质，如在工业生产建设中产生的污泥、废油、废溶剂、废沥青，以及在城市生活和其他生活中产生的下水道污泥、厨房垃圾、人畜粪便等。固体废物同废水、废气相比，具有数量大、种类多、产生源广、可运输及跨国间转移等特点，并且它具有污染环境的危害性和可利用性双重性质。此外，固体废物对环境污染的危害，通常是比较缓慢的，具有长期潜伏性，且一旦造成污染危害，又往往难以清除。因此，消除固体废物的污染往往需要较复杂的治理技术和大量的资金投入。

固体废物按不同标准可作不同的分类，如按固体废物的来源不同，可分为工业固体废物、农业固体废物和城市生活垃圾；按固体废物的危害特性和程度，可分为一般固体废物和危险（有害）固体废物等。

（二）固体废物污染的概念

固体废物污染是指因对固体废物的处置不当而使其进入环境，从而导致危害人体健康或财产安全，以及破坏自然生态系统、造成环境质量恶化的现象。固体废物污染与大气污染、水污染有所不同，由于固体废物自身便是污染物，所以固体废物污染主要是指固体废物进入环境、造成环境污染后才直接或间接对人类及环境要素产生危害。

固体废物破坏环境资源主要表现为：大量的固体废物会因堆放而占用土地以及造成土壤污染；固体废物一旦进入大气或水体，便可以造成大气污染或水污染；严重影响城乡环境卫生，对人体健康形成威胁。此外，固体废物如果堆存、处置不当，也会破坏自然生态环境。

（三）我国固体废物污染环境现状

我国固体废物产生量很大，固体废物污染已经成为影响我国环境质量的突出问题。目前，我国工业固体废物年产生量约 32.3 亿吨，但由于废弃物处置能力相对不足，大量固体废物未得到及时有效的处理处置。在城市生活垃圾处理上，截至 2017 年年底，全国生活垃圾清运量达 21 547.97 万吨，无害化处理能力为 638 208 吨/日，无害化处理量为 20 931.11 万吨，全国城市生活垃圾无害化处理率达 97.14%。

二、防治固体废物污染环境立法

20 世纪 50 年代以来，固体废物污染环境问题日趋严重，这促使许多国家制定了防治固体废物污染环境的专门法律法规。如英国 1972 年制定的《有毒废物倾倒法》、荷兰 1975 年的《废物处置法》、美国 1970 年的《资源回收法》、日本 1970 年的《废弃物处理和清扫法》等，国际社会于 1989 年制定了《控制危险废物越境转移及其处置巴塞尔公约》。

我国为防治固体废物污染也制定了一系列法律法规，如《工厂安全卫生规程》（1956 年，2008 年已被废止）、《关于保护和改善环境的若干规定（试行草案）》（1973 年）、《城市市容环境卫生管理条例》（1982 年发布，现已被 1992 年《城市市容和环境卫生管理条例》取代）、《海洋倾废管理条例》（1985 年发布，2017 年修订）、《传染病防治法》（1989 年通过，2004 年修订，2013 年修正）等。为禁止洋垃圾入境，国务院办公厅印发了《禁止洋垃圾入境推进固体废物进口管理制度改革实施方案》，发布了《进口废物管理目录》（2017 年）（2020 年被《关于全面禁止进口固体废物有关事项的公告》废止）。此外，《海洋环境保护法》《水污染防治法》《大气污染防治法》等法律，以及有关工业企业“三废”排放标准、排污收费标准、工业企业卫生标准等标准中，也对固体废物的排放控制及其污染防治作出了规定。国家环境保护局于 1984 年开始酝酿起草固体废物污染环境防治法。通过反复征求意见与专家论证，历时 10 年，1995 年 10 月 30 日第八届全国人大常委会第十六次会议通过了《固体废物污染环境防治法》，该法于 2004 年 12 月 29 日第一次修订，经 2013 年 6 月 29 日、2015 年 4 月 24 日、2016 年 11 月 7 日三次修正，2020 年 4 月 29 日进行了第二次修订。新修订的《固体废物污染环境防治法》共 9 章 126 条。新法加强了医疗废物特别是应对重大传染病疫情过程中医疗废物的管理，推动实现生活垃圾分类制度有效覆盖，规定电商、快递等行业应优先采用可重复、易回收包装物。

三、我国防治固体废物污染环境的主要法律规定

（一）防治固体废物污染环境的法律原则

防治固体废物污染环境，应遵循环境保护法的基本原则，此外，根据固体废物污染的特点，还应遵循以下专门性法律原则。

（1）固体废物污染环境防治实行“三化”原则。“三化”即减量化，使固体废物不产生和少产生；资源化，已产生的固体废物在生产过程中回收、循环、再利用或用为另一

种生产的原料；无害化，通过各种处理、处置方式使固体废物安全、无污染地进入环境。“三化”原则在一定程度上已经具备了循环经济的思想。

（2）固体废物污染环境防治坚持污染担责的原则。产生、收集、贮存、运输、利用、处置固体废物的单位和个人，应当采取措施，防止或者减少固体废物对环境的污染，对所造成的环境污染依法承担责任。

（3）对固体废物实行全过程控制原则。由于固体废物在各个环节都可能产生污染危害，因而必须对其产生、排放、收集、贮存、运输、利用、处置的全过程实行不同程度和不同形式的监督管理，提出污染防治要求。

（4）对固体废物实行集中处置和分散处置相结合的原则。建立区域性、专业化的集中处置设施，可以节约投资，降低处置费用，也有利于提高治理水平。国家应鼓励、支持有利于保护环境的集中处置固体废物的措施。同时，对于产生固体废物量比较大的企业，宜自己分散治理。

（5）对固体废物实行分类管理的原则。根据固体废物的种类和对环境的危害程度，应规定不同的污染环境防治措施。如对工业固体废物、城市生活垃圾的污染环境防治采取一般性的管理措施，而对危险废物则规定采取严格的管理措施。

（二）防治固体废物污染环境的监督管理体制

国务院生态环境主管部门是全国的固体废物污染环境防治工作的主管机关，对全国的固体废物污染环境防治工作实施统一监督管理。县级以上地方人民政府生态环境主管部门对本行政区域内固体废物污染环境的防治工作实施统一监督管理。国务院和县级以上地方人民政府有关部门在各自的职责范围内负责固体废物污染环境防治的监督管理工作。国务院建设行政主管部门和县级以上地方人民政府环境卫生行政主管部门负责城市生活垃圾清扫、收集、贮存、运输和处置的监督管理工作。

（三）防治固体废物污染环境的一般规定

产生、收集、贮存、运输、利用、处置固体废物的单位和个人，应对防止或者减少固体废物污染环境负责，必须采取防扬散、防流失、防渗漏或者其他防止污染环境的措施。产品应当采用易回收利用、易处置或者在环境中易消纳的包装物；国家鼓励科研、生产单位研究、生产易回收利用、易处置或者在环境中易消纳的农用薄膜。对产品的包装物或容器和农用薄膜，应采取回收利用等方式，防止或减少对环境的污染。在自然保护区、风景名胜区、生活饮用水源地和其他需要特别保护的区域内，禁止建设工业固体废物集中贮存、处置设施、场所和生活垃圾填埋场。禁止中国境外的固体废物进境倾倒、堆放、处置。对于不能用作原料的固体废物，禁止进口；对于可以用作原料的，限制出口；对于国内跨行政区域转移固体废物，实行报告和许可制度。

（四）关于防治工业固体废物污染环境的法律规定

国务院生态环境主管部门应当会同国务院发展改革、工业和信息化等主管部门对工业固体废物对公众健康、生态环境的危害和影响程度等作出界定，制定防治工业固体废物污染环境的技术政策，组织推广先进的防治工业固体废物污染环境的生产工艺和设备。《固体废物污染环境防治法》中建立了“限期淘汰产生严重污染环境的工业固体废物的落后生产工艺、生产设备的名录”的制度。生产者、销售者、进口者或者使用者必须在规定期限内分别停止生产、销售、进口或者使用列入名录中的设备；生产工艺的采用者必须在规定期限内停止采用列入名录中的工艺。并且，被淘汰的设备不得转让给他人使用。县级以上地方人民政府应制定工业固体废物污染环境防治工作规划，组织建设工业固体废物集中处置等设施，推动工业固体废物污染环境防治工作。产生工业固体废物的单位要建立、健全企业污染环境防治责任制度，采取防治工业固体废物污染环境的措施；国家实行工业固体废物申报登记制度，产生工业固体废物的单位必须按规定提供工业固体废物的产生量、流向、贮存、处置等有关资料；企业事业单位对其产生的不能利用或者暂时不利用的工业固体废物，必须按规定建设贮存或者处置的设施、场所；露天贮存冶炼渣、化工渣、燃煤灰渣、废矿石、尾矿和其他工业固体废物的，应当设置专用的贮存设施、场所。上述设施、场所必须符合国务院生态环境主管部门规定的环境保护标准。

（五）关于防治生活垃圾污染环境的法律规定

生活垃圾是指在城市日常生活中或者为城市日常生活提供服务的活动中产生的固体废物以及法律、行政法规规定视为城市生活垃圾的固体废物。我国《固体废物污染环境防治法》对城市生活垃圾污染环境的防治作了明确的规定，包括在指定地点倾倒、堆放城市生活垃圾；城市生活垃圾的及时清运、分类收集和无害化处置；清洁能源和净菜进城；城市环境卫生的标准要求、配套设施建设以及管理；禁止擅自关闭、闲置或者拆除生活垃圾处置的设施、场所；确有必要关闭、闲置或者拆除的，必须经所在地的市、县级人民政府环境卫生行政主管部门商所在地环境保护行政主管部门同意后核准，并采取措施，防止污染环境。此外，施工单位应当及时清运、处置建筑施工过程中产生的垃圾，并采取措施，防止污染环境等规定。

2020年新修订的法律明确国家推行生活垃圾分类制度，主要内容包括：第一，生活垃圾分类坚持政府推动、全民参与、城乡统筹、因地制宜、简便易行的原则。第二，要求县级以上地方政府加快建立分类投放、分类收集、分类运输、分类处理的生活垃圾管理系统，实现生活垃圾分类制度有效覆盖，并建立生活垃圾分类工作协调机制，加强和统筹生活垃圾分类管理能力建设。第三，各级政府及其有关部门应当组织开展生活垃圾分类宣传，教育引导公众养成生活垃圾分类习惯，督促和指导生活垃圾分类工作。第四，规定产生生活垃圾的单位、家庭和个人应当依法履行分类投放义务。任何单位和个人都应当依法在指定的地点分类投放生活垃圾，不得随意倾倒、抛撒、堆放或者焚烧。第五，地方政府建立生活垃圾处理收费制度，要遵循产生者付费、差别化管理原则。第六，县级以上地方政府应当统筹生活垃圾公共转运、处理设施与收集设施有效衔接，加强分类收运体系和再生资源回收体系在规划、建设、运营等方面的融合。第七，规定有害垃圾、厨余垃圾处理和生活垃圾分类经费保障、违法行为处罚等内容。

（六）关于防治危险废物污染环境的法律规定

危险废物是指列入国家危险废物名录或者根据国家规定的危险废物鉴别标准和鉴别

方法认定的具有危险特性的废物，危险废物因其具有危险特点，造成的污染危害性质更烈，程度更重，是固体废物污染防治的重点，我国《固体废物污染环境防治法》第六章“危险废物”对此作了专章规定。

国家危险废物名录由国务院生态环境主管部门会同国务院有关部门制定。国家确立并实行统一的危险废物鉴别制度和危险废物识别标志制度。《固体废物污染环境防治法》规定，对危险废物的容器和包装物以及收集、贮存、运输、处置危险废物的设施、场所，应当按照规定设置危险废物识别标志。对危险废物实行强制处置，为使所有的危险废物都能得到妥善、安全的处置，还引入了代为处置的制度。我国实行危险废物经营环境行政许可制度。产生危险废物的单位必须按照国家有关规定申报登记；从事收集、贮存、处置危险废物经营活动的单位，必须向县级以上人民政府生态环境主管部门申请经营环境行政许可；禁止无证经营；直接从事危险废物经营活动的人员，应当接受培训。收集、贮存危险废物，必须按照危险废物特性分类进行，禁止混合收集、贮存、运输、处置性质不相容而未经安全性处置的危险废物，禁止将危险废物混入非危险废物中贮存；运输危险废物必须采取防止污染环境的措施，并遵守国家有关危险货物运输管理的规定，禁止将危险废物与旅客在同一运输工具上载运；收集、贮存、运输、处置危险废物的场所、设施、设备和容器、包装物及其他物品转作他用时，必须经过消除污染的处理，方可使用。对危险废物的转移作出明确规定：转移危险废物的，必须按照国家有关规定填写、运行危险废物电子或者纸质转移联单。跨省、自治区、直辖市转移危险废物的，应当向危险废物移出地省、自治区、直辖市人民政府生态环境主管部门申请。移出地省、自治区、直辖市人民政府生态环境主管部门应当及时商经接受地省、自治区、直辖市人民政府生态环境主管部门同意后，在规定期限内批准转移该危险废物，并将批准信息通报相关省、自治区、直辖市人民政府生态环境主管部门和交通运输主管部门。未经批准的，不得转移。此外，我国禁止经我国国境转移危险废物。该法还对危险废物发生污染事故时的强制应急措施和处理作出了规定。

2020年新修订的法律重视加强医疗废物特别是应对重大传染病疫情过程中医疗废物的管理。一是明确医疗废物按照国家危险废物名录管理。县级以上地方人民政府应当加强医疗废物集中处置能力建设。二是明确监管职责。县级以上人民政府卫生健康、生态环境等主管部门应当在各自职责范围内加强对医疗废物收集、贮存、运输、处置的监督管理，防止危害公众健康、污染环境。三是突出主体责任。医疗卫生机构应当依法分类收集本单位产生的医疗废物，交由医疗废物集中处置单位处置。医疗废物集中处置单位应当及时收集、运输和处置医疗废物。四是完善应急保障机制。重大传染病疫情等突发事件发生时，县级以上人民政府应当统筹协调医疗废物等危险废物收集、贮存、运输、处置等工作，保障所需的车辆、场地、处置设施和防护物资。五是要求各级人民政府按照事权划分的原则安排必要的资金用于重大传染病疫情等突发事件产生的医疗废物等危险废物应急处置。六是明确有关实验室固体废物管理的基本要求。规定各级各类实验室及其设立单位应当加强对实验室产生的固体废物的管理，依法收集、贮存、运输、利用、处置实验室固体废物。实验室固体废物属于危险废物的，应当按照危险废物管理。

第三节 放射性物质污染防治法

一、放射性物质污染概述

（一）放射性、放射性物质和放射性污染的概念

自然界某些原子核处于不稳定状态的元素或物质会发生核衰变现象，即自然地改变核结构从而转变成另一种物质。在核衰变的过程中，这些元素或物质会放出由粒子或光子组成的射线，并辐射出原子核里的过剩能量，变成原来物质的较低能态。这些元素或物质在核衰变过程中所表现出的放出射线的属性称放射性。放射性物质是能够产生放射性以及辐射的元素及其化合物。环境中的放射性物质可以分为两类：一类是天然放射性物质，另一类是人工放射性物质。天然放射性物质放出的射线称天然放射性，其对人体产生的辐射称为天然本底放射性。由于天然放射性物质总辐射水平低，人类在大自然中已经适应，因而，对人体健康没有什么危害。人工放射性物质所放出的射线称人工放射性。由于人类利用人工放射性是有一定目的的，如造核武器、建核电站等，因而，人类活动产生的各种放射性物质的总辐射水平均要大于天然放射性物质。

放射性污染是指因人类的生产、生活活动排放的放射性物质，使环境中的放射性水平改变，从而危害人体健康的现象。放射性污染主要来源于三个方面：(1) 核利用过程中产生的核污染，包括核原料开采、冶炼、核设施运行、核废料处理、核试验等过程中产生的放射性污染，核试验沉降物和核动力舰船排放物。(2) 放射性同位素和射线装置使用时产生的放射性污染。目前，一些放射性同位素和射线装置，如钴 60、X 射线机、加速器、发光材料、彩色电视机等，得到越来越广泛的使用，但在使用中，其所发出的射线对人体会造成一定的损害。(3) 伴生放射性矿物资源开发利用中产生的放射性污染。有些矿石，如花岗岩、铁矿石、稀土等矿产中铀等放射性元素含量较高，其尾矿、矿渣也会成为污染源。

（二）放射性污染的特点

放射性污染的特点主要体现在以下三个方面。

(1) 对人体和环境损害严重。放射性物质对人体照射到一定积存量时，能对人体健康产生损害，引起多种疾病；放射性污染能破坏人体免疫功能，降低肌体的防疫能力，缩短人的寿命；放射性污染能引起基因突变和染色体畸变并遗传给后代；X 射线和各种放疗与射线能导致孕妇流产、胎儿死亡；放射性物质还会对大气、水、土壤、农作物、畜禽类、鱼虾类以至建筑物、器具等造成放射性污染。

(2) 放射性污染影响面广，危害大。如 1986 年 4 月的苏联切尔诺贝利核电站事故中，7 000 多人死亡，受放射性伤害的人数则难以统计。这次核事故使整个欧洲都付出了沉重的代价：欧洲各国放射性尘埃强度增高，瑞典增高达 100 倍，欧洲各邻国的蔬菜、

牛奶不能食用，给人们心理造成了巨大的恐慌。

（3）放射性污染危害时间长，难以消除。如苏联切尔诺贝利核电站事故虽然经各方面努力，但到20世纪末时残存的污染仍很严重。

二、防治放射性物质污染环境立法简介

为了防治放射性物质污染环境，世界上核工业发达国家，几乎从一开始就制定了一系列放射性防护法规和标准，以加强管理和防治工作。如英国制定了《原子能条例》（1946年）、《核设施条例》（1965年）；日本制定了《原子能基本法》（1955年）；苏联颁布了《辐射损伤防止法》；美国颁布了《原子能法》（1954年）、《能源重新组织法》（1974年）、《防止核扩散法》（1978年）、《核废弃物政策法》（1982年）等。这些防护法规，有效地防范和控制了放射性污染。

我国为了做好放射性污染防治工作，从20世纪50年代起陆续制定了一系列的防治放射性污染的政策和法规。我国颁布、修订的《环境保护法》《水污染防治法》《大气污染防治法》《海洋环境保护法》《固体废物污染环境防治法》等法律中，也都有防治放射性污染的条款。国家还颁布了《核辐射环境质量评价一般规定》《低中水平放射性固体废物的浅地层处置规定》（已废止）、《放射性废物分类标准》等放射性环境保护标准。2003年6月28日，第十届全国人民代表大会常务委员会第三次会议通过了《中华人民共和国放射性污染防治法》，自2003年10月1日起施行。该法适用于中华人民共和国领域和管辖的其他海域在核设施选址、建造、运行、退役和核技术、铀（钍）矿、伴生放射性矿开发利用过程中发生的放射性污染的防治活动。2005年，国务院发布了《放射性同位素与射线装置安全和防护条例》（2014年、2019年修订），《放射性同位素与射线装置放射防护条例》同时废止。

三、我国防治放射性物质污染的主要法律规定

（一）放射性污染防治的监督管理体制

《放射性污染防治法》规定，国务院生态环境部对全国放射性污染防治工作依法实施统一监督管理。国务院卫生行政部门和其他有关部门依据国务院规定的职责，对有关的放射性污染防治工作依法实施监督管理。县级以上人民政府应当将放射性污染防治工作纳入环境保护规划。

我国对放射环境实行分级管理。

（1）国家生态环境主管部门的职责：1）对放射环境实施统一监督管理；2）审批有关的环境影响报告书，指导省级生态环境主管部门的放射环境管理工作；3）制定国家放射性污染防治标准；4）负责核安全的监督管理工作。

（2）县级以上地方人民政府生态环境主管部门和同级其他有关部门，按照职责分工，各负其责，互通信息，密切配合，对本行政区域内核技术利用、伴生放射性矿开发利用中的放射性污染防治进行监督检查。

（二）对放射性物质和核设施的监督管理

（1）核设施营运单位、核技术利用单位、铀（钍）矿和伴生放射性矿开发利用单位，负责本单位放射性污染的防治，接受生态环境主管部门和其他有关部门的监督管理，并依法对其造成的放射性污染承担责任。

（2）运输放射性物质和含放射源的射线装置，应当采取有效措施，防止放射性污染。具体办法由国务院规定。

（3）使用伴生放射性矿渣和含有天然放射性物质的石材做建筑和装修材料时，应当符合国家建筑材料放射性核素控制标准。

（4）含有放射性物质的产品，应当符合国家放射性污染防治标准；不符合国家放射性污染防治标准的，不得出厂和销售。

（5）核设施选址，应当进行科学论证，并按照国家有关规定办理审批手续。在办理核设施选址审批手续前，应当编制环境影响报告书，报国务院生态环境主管部门审查批准；未经批准，有关部门不得办理核设施选址批准文件。

（三）防治放射性污染的管理制度

1. 放射许可制度

有关核设施的选址定点、建造、调试、运行和退役以及操纵等活动，必须在取得国家核安全局颁发的核设施安全环境行政许可文件以及执照后，才能营运。核设施的迁移、转让或退役，也必须向国家核安全局提出申请，经批准后方可进行。核设施安全环境行政许可文件包括核设施建造环境行政许可、核设施运行环境行政许可、核设施操纵员和其他需要批准的文件。

2. 环境影响评估制度

要求涉及放射性废水、废气、固体废物治理的工程项目，必须在申请审查的同时，提交经生态环境主管部门批准的环境影响评价文件。

3. 设置危险标志制度

放射性物质和射线装置应当设置明显的放射性标识和中文警示说明。生产、销售、使用、贮存、处置放射性物质和射线装置的场所，以及运输放射性物质和含放射源的射线装置的工具，应当设置明显的放射性标志。

4. 实行“双轨监测制度”

污染单位自行对污染的环境影响进行常规监测，并定期向省级环保部门报告监测结果；省级环保部门必须对辖区内一切伴有辐射项目的环境影响状况进行监督性监测和常规管理。

此外，法律还对核技术利用、铀（钍）矿和伴生放射性矿开发利用的放射性污染防治、放射性废物管理等作出了具体规定。

第四节 有毒化学品污染防治法

一、有毒化学品的概念和特征

化学品，又称化学物品，是指人工制造的或者是从自然界取得的化学物质，包括化学物质本身、化学混合物或者化学配剂中的一部分，以及作为工业化学品和农药使用的物质。

化学危险物品，是指根据我国国家标准《危险货物分类和品名编号》规定的分类标准中所列的爆炸品、压缩气体和液化气体、易燃液体、易燃固体、自燃物品和遇湿而燃物品、氧化剂和有机过氧化物、毒害品和腐蚀品，共分七大类。

有毒化学品的概念和范围，与化学危险物品、化学品的概念和范围有一定的区别。有毒化学品，是指进入环境后通过环境蓄积、生物累积、生物转化或化学反应等方式损害健康和环境，或者通过接触对人体具有严重危害和具有潜在危险的化学品。

从概念的定义可以看出，“化学品”“化学危险物品”是从公共安全性角度出发，按化学反应方式来界定的。而“有毒化学品”既从危害公共安全和人体健康角度来考虑，又从生态安全性角度来界定。“有毒”是指对人体健康和环境的危害性质。因此，有毒化学品的范围包括了通常的化学危险品，并且比化学危险品的范围更为广泛。

二、有毒化学品污染的危害

我国是化学品的生产、使用和进出口大国。有毒化学品的生产、使用在国民经济和社会发展中不可缺少，如果对其管理得当和使用科学，就不会对环境造成污染。但如果在其生产、运输、销售、贮存、使用过程中，管理不善和使用不当，就会导致其泄漏、溢出、渗透、流失、扩散而进入环境，造成对生态环境、生活环境和人体健康的损害。一方面，有毒化学品性质复杂，毒性差异极大，且不少化学品对人体、环境的损害存在着科学上的不确定性。另一方面，一些有毒化学品是生物难以降解或不能降解的物质，对人体、环境的损害具有潜在性、持久性、生物转化性等特点，一旦发生污染事故，通常难以消除或不能消除。如 1984 年 12 月 3 日印度博帕尔市一农药厂发生异氰酸甲酯泄漏事件，使 20 多万人受到损害，其中 28 000 多人死亡，5 万多人失明。这些都给有毒化学品的环境管理带来极大的困难，也对有毒化学品的污染防治措施提出了更高的要求。

目前，在世界范围内有毒化学品种类繁多、数量巨大、用途广泛、使用频繁且方法多样，已经生产或使用的化学物质已达 700 多万种，其中大部分对人体健康和环境存在不利影响。有毒化学品的污染事故，性质严重、危害极大、扩散速度快且范围大，能给人员造成极大的伤亡，给财产造成极大损失，给环境质量造成严重损害。因此，有毒化学品对环境的污染和可能产生的其他危害，已是全球所关注的主要环境问题之一。我国是化学品的生产、使用和进出口大国，防治有毒化学品污染环境的工作任务十分繁重。

三、防治有毒化学品污染环境立法简介

世界各国对有毒化学品的安全控制都十分重视，许多国家采取了禁止或限制有毒化学品的生产、贸易、使用的严格措施。20 世纪 70 年代以来，各国相继制定并不断完善化学物质的环境管理法律法规，经历了从对农药的安全管理和污染控制扩及有毒化学品的全面控制的发展过程。如美国制定的《杀虫剂法》（1910 年）、《食品、药品和化妆品法》（1938 年）、《杀虫剂、杀菌剂和杀鼠剂法》（1947 年）、《有毒物质管理法》（1976 年）；日本制定的《毒品和剧毒物品管理法》（1950 年）、《化学物质控制法》（1970 年）；英国的《污染控制法》（1974 年）等。此外，联合国环境规划署 1987 年 6 月通过了《关于化学品国际贸易资料交流的伦敦准则》，1989 年 5 月又对其加以修订。

我国也非常重视有毒化学品的安全控制和管理，进入 20 世纪 70 年代以后，对有毒化学品的管理从只限于安全管理向保护环境方面扩展，并制定了一系列的防治有毒化学品污染环境的法规、规章，以及一些安全标准和环境标准。如《化学危险物品安全管理条例》（1987 年通过，已失效，为 2002 年通过、2011 年、2013 年修订的《危险化学品安全管理条例》所取代）、《防止含多氯联苯电力装置及其废物污染环境的规定》（1991 年）、《关于防治铬化合物生产建设中环境污染的若干规定》（1992 年）、《关于停止生产和销售萘丸提倡使用樟脑制品的通知》（1993 年）、《化学品首次进口及有毒化学品进出口环境管理规定》（1994 年发布，2007 年修正）、《监控化学品管理条例》（1995 年通过，2011 年修订）等。此外，在《环境保护法》《水污染防治法》《大气污染防治法》《海洋环境保护法》《固体废物污染环境防治法》等法律法规中，也有有关防治有毒化学品污染环境的条款规定。然而，我国目前尚未制定一部专门的法律来加强对有毒化学品的安全控制。

四、我国防治有毒化学品污染环境的主要法律规定

（一）关于有毒化学品生产经营许可制度的法律规定

我国对有毒化学品实行生产前申报审查制度。生产化学危险物品的企业必须经省辖市以上人民政府审查同意，生产剧毒化学危险物品的企业必须经省级人民政府批准。拥有含多氯联苯电力装置的单位和个人须向当地生态环境主管部门申报登记。禁止乡、镇、街道企业生产剧毒化学危险物品。

对有毒化学品实行生产、经营许可证制度。国家对新建、扩建、改建生产剧毒化学危险物品的企业实行严格控制。新建、扩建、改建生产化学危险物品的企业必须按照规定履行审批手续。经营危险化学品的企业必须具备《危险化学品安全管理条例》规定的条件。对于危险化学品的流通，还应当遵守相应的规定。国家禁止无证生产、经营危险化学品。

（二）关于有毒化学品的安全防护和污染防治措施的法律规定

生产、储存、使用有毒化学品，应根据其种类、性质，设置相应的通风、防爆、泄压、防火、防雷、监测、报警、自动连锁、降温、防潮、消除静电、隔离操作等安全防护设施和用具。盛放有毒化学品的容器，在使用前后，必须进行检查，防止火灾、爆炸、中毒等事故的发生。储存有毒化学品必须修建专用危险物品贮存场地或使用专用储存室（柜），并设专人管理。有毒化学品生产企业、仓库和专用车站、码头必须设在安全地点。储存有毒化学品应分类分项存放，并设置安全距离，不得超量储存；不得在露天、潮湿、漏雨和低洼易积水地点存放；化学性质或防护、灭火方法相互抵触的有毒化学品不得在同一储存场所存放；有毒化学品入库前，必须进行检查登记，入库后应定期检查。

运输、装卸有毒化学品必须按国家有关危险货物运输管理的规定和要求办理。根据所装运有毒化学品的种类和性质，采取相应的防止碰撞、拖拉、倾倒、泄漏、溢流、脱落和密闭、覆盖、隔热、隔潮、喷淋等安全防护及预防污染的措施；性质不相容的有毒化学品不得违反配装限制或混合装运；装运有毒化学品时，不得客货混装或使用载客的交通工具。对不符合规定的，发货人不得托运，运输部门不得承运。禁止在自然保护区、风景名胜区、饮用水源保护区等需要特别保护的区域内，新建有毒化学品生产项目和装卸、储存设施。禁止利用透水层孔隙、裂隙、溶洞及废弃矿坑储存有毒化学品。在发生船舶和海上、水上油污事故，需使用化学消油剂的，必须事先经有关监督管理部门批准，并严格控制使用量。

（三）关于有毒化学品进出口环境管理的法律规定

我国在有毒化学品进出口环境管理中实施环境风险评价制度。国家环境保护局在1993年5月召开的一次关于有毒化学品环境管理工作会议上，提出要抓好新化学品和进出口有毒化学品的环境风险评价和控制，在涉及有毒化学品的建设项目的环境影响评价管理中增加有毒化学品风险评价的内容。

我国实行进出口有毒化学品名录制度。国家环境保护总局发布的《中国禁止或严格限制的有毒化学品名录》，对列入名录的有毒化学品采取严格管制。2023年10月16日，生态环境部、商务部和海关总署联合发布《中国严格限制的有毒化学品名录》（2023年）。凡进口或出口上述名录所列有毒化学品的，应按本公告及附件规定向生态环境部申请办理有毒化学品进（出）口环境管理放行通知单，并凭有毒化学品进（出）口环境管理放行通知单向海关办理进出口手续。本公告自发布之日起实施。《关于印发〈中国严格限制的有毒化学品名录〉（2020年）的公告》（生态环境部、商务部和海关总署公告2019年第60号）同时废止。根据《化学品首次进口及有毒化学品进出口环境管理规定》，凡进口或出口《中国禁止或严格限制的有毒化学品名录》中有毒化学品的，应向生态环境部申请办理有毒化学品进口环境管理登记证和有毒化学品进（出）口环境管理放行通知单，并提交规定的资料和样品。生态环境部对符合我国环境管理规定和要求的，准予登记或临时登记并发放登记证或临时登记证。凡未取得登记环境行政许可文件的，一律不得进口。拟出口名录中所列的化学品，必须向生态环境部提交出口环境管理登记申请，生态环境部受理申请后，应通知进口国主管部门，对其同意进口的化学品发放准许出口的有毒化学品出口环境管理登记证。

（四）关于监控化学品的法律规定

我国将监控化学品分为四类：第一类是可作为化学武器的化学品；第二类是可作为生产化学武器前体的化学品；第三类是可作为生产化学武器主要原料的化学品；第四类是除炸药和纯碳氢化合物外的特定有机化学品。国家对这四类监控化学品以公布名录的形式实行监控，并且分别实行严格的审批、生产和使用规定。生产第一类监控化学品，需要经过国务院化学工业主管部门批准，并在指定的小型设施中生产。对第二类、第三类、第四类监控化学品中含磷、硫、氟的特定有机化学品的生产，实行特别许可制度。需要使用第一类监控化学品的，需经国务院化学工业主管部门审查批准。需要使用第二类监控化学品的，需经省级人民政府化学工业主管部门审查批准。除此之外，国家对第一类监控化学品的进出口实行严格控制，规定非为科研、医疗、制造药物或者防护目的者不得进口第一类监控化学品。

（五）关于有毒化学品污染事故应急救援和善后处理的法律规定

消除突发性有毒化学品污染事故和在事故发生时采取紧急救援措施，是各国共同关心的问题。1988 年，联合国环境规划署提出了“区域性紧急事故意识与准备计划”（“阿佩尔计划”），以提高政府、企业和公众对预防和处置突发性污染事故的认识，强调对紧急事故的应急和全社会的合作。这一计划受到了许多国家的重视，我国也对此作出了积极的响应，并先后制定了有关法律、法规，明确规定有毒化学品突发性污染事故的应急救援工作，由地方人民政府负责组织、协调和实施。应急措施包括控制、减少和消除污染的设施，如控制通道、食物、水源、人员撤离、物品迁移、对受污染地区的去污，以及受污染人员的救护、洗消、转运和医学处置等。

第五节 农药污染防治法

一、农药污染环境概述

（一）农药和农药污染

根据我国《农药管理条例》的解释，“农药”是指用于预防、控制危害农业、林业的病、虫、草、鼠和其他有害生物以及有目的地调节植物、昆虫生长的化学合成或者来源于生物、其他天然物质的一种物质或者几种物质的混合物及其制剂。

农药污染是指因生产、运输、储藏、销售和施用农药而污染环境，引起人体和动植物急性或慢性中毒，以及影响生态系统良性循环的现象。

农药污染也成为世界性的突出环境问题之一，尤其是在发展中国家更为严重。据世界农化网披露，在世界各国注册的农药已有 1 500 多种，其中常用的达 300 余种。据世界卫生组织统计，全球每年至少有 50 万例农药中毒事件，死亡 11.5 万人。

（二）农药污染的危害

农药污染的危害性主要表现在以下几个方面。

（1）造成水体污染。农药可以因农药厂排放废液、洗涮农药用具、农药喷洒等进入水体，造成水体污染。除污染地表水之外，农药还通过渗透等方式污染地下水。

（2）造成大气污染。农药喷洒可以产生大量农药飘浮物，经与尘埃结合后可随风扩散进入大气，造成大气污染。此外，环境中残留农药的挥发、农药厂的排气和工商业使用防蛀、防毒剂的挥发，都对大气造成污染。

（3）造成土壤污染。农药特别是一些稳定性较强的农药（如有机汞、有机氯类等农药）进入土壤后，就会在土壤中积累，破坏土壤结构，降低土壤肥力，影响土壤的生态系统功能的发挥。据统计，人类施用的农药中有 40%～60%进入了土壤。

（4）危害人体健康。一个人如果误食、误吸或大量接触剧毒农药，可造成急性中毒，如果长期食用被农药污染了的动植物，就会因食物链作用使农药富集于体内，引起人体慢性中毒。急、慢性中毒都会造成病变，甚至导致死亡。

（5）危害动、植物和农畜产品。农药也可以造成动植物的急、慢性中毒，损害动植物的生物机能，诱发各种病变，甚至导致死亡。农药在农畜产品中蓄积、残留，影响农产品的质量，经食物链富集进而危害人、畜安全。

二、防治农药污染立法现状

我国对农药的管理向来都很重视，早在 20 世纪 50 年代就由国务院有关部门颁布了农药安全管理的若干规定，内容涉及防止农药中毒、农药质量与生产、使用的安全管理。如《关于严防农药中毒的联合通知》（1956 年）、《“1605”及“1059”农药安全使用操作规程（试行）》（1957 年）、《关于加强农药安全管理的规定（试行）》（1959 年）等。进入 70 年代以来，国家进一步加强了这方面的立法，1979 年制定《农药安全使用标准（试行）》，1982 年有关部门联合发布了《农药安全使用规定》《农药登记规定》（已失效）、《农药毒性试验方法暂行规定》，1984 年发布《农药安全使用标准》和《农药合理使用准则》等。近十几年来，国家对防治农药污染愈加重视。1996 年，农业部、国家环境保护局、国家工商行政管理局等五个部门联合发出通知，严禁在蔬菜生产中使用高毒、高残留农药。为了进一步加强对农药生产、经营和使用的监督管理，保证农药质量，保护农业、林业生产和生态环境，维护人畜安全，国务院于 1997 年 5 月 8 日以第 216 号令发布了《农药管理条例》（2017 年 3 月 16 日，第二次进行了修订，并于 2017 年 6 月 1 日起正式执行，2022 年 3 月 29 日，第三次进行了修订，并于 2022 年 5 月 1 日正式实施）。为保障新条例的顺利实施，配套的《农药登记管理办法》、《农药登记试验管理办法》、《农药生产许可管理办法》、《农药经营许可管理办法》、《农药标签和说明书管理办法》以及《农药登记资料要求》也相继出台。此外，在《环境保护法》等环境保护法律法规和《农业法》《农业技术推广法》中也有防治农药污染的条款规定。

三、我国防治农药污染环境的主要法律规定

（一）关于农药监督管理原则的法律规定

根据《农药管理条例》的规定，我国农药管理的原则如下。

(1) 安全。既包括对人、畜的安全，还包括对有益生物、农作物、生态环境也是无害的。这就要求在农药的生产、使用过程中执行安全防毒的规定，而且要求农药具有低毒、低残留的特性，在环境中能较快地降解为无毒的物质，不长期残留在环境中。

(2) 高效。即对病、虫、草害的防治效果好。好的农药应针对性强，不伤及“无辜”和“友军”。

(3) 经济。既要降低用药成本，不能超出农民的承受能力，同时使用中也要注意不要滥用、不要浪费、讲究科学、合理用药。

（二）关于农药监督管理体制的法律规定

国务院农业主管部门负责全国的农药登记和农药监督管理工作。县级以上地方人民政府农业主管部门负责本行政区域的农药监督管理工作。县级以上人民政府其他有关部门在各自职责范围内负责有关的农药监督管理工作。县级以上地方人民政府应当加强对农药监督管理工作的组织领导，将农药监督管理经费列入本级政府预算，保障农药监督管理工作的开展。

（三）关于农药登记制度的法律规定

我国实行农药登记制度。农药生产企业、向中国出口农药的企业应当依照《农药管理条例》的规定申请农药登记，新农药研制者可以依照本条例的规定申请农药登记。国务院农业主管部门所属的负责农药检定工作的机构负责农药登记具体工作。省、自治区、直辖市人民政府农业主管部门所属的负责农药检定工作的机构协助做好本行政区域的农药登记具体工作。

国务院农业主管部门组织成立农药登记评审委员会，负责农药登记评审。申请农药登记的，应当进行登记试验。登记试验应当由国务院农业主管部门认定的登记试验单位按照国务院农业主管部门的规定进行。

登记试验结束后，申请人应当向所在地省、自治区、直辖市人民政府农业主管部门提出农药登记申请，并提交登记试验报告、标签样张和农药产品质量标准及其检验方法等申请资料；申请新农药登记的，还应当提供农药标准品。省、自治区、直辖市人民政府农业主管部门应当自受理申请之日起20个工作日内提出初审意见，并报送国务院农业主管部门。向中国出口农药的企业申请农药登记的，应当持前述资料、农药标准品以及在有关国家（地区）登记、使用的证明材料，向国务院农业主管部门提出申请。

农药登记证应当载明农药名称、剂型、有效成分及其含量、毒性、使用范围、使用方法和剂量、登记证持有人、登记证号以及有效期等事项。农药登记证有效期为5年。

有效期届满，需要继续生产农药或者向中国出口农药的，农药登记证持有人应当在有效期届满 90 日前向国务院农业主管部门申请延续。农药登记证载明事项发生变化的，农药登记证持有人应当按照国务院农业主管部门的规定申请变更农药登记证。国务院农业主管部门应当及时公告农药登记证核发、延续、变更情况以及有关的农药产品质量标准号、残留限量规定、检验方法、经核准的标签等信息。

国家对取得首次登记的、含有新化合物的农药的申请人提交的其自己所取得且未披露的试验数据和其他数据实施保护。

（四）关于农药生产的法律规定

农药生产应当符合国家农药工业的产业政策。国家实行农药生产许可制度。农药生产企业应当具备下列条件，并按照国务院农业主管部门的规定向省、自治区、直辖市人民政府农业主管部门申请农药生产许可证：（1）有与所申请生产的农药相适应的技术人员；（2）有与所申请生产农药相适应的厂房、生产设施；（3）有对所申请生产农药进行质量管理和质量检验的人员、仪器和设备；（4）有保证所申请生产农药质量的规章制度。

省、自治区、直辖市人民政府农业主管部门应当自受理申请之日起 20 个工作日内作出审批决定，必要时应当进行实地核查。符合条件的，核发农药生产许可证；不符合条件的，书面通知申请人并说明理由。安全生产、环境保护等法律、行政法规对企业生产条件有其他规定的，农药生产企业还应当遵守其规定。

农药生产许可证应当载明农药生产企业名称、住所、法定代表人（负责人）、生产范围、生产地址以及有效期等事项。农药生产许可证有效期为 5 年。有效期届满，需要继续生产农药的，农药生产企业应当在有效期届满 90 日前向省、自治区、直辖市人民政府农业主管部门申请延续。农药生产许可证载明事项发生变化的，农药生产企业应当按照国务院农业主管部门的规定申请变更农药生产许可证。

委托加工、分装农药的，委托人应当取得相应的农药登记证，受托人应当取得农药生产许可证。农药生产企业采购原材料，应当查验产品质量检验合格证和有关许可证明文件，不得采购、使用未依法附具产品质量检验合格证、未依法取得有关许可证明文件的原材料。农药生产企业应当建立原材料进货记录制度，如实记录原材料的名称、有关许可证明文件编号、规格、数量、供货人名称及其联系方式、进货日期等内容。原材料进货记录应当保存 2 年以上。

农药生产企业应当严格按照产品质量标准进行生产，确保农药产品与登记农药一致。农药出厂销售，应当经质量检验合格并附具产品质量检验合格证。农药生产企业应当建立农药出厂销售记录制度，如实记录农药的名称、规格、数量、生产日期和批号、产品质量检验信息、购货人名称及其联系方式、销售日期等内容。农药出厂销售记录应当保存 2 年以上。

（五）关于农药经营的法律规定

国家实行农药经营许可制度，但经营卫生用农药的除外。农药经营者应当具备下列条件，并按照国务院农业主管部门的规定向县级以上地方人民政府农业主管部门申请农药经营许可证：（1）有具备农药和病虫害防治专业知识，熟悉农药管理规定，能够指导安全合理使用农药的经营人员；（2）有与其他商品以及饮用水水源、生活区域等有效隔离的营业场所和仓储场所，并配备与所申请经营农药相适应的防护设施；（3）有与所申请经营农药相适应的质量管理、台账记录、安全防护、应急处置、仓储管理等制度。经营限制使用农药的，还应当配备相应的用药指导和病虫害防治专业技术人员，并按照所在地省、自治区、直辖市人民政府农业主管部门的规定实行定点经营。县级以上地方人民政府农业主管部门应当自受理申请之日起 20 个工作日内作出审批决定。符合条件的，核发农药经营许可证；不符合条件的，书面通知申请人并说明理由。

农药经营者采购农药应当查验产品包装、标签、产品质量检验合格证以及有关许可证明文件，不得向未取得农药生产许可证的农药生产企业或者未取得农药经营许可证的其他农药经营者采购农药。

农药经营者应当建立采购台账，如实记录农药的名称、有关许可证明文件编号、规格、数量、生产企业和供货人名称及其联系方式、进货日期等内容。采购台账应当保存 2 年以上。

农药经营者应当建立销售台账，如实记录销售农药的名称、规格、数量、生产企业、购买人、销售日期等内容。销售台账应当保存 2 年以上。农药经营者应当向购买人询问病虫害发生情况并科学推荐农药，必要时应当实地查看病虫害发生情况，并正确说明农药的使用范围、使用方法和剂量、使用技术要求和注意事项，不得误导购买人。经营卫生用农药的，不适用前述规定。

农药经营者不得加工、分装农药，不得在农药中添加任何物质，不得采购、销售包装和标签不符合规定，未附具产品质量检验合格证，未取得有关许可证明文件的农药。

（六）关于农药使用的法律规定

县级以上人民政府农业主管部门应当加强农药使用指导、服务工作，建立健全农药安全、合理使用制度，并按照预防为主、综合防治的要求，组织推广农药科学使用技术，规范农药使用行为。林业、粮食、卫生等部门应当加强对林业、储粮、卫生用农药安全、合理使用的技术指导，环境保护主管部门应当加强对农药使用过程中环境保护和污染防治的技术指导。

农药使用者应当遵守国家有关农药安全、合理使用制度，妥善保管农药，并在配药、用药过程中采取必要的防护措施，避免发生农药使用事故。限制使用农药的经营者应当为农药使用者提供用药指导，并逐步提供统一用药服务。农药使用者应当严格按照农药的标签标注的使用范围、使用方法和剂量、使用技术要求和注意事项使用农药，不得扩大使用范围、加大用药剂量或者改变使用方法。农药使用者不得使用禁用的农药。标签标注安全间隔期的农药，在农产品收获前应当按照安全间隔期的要求停止使用。剧毒、高毒农药不得用于防治卫生害虫，不得用于蔬菜、瓜果、茶叶、菌类、中草药材的生产，不得用于水生植物的病虫害防治。农药使用者应当保护环境，保护有益生物和珍稀物种，不得在饮用水水源保护区、河道内丢弃农药、农药包装物或者清洗施药器械。严禁在饮用水水源保护区内使用农药，严禁使用农药毒鱼、虾、鸟、兽等。

（七）关于农药管理的其他规定

国家建立农药召回制度。农药生产企业发现其生产的农药对农业、林业、人畜安全、农产品质量安全、生态环境等有严重危害或者较大风险的，应当立即停止生产，通知有关经营者和使用者，向所在地农业主管部门报告，主动召回产品，并记录通知和召回情况。禁止生产、经营和使用假农药。假农药是指以非农药冒充农药或者以此种农药冒充他种农药的；所含有效成分的种类、名称与产品标签或者说明书上注明的农药有效成分的种类、名称不符的。禁止生产、经营和使用劣质农药。劣质农药是指不符合农药产品质量标准的，失去使用效能的或者混有导致药害等有害成分的。禁止伪造、变造、转让、出租、出借农药登记证、农药生产许可证、农药经营许可证等许可证明文件。

国务院农业主管部门和省、自治区、直辖市人民政府农业主管部门应当组织负责农药检定工作的机构、植物保护机构对已登记农药的安全性和有效性进行监测。发现已登记农药对农业、林业、人畜安全、农产品质量安全、生态环境等有严重危害或者较大风险的，国务院农业主管部门应当组织农药登记评审委员会进行评审，根据评审结果撤销、变更相应的农药登记证，必要时应当决定禁用或者限制使用并予以公告。

【案例】

2006 年 11 月，甘肃徽县水阳乡发生血铅超标事件，共筛查送检样品 2 652 份（人），检出铅中毒 260 人，其中儿童 255 人、轻度中毒 67 人、中度中毒 174 人、重度中毒 14 人。事件发生后，监察部和国家环保总局组成的联合调查小组发现，徽县有色金属冶炼公司自 1996 年建成到 2004 年，不遵守政府关于淘汰落后工艺的命令，擅自扩大生产规模，长期超标排放。同时查明，陇南地区环保局在项目审批、“三同时”验收方面存在问题；相关主管部门都没有督促企业淘汰落后生产线；徽县政府还对企业实行挂牌保护。

分析：这是一起特别重大环境事件。政府及主管部门在环境影响评价制度执行、“三同时”制度执行方面存在失职，同时对公司执行落后工艺、设备和技术淘汰制度督促不力，还为排污企业充当保护伞。本案涉嫌构成重大环境污染事故罪，应对公司负领导责任的人员及直接责任人员以重大环境污染事故罪予以制裁，对负有环境保护监督管理职责的政府及主管部门负领导责任的人员和其他直接责任人员以环境监管失职罪定罪处刑。此外，受害者还可提起刑事附带民事诉讼及国家赔偿诉讼。

（案例来源：黄锡生，等. 环境与资源保护法学典型案例解析. 重庆：重庆大学出版社，2010. 引用时有修改。）

法条链接

1.《中华人民共和国危险化学品安全管理条例》全文；

2.《中华人民共和国农药管理条例》全文；
3.《关于持久性有机污染物的斯德哥尔摩公约》；
4.《中华人民共和国清洁生产促进法》第 19 条第 1 款；
5.《中华人民共和国大气污染防治法》第 24 条；
6.《中华人民共和国水污染防治法》第 33 条、第 47 条、第 54 条第 2 款；
7.《中华人民共和国安全生产法》第 32 条；
8.《中华人民共和国海洋环境保护法》第 33 条。

深度阅读

1. 魏复盛. 有毒有害化学品环境污染及安全防治建议. 中国工程科学，2001 (9).
2. 乔世明. 重金属污染因果关系推定理论与实务研究：以广西镉污染为例. 法治研究，2012 (10).
3. 吕忠梅. 中国环境污染对健康损害的成因与对策. 前进论坛，2011 (9).
4. 中国 21 世纪议程. 第 19 章.

思考与练习

一、思考题

1. 有毒化学品的污染危害有哪些？
2. 简述固体废物污染及其防治原则。
3. 我国关于有毒化学品的安全防护和污染防治措施的法律规定有哪些？
4. 我国关于有毒化学品进出口环境管理的法律规定有哪些？
5. 我国关于防治农药污染环境的主要法律规定是什么？

二、练习题

1. 农药污染的危害性主要体现在哪些方面？(　　)
A. 对人体健康的危害　　B. 对动植物的危害
C. 造成大气、土壤和水体的污染　　D. 对农畜产品的危害

2. 我国现行有效的对农药进行管理的法律法规是：(　　)。
A.《农业管理办法》　　B.《农业管理条例》
C.《农药法》　　D.《农药污染防治法》

3. 农药管理的原则包括：(　　)。
A. 经济　　B. 高效　　C. 安全　　D. 无害

4. 根据《危险化学品安全管理条例》的规定，所谓“危险化学品”，系指根据我国国家标准《危险货物分类与品名编号》规定的分类标准中所列的：(　　)。
A. 爆炸品　　B. 易燃液体、易燃固体
C. 压缩气体和液化气体　　D. 氧化剂和有机过氧化物

5. 下列适用《化学品首次进口及有毒化学品进出口环境管理规定》的有：(　　)。

A. 化学品的首次进口

B. 食品添加剂

C. 放射性物质

D. 列入《中国禁止或严格限制的有毒化学品名录》的有毒化学品进出口

PART THREE

3

|第三编|

生态环境保护法

第十三章
生态环境保护法概述

重点知识

生态环境　自然资源　生物资源　非生物资源　人文生态环境　自然保育

本章的学习目的在于掌握生态环境的概念、分类及特征，了解我国目前的生态环境问题及传统环境保护法在生态环境保护与建设方面的局限性，重点掌握我国当前生态环境保护法律体系及其主要内容。

第一节　生态环境概述

一、生态环境的概念、分类及特征

（一）生态环境的概念

2018 年，“生态文明”写入《宪法》，从宪法高度明确了生态文明建设在社会主义事业总体布局中的战略地位，标志着生态文明从政治概念正式上升为法律概念。作为我国“五位一体”总体布局中的一“体”，进一步深化和完善了中国特色社会主义总体布局。

生态环境（ecological environment）是指影响生态系统发展的各种天然和经过人工改造的自然因素的总和，由生物群体、外部空间以及无生命物质三大要素组成。生态环境与人类环境（或生活环境）是两个既有联系又有区别的概念：

一方面，生态环境与人类环境包含的环境要素基本相同，都涵盖了大气、水、海洋等自然环境要素以及城市、乡村、人文遗迹等人工环境因素。生态环境间接地、潜在地、长远地对人类的生存和发展产生影响。生态环境的破坏，最终会导致人类环境的恶化。

另一方面，二者强调的中心并不相同。环境总是相对于某一中心事物而言的。人类环境强调以人类为中心，其保护是以满足人类自身的生存与发展为最高宗旨的。而生态环境强调以整个生物界为中心，其主体除包括人类之外，尚有动物、植物以及微生物。生态环境保护的目标是保证人类与其他生物的共存共荣。

（二）生态环境的分类

（1）按照环境要素的形成原因，生态环境可以分为自然环境与人工环境。前者包括大气、水、森林、草原等环境要素，后者包括城市、乡村、生活居住区、人文遗迹等环境要素。

（2）从对人类利用价值的角度，可以将生态环境分为生态资源（包括生物资源与非生物资源）与生态空间。

生态资源包括生物资源（如森林、草原等）与非生物资源（如土地、矿藏等），所涉及的自然资源具有较明显的财产属性。其中的生物资源一般是可再生资源，非生物资源则主要是不可再生资源。生态空间包括自然保护区、文物古迹、风景名胜、乡村与城市环境等。

生态环境与自然资源既有联系又有区别。自然资源是指在一定经济和技术条件下，自然界中可以被人类利用的物质和能量，如土壤、阳光、水、空气、草原、森林、野生动植物、矿藏等。多数自然资源具有双重属性，既属于自然资源的范畴，又是重要的环境要素。一般认为，自然资源与生态资源的内容基本一致，也包括生物资源与非生物资源两类。生态环境的范围要大于自然资源。生态环境的构成要素，不仅包括现有技术条件下能够被人类利用的各种物质和能量，即自然资源，还包括目前难以作为资源加以利用的环境要素，例如雷电、洋流、臭氧层等，甚至还包括从资源角度来讲并无多少经济价值的自然遗迹、人文遗迹等。

（三）生态环境的特征

生态环境构成了人类社会发展的自然物质基础，其特征决定着人类获取和利用它的方式和内容，也决定着生态保护法的内容和发展。因此，充分认识生态环境的特征有利于人类对其实施有效利用、管理和保护。

1. 整体性

习近平强调“山水林田湖草是生命共同体”[①]，各个自然要素及其所组成的生态系统之间相互联系，共同构成地球生态系统有机整体。生态环境要素的存在依赖于必要的客观物质条件，二者之间有着内在的、有机的联系，共同构成一个统一体。森林、草原、矿藏依附于土地，它们和土地相互影响，存在着连锁性、结构性的变化效应。其中一种要素的变化，会影响到其他生态环境要素的变化和功能的发挥，甚至影响到整个生态环境系统的发展。例如，森林具有涵养水分、保持土地肥力，净化空气、绿化环境，为野生动植物提供生长栖息地等多重功能。所以，对森林的乱砍滥伐，必然会引起其他要素功能的发挥，甚至引发整个生态环境的破坏。自然保护区、风景名胜亦然，这些生态环境要素与其周边同一生境下的其他要素相辅相成，相互影响，构成一个独特整体。任何不尊重规律的无序开发均会对这些生态环境要素造成功能减损和价值降低。生态环境要素整体性特征，要求人们在开发利用活动中，避免追求单一要素利益，应当着眼于相互关联要素的整体利益。

---

① 习近平. 加强生态文明建设必须坚持的原则//习近平著作选读：第2卷. 北京：人民出版社，2023：173.

2. 有限性

生态环境要素依存于客观物质条件的特性，这决定了这些要素在数量上不都是无限的。有些资源不可再生，如矿藏，越采越少，最终会出现枯竭。有些要素可以再生，如森林、草原、动植物，它们有自我更新或循环再生能力，但这种能力是有限的，必须依赖一定的生态环境和一定的客观条件。如果人类对这些生态环境要素不当利用、滥用或破坏，势必会削弱这种能力，使可再生要素的状况发生改变、变质，甚至灭绝。自然保护区和名胜古迹等人文生态环境要素具有不可复制性和不可替代性，同样，如果人们一味追逐利益，盲目开发、疏于保护和管理，也会减损这些要素的价值，限制其应有生态环境价值功能的发挥，甚至使其丧失这种功能。生态环境要素的有限性，要求人们尊重自然、理性开发。正如习近平所言："大自然是包括人在内一切生物的摇篮，是人类赖以生存发展的基本条件。大自然孕育抚养了人类，人类应该以自然为根，尊重自然、顺应自然、保护自然。"①

3. 公共性

习近平指出，"良好生态环境是最公平的公共产品，是最普惠的民生福祉"②。生态环境要素具有典型的公共物品属性，如大气、阳光、水、生物多样性、人文遗迹、乡村环境等。这些要素并不属于某个人或某一群体，而为人们所共有，乃至为所有生物所"共有"。生态环境保护的受益者不仅是个人、群体，也是整个社会，甚至包括未来世代。这一特征告诉人们，在开发利用公共资源时，要从全局出发，兼顾经济效益、生态效率与社会成本、兼顾他人利益及后代人利益。

二、我国的生态环境问题

党的十八大以来，我们把生态文明建设作为关系中华民族永续发展的根本大计，开展了一系列开创性工作，决心之大、力度之大、成效之大前所未有，生态文明建设从理论到实践都发生了历史性、转折性、全局性变化，美丽中国建设迈出重大步伐。③ 具体来讲，绿化造林工作取得成效，森林资源的合理利用有了较大进展，林业生态工程建设成效显著；草地建设取得阶段性成果；牧场综合示范工程获得巨大成效；海洋环境保护也得到加强，大部分水质及周围海域生态环境基本保持良好状态；土地保护和整治工作全面推进，生态农业建设取得成效；自然保护区、风景名胜区、森林公园建设稳步发展，生物多样性保护渐入人心。

但也必须看到，我国生态环境恶化的趋势并未得到完全遏制。生态环境部发布的《2022 中国生态环境状况公报》显示，虽然我国生态环境质量出现改善态势，但总体形势依然严峻，面临许多困难和挑战，例如：

城市空气质量堪忧：全国 339 个地级及以上城市中，126 个城市环境空气质量超标，

① 习近平. 共同构建人与自然生命共同体. 人民日报，2021－04－23（2）.

② 中共中央文献研究室编. 习近平关于全面深化改革论述摘编. 北京：中央文献出版社，2014：107.

③ 全面推进美丽中国建设 加快推进人与自然和谐共生的现代化. 人民日报，2023－07－19.

占 37.2%。339 个城市中，86 个城市细颗粒物（$PM_{2.5}$）超标，占 25.4%；55 个城市可吸入颗粒物（PM_{10}）超标，占 16.2%；92 个城市臭氧（O_3）超标，占 27.1%。2022 年，酸雨区面积约 48.4 万平方千米，占陆域国土面积的 5.0%，比 2021 年上升 1.2 个百分点；全国监测降水的 468 个城市（区、县）pH 年均值范围为 4.60～7.93，平均为 5.67。酸雨和较重酸雨城市比例分别为 13.2%和 1.9%，比 2021 年分别上升 1.6 个百分点和 0.6 个百分点。

水污染严重：全国地表水监测的 3 629 个国控断面中，Ⅰ～Ⅲ类水质断面占 87.9%，；劣Ⅴ类水质断面占 0.7%，主要污染指标为化学需氧量、高锰酸盐指数和总磷。全国监测的 1 890 个国家地下水环境质量考核点位中，Ⅰ～Ⅳ类水质点位占 77.6%，Ⅴ类占 22.4%，主要超标指标为铁、硫酸盐和氯化物。地级及以上城市在用集中式生活饮用水水源监测的 919 个断面（点位）中，38 个断面（点位）不达标，占 4.1%，其中地表水水源监测断面（点位）635 个，11 个断面（点位）不达标，占 1.7%，主要超标指标为高锰酸盐指数、总磷和硫酸盐；地下水水源监测点位 284 个，27 个点位不达标，占 9.5%，主要超标指标为锰、铁和氟化物。

海洋污染严重：夏季，管辖海域呈富营养状态的海域面积为 28 770 平方千米，其中呈轻度、中度和重度富营养状态的海域面积分别为 12 900、6 940 和 8 930 平方千米。重度富营养状态的海域主要集中在辽东湾、长江口、杭州湾和珠江口等近岸海域。海上目测的漂浮垃圾平均个数为 65 个/平方千米；表层水体拖网监测的漂浮垃圾平均个数为 2 859 个/平方千米，平均密度为 2.8 千克/平方千米。塑料类垃圾数量最多，占 86.2%；其次为木制品类和纸制品类，分别占 6.4%和 6.0%。2022 年，监测的 24 个海洋生态系统中，17 个呈亚健康状态。

我国生态环境保护结构性、根源性、趋势性压力尚未根本缓解。我国经济社会发展已进入加快绿色化、低碳化的高质量发展阶段，生态文明建设仍处于压力叠加、负重前行的关键期。必须以更高站位、更宽视野、更大力度来谋划和推进新征程生态环境保护工作，谱写新时代生态文明建设新篇章。① 人们粗放型、不可持续的生产、生活方式是造成我国生态环境严峻态势的重要原因。“边建设、边破坏、建设赶不上破坏”现象普遍存在。我国生态环境整体功能的下降，导致自然生态系统抵御各种自然灾害能力减弱，旱涝、赤潮、沙尘暴、次生地质灾害等频繁发生，危害程度加大。生态环境问题已经成为制约我国经济与社会可持续发展的瓶颈因素。因此，进一步加强生态环境保护建设工作势在必行。

第二节　生态环境保护法律体系

一、传统环境保护法的局限性

传统的环境保护法侧重污染防治，而忽视对自然资源的保护，因而不利于生态环境

① 全面推进美丽中国建设 加快推进人与自然和谐共生的现代化. 人民日报，2023-07-19.

的整体保护与建设。其局限性主要体现在以下方面。

（1）在法律属性方面，污染防治法主要侧重环境污染的法律责任问题，属于事后救济。世界各国的污染防治法基本上遵循一条先污染、后治理的道路。这种制度对预防环境污染功能有限，而且财产赔偿，往往仅评估环境受损所带来的经济损失，而诸如生态价值、美学价值等方面的损失往往无法被涵括在内。此外，一些严重污染所造成的后果，难以通过财产补偿加以消除。

（2）在调整范围方面，污染防治法直接针对向环境排放有毒有害物质的行为，即污染行为。而那些同样危害环境的，诸如滥伐森林、乱垦土地等破坏生态环境的行为，并不属于污染防治法的调整范围。事实上，破坏生态环境的行为与污染环境的行为同样有害，而且往往危害更为持久，后果更加难以消除。对生态环境破坏行为的关注不足是侧重污染防治的传统环境保护法的一大不足。

（3）从法学原理的角度观察，污染防治法可以借助环境科学技术规范以及政府的行政管理行为，防治对象主要是企业行为，因而法律实施的难度相对较小。然而，针对破坏生态环境行为的防治，不仅可能与传统的所有权制度在法律上有所冲突，而且此类行为往往涉及的主体广泛，既包括企业行为，也包括公民行为，传统污染防治法的原理和各项制度并不能适应保护生态环境的客观需要。

（4）从调整模式上看，民事损害赔偿制度在污染防治法中扮演了重要角色，只要有污染损害的行为和结果，通常会有受害人主张权利，法律责任的确定也有一整套成熟的民事制度可以借鉴。在生态保护建设领域，问题却要复杂得多。

一方面，许多生态环境资源的价值难以用金钱计算，例如，一棵树作为木材的价值是有限的，但在保护生态环境方面的意义并非其财产价值所能衡量。而一棵珍稀树木的自然资源价值，或者一棵古木的人文生态环境价值，更是难以用金钱加以估量。民事赔偿制度对此类问题显得无能为力。另一方面，生态环境保护建设工作不仅有利于当代人，也是对后代人利益的保护，是可持续发展的必然要求。这是污染防治法所依赖的民事损害赔偿制度所不能调整的。

此外，生态环境保护建设的对象主要是一种公共利益，而非私人利益。环境公益涉及的利益主体多，关系复杂，法律保护难度很大。环境保护中经常援引西方经济学家称为“公有物的悲剧”（the tragedy of the commons）的规律，其直接来源主要是自然资源保护问题，是私法保护的一个盲区。

上述原因的存在，促使生态环境保护建设法应运而生，并且很快成为现代环境法研究的重要领域。

二、生态环境保护法的发展

生态环境保护法的产生虽然在污染防治法之后，但其发展很快，受到各国的高度重视，已成为现代环境法的重要组成部分。

在不同的国家与地区，生态环境保护法的名称有所不同。

俄罗斯是生态环境保护立法较早的国家之一，其生态环境保护法体系可以概括为以生态环境保护法为核心，以各种专项资源和生态保护立法为补充。《自然环境保护法》是俄罗斯最重要的生态环境保护法。它全面规定了生态环境保护立法的任务、基本原则、调整对象、保护对象、公民的生态权利和义务、生态环境保护的基本法律制度等内容。这部法律的主要内容包括：赋予公民拥有有利于健康的良好环境的权利；确定了保护生态环境的经济机制；确定了生态环境质量标准和国家生态鉴定规则；对企业、设施等各种项目设计、建设、改造、投产各个过程提出生态要求；对生态环境监督、生态环境教育和科学研究进行了规定；确立了生态环境保护方面的纠纷解决机制、生态环境违法的各种责任认定规则和造成危害的救济措施等。1992 年俄罗斯实施了《生态安全纲要》，第一次明确将生态安全保障作为国家基本战略在立法上加以确立。1993 年的《俄罗斯联邦宪法》第 2 条还确立了“人的权利和自由具有最高价值”的原则，第 42 条首次规定了“公民的生态权的优先性”。

法国的生态环境保护立法较有影响，其环境法分为公害防治法与自然保育法两大基本类别。法国自 1998 年制定了《环境法典》（侧重污染防治），而早在 1976 年 7 月 10 日即已制定了《自然保育法》。法国的自然保育法，除将若干相关的民法制度如所有权、相邻权、地役权、损害赔偿等，以及刑法的相关条文纳入环境法之中外，与自然保育相关的诸如农业、森林、渔业、矿业等经济法规，以及国有土地法、都市规划法、海港法等十余种重要法律的相关内容亦按其性质编入法典之中，并与专门的环境保护法律法规相衔接。

受法国的影响，此后许多大陆法系的国家和地区均仿效此种立法体例。如日本采取公害防治先行、自然保育跟进的立法策略，制定了《自然环境保全法》作为生态环境保护基本性立法。以该法为龙头形成了包括《自然公园法》《温泉法》《都市绿地保全法》《首都圈近郊绿地保全法》《生产绿地法》《关于鸟兽保护及狩猎的法律》《关于控制特殊鸟类转让的法律》《森林法》《关于整备农业振兴地域的法律》《关于古都风土保存的特别措施法》《文化财产保护法》等单项生态环境要素保护法律或特定地域生态保护法律的完备生态环境保护法律体系。我国台湾地区亦采取此类模式。

三、我国的生态环境保护法律体系

党的十八届三中全会指出：“建设生态文明，必须建立系统完整的生态文明制度体系，用制度保护生态环境。”习近平在主持十八届中央政治局第六次集体学习时也强调：“只有实行最严格的制度、最严密的法治，才能为生态文明建设提供可靠保障。”[①] 党的十九大更把建设生态文明提升为“中华民族永续发展的千年大计”[②]。生态环境的制度建设是生态文明建设的重要制度基础。经过多年的努力，我国的生态环境保护法已经初具规模，其主要构成如下。

---

① 习近平谈治国理政：第 1 卷. 北京：外文出版社，2014：210.

② 习近平. 决胜全面建成小康社会 夺取新时代中国特色社会主义伟大胜利：在中国共产党第十九次全国代表大会上的报告. 北京：人民出版社，2017：23.

1. 宪法对自然资源和环境问题的原则性规定

此类规定不仅确定了自然资源的产权关系，而且明确规定了国家保护生态环境，并保障对它的合理利用。如，“国家保障自然资源的合理利用，保护珍贵的动物和植物。禁止任何组织或者个人用任何手段侵占或者破坏自然资源”（第 9 条第 2 款）；“一切使用土地的组织和个人必须合理地利用土地”（第 10 条第 5 款）；“国家保护和改善生活环境和生态环境，防治污染和其他公害。国家组织和鼓励植树造林，保护林木”（第 26 条第 1、2 款）。这些规定为我国生态环境保护建设立法奠定了坚实的宪法基础，指明了生态环境保护和利用的方向。

2.《环境保护法》中的有关规定

作为综合性的环境基本法，其中的基本任务、保护对象、基本原则与基本制度、管理机构与管理权限以及法律责任等相关规定，均是生态环境保护法的重要法律渊源。《环境保护法》对生态环境保护高度重视，创设了一些重要的新制度。

（1）生态红线制度。第 29 条规定：“国家在重点生态功能区、生态环境敏感区和脆弱区等区域划定生态保护红线，实行严格保护。”“各级人民政府对具有代表性的各种类型的自然生态系统区域，珍稀、濒危的野生动植物自然分布区域，重要的水源涵养区域，具有重大科学文化价值的地质构造、著名溶洞和化石分布区、冰川、火山、温泉等自然遗迹，以及人文遗迹、古树名木，应当采取措施予以保护，严禁破坏。”

（2）合理开发自然资源制度。第 30 条规定：“开发利用自然资源，应当合理开发，保护生物多样性，保障生态安全，依法制定有关生态保护和恢复治理方案并予以实施。引进外来物种以及研究、开发和利用生物技术，应当采取措施，防止对生物多样性的破坏。”

（3）生态补偿制度。第 31 条规定：“国家建立、健全生态保护补偿制度。国家加大对生态保护地区的财政转移支付力度。有关地方人民政府应当落实生态保护补偿资金，确保其用于生态保护补偿。国家指导受益地区和生态保护地区人民政府通过协商或者按照市场规则进行生态保护补偿。”

3. 生态环境保护单行法律法规

（1）有关自然资源保护的法律法规主要有：《野生动物保护法》及其实施条例、《野生植物保护条例》《渔业法》《水产种质资源保护区管理暂行办法》《森林法》《草原法》及其实施条例、《土地管理法》及其实施条例、《土地复垦条例》《水法》《海洋环境保护法》《矿产资源法》及其实施细则、《煤炭法》《电力法》《节约能源法》《可再生能源法》《基本农田保护条例》《水土保持法》及其实施条例、《防沙治沙法》《防洪法》等。（2）有关人文生态环境保护的法律法规包括：《风景名胜区条例》《自然保护区条例》《文物保护法》及其实施条例、《水下文物保护管理条例》《文物保护工程管理办法》《国家级自然公园管理办法（试行）》《城乡规划法》及其实施细则等。

这些法律法规不仅使我国生态环境保护法基本形成生物资源保护法体系、非生物资源保护法体系和人文生态环境保护法体系，而且多数单行法也形成了自己的分支体系，如水法体系、土地法体系、矿产资源法体系、森林法体系、野生动植物保护法体系、文物保护法体系、风景名胜保护法体系等。

法条链接

1.《中华人民共和国宪法》第 9 条、第 26 条；
2.《中华人民共和国环境保护法》第 29 条至第 33 条。

深度阅读

1. 金瑞林，汪劲. 20 世纪环境法学研究评述. 北京：北京大学出版社，2003.
2. 戚道孟. 自然资源法. 北京：中国方正出版社，2005.
3. 肖乾刚. 自然资源法. 北京：法律出版社，1998.
4. 周珂. 生态环境法论. 北京：法律出版社，2001.
5. 谢秋凌. 美国生态环境保护法律制度简述. 昆明理工大学学报（社会科学版），2008 (1).

思考与练习

一、思考题

1. 什么是生态环境？其构成要素、分类与特征如何？
2. 生态环境与自然资源是什么关系？
3. 传统环境保护法对于保护生态环境存在着怎样的缺陷？
4. 生态环境保护建设与现代环境法是什么关系？
5. 简述我国生态环境保护法律体系。
6. 我国生态环境保护法律体系目前存在的问题主要有哪些？应如何完善？
7. 我国农村环境问题日益凸显，空气污染、地表水污染与土壤污染十分严重，请结合本章内容，思考如何运用法律手段解决以上问题，从而使农村生态环境得以改善。

二、练习题

1. 生态环境是指影响生态系统发展的各种（　　）的总和。
A. 生物和非生物
B. 天然和经过人工改造的自然因素
C. 生物和空间
2. 生态环境与人类环境二者强调的中心（　　）。
A. 不同　　B. 相同　　C. 不确定
3. 污染防治法是否能够解决生态环境问题？（　　）
A. 能　　B. 不能　　C. 逐步能够
4. 以下哪些内容不属于法国自然保育法的范围？（　　）
A. 大气污染防治、水污染防治
B. 国有土地法、都市规划法、海港法
C. 所有权、相邻权、农业、森林、渔业、矿业

第十四章

生物资源保护法

重点知识

森林功能　野生动物　草原　林地使用权

由于生态环境是以整个生物界为中心和主体，生态环境三要素中的第一要素是生物群体，所以生物资源是生态环境资源的首要组成部分。生物资源基本上属于可再生资源，但生物资源较易遭受破坏，保护的难度较大，而在传统的法律制度中，生物资源的保护很薄弱。加强对生物资源的法律保护是现代环境法特别需要重视的领域。本章的学习目的是，了解生物资源法律保护的必要性，了解生物资源保护法律制度的体系和基本内容。重点是我国生物资源权属制度、生物资源保护管理体制和重要法律保护措施。

第一节　生物多样性保护

一、生物多样性的概念、法律特征及调整范围

（一）生物多样性的概念

生物多样性是地球上生命经过几十亿年发展进化的结果，是人类赖以生存的物质基础。它与气候变化和可持续发展是当前国际上的三大热点，这三大热点问题各有其重点，但却存在着必然的相互联系。

生物多样性是地球上生命经过几十亿年发展进化的结果，是人类赖以生存的物质基础。生物多样性是自然过程塑造的，同时也日益受到了人类活动的影响。生物多样性形成了一个生命的网络，人类是其不可缺少的一部分并且完全依赖于它。

“生物多样性”（biodiversity）这一名词最早是在1985年威尔森（Wilson）提出的科学术语，它原是 Biological Diversity 或 Biotic Diversity 的缩写。当年被赋予的定义是“生物及其所在生态复合体的种类丰富度和相互间差异性”。1992年《生物多样性公约》（Convention on Biological Diversity）第2条“用语”中对生物多样性作出如下的解释：“生物多样性是指所有来源的活的生物体的变异性。”1995年联合国环境规划署（UNEP）

发表了《全球生物多样性评估》（GBA），赋予生物多样性一个比较简明的定义："生物多样性是生物和它的组成的系统的总体多样性和变异性。"生物多样性这一定义随着时间及人们认识的深化而在不断发展。从1992年《生物多样性公约》中只强调"变异性"，到1995年联合国环境规划署（UNEP）的《全球生物多样性评估》中，又在"变异性"的基础上增加了"多样性"。

综上所述，生物多样性可定义为：在全球范围内，生物多样性是指各国在调整所有来源的活的生物体的变异性而产生的权利义务关系的总和。在一国范围内，生物多样性是指调整该国所有来源的活的生物体的变异性而产生的权利义务关系的总和。

（二）生物多样性的法律特征

生物多样性是全球共同关注的问题，从法律关系的角度来讲，有如下法律特征。

1. 全球性

全球性又可称国际性、世界性。这一特征区别于只有缔约国才享有权利、承担义务的公约，表明生物多样性是全球共性的问题。生物多样性的丧失问题是全人类共同面临的严峻考验，因此，保护生物多样性也应是全人类共同努力来完成的一项伟大事业，世界各国包括我国在内在保护生物多样性方面都应互相借鉴其法律制度的建设，站在全球的立场上建立自己的法律制度。世界各国都既是权利的享有者，又是义务的承担者。各国在制定本国法律时也应考虑到生物多样性的全球性，注意避免与其所参加的国际公约中的规定相冲突，并履行好自己的国际义务。

2. 区域性

该特征是指：根据生物资源的生存特性及全球的生物现状，生物及其物种都分布在全球一定的区域内。根据生物多样性的区域不同，法律调整方式及其适用法律手段不同，这就是生物多样性区域性的特征。如：海洋法调整的是海洋区域，草原法调整的是陆地某一特定的草原区域等。因生物多样性的分布呈现出浓厚的地域性，单单只依靠一国的力量是难以解决好的。20世纪90年代以来，很多针对生物多样性的多边、双边条约纷纷签订。

3. 立体性

立体性不同于广泛性。现代科学研究表明，生物多样性的分布不仅包括平面的，还包括垂直的。《生物多样性公约》第2条指出"生物多样性"是指所有来源的活的生物体中的变异性，这些来源既包括陆地、海洋和宇宙生态系统及其所构成的生态综合体，又与全球的整个立体气候、温度有密切的联系，决定着物种与物种之间的生存及和谐并直接关系到生态系统的多样性。所以生物多样性的保护是一个立体性、多方位的保护。它包括陆地、海洋、天空、宇宙等区域内的所有保护。

4. 内部性和外部性

内部性是指生物基因多样性的本质法律保护，是生物多样性保护区别于其他法律保护的一种独有的特征。内部性目前广泛受到世界各国的高度关注，保护范围包括人类及地球上所有生物所携带的遗传信息的总和，各国就诸如生物能否进行克隆及转基因物种问题纷纷立法支持或禁止。外部性是指物种的多样性及物种生存环境和外部环境多样性。同一物种由于外部性不同，它的大小、形状等有区别；由于生存环境的不同，其数量、质量等也有区别，如东北虎、华南虎，药材等也因外部性的不同具有不同的价值。有生命的有机体即动物、植物、微生物物种具有多样性，其价值直接关系到全人类的生存发展及有关的开发利用和保护。

（三）生物多样性保护的调整范围

关于生物多样性保护的调整范围，1992 年《生物多样性公约》以目录的形式作了确定，主要包括：（1）基因多样性；（2）物种多样性；（3）生态系统多样性。其中对物种的范围以附录的形式加以规定，附录一是通常所指的一类保护动植物，是绝对禁止开发利用的；附录二是二类保护动植物，由于它所在的区域不同，有的国家全面禁止开发利用，有的国家部分禁止开发利用或有条件地开发利用。同时，各国根据本国的情况会作一些特别的规定和指导性措施。因生物多样性是一个内涵十分广泛的重要概念，它包括多个层次或范围，究竟包括哪些生物组织层次或范围，各国及学者具有不同的见解。目前，国际法公认的生物多样性的三个层次是：基因、物种和生态系统。这也是物种组建的三个基本层次与范围。物种多样性应是生物多样性最基础和最关键的调整范围，并制约着生物多样性的时空格局及变化过程。

生物多样性对于人类的生存和发展是至关重要的，但各国的生物多样性法律保护在世界范围内都不统一且零散，基本上是在保护环境和其他自然资源的同时附带保护生物多样性；并且保护生物多样性的法律体系尚不完善，特别是缺少一部有关生物多样性保护的综合性法律。完善保护生物多样性的法律体系，是今后生物多样性保护的必然趋势之一。

二、生物多样性保护的历史沿革及现状

自从地球上有了人类之后，特别是在近两个世纪，人类的生产、生活及各类行为，导致物种灭绝的速度相当于物种自然灭绝速度的 1 000 倍。据国际自然及自然保护联盟发布的世界濒危动物《红皮书》统计，20 世纪有 110 个种和亚种的哺乳动物及 139 个种和亚种的鸟类在地球上消失了。目前，世界上已有 593 种鸟、400 多种兽、209 种两栖爬行动物以及 2 000 多种高等植物濒于灭绝。如此惊人的数字不能不引起人类的强烈关心及各国的高度关注。1992 年《生物多样性公约》的序言确认：生物多样性的保护是全人类的共同关切事项。保护生物多样性已被提到人类的日程中来。国际上关于生物多样性保护的公约主要分为：对陆地生物资源的保护和对海洋生物资源的保护。

1. 对陆地生物资源的国际保护主要是通过全球性、地区性和双边条约来进行的

有些公约是只在全球范围内保护一种或一组物种，这类公约有 1946 年的《国际捕鲸管制公约》、1979 年的《保护迁徙野生动物物种公约》。而区域性的公约一般都包括不同的物种，例如：1940 年的《西半球联防公约》则表明了美洲国家保护所有物种基因的决心。这类公约还有 1968 年的《非洲公约》、1979 年的《欧洲野生生物和自然界保护公

约》、1980 年的《南极海洋生物资源养护公约》、1950 年的《国际保护鸟类公约》、1986 年的《南太平洋地区自然资源和环境保护公约》、1973 年的《北极熊及生境养护国际协定》、1972 年的《南极海豹保护公约》以及 1974 年的《维克那养护和管理公约》。还有些公约引进了一些具有创见性的保护技术和观念，其中最主要的有四个公约：1971 年的《湿地公约》、1972 年的《保护世界文化和自然遗产公约》、1973 年的《濒危野生动植物物种国际贸易公约》和 1979 年的《保护迁徙野生动物物种公约》。除了这四个公约，还有一个比较重要的公约是《南极海洋生物资源养护公约》。《生物多样性公约》是唯一作为全球物种保护的框架性公约。

2. 国际海洋生物资源养护的条约法发展

1958 年联合国大会通过了《公海捕鱼及生物资源养护公约》，真正涉及海洋生物资源养护问题，并要求各缔约国承担养护的责任。同时通过的《大陆架公约》也间接涉及海洋资源的养护。1972 年召开的斯德哥尔摩人类环境会议上所通过的原则宣言，把国际社会的注意力引到对自然资源进行养护的需要上来。这次会议也带来了第三次联合国海洋法会议的准备和谈判合作，并终于在 1982 年通过了《联合国海洋法公约》，该公约的通过可以说是给海洋生物资源的养护带来了革命性的变化。1995 年《联合国海洋法公约》下的《鱼类种群协定》补充了《联合国海洋法公约》中关于海洋生物资源养护和管理的规定。于 2004 年开始的《〈联合国海洋法公约〉下国家管辖范围以外区域海洋生物多样性的养护和可持续利用协定》，历经近 20 年谈判，于 2023 年 6 月最终达成。该协定旨在加强各国管辖范围以外区域的海洋生物多样性的养护和可持续利用，包括海洋遗传资源获取和分享、海洋保护区设立、环境影响评价、能力建设和海洋技术转让等内容，有望为全球海洋治理进一步建章立制。

3. 国家的生物多样性保护

与此同时，世界上许多国家都制定有与生物多样性保护相关的法规，例如，巴西 2015 年《生物多样性保护法》；印度 2014 年《生物资源和相关知识获取与惠益分享规则指南》、1980 年《森林保护法》等；南非 2004 年《国家环境管理：生物多样性法》；西班牙 2007 年《自然遗产和生物多样性法》；保加利亚 2002 年《生物多样性法》；俄罗斯《野生生物保护法》《俄罗斯联邦森林法令》等；德国《联邦水法》《联邦植物保护法》等；法国《水质保护法》《土地和土壤保护管理法》等；美国 1973 年《濒危物种法》、1964 年《原生态环境保护区法》等；英国 1976 年《濒危物种法（进出口）》、1996 年《野生哺乳动物保护法》等，它们都有利于保护生物多样性。目前，包括巴西、印度、保加利亚等国家在内，世界上有十余个国家、地区已经或正在创设综合性、专门性生物多样性法案。然而大部分国家对生物多样性的立法保护不明确且零散，基本是在立法保护环境和其他自然资源的同时，附带保护生物多样性，并且没有形成完善的法律保护体系。今后，专门的生物多样性保护立法应该是《生物多样性公约》各成员国履行公约义务的一项具体表现。

4. 我国的生物多样性保护现状

我国地域辽阔，自然条件复杂多样，南北跨越纬度约 49°，东西跨越经度约 62°，气温存在明显的北、南梯度，纬度、经度、垂直三维空间的相互结合及复杂的自然历史演变过程，造就了丰富多样的生物种类，使我国成为全球生物多样性丰富的国家之一，其丰富度居全球第八位。我国有高等植物约 3 万种，仅次于巴西和哥伦比亚，居世界第三位。另外，由于长期过度开发利用，我国已有不少野生植物即将灭绝，如海南美登木、海南细辛、瓜耳木、霉草、海南轮环藤、嘉兰、海南阿斯菲木以及蒙古高原产的单花郁金香等，而受到灭绝威胁的种至少有 4 600 种。截至 2021 年，国家林业和草原局颁布的中国珍稀濒危植物名录共 455 种和 40 类。面临人类掠夺式采摘，青藏高原的雪莲、红景天、冬虫夏草等稀有药用植物已濒临灭绝，若不立即采取有效保护措施，可能完全失去可持续开发利用能力。生物多样性正在以惊人的速度丧失。从世界和我国生物多样性的实际情况出发，保护生物多样性势在必行。

三、生物多样性保护的法律制度现状

（一）国际生物多样性保护的法律制度现状

（1）最主要的是 1992 年 6 月 5 日于里约热内卢签署的《生物多样性公约》及《〈生物多样性公约〉的卡塔赫纳生物安全议定书》（中国 2005 年加入），《关于获取遗传资源并公正和公平分享通过其利用所产生惠益的波恩准则》（简称《波恩准则》）。

上述公约及其议定书、《波恩准则》于 1993 年 12 月 29 日生效。我国于 1992 年 11 月 7 日由第七届全国人大常委会第二十八次会议通过了《关于批准〈生物多样性公约〉的决定》。该《生物多样性公约》的目的在于保护地球生物的多样性，可持续地利用生物资源和公平分享利用遗传资源而产生的惠益，为保护生物多样性规定了就地保护和异地保护等措施，并对遗传资源的取得、生物技术的取得和转让、财政援助等问题作了规定。美国等发达国家对遗传资源、生物技术的利用和资金问题持有异议，没有签署该公约。

（2）相关的生物多样性保护国际公约：《濒危野生动植物种国际贸易公约》，《濒危野生动植物种国际贸易公约附录Ⅰ、附录Ⅱ和附录Ⅲ》，缔约国提出的特殊保留，《保护迁徙野生动物物种公约》，《国际植物新品种保护公约》（1998 年加入 1978 年文本），《国际植物保护公约》（中国 2005 年加入），《粮食和农业植物遗传资源国际条约》，《关于特别是作为水禽栖息地的国际重要湿地公约》（中国 1992 年加入），《与贸易有关的知识产权协定》，《保护世界文化和自然遗产公约》，《联合国气候变化框架公约》，《京都议定书》，《联合国防治荒漠化公约》，《国际捕鲸管制公约》，《跨界鱼类种群和高度洄游鱼类种群的养护与管理协定》，《国际遗传工程和生物技术中心章程》，《世界自然保护联盟（IUCN）防止因生物入侵而造成的生物多样性损失指南》，《〈生物多样性公约〉关于获取遗传资源和公平公正分享其利用所产生惠益的名古屋议定书》（中国 2016 年加入）。双边条约有：《中华人民共和国政府和日本国政府保护候鸟及其栖息环境协定》，《中华人民共和国政府和澳大利亚政府保护候鸟及其栖息环境的协定》，《关于对生态系统、生境或物种构成威胁的外来物种的预防、引进和减轻其影响问题的指导原则》，等等。

（二）我国生物多样性保护的法律制度现状

我国已基本形成了一个生物多样性保护法律体系，主要法律规范如下。

1. 宪法

我国《宪法》第 9 条第 2 款规定："国家保障自然资源的合理利用，保护珍贵的动物和植物。禁止任何组织或者个人用任何手段侵占或者破坏自然资源。"第 26 条规定："国家保护和改善生活环境和生态环境，防治污染和其他公害。国家组织和鼓励植树造林，保护林木。"这些都起到了保护生物多样性的作用，并为制定相关法律提供了依据。

2. 法律

我国与生物多样性保护有关的法律主要有：《环境保护法》（2014 年修订）、《海洋环境保护法》（2023 年修订）、《专属经济区和大陆架法》（1998 年通过）、《野生动物保护法》（2022 年修订）、《渔业法》（2013 年修正）、《森林法》（2019 年修订）、《种子法》（2021 年修正）、《水法》（2016 年修正）、《水污染防治法》（2017 年修正）、《进出境动植物检疫法》（2009 年修订）、《动物防疫法》（2021 年修订）、《土地管理法》（2019 年修正）、《草原法》（2021 年修正）、《防沙治沙法》（2018 年修正）、《水土保持法》（2010 年修订）、《环境影响评价法》（2018 年修正）、《清洁生产促进法》（2012 年修订）、《矿产资源法》（2024 年修订）等。

3. 行政法规

我国与保护生物多样性有关的行政法规主要有：《水产资源繁殖保护条例》（1979 年）、《陆生野生动物保护实施条例》（2016 年修订）、《水生野生动物保护实施条例》（2013 年修订）、《自然保护区条例》（2017 年修订）、《森林公园管理办法》（废止）、《野生植物保护条例》（2017 年修订）、《国务院关于环境保护若干问题的决定》（1996 年）、《植物新品种保护条例》（2014 年修订）、《国家重点保护野生动物驯养繁殖许可证管理办法》（2015 年修订）、《农业转基因生物安全管理条例》（2017 年修订）、《濒危野生动植物进出口管理条例》（2019 年修订）、《病原微生物实验室生物安全管理条例》（2018 年修订）、《中医药条例》（废止）、《中药品种保护条例》（2018 年修订）等。

4. 地方性法规

这类法规数量众多，省、自治区、直辖市地方人大制定的比较有代表性的条例有：《内蒙古自治区草原管理条例》《吉林省陆生野生动物保护条例》《四川省世界遗产保护条例》《云南省滇池保护条例》等。

5. 规章

规章包括国务院有关主管部门制定的部门规章，以及省、自治区、直辖市和较大的市的人民政府制定的地方政府规章，如林业部《植物检疫条例实施细则》，农业部《植物检疫条例实施细则》等，国家海洋局《海洋自然保护区管理办法》，海关总署和农牧渔业部《关于对旅客携带动、植物标本出境加强监管的通知》，林业部和农业部《国家重点保护野生动物名录》，还有《农业转基因生物安全评价管理办法》《农业野生植物保护办法》《引进陆生野生动物外来物种种类及数量审批管理办法》《农作物种子生产经营许可管理办法》《主要农作物品种审定办法》等。

此外，为履行《生物多样性公约》，中国在 1993 年成立了国家环境保护局为牵头单位的“中国履行《生物多样性公约》协调组”，1994 年 6 月又率先公布了《中国生物多样性保护行动计划》，并发布了《中国生物多样性国情研究报告》。此后，我国先后编制制定了《加强生物遗传资源管理国家工作方案（2014—2020 年）》《生物多样性保护重大工程实施方案（2014—2020 年）》以及《联合国生物多样性十年 2011—2020 年度中国行动方案》《中国生物多样性保护战略与行动计划（2023—2030 年）》等规范性文件。

四、体现我国生物多样性保护的主要法律制度

在实施与生物多样性保护有关的法律、法规的过程中，我国已经建立了若干法律制度。

（一）监管制度

我国对于生物多样性保护的监督管理呈现多领域、多部门、分级分工的特点。具体表现为生态环境、农业农村、林业草原、海洋、住房和城乡建设、中医药等部门按照职责管理本部门所辖生物多样性相关问题，其中生态环境、农业农村、林业草原、海洋等行政主管部门是我国参与各生物多样性相关国际公约的信息联络点和秘书处。国务院、省级及省以下地方政府相关主管部门对相关事项进行分级管理。此外，科技、卫生健康、知识产权、市场监督管理、海关、中科院等多个部门也享有一定的生物多样性监督管理权限。

虽然我国生物物种资源保护和管理工作取得了一定的成效，一批具有重要经济、科研和生态价值的生物物种资源得到了保护，但我国生物物种资源丧失和流失的问题还很突出，生物多样性下降的总趋势尚未得到有效遏制，生物多样性保护与开发建设活动之间的矛盾依然存在。我国生物物种资源的保护和管理涉及多部门和多领域，为此应加强各领域、各部门之间的领导和协调。为避免工作重复和疏漏，2004 年 3 月国务院建立了生物物种资源保护部际联席会议制度，统一组织、协调国家生物物种资源的保护和管理工作，“部际联席会议”由原国家环境保护总局（现生态环境部）牵头，国务院有关部门参加。部际联席会议的日常工作由国家生态环境部履行公约办公室负责。同时，国务院还成立“国家生物物种资源保护专家委员会”，为生物物种资源的保护提供科学支持。部际联席会议并非实体性协调机构，也不具有相应职权。

2010 年，联合国大会把 2011—2020 年确定为“联合国生物多样性十年”，国务院为此成立了“2010 国际生物多样性年中国国家委员会”，召开会议审议通过了《国际生物多样性年中国行动方案》和《中国生物多样性保护战略与行动计划（2011—2030 年）》。2011 年 6 月，国务院决定把“2010 国际生物多样性年中国国家委员会”更名为“中国生物多样性保护国家委员会”，统筹协调全国生物多样性保护工作，指导“联合国生物多样性十年中国行动”。目前该委员会已召开了多次会议，主要就中国生物多样性保护相关热

点问题进行讨论。2021 年 5 月《生物多样性公约》第十五次缔约方大会在中国昆明成功举办，2022 年 12 月，《生物多样性公约》第十五次缔约方大会第二阶段会议在加拿大蒙特利尔成功举办。大会在主席国中国的引领下通过了全球高度期待的“昆明—蒙特利尔全球生物多样性框架”。2024 年，生态环境部发布并向联合国《生物多样性公约》秘书处提交《中国生物多样性保护战略与行动计划（2023—2030 年）》，为“昆蒙框架”在国家层面的有效落实提供了全球样板。下一步，生态环境部将会同相关部门编制《生物多样性保护重大工程实施方案（2024—2030 年）》，全面推动战略与行动计划的落地实施，为遏制并扭转全球生物多样性丧失的局面作出新的贡献。

（二）自然保护区及风景名胜区制度

中国十分重视建立自然保护区。《环境保护法》第 29 条规定：“国家在重点生态功能区、生态环境敏感区和脆弱区等区域划定生态保护红线，实行严格保护。各级人民政府对具有代表性的各种类型的自然生态系统区域，珍稀、濒危的野生动植物自然分布区域，重要的水源涵养区域，具有重大科学文化价值的地质构造、著名溶洞和化石分布区、冰川、火山、温泉等自然遗迹，以及人文遗迹、古树名木，应当采取措施予以保护，严禁破坏。”《自然保护区条例》于 1994 年颁布、分别在 2011 年和 2017 年进行了修订。该条例第 2 条规定，自然保护区，是指对有代表性的自然生态系统、珍稀濒危野生动植物物种的天然集中分布区、有特殊意义的自然遗迹等保护对象所在的陆地、陆地水体或者海域，依法划出一定面积予以特殊保护和管理的区域。在该条例的有关条款中，对于自然保护区的经济、技术政策及管理体制、建立的条件、申请手续、审批程序、命名办法、内部组成、等级划分、制定技术规范和标准的权限、管理机构的职责、管理措施以及对违法行为的处罚等都作了规定。在地方性立法中，也根据本地区的需要和特点，或制定专门的自然保护区的规定，或在有关地方性法规中规定了若干保护生物多样性的条款。

与自然保护区制度相似的还有风景名胜区制度。为更好地保护、利用和开发我国宝贵的自然遗产和悠久的文化遗产，2006 年国务院公布了《风景名胜区条例》，并于 2016 年作了修订，其中规定：“风景名胜区，是指具有观赏、文化或者科学价值，自然景观、人文景观比较集中，环境优美，可供人们游览或者进行科学、文化活动的区域。”“国家对风景名胜区实行科学规划、统一管理、严格保护、永续利用的原则。”设立风景名胜区，应当有利于保护和合理利用风景名胜资源。新设立的风景名胜区与自然保护区不得重合或者交叉；已设立的风景名胜区与自然保护区重合或者交叉的，风景名胜区规划与自然保护区规划应当相协调。

（三）许可证制度

《森林法》对许可证的颁发机关、申请许可证的手续及要求作了规定，对于不按许可证要求采伐林木的规定了处罚措施。《渔业法》规定，国家对捕捞业实行捕捞许可证制度。《水法》规定，国家对水资源依法实行取水许可制度和有偿使用制度。《野生动物保护法》规定，因科学研究、种群调控、疫源疫病监测或者其他特殊情况，需要猎捕国家一级保护野生动物的，应当向国务院野生动物保护主管部门申请特许猎捕证；需要猎捕国家二级保护野生动物的，应当向省、自治区、直辖市人民政府野生动物保护主管部门申请特许猎捕证。猎捕有重要生态、科学、社会价值的陆生野生动物和地方重点保护野生动物的，应当依法取得县级以上地方人民政府野生动物保护主管部门核发的狩猎证，并服从猎捕量限额管理。国家支持有关科学研究机构因物种保护目的人工繁育国家重点保护野生动物，在此之外的人工繁育国家重点保护野生动物实行许可制度。人工繁育国家重点保护野生动物的，应当经省、自治区、直辖市人民政府野生动物保护主管部门批准，取得人工繁育许可证，但国务院对批准机关另有规定的除外。人工繁育有重要生态、科学、社会价值的陆生野生动物的，应当向县级人民政府野生动物保护主管部门备案。我国《国家重点保护野生动物驯养繁殖许可证管理办法》规定，从事驯养繁殖野生动物的单位和个人，必须取得“国家重点保护野生动物驯养繁殖许可证”（以下简称“驯养繁殖许可证”）。没有取得“驯养繁殖许可证”的单位和个人，不得从事野生动物驯养繁殖活动。我国《陆生野生动物保护实施条例》规定，因科学考察、驯养繁殖、科研、教学等必须猎捕国家重点保护野生动物的，必须申请“特许猎捕证”。《水生野生动物保护实施条例》也规定了“驯养繁殖许可证”制度和“特许捕捉证”制度。

（四）检疫制度

为了防止动植物病虫害的侵入和传播，中国规定了检疫制度。《进出境动植物检疫法》和《进出口动植物检疫条例实施细则》对这项制度作了具体规定，包括动、植物检疫的范围、对象和应检疫病虫、过境检疫、进出境检疫、携带、邮寄物检疫、运输工具检疫等具体内容。该项制度规定，进出境的动植物、动植物产品和其他检疫物，装载动植物、动植物产品和其他检疫物的装载容器、包装物，以及来自动植物疫区的运输工具，均应依法实施检疫。国家动植物检疫机关[①]统一管理全国进出境动植物检疫工作。国家动植物检疫机关在对外开放的口岸和进出境动植物检疫业务集中的地点设立的口岸动植物检疫机关，依法实施进出境动植物检疫。贸易性动物产品出境的检疫机关，由国务院根据情况规定。国务院农业行政主管部门主管全国进出境动植物检疫工作。

第二节　野生动植物资源的法律保护

一、保护野生动物的法律规定

（一）野生动物概述

1. 野生动物概念

野生动物是相对于人工养殖的动物而言的，泛指一切在自然状态下生存且未被驯化的动物。然而，被列为法律保护对象的野生动物往往是某些特定的类别。我国《野生动

① 在2018年的政府机构改革中，国家质量监督检验检疫总局的出入境检验检疫管理职责和队伍被划入海关总署。

物保护法》规定的野生动物是指：珍贵、濒危的陆生、水生野生动物和有重要生态、科学、社会价值的陆生野生动物。

野生动物是生态环境的重要组成部分，它不仅具有重要的经济、科学和文化价值，而且对于维护生态平衡具有重要意义。自然界中的野生动物受到生态规律的影响和制约，同时也对生态系统的发展变化产生影响。

2. 我国的野生动物资源现状

我国地域辽阔，自然条件复杂，生态环境各异，适宜多种野生动物生存，是世界上拥有野生动物资源最为丰富的国家之一。据不完全统计，我国陆栖脊椎动物约有 2 070 种，占世界陆栖脊椎动物的 9.8%。其中鸟类 1 170 多种、兽类 400 多种、两栖类 184 种，分别占世界同类动物的 13.5%、11.3%和 7.3%。我国鱼的种类约 3 000 种，其中海水鱼类 2 100 余种，淡水鱼类约 1 010 种。①

（二）野生动物保护的立法现状

我国一向重视野生动物资源的保护，制定颁布了一系列法律法规，其中包括：《野生动物保护法》《进出境动植物检疫法》《陆生野生动物保护实施条例》《水生野生动物保护实施条例》《水产资源繁殖保护条例》《国务院关于禁止犀牛角和虎骨贸易的通知》（已被 2018 年 10 月 6 日发布的《国务院关于严格管制犀牛和虎及其制品经营利用活动的通知》废止）、《陆生野生动物资源保护管理费收费办法》《国家重点保护野生动物驯养繁殖许可证管理办法》以及《国家重点保护野生动物名录》等，形成了较为完备的法律体系。其中，我国的《野生动物保护法》于 1988 年 11 月 8 日由第七届全国人大常委会第四次会议通过，分别于 2004 年 8 月、2009 年 8 月、2016 年 7 月、2018 年 10 月、2022 年 12 月进行了修正或修订。

2022 年 12 月 30 日，第十三届全国人民代表大会常务委员会第三十八次会议表决通过了修订后的《野生动物保护法》，其中有几大亮点：

（1）亮点一：加强有重要生态、科学、社会价值（以下简称“三有”）野生动物及地方重点保护野生动物名录的管理。“三有”野生动物及地方重点保护野生动物的名录，应当每五年组织科学论证评估，名录根据评估情况进行调整，亦可以根据野生动物保护的实际需要及时进行调整。同时完善各级保护野生动物的应急救助措施，强化野生动物收容救护能力建设，建立收容救护场所，配备相应的专业技术人员、救护工具、设备和药品。

（2）亮点二：加强“三有”野生动物出售、利用等行为的监管。出售、利用“三有”陆生野生动物和地方重点保护野生动物及其制品的，应当提供狩猎、人工繁育、进出口等合法来源证明。实行国家重点保护野生动物和“三有”陆生野生动物及其制品专用标识的范围和管理办法，由国务院野生动物保护主管部门规定。

（3）亮点三：加强外来物种日常防控，规制违规放生行为。引进外来野生物种应当采取防范措施，防止进入野外环境后对生态系统造成危害；不得违法放生、丢弃。发现来自境外的野生动物对生态系统造成危害的，县级以上人民政府野生动物保护等有关部门应当采取相应的安全控制措施。

---

① 中国政府网，2015-10-28.

（4）亮点四：增设公益诉讼制度。对违反本法规定破坏野生动物资源、生态环境，损害社会公共利益的行为，可以依照《环境保护法》《民事诉讼法》《行政诉讼法》等法律的规定向人民法院提起诉讼。

（三）野生动物保护的基本法律规定

1. 保护对象

我国《野生动物保护法》所保护的野生动物，如前所述，是指珍贵、濒危的陆生、水生野生动物和有重要生态、科学、社会价值的陆生野生动物。珍稀、濒危的水生野生动物以外的其他水生野生动物的保护，适用《渔业法》的规定。

2. 权属规定

为有效保护野生动物资源，首先需要转变人们长期所形成的“野生无主，谁猎谁有”的观念。因此，《野生动物保护法》规定：野生动物资源属于国家所有。同时，国家保障依法从事野生动物科学研究、人工繁育等保护及相关活动的组织和个人的合法权益。

3. 野生动物的保护原则

国家对野生动物实行保护优先、规范利用、严格监管的原则，鼓励开展野生动物科学研究与应用，秉持生态文明理念，推动绿色发展。

4. 监督管理体制

我国野生动物资源的保护实行分部门和分级管理的监督管理体制。

《野生动物保护法》第 7 条规定，国务院林业草原、渔业主管部门分别主管全国陆生、水生野生动物保护工作。县级以上地方人民政府对本行政区域内野生动物保护工作负责，其林业草原、渔业主管部门分别主管本行政区域内陆生、水生野生动物保护工作。县级以上人民政府有关部门按照职责分工，负责野生动物保护相关工作。

（四）野生动物保护的主要法律措施

1. 野生动物名录和栖息地保护

（1）珍贵、濒危野生动物的重点保护。

国家对野生动物实行分类分级保护。国家对珍贵、濒危的野生动物实行重点保护。

国家重点保护的野生动物分为一级保护野生动物和二级保护野生动物。国家重点保护野生动物名录，由国务院野生动物保护主管部门组织科学论证评估后，报国务院批准公布。

有重要生态、科学、社会价值的陆生野生动物名录，由国务院野生动物保护主管部门征求国务院农业农村、自然资源、科学技术、生态环境、卫生健康等部门意见，组织科学论证评估后制定并公布。

地方重点保护野生动物，是指国家重点保护野生动物以外，由省、自治区、直辖市重点保护的野生动物。地方重点保护的野生动物名录，由省、自治区、直辖市人民政府组织科学论证评估，征求国务院野生动物保护主管部门意见后制定、公布。

以上规定名录，应当每五年组织科学论证评估，根据论证评估情况进行调整，也可以根据野生动物保护的实际需要及时进行调整。

（2）野生动物生存环境的保护。

为保护野生动物的生存环境，法律规定了以下措施。

第一，对野生动物及其栖息地状况的调查、监测和评估。县级以上人民政府野生动物保护主管部门应当加强信息技术应用，定期组织或者委托有关科学研究机构对野生动物及其栖息地状况进行调查、监测和评估，建立健全野生动物及其栖息地档案。

第二，划定自然保护区加强保护管理。省级以上人民政府依法将野生动物重要栖息地划入国家公园、自然保护区等自然保护地，保护、恢复和改善野生动物生存环境。对不具备划定自然保护地条件的，县级以上人民政府可以采取划定禁猎（渔）区、规定禁猎（渔）期等措施予以保护。

第三，规范相关规划。县级以上人民政府及其有关部门在编制有关开发利用规划时，应当充分考虑野生动物及其栖息地保护的需要，分析、预测和评估规划实施可能对野生动物及其栖息地保护产生的整体影响，避免或者减少规划实施可能造成的不利后果。

第四，监测环境对野生动物的影响。各级野生动物保护主管部门应当监测环境对野生动物的影响。发现环境影响对野生动物造成危害时，野生动物保护主管部门应当会同有关部门及时进行调查处理。

第五，突发事件应急制度。国家或者地方重点保护野生动物和有重要生态、科学、社会价值的陆生野生动物受到自然灾害、重大环境污染事故等突发事件威胁时，当地人民政府应当及时采取应急救助措施。县级以上人民政府野生动物保护主管部门应当按照国家有关规定组织开展野生动物收容救护工作。

此外，《野生动物保护法》还规定了应对野生动物疫情、野生动物遗传资源保护和利用规划以及野生动物造成损害的补偿等制度。

2. 野生动物资源管理

（1）野生动物资源档案制度。

为及时、准确掌握野生动物资源状况，野生动物行政主管部门应当定期组织对野生动物资源的调查，建立野生动物资源档案。

（2）野生动物猎捕管理的法律规定。

为实现野生动物资源的可持续利用，国家规定了严格的猎捕管理措施。

第一，法律禁止猎捕、杀害国家和地方重点保护野生动物以及有重要生态、科学、社会价值的陆生野生动物。因科学研究、种群调控、疫源疫病监测或者其他特殊情况，需要猎捕国家一级保护野生动物的，应当向国务院野生动物保护主管部门申请特许猎捕证；需要猎捕国家二级保护野生动物的，应当向省、自治区、直辖市人民政府野生动物保护主管部门申请特许猎捕证。猎捕有重要生态、科学、社会价值的陆生野生动物和地方重点保护野生动物的，应当依法取得县级以上地方人民政府野生动物保护主管部门核发的狩猎证，并服从猎捕量限额管理。

第二，实行猎捕许可证制度。猎捕者应当严格按照特许猎捕证、狩猎证规定的种类、数量或者限额、地点、工具、方法和期限进行猎捕。猎捕作业完成后，应当将猎捕情况向核发特许猎捕证、狩猎证的野生动物保护主管部门备案。具体办法由国务院野生动物保护主管部门制定。猎捕国家重点保护野生动物应当由专业机构和人员承担；猎捕有重要生态、科学、社会价值的陆生野生动物，有条件的地方可以由专业机构有组织开展。持枪猎捕的，应当依法取得公安机关核发的持枪证。

第三，法律禁止使用毒药、爆炸物、电击或者电子诱捕装置以及猎套、猎夹、地枪、排铳等工具进行猎捕，禁止使用夜间照明行猎、歼灭性围猎、捣毁巢穴、火攻、烟熏、网捕等方法进行猎捕，但因科学研究确需网捕、电子诱捕以及植保作业等除外。

（3）国家重点保护野生动物的人工繁育。

人工繁育野生动物实行分类分级管理，严格保护和科学利用野生动物资源。国家支持有关科学研究机构因物种保护目的人工繁育国家重点保护野生动物。

人工繁育国家重点保护野生动物实行许可制度。人工繁育国家重点保护野生动物的，应当经省、自治区、直辖市人民政府野生动物保护主管部门批准，取得人工繁育许可证，但国务院对批准机关另有规定的除外。人工繁育有重要生态、科学、社会价值的陆生野生动物的，应当向县级人民政府野生动物保护主管部门备案。人工繁育国家重点保护野生动物应当使用人工繁育子代种源，建立物种系谱、繁育档案和个体数据。因物种保护目的确需采用野外种源的，适用《野生动物保护法》有关猎捕野生动物的规定。

人工繁育国家重点保护野生动物应当有利于物种保护及其科学研究，不得破坏野外种群资源，并根据野生动物习性确保其具有必要的活动空间和生息繁衍、卫生健康条件，具备与其繁育目的、种类、发展规模相适应的场所、设施、技术，符合有关技术标准和防疫要求，不得虐待野生动物。省级以上人民政府野生动物保护主管部门可以根据保护国家重点保护野生动物的需要，组织开展国家重点保护野生动物放归野外环境工作。

（4）野生动物的经营利用管理。

针对野生动物的经营利用管理，《野生动物保护法》作出了如下规定。

第一，禁止出售、购买、利用国家重点保护野生动物及其制品。因科学研究、人工繁育、公众展示展演、文物保护或者其他特殊情况，需要出售、购买、利用国家重点保护野生动物及其制品的，应当经省、自治区、直辖市人民政府野生动物保护主管部门批准，并按照规定取得和使用专用标识，保证可追溯，但国务院对批准机关另有规定的除外。

第二，运输、携带、寄递国家重点保护野生动物及其制品，或者依照《野生动物保护法》第 29 条第 2 款规定调出国家重点保护野生动物名录的野生动物及其制品出县境的，应当持有或者附有《野生动物保护法》第 21 条、第 25 条、第 28 条或者第 29 条规定的许可证、批准文件的副本或者专用标识。运输、携带、寄递有重要生态、科学、社会价值的陆生野生动物和地方重点保护野生动物，或者依照《野生动物保护法》第 29 条第 2 款规定调出有重要生态、科学、社会价值的陆生野生动物名录的野生动物出县境的，应当持有狩猎、人工繁育、进出口等合法来源证明或者专用标识。

第三，中华人民共和国缔结或者参加的国际公约禁止或者限制贸易的野生动物或者其制品名录，由国家濒危物种进出口管理机构制定、调整并公布。进出口列入前述名录的野生动物或者其制品的，出口国家重点保护野生动物或者其制品的，应当经国务院野生动物保护主管部门或者国务院批准，并取得国家濒危物种进出口管理机构核发的允许进出口证明书。海关凭允许进出口证明书办理进出境检疫，并依法办理其他海关手续。

（五）法律责任

对于违反野生动物保护法律规定、危害野生动物资源的行为，国家规定了严厉的行政责任与刑事责任。

行政责任主要有两类：一是针对违法失职的国家工作人员所实施的行政处分，二是行政处罚措施。行政处罚包括没收猎获物、猎捕工具和违法所得，没收实物，罚款，吊销狩猎证，责令停止破坏行为，限期恢复原状，以及《治安管理处罚法》中规定的有关处罚措施等。构成犯罪的，依据《刑法》承担相应的刑事责任。

另外，现行立法中并未涉及野生动物资源损害的民事赔偿制度，以及野生动物资源的市场化运营问题。《野生动物保护法》中的某些规定也已不符合市场经济的要求，如禁止转让特许猎捕证、狩猎证、人工繁育许可证和允许进出口证明书等。这些问题仍待解决。

【案例 14-1】

钟某、马某盗窃、非法狩猎以及危害珍贵、濒危野生动物案

案情：某市动物园饲养员王某某日发现园内 3 只我国成年雄性国家一级保护野生动物黄腹角雉丢失。公安机关接到报案后立即组织警方侦破，确认家住某市某区的无业青年钟某为重要嫌疑人。钟某与女友马某在作案后逃离该市，后被公安机关抓获。钟某现年 20 岁，曾任该动物园饲养员，工作过程中曾因遭黄腹角雉咬啄而将该禽踢伤致死，事后钟某拒不赔偿并辞退工作伺机报复。某日夜，钟某在马某的配合下，携带编织袋、铁棍等作案工具，越墙进园，将 3 头黄腹角雉击晕盗走，最终宰杀食用。此案经该市某区人民法院审理后判决，钟某和马某构成盗窃罪，分别判处 5 年和 3 年有期徒刑。

分析：本案钟某、马某的行为除触犯盗窃罪以外，还触犯非法狩猎罪以及危害珍贵、濒危野生动物罪。危害珍贵、濒危野生动物罪属于行为犯，只要实施非法捕猎、杀害或者非法收购、运输、出售国家重点保护的珍贵、濒危野生动物及其制品的行为，即构成本罪。最高人民法院、最高人民检察院 2022 年发布的《关于办理破坏野生动物资源刑事案件适用法律若干问题的解释》第 4 条规定，国家重点保护的珍贵、濒危野生动物，包括列入《国家重点保护野生动物名录》的野生动物以及经国务院野生动物保护主管部门核准按照国家重点保护的野生动物管理的野生动物。本案中动物园饲养的黄腹角雉属于列入《国家重点保护野生动物名录》的国家一级保护动物的人工驯养品种，属于《刑法》第 341 条规定的“珍贵、濒危野生动物”，因此，两名犯罪嫌疑人的行为触犯非法狩猎罪以及危害珍贵、濒危野生动物罪。对其行为认定依照相关罪数理论处理。

【案例 14-2】

赵某等非法猎捕、杀害国家重点保护的珍贵、濒危野生动物案

案情：2010 年 12 月，赵某、朱某发现位于某自然保护区的河段有野鸭栖息，认为用毒饵毒野鸭贩卖有利可图，遂购来 40 千克剧毒农药“呋喃丹”在该区域投放，致使 27 只白天鹅中毒死亡，数百只水禽中毒。

法院经审理认为，赵、朱二人为牟取暴利，非法杀害国家保护的珍稀野生动物，其行为构成非法杀害珍稀、濒危野生动物罪（现为危害珍贵、濒危野生动物罪），判处赵某有期徒刑13年，剥夺政治权利3年，并处罚金2万元，判处朱某有期徒刑12年，剥夺政治权利2年，并处罚金1.5万元。

分析：本案涉及非法杀害珍稀、濒危野生动物构成犯罪的问题（现为危害珍贵、濒危野生动物罪）。根据《国家重点保护野生动物名录》，白天鹅属于国家二级保护动物，禁止猎捕和杀害，本案中，赵某、朱某不是基于科学研究、驯养繁殖、展览的目的，也未获得特许猎捕证，以牟利为目的，采取毒杀方式致使大量白天鹅死亡，其行为属于非法杀害珍稀、濒危野生动物。

根据《刑法》第341条的规定，非法猎捕、杀害国家重点保护的珍贵、濒危野生动物的，或者非法收购、运输、出售国家重点保护的珍贵、濒危野生动物及其制品的，处5年以下有期徒刑或者拘役，并处罚金；情节严重的，处5年以上10年以下有期徒刑，并处罚金；情节特别严重的，处10年以上有期徒刑，并处罚金或者没收财产。根据2000年11月17日最高人民法院《关于审理破坏野生动物资源刑事案件具体应用法律若干问题的解释》［该法规被《最高人民法院 最高人民检察院关于办理破坏野生动物资源刑事案件适用法律若干问题的解释》（2022年4月6日发布；2022年4月9日实施）废止］第7条规定，使用爆炸、投毒、设置电网等危险方法破坏野生动物资源，构成非法猎捕、杀害珍贵、濒危野生动物罪或者非法狩猎罪，同时构成《刑法》第114条或者第115条规定之罪的，依照处罚较重的规定定罪处罚。这是关于本罪的想象竞合犯的规定，对此应从一重罪处断。人民法院的定罪处罚是正确的。

《刑法》第341条第1款规定，非法猎捕、杀害国家重点保护的珍贵、濒危野生动物的，或者非法收购、运输、出售国家重点保护的珍贵、濒危野生动物及其制品的，处5年以下有期徒刑或者拘役，并处罚金；情节严重的，处5年以上10年以下有期徒刑，并处罚金；情节特别严重的，处10年以上有期徒刑，并处罚金或者没收财产。此法条中规定的“珍贵、濒危野生动物”，包括列入《国家重点保护野生动物名录》的野生动物、经国务院野生动物保护主管部门核准按照国家重点保护的野生动物管理的野生动物。

二、保护野生植物的法律规定

我国野生植物保护的主要法规是1997年1月1日起施行，并于2017年10月7日修改的《野生植物保护条例》，其他相关内容则散见于《环境保护法》《森林法》《农业法》《草原法》《野生药材资源保护管理条例》等法律法规之中。综合上述法律规定，我国野生植物保护的主要内容如下。

（一）野生植物保护的基本法律规定

1. 保护对象

《野生植物保护条例》所保护的野生植物，是指原生地天然生长的珍贵植物或原生地天然生长并具有重要经济、科学研究、文化价值的濒危、稀有植物。药用野生植物和城市园林、自然保护区、风景名胜区内的野生植物的保护，同时适用有关法律、行政法规。

2. 监督管理体制

我国野生植物的监督管理实行分部门管理的机制。

具体而言，国务院林业草原行政主管部门主管全国林区内野生植物和林区外珍贵野生树木的监督管理工作。国务院农业农村部主管全国其他野生植物的监督管理工作；国务院住房和城乡建设部负责城市园林、风景名胜区内野生植物的监督管理工作；国务院生态环境部负责对全国野生植物环境保护工作的协调和监督；国务院其他有关部门依照职责分工负责有关的野生植物保护工作。

3. 野生植物的保护方针

国家对野生植物资源实行加强保护、积极发展、合理利用的方针，鼓励和支持野生植物科学研究、野生植物的就地保护和迁地保护。

（二）野生植物保护的主要法律措施

1. 野生植物的保护

《野生植物保护条例》规定，国家保护野生植物及其生长环境。禁止任何单位和个人非法采集野生植物或者破坏其生长环境。为了落实该要求，该条例确立了以下制度。

（1）野生植物的分类分级保护制度。

我国野生植物分为国家重点保护野生植物和地方重点保护野生植物。国家重点保护野生植物又可分为国家一级保护野生植物和国家二级保护野生植物。

国家重点保护野生植物名录，由国务院林业草原主管部门、农业农村行政主管部门商国务院生态环境、住房和城乡建设等有关部门制定，报国务院批准公布。地方重点保护野生植物名录，由省、自治区、直辖市人民政府制定并公布，报国务院备案。

（2）野生植物保护目录制度。

1999 年 8 月 4 日，《国家重点保护野生植物名录（第一批）》（以下简称《名录》）由国务院正式批准公布，《名录》由我国野生植物行政主管部门国家林业局和农业部共同组织制定，是与国务院行政法规相配套的名录。《名录》选列物种依照以下四条标准进行：1）数量极少、分布范围极窄的濒危物种；2）具有重要经济、科研、文化价值的濒危种和稀有种；3）重要作物的野生种群和有遗传价值的近缘种；4）有重要经济价值、因过度开发利用、资源急剧减少的物种。《名录》的制定参考了 1984 年国务院环境保护委员会公布的第一批《中国珍稀濒危保护植物名录》；1987 年国家中医药管理局公布的《药用动植物资源保护名录》；1992 年林业部公布的第一批《国家珍贵树种名录》；《濒危野生动植物种国际贸易公约》的附录Ⅰ、附录Ⅱ所列物种；《中国生物多样性保护行动计划》中优先保护的植物。《名录》是以国务院名义发布并与国家行政法规相配套的植物保护名录，因而是我国迄今最具权威的植物保护名录。

2021 年 9 月 7 日国家林业和草原局、农业农村部发布公告 2021 年第 15 号《国家重点保护野生植物名录》，同时废止《国家重点保护野生植物名录》（第一批）。

（3）野生植物生长环境的保护。

为保护野生植物，法律禁止任何单位和个人破坏其生长环境。具体法律措施如下。

第一，建立自然保护区。在国家重点保护野生植物物种和地方重点保护野生植物物种的天然集中分布区域，应当依照有关法律、行政法规的规定，建立自然保护区；在其他区域，县级以上人民政府野生植物行政主管部门和其他有关部门可以根据实际情况建立国家重点保护野生植物和地方重点保护野生植物的保护点或者设立保护标志。

第二，环境对野生植物影响检测监测。野生植物行政主管部门及其他有关部门应当监视、监测环境对国家重点保护野生植物和地方重点保护野生植物生长的影响，并采取措施，维护和改善国家重点保护野生植物和地方重点保护野生植物的生长条件。

第三，环境影响评价制度。建设项目对国家重点保护野生植物和地方重点保护野生植物的生长环境产生不利影响的，建设单位提交的环境影响报告书中必须对此作出评价；生态环境部门在审批环境影响报告书时，应当征求野生植物行政主管部门的意见。

2. 野生植物的管理

（1）野生植物资源档案制度。

野生植物行政主管部门应当定期组织国家重点保护野生植物和地方重点保护野生植物资源调查，建立资源档案。

（2）野生植物的采集管理。

关于野生植物的采集管理，相关规范作出如下规定。

第一，禁止采集国家一级保护野生植物，因特殊需要，采集国家一级保护野生植物的，应当按照管理权限向国务院林业草原主管部门或者其授权的机构申请采集证，或者向采集地的省、自治区、直辖市人民政府农业农村行政主管部门或者其授权的机构申请采集证；采集国家二级保护野生植物的，必须经采集地的县级人民政府野生植物行政主管部门签署意见后，向省、自治区、直辖市人民政府野生植物行政主管部门或者其授权的机构申请采集证。

第二，采集城市园林或者风景名胜区内的国家一级或者二级保护野生植物的，须先征得城市园林或风景名胜区管理机构同意，再分别按规定申请采集证；采集珍贵野生树木或者林区内、草原上的野生植物的，依照森林法、草原法的规定办理。

第三，采集国家重点保护野生植物的单位和个人，必须按照采集证规定的种类、数量、地点、期限和方法进行采集。

第四，外国人不得在中国境内采集或者收购国家重点保护野生植物。外国人在中国境内对国家重点保护野生植物进行野外考察的，必须向国家重点保护野生植物所在地的省、自治区、直辖市人民政府野生植物行政主管部门提出申请，经其审核后，报国务院野生植物行政主管部门或者其授权的机构批准；直接向国务院野生植物行政主管部门提出申请的，国务院野生植物行政主管部门在批准前，应当征求有关省、自治区、直辖市人民政府野生植物行政主管部门的意见。

（3）野生植物经营利用的管理。

为规范野生植物的经营利用，有关规范作了如下规定。

第一，禁止出售、收购国家一级保护野生植物。出售、收购国家二级保护野生植物的，必须经省、自治区、直辖市人民政府野生植物行政主管部门或者其授权的机构批准。野生植物行政主管部门应当对经营利用国家二级保护野生植物的活动进行监督检查。

第二，出口国家重点保护野生植物或者进出口中国参加的国际公约所限制进出口的野生植物的，应当按照管理权限经国务院林业草原行政主管部门批准，或者经进出口者所在地的省、自治区、直辖市人民政府农业农村行政主管部门审核后报国务院农业农村行政主管部门批准，并取得国家濒危物种进出口管理机构核发的允许进出口证明书或者标签。海关凭允许进出口证明书或者标签查验放行。国务院野生植物行政主管部门应当将有关野生植物进出口的资料抄送国务院生态环境部门。

（三）法律责任

对于危害野生植物资源的行为，国家规定了相应的行政责任与刑事责任。

行政责任主要有两类：其一是针对违法失职的国家工作人员所实施的行政处分；其二则是行政处罚措施。行政处罚措施主要包括：没收非法采集的野生植物，没收违法所得，没收实物，罚款，吊销采集证等。构成犯罪的，依据《刑法》追究刑事责任。

由于现行立法中并未涉及野生植物资源的损害赔偿制度，以及野生植物资源的市场化运营问题，而且有关禁止转让采集证、允许进出口证明书或者有关批准文件、标签等规定，与市场经济发展的要求不相适应。所以，野生植物保护法律法规中应当补充野生植物资源损害赔偿责任与权利流转方面的相关内容，以便进一步加强野生植物资源的保护建设工作。

【案例 14-3】

某公司非法生产销售发菜制品行政处罚案

案情：上海某公司在2000年8月1日至2000年9月30日期间，在《国务院关于禁止采集和销售发菜制止滥挖甘草和麻黄草有关问题的通知》（以下简称《通知》）发布后，继续销售发菜豆腐汤53 903袋，每袋销售价1.66元，每包利润0.48元，扣除税收1 186.98元，非法获利24 686.46元。上海市工商行政管理局徐汇分局根据举报发现情况后，于2001年12月向该公司送达行政处罚告知书，同月作出行政处罚决定，认定其违反《野生植物保护条例》第18条的规定，根据该《条例》第24条对其作出下述处罚：责令当事人立即改正违法行为；没收违法所得24 686.46元。某公司不服，提起诉讼。诉讼中该公司认为，其销售的为“发菜豆腐汤”而非“发菜”，系含有微量发菜的混合制品，徐汇分局在“违法所得”的计算方面，将销售“发菜豆腐汤”的全部平均毛利均计算在内，而实际每袋汤中发菜获利仅为0.01元，行政处罚没有法律依据。上海市徐汇区人民法院经审理认为：被告具有法定的行政处罚主体资格。原告生产销售的发菜豆腐汤中含有国家明令禁止生产销售的发菜，属于发菜制品，被告以整包发菜豆腐汤作为发菜制品，认定其销售所得为非法所得，证据充分。原告所持的将发菜从发菜制品中剥离出单独计算销售所得的说法，与法相悖，不应采纳。判决维持被告作出的行政处罚决定。①

第三节 森林资源的法律保护

一、林业与森林资源保护

在我国，林业正在发生着历史性的转变。这一历史性转变可以概括为从以木材生产为主到以生态建设为主的转变，从以采伐天然林为主到以采伐人工林为主的转变，从毁林开荒到退耕还林的转变，从森林生态效益的无偿使用到有偿使用的转变，以及从部门办林业到全社会办林业的转变。其中，最核心的转变是从木材生产到生态建设的转变。②发生历史性转变的原因，是森林资源的功能已经发生转变。长期以来，林业以木材生产为中心，随着林业承担着生态建设的任务日益加重，林业转化为生态公益事业的性质日益明显。从生态效益的角度看，森林是一种“碳汇”，在减缓全球气候变化方面有重要作用。工业生产和其他社会活动都会产生二氧化碳等温室气体，是主要的碳排放源。这些排放出来的碳，一部分累积在大气圈中，另一部分就储存在碳汇中。而在碳汇资源中，森林是最大的碳汇库。碳汇存在于森林的根、茎、叶中，森林植被区的碳储量几乎占到陆地碳库总量的一半。气候变暖现象使人类认识到地球的二氧化碳排放空间是有限的、稀缺的。林业将既是生产木材和林产品的生产者，又是碳汇的生产者。

进入21世纪以后，国家将林业建设提到了十分显要的位置。2001年2月，国务院批准了国家林业局关于认真组织实施林业重点工程、加速生态建设的意见，决定在今后一个时期内集中力量实施六大林业重点工程，加速实现建设祖国秀美山川的战略目标。国务院批准实施的六大林业重点工程，即天然林资源保护工程、三北和长江中下游地区等重点防护林建设工程、退耕还林（草）工程、京津风沙源治理工程、野生动植物保护及自然保护区建设工程、重点地区速生丰产用材林基地建设工程，既是对我国林业建设工程的系统整合，也是对林业生产力布局的一次战略性调整。目前，我国林业发展进入了一个新的阶段，如国有林场改革加快推进，全国国有林场的天然林商业性采伐全面停止，林业新政策颁布实施。2016年，国家批复了吉林省、黑龙江省和大兴安岭林业集团公司省级国有林区改革实施方案，标志着重点国有林区改革进入了实质性推动阶段。2016年，国家林业局印发了《关于规范集体林权流转市场运行的意见》（已废止），进一步规范和促进林权流转。2016年11月，国务院办公厅印发了《关于完善集体林权制度的意见》，集体林权制度改革进一步深化，森林质量精准提升力度加大。我国林业政策进一步

① 北大法律信息网，http://vip.chinalawinfo.com/newlaw2002/slc/SLC.asp?gid=117667695&tiao=18&km=fnl&subkm=0&db=fnl.

② 周生贤.中国林业的历史性转变.北京：中国林业出版社，2002：174.

完善，林业法制建设加强。2019 年 7 月中共中央办公厅、国务院办公厅发布《天然林保护修复制度方案》，针对天然林的保护和修复，提出了一系列制度和方案。

二、森林资源保护及其立法

我国近代意义上的森林资源保护制度，开始于 20 世纪初。1914 年、1932 年曾先后颁布过森林法。20 世纪 70 年代末以来，森林资源保护立法得到了快速发展。1979 年 2 月 23 日，第五届全国人大常委会第六次会议原则通过了《森林法（试行）》。经过 5 年的试行和反复修改，1984 年 9 月 20 日，第六届全国人大常委会第七次会议通过了《森林法》。1986 年 4 月，经国务院批准，林业部于 1986 年 5 月发布了《森林法实施细则》，使森林法的规定得到更具体的落实。同时，国家还相继颁布了一批森林资源保护法规，如 1988 年 1 月国务院发布的《森林防火条例》（2008 年修订），1989 年 12 月国务院发布的《森林病虫害防治条例》。2000 年 1 月 29 日，国务院发布《森林法实施条例》，取代《森林法实施细则》。1998 年 4 月 29 日修改了《森林法》，2009 年 8 月 27 日对《森林法》又进行了修改。2019 年 12 月 28 日《森林法》修订，新修订的森林法在结构上作了较大调整，从 1998 年原有的 7 章扩展至 9 章，条文数从 49 条增加到 84 条。在修改总体思路上，把握国有林和集体林、公益林和商品林两条主线，建立和完善了森林资源保护管理制度。直接把“实现人与自然和谐共生”写入第一条的立法目的中。立法完善和制度设计以习近平生态文明思想和习近平法治思想为指引方向，依靠法律的严肃性和强制性推动实现人与自然和谐共生。森林法的修改指导思想是为生态文明建设提供法治保障，促进森林满足人民群众对物质、文化、生态等多方面的美好生活需要。新森林法充分体现出“生态优先、保护优先”的原则，国家建立森林生态效益补偿制度，增加植树节的规定，加大了对天然林、公益林、珍贵树木、古树名木和林地的保护力度，完善了森林火灾科学预防、扑救以及林业有害生物防治制度。新森林法确认了从计划性管理向市场化管理转变，实行森林分类经营管理，保护好各类林业经营主体的合法权益，实现林业建设可持续发展。

三、森林资源保护法的基本原则

（一）森林、林木、林地的所有者和使用者的合法权益受法律保护原则

《森林法》第 15 条第 2 款规定：“森林、林木、林地的所有者和使用者的合法权益受法律保护，任何组织和个人不得侵犯。”在我国要发展林业、保护森林资源，首先就是要使森林的所有者和使用者的各种合法权益不受侵犯。这样才能调动全社会力量来植树造林、护林爱林。所有者和使用者对森林、林木、林地的所有权和使用权是一项重要的民事权利。因此，森林所有者和使用者的合法权益不仅受《森林法》的保护，而且是民法保护的一项重要内容。

（二）对林业给予经济扶持原则

林业是可持续发展的基础条件之一。林业存在着生产周期长、投资回报率低、社会

与生态效益显著而市场竞争力比较弱的特点，因此，国家对林业必须实行经济扶持政策。对林业的经济扶持主要体现如下。

1. 建立林业发展基金

林业生产的显著特征是带有很大的公益性。实践经验证明，林业建设必须有稳定的、长期的资金来源，否则不可能得到稳定长足的发展。但是，林业生产的资金周转慢，投资的回报率低，特别是生态保护林，投资的回报主要体现为自然环境的不断改善，很少甚至没有经济上的直接收益。如果没有国家的投资或社会团体的资助，就会很少有资金愿意投到林业生产之中。所以，我国要通过建立林业发展基金，来保证林业投资的连续性，对林业建设实行经济扶持。林业发展基金的来源主要有：对林业的基本建设投资，国家扶持林业发展的财政拨款，林业税费提成，以及可以作为林业发展基金的其他资金，如社会集团的各项资助等。另外，国家逐年增加的用于林业公益事业的投资，安排用于山区林业综合开发重点项目的专项资金，对直接或间接受益于生态公益型森林的单位和个人征收的森林生态效益。

2. 投资鼓励措施

国家对林业的投资鼓励主要是体现在造林上。根据我国目前对森林的分类，营造不同类型的森林，扶持的政策措施也不同。防护林建设，一般由国家投资进行，有关地方政府也要投入一部分资金。这种投资多数是无偿的。对于投资营造特种用途林的，国家的优惠政策与投资防护林的营造类似，不同的是有些特种用途林可以由投资者经营管理并收益，如投资兴建或养护母树林和苗圃等。对于经济林、用材林、薪炭林等商业性林业的投资鼓励，具体措施有生产费用补贴、低息或无息贷款、保险补贴等。

（三）森林资源永续利用原则

《森林法》规定，保护、培育、利用森林资源应当尊重自然、顺应自然、坚持生态优先、保护优先、保育结合、可持续发展的原则。

四、林权法律制度

林权是指森林、林木、林地等森林资源的所有权和使用权。森林、林木的所有权是指所有人依法对森林、林木享有占有、使用、收益和处分的权利。使用权是所有权权能的一种，使用权可以由所有者行使，也可以由非所有人行使。森林、林木的使用权，不论是所有者还是非所有者，都只能在法律允许的范围内合理行使。《森林法》在“森林权属”章明确了森林、林木、林地的权属，确定了国有森林资源的所有权行使主体，规定了国家所有和集体所有的森林资源流转的方式和条件，强调了国家、集体和个人等不同主体的合法权益。明确森林权属、加强产权保护，是加强生态保护、促进生态文明建设的重要基础性制度，党的十八大以来，党中央、国务院明确要求健全自然资源资产产权制度、统筹推进自然资源资产产权制度改革，强调要稳定农村土地承包关系，赋予农民更多的财产权利。

（一）林权的种类

1. 国有林权

我国《宪法》第 9 条第 1 款规定："矿藏、水流、森林、山岭、草原、荒地、滩涂等自然资源，都属于国家所有，即全民所有；由法律规定属于集体所有的森林和山岭、草原、荒地、滩涂除外。"《森林法》第 14 条第 1 款规定："森林资源属于国家所有，由法律规定属于集体所有的除外。"这些规定表明我国的森林、林木等森林资源主要是属于国家所有，即所有权的主体是国家，国家享有占有、使用、收益和处分国有森林、林木等森林资源的权利。但是，在一般情况下，国家所有权的各项职能不是由国家直接行使，而是由国家授权给林业草原主管部门、国有林场、采育场等企事业单位或行政单位来行使。上述这些单位的经营使用权受国家的保护。

2. 集体林权

集体林权是乡村劳动群众等集体经济组织在法律规定的范围内，对属于集体经济组织的森林、林木等森林资源享有占有、使用、收益和处分的权利。一般来说，森林资源集体所有权各项内容由集体经济组织统一行使，但是根据生产和经营的需要，集体经济组织也可以将其享有的各项权利给他人行使。例如，将某一片森林承包给个人经营。

3. 个人林权

个人林权，是指公民个人对林木享有占有、使用、收益和处分的权利。《森林法》第 20 条第 2、3、4 款规定："农村居民在房前屋后、自留地、自留山种植的林木，归个人所有。城镇居民在自有房屋的庭院内种植的林木，归个人所有。集体或者个人承包国家所有和集体所有的宜林荒山荒地荒滩营造的林木，归承包的集体或者个人所有；合同另有约定的从其约定。其他组织或者个人营造的林木，依法由营造者所有并享有林木收益；合同另有约定的从其约定。"这些规定确认了个人对林木的所有权，保护了农民自留山和承包荒山造林的合法权益。

（二）关于林权管理的法律规定

林权的管理，是指各级林业草原主管部门按照国家有关法律、法规的规定，确认林权，落实林权证的发放管理，调处林权纠纷，监督林权的正确行使。《森林法》规定：林地和林地上的森林、林木的所有权、使用权，由不动产登记机构统一登记造册，核发证书。国务院确定的国家重点林区的森林、林木和林地，由国务院自然资源主管部门负责登记。林地权证是林地所有权或者使用权的法律凭证。县级以上地方人民政府对国家所有、集体所有的林地和个人使用的林地登记造册，核发林地所有权或者使用权证书，即林地权证。因此，林地权属的登记发证机关是县级以上地方人民政府的不动产登记机构。同时，国务院可以授权国务院林业草原主管部门，对国务院确定的国家所有重点林区的林地登记造册，发放证书，并通知有关地方人民政府。各级林业主管部门负责核发林地权证的具体审核工作，协助人民政府做好核发林地权证的其他工作，登记发证后负责林地的管理和监督。

（三）林权登记和转让

根据不动产登记制度改革规定，规定由不动产登记机构统一登记造册，核发证书。作为属地登记原则的例外，新修订的森林法规定重点林区的森林、林木、林地的登记机关为自然资源部。

林权的转让，是指在法律允许的范围内，森林资源所有权或使用权的全部或部分转让。根据《森林法》的规定，林业经营者依法取得的国有林地和林地上的森林、林木的使用权，经批准可以转让、出租、作价出资等。森林资源依法转让的，已经取得的林木采伐许可证，可以同时转让。但转让双方都必须遵守《森林法》关于森林、林木采伐和更新造林的规定。

（四）国有森林资源所有权行使制度

国有森林资源所有权行使制度明确了国有森林资源所有权行使主体。按照中共中央办公厅、国务院办公厅印发的《关于统筹推进自然资源资产产权制度改革的指导意见》，森林法规定国家所有的森林资源由国务院代表国家行使，国务院可以授权自然资源部统一履行国有森林资源所有者职责。国有森林资源可以依法确定给林业经营者使用。赋予国有林场、国有林管理局享有经营使用的权利。在确定方式上，既包括无偿划拨，也包括有偿出让等，在获得主体上，包括但不限于国有林业经营者。明确国有森林资源可以流转。对于国有森林资源的保护管理，既要适应市场经济发展的需要，放活国有森林资源使用权，又要严格管理，避免破坏森林资源和造成国有森林资源资产流失，修订后的森林法对国有森林资源以转让、出租、作价出资等方式流转作了三项要求：一要依法取得使用权，二要经批准，三要由国务院制定具体办法。

（五）集体林地承包经营制度

集体林地主要是由农户承包经营和集体经济组织统一经营。新修订的森林法注重与新修订的农村土地承包法相衔接，重点强化在稳定承包权的基础上，建立放活经营权、落实收益权的法律制度，明确承包户享有林地承包经营权和林木所有权，可以以出租（转包）、入股、转让等方式流转林地经营权、林木所有权和使用权。另外，对于集体统一经营的林地，《中共中央、国务院关于全面推进集体林权制度改革的意见》规定“对不宜实行家庭承包经营的林地，依法经本集体经济组织成员同意，可以通过均股、均利等其他方式落实产权。村集体经济组织可保留少量的集体林地，由本集体经济组织依法实行民主经营管理”。新修订的森林法明确了集体经济组织统一经营林地的合法性，并对流转程序进行了规范。

（六）林业经营者权益保护制度

我国规定了不同所有制经营主体对营造林木享有的权益。国有企业事业单位、机关、团体、部队对其营造的林木，负有管护责任和按照国家规定支配林木收益的权利；集体以及其他组织和个人对其营造、种植的林木，享有所有权并有权获得林木收益。因生态保护、基础设施建设等公共利益需要征收、征用林地、林木的，要依法办理审批手续，并给予公平、合理补偿。

（七）林权争议处理

林权争议涉及面较广，产生原因复杂多样。当地政府对历史沿革、风俗民情更为了解，在实践中，林权争议处理也比较依赖人民政府设立的林权争议处理机构。人民政府先行处理，有利于通过协调化解纠纷。因森林防火、林业有害生物防治、国家重大基础设施建设等需要，可以先行采伐或者改变林地现状。实际工作中，对于相关采伐收入、补偿金等，可以由有关部门通过银行予以保管，待争议解决后再予以分配。

五、森林经营管理和监督保障制度

（一）林业行政主管部门

林业行政主管部门是主管林业工作的专门机构，是同级人民政府的组成部分和专门管理林业的职能部门。依据《森林法》第 9 条的规定，国务院林业主管部门主管全国林业工作，县级以上地方人民政府林业主管部门主管本行政区域的林业工作，乡镇人民政府可以确定相关机构或者设置专职、兼职人员承担林业相关工作。各级林业主管部门依照本法规定，对森林资源的保护、利用、更新，实行管理和监督。森林经营管理就是各级林业行政主管部门根据《森林法》的规定，对森林资源和林业进行的行政管理。

（二）林种的划分

林种的划分是指根据一定的标准，将森林分为若干种类。科学地划分林种是经营管理森林的基础，也是确定森林采伐方式的依据。我国《森林法》以森林的用途为标准，将森林分为防护林、特种用途林、用材林、经济林、薪炭林五类。防护林是指以防护为主要目的的森林、林木和灌木丛，包括水源涵养林、水土保持林、防风固沙林、农田牧场防护林、护带林、护路林等。对于防护林只准进行抚育和更新性质的采伐，不得进行以取材为目的的采伐。特种用途林是指以国防、环境保护、科学实验等为主要目的的森林和林木，包括国防林、实验林、母树林、环境保护林、风景林、名胜古迹林和革命纪念地的林木、自然保护区的森林等。特种用途林中的国防林、母树林、环境保护林、风景林只准进行抚育和更新性质的采伐。名胜古迹和革命纪念地的林木、自然保护区的森林严禁采伐。用材林是指以生产木材为主要目的的森林和林木，包括以生产竹材为目的的竹林。对于成熟的用材林，应当根据情况采取不同的采伐方式。经济林是指以生产果品、食品、食用油料、饮料、调料、工业原料和药材等为主要目的的林木。薪炭林是指以满足人们日常生活用柴和取暖等需要为生产目的的森林和林木。

（三）森林资源清查和森林资源档案

森林资源清查是指对森林资源的现状和变化情况进行的调查工作。森林资源清查的主要对象是森林、林木、林地及林区内野生动植物及其他自然环境因素。森林资源的清查实行统一的技术标准，分类调查的制度。森林资源清查的目的是为编制森林经营方案、建立森林资源档案、确定森林采伐限额提供基础资料和依据。森林资源档案，是指将森林资源清查所得到的资料、成果按一定的方法进行汇集、整理，并予以妥善保存的一项制度。森林资源档案的主要内容一般包括：森林资源档案卡片、簿册、统计表、消长变化表，以及资源基本情况图、经营规划图、经营变化图和资源调查、科研、经营的有关文件、文字资料等。各级林业主管部门应建立森林资源档案制度。森林资源档案按照有关规定管理和使用。

（四）林业长远规划与森林经营方案

林业长远规划是指在较长时期内林业生产、建设和发展的纲领性计划。林业生产具有生产周期长，劳动期间短，自然力独立起作用，一次建设即可长期发展的特点。林业长远规划的制定，关系到森林的合理开发、永续利用、森林资源综合效益的发挥以及林区经济繁荣等重大问题。森林经营方案是指林业单位或有森林经营任务的单位，根据林业长远规划或在林业长远规划指导下编制的科学经营森林的具体方案。森林经营方案可以分为两大类。一类是国有林业企业事业单位和重点林区的森林经营方案，它们直接依据林业长远规划编制的，必须分别报县级以上人民政府和国务院林业主管部门批准后方能实施；另一类是非林业单位的森林经营方案，它是在林业主管部门的支持、引导下，由农村集体经济组织和国有农场、牧场、工矿企业等单位，依照林业长远规划编制的。

（五）森林资源保护发展目标责任制和考核评价制度

第一，建立目标责任制，科学制定森林资源保护发展目标是基础。《森林法》“发展规划”一章中明确县级以上人民政府应当将森林资源保护和林业发展纳入国民经济和社会发展规划，合理规划森林资源保护利用结构和布局，制定包括森林覆盖率、森林蓄积量、林地保有量在内的森林资源保护发展目标。林业主管部门应当根据森林资源保护发展目标，编制林地保护利用、造林绿化、森林经营以及天然林保护等专项规划，为实现森林资源保护发展目标提供规划引领。为确保目标责任制的实现，考核评价机制是关键。修订后的《森林法》将完成森林资源保护发展目标、森林防火和重大林业有害生物防治工作情况，作为上级人民政府对下级人民政府考核的要素，考核结果予以公开，以考评机制促进地方政府履行保护森林资源的责任。

第二，完善扶持措施。一是在“总则”中作为基本制度规定支持森林资源保护发展。国家采取财政、税收、金融等方面的措施，支持森林资源保护发展，并压实各级人民政府在保障森林生态保护修复投入上的责任，以法律制度的刚性约束力为林业发展投入提供保障。此外，明确国家鼓励和支持林业科学研究，并完善了对在造林绿化、森林保护等方面成绩显著的组织和个人的表彰奖励机制。二是充实森林生态效益补偿制度。1998年修改《森林法》时，规定国家设立“森林生态效益补偿基金”。新修订的《森林法》还规定重点林区按照规定享受国家重点生态功能区转移支付政策。三是增加了林业投融资保障机制。《森林法》明确了林业投融资保障机制，规定国家对林业信贷业务、林权收储机构以及森林保险提供支持，进一步调动广大林业经营者的积极性，为林业发展注入新动力。

第三，强化监督检查。对森林资源的保护、修复、利用、更新等进行监督检查是森林法赋予林业主管部门的主要职责之一。为确保林业主管部门依法行政，新修订的《森林法》增加“监督检查”一章，对监督检查制度进行了充实细化，主要包括：一是明确了林业主管部门监督检查职责，增加了查封、扣押等行政强制措施。在林业行政执法实践中，需要对涉案场所、木材等进行查封、扣押。二是增加了约谈制度。明确了约谈主体、约谈对象以及适用约谈的情况，通过发挥约谈制度的行政监督作用，督促地方政府及其有关部门依法履职尽责。三是增加了对于破坏森林资源的行为提起诉讼的规定。修订后的《森林法》规定自然资源主管部门、林业主管部门对破坏森林资源造成生态环境损害的，可向人民法院提起诉讼，向侵权人提出损害赔偿请求。

六、绿化造林的法律规定

新修订的《森林法》以法律的形式明确大规模开展国土绿化的内容，将“绿化造林”取代原有的“植树造林”，旨在追求更加有效地调动全社会资源和要素参与到绿化国土、美化中国的行动中来。该法第42条规定，国家统筹城乡造林绿化，开展大规模国土绿化行动，绿化美化城乡，推动森林城市建设，促进乡村振兴，建设美丽家园。具体制度如下。

（一）全民义务植树

绿化造林是生态建设的核心内容，是维护生态安全的基础保障，是应对气候变化的战略选择，是建设生态文明的重要途径，是我国现代化建设中必须始终坚持的基本国策。《森林法》第10条规定，植树造林、保护森林，是公民应尽的义务，各级人民政府应当组织开展全民义务植树活动；并规定每年3月12日为植树节。这是根据我国人口众多、森林资源缺乏的现实而制定的。只有大力植树造林，增加森林资源，不断扩大森林覆盖面积，才能维持生态平衡，保障农牧业和国民经济的正常发展。早在1981年12月的五届全国人大四次会议上，全国人民代表大会就已经作出了《关于开展全民义务植树运动的决议》，号召全国各族人民“人人动手，年年植树”。1982年2月27日，国务院常务会议通过了《关于开展全民义务植树运动的实施办法》，规定凡是中华人民共和国公民，男11岁至60岁，女11岁至55岁，除丧失劳动能力者外，均应承担义务植树任务，各单位要将人数据实统计上报当地绿化委员会，作为分配具体任务的依据。县级绿化委员会在分配义务植树任务时，要按照每人每年植树3至5棵的要求，确定具体指标，因地制宜地进行灵活多样的安排。2011年7月全国绿化委员会、国家林业局印发了《全国造林绿化规划纲要（2011—2020年）》，提出了未来10年全国造林绿化工作的指导思想、基本原则、目标任务、建设重点、保障措施等。2017年6月，全国绿化委员会制定发布了《全民义务植树尽责形式管理办法（试行)》,目的就是充分发挥义务植树在推进国土绿化、建设生态文明、促进绿色发展中的重要作用,创新全民义务植树尽责形式。

(二)绿化造林规划

《森林法》第26条明确规定:县级以上人民政府林业主管部门可以结合本地实际,编制林地保护利用、造林绿化、森林经营、天然林保护等相关专项规划。国家对造林绿化实行部门和单位负责制。第43条规定,城市规划区内、铁路公路两侧、江河两侧、湖泊水库周围,各有关主管部门是造林绿化的责任单位。工矿区、工业园区、机关、学校用地,部队营区以及农场、牧场、渔场经营地区,各有关单位是造林绿化的责任单位。责任单位的造林绿化任务,由所在地的县级人民政府下达责任通知书,予以确认。

(三)造林收益分配

1. 在国有土地上植树造林的收益分配

对于国有企事业单位、机关、团体、部队营造的林木,由营造单位经营并按照国家规定支配林木收益。集体或者个人承包国家所有和集体所有的宜林荒山荒地植树造林的,其承包后种植的林木归承包的集体或者个人所有;承包合同另有规定的,按照承包合同的规定执行。

2. 在集体所有的土地上植树造林的收益分配

集体所有制单位所营造的林木,归集体单位所有。集体承包给个人的宜林荒山荒地,承包者承包后种植的林木归承包者所有或按照承包合同的规定执行。

3. 公民个人植树造林的收益分配

农村居民在房前屋后、自留地、自留山种植的林木,归个人所有。城镇居民在自有房屋的庭院内种植的林木,归个人所有。居民在自己的房前屋后、自有房屋的庭院内、自留地、自留山种植的林木及其权益,法律允许转让、继承。

七、森林采伐的法律规定

(一)森林年采伐量与年度木材生产计划

森林年采伐量是指每一年度林业主管部门所允许的某一地区的森林采伐数量的限额。控制森林采伐量,防止过量采伐,避免发生森林生态效益和社会效益的降低,对于保证森林资源的永续利用具有十分重要的意义。国家严格控制森林年采伐量。省、自治区、直辖市人民政府林业主管部门根据消耗量低于生长量和森林分类经营管理的原则,编制本行政区域的年采伐限额,经征求国务院林业主管部门意见,报本级人民政府批准后公布实施,并报国务院备案。重点林区的年采伐限额,由国务院林业主管部门编制,报国务院批准后公布实施。

（二）森林采伐方式

用材林的采伐方式为择伐、皆伐和渐伐。中幼龄树木多的复层异龄林应当实行择伐。成熟过熟的单层林、中幼龄树木少的异龄林，应当实行皆伐。天然更新能力强的单层林应当实行渐伐。防护林和特种用途林中的国防林、母树林、环境保护林、风景林，只准进行抚育和更新性质的采伐。所谓抚育和更新性质的采伐就是根据森林生长和发育的规律，在不同的龄期内以合理的采伐方式，定期伐除一部分林木，为保留的林木创造良好的生长环境，以更好地发挥抚育林的多种效能。特种用途林中的名胜古迹和革命纪念地的林木、自然保护区的森林，严禁采伐。

（三）森林采伐许可证制度

森林采伐许可证是法定的国家机关核发的，森林经营单位和个人进行采伐作业的凭证。《森林法》第 56 条规定，采伐林地上的林木应当申请采伐许可证，并按照采伐许可证的规定进行采伐，即任何企事业单位和个人，采伐自己所有的或经营的林木，都必须申请采伐许可证。只有不以生产竹材为目的的竹林和农村居民采伐自留地、房前屋后自有的零星林木可以不申请采伐许可证。全民所有的林业企业、事业单位、机关团体、部队、学校和其他全民所有的企事业单位采伐林木，由所在地县级以上林业主管部门审核发放采伐许可证；农村集体经济组织采伐林木，由县级林业主管部门依照有关的规定审核发放采伐许可证；农村居民采伐自留山和个人承包的集体的林木，由县级林业主管部门或者其委托的乡（镇）人民政府依照有关规定审核发放采伐许可证；铁路、公路的防护林和城镇林木的更新采伐，由有关的主管部门依照有关规定审核发放采伐许可证。核发采伐许可证的部门，对于没有根据采伐许可证的内容进行采伐或者不按采伐许可证的规定完成更新造林任务的，有权收回采伐许可证，中止其采伐，直到纠正为止。

（四）林木采伐制度

第一，省级人民政府将编制的采伐限额报国务院备案，采伐限额经征求国务院林业主管部门意见，报省级人民政府批准后公布实施，并报国务院备案。国家林草局在前期指导的基础上，通过森林资源保护发展目标责任制和考核评价机制加强对地方监管，确保森林资源稳定增长，有利于国家准确掌握森林资源消耗情况，提高监管效率。

第二，采伐林地上的林木应当申请采伐许可证，自然保护区以外的竹林不需要申请。非林地上的农田防护林、防风固沙林、护路林、护岸护堤林和城镇林木的采伐，由有关主管部门按照有关规定管理。护路林、护堤护岸林、城镇林木等的采伐按照《公路法》《防洪法》《城市绿化条例》等规定进行管理。

第三，规定了采伐许可证审批程序。县级以上人民政府林业主管部门应当采取措施，方便申请人办理采伐许可证。由省级以上人民政府林业主管部门规定一定的面积或者蓄积量基准，超过基准量的，申请者应提交伐区调查设计材料。

第四，林木采伐的特别规定。《森林法》规定“采挖移植林木按照采伐林木管理。具体办法由国务院林业主管部门制定”。《森林法》为解决公益林、自然保护区内林木，因林业有害生物防治、森林防火、遭受自然灾害等需要采伐的问题，有针对性地进行了特殊规定。

第五，强化森林经营方案的地位和作用。森林经营是以提高森林质量，建立稳定、健康、优质、高效的森林生态系统为目标，为修复和增强森林的供给、调节、服务、支持等多种功能，而开展的一系列贯穿于整个森林生长周期的保护和培育森林的活动。《森林法》明确国有林业企业事业单位必须编制森林经营方案，规定未编制森林经营方案或者未按照批准的森林经营方案开展经营活动的法律责任，并规定国家支持、引导其他林业经营者编制森林经营方案。

第四节　草原资源的法律保护

一、草原及草原资源概况

（一）草原概述

草原是指生长在温带、半干旱地区，以旱生多年生草本植物或饲用灌木植物为主体的，可用于畜牧业的土地。草原也是以草本植物为主体的生物群落及其环境构成的陆地生态系统。《草原法》所称的草原是指天然草原和人工草地。天然草原包括草地、草山和草坡，人工草地包括改良草地和退耕还草地，但不包括城镇草地。

草原是重要的自然资源，也是重要的生态系统，在防风固沙、保持水土、涵养水源、固氮储碳、净化空气、调节气候、维护生物多样性以及发展农牧业等方面具有重要作用。

（二）我国的草原资源现状与草原保护建设工程成效

我国是一个草原资源大国，拥有各类天然草原面积近 4 亿公顷，覆盖着 2/5 的国土面积，是我国面积最大的陆地生态系统，但我国人均占有草地面积仅 0.33 公顷，约为世界人均占有草地面积的 1/2。草原资源是一种重要的自然资源，在发挥生态系统服务功能、保障国家食物安全、维护社会和谐稳定等方面，均具有十分重要的作用和地位。草原日照时间长，年辐射量高，风力较大，蕴藏着丰富的太阳能和风能资源。同时，草原还具备丰富的生物物种，仅北方草原上就有各类野生牧草 4 000 余种，南方草山草坡饲用植物达 5 000 余种，世界上大部分栽培的优良牧草，在我国均有野生种。但是，我国草原资源也存在着明显的不足。

1. 草原分布不均衡

我国不仅人均草原面积少，而且分布很不平衡，我国的天然草原主要分布在西部和北部，其中，西部 12 省（区、市）草原面积 3.31 亿公顷，占全国草原面积的 84.2%；

而东南部草地面积小，零星分布在传统农业区，其中南方地区草原以草山、草坡为主，大多分布在山地和丘陵，面积约 0.67 亿公顷。

2. 天然优质牧场比例低

我国产草量高、草质优良的草地，约占天然草地总面积的 21%，且半数以上分布在高海拔地区，难以利用。而气候干旱、植被稀疏、产草量低的草地，约占草地总面积的 27%。

3. 草原生产力季节、年际变化大

我国北方和西部牧区，天然草地生产力随冷、暖季节变化很大。如青海，冷季长达 6～8 个月，产草量仅为暖季的 40%～50%；且冷季牧草营养价值大为降低，粗蛋白含量仅为暖季牧草的 13%～30%，这种现象造成牧场牲畜冬、春季节大量死亡。另外，我国天然草地生产力随降水量的年际变化而变化，丰、歉年的牧草产量可相差 1～4 倍。我国草原先天不足，加上在开发、利用、保护、管理中忽视生态规律，因而造成我国草原“三化”（退化、沙化、碱化）严重，病虫、鼠害肆虐，草原三灾（火灾、雪灾、旱灾）频仍。

为加强草原的生态建设和规划管理，我国草原工作战略重点实现了由经济目标为主向“生态、经济、社会目标并重，生态优先”的转变，草原植被得到有效恢复，草原生态环境逐步好转。

21 世纪以来，国家在北京、河北、山西、内蒙古、黑龙江、陕西、广西、四川、西藏、甘肃、青海、宁夏、云南、贵州、新疆等省（区、市）及新疆生产建设兵团共 260 多个县（旗、团场）陆续实施了退牧还草、京津风沙源治理、西南岩溶地区草地治理等重大草原生态工程。近年来随着各项生态保护工程及政策措施的实施，我国草原生态发生了一些积极变化，部分草原生态显著改善，使得草原生态整体恶化的势头有所减缓，我国的草原保护建设工程取得明显成效。但是，我国草原生态总体仍很脆弱，全面恢复草原生态的任务十分艰巨。

二、草原资源保护立法现状

我国历来重视草原的保护管理工作。1960 年，全国人大通过的《1956 年到 1967 年全国农业发展纲要》（已废止）即已提出保护草原，改良和培植牧草，开辟水源的要求。目前，我国草原资源保护的立法主要有《中华人民共和国草原法》，该法于 1985 年 6 月 18 日由第六届全国人大常委会第十一次会议通过，于 2002 年 12 月 28 日第九届全国人大常委会第三十一次会议修订，又于 2009 年、2013 年、2021 年进行三次修正，是调整草原开发、利用、建设、保护和牧业活动中所发生的各种社会关系的基本法律。此外还有 1993 年 10 月 5 日国务院发布的《草原防火条例》，该条例经 2008 年 11 月 19 日国务院第 36 次常务会议修订通过，并于 2009 年 1 月 1 日施行。

三、草原资源保护的基本法律规定

（一）监督管理体制

为保护、建设和合理利用草原，我国建立了草原资源的分级监督管理体制。

《草原法》第 8 条规定：国务院草原行政主管部门主管全国草原监督管理工作；县级以上地方人民政府草原行政主管部门主管本行政区域内草原监督管理工作；乡（镇）人民政府应当加强对本行政区域内草原保护、建设和利用情况的监督检查，根据需要可以设专职或者兼职人员负责具体监督检查工作。

（二）草原权属

1. 基本规定

草原属于国家所有，由法律规定属于集体所有的草原除外。国家所有的草原，由国务院代表国家行使所有权。任何单位或者个人不得侵占、买卖或者以其他形式非法转让草原。

国家所有的草原，可以依法确定给全民所有制单位、集体经济组织等使用，并由县级以上人民政府登记，核发使用权证，确认草原使用权。未确定使用权的国家所有的草原，由县级以上人民政府登记造册，并负责保护管理。集体所有的草原，由县级人民政府登记，核发所有权证，确认草原所有权。

依法改变草原权属的，应当办理草原权属变更登记手续。依法登记的草原所有权和使用权受法律保护，任何单位或者个人不得侵犯。

2. 草原承包经营权

为有效利用草原资源，修订后的《草原法》对草原承包经营权作出了完善规定。

（1）集体所有的草原或者依法确定给集体经济组织使用的国家所有的草原，可以由本集体经济组织内的家庭或者联户承包经营。由本集体经济组织以外的单位或者个人承包经营的，必须经本集体经济组织成员的村（牧）民会议 2/3 以上成员或者 2/3 以上村（牧）民代表的同意，并报乡（镇）人民政府批准。

（2）承包经营草原，发包方和承包方应当签订书面合同。草原承包合同的内容应当包括双方的权利和义务、承包草原四至界限、面积和等级、承包期和起止日期、承包草原用途和违约责任等。承包期届满，原承包经营者在同等条件下享有优先承包权。承包经营草原的单位和个人，应当履行保护、建设和按照承包合同约定的用途合理利用草原的义务。

（3）草原承包经营权受法律保护，可以按照自愿、有偿的原则依法转让。草原承包经营权转让应当经发包方同意，承包方与受让方在转让合同中约定的转让期限，不得超过原承包合同剩余的期限。受让的第三方必须具有从事畜牧业生产的能力，并应当履行保护、建设和按照承包合同约定的用途合理利用草原的义务。

（4）权属争议的解决办法。草原所有权、使用权的争议，由当事人协商解决；协商不成的，单位之间的争议，由县级以上人民政府处理；个人之间、个人与单位之间的争议，由乡（镇）人民政府或者县级以上人民政府处理。当事人对有关人民政府的处理决定不服的，可以依法向人民法院起诉。

在草原权属争议解决前，任何一方不得改变草原利用现状，不得破坏草原和草原上的设施。

四、草原资源保护管理的主要法律措施

（一）草原保护的发展规划

为实现国家对草原资源的宏观调控以及草原的分类管理和合理利用，必须制定草原保护的发展规划。修订后的《草原法》对此作出了专章规定。

1. 草原保护、建设、利用的统一规划制度

国家对草原保护、建设、利用实行统一规划制度。

国务院林业草原行政主管部门会同国务院有关部门编制全国草原保护、建设、利用规划，报国务院批准后实施。县级以上地方人民政府林业草原行政主管部门会同同级有关部门依据上一级草原保护、建设、利用规划编制本行政区域的草原保护、建设、利用规划，报本级人民政府批准后实施。经批准的草原保护、建设、利用规划确需调整或者修改时，须经原批准机关批准。

2. 草原保护、建设、利用规划的制定原则

编制草原保护、建设、利用规划，应当依据国民经济和社会发展规划并遵循下列原则：

（1）改善生态环境，维护生物多样性，促进草原的可持续利用；

（2）以现有草原为基础，因地制宜，统筹规划，分类指导；

（3）保护为主、加强建设、分批改良、合理利用；

（4）生态效益、经济效益、社会效益相结合。

3. 草原保护、建设、利用规划的主要内容

草原保护、建设、利用规划的主要内容包括：草原保护、建设、利用的目标和措施；草原功能分区；草原各项建设的总体部署；各项专业规划等。

规划需要与土地利用总体规划相衔接，并与环境保护规划、水土保持规划、防沙治沙规划、林业长远规划、城市总体规划、村庄和集镇规划以及其他有关规划相协调。规划一经批准，必须严格执行。如果经批准后，遇到情况变化确定需要对规划进行调整或修改，则必须经原批准机关批准。

4. 其他制度

为确保草原保护、建设、利用规划的完善与实施，《草原法》确立了一系列制度。

（1）草原调查制度。国家建立草原调查制度。县级以上人民政府草原行政主管部门会同同级有关部门定期进行草原调查；草原所有者或者使用者应当支持、配合调查，并

提供有关资料。

（2）草原分等定级制度。国务院草原行政主管部门会同国务院有关部门制定全国草原等级评定标准。县级以上人民政府草原行政主管部门根据草原调查结果、草原的质量，依据草原等级评定标准，对草原进行评等定级。

（3）草原统计制度。县级以上人民政府草原行政主管部门和同级统计部门共同制定草原统计调查办法，依法对草原的面积、等级、产草量、载畜量等进行统计，定期发布草原统计资料。

（4）草原生产、生态监测预警制度。国家建立草原生产、生态监测预警系统。县级以上人民政府草原行政主管部门对草原的面积、等级、植被构成、生产能力、自然灾害、生物灾害等草原基本状况实行动态监测，及时为本级政府和有关部门提供动态监测和预警信息服务。

（二）草原建设

所谓草原建设，指的是对草原生态系统的抚育培养，以及对相关基础设施及服务体系的建立、设置。为改变目前存在的草原资源重利用轻建设的现象，《草原法》规定了如下内容。

（1）县级以上各级人民政府应当增加对草原建设的投入，按照“谁投资，谁受益”的原则，鼓励单位和个人投资建设草原；

（2）县级以上地方各级人民政府在支持草原水利设施建设、改善人畜用水条件、发展草原节水灌溉、加强草种基地建设、做好防火准备工作、安排草原改良、人工种草和草种生产资金等方面的职责；

（3）国家鼓励与支持人工草地建设、天然草原改良和饲草饲料基地建设，稳定和提高草原生产能力，引导农牧民转换经营模式；

（4）地方各级人民政府应当对退化、沙化、盐碱化、石漠化和水土流失的草原组织专项治理，并规定大规模的草原综合治理列入国家国土整治计划。

县级以上人民政府应当根据草原保护、建设、利用规划，在本级国民经济和社会发展计划中安排资金用于草原改良、人工种草和草种生产，任何单位或者个人不得截留、挪用；县级以上人民政府财政部门和审计部门应当加强监督管理。

（三）草原利用

为扭转草原开发利用中生产方式不合理而引发的生态失衡问题，《草原法》作了如下规定。

（1）草原承包经营者应当遵循草原资源的生态规律，合理利用草原。实行划区轮牧、轮割、轮采、提倡牲畜圈养。

（2）非牧业征用、利用草原的协调。勘查、开采矿藏和工程建设确需征用或者使用草原的，必须经省级以上人民政府林业草原行政主管部门审核同意后，依照有关土地管理的法律、行政法规办理建设用地审批手续。因建设征用集体所有的草原的，应当依照《土地管理法》的规定给予补偿；因建设使用国家所有的草原的，应当依照国务院有关规定对草原承包经营者给予补偿。因建设征用或者使用草原的，应当交纳草原植被恢复费。

（3）临时占用草原的规定。需要临时占用草原的，应当经县级以上地方人民政府林业草原行政主管部门审核同意。临时占用草原的期限不得超过 2 年，并不得在临时占用的草原上修建永久性建筑物、构筑物；占用期满，用地单位必须恢复草原植被并及时退还。

（4）工程设施建设。在草原上修建直接为草原保护和畜牧业生产服务的工程设施，需要使用草原的，由县级以上人民政府草原行政主管部门批准；修筑其他工程，需要将草原转为非畜牧业生产用地的，必须依法办理建设用地审批手续。

（四）草原保护

为强化草原资源的保护，国家实行基本草原保护制度与草原自然保护区制度。

（1）基本草原包括：1）重要放牧场；2）割草地；3）用于畜牧业生产和生态建设的人工草地、退耕还草地以及改良草地、草种基地；4）对调节气候、涵养水源、保持水土、防风固沙具有特殊作用的草原；5）作为国家重点保护野生动植物生存环境的草原；6）草原科研、教学试验基地；7）国务院规定应当划为基本草原的其他草原。

（2）可建立草原自然保护区的地区类型主要有：具有代表性的草原类型；珍稀濒危野生动植物分布区；具有重要生态功能和经济科研价值的草原。

此外，修订后的《草原法》还确立了草畜平衡制度、退耕还草制度、禁牧、休牧制度，并对种植牧草饲料、开展经营性旅游活动、草原防火以及鼠害、病虫害和毒害草的防治等问题作出了相应规定。

【案例 14－4】

某公司超计划采挖和收购甘草行政处罚案

案情：甲县产甘草，某年甲县农牧局核准甲县药材公司的收购额为鲜甘草 5 万斤。由于甘草价格不断上涨，甲县药材公司组织农民大量挖采。实际总计收购鲜甘草 32 万斤。滥挖甘草使大面积草原遭到破坏。同年 12 月，甲县农牧局对药材公司超过计划采挖和收购甘草的行为作出处罚决定：对药材公司罚款 15 000 元。药材公司不服该处罚决定，诉至甲县人民法院，要求法院撤销该处罚决定，理由是超计划完成任务应该奖励而不是处罚。

分析：《草原法》第 49 条规定：“禁止在荒漠、半荒漠和严重退化、沙化、盐碱化、石漠化、水土流失的草原以及在生态脆弱区的草原上挖掘植物和从事破坏草原植被的其他活动。”对草原资源的利用不能超过它的再生能力，必须保持可持续的利用。本案中药材公司超过批准额 6 倍多采挖和收购甘草，造成草原破坏，应当承担相应的法律责任。

《草原法》第 67 条规定：“在荒漠、半荒漠和严重退化、沙化、盐碱化、石漠化、水土流失的草原，以及生态脆弱区的草原上采挖植物或者从事破坏草原植被的其他活动的，由县级以上地方人民政府草原行政主管部门依据职权责令停止违法行为，没收非法财物和违法所得，可以并处违法所得一倍以上五倍以下的罚款；没收违法所得，可以并处五万元以下的罚款；给草原所有者或者使用者造成损失的，依法承担赔偿责任。”甲县农牧局对药草公司的处罚决定是恰当的。

（五）草原防火的规定

草原火灾是造成草原破坏的最常见原因，必须高度重视草原防火。《草原法》与《草原防火条例》对此作出了全面规定。

（1）预防：为预防草原火灾的发生，法律规定了草原防火责任制度、草原防火工作联防制度、草原防火期制度、草原防火设施建设制度以及草原火险监测制度。

（2）扑救：为有效实施草原火灾的扑救，法律规定了草原火灾报告制度、扑救草原火灾的组织指挥与协调配合制度以及火灾扑灭后的检查验收制度。

（3）善后工作：草原火灾的善后工作包括防疫工作、安抚工作、扑灭经费的支付、调查工作以及草原火灾统计工作等。

五、草原监督检查

国务院草原行政主管部门和草原面积较大的省、自治区的县级以上地方人民政府草原行政主管部门设立草原监督管理机构，负责草原法律、法规执行情况的监督检查，对违反草原法律、法规的行为进行查处。

草原监督检查人员享有如下职权：（1）要求被检查单位或者个人提供有关草原权属的文件和资料，进行查阅或者复制；（2）要求被检查单位或者个人对草原权属等问题作出说明；（3）进入违法现场进行拍照、摄像和勘测；（4）责令被检查单位或者个人停止违反草原法律、法规的行为，履行法定义务。

六、法律责任

习近平曾引用古语“刑赏之本，在乎劝善而惩恶”，强调在生态环境保护问题上，不能越雷池一步，要“真追责、敢追责、严追责”[①]。为增强草原执法力度，加大对违法行为的处罚，《草原法》明确规定了应予处罚的违法行为，增加了处罚种类，加大了惩罚力度，并注意行政责任与刑罚的衔接问题。

行政责任包括针对违法失职的国家工作人员实施的行政处分，以及行政处罚措施，后者主要有责令限期改正、限期治理、限期恢复、没收非法财物和违法所得以及罚款等。

构成犯罪的，依法追究刑事责任。

此外，《草原法》中还确立了“依法承担赔偿责任”的民事损害赔偿制度。

---

① 十九大以来重要文献选编（上）．北京：中央文献出版社，2019：460．

第五节　渔业资源的法律保护

一、渔业资源概述

（一）渔业资源的概念

渔业是指从事采集、捕捞和养殖水生动植物的产业活动。而渔业资源，则是指可供养殖、采捕利用的水生动植物资源。

渔业资源一般可以分为淡水渔业资源和海水渔业资源两大类，包括鱼类、虾蟹类、贝类、海藻类、淡水食用水生植物类（如莲藕、菱角等），以及其他水生动植物资源。

（二）我国渔业资源状况

我国拥有渤海、黄海、东海、南海等海域，大陆海岸线长度约 1.8 万千米，有 7 600 个岛屿，近海渔场面积约 150 万平方千米，沿海滩涂可供养殖的面积近 50 万公顷，淡水可供养殖的面积达 500 多万公顷，是世界上渔业资源最为丰富的国家之一，生长着品种繁多的水生生物。其中，海洋生物有 2 万多种，包括鱼类 1 500 多种，主要的捕捞品种有带鱼、鳗、大黄鱼、小黄鱼等。至于浅海滩涂渔业资源，在低潮线下 10 米以内的沿岸水域和潮间带生物种类超过 2 000 种。

丰富的渔业资源，为我国成为渔业生产大国提供了良好的客观条件。我国渔业成功实现了向以养为主的转变，有效解决了我国“吃鱼难”问题，吃好鱼成为居民消费取向，渔业生产正由数量型向质量型转型升级。渔业的发展促进了农村、渔区产业结构调整，成为广大农民、渔民就业和增加收入的一个重要领域，是我国农业和农村经济战略性结构调整的重要方面。①

近年来，我国的渔业生产呈现出兴旺发展的态势，捕捞业和养殖业同时并举，“生产加快，总量增加，价格平稳，购销两旺”。然而，由于忽视生态规律而盲目扩大捕捞能力，对渔业资源的发展也造成了一些负面影响。例如，近海渔业资源遭到破坏，并呈恶化趋势；水域生态环境的污染和破坏严重影响了渔业资源的生存环境；渔业科技开发研究薄弱，科研投入不足，基础研究课题进展缓慢，造成科研推动生产力度不够，等等。这些问题的存在，严重制约了我国渔业生产的可持续发展。

二、渔业资源保护及立法现状

新中国成立以来，我国先后制定了大量保护渔业资源的法律法规，其中主要有：

---

① 柳正. 保护渔民权益：物权法不应回避的责任：兼评《中国渔业权研究》和《论争中的渔业权》. 中国渔业报，2006－10－24.

1986年颁布的《渔业法》，该法分别于2000年10月、2004年8月、2009年8月、2013年12月进行了四次修正；修正后的《渔业法》共50条，包括总则、养殖业、捕捞业、渔业资源的增殖和保护、法律责任等方面的内容。新的《渔业法》增加规定了捕捞限额制度，具体规定了发放捕捞许可证的条件，增设了水产种质资源保护区和水产苗种进出口管理制度，加强了渔业生产中的环境保护和远洋捕捞管理，并注意与《海洋环境保护法》《水污染防治法》《土地管理法》等相关法律相衔接。2013年12月28日《渔业法》第四次修正对捕捞许可证的批准发放作出了新规定。1987年10月14日经国务院批准，10月20日原农牧渔业部发布了《渔业法实施细则》（2020年已修订）；1988年制定了《渔业资源增殖保护费征收使用办法》（2011年1月修订）。此外，在《环境保护法》《野生动物保护法》《水生野生动物保护实施条例》以及水污染防治、海洋环境保护等立法中，也有渔业资源保护管理的相关规定。

三、渔业资源保护的基本法律规定

（一）适用范围与基本方针

在中华人民共和国的内水、滩涂、领海、专属经济区以及中华人民共和国管辖的一切其他海域从事养殖和捕捞水生动物、水生植物等渔业生产活动，都必须遵守《渔业法》的有关规定。

国家对渔业生产实行以养殖为主，养殖、捕捞、加工并举，因地制宜，各有侧重的方针。各级人民政府应当把渔业生产纳入国民经济发展计划，采取措施，加强水域的统一规划和综合利用。

国家鼓励渔业科学技术研究，推广先进技术，提高渔业科学技术水平。在增殖和保护渔业资源、发展渔业生产、进行渔业科学技术研究等方面成绩显著的单位和个人，由各级人民政府给予精神的或者物质的奖励。

（二）监督管理体制

我国的渔业监督管理实行统一领导、分级管理的体制。

国务院渔业行政主管部门主管全国的渔业工作。县级以上地方人民政府渔业行政主管部门主管本行政区域内的渔业工作。县级以上人民政府渔业行政主管部门可以在重要渔业水域、渔港设渔政监督管理机构。县级以上人民政府渔业行政主管部门及其所属的渔政监督管理机构可以设渔政检查人员，由其执行渔业行政主管部门及其所属的渔政监督管理机构交付的任务。

关于海洋渔业的管理，除国务院划定由国务院渔业行政主管部门及其所属的渔政监督管理机构监督管理的海域和特定渔业资源渔场外，由毗邻海域的省、自治区、直辖市人民政府渔业行政主管部门监督管理。江河、湖泊等水域的渔业，按照行政区划由有关县级以上人民政府渔业行政主管部门监督管理；跨行政区域的，由有关县级以上地方人民政府协商制定管理办法，或者由上一级人民政府渔业行政主管部门及其所属的渔政监督管理机构监督管理。

此外，渔业行政主管部门和其所属的渔政监督管理机构及其工作人员不得参与和从事渔业生产经营活动。

四、渔业资源保护的主要法律措施

（一）关于养殖业的法律规定

为实现渔业资源的永续利用，国家鼓励全民所有制单位、集体所有制单位和个人充分利用适于养殖的水域、滩涂，发展养殖业。

1. 渔业养殖使用证制度与承包经营制度

（1）渔业养殖使用证制度。国家对水域利用进行统一规划，确定可以用于养殖业的水域和滩涂。单位和个人使用国家规划确定用于养殖业的全民所有的水域、滩涂的，使用者应当向县级以上地方人民政府渔业行政主管部门提出申请，由本级人民政府核发养殖证，许可其使用该水域、滩涂从事养殖生产。核发养殖证应当优先安排当地的渔业生产者。

【案例 14－5】

李某等不服垫江县人民政府颁发给张某水域滩涂养殖使用证案

案情：李某、谭某、杨某不服垫江县人民政府颁发给第三人张某水域滩涂养殖使用证，于 2004 年 11 月向重庆市第三中级人民法院提起行政诉讼，请求人民法院确认被告向张某颁发养殖使用证违法。原告主张，其三人已取得垫江县境内所有公共水域的捕捞作业资格，被告向张某颁发养殖使用证，该水域未经规划确定用于养殖范围，颁发使用证行为违法，并使原告捕捞的水域面积减少，影响其合法权益。被告向法院提供（1）《垫江县国民经济和社会发展第十个五年计划纲要》，（2）《垫江县土地利用总体规划》，（3）《转发县农业局关于垫江县溪河水面养殖使用权出让实施方案的通知》，（4）《关于印发垫江县溪河渔业发展规划的通知》等材料，证明垫江县人民政府及所属职能部门，已对本案涉及的水域用于养殖业进行了统一规划。被告辩称垫江县农业局根据本县溪河渔业管理的实际情况，依法通过竞争拍卖的方式，将部分河段水面养殖使用权出让给张某，县政府颁发养殖使用证符合法律规定，没有侵犯原告的捕捞权利，请求法院驳回其诉讼请求。原告在质证过程中认为，前述材料（1）是政府的总体规划，材料（2）是土地利用规划，材料（3）是渔业规划，皆非水功能利用具体规划，而材料（4）在发证后颁行，不能作为本案证据使用。

分析：法院支持原告对材料（4）的主张，经审理认为，垫江县政府在材料（1）中对水产资源和水产资源保护工程进行了总体规划，在《垫江县溪河水面养殖使用权出让实施方案》对发展用于养殖业的河流、河段进行了具体规划，原告诉称被告颁发养殖使用证允许张某使用的水域未进行养殖业规划的理由不成立。被告的做法符合《渔业法》第 3 条、第 11 条关于水域利用规划及养殖使用证颁发的规定；而原告持有的捕捞许可证，是行政机关对其渔业捕捞资格的认可，并非作为其享有无偿捕捞国有水域水资源的一种权利和凭证，其诉称被告颁发养殖使用证减少其捕捞面积、影响其合法权益的理由不成立。判决驳回原告诉求。

（2）承包经营制度。集体所有的或者全民所有由农业集体经济组织使用的水域、滩涂，可以由个人或者集体承包，从事养殖生产。当事人因使用国家规划确定用于养殖业的水域、滩涂从事养殖生产发生争议的，按照有关法律规定的程序处理。在争议解决以前，任何一方不得破坏养殖生产。

2. 养殖业的管理

修订后的《渔业法》加强了政府对养殖业的管理措施。

（1）县级以上地方人民政府应当采取措施，加强对商品鱼生产基地和城市郊区重要养殖水域的保护。

（2）国家鼓励和支持水产优良品种的选育、培育和推广。

水产苗种的进口、出口由国务院渔业行政主管部门或者省、自治区、直辖市人民政府渔业行政主管部门审批。水产苗种的进口、出口必须实施检疫，防止病害传入境内和传出境外。引进转基因水产苗种必须进行安全性评价。

（3）县级以上人民政府渔业行政主管部门应当加强对养殖生产的技术指导和病害防治工作。

（4）从事养殖生产应当保护水域生态环境，科学确定养殖密度，合理投饵、施肥、使用药物，以免造成水域环境污染；不得使用含有毒有害物质的饵料、饲料。

（二）关于捕捞业的法律规定

为实施合理捕捞，防止破坏渔业资源，国家对捕捞业实行以下管理措施。

1. 保护近海渔业资源，鼓励外海及远洋捕捞

鉴于近海渔业资源捕捞量过大，为缓解压力，国家在财政、信贷和税收等方面采取措施，鼓励、扶持远洋捕捞业的发展，并根据渔业资源的可捕捞量，安排内水和近海捕捞力量。

2. 捕捞限额制度

国家根据捕捞量低于渔业资源增长量的原则，确定渔业资源的总可捕捞量，实行捕捞限额制度。《渔业法》规定，国务院渔业行政主管部门负责组织渔业资源的调查和评估，为实行捕捞限额制度提供科学依据。中华人民共和国内海、领海、专属经济区和其他管辖海域的捕捞限额总量由国务院渔业行政主管部门确定，报国务院批准后逐级分解下达；国家确定的重要江河、湖泊的捕捞限额总量由有关省、自治区、直辖市人民政府确定或者协商确定，逐级分解下达。捕捞限额总量的分配应当体现公平、公正的原则，分配办法和分配结果必须向社会公开，并接受监督。

3. 捕捞许可证制度

为保护渔业资源，加强渔业资源的统一规划和综合利用，国家对捕捞业实行捕捞许可证制度。

（1）捕捞许可证的审批权限。

到中华人民共和国与有关国家缔结的协定确定的共同管理的渔区或者公海从事捕捞作业的捕捞许可证，由国务院渔业行政主管部门批准发放。海洋大型拖网、围网作业的捕捞许可证，由省、自治区、直辖市人民政府渔业行政主管部门批准发放。其他作业的捕捞许可证，由县级以上地方人民政府渔业行政主管部门批准发放，捕捞许可证不得买卖、出租和以其他形式转让，不得涂改、伪造、变造；到他国管辖海域从事捕捞作业的，应当经国务院渔业行政主管部门批准，并遵守中华人民共和国缔结的或者参加的有关条约、协定和有关国家的法律。

（2）捕捞许可证的审批条件。

具备下列条件的，方可发给捕捞许可证：有渔业船舶检验证书；有渔业船舶登记证书；符合国务院渔业行政主管部门规定的其他条件。

县级以上地方人民政府渔业行政主管部门批准发放的捕捞许可证，应当与上级人民政府渔业行政主管部门下达的捕捞限额指标相适应。

（3）捕捞要求。

从事捕捞作业的单位和个人，必须按照捕捞许可证关于作业类型、场所、时限、渔具数量和捕捞限额的规定进行作业，并遵守国家有关保护渔业资源的规定，大中型渔船应当填写渔捞日志。

【案例 14－6】

尹某等请求判令某渔业公司返还款项案

案情：尹某等 7 人将其所有的 7 261/62 对船挂靠于某渔业公司经营，每年缴纳服务费及马力指标使用费 9 900 元。后将该对船转让给案外人王某，渔业公司以不缴纳马力指标转让费就不给办理船舶转让手续为由，强行向 7 名当事人收取 35.2 万元。7 名当事人将渔业公司诉诸法院，请求判令其返还款项 35.2 万元。

分析：法院经审理认为，原、被告对于所挂靠对船的捕捞许可证及相应的马力指标是否属于渔业公司的一项民事所有权，渔业公司是否有权对该马力指标进行转让发生争议。根据法律规定，我国对捕捞业实行船网工具控制指标管理，实行捕捞许可证制度和捕捞限额制度；捕捞许可证一般由县级以上地方人民政府渔业行政主管部门批准发放，捕捞许可证的申请人与获得批准后的持证人均应为渔船所有人；捕捞许可证不得买卖、出租或以其他形式转让。原、被告争议的 35.2 万元系船网工具指标转让款，所谓的船网工具指标，俗称“马力指标”，指的是制造、更新改造和购置捕捞渔船时，经主管机关事先批准，由主管机关在国家下达的船网工具指标，即渔船的数量及其主机功率数值、网具或其他渔具的数量的最高限额内核定的船网工具数量。可见，核发船网工具指标及捕捞许可证系国家主管机关实施的行政许可，对其享有的权利不属于被告的民事所有权，被告不能将其“核发”于他人，亦不能转让。原、被告就该船网工具指标作价 35.2 万元进行转让的协议，违反上述法律规定，应当确认无效，当事人因之取得的财产，应当返还给受损的一方。[①]

（三）关于渔业资源的增殖和保护的规定

1. 渔业资源增殖保护费制度

《渔业法》规定，县级以上人民政府渔业行政主管部门应当对其管理的渔业水域统一规划，采取措施，增殖渔业资源。县级以上人民政府渔业行政主管部门可以向受益的单位和个人征收渔业资源增殖保护费，专门用于增殖和保护渔业资源。根据国务院《渔业资源增殖保护费征收使用办法》的规定，渔业资源增殖保护费分海洋渔业资源费和内陆水域渔业资源费两大类。

2. 水产种质自然保护区

为保护水产种质资源及其生存环境，国家在具有较高经济价值和遗传育种价值的水产种质资源的主要生长繁育区域建立水产种质资源保护区。未经国务院渔业行政主管部门批准，任何单位或者个人不得在水产种质资源保护区内从事捕捞活动。

3. 其他保护渔业资源的规定

主要包括捕捞方式、期限、区域的限制规定；渔业资源生存环境的保护，以及关于水生野生动物保护的规定。

（1）禁止使用炸鱼、毒鱼、电鱼等破坏渔业资源的方法进行捕捞。禁止制造、销售、使用禁用的渔具。禁止在禁渔区、禁渔期进行捕捞。禁止使用小于最小网目尺寸的网具进行捕捞。

（2）禁止捕捞有重要经济价值的水生动物苗种。因养殖或者其他特殊需要，捕捞有重要经济价值的苗种或者禁捕的怀卵亲体的，必须经国务院渔业行政主管部门或者省、自治区、直辖市人民政府渔业行政主管部门批准，在指定的区域和时间内，按照限额捕捞。在水生动物苗种重点产区引水用水时，应当采取措施，保护苗种。

（3）建闸、筑坝的补救。在鱼、虾、蟹洄游通道建闸、筑坝，对渔业资源有严重影响的，建设单位应当建造过鱼设施或者采取其他补救措施。

（4）最低水位线的确定。用于渔业并兼有调蓄、灌溉等功能的水体，有关行政主管部门应确定渔业生产所需的最低水位线。

（5）禁止围湖造田。沿海滩涂未经县级以上人民政府批准，不得围垦；重要的苗种基地和养殖场所不得围垦。

（6）水下作业的限制。进行水下爆破、勘探、施工作业，对渔业资源有严重影响的，作业单位应当事先同有关县级以上人民政府渔业行政主管部门协商，采取措施，防止或减少对渔业资源的损害；造成渔业资源损失的，由有关县级以上人民政府责令赔偿。

---

① 北大法律信息网，http://vip.chinalawinfo.com/newlaw2002/slc/SLC.asp? gid=117688224&tiao=23&km=fnl&subkm=0&db=fnl.

（7）国家对白鳍豚等珍贵、濒危水生野生动物实行重点保护，防止其灭绝。禁止捕杀、伤害国家重点保护的水生野生动物。

五、法律责任

危害渔业资源，应当承担相应的民事责任、行政责任与刑事责任。

民事责任主要是指赔偿损失，而刑事责任则应按照刑法的有关规定实施。

行政责任包括针对违法失职的国家工作人员实施的行政处分，以及行政处罚措施。《渔业法》规定的行政处罚种类主要有：罚款，没收渔获物和违法所得，没收渔具、渔船，责令改正，责令限期开发利用，责令限期拆除，责令立即停止经营，责令立即停止捕捞，责令离开或者驱逐离开，吊销养殖证，吊销捕捞许可证等。

鉴于渔业行政执法的特殊性，《渔业法》规定，在海上执法时，对事实清楚、证据充分，但是当场不能按照法定程序作出和执行行政处罚决定的，可以先暂时扣押捕捞许可证、渔具或者渔船，回港后依法作出和执行行政处罚决定。

《刑法》规定，违反保护水产资源法规，在禁渔区、禁渔期或者使用禁用的工具、方法捕捞水产品，情节严重的，处3年以下有期徒刑、拘役、管制或者罚金。

法条链接

1.《中华人民共和国野生动物保护法》全文；
2.《中华人民共和国野生植物保护条例》全文；
3.《中华人民共和国森林法》全文；
4.《中华人民共和国森林法实施条例》全文；
5.《中华人民共和国草原法》全文；
6.《中华人民共和国渔业法》全文。

深度阅读

1. 赵宇. 论《野生动物保护法》修改的必要性. 北大法律信息网，http://vip.chinalawinfo.com/newlaw2002/slc/SLC.asp? gid=335597015&tiao=0&km=art&subkm=0&db=art.

2. 常纪文. 野生动物资源权属的《物权法》定性问题. 北大法律信息网，http://vip.chinalawinfo.com/newlaw2002/slc/SLC.asp? gid=335580305&tiao=0&km=art&subkm=0&db=art.

3. 吕忠梅，陈虹. 论物权法的生物多样性保护制度功能. 北大法律信息网，http://vip.chinalawinfo.com/newlaw2002/slc/SLC.asp? gid=335607524&tiao=0&km=art&subkm=0&db=art.

4. 蔡守秋.《森林法》修改的几个问题. 现代法学，2004（5）.

5. 高利红，刘先辉. “森林资源” 概念的法律冲突及其解决方案研究. 江西社会科学，2012 (7).

6. 敖安强. 森林问题的发展趋势及其对我国林业法制建设的影响. 中州学刊，2011 (6).

7. 姚贝. 浅析我国《森林法》的修改与林业执法改革. 法学杂志，2011 (3).

8. 谢雯，谢军安. 草原资源生态补偿法律机制研究. 北大法律信息网，http://vip.chinalawinfo.com/newlaw2002/slc/SLC.asp? gid=335597140&tiao=0&km=art&subkm=0&db=art.

9. 周珂. 海域物权法理浅议. 北大法律信息网，http://vip.chinalawinfo.com/newlaw2002/slc/SLC.asp? gid=335607671&tiao=0&km=art&subkm=0&db=art.

10. 王利明. 试论《物权法》中海域使用权的性质和特点. 北大法律信息网，http://vip.chinalawinfo.com/newlaw2002/slc/SLC.asp? gid=335607621&tiao=0&km=art&subkm=0&db=art.

11. 唐议，邹伟红. 中国渔业资源养护与管理的法律制度评析. 资源科学，2010 (1).

思考与练习

一、思考题

1. 我国法律对野生动物资源权属的规定如何？野生动物资源开发利用应遵循什么方针？

2. 关于野生植物生长环境保护的法律规定主要有哪些？

3. 我国森林和林木权属的法律规定如何？

4. 我国森林资源的保护措施主要有哪些？

5.《草原法》中关于草原承包经营权的主要法律规定是什么？

6. 我国的渔业资源保护有哪些主要法律措施？

7. 目前，世界上很多国家都已经制定了动物福利法，从立法、司法、执法和守法等各个层面切实保障动物免受不必要的伤害，而我国目前没有一部看顾动物，保护它们不受无故伤害和残酷对待的法律。请结合本章内容思考：(1) 我国现行《野生动物保护法》有哪些缺陷？(2) 假如请你参与草拟《动物保护法》，你认为该法应从哪些方面进行规定，才能切实保护动物权益？

二、练习题

1. 主管全国陆生野生动物保护管理工作的部门是（　　）。

A. 国务院生态环境行政主管部门　　B. 国务院林业草原行政主管部门

C. 国务院农业农村行政主管部门　　D. 国务院市场监督管理行政主管部门

2. 负责全国城市园林、风景名胜区内野生植物的监督管理工作的部门是（　　）。

A. 国务院林业草原行政主管部门

B. 国务院住房和城乡建设行政主管部门

C. 国务院农业农村行政主管部门

D. 国务院生态环境行政主管部门

3. 纳入《野生植物保护条例》保护范围的野生植物包括：（　　）。（多选）

A. 药用野生植物

B. 原生地天然生长的珍贵植物

C. 原生地天然生长并具有重要经济、科学研究价值、文化价值的濒危、稀有植物

D. 城市园林、自然保护区、风景名胜区内的野生植物

4. 在我国，下列哪些对自然资源的权利可以依法转让？（　　）（多选）

A. 用材林的林地使用权　　B. 狩猎权

C. 捕捞权　　D. 采矿权

5. 全民所有制单位与集体所有制单位之间发生的林木、林地所有权和使用权争议，处理机关或组织是（　　）。

A. 由纠纷单位组成的协调委员会　　B. 乡镇人民政府

C. 县级以上人民政府　　D. 全民所有制单位所属的行业主管部门

6. 主管全国草原进度管理工作的部门是（　　）。

A. 国务院自然资源行政主管部门　　B. 国务院林业草原行政主管部门

C. 国务院生态环境行政主管部门　　D. 国务院农业农村行政主管部门

7. 在我国哪些区域从事养殖和捕捞水生动物、水生植物等渔业生产活动必须遵循《渔业法》的规定？（　　）（多选）

A. 内水　　B. 滩涂　　C. 领海　　D. 专属经济区

第十五章
非生物资源保护法

重点知识

耕地保护的法律规定　严格控制建设用地的法律规定　土地资源保护的法律规定　水资源保护的主要法律制度　水事纠纷处理的法律规定　水土保持的主要法律措施　探矿权和采矿权制度　开采矿产资源涉及的环境保护的规定　矿产资源犯罪的规定

非生物资源是指生物资源以外的受到法律保护的其他自然资源。与生物资源相比，非生物资源大多具有有限性、不可代替性和不可再生性，在生态环境中往往作为各种生物的环境要素而存在。本章的学习目的：了解非生物资源作为环境要素的重要意义；正确认识环境保护与非生物资源保护建设的关系；掌握我国非生物资源保护的法律体系和基本内容；重点理解非生物资源保护的权属制度、监督管理体制以及重要的法律保护措施。

第一节　土地资源保护

一、土地资源概述

（一）土地资源的概念和分类

土地资源是指由地形、土壤、植被以及水文、气候等自然要素组成的自然综合体，它既是农业生产的基本生产资料，也是矿物质的储存场地，还是野生动植物的栖息场所。土地不仅是人类赖以生存的重要自然资源，也是重要的生态环境要素，是地球上的一切可更新资源赖以存在和繁衍的基础。

我国的《土地管理法》将土地分为农用地、建设用地和未利用地。农用地是指直接用于农业生产的土地，包括耕地、林地、草地、农田水利用地、养殖水面等；建设用地是指建造建筑物、构筑物的土地，包括城乡住宅和公共设施用地、工矿用地、交通水利设施用地、旅游用地、军事设施用地等；未利用地则是指农用地和建设用地以外的土地。

（二）我国的土地资源问题

我国的土地开发利用曾经取得过巨大成就，但不容否认，现阶段土地资源面临着严峻的挑战，具体表现如下。

（1）耕地状况：我国的土地总面积约 9.6 亿公顷，位居世界前列，但适于农耕的土地资源十分有限。由于人口众多，人均耕地仅为世界人均水平的 30%。而且，耕地质量呈退化趋势。

（2）植被破坏与水土流失：为片面追求经济绩效，我国地表植被破坏的问题日益严重。由于植被破坏，气候和水文条件相应恶化，全国水土流失的面积已达 356 万平方公里，每年损失的土壤为 50 多亿吨。

（3）草原退化和土地沙漠化：由于滥垦、滥牧引起的土地沙化问题十分严重。目前全国约有 1 亿亩农田、草场面临沙化的威胁。

（4）次生盐渍化现象：盐渍土主要分布在内陆干旱、半干旱或滨海地区。我国盐渍土的分布范围广泛，总面积达 5 亿多亩。盐渍严重的地区，一般植物很难成活。

上述问题已成为制约我国经济与社会可持续发展的不利因素，因此，进一步加强土地资源的保护势在必行。

二、我国土地资源保护立法现状

我国一向重视土地资源保护的立法工作。1950 年 6 月，中央人民政府颁布了《土地改革法》，1953 年、1957 年又分别公布了《关于国家建设征用土地办法》《水土保持暂行纲要》。1982 年《宪法》规定：一切使用土地的组织和个人必须合理地利用土地。同年，国务院颁发了《国家建设征用土地条例》和《水土保持工作条例》。1986 年，全国人大通过了《土地管理法》，该法于 1988 年 12 月、1998 年 8 月、2004 年 8 月和 2019 年 8 月进行了四次修订。

目前，我国土地资源保护的立法主要有《土地管理法》及其实施条例、《水土保持法》及其实施条例、《土地复垦条例》《基本农田保护条例》等。此外，《农业法》《矿产资源法》《环境保护法》等法律中也有一些保护土地资源的规定。

三、土地资源保护的基本法律制度

（一）土地权属制度

我国实行土地的社会主义公有制，即全民所有制和劳动群众集体所有制。全民所有，即国家所有土地的所有权由国务院代表国家行使。

城市市区的土地属于国家所有。农村和城市郊区的土地，除由法律规定属于国家所有的以外，属于农民集体所有；宅基地和自留地、自留山，也属于农民集体所有。

国有土地和农民集体所有的土地，可以依法确定给单位或者个人使用。使用土地的单位和个人，有保护、管理和合理利用土地的义务。

任何单位和个人不得侵占、买卖或者以其他形式非法转让土地。土地使用权可以依法转让。

（二）土地用途管制制度

为合理利用土地，发挥土地的最佳环境效能，国家实行土地用途管制制度：通过编制土地利用总体规划，规定土地用途，将土地分为农用地、建设用地和未利用地。严格限制农用地转为建设用地，控制建设用地总量，对耕地实行特殊保护。

（三）土地监督管理体制

国务院自然资源主管部门统一负责全国土地的管理和监督工作。县级以上地方人民政府自然资源主管部门的设置及职责，由省、自治区、直辖市人民政府根据有关规定确定。乡级人民政府负责本行政区域内的土地管理工作。

（四）水土保持管理

《水土保持法》第 5 条规定：国务院水行政主管部门主管全国的水土保持工作。

国务院水行政主管部门在国家确定的重要江河、湖泊设立的流域管理机构（以下简称流域管理机构），在所管辖范围内依法承担水土保持监督管理职责。

县级以上地方人民政府水行政主管部门主管本行政区域的水土保持工作。

县级以上人民政府林业草原、农业农村、自然资源等有关部门按照各自职责，做好有关的水土流失预防和治理工作。

四、土地资源保护的主要法律措施

（一）土地利用规划

为实现土地资源的有效利用，我国土地保护实行“全面规划，合理利用”的方针。各级人民政府应当依据国民经济和社会发展规划、国土整治和资源环境保护的要求、土地供给能力以及各项建设对土地的需求，组织编制土地利用总体规划。

1. 土地利用总体规划的编制原则

土地利用总体规划按照以下原则编制：

（1）落实国土空间开发保护要求，严格土地用途管制；

（2）严格保护永久基本农田，严格控制非农业建设占用农用地；

（3）提高土地节约集约利用水平；

（4）统筹安排城乡生产、生活、生态用地，满足乡村农业和基础设施用地合理要求，促进城乡融合发展；

（5）保护和改善生态环境，保障土地的可持续利用；

（6）占用耕地与开发复垦耕地数量平衡、质量相当。

2. 审批制度

土地利用总体规划实行分级审批制度。

省、自治区、直辖市的土地利用总体规划，报国务院批准。省、自治区人民政府所在地的市、人口在100万以上的城市以及国务院指定的城市的土地利用总体规划，经省、自治区人民政府审查同意后，报国务院批准。

土地利用总体规划一经批准，必须严格执行。

3. 多种规划制度的衔接

（1）城市总体规划、村庄和集镇规划，应当与土地利用总体规划相衔接，城市总体规划、村庄和集镇规划中建设用地规模不得超过土地利用总体规划确定的城市和村庄、集镇建设用地规模。

（2）江河、湖泊综合治理和开发利用规划，应当与土地利用总体规划相衔接。在江河、湖泊、水库的管理和保护范围以及蓄洪滞洪区内，土地利用应当符合江河、湖泊综合治理和开发利用规划，符合河道、湖泊行洪、蓄洪和输水的要求。

各级人民政府应当加强土地利用计划管理，实行建设用地总量控制。

4. 土地调查制度

国家建立土地调查制度。县级以上人民政府自然资源主管部门会同同级有关部门进行土地调查，土地所有者或者使用者应当配合调查，并提供有关资料。

县级以上人民政府自然资源主管部门会同同级有关部门根据土地调查成果，规划土地用途和国家制定的统一标准，评定土地等级。

5. 土地统计制度

国家建立土地统计制度。县级以上人民政府统计机构和自然资源主管部门依法进行土地统计调查，定期发布土地统计资料。土地所有者或者使用者应当提供有关资料，不得拒报、迟报，不得提供不真实、不完整的资料。

（二）耕地保护

耕地是农业生产最基本的、不可替代的生产资料。目前，我国耕地资源现状形势严峻：耕地数量逐年减少，质量不断退化，后备资源不足等一系列问题客观存在。加强耕地保护刻不容缓。《土地管理法》以及相关法规对耕地保护作出了具体规定。

1. 保持耕地数量

（1）实行耕地占用补偿制度，实现耕地总量动态平衡。

为防止耕地数量减少，国家实行占用耕地补偿制度。非农业建设占用耕地的，按照"占多少，垦多少"的原则，由占用耕地的单位负责开垦与所占用耕地的数量与质量相当的耕地；没有条件开垦或者开垦的耕地不符合要求的，应当按照省、自治区、直辖市的规定缴纳耕地开垦费，专款用于开垦新的耕地。

省、自治区、直辖市人民政府应当制定开垦耕地计划，监督占用耕地的单位按照计划开垦耕地或者按照计划组织开垦耕地，并进行验收。

（2）确保耕地总量不减少。

省、自治区、直辖市人民政府应当严格执行土地利用总体规划和土地利用年度计划，采取措施，确保本行政区域内耕地总量不减少、质量不降低。耕地总量减少的，由国务院责令在规定期限内组织开垦与所减少耕地的数量与质量相当的耕地；耕地质量降低的，由国务院责令在规定期限内组织整治。新开垦和整治的耕地由国务院自然资源主管部门会同农业农村主管部门验收。个别省、直辖市确因土地后备资源匮乏，新增建设用地后，新开垦耕地的数量不足以补偿所占用耕地数量的，必须报经国务院批准减免本行政区域内开垦耕地的数量，易地开垦数量和质量相当的耕地。

（3）节约使用土地，禁止闲置、荒芜耕地。

为节约使用土地，法律对非农业建设用地进行了严格限制。例如，可以利用荒地的，不得占用耕地；可以利用劣地的，不得占用好地。禁止占用耕地建窑、建坟或者擅自在耕地上建房、挖沙、采石、采矿、取土等。禁止占用永久基本农田发展林果业和挖塘养鱼。禁止任何单位和个人闲置、荒芜耕地。

（4）鼓励合理开发未开发利用的土地。

国家鼓励单位和个人按照土地利用总体规划，在保护和改善生态环境，防止水土流失和土地荒漠化的前提下，开发未利用的土地；适宜开发为农用地的，应当优先开发成农用地。国家依法保护开发者的合法权益。

2. 保持耕地质量

（1）各级人民政府应当采取措施，维护排灌工程设施，改良土壤，提高地力，防止土地荒漠化、盐渍化、水土流失和土壤污染。

（2）国家鼓励土地整理。县、乡（镇）人民政府应当组织农村集体经济组织，按照土地利用总体规划，对田、水、路、林、村综合整治，提高耕地质量，增加有效耕地面积，改善农业生产条件和生态环境。地方各级人民政府应当采取措施，改造中、低产田，整治闲散地和废弃地。

3. 永久基本农田保护

国家实行永久基本农田保护制度。

根据土地利用总体规划，划为永久基本农田的耕地包括：（1）经国务院农业农村主管部门或者县级以上地方人民政府批准确定的粮、棉、油、糖等重要农产品生产基地内的耕地；（2）有良好的水利与水土保持设施的耕地，正在实施改造计划以及可以改造的中、低产田和已建成的高标准农田；（3）蔬菜生产基地；（4）农业科研、教学试验田；（5）国务院规定应划为永久基本农田的其他耕地。

划定的永久基本农田，由乡（镇）人民政府设立保护标志，任何单位和个人不得破坏或者擅自改变该保护标志。永久基本农田一经划定，任何单位和个人不得擅自占用或者改变其用途。

国家能源、交通、水利、军事设施等重点建设项目选址确实难以避让永久基本农田，涉及农用地转用或者土地征收的，必须经国务院批准。

各省、自治区、直辖市划定的永久基本农田一般应当占本行政区域内耕地的80%以上，具体比例由国务院根据各省、自治区、直辖市、耕地实际情况规定。

4. 土地复垦制度

《土地管理法》和《矿产资源法》对土地复垦作出了原则性规定。1988年11月8日，国务院专门颁布了《土地复垦规定》，对土地复垦进行了规范。2011 年 2 月 22 日国务院第 145 次常务会议通过了《土地复垦条例》，3 月 5 日起正式施行，《土地复垦规定》同时废止。

综合有关法律法规，土地复垦的主要法律规定如下。

（1）生产建设活动损毁的土地，按照“谁损毁，谁复垦”的原则，由生产建设单位或者个人（以下称土地复垦义务人）负责复垦。但是，由于历史原因无法确定土地复垦义务人的生产建设活动损毁的土地（以下称历史遗留损毁土地），由县级以上人民政府负责组织复垦。自然灾害损毁的土地，由县级以上人民政府负责组织复垦。

（2）为了敦促土地复垦义务人自觉履行土地复垦义务，法律具体规定：建立土地复垦方案的编制与审查制度；加强对土地复垦实施环节的监督管理；建立土地复垦费制度；完善土地复垦验收的程序和要求；强化对土地复垦义务人不依法履行土地复垦义务的制约手段。

（3）为了加强历史遗留损毁土地和自然灾害损毁土地的复垦，法律具体规定：要求编制土地复垦专项规划；明确投资渠道；规范土地复垦项目的管理方式和要求。

（4）为了调动全社会参与土地复垦的积极性，法律还规定了一系列的激励措施：明确对土地复垦义务人积极主动复垦的税收激励措施；完善对社会投资者参与复垦的激励措施；规定对土地权利人自行复垦的激励措施；明确对地方政府复垦的激励措施。

（三）严格控制建设用地，避免乱占和浪费土地

为严格控制各种建设用地，避免乱占和浪费土地，《土地管理法》第五章对建设用地的使用作了具体规定。

1. 建设用地审批制度

（1）农用地转用审批：建设占用土地，涉及农用地转为建设用地的，应当办理农用地转用审批手续。永久基本农田转为建设用地的，由国务院批准。将永久基本农田以外的农用地转为建设用地的，由国务院或者国务院授权的省、自治区、直辖市人民政府批准。

（2）土地征收审批：为了公共利益的需要，符合法定情形确需征收农民集体所有的土地的，可以依法实施征收。征收永久基本农田以及永久基本农田以外的耕地超过 35 公顷的，其他土地超过 70 公顷的，由国务院批准；上述规定以外土地的征收，由省、自治区、直辖市人民政府批准。

（3）具体建设项目用地审批：经批准的建设项目需要使用国有建设用地的，建设单位应当持法律、行政法规规定的有关文件，向有批准权限的县级以上人民政府自然资源主管部门提出建设用地申请，经主管部门审查，报本级人民政府批准。

（4）临时用地审批：建设项目施工和地质勘察需要临时使用国有土地或者农民集体所有的土地的，由县级以上人民政府自然资源主管部门批准。临时使用土地期限一般不超过 2 年。

2. 建设用地的收回

国有土地使用权可以依法收回。

有关人民政府自然资源主管部门报经原批准用地的人民政府或者有批准权的人民政府批准后，可以在以下情形收回国有土地使用权：（1）为实施城市规划进行旧城区

改建以及其他公共利益需要，确需使用土地的；（2）土地出让等有偿使用合同约定的使用期限届满，土地使用者未申请续期或者申请续期未获批准的；（3）因单位撤销、迁移等原因，停止使用原划拨的国有土地的；（4）公路、铁路、机场、矿场等经核准报废的。

依照第（1）项的规定收回国有土地使用权的，对土地使用权人应当给予适当补偿。

（四）监督检查

《土地管理法》规定，县级以上人民政府自然资源主管部门对违反土地管理法律、法规的行为进行监督检查，具体内容如下。

1. 执法权限

县级以上人民政府自然资源主管部门履行监督检查职责时，有权采取下列措施：（1）要求被检查的单位或者个人提供有关土地权利的文件和资料，进行查阅或者予以复制；（2）要求被检查的单位或者个人就有关土地权利的问题作出说明；（3）进入被检查单位或者个人非法占用的土地现场进行勘测；（4）责令非法占用土地的单位或者个人停止违反土地管理法律、法规的行为。

2. 执法要求

土地管理监督检查人员履行职责，需要进入现场进行勘测、要求有关单位或者个人提供文件、资料和作出说明的，应当出示土地管理监督检查证件。

有关单位和个人对县级以上人民政府自然资源主管部门就土地违法行为进行的监督检查应当支持与配合，并提供工作方便，不得拒绝与阻碍土地管理监督检查人员依法执行职务。

五、法律责任

针对危害土地资源的行为，《土地管理法》规定了严格的行政责任与刑事责任。

行政责任主要有两种：一种是针对违法失职的国家工作人员依法给予行政处分，另一种则是行政处罚措施。行政处罚措施主要有：没收违法所得，限期拆除，恢复土地原状，罚款，责令限期改正或者治理，责令退还，责令交还土地等。此外，非法批准征用、使用土地，对当事人造成损失的，依法应当承担赔偿责任。

当事人的行为构成犯罪的，应当依法追究刑事责任。《刑法》中有关土地犯罪的罪名主要有非法转让、倒卖土地使用权罪；非法批准征收、征用、占用土地罪；非法低价出让国有土地使用权罪以及非法占用农用地罪。

【案例 15－1】

李某非法占用农用地案

案情：李某与某村民委员会签订土地租赁协议，租赁该村 30.15 亩土地用于建木材加工厂。在未办理任何审批手续的情况下，李某在该土地上建造起工业厂房、办公楼等建筑物。后当地土地主管部门在检查违规用地时发现这一情况，经农业监测站检验，李某已占用土地面积达 29.67 亩，其中 18 亩基本农田已遭严重破坏，不能进行复耕。于是，当地人民法院以非法占用农地罪判处李某有期徒刑1年零6个月，并处罚金。[①]

分析：本案是一起典型的非法占用农用地的刑事案件。本案涉及的主要问题是李某的行为是否构成非法占用农用地罪？分析如下：

《刑法》第342条规定了非法占用农用地罪："违反土地管理法规，非法占用耕地、林地等农用地，改变被占用土地用途，数量较大，造成耕地、林地等农用地大量毁坏的，处五年以下有期徒刑或者拘役，并处或者单处罚金。"从犯罪构成要件来看，第一，本罪侵犯的客体是国家的农用地管理制度。第二，本罪在客观方面表现为违反土地管理法规，非法占用耕地等农用地改作他用，数量较大，造成农用地大量毁坏的行为。其中，违反土地管理法规，是指违反了《土地管理法》及其实施条例、《土地复垦条例》《基本农田保护条例》《国家建设征用土地条例》《水土保持法》《农业法》等与土地管理相关的法律法规。根据最高人民法院《关于审理破坏土地资源刑事案件具体应用法律若干问题的解释》，非法占用耕地"数量较大"，是指非法占用基本农田5亩以上或者非法占用基本农田以外的耕地10亩以上；非法占用耕地"造成耕地大量毁坏"，是指行为人非法占用耕地建窑、建坟、建房、挖沙、采石、采矿、取土、堆放固体废弃物或者进行其他非农业建设，造成基本农田5亩以上或者基本农田以外的耕地10亩以上种植条件严重毁坏或者严重污染。第三，本罪的主体既可以是自然人，也可以是单位。第四，本罪在主观方面表现为故意，即明知占用农用地改作他用的行为违反土地管理法规，而且对于占用农用地改作他用会造成大量农用地被毁坏的结果也是明知的。

本案中，李某违反了《土地管理法》的规定，未依法办理农用地转用审批手续，而是仅仅与村民委员会签订土地租赁协议后，就擅自在该土地上进行建设，造成18亩基本农田遭严重破坏，不能进行耕种。因此，李某的行为已经构成非法占用农用地罪，应当依法承担相应的刑事责任。

第二节　水资源保护及水土保持

一、水资源保护

（一）水资源概述

1. 水资源的概念

生态保护建设法中的水资源，主要是指陆地水资源。我国《水法》规定：本法所称水资源，是指地表水和地下水。海水的开发、利用、保护和管理，依照有关法律的规定执行。由此可见，水资源通常包括地表水和地下水。地表水是指江河、湖泊、池塘、水库、运河、冰川、积雪等所含的水，而地下水则指位于地壳上部岩石中的浅层地下水。

---

① 蓝楠，戈华清，李铮. 环境保护案例. 太原：山西教育出版社，2010：222-223.

2. 我国的水资源现状

我国是一个贫水国家。虽然水资源总量比较丰富，全国天然河川年径流量达 2 400 多亿立方米，居世界第 6 位，但人均水资源量不足世界人均水资源量的 1/3，在联合国统计的 153 个国家中排在第 121 位，是世界上 13 个人均水资源最贫乏的国家之一。此外，我国水资源分布很不均衡，呈南多北少、东多西少，冬春少、夏秋多的区域性与季节性特点。① 根据国家统计局对水资源的统计，长江流域及其以南地区国土面积仅占全国的 36.5%，其水资源量却占全国水资源总量的 80%左右。我国目前正处于高速工业化、城市化发展时期，水资源环境面临着前所未有的挑战，具体表现在：短缺与浪费并存，水污染突出，水资源过度开发与生态系统退化，水危机加剧。全国 668 个城市中有 400 多个城市供水不足，其中 100 多个城市严重缺水。与此同时，水资源浪费问题严重。我国过度开发利用水资源、地下水资源又导致一些地区出现水生物数量下降、地下水位下降、海水入侵和地面沉降等严重问题。这些问题所引发的水危机已成为制约我国经济社会可持续发展的瓶颈。世界自然保护联盟（IUCN）水资源项目主任吉尔·博格坎普在谈及世界水危机时说："从整个世界范围来看，也包括中国，目前最大的水危机其实是水管理危机。我们必须更高效地管水、用水。"② 可见，为有效保护我国的水资源，严格依法治水势在必行。

（二）水资源保护立法

我国水资源保护的基本法律是 1988 年 1 月 21 日全国人大常委会通过的《中华人民共和国水法》，该法在 2002 年进行了首次修订，并于 2009 年 8 月和 2016 年 7 月两度进行了修正。此外，水资源立法还包括：《水土保持法》《河道管理条例》《城市供水条例》《城市节约用水管理规定》《防汛条例》《取水许可制度实施办法》《取水许可和水资源费征收管理条例》《水污染防治法》等法律法规。

（三）水资源保护的基本法律制度

1. 权属规定

我国的水资源属于国家所有。水资源的所有权由国务院代表国家行使。农村集体经济组织的水塘和由农村集体经济组织修建管理的水库中的水，归各该农村集体经济组织使用。

2. 有偿使用制度

国家对水资源实行取水许可制度和有偿使用制度。但是，农村集体经济组织及其成员使用本集体经济组织的水塘、水库中的水除外。

水资源有偿使用制度确立了资源有价的指导思想，为合理、有效地开发利用水资源，实现市场经济条件下水资源的优化配置提供了制度保障。对农村集体经济组织及其成员使用集体经济组织的水塘、水库中的水资源的例外规定，是在充分考虑我国农业大国的基本国情，为减轻农民负担，激发与保护农村集体经济组织和农民兴办农田水利设施的

① 李利锋，邹蓝. 中国水危机//梁从诫. 2005 年：中国的环境危局与突围. 北京：社会科学文献出版社，2006.

② 刘坤喆. 水管理和水利用的危机是世界水危机的根源：访世界自然保护联盟水资源项目主任吉尔·博格坎普. 光明日报，2006-09-25.

积极性而设计的有力举措。

3. 水资源保护的基本原则

（1）国家鼓励和支持开发利用水资源和防治水害。在开发、利用、节约、保护水资源和防治水害的过程中，应当全面规划、统筹兼顾、标本兼治、综合利用、讲求效益，发挥水资源的多种功能，协调好生活、生产经营和生态环境用水。

（2）国家采取各种有效措施，保护植被，植树种草，涵养水源，防治水土流失和水体污染，改善生态环境。

（3）节约用水。国家大力推行节约用水措施，推广节约用水新技术、新工艺，发展节水型工业、农业和服务业，建立节水型社会。各级人民政府应当采取措施，加强对节约用水的管理，建立节约用水技术开发推广体系，培育和发展节约用水产业。单位和个人有节约用水的义务。

（4）加强水污染防治工作，保护和改善水质。各级人民政府应当依照《水污染防治法》的规定，加强对水污染防治的监督管理。

4. 水资源保护的管理体制

国家对水资源实行流域管理与行政区域管理相结合的管理体制。

具体来讲，国务院水行政主管部门负责全国水资源的统一管理和监督工作。国务院水行政主管部门在国家确定的重要江河、湖泊设立的流域管理机构，在所管辖的范围内行使法律、行政法规规定的和国务院水行政主管部门授予的水资源管理和监督职责。县级以上地方人民政府水行政主管部门按照规定的权限，负责本行政区域内水资源的统一管理和监督工作。

此外，国务院有关部门按照职责分工，负责水资源开发、利用、节约和保护的有关工作。县级以上地方人民政府有关部门按照职责分工，负责本行政区域内水资源开发、利用、节约和保护的有关工作。

（四）水资源保护的主要法律措施

1. 水资源规划制度

（1）概述。

开发、利用、节约、保护水资源和防治水害，应当按照流域、区域统一制定规划。规划分为流域规划和区域规划。流域规划包括流域综合规划和流域专业规划；区域规划包括区域综合规划和区域专业规划。

综合规划，是指根据经济社会发展需要和水资源开发利用现状编制的开发、利用、节约、保护水资源和防治水害的总体部署。专业规划，是指防洪、治涝、灌溉、航运、供水、水力发电、竹木流放、渔业、水资源保护、水土保持、防沙治沙、节约用水等规划。

流域范围内的区域规划应当服从流域规划，专业规划应当服从综合规划。流域综合规划和区域综合规划以及与土地利用关系密切的专业规划，应当与国民经济和社会发展规划以及土地利用总体规划、城市总体规划和环境保护规划相协调，兼顾各地区、各行业的需要。

（2）水资源的科学考察及调查评价。

制定规划，必须进行水资源综合科学考察和调查评价。水资源综合科学考察和调查评价，由县级以上人民政府水行政主管部门会同同级有关部门组织进行。

（3）规划的制定。

国家确定的重要江河、湖泊的流域综合规划，由国务院水行政主管部门会同国务院有关部门和有关省、自治区、直辖市人民政府编制，报国务院批准。跨省、自治区、直辖市的其他江河、湖泊的流域综合规划和区域综合规划，由有关流域管理机构会同江河、湖泊所在地的省、自治区、直辖市人民政府水行政主管部门和有关部门编制，分别经有关省、自治区、直辖市人民政府审查提出意见后，报国务院水行政主管部门审核；国务院水行政主管部门征求国务院有关部门意见后，报国务院或者其授权的部门批准。

其他江河、湖泊的流域综合规划和区域综合规划，由县级以上地方人民政府水行政主管部门会同同级有关部门和有关地方人民政府编制，报本级人民政府或者其授权的部门批准，并报上一级水行政主管部门备案。

专业规划由县级以上人民政府有关部门编制，征求同级其他有关部门意见后，报本级人民政府批准。其中，防洪规划、水土保持规划的编制、批准，依照防洪法、水土保持法的有关规定执行。

规划一经批准，必须严格执行。经批准的规划需要修改时，必须按照规划编制程序经原批准机关批准。建设水工程，必须符合流域综合规划。

2. 水资源的开发利用

（1）基本原则。

开发利用水资源，应当遵循以下原则。

第一，开发利用水资源，不得损害社会公共利益和他人的合法权益。

第二，开发利用水资源，应当服从防洪的总体安排，实行兴利与除害相结合的原则，兼顾上下游、左右岸和地区之间的利益，充分发挥水资源的综合效益。

第三，开发利用水资源，应当首先满足城乡居民生活用水，并兼顾农业、工业、生态环境用水以及航运等需要。在干旱和半干旱地区开发、利用水资源，应当充分考虑生态环境用水需要。

第四，开发利用水资源，应当结合本地区水资源的实际情况，按照地表水与地下水统一调度开发、开源与节流相结合、节流优先和污水处理再利用的原则，合理组织开发、综合利用水资源。

（2）水能资源的开发利用。

国家鼓励开发利用水能资源。在水能丰富的河流，应当有计划地进行多目标梯级开发。建设水力发电站，应当保护生态环境，兼顾防洪、供水、灌溉、航运、竹木流放和渔业等方面的需要。

（3）水运资源的开发利用。

国家保护和鼓励开发水运资源。

在水生生物洄游通道、通航或者竹木流放的河流上修建永久性拦河闸坝，建设单位必须同时修建过鱼、过船、过木设施，或者经国务院授权的部门批准采取其他补救措施，并妥善安排施工和蓄水期间的水生生物保护、航运和竹木流放，所需费用由建设单位负担。

在不通航的河流或者人工水道上修建闸坝后可以通航的，闸坝建设单位应当同时修建过船设施或者预留过船设施位置。

3. 水资源、水域和水工程的保护

（1）水资源保护。

县级以上人民政府水行政主管部门、流域管理机构以及其他有关部门在制定水资源开发、利用规划和调度水资源时，应当注意维持江河的合理流量和湖泊、水库以及地下水的合理水位，维护水体的自然净化能力。

（2）水域保护。

为有效保护水域，法律规定了以下措施。

第一，水功能区划制度。国务院水行政主管部门会同国务院生态环境主管部门、有关部门和有关省、自治区、直辖市人民政府，按照流域综合规划、水资源保护规划和经济社会发展要求，拟定国家确定的重要江河、湖泊的水功能区划，报国务院批准。跨省、自治区、直辖市的其他江河、湖泊的水功能区划，由有关流域管理机构会同江河、湖泊所在地的省、自治区、直辖市人民政府水行政主管部门、生态环境主管部门和其他有关部门拟定，分别经有关省、自治区、直辖市人民政府审查提出意见后，由国务院水行政主管部门会同国务院生态环境主管部门审核，报国务院或者其授权的部门批准。

第二，饮用水水源保护区制度。省级人民政府应当划定饮用水水源保护区，并采取措施，防止水源枯竭和水体污染，保证城乡居民饮用水安全。禁止在饮用水水源保护区内设置排污口。

第三，保护水道，防止行洪、航运障碍。

第四，禁止围湖造田，围垦河道。确需围垦的，必须经过科学论证，经省、自治区、直辖市人民政府水行政主管部门或者国务院水行政主管部门同意后，报本级人民政府批准。

第五，保护地下水。开采地下水必须在水资源调查评价的基础上，实行统一规划，加强监督管理。在地下水超采地区，县级以上地方人民政府应当采取措施，严格控制开采地下水。在地下水严重超采地区，经省、自治区、直辖市人民政府批准，可以划定地下水禁止开采或者限制开采区。在沿海地区开采地下水，应当经过科学论证，并采取措施，防止地面沉降和海水入侵。

（3）水工程管理。

水工程，是指在江河、湖泊和地下水源上开发、利用、控制、调配和保护水资源的各类工程。

县级以上地方人民政府应当采取措施，保障本行政区域内水工程，特别是水坝和堤防的安全，限期消除险情。水行政主管部门应当加强对水工程安全的监督管理。单位和个人有保护水工程的义务。在水工程保护范围内，禁止进行爆破、打井、采石、取土等危害水工程安全的活动。

4. 用水管理

（1）供水计划制度。

国家依据水的供求现状、国民经济和社会发展规划、流域规划、区域规划，按照水资源供需协调、综合平衡、保护生态、厉行节约、合理开源的原则制定水中长期供求规划。

国务院发展计划主管部门和国务院水行政主管部门负责全国水资源的宏观调配。全国的和跨省、自治区、直辖市的水中长期供求规划，由国务院水行政主管部门会同有关部门制订，经国务院发展计划主管部门审查批准后执行。地方的水中长期供求规划，由县级以上地方人民政府水行政主管部门会同同级有关部门依据上一级水中长期供求规划和本地区的实际情况制订，经本级人民政府发展计划主管部门审查批准后执行。

（2）水量分配。

国家对用水实行总量控制和定额管理相结合的制度。

调蓄径流和分配水量，应当依据流域规划和水中长期供求规划，以流域为单元制定水量分配方案。

县级以上地方人民政府水行政主管部门或者流域管理机构应当根据批准的水量分配方案和年度预测来水量，制定年度水量分配方案和调度计划，实施水量统一调度；有关地方人民政府必须服从。

（3）实行取水许可制度。

国家对直接从地下或者江河、湖泊取水的，实行取水许可制度。直接从江河、湖泊或者地下取用水资源的单位和个人，应当按照国家取水许可制度和水资源有偿使用制度的规定，向水行政主管部门或者流域管理机构申请领取取水许可证，并缴纳水资源费，取得取水权。但是，家庭生活和零星散养、圈养畜禽饮用等少量取水的除外。

用水实行计量收费和超定额累进加价制度。

【案例 15－2】

水费、水资源费缴纳纠纷

案情：某省 A 火电工程公司承建了一个发电厂的施工任务，施工期间，直接从该省 B 水库取水 324.2 万 m^3，应缴纳水资源费 32.42 万元。但在 X 市水务局向该公司征收水资源费时，公司拒不缴费，理由是他们已向 B 水库交了每立方米 0.5 元的水费，不应再缴纳水资源费。X 市水务局在核准该公司取水量后，向其下发了缴费通知单。对方接收了缴费通知单并签字，但在规定期限内，对方没有履行缴费义务。于是，X 市水务局向其下发了《行政处理决定书》，要求其缴纳水资源费及滞纳金。

分析：本案涉及的关键问题在于：一是水费与水资源费的区别是什么？二是在同一用水行为中，水费与水资源费能否并存？

第一，水费与水资源费是两种不同的收费。水资源费是国家对直接从地下、江河、湖泊中取水的单位或个人征收的费用，是体现国家对水资源实行权属管理的行政性收费；水费是水利工程管理单位（如水库）或供水单位（如自来水公司）为用户提供一定量的水而收取的一种用于补偿所投入的物化劳动的费用，是体现商品交换关系的经营性收费。两者的区别在于：（1）收费的主体不同。前者要交给国家，具体到实施中，由各级人民政府水行政主管部门代行国家职权；后者则交给水利工程经营、管理单位。（2）交费的义务主体不同。前者是取用城市地下水或者直接从地下、江河、湖泊取水的单位和个人；后者是一切使用水利工程供应水的单位和个人。（3）两者的用途不同。前者用于水资源的调查、评价、监测、管理和保护；后者用于供水工程设施的建设、运行、管理、维护和更新。（4）两者对于拒缴费用的处理途径不同。前者的处理根据《水法》规定，由县级以上人民政府水行政主管部门或者流域管理机构依据职权，责令限期缴纳；逾期不缴纳的，从滞纳之日起按日加收滞纳部分2‰的滞纳金，并处应缴或者补缴水资源费1倍以上5倍以下的罚款；后者可以向人民法院提起民事诉讼。

第二，根据以上分析，同一用水行为中，水资源费与水费不能同时并存。水库等水利工程单位直接从自然环境中取水，应当向水行政主管部门或者流域管理机构申请领取取水许可证，并缴纳水资源费，然后取得取水权。水库的经营者通过投入人力、物力、财力对水库进行维护，因此从水库取水的主体应该支付水费来获得用水的所有权。根据《水利工程供水价格管理办法》，水费应包括供水生产成本，而供水生产成本包括水资源费在内。综上，如果在用水主体向供水经营者支付过水费后再向国家缴纳水资源费，就使得水资源的一次使用获得了两次收益，这是显失公平的。

本案中，如果该省B水库办理了取水许可证并缴纳了水资源费，则A火电工程公司在交纳水费后无须再缴纳水资源费；但是如果B水库没有缴纳水资源费，则A火电工程公司在交纳水费后仍需缴纳水资源费。

（4）节约用水。

为缓解日益严重的水资源短缺现象，国家规定了一系列节约用水的措施。

1）各级人民政府应当推行节水灌溉方式和节水技术，对农业蓄水、输水工程采取必要的防渗漏措施，提高农业用水效率。

2）工业用水应当采用先进技术、工艺和设备，增加循环用水次数，提高水的重复利用率。

3）城市人民政府应当因地制宜地采取有效措施，推广节水型生活用水器具，降低城市供水管网漏失率，提高生活用水效率；加强城市污水集中处理，鼓励使用再生水，提高污水再生利用率。

4）新建、扩建、改建建设项目，应当制订节水措施方案，配套建设节水设施。节水设施应当与主体工程同时设计、同时施工、同时投产。

2005年4月，国家发展改革委、科技部、水利部、建设部和农业部联合发布了《中国节水技术政策大纲》，涵盖工业、农业和城市生活节水技术的各个层面，采用“研究”“开发”“推广”“限制”“淘汰”“禁止”等措施指导节水技术的发展，实现2005—2010年间工业取水量“微增长”、农业用水量“零增长”和城市人均综合用水量逐步下降的目标。该大纲为推动“节水型”社会的建设提供了可操作性的制度保障。2019年国家发改委、水利部印发并实施了《国家节水行动方案》，对节水工作的总体要求、重点行动和保障措施作出规定。

5. 水事纠纷处理与执法监督检查

（1）依法解决水事纠纷。

水事纠纷不但影响社会的安定团结，而且加剧了水资源的浪费与综合效益的降低，必须依法解决水事纠纷。

不同行政区域之间发生水事纠纷的，应当协商处理；协商不成的，由上一级人民政府裁决，有关各方必须遵照执行。单位之间、个人之间、单位与个人之间发生的水事纠纷，应当协商解决；当事人不愿协商或者协商不成的，可以申请县级以上地方人民政府或者其授权的部门调解，也可以直接向人民法院提起民事诉讼。县级以上地方人民政府或者其授权的部门调解不成的，当事人可以向人民法院提起民事诉讼。

在水事纠纷解决前，当事人不得单方面改变现状。

【案例 15-3】

灌溉用水纠纷①

案情：李某与张某分别是甲、乙两个村的村民，李某住在河的上游，张某住在河的下游。2008 年当地旱情严重，为了减少损失，当地村民奋力采取各种灌溉措施。为了灌溉自家的田地，李某拦住了本来流量就很小的河水，致使在下游的张某无水灌溉田地，受损严重。张某与李某多次协商，并找村里德高望重的人出面多次协调用水问题，在协调无果的情况下，张某与李某不知该如何解决纠纷。

分析：本案主要涉及个人之间的水事纠纷的处理程序。在水资源的开发利用、保护以及防治水害的各种水事活动中，上下游、左右岸，防洪、治涝、灌溉、排水、供水、水运、水能利用、水资源保护等各种水事活动之间，往往存在不同的需求和利害关系，如果处理不当，就会引起各地区、各方面的矛盾，发生水事纠纷。水事纠纷从当事各方关系上来说，分为两大类：一类是不同行政区域之间发生的水事纠纷，其性质属于行政争端；另一类是单位之间、个人之间、单位与个人之间发生的水事纠纷，这类纠纷属于民事纠纷。本案中，李某与张某因灌溉用水而产生的纠纷，属于后者。《水法》第 57 条规定："单位之间、个人之间、单位与个人之间发生的水事纠纷，应当协商解决；当事人不愿协商或者协商不成的，可以申请县级以上地方人民政府或者其授权的部门调解，也可以直接向人民法院提起民事诉讼。县级以上地方人民政府或者其授权的部门调解不成的，当事人可以向人民法院提起民事诉讼。在水事纠纷解决前，当事人不得单方面改变现状。"本案中李某与张某的纠纷可以选择三种途径解决：(1) 协商；(2) 提请县级以上地方人民政府或者其授权的部门调解；(3) 向人民法院提起民事诉讼。但是，无论选择哪一种解决途径，在水事纠纷解决前，当事人均不得单方面改变现状，包括水的现状和引发水事纠纷的其他现状，从而保障对水事纠纷的合理处理。

对于本案的处理，应当以我国民法处理流水、用水引起的相邻关系的一般原则为准，即水流上游要照顾下流用水；低地需水，高地邻人应当允许流水通过自己使用的土地，让高处的水流向低处。上游或高地的邻人，不得擅自截流影响下游和低地的邻人使用。水源不足时，应当按照由近及远、由高到低的原则，通过各方协商，合理分配、共同使用。任何一方都不得为自身利益而任意改变水路，截阻水流、独占水流。一方擅自改变、堵截或独占水流而影响他方正常生产生活的，他方有权请求排除妨碍；造成损失的，有权请求赔偿。我国《水法》第 20 条规定："开发、利用水资源，应当坚持兴利与除害相结合，兼顾上下游、左右岸和有关地区之间的利益，充分发挥水资源的综合效益，并服

① 黄锡生，等. 环境与资源保护法学经典案例解析. 重庆：重庆大学出版社，2010：168.

从防洪的总体安排”；第76条规定：“引水、截（蓄）水、排水，损害公共利益或者他人合法权益的，依法承担民事责任。”据此，本案中，李某应停止截流行为，让河流流向下游，并且对张某因缺少灌溉导致禾苗枯死的损失进行赔偿。

（2）执法监督检查。

为加强水资源的保护，县级以上人民政府水行政主管部门和流域管理机构应当对违法行为加强监督检查并依法进行查处。

县级以上人民政府水行政主管部门、流域管理机构及其水政监督检查人员履行本法规定的监督检查职责时，有权采取下列措施：要求被检查单位提供有关文件、证照、资料；要求被检查单位就执行本法的有关问题作出说明；进入被检查单位的生产场所进行调查；责令被检查单位停止违反本法的行为，履行法定义务。

有关单位或者个人对水政监督检查人员的监督检查工作应当给予配合，不得拒绝或者阻碍水政监督检查人员依法执行职务。

（五）法律责任

针对危害水资源的行为，《水法》规定了严格的行政责任与刑事责任。

行政责任主要有两种，一种是针对违法失职的国家工作人员依法给予行政处分，另一种则是行政处罚措施。行政处罚措施主要有：责令停止违法行为，限期拆除违法建筑物、构筑物，恢复原状，强行拆除，罚款，限期补办有关手续；限期清除障碍或者采取其他补救措施，责令停止生产、销售或者使用，限期采取补救措施，吊销取水许可证，征收滞纳金，以及按照《治安管理处罚法》实施治安管理处罚。

危害水资源构成犯罪的，依法追究其刑事责任。

《水法》中关于民事责任的规定包括：引水、截（蓄）水、排水，损害公共利益或者他人合法权益的，依法承担民事责任；侵占、毁坏水工程及堤防、护岸等有关设施，毁坏防汛、水文监测、水文地质监测设施，以及在水工程保护范围内，从事影响水工程运行和危害水工程安全的爆破、打井、采石、取土等活动，给他人造成损失的，依法承担赔偿责任。然而，《水法》中对破坏水资源的民事责任以及水资源使用权的流转问题未作规定，这仍有待进一步的研究与完善。

二、水土保持的法律规定

（一）水土流失及水土保持

水土流失是指土壤在水的浸润和冲击的作用下，结构发生破坏和松散，随水流动而散失的现象，主要发生在无良好覆盖物的土壤地区。水土流失造成土地面积减少、土地质量恶化、河道泥沙淤积、泥石流及山体滑坡等，危害巨大，因此，必须加强水土保持工作。

水土保持是指对因自然因素和人为活动造成水土流失所采取的预防和治理措施。我国《水土保持法》规定：任何单位和个人都有保护水土资源、预防和治理水土流失的义务，并有权对破坏水土资源、造成水土流失的行为进行举报。

水土流失问题是我国严重的环境问题之一。我国水土流失具有以下特征：（1）水土流失分布范围广，全国绝大多数省、自治区及直辖市都存在不同程度的水土流失问题，特别是长江上游、黄河中游、东北黑土地与珠江流域的石灰岩地区较为严重。（2）水土流失主要来源于坡耕地水力侵蚀和沟道重力侵蚀，导致水土资源破坏，降低土地生产力。（3）随着我国工业化与城市化进程加快，大量基础设施的开发建设活动造成严重的水土流失。

我国水土流失形势以及由此引发的问题十分严重。预防与治理水土流失是关系我国水安全、粮食安全和生态安全的大事，也是环境保护法的一项重要内容。

（二）水土保持立法现状

1991 年，全国人大常委会通过了《水土保持法》，1993 年国务院发布了《关于加强水土保持工作的通知》，同年发布了《水土保持法实施条例》。《水土保持法》及其实施条例对水土保持工作作出了全面规定。《水土保持法》于 2010 年 12 月 25 日修订通过，2011 年 3 月 1 日起施行。除此而外，在《环境保护法》《土地管理法》《草原法》《水法》《农业法》等法律中也提出了水土保持要求。

（三）水土保持的基本法律规定

1. 水土保持的工作方针

国家对水土保持工作实行预防为主、保护优先、全面规划、综合治理、因地制宜、突出重点、科学管理、注重效益的方针。

2. 水土保持的管理制度

（1）管理机构。国务院水行政主管部门主管全国的水土保持工作。国务院水行政主管部门在国家确定的重要江河、湖泊设立的流域管理机构（以下简称“流域管理机构”），在所管辖范围内依法承担水土保持监督管理职责。县级以上地方人民政府水行政主管部门主管本行政区域的水土保持工作。水土流失防治区的地方人民政府应当实行水土流失防治目标责任制。县级以上人民政府林业草原、农业农村、自然资源等有关部门按照各自职责，做好有关的水土流失预防和治理工作。

（2）水土保持规划制度。水土保持规划应当在水土流失调查结果及水土流失重点预防区和重点治理区划定的基础上，遵循统筹协调、分类指导的原则编制。水土保持规划的内容应当包括水土流失状况、水土流失类型区划分、水土流失防治目标、任务和措施等。水土保持规划应当与土地利用总体规划、水资源规划、城乡规划和环境保护规划等相协调。县级以上人民政府水行政主管部门会同同级人民政府有关部门编制水土保持规划，报本级人民政府或者其授权的部门批准后，由水行政主管部门组织实施。有关基础设施建设、矿产资源开发、城镇建设、公共服务设施建设等方面的规划，在实施过程中可能造成水土流失的，规划的组织编制机关应当在规划中提出水土流失预防和治理的对策和措施，并在规划报请审批前征求本级人民政府水行政主管部门的意见。

（3）划定重点防治区制度。县级以上人民政府应当依据水土流失调查结果划定并公告水土流失重点预防区和重点治理区。对水土流失潜在危险较大的区域，应当划定为水土流失重点预防区；对水土流失严重的区域，应当划定为水土流失重点治理区。县级以上人民政府应当根据水土流失的具体情况，将依法确定的造成或可能造成水土严重流失并优先予以预防及治理的区域，划分为重点预防保护区、重点监督区和重点防治区。按国家、省、县三级划分，具体范围由县级以上人民政府水行政主管部门提出，报同级人民政府批准并公告。

（4）监测与公告制度。县级以上人民政府水行政主管部门应当加强水土保持监测工作，发挥水土保持监测工作在政府决策、经济社会发展和社会公众服务中的作用。县级以上人民政府应当保障水土保持监测工作经费。国务院水行政主管部门应当完善全国水土保持监测网络，对全国水土流失进行动态监测。国务院水行政主管部门和省、自治区、直辖市人民政府水行政主管部门应当根据水土保持监测情况，定期对下列事项进行公告：水土流失类型、面积、强度、分布状况和变化趋势；水土流失造成的危害；水土流失预防和治理情况。

（四）水土保持的主要法律措施

1. 预防水土流失

（1）植树种草、保护植被。地方各级人民政府应当按照水土保持规划，采取封育保护、自然修复等措施，组织单位和个人植树种草，扩大林草覆盖面积，涵养水源，预防和减轻水土流失。

（2）保护坡地。法律禁止在25度以上陡坡地开垦种植农作物。在25度以上陡坡地种植经济林的，应当科学选择树种，合理确定规模，采取水土保持措施，防止造成水土流失。省、自治区、直辖市的人民政府根据本行政区域的实际情况，可以规定小于25度的禁止开垦坡度。

（3）林木采伐更新、毁林、毁草开垦和采集发菜等的管理。

为防止水土流失，《水土保持法》对林木采伐及更新作了规定。第一，林木采伐应当采用合理方式，严格控制皆伐；对水源涵养林、水土保持林、防风固沙林等防护林只能进行抚育和更新性质的采伐；对采伐区和集材道应当采取防止水土流失的措施，并在采伐后及时更新造林。第二，在林区采伐林木的，采伐方案中应当有水土保持措施。第三，在5度以上坡地植树造林、抚育幼林、种植中药材等，应当采取水土保持措施。在禁止开垦坡度以下、5度以上的荒坡地开垦种植农作物，应当采取水土保持措施。1998年，我国长江、松花江和嫩江流域的洪水灾害，显示出水土保持工作的紧迫性，因此，国家加强了水土流失治理力度。其中的一项措施即为：水土流失区域内停止一切林木采伐，林业生产转为营林、造林。第四，禁止毁林、毁草开垦和采集发菜。禁止在水土流失重点预防区和重点治理区铲草皮、挖树兜或者滥挖虫草、甘草、麻黄等。

2. 工程建设项目管理

关于工程建设项目的管理，法律规定如下。

第一，地方各级人民政府应当加强对取土、挖砂、采石等活动的管理，预防和减轻水土流失。禁止在崩塌、滑坡危险区和泥石流易发区从事取土、挖砂、采石等可能造成水土流失的活动。

第二，水土流失严重、生态脆弱的地区，应当限制或者禁止可能造成水土流失的生产建设活动，严格保护植物、沙壳、结皮、地衣等。

第三，生产建设项目选址、选线应当避让水土流失重点预防区和重点治理区；无法避让的，应当提高防治标准，优化施工工艺，减少地表扰动和植被损坏范围，有效控制可能造成的水土流失。

第四，在山区、丘陵区、风沙区以及水土保持规划确定的容易发生水土流失的其他区域开办可能造成水土流失的生产建设项目，生产建设单位应当编制水土保持方案，报县级以上人民政府水行政主管部门审批，并按照经批准的水土保持方案，采取水土流失预防和治理措施。未编制水土保持方案或者水土保持方案未经水行政主管部门批准的，生产建设项目不得开工建设。

依法应当编制水土保持方案的生产建设项目中的水土保持设施，应当与主体工程同时设计、同时施工、同时投产使用；生产建设项目竣工验收，应当验收水土保持设施；水土保持设施未经验收或者验收不合格的，生产建设项目不得投产使用。

依法应当编制水土保持方案的生产建设项目，其生产建设活动中排弃的砂、石、土、矸石、尾矿、废渣等应当综合利用；不能综合利用，确需废弃的，应当堆放在水土保持方案确定的专门存放地，并采取措施保证不产生新的危害。

3. 治理水土流失

水土保持工作，必须防治结合，对于已经造成的水土流失，应当着重治理。国家加强水土流失重点预防区和重点治理区的坡耕地改梯田、淤地坝等水土保持重点工程建设，加大生态修复力度。国家加强江河源头区、饮用水水源保护区和水源涵养区水土流失的预防和治理工作，多渠道筹集资金，将水土保持生态效益补偿纳入国家建立的生态效益补偿制度。县级以上人民政府应当根据水土保持规划，组织有关行政主管部门和单位有计划地对水土流失进行治理。县级以上人民政府水行政主管部门应当加强对水土保持重点工程的建设管理，建立和完善运行管护制度。

（1）水土保持生态效益补偿制度。国家加强江河源头区、饮用水水源保护区和水源涵养区水土流失的预防和治理工作，多渠道筹集资金，将水土保持生态效益补偿纳入国家建立的生态效益补偿制度。

（2）生产建设活动造成水土流失的治理。开办生产建设项目或者从事其他生产建设活动造成水土流失的，应当进行治理。在山区、丘陵区、风沙区以及水土保持规划确定的容易发生水土流失的其他区域开办生产建设项目或者从事其他生产建设活动，损坏水土保持设施、地貌植被，不能恢复原有水土保持功能的，应当缴纳水土保持补偿费，专项用于水土流失预防和治理。

对生产建设活动所占用土地的地表土应当进行分层剥离、保存和利用，做到土石方挖填平衡，减少地表扰动范围；对废弃的砂、石、土、矸石、尾矿、废渣等存放地，应当采取拦挡、坡面防护、防洪排导等措施。生产建设活动结束后，应当及时在取土场、开挖面和存放地的裸露土地上植树种草、恢复植被，对闭库的尾矿库进行复垦。在干旱缺水地区从事生产建设活动，应当采取防止风力侵蚀措施，设置降水蓄渗设施，充分利用降水资源。

（3）国家鼓励单位和个人按照水土保持规划参与水土流失治理，并在资金、技术、税收等方面予以扶持。

（4）鼓励承包荒山、荒沟、荒丘、荒滩及水土流失防治责任。国家鼓励和支持承包治理荒山、荒沟、荒丘、荒滩，防治水土流失，保护和改善生态环境，促进土地资源的合理开发和可持续利用，并依法保护土地承包合同当事人的合法权益。承包治理荒山、荒沟、荒丘、荒滩和承包水土流失严重地区农村土地的，在依法签订的土地承包合同中应当包括预防和治理水土流失的内容。

（5）在水力、风力、重力侵蚀地区的水土流失治理。在水力侵蚀地区，地方各级人民政府及其有关部门应当组织单位和个人，以天然沟壑及其两侧山坡地形成的小流域为单元，因地制宜地采取工程措施、植物措施和保护性耕作等措施，进行坡耕地和沟道水土流失综合治理。

在风力侵蚀地区，地方各级人民政府及其有关部门应当组织单位和个人，因地制宜地采取轮封轮牧、植树种草、设置人工沙障和网格林带等措施，建立防风固沙防护体系。

在重力侵蚀地区，地方各级人民政府及其有关部门应当组织单位和个人，采取监测、径流排导、削坡减载、支挡固坡、修建拦挡工程等措施，建立监测、预报、预警体系。

新《水土保持法》还规定了在饮用水水源保护区，山区、丘陵区、风沙区以及容易发生水土流失的其他区域，应采取有利于水土保持的措施。

（五）法律责任

为加强水土保持工作的管理，《水土保持法》规定了严格的法律责任。

关于民事责任，《水土保持法》规定，造成水土流失危害的，造成水土流失危害的，有责任排除危害，并对直接受到损害的单位和个人赔偿损失。由于不可抗拒的自然灾害，并经及时采取合理措施，仍然不能避免造成水土流失危害的，免予承担责任。

行政责任主要包括两类，一是针对违法失职的国家工作人员给予相应的行政处分，二是行政处罚措施。行政处罚措施包括：责令停止开垦、采取补救措施，罚款，责令停止违法行为，责令限期改正，责令限期治理，以及依照《治安管理处罚法》的规定处罚等。

构成犯罪的，依法追究刑事责任。

关于进一步完善法律责任，理论和实务界提出的主要建议有：加强水土保持法修改与其他相关法律间的衔接，明确建立政府目标责任制与部门责任制，建立和完善水土保持生态补偿机制，适当归并法律责任，建立水土保持评估制度，强化水土保持“三区”划分与相关制度等。

第三节　矿产资源保护

一、矿产资源概述

（一）矿产资源的概念

矿产资源是指能用于生产和生活的，蕴藏在地壳中的各种矿物。自然界中的矿产资源包括固、液、气体状态的各种金属矿产、非金属矿产、燃料矿产、地下水和地下热能等。矿产资源作为一种宝贵的自然资源，是人类社会生产与生活资料的主要来源。矿产资源具有形成的长期性、赋存的隐蔽性、分布的不均匀性、利用的耗竭性等特点。矿产资源是一种不可再生的自然资源，是人类赖以生存和发展的重要物质基础。目前，中国92%以上的一次能源、80%的工业原材料、70%以上的农业生产资料都取自矿产资源。

根据《矿产资源法实施细则》，矿产资源按其性质和用途分为能源矿产、金属矿产、非金属矿产和水气矿产四大类。为便于开发利用，通常又将金属矿产和非金属矿产两大类细分为黑色金属矿产、有色金属矿产、贵金属矿产、稀有金属矿产、稀土和稀散元素矿产、冶金辅助原料矿产、化工原料非金属矿产、建筑材料及其他非金属矿产等。

（二）我国矿产资源的现状

我国是世界上矿产资源总量丰富，储量规模可观，矿种比较齐全，配套程度较高的少数几个国家之一。已经探明储量的矿种有 150 余种，其中诸如煤、铜、银、铝、铁、钨、锡、锌、钛、稀土等矿产储量位居世界前列。已查明的矿产资源总量约占世界矿产资源总量的 12%，仅次于美国和俄罗斯，居世界第三位。

中国矿产资源的主要特点如下。

(1) 总量丰富，人均占有量小。根据《2024 中国自然资源公报》显示，截至 2023 年年底，全国已发现 173 种矿产，其中，能源矿产 13 种，金属矿产 59 种，非金属矿产 95 种，水气矿产 6 种。全国矿产储量中，金矿 3 203.77 吨。但由于人口众多，中国人均占有量不足，仅为世界平均水平的 58%，居世界第 53 位。因此，中国又是一个资源相对不足的国家。

(2) 矿种比较齐全，部分资源供需失衡。在已发现的 173 种矿产中，各类矿种比较齐全，配套程度较高。但部分大宗支柱性矿产如石油、富铁矿、锰矿、铜矿、铝土矿等探明资源储量不足；一些支柱性矿产如铬、钾盐、金刚石等后备储量不足，矿产资源供需缺口较大，需要长期依赖进口。

(3) 分布广泛，但已探明的矿产储量相对集中，与生产力布局不相匹配。如石油主要分布在东北、华北和西北地区；煤炭主要分布在西北和华北地区；铁矿集中在东北、华北和西南地区；磷矿主要分布在西南和中南地区，长期形成北煤南调、西煤东运、南磷北运的局面。这就需要对矿产资源开发实行统一规划、合理布局的方针。

(4) 贫矿多、难选矿多、富矿少。中国既有品质优良的矿石，又有低品位、组分复杂的矿石。如钨、锡、稀土、钼、锑、滑石、菱镁矿、石墨等矿产品位较高，而铁、锰、铝、铜、磷等矿产贫矿多，给选矿、冶炼加工等方面在技术上带来了一定的困难。

(5) 共生、伴生矿（组分）多，单一矿床少。由此决定了对矿产资源必须实行综合勘查、综合开采的方针。

(6) 中小型矿床多、大型矿床少。在已探明储量的矿床中，90%以上属于中小型矿床，这对矿产资源合理规划布局和开发利用提出了很高的要求。

上述特点表明，中国矿产资源优势和劣势并存，既有地大物博的一面，又有资源相对不足、开发利用难度大的一面。总体看来，矿产资源形势不容乐观。

（三）矿产资源开发利用情况

中国是一个具有悠久矿业发展史的矿业大国。截至2023年年底，全国已发现173种矿产，2023年新发现矿产地124处。矿产资源开发规模迅速扩大，资源保护和合理利用水平明显提高，形成了比较完善的矿产品供应体系，为国民经济的持续、快速发展提供了重要保障。

二、矿产资源保护立法

矿产资源法是调整勘查、开发利用和保护矿产资源过程中所发生的各种社会经济关系的法律规范的总称。为了满足社会主义现代化国家建设的需要，新中国成立后，政务院于1950年12月22日颁布了《矿业暂行条例》，主要是规定整理旧矿区、探采新矿区、矿产资源勘查和开采主体的责任，明确矿产资源均为国有，并准许国营和私营两种形式并存。该条例在特定的历史时期起到了承前启后的作用。1965年12月17日，国务院批转了地质部制定的《矿产资源保护试行条例》，对地质勘探、矿山设计、矿山开采、选矿、炼冶、矿产品加工和使用等矿产资源开发各个环节以及地下水资源管理方面作出了具体规定。1986年3月19日，第六届全国人大常委会第十五次会议审议通过《矿产资源法》，于同年10月1日起施行。该法明确了矿产资源属于国家所有，并在第5条规定：国家对矿产资源实行有偿开采。开采矿产资源，必须按照国家有关规定缴纳资源税和资源补偿费。确定了国家对矿产资源勘查、开采的方针，以及国营、乡镇集体矿山企业和个体采矿的法律地位与管理原则，规定了各有关部门、各地方的监督管理职能；按照矿产资源勘查、开采过程和环节对资源税费、矿产储量、地质资料与矿山监督、安全卫生、环境保护等方面作出了相应规定。《矿产资源法》是矿产资源保护和开发利用管理的基本法，它的颁布实施，标志着中国矿产资源勘查、开采和监督管理工作开始步入法制轨道。该法于1996年8月29日经第八届全国人大常委会第二十一次会议修正后，建立了探矿权、采矿权有偿取得和依法转让的法律制度；改革了矿产资源开采审批、颁发采矿许可证的权限；确立了探矿权人优先取得勘查区内采矿权的法律制度。后又于2009年和2024年先后两次进行修订，最新的《矿产资源法》将于2025年7月1日实施。

随着矿产资源法制建设全面推进，我国陆续颁布实施了《矿山安全法》（1992年发布，2009年修正）、《煤炭法》（1996年通过，2016年第四次修正）等法律和《对外合作开采海洋石油资源条例》（2013年修订）、《矿产资源监督管理暂行办法》（1987年）、《对外合作开采陆上石油资源条例》（2013年修订）、《矿产资源补偿费征收管理规定》（1997年修订）、《矿产资源法实施细则》（1994年）、《矿产资源勘查区块登记管理办法》（2014年修订）、《矿产资源开采登记管理办法》（2014年修订）、《探矿权采矿权转让管理办法》（2014年修订）等法规和规章。

三、矿产资源保护与管理的基本原则

矿产资源保护与管理的基本原则是指在规划、管理、保护和开发利用矿产资源的过程中，有关各方必须遵循的原则。这些原则高于具体法律条款的规定，贯穿于矿产资源规划、管理、保护和开发利用的全过程。

（一）矿产资源国家所有的原则

《宪法》第 9 条规定：“矿藏、水流、森林、山岭、草原、荒地、滩涂等自然资源，都属于国家所有，即全民所有……”矿藏即指矿产资源。

《矿产资源法》第 4 条第 1 款规定：“矿产资源属于国家所有，由国务院代表国家行使矿产资源的所有权。地表或者地下的矿产资源的国家所有权，不因其所依附的土地的所有权或者使用权的不同而改变。”矿产资源与土地、水、森林、草原等自然资源不同，中国对矿产资源实行单一的全民所有制，矿产资源不属于地方、集体、个人所有，由中央政府即国务院代表国家行使所有权。

同时，法律赋予有关部门以相应的行政管理权，对矿业权即探矿权和采矿权进行依法授予和对勘查、开采矿产资源实施监督管理，同时保护合法的探矿权、采矿权不受侵犯，维护矿产资源勘查、开采区域的生产秩序、工作秩序。

（二）国家对矿产资源实行集中统一管理的原则

《宪法》规定对矿产资源实行单一的国家所有制，决定了对矿产资源应当实行自上而下的主管部门集中统一管理，以确保矿产资源的有序开发利用和国家所有者权益。

各类矿产资源具有相同的自然属性，都是经过漫长的地质作用形成的，具有稀缺性、隐蔽性、耗竭性、不可再生性等特征，由此决定对其开发利用活动的管理工作具有共性，必须打破原有行政管理体制下形成的部门分割、各行其是、管理弱化的格局。经过几次机构改革，特别是对相关工业部门的精简撤并，由一个中央政府部门对各类矿产资源勘查、开采进行集中统一管理的体制基本建立，并向矿产品冶炼、加工及矿产品国内流通和国际贸易等相关的矿业产业链适当延伸，从而有利于在社会主义市场经济体制下加强国家对矿产资源的宏观调控，更好地保障经济社会可持续发展，也有利于保证国家的统一规划得到全面落实。

（三）矿产资源有偿使用和依法勘查、开采的原则

矿产资源属于国家所有，任何单位和个人都无权擅自占有和处分。因此，欲从事矿产资源勘查、开采活动的探矿权、采矿权申请人，必须按照法律规定履行勘查、开采登记手续，在领取勘查许可证、采矿许可证即取得探矿权、采矿权后，表明其在法律上被赋予勘查、开采矿产资源的权利，同时还应履行法律规定的义务。国家依法保护其合法的勘查、开采活动不受侵犯。同时，开采国家所有的矿产资源，应当向国家支付一定的对价。实行探矿权、采矿权有偿取得和矿产资源有偿开采，是为了建立起能够反映资源稀缺程度、市场供求关系和环境治理成本的价格形成机制，有利于更好地体现矿产资源国家所有者和出资人权益，也有利于各类矿山企业节约和集约利用矿产资源，公平竞争，进而促进整个矿业经济良性发展。

（四）合理开发利用的原则

矿产资源的合理开发利用，是指在矿产资源的开发利用过程中，由不可再生性决定

的特殊经济规律调节，依据矿产资源的各种组分和数量，在一定的经济技术条件和经济发展水平上，进行充分的开发和综合利用。中国矿产资源本身具有总量大、人均少，贫矿、难选矿多，共伴生矿多、单一矿床少等特点，在转型经济形势下，必须坚持“在保护中开发，在开发中保护”的方针，不断改进生产工艺，提高综合利用水平，合理开发、节约集约利用资源。

（五）保护矿产资源与保护环境相协调的原则

矿业是污染性产业，同时，矿产开发活动也受自然环境的制约，因此必须将矿产资源开发利用同环境保护工作有机结合起来。《矿产资源法》第 42 条规定：“勘查、开采矿产资源，应当遵守有关生态环境保护、安全生产、职业病防治等法律、法规的规定，防止污染环境、破坏生态，预防和减少生产安全事故，预防发生职业病。”此外还规定，法律、行政法规规定在一定区域范围内禁止或者限制开采矿产资源的，应当遵守相关规定。《环境保护法》《水法》《森林法》《草原法》等法律法规中也都对此作出了相关规定。矿业权人在矿产开发活动中必须采取措施，保护生态环境、保持水土、恢复植被，不得破坏土地、森林、草原，否则就要承担相应的法律责任。

四、矿产资源保护的基本法律制度

（一）权属规定

我国的矿产资源属于国家所有，由国务院行使国家对矿产资源的所有权。地表或者地下的矿产资源的国家所有权，不因其所依附的土地的所有权或者使用权的不同而改变。

（二）探矿权和采矿权制度

1. 探矿权、采矿权概述

勘查、开采矿产资源，必须依法分别申请，经批准取得探矿权、采矿权，并办理登记；但是，已经依法申请取得采矿权的矿山企业在划定的范围内为本企业的生产而进行的勘查除外。从事矿产资源勘查和开采的，必须符合规定的资质条件。

国家保护探矿权和采矿权不受侵犯，保障矿区和勘查作业区的生产秩序、工作秩序不受影响和破坏。

2. 探矿权、采矿权的取得

国家对勘查、开采矿产资源实行许可证制度，和实行探矿权、采矿权有偿取得制度。

探矿权、采矿权有偿取得的费用，国家可以根据不同情况予以减缴、免缴。

此外，开采矿产资源，必须按照国家有关规定缴纳资源税和资源补偿费。

3. 探矿权和采矿权的转让

我国对采矿权流转采取了有条件限制流转的原则。《矿产资源法》对以下例外情形下的转让进行了规定：(1) 探矿权人有权在划定的勘查作业区内进行规定的勘查作业，有权优先取得勘查作业区矿产资源的采矿权。探矿权人在完成规定的最低勘查收入后，经依法批准，可以将探矿权转让他人。（2）已取得采矿权的矿山企业，因企业合并、分立，与他人合资、合作经营，或者因企业资产出售以及有其他变更企业资产产权的情形而需要变更采矿主体的，经依法批准可以将采矿权转让他人采矿。

此外，根据《探矿权采矿权转让管理办法》，探矿权采矿权的转让必须符合法定条件。根据该法规第 5 条的规定，转让探矿权，应当具备下列条件：（1）自颁发勘查许可证之日起满 2 年，或者在勘查作业区内发现可供进一步勘查或者开采的矿产资源；（2）完成规定的最低勘查投入；（3）探矿权属无争议；（4）按照国家有关规定已经缴纳探矿权使用费、探矿权价款；（5）国务院地质矿产主管部门规定的其他条件。根据该法规第 6 条的规定，转让采矿权，应当具备下列条件：（1）矿山企业投入采矿生产满 1 年；（2）采矿权属无争议；（3）按规定缴纳了采矿权使用费、采矿权价款、矿产资源补偿费和资源税；（4）国务院地质矿产主管部门规定的其他条件。

（三）矿产资源勘查、开采的监督管理体制

县级以上人民政府自然资源主管部门和其他有关部门应当按照职责分工，加强对矿产资源勘查、开采和矿区生态修复等活动的监督检查，依法及时查处违法行为。上级人民政府自然资源主管部门和其他有关部门应当加强对下级人民政府自然资源主管部门和其他有关部门执法活动的监督。国务院自然资源主管部门建立矿产资源开发利用水平评估指标体系，组织建立全国矿产资源监督管理信息系统，提升监管和服务效能，依法及时公开监管和服务信息，并做好信息共享工作。

五、矿产资源保护的主要法律措施

（一）矿产资源勘查登记与开采审批

为合理开发、利用矿产资源，预防矿产资源的破坏枯竭，《矿产资源法》规定了矿产资源的勘查登记与开采审批制度。

1. 矿产资源勘查登记制度

国家对矿产资源勘查实行统一的区块登记管理制度。矿产资源勘查登记工作，由国务院自然资源主管部门负责；特定矿种的矿产资源勘查登记工作，可以由国务院授权有关主管部门负责。

2. 开办矿山的审批制度

设立矿山企业，必须符合国家规定的资质条件，并依照法律和国家有关规定，由审批机关对其矿区范围、矿山设计或者开采方案、生产技术条件、安全措施和环境保护措施等进行审查；审查合格的，方予批准。

3. 开采许可制度

《矿产资源开采登记管理办法》规定，由国务院自然资源主管部门审批，并颁布采矿许可证的矿产资源包括：国家规划矿区和对国民经济具有重要价值的矿区内的矿产资源；前项规定区域以外可供开采的矿产储量规模在大型以上的矿产资源；国家规定实行保护性开

采的特定矿种；领海及中国管辖的其他海域的矿产资源；国务院规定的其他矿产资源。

开采石油、天然气、放射性矿产等特定矿种的，可以由国务院授权的有关主管部门审批，并颁发采矿许可证。

其他矿产资源，其可供开采的矿产的储量规模为中型的，由省、自治区、直辖市人民政府自然资源主管部门审批和颁发采矿许可证。

（二）矿产资源的勘查与开采

1. 矿产资源的勘查

关于矿产资源的勘查，法律有如下规定。

（1）县级以上人民政府自然资源主管部门会同有关部门组织开展基础性地质调查；省级以上人民政府自然资源主管部门会同有关部门组织开展战略性矿产资源、重点成矿区远景调查和潜力评价。

（2）开展地质调查和矿产资源勘查、开采活动，应当按照国家有关规定及时汇交原始地质资料、实物地质资料和成果地质资料。

（3）编制国土空间规划应当合理规划建设项目的空间布局，避免、减少压覆矿产资源。

（4）国家完善与矿产资源勘查、开采相适应的矿业用地制度。编制国土空间规划应当考虑矿产资源勘查、开采用地实际需求。勘查、开采矿产资源应当节约集约使用土地。

（5）石油、天然气等矿产资源勘查过程中发现可供开采的石油、天然气等矿产资源的，探矿权人依法履行相关程序后，可以进行开采，但应当在国务院自然资源主管部门规定的期限内依法取得采矿权和采矿许可证。

（6）勘查活动结束后，探矿权人应当及时对勘查区域进行清理，清除可能危害公共安全的设施、设备等，对废弃的探坑、探井等实施回填、封堵；破坏地表植被的，应当及时恢复。

2. 矿产资源的开采管理制度

（1）开采矿产资源，应当采取合理的开采顺序、开采方法，并采取有效措施确保矿产资源开采回采率、选矿回收率和综合利用率达到有关国家标准的要求。

（2）在开采主要矿产的同时，对具有工业价值的共生和伴生矿产应当统一规划，综合开采，综合利用，防止浪费；对暂时不能综合开采或者必须同时采出而暂时还不能综合利用的矿产以及含有可利用组分的尾矿，应当采取有效的保护措施，防止损失破坏。国家制定和完善提高矿产资源开采回采率、选矿回收率、综合利用率的激励性政策措施。

（三）开采矿产资源，保护生态环境的法律规定

矿产资源的开采，将对环境及人体造成诸多影响，如占用土地，破坏植被和土地平整性，对地下水和地表水体的污染、对大气的污染等。因此，开采矿产资源，必须注重对生态环境的保护。与此相关的立法内容如下。

（1）国家鼓励、支持矿业绿色低碳转型发展，加强绿色矿山建设。勘查、开采矿产资源，应当采用先进适用、符合生态环境保护和安全生产要求的工艺、设备、技术，不得使用国家明令淘汰的工艺、设备、技术。

（2）开采矿产资源应当采取有效措施，避免、减少对矿区森林、草原、耕地、湿地、河湖、海洋等生态系统的破坏，并加强对尾矿库建设、运行、闭库等活动的管理，防范生态环境和安全风险。

（3）勘查、开采矿产资源时发现重要地质遗迹、古生物化石和文物的，应当加以保护并及时报告有关部门。

（4）勘查活动结束后，探矿权人应当及时对勘查区域进行清理，清除可能危害公共安全的设施、设备等，对废弃的探坑、探井等实施回填、封堵；破坏地表植被的，应当及时恢复。勘查活动临时占用耕地的，应当及时恢复种植条件和耕地质量；临时占用林地、草地的，应当及时恢复植被和生产条件。

六、法律责任

危害矿产资源，应当承担相应的法律责任，包括行政责任、刑事责任和民事责任。

《矿产资源法》第七章规定了各类危害矿产资源的行政责任，行政处罚措施主要包括：责令停止开采、赔偿损失，没收采出的矿产品和违法所得，罚款，吊销勘查许可证、采矿许可证，以及按照《治安管理处罚法》有关规定予以处罚，等等。

构成犯罪的，依法追究刑事责任。《刑法》第 343 条规定了非法采矿罪和破坏性采矿罪两项罪名。（1）违反矿产资源法的规定非法采矿，具有下列情形之一的构成非法采矿罪：未取得采矿许可证擅自采矿；擅自进入国家规划矿区、对国民经济具有重要价值的矿区和他人矿区范围采矿；擅自开采国家规定实行保护性开采的特定矿种。（2）违反矿产资源法的规定，采取破坏性的开采方法开采矿产资源，即行为人违反自然资源主管部门审查批准的矿产资源开发利用方案开采矿产资源，并造成矿产资源严重破坏的，依照刑法规定以破坏性采矿罪定罪处罚。

关于民事责任，《矿产资源法》规定破坏矿产资源或者污染环境、破坏生态，损害国家利益、社会公共利益的，人民检察院、法律规定的机关和有关组织可以依法向人民法院提起诉讼。造成他人人身财产损害或者生态环境损害的，依法承担民事责任。

【案例 15-4】

何某非法采矿案

案情：2012 年 2 月至 2013 年 12 月，被告人何某在未取得“河道采砂许可证”和“采矿许可证”的情况下，擅自在沅水流域大洑溪河道瞎子堰河段采挖河砂。虽经县国土资源局、水利局等相关职能部门多次劝阻并责令停止，但何某拒不停止其违法行为，严重破坏了该河道的矿产资源。后经省国土资源厅鉴定，何某破坏矿产资源的价值达 169 938 元。案发后，何某向公安机关缴纳违法所得 4 万元。被告人何某对指控的罪名没有异议，但辩解自己破坏的矿产资源价值没有 16 万余元，其销售的河砂总值只有 4 万元，并且其中大部分是姚某所挖。

分析：人民法院经审理认为，被告人何某违反国家矿产资源法的规定，未取得采矿许可证擅自采矿，经国土资源局、水利局等相关职能部门多次责令停止开采后，拒不停止违法行为，情节严重，其行为已构成非法采矿罪。关于被告人何某提出的辩解，经查，姚某于2007年在涉案流域内采挖过河砂，但只是用最小型的轮式挖机采挖了一个月，约1 600方，对河道不具有破坏性。而根据省煤炭地质勘查院出具的何某等人非法开采建筑用砂破坏矿产资源价值评估报告书、省矿产资源价值评估鉴定委员会出具的鉴定意见等证据显示，何某自2012年2月开始与他人合伙、后来单独对河段采挖，非法采砂的总量为23 095方，破坏的矿产资源价值达169 938元。由于破坏矿产资源的价值并不等同于何某非法采挖砂石的销售价格，故对何某的辩解不予采信。遂判决：被告人何某犯非法采矿罪，判处有期徒刑6个月，并处罚金人民币4万元，违法所得人民币4万元予以没收。一审宣判后，检察院未提出抗诉、被告人未提出上诉，判决已生效。

最高人民法院《关于审理非法采矿、破坏性采矿刑事案件具体应用法律若干问题的解释》第3条规定，非法采矿造成矿产资源破坏的价值，数额在5万元以上的，属于《刑法》第343条第1款规定的“造成矿产资源破坏”；数额在30万元以上的，属于刑法第343条第1款规定的“造成矿产资源严重破坏”。本案的关键考量因素在于如何确定被告人何某破坏矿产资源的价值。

（1）矿产资源被破坏价值不等同于违法所得。本案中，由于何某并未记账，全凭自己的供述，缺乏其他书证或证人证言予以辅佐，不能确切认定何某的违法所得金额。而矿产资源破坏价值是由省级以上自然资源主管部门出具鉴定结论、经查证属实后予以认定的，公诉机关提交了湖南省矿产资源价值评估鉴定委员会出具的鉴定意见，证明何某非法采矿破坏资源的价值为169 938元，该鉴定意见的基础是某省煤炭地质勘查院出具的评估报告。经审查，该机构、评估人员均具有相应资质，鉴定程序合法，鉴定方法以某省国土资源厅发布的《关于办理非法采矿、破坏性采矿刑事案件涉及矿产资源破坏的价值鉴定工作手册》为依据，其评估结果真实可信。

（2）矿产资源被破坏价值不等同于非法采挖砂石的销售价格。砂石销售价格受开采方法、市场需求等因素影响，而破坏矿产资源价值是指合理开发后的矿产品单位价格减去矿产品单位成本，乘以破坏资源的储量得出的结论。况且，由于部分区域无法测量，计算出来的评估价值实际上是小于矿产资源实际被破坏价值的。

被告人何某违反国家矿产资源的法律法规，未取得采矿许可证擅自采挖河砂，导致瞎子堰河段沙洲消失、采坑遍地，河床被严重破坏、水土流失，其行为不仅严重影响了当地群众的生产生活，也破坏了当地的生态环境。虽然何某未采取先进的开采技术、科学的开采方法，导致获利不多，但破坏矿产资源价值达169 938元，符合司法解释中的定罪标准，其行为已经构成非法采矿罪。

法条链接

1.《中华人民共和国土地管理法》及《中华人民共和国土地管理法实施条例》全文；

2.《中华人民共和国土地复垦条例》全文；

3.《基本农田保护条例》全文；

4.《中华人民共和国水法》全文；

5.《中华人民共和国水土保持法》全文；
6.《中华人民共和国矿产资源法》及《中华人民共和国矿产资源法实施细则》全文；
7.《矿产资源开采登记管理办法》全文；
8.《探矿权采矿权转让管理办法》全文；
9.《矿产资源补偿费征收管理规定》全文；
10.《中华人民共和国刑法》第 228 条、第 342 条、第 343 条、第 410 条。

深度阅读

1. 李显冬，刘志强. 论矿业权的法律属性. 当代法学，2009（2）.
2. 蔡守秋. 论处理水纠纷的方法. 水资源、水环境与水法制建设问题研究//2003 年中国环境资源法学研讨会（年会）论文集. 上册，2003.
3. 李延荣. 集体土地使用权流转中几个值得注意的问题. 法学杂志，2007（5）.
4. 王灿发. 水资源管理的立法新举. 世界环境，2009（2）.
5. 周珂，刘欣. 一起探矿权挂牌出让埋下的隐患. 地质勘查导报，2009－11－14.

思考与练习

一、思考题

1. 简述我国耕地保护的主要法律措施。
2. 简述我国耕地占用补偿制度。
3. 简述我国水资源保护的基本原则。
4. 简述我国水资源费与用水收费制度中的水费的区别。
5. 试述水事纠纷的概念、类型，以及如何处理水事纠纷。
6. 简述我国《水土保持法》规定的基本方针。
7. 试述我国探矿权和采矿权制度。
8. 开采矿产资源主要涉及哪些生态环境保护的法律规定？

二、练习题

1. 国家实行土地用途管制制度，按照土地用途将土地分为（　　）。
A. 耕地、林地、草地和建设用地四类
B. 生产用地、城市用地和生态用地三类
C. 农用地、建设用地和未利用地三类
D. 基础设施用地、城市发展用地和农业生产用地三类

2. 依照我国《土地管理法》的规定，由省、自治区、直辖市人民政府批准的道路、管线工程和大型基础设施建设项目，涉及农用地转为建设用地的，其农用地转用审批手续的审批机关是（　　）。
A. 国务院　　B. 国务院生态环境部门
C. 国务院自然资源部门　　D. 省、自治区、直辖市人民代表大会

3. 根据我国《土地管理法》的规定，编制土地利用总体规划应遵循的一般原则是（　　）。

A. 严格保护基本农田，控制非农业建设占用农用地
B. 提高土地利用率
C. 统筹安排各类、各区域用地
D. 保护和改善生态环境，保证土地的可持续利用
E. 占用耕地与开发复垦耕地相平衡

4. 我国《水法》规定，水资源属于（　　）。

A. 集体所有
B. 国家所有
C. 集体所有和国家所有
D. 国家所有、集体所有和投资者所有

5. 我国《水法》规定，国家对水资源实行的管理体制是（　　）。

A. 以流域管理为主、行政区域管理为辅
B. 在国家确定的重要江河、湖泊设立流域管理机构
C. 以行政区域管理为主、流域管理为辅
D. 流域管理与行政区域管理相结合

6. 我国现行《水法》规定，开发利用水资源，应当首先满足（　　）。

A. 生活用水的需要
B. 农业用水的需要
C. 工业用水的需要
D. 航运用水的需要

7. 我国《水法》规定的取水许可适用于（　　）。

A. 直接从江河取水的行为
B. 为家庭生活少量取水的行为
C. 城镇居民取用自来水的行为
D. 村民从本村水库取水的行为

8. 根据新《水土保持法》，我国水土保持工作实行（　　）的方针。

A. 预防为主、保护优先
B. 全面规划、综合治理
C. 因地制宜、突出重点
D. 科学管理、注重效益
E. 加强管理、注重效益

9. 必须经国务院主管部门批准，属于国家计划开采的矿产资源包括（　　）。

A. 国家级自然保护区内的矿产资源
B. 国家规划矿区内的矿产资源
C. 对国民经济具有重要价值的矿区内的矿产资源
D. 实行保护性开采的特定矿种
E. 资源稀缺、贵重的矿产资源

10. 依照我国矿产资源保护法律的规定，转让探矿权应当具备的条件包括（　　）。

A. 自颁发勘查许可证之日起满1年
B. 完成规定的最低勘查投入
C. 探矿权属无争议
D. 已缴纳探矿权使用费与探矿权价款
E. 已缴纳矿产资源补偿费

第十六章
生态空间保护法

重点知识

人文生态环境　风景名胜区　人文遗迹　国家公园　文物保护法　生态功能区　自然保护区　城市环境　乡村环境　农业环境　气象环境　气象资源　气象灾害　灾害防治法　防洪法　防震减灾法　防沙治沙法

生态学中的生态空间（ecological space）意指任何生物维持自身生存与繁衍都需要的一定的环境条件，一般把处于宏观稳定状态的某物种所需要或占据的环境总和称为生态空间。环境法中的生态空间是指由特定区域的文化、物理环境诸因素组成的生物存在空间。生态空间既包括人文生态环境，也包括一定的外部空间环境。根据生态学的一般原理，可将生态环境内的各种因子分为物理环境因子和生物因子，前者包括空气、水、土壤、温度、湿度、风雨、日光、压力、营养物、污染质；后者包括各种动植物和微生物。物理环境因子中的一些成分如水、土壤等，在包括我国在内的大多数国家的立法上被视为自然资源，而其他物理环境因子则被视为生态外部空间。生态外部空间环境法体现了人类对人与自然关系认识的深化，使环境法突破了传统的污染防治和自然资源保护的局限，而与生态科学的联系更为密切。

通过本章的教学，主要了解生态空间保护立法的必要性、基本范畴及其体系结构，了解其在现代环境法中的地位和作用，掌握其主要法律制度；重点是各种类型的生态空间环境保护区法律保护的范围、方针、管理体制等主要法律规定；生态空间保护法亦包括防治气象、地质等各类自然灾害的法律原则及规制体系，对于这些内容也要理解掌握。

第一节　人文生态环境保护法

人文生态环境是指体现人类社会的各种文化现象的生态环境。法律上的人文生态环境是指由法律列举的、受法律保护的、与人类社会文化现象相关的生态环境，主要包括风景名胜区、历史遗迹地等人为划定的环境区域。与污染防治和生态资源保护不同的是，人文生态环境保护的权利性质虽不直接涉及人的生命与健康权利，但它直接与人类享有良好生活环境的权利相关，是人类生存质量权利的体现，因而这种权利不能完全用财产权利来衡量；又由于这种权利以体现人类智力成果的文化遗产要素为核心，且与其他生态环境资源要素相结合，这就使这种权利具有一定的财产权意义。因此，人文生态环境保护法所保护的权利是一种复合性的权利。人文生态环境保护法是环境法的一个最新领域，体现着现代环境法发展的趋势。

一、人文生态环境及其法律保护的意义

“人文生态环境”简称“人文环境”或“人文生态”，是指体现人类社会各种文化现象的生态环境，相对于自然生态环境而言，它是由人类所创设，且经时代演变已与人类生存环境相融合之特定生活空间载体、物及非物质的环境因素。就人文生态环境的法学意义而言，即指由法律所列举并受到法律保护的与人类文化现象或意识形态相关的生态环境要素所构成并表现为人为划定的环境区域及人文景观。其可区分为自然遗迹与人文遗迹。作为其构成主体的人文生态环境资源，是指依照法定程序批准确立并受到国家法律特别保护的一类环境资源；相较于一般性的自然环境资源，人文生态环境资源的价值更高，其稀缺性、生态脆弱性、不可替代性和不可再生性更为突出。其往往是大自然与人类社会在漫长的岁月中由于特定的自然和社会历史条件留下的自然文化遗产和人类宝贵精神财富，对科学研究、教育、文化、历史、美学、旅游等具有极为重要的价值意义。对人类来说，人文生态环境资源更具有一种长期的、潜在的、超越经济意义的社会效益价值。主要体现如下。

一是历史文化与科学研究的价值。特定区域的自然遗产是人类探究自然界演变轨迹的场所，其所留存的部分自然环境因素及资源，为人类研究自然界的发展规律以及人类对环境资源的影响提供了客观依据；而文化遗迹（产）则是人类社会变迁发展的见证，为人类反思、以史为鉴提供极为重要的信息材料。

二是美学价值。特定的人文生态环境中的天然景观与人文景观为人类延续发展提供了不可或缺的精神家园，是人与自然和历史文脉进行交流的场所。它能够陶冶人们的精神品质，舒展人们的精神世界，充实人们的精神生活。

三是生态价值。良好的人文生态环境所蕴含的是一种生态文化，是生态实践的表征与总结，其对生态系统的平衡和稳定，以及改善区域环境质量和人类生活环境具有重要的作用。

四是经济价值。人文生态环境的保护可诱导人们的生产及生活价值取向，合理开发和利用自然资源与历史文化资源，可以促进人文资源的经济转化，促进生态型产业的发展，从而有利于实现社会经济的可持续发展。

根据人文生态环境独特的内涵价值，若从法律调整保护的角度来考究，其重要意义主要表现如下。

首先，人文生态环境法律调整与污染防治和一般自然资源环境法律调整不同，它是人类对自然的干预范围日益扩大和深入的结果，突破了传统意义上的对纯自然生态或环境因素的保护，关注的是以体现人类智力成果的文化因素为核心的人文生态资源的保护，

拓宽了法律调整人与自然关系的视野——不仅包括大气圈、水圈、陆地圈、生物圈、外层空间等自然生态系统，也包括政治、经济、思想、文化等社会生活系统。

其次，人文生态环境受法律调整保护的权利是以体现人类智力成果的文化因素为核心，但与其他生态环境资源要素密不可分，致使该权利仍具有一定的财产权意义；同时，人文生态环境法律保护的权利是人类追求更高生存质量权利的体现，而这种权利不能完全以财产权利来界定。因此，人文生态环境法律保护的权利是一种复合性的权利。

最后，重视人文生态环境的法律保护，有助于人们树立生态环境意识，宣扬绿色文化（生态文化），提高人们应对生态危机的能力，促进社会经济、文化、环境的协调发展，矫正既往人们倚重于科技手段、环保管理手段和资金投入解决环境问题的偏向，重视人文科学智慧的价值导向，加强对人的主体性约束，促进环境教育，弘扬人文精神，提高人们的环境素质。

环境法制现代化的逻辑起点应立足于人的现实生活世界，并以实现人的全面发展与基本需要为其核心归宿。在现代社会，在可持续发展观主导下的环境法应定位于生态环境法，包括污染防治法与生态保护法两大部类，生态保护法又可分为生物资源保护法、非生物资源保护法和人文生态环境保护法。在此位阶下，人文生态环境保护法则包括自然保护区法、风景名胜保护区法、历史文化遗迹保护法、国家公园法、历史文化名城保护法等。

二、保护风景名胜区的法律规定

（一）风景名胜区的概念

我国风景名胜区的英文名称为“National Park of China”，与国际上大多数国家都设有的“国家公园”同义。世界自然保护联盟（IUCN）对国家公园定义为：“国家公园是具有相对大面积的区域，包括当地一种或几种生态系统，动植物代表种类、地理位置、栖息地具有特殊科学教育意义，并包括可观赏的自然景观。”联合国教科文组织（UNESCO）《保护世界文化和自然遗产公约》对“文化遗产”定义为：“古迹、建筑群、遗址。”对“自然遗产”定义为：“从审美科学角度看，具有突出的普遍价值的由物质和生物结构或这类结构群组成的自然景观；从科学或保护角度看，具有突出的普遍价值的地质和地文结构以及明确划为受到威胁的动植物生境区；从科学、保存或自然美角度看，具有突出的普遍价值的天然名胜或明确划分的自然区域。”

环境法所称的风景名胜区是指依法划定并加以特殊保护的，具有观赏、文化或科学价值，自然景观、人文景物比较集中，环境优美，具有一定规模和范围，可供人们游览、休息或进行科学、文化活动的区域。划定及保护风景名胜区是保护和改善环境的一个重要方式，保护风景名胜区，对于维护国土风貌、优化生态环境等都具有重要的意义。截至 2017 年年底，全国共建立国家级风景名胜区 244 处，总面积约 10.66 万平方千米，约占国土面积的 1.11%；省级风景名胜区 807 处，总面积约 10.74 万平方千米。全国风景名胜区面积约占国土面积的 2.23%，有 42 处国家级风景名胜区和 10 处省级风景名胜区被联合国教科文组织列入《世界遗产名录》。[①]

（二）我国风景名胜区发展概况

我国是世界文明古国，历史悠久，山河壮丽，地大物博，具有极其丰富的自然资源和人文资源，风景名胜资源如山河、湖海、地貌、森林、动植物等自然景观以及历史遗址、园林、建筑等人文景观众多。国务院自1982年以来先后公布了9批、共244处国家级风景名胜区。其中，第一批至第六批原称国家重点风景名胜区，2007年起改称中国国家级风景名胜区。此外，我国已批准加入《保护世界文化和自然遗产公约》，泰山、黄山、武陵源、九寨沟、黄龙寺等52处自然文化遗产被列入联合国教科文组织《世界遗产名录》。

我国风景名胜区从不同的角度有不同的划分，以其主要景观的不同，大体上可分为八种类型：一是湖泊风景区：如杭州西湖、昆明滇池、江苏太湖、大理洱海、新疆天山天池、赛里木湖、青海湖、长白山天池、镜泊湖、台湾日月潭等；二是山岳风景区：如黄山、泰山、华山、峨眉山、五台山、雁荡山、衡山、阿里山等；三是森林风景区：如西双版纳、四川卧龙、湖北神农架、吉林长白山等；四是山水风景区：如桂林漓江、长江三峡、武夷九曲溪等；五是海滨风景区：如海南天涯海角、浙江普陀山、厦门、大连等；六是休闲疗养避暑胜地：如河北北戴河、江西庐山、浙江莫干山、河南鸡公山等；七是宗教寺庙名胜区：如五台山、九华山、敦煌莫高窟、甘肃麦积山、洛阳龙门、峨眉山、嵩山、武当山等；八是革命纪念地：如延安、井冈山、遵义、中山陵、韶山等。中国风景名胜区的特点是：（1）有各具特色的自然景观。中国的各个风景名胜区往往由于构成因素（山石、水体、动植物、地理位置、气候条件等）和地质、地理演变过程的不同，形成各具特色的自然景观。根据中国传统的山水审美观，人们把富有美感的景观概括为雄、奇、险、秀、幽、旷等美的形象特征，因此有"泰山天下雄""黄山天下奇""华山天下险""峨眉天下秀""青城天下幽""洞庭天下旷"等种种赞语。（2）有自然地理上的典型性。中国许多风景区是地球发展史上具有代表性的遗迹，因而具有研究价值，可以作为科学普及教育的例证。桂林山水、路南石林是闻名世界的典型的岩溶地貌；武夷山风景区是发育典型的"丹霞地形"；黄山风景区、华山风景区是著名的峰林状高山花岗岩地貌；生长5 000余种植物的峨眉山，是有科学研究价值的植物王国等。（3）有悠久的开发历史。中国的风景名胜区一般都有千年以上的历史，留下丰富的人文景观，如摩崖石刻、古代建筑、宗教遗迹和历史人物的活动遗迹等。这些文化遗迹具有很高的社会历史价值和文化艺术价值。

（三）保护风景名胜区立法概况

我国文化遗产保护法律体系主要包括：第一，国际公约，目前我国政府已批准加入《保护世界文化和自然遗产公约》；第二，宪法中的相关规定；第三，相关法律法规，包括全国人大或其常委会所制定法律中的相关规范，如《环境保护法》《文物保护法》《刑

---

① 2017中国生态环境状况公报.

法》《城乡规划法》《矿产资源法》等法律中也有风景名胜区保护的规定，现行关于风景名胜区保护的专门立法有 2006 年 9 月 19 日国务院公布的《风景名胜区条例》（2016 年修订）以及 1993 年建设部发布的《风景名胜区建设管理规定》；第四，地方性法规中的相关法律规范，如《四川省风景名胜区管理条例》《福建省武夷山世界文化和自然遗产保护条例》《湖南省武陵源世界自然遗产保护条例》《泰山风景名胜区保护管理条例》等。

（四）风景名胜区保护的主要法律规定

1. 设立风景名胜区的条件

《风景名胜区条例》第 2 条规定：本条例所称风景名胜区，是指具有观赏、文化或者科学价值，自然景观、人文景观比较集中，环境优美，可供人们游览或者进行科学、文化活动的区域。

2. 关于风景名胜区分级保护的规定

按景物的观赏、文化、科学价值和环境质量、规模大小、游览条件等，风景名胜区可划分为二级。

（1）国家级风景名胜区。设立国家级风景名胜区，由省、自治区、直辖市人民政府提出申请，国务院住房和城乡建设主管部门会同国务院生态环境主管部门、林业草原主管部门、文物主管部门等有关部门组织论证，提出审查意见，报国务院批准公布。

（2）省级风景名胜区。设立省级风景名胜区，由县级人民政府提出申请，省、自治区人民政府住房和城乡建设主管部门或者直辖市人民政府风景名胜区主管部门，会同其他有关部门组织论证，提出审查意见，报省、自治区、直辖市人民政府批准公布。

3. 风景名胜区的管理体制

国务院住房和城乡建设行政主管部门主管全国风景名胜区工作。国务院其他有关部门按照国务院规定的职责分工，负责风景名胜区的保护、利用和统一管理工作。省、自治区住房和城乡建设行政主管部门和直辖市人民政府设置的风景名胜区管理机构负责本行政区域内风景名胜区的监督管理工作。省、自治区、直辖市人民政府其他有关部门按照规定的职责分工，负责风景名胜区的有关监督管理工作。县级以上人民政府设置的风景名胜区管理机构，负责风景名胜区的保护、利用和统一管理工作。

4. 有关制定风景名胜区规划的规定

风景名胜区规划分为总体规划和详细规划。风景名胜区总体规划的编制，应当体现人与自然和谐相处、区域协调发展和经济社会全面进步的要求，坚持保护优先、开发服从保护的原则，突出风景名胜资源的自然特性、文化内涵和地方特色。各级风景名胜区主管部门，应当在所属人民政府领导下，组织编制风景名胜区规划。风景名胜区规划应当包括如下内容：（1）风景资源评价；（2）生态资源保护措施、重大建设项目布局、开发利用强度；（3）风景名胜区的功能结构和空间布局；（4）禁止开发和限制开发的范围；（5）风景名胜区游客容量；（6）有关专项规划。

风景名胜区详细规划应当根据核心景区和其他景区的不同要求编制，确定基础设施、旅游设施、文化设施等建设项目的选址、布局与规模，并明确建设用地范围和规划设计条件。风景名胜区详细规划，应当符合风景名胜区总体规划。

5. 建设项目审批制度

凡在风景名胜区进行的各项建设都应由建设单位填写《建设选址审批书》，分级上报住房和城乡建设行政主管部门审批。对五类建设项目选址（公路、索道与缆车，大型文化、体育与游乐设施，旅馆建筑，设置中国国家风景名胜区徽志的标志建筑，由上级住房和城乡建设行政主管部门认定的其他重大建设项目），实行分级审批。在国家级风景名胜区内修建缆车、索道等重大建设工程，项目的选址方案应当报省、自治区人民政府住房和城乡建设行政主管部门和直辖市人民政府风景名胜区主管部门核准。

6. 限期治理制度

凡属污染环境、破坏景观和自然风貌、严重妨碍游览活动的都要限期治理或逐步迁出。迁出前，不得扩建、新建设施。风景名胜区内原有的有碍景观的工程设施，要按规划要求进行遮掩，改造或者拆除。

7. 特许经营制度

在风景名胜区内进行经营活动的单位和个人都必须经风景名胜区管理机构同意并持有营业执照，在规定的区域和营业范围经营。禁止违反风景名胜区规划，在风景名胜区内设立各类开发区和在核心景区内建设宾馆、招待所、培训中心、疗养院以及与风景名胜资源保护无关的其他建筑物；已经建设的，应当按照风景名胜区规划，逐步迁出。

8. 档案制度

风景名胜区应当建立健全档案制度，对风景名胜区的历史沿革、资源状况、范围界限、生态环境、各项设施、建设活动、生产经济、游览接待等情况进行调查统计研究形成完整的资料，妥善保存。

9. 责任制度

2016 年修订后的《风景名胜区条例》第 42 条规定：违反本条例的规定，在国家级风景名胜区内修建缆车、索道等重大建设工程，项目的选址方案未经省、自治区人民政府建设主管部门和直辖市人民政府风景名胜区主管部门核准，县级以上地方人民政府有关部门核发选址意见书的，对直接负责的主管人员和其他直接责任人员依法给予处分；构成犯罪的，依法追究刑事责任。

（五）保护风景名胜区的具体法律措施

1. 禁止侵占风景名胜区的土地和进行破坏景观的建设

风景名胜区的土地，任何单位和个人都不得侵占。风景名胜区内的一切景物和自然环境，必须严格保护，不得破坏或随意改变。在风景名胜区及其外围保护地带内的各项建设，都应当与景观相协调，不得建设破坏景观、污染环境、妨碍游览的设施。在游人集中的游览区内，不得建设宾馆、招待所以及休养、疗养机构。在珍贵景物周围和重点景点上，除必需的保护和附属设施外，不得增建其他工程设施。

2. 保护风景名胜区的动植物

风景名胜区内的动植物是构成风景名胜的重要因素，必须十分重视其保护工作。因此，《风景名胜区条例》规定了以下措施。

（1）保护生态环境。建立管理制度和技术规范，保护野生动植物及其栖息、生长环境，维护生态平衡。

（2）防止人为破坏。禁止在风景名胜区内从事开山、采石、开矿、开荒、修坟立碑等破坏景观、植被和地形地貌的活动，禁止砍伐或擅自移植古树名木，禁止违反规定养殖、种植、放牧、狩猎、捕捞。

3. 对在风景名胜区开展旅游活动的管理

风景名胜区应当根据规划，积极开发风景名胜资源，改善交通、服务设施和游览条件；按照规划确定的游览接待容量，有计划地组织游览活动，不得无限制地超量接纳游览者。

风景名胜区应当加强安全管理，保障游览者的安全和景物的完好。风景名胜区内的居民和游览者，应当爱护风景名胜区的景物，林木植被、野生动物和各项设施，遵守有关的规章制度。

三、保护人文遗迹的法律规定

（一）人文遗迹的概念

人文遗迹或称人文遗迹地，又称文化遗迹（地），历史文化遗迹（地），是指具有重大历史、文化、艺术、教育、科学、观赏价值的经过人工改造的自然因素，包括各种古文化遗址、古建筑、古墓葬、石窟寺和石刻、壁画，与重大历史事件、革命运动和著名人物有关的具有重要纪念意义、教育意义和历史价值的建筑物、遗址、纪念物。

（二）人文遗迹的分类及立法概况

从人文遗迹的立法保护来看，我国的人文遗迹可以分为三类：一是文物保护法中的作为文物的人文遗迹。关于文物保护的法律法规有《文物保护法》《文物保护法实施条例》以及《水下文物保护管理条例》。二是风景名胜区保护法中作为名胜古迹的人文遗迹，与此相关的立法有《风景名胜区条例》等。三是城市法规中作为历史名城具体内容的人文遗迹，与此相关的立法有《城乡规划法》及《城乡建设环境保护部关于加强历史文化名城规划工作的通知》（已失效）等。

风景名胜区保护的法规，已将许多名胜古迹划入风景名胜区，这方面的内容在上节已经进行了介绍，本节主要介绍一下作为文物及历史名城具体内容的人文遗迹的法律保护。我国的文化遗产保护立法体系采用的是国家立法与地方立法相结合的模式：国家层面，在《宪法》的指导下，形成了以《城乡规划法》《风景名胜区条例》为基础，《环境保护法》等为依托，《刑法》为最后保障的文化遗产保护法律法规体系；地方层面，在遵循国家立法原则的基础上，结合当地实际制定规范性文件。在现有立法制度的规制下，我国文化遗产保护工作井然有序地进行着，已取得了一定的成效。然而，经济发展、科学技术高度发达、社会快速变革也给社会带来了严重的后遗症，大量文物、遗址、古城镇遭受破坏，民间文化、传统艺术等非物质文化遗产不断消失，这些现实不得不引起我们的警觉和关注，同时，这也折射出我国现有立法体制中存在的缺陷。

（三）保护作为文物的人文遗迹的法律规定

文物是文化遗产的重要组成部分，蕴涵着民族特有的精神价值、思维方式、想象力，体现着民族的生命力和创造力。保护和利用好文物，对于继承和发扬民族优秀文化传统，增进民族团结和维护国家统一，增强民族自信心和凝聚力，促进精神文明建设，具有无比重要的意义。相关部门应依照《文物保护法》等法律及国务院《关于加强文化遗产保护的通知》（国发［2005］42 号）的要求，贯彻“保护为主、抢救第一、合理利用、加强管理”的工作方针，针对不同文化遗产的特点，采取切实可行的保护方式，科学规划、妥善处理文化遗产保护与经济社会发展、改善人居条件的关系，做好全国重点文物的保护、管理和合理利用工作。

1. 保护对象、范围

《文物保护法》第 2 条第 1 款规定，文物受国家保护。本法所称文物，是指人类创造的或者与人类活动有关的，具有历史、艺术、科学价值的下列物质遗存：(1) 古文化遗址、古墓葬、古建筑、石窟寺和古石刻、古壁画；(2) 与重大历史事件、革命运动或者著名人物有关的以及具有重要纪念意义、教育意义或者史料价值的近代现代重要史迹、实物、代表性建筑；(3) 历史上各时代珍贵的艺术品、工艺美术品；(4) 历史上各时代重要的文献资料、手稿和图书资料等；(5) 反映历史上各时代、各民族社会制度、社会生产、社会生活的代表性实物。

2. 文物保护的管理体制

《文物保护法》规定：国务院文物行政部门主管全国文物保护工作。地方各级人民政府负责本行政区域内的文物保护工作。

3. 文物权属制度

古文化遗址、古墓葬、石窟寺属于国家所有。国家指定保护的纪念建筑物、古建筑、古石刻、古壁画、近代现代代表性建筑等不可移动文物，除国家另有规定的以外，属于国家所有。属于集体所有和私人所有的纪念建筑物、古建筑和祖传文物以及依法取得的其他文物，其所有权受法律保护。

4. 文物保护单位

《文物保护法》规定，古文化遗址、古墓葬、古建筑、石窟寺、古石刻、古壁画、近现代重要史迹和代表性建筑等不可移动文物，根据它们的历史、艺术、科学价值，分别确定为不同级别的文物保护单位。国务院文物行政部门在省级、市、县级文物保护单位中，选择具有重大历史、艺术、科学价值的确定为全国重点文物保护单位，或者直接确定为全国重点文物保护单位，报国务院核定公布。

省级文物保护单位，由省、自治区、直辖市人民政府核定公布，并报国务院备案。

设区的市级和县级文物保护单位，分别由设区的市、自治州人民政府和县级人民政府核定公布，并报省、自治区、直辖市人民政府备案。

未定级不可移动文物，由县级人民政府文物行政部门予以登记，报本级人民政府和上一级人民政府文物行政部门备案，并向社会公布。

1961 年 3 月 4 日，国务院公布第一批全国重点文物保护单位名单 180 处；至 2019 年 10 月 16 日，国务院核定的“第八批全国重点文物保护单位”名单公布，至此，全国重点文物保护单位达 5 058 处。

5. 避免破坏文物的法律规定

（1）不可移动文物保护。在文物保护单位的保护范围内不得进行文物保护工程以外的其他建设工程或者爆破、钻探、挖掘等作业，不得建设污染文物保护单位及其环境的设施，不得进行可能影响文物保护单位安全及其环境的活动。有关的拆除、迁移、修缮、保养等活动必须遵守有关规定。

（2）考古发掘管理。一切发掘考古工作必须履行报批手续，取得资质证书，未经国务院批准，任何外国人、外国组织、国际组织不得在中国境内进行考古活动。任何单位和个人不得侵占考古发掘文物和资料。

（3）建设工程中的文物保护。基本建设、旅游发展必须把文物保护放在第一位，防止建设性破坏和过度商业化。

（4）馆藏文物保护。修复馆藏文物，不得改变馆藏文物的原状，复制、拍摄、拓印馆藏文物，不得对文物造成损害。收藏文物的单位应按规定配备防火、防盗、防自然损坏的设施，确保收藏文物的安全。

（四）保护人文遗迹丰富的历史文化名城（镇、村）的法律规定

历史文化名城（镇、村）是指保护文物特别丰富，具有重大历史价值、革命意义的城市（镇、村）。在这些城市中，有的曾被各朝帝王选作都城；有的曾是当时的政治、经济重镇；有的曾是重大历史事件的发生地；有的因拥有珍贵的文物遗迹而享有盛名；有的则因出产精美的工艺品而著称于世。历史文化名镇名村反映了中国不同地域、不同民族、不同经济社会发展阶段聚落形成和演变的历史过程，真实记录了传统建筑风貌、优秀建筑艺术，传统民俗民风和原始空间形态，具有很高的研究和利用价值。历史文化名城、名镇、名村是宝贵的不可再生的文化资源，是我国文化遗产的重要组成部分。切实保护好这些文化遗产，对传承、发展中华文明，增强中华民族凝聚力，实现中华民族的伟大复兴，将起到不可估量的作用。

现行法律规定，根据具体城市的历史、科学、艺术价值，历史文化名城分为两级：即国家级历史文化名城和省、自治区、直辖市级历史文化名城，前者由国务院公布，后者由省、自治区、直辖市人民政府公布。1982 年至 2024 年，国务院已审批的历史文化名城共有 143 座。1982 年《文物保护法》将历史文化名城纳入保护范围，《文物保护法》在 2002 年修订时将历史文化街区、村镇纳入保护范围。《文物保护法》《城乡规划法》等均明确有历史文化名城、名镇、名村保护制度，并确定由国务院制定保护办法。2008 年 7 月 1 日，国务院《历史文化名城名镇名村保护条例》正式实施。有关历史文化名城（镇、村）保护的主要法律规定如下。

1. 关于历史文化名城（镇、村）的管理体制

国务院住房和城乡建设主管部门会同国务院文物主管部门负责全国历史文化名城、名镇、名村的保护和监督管理工作。地方各级人民政府负责本行政区域历史文化名城、名镇、名村的保护和监督管理工作。

2. 制定历史文化名城（镇、村）保护规划

历史文化名城的保护规划应能反映其特定性质，并将保护规划纳入城市总体规划。保护规划要注意保护文物古迹及具有历史传统特色的街区，保护城市的传统格局和风貌。各项开发建设必须符合保护规划的要求，规划确定的有关控制指标，必须严格执行。

《历史文化名城名镇名村保护条例》规定：历史文化名城批准公布后，历史文化名城人民政府应当组织编制历史文化名城保护规划。历史文化名镇、名村批准公布后，所在地县级人民政府应当组织编制历史文化名镇、名村保护规划。保护规划应当自历史文化名城、名镇、名村批准公布之日起 1 年内编制完成。保护规划应当包括的内容有：（1）保护原则、保护内容和保护范围；（2）保护措施、开发强度和建设控制要求；（3）传统格局和历史风貌保护要求；（4）历史文化街区、名镇、名村的核心保护范围和建设控制地带；（5）保护规划分期实施方案。

3. 划定历史文化保护区

对一些文物古迹比较集中，或能较完整地体现出某一历史时期的传统风貌和民族地方特色的街区、建筑群、小镇、村寨等，也应予以保护。各省、自治区、直辖市或市、县人民政府可根据它们的历史、科学、艺术价值，核定公布为当地各级“历史文化保护区”。对“历史文化保护区”的保护措施可参照文物保护单位的做法，重点保护整体风貌、特色。

4. 对历史文化名城（镇、村）的建设管理

在进行历史文化名城建设时，要求对集中反映历史文化的老城区、古城遗址、文物古迹、名人故居、古建筑、风景名胜、古树名木等，采取有效措施，严加保护，禁止乱占、乱拆、乱挖、乱建，绝不能因进行新的建设使其受到损害或任意迁动位置。要在这些历史遗迹周围划出一定的保护地带，对该范围内的新建、扩建、改建工程采取必要的限制措施。

《历史文化名城名镇名村保护条例》规定：在历史文化名城、名镇、名村保护范围内从事建设活动，应当符合保护规划的要求，不得损害历史文化遗产的真实性和完整性，不得对其传统格局和历史风貌构成破坏性影响。该条例明确了历史文化名城、名镇、名村保护范围内禁止进行的活动。在历史文化名城、名镇、名村保护范围内进行以下三类活动——改变园林绿地、河湖水系等自然状态的活动，在核心保护范围内进行影视摄制、举办大型群众性活动，其他影响传统格局、历史风貌或者历史建筑的活动——应当保护其传统格局、历史风貌和历史建筑，制订保护方案，并依照有关法律、法规的规定办理相关手续。

历史文化街区、名镇、名村核心保护范围内的历史建筑，应当保持原有的高度、体量、外观形象及色彩等。在历史文化街区、名镇、名村核心保护范围内，不得进行新建、扩建活动。但新建、扩建必要的基础设施和公共服务设施除外。在历史文化街区、名镇、名村核心保护范围内，新建、扩建必要的基础设施和公共服务设施的，城市、县人民政府自然资源主管部门核发建设工程规划许可证、乡村建设规划许可证前，应当征求同级文物主管部门的意见。在历史文化街区、名镇、名村核心保护范围内，拆除历史建筑以外的建筑物、构筑物或者其他设施的，应当经城市、县人民政府自然资源主管部门会同同级文物主管部门批准。

5. 对在历史文化名城发展生产、旅游事业的管理

在历史文化名城发展生产，必须对生产项目进行严格的选择。过去在市区已经建成的工矿企业或其他单位，凡“三废”污染严重的，要限期治理，危害特别严重的，要结合经济调整，实行关停并转或搬迁；正在建设的工程，凡是有损于这些名城保护的，要妥善处理，对非法占用文物古迹、风景园林，不利于文物安全和妨碍旅游开放的，不论涉及哪个部门、单位，都应限期迁出。兴建旅游设施，要适应历史文化名城的特点，不要破坏名城风貌。

四、国家级自然公园的法律保护

（一）国家级自然公园的概念

国家级自然公园，是指经国务院及其部门依法划定或者确认，对具有生态、观赏、文化和科学价值的自然生态系统、自然遗迹和自然景观，实施长期保护、可持续利用并纳入自然保护地体系管理的区域。包括国家级风景名胜区、国家级森林公园、国家级地质公园、国家级海洋公园、国家级湿地公园、国家级沙漠（石漠）公园和国家级草原公园。[①] 我国对自然公园的保护起步较晚，1980 年，林业部发出了《关于风景名胜地区国有林场保护山林和开发旅游事业的通知》。

（二）国家级自然公园管理的主要法律规范

1994 年 1 月，林业部公布了《森林公园管理办法》（已失效），并于 2011 年、2016 年对其进行了两次修改；2011 年，国家林业局出台了《国家级森林公园管理办法》（已失效）。2023 年 10 月，国家林业和草原局印发了《国家级自然公园管理办法（试行）》。建设国家级自然公园，应当坚持保护优先、科学规划、多方参与、合理利用、可持续发展的原则，统筹做好国土生态安全、生物安全等多目标融合。国家级风景名胜区依照《风景名胜区条例》管理。

以《国家级自然公园管理办法（试行）》为准，我国关于国家级自然公园保护的主要法律规定包括以下内容。

1. 管理体制

国家林业和草原局主管全国国家级自然公园工作。县级以上地方人民政府林业和草

---

① 参见《国家级自然公园管理办法（试行）》第 2 条。

原主管部门负责监督管理本行政区域内的国家级自然公园。国家级自然公园管理单位负责本自然公园日常管理工作。

2. 管理制度

（1）设立、调整与撤销。

国家级自然公园的设立、范围调整或者撤销，由省级林业草原主管部门报经省级人民政府同意后，向国家林业和草原局提出书面申请，国家林业和草原局组织国家级自然公园评审委员会评审后作出批复，并抄送有关省级人民政府。国家林业和草原局根据需要组织专家实地考察或者征求有关中央和国家机关意见。国家林业和草原局设立国家级自然公园评审委员会，承担国家级自然公园的设立、范围调整或者撤销的评审工作，提出评审意见。国家林业和草原局按照自然公园的不同类别，建立相应领域的国家级自然公园专家库，为国家级自然公园实地考察、规划评审等工作提供技术支持。按照“谁审批、谁公开”的原则，国家林业和草原局以及省级林业草原主管部门应当依法公开国家级自然公园设立、范围调整、撤销、变更名称、更正面积和范围边界、自然公园规划等信息，并做好与相关部门的信息共享。

（2）规划制定与修改。

国家级自然公园规划是保护、管理、利用和监督的基本依据。管理单位自批准设立或范围调整之日起 1 年内组织编制或修编完成公园规划，规划应体现山水林田湖草沙一体化保护和系统治理、人与自然和谐共生的要求，坚持保护优先、开发建设服从保护的原则，突出自然特征和文化内涵。国家级自然公园规划由省级林业草原主管部门组织专家评审，经征求相关部门意见并报请省级人民政府同意后批准实施，抄送国家林业和草原局。规划批准前，应当进行公示。经批准的规划不得随意修改，确需修改的，依照审批程序进行。

3. 建设与保护

国家级自然公园建设应坚持保护优先、科学规划、多方参与、合理利用、可持续发展的原则，统筹国土生态安全、生物安全等多目标融合。国家级自然公园应当纳入生态保护红线，并按照一般控制区管理，可结合自然公园规划编制，分区细化差别化的管理要求。公园范围内除国家重大项目外，仅允许对生态功能不造成破坏的有限人为活动。严格保护公园内的珍贵自然资源、自然遗迹、自然景观和文物古迹等人文景观。在国家级自然公园内开展相关活动和设施建设，不得擅自改变其自然状态和历史风貌。

（1）规划分区。

根据资源禀赋、功能定位和利用强度，可以规划生态保育区和合理利用区，统筹生态保护修复、旅游活动和资源利用，合理布局相关基础设施、服务设施及配套设施建设，加强精细化管理，实现生态保护、绿色发展、民生改善相统一。

生态保育区以生态系统保护和修复为主要功能，可规划保护、培育、修复、管理活动及必要设施建设，以及适度观光游览活动，可根据需要划定不对公众开放或季节性开放区域。

合理利用区以开展自然体验、科普教育等旅游活动为主要功能，兼顾居民等合法权益主体的生产生活和资源利用，不得规划房地产等开发项目及不一致的旅游项目，严格控制索道等对生态和景观影响较大的建设项目。严格保护珍贵自然资源以及人文景观，开展相关活动和设施建设不得擅自改变其自然状态和禁止擅自从事采矿、房地产等不符合管控要求的开发活动，禁止违规侵占公园、排放污染物等行为。

（2）活动管理。

在国家级自然公园内开展活动和设施建设应征求管理单位意见，其中重大项目等还需征求省级以上林业草原主管部门意见，必要时组织专家论证。国家级自然公园管理单位应当加强对相关活动和设施建设的监督，督促有关单位和个人严格执行相关法律法规的规定，依法办理相关手续，在指定区域内进行，并采取必要保护修复措施，减少和降低对自然生态系统、自然遗迹以及自然和人文景观的不利影响。

国家级自然公园内，旅游活动的开展需依据规划确定旅游区域、线路和游客容量，完善服务设施，有序开展旅游活动。设置防护设施和警示标识，禁止不文明旅游行为和违规用火。鼓励网上预约、限时分流等疏导游客方式，严禁超容量接待游客。鼓励管理单位与专业机构合作开展科学研究和教学实习，为保护与管理提供科学依据。应建立健全自然教育和科普宣传系统，开展各类活动促进公众了解自然公园。引导支持周边居民发展绿色产业，提供优质生态产品。鼓励在公园内使用绿色建材和塑料替代产品等，限制使用一次性塑料产品。鼓励公民、法人和其他组织参与国家级自然公园的保护、管理等工作。

（3）安全监管。

国家级自然公园管理单位应当建立巡护制度，设立巡护站点，配备专职巡护人员，定期组织开展巡护管护，采用电子化、信息化技术手段，加强人类活动监测，及时发现、制止、报告破坏自然公园的行为。还应建立健全安全生产制度，加强管理；制定突发事件应急预案，提升处置能力，依法依规做好安全事故、自然灾害等预防和处置。应当加强“天空地一体化”监测能力建设，完善监测设施装备，科学布局监测站点，实现动态监测和智慧管理。

国家级自然公园管理单位应当定期组织开展自然生态系统、自然遗迹、自然和人文景观等资源以及社会经济状况调查、监测与评价，配合登记机构开展自然资源确权登记，构建本底资源数据库，建立资源动态变化档案，并依法按照相关部门要求提供资料。

（4）监督追责。

国家林业和草原局负责全国国家级自然公园的监督检查工作。国家林业和草原局组织和实施的国家级自然公园监督检查工作按照《自然保护地监督工作办法》执行。县级以上地方人民政府林业草原主管部门负责本行政区域内国家级自然公园的监督检查工作，国家级自然公园管理单位应当予以配合，不得拒绝、阻碍。公园管理单位在法律、法规授权范围内履行相关行政执法职责，对发现的国家级自然公园内存在的违法违规问题，应当及时调查核实、督促整改。对不具备执法权限的，应当及时将问题线索报告或者移送相关部门。造成生态环境损害的，管理单位可依法请求违法行为人承担责任。对保护管理不力导致设立条件丧失的，国家林业和草原局可撤销国家级自然公园并公布。

第二节　生态功能区和自然保护区法

一、生态功能区的概念及发展概况

（一）生态功能与生态功能区的概念

生态功能是指生态系统与生态过程中所形成的维持人类赖以生存的自然环境条件与效用，包括水源涵养、水土保持、调节气候、净化空气和水体、调蓄洪水、防风固沙、维持生物多样性、培育土壤等功能。生态功能保护区是指在保持流域、区域生态平衡，防止和减轻自然灾害，确保国家和地区生态安全方面具有重要作用的江河源头区、重要水源涵养区、水土保持的重点预防保护区和重点监督区、江河洪水调蓄区、防风固沙区、重要渔业水域，以及其他具有重要生态功能的区域，依照规定程序划定一定面积予以重点保护、建设和管理的区域。

（二）我国生态功能区发展的概况

2000 年原国家环保总局会同有关部门制定并由国务院办公厅发布的《全国生态环境保护纲要》明确规定了生态功能区的建设要求，其当时提出的近期目标是：到 2010 年，基本遏制生态环境破坏趋势，建设一批生态功能保护区，力争使长江、黄河等大江大河的源头区，长江、松花江流域和西南、西北地区的重要湖泊、湿地，西北重要的绿洲，水土保持重点预防保护区及重点监督区等重要生态功能区的生态系统和生态功能得到保护与恢复；远期目标是：到 2030 年，全面遏制生态环境恶化的趋势，使重要生态功能区的生态环境得到有效保护，各大水系的一级支流源头区和国家重点保护湿地的生态环境得到改善。该纲要特别指出，江河源头区、重要水源涵养区、水土保持的重点预防保护区和重点监督区、江河洪水调蓄区、防风固沙区和重要渔业水域等重要生态功能区，在保持流域、区域生态平衡，减轻自然灾害，确保国家和地区生态环境安全方面具有重要作用。对这些区域的现有植被和自然生态系统应严加保护，通过建立生态功能保护区，实施保护措施，防止生态环境的破坏和生态功能的退化。对生态功能保护区应采取以下保护措施：停止一切导致生态功能继续退化的开发活动和其他人为破坏活动；停止一切产生严重环境污染的工程项目建设；严格控制人口增长，区内人口已超出承载能力的应采取必要的移民措施；改变粗放生产经营方式，走生态经济型发展道路；对于已经破坏的重要生态系统，要结合生态环境建设措施，认真组织重建与恢复，尽快遏制生态环境恶化趋势。

为了贯彻实施该纲要，有关部门先后制定了《生态功能保护区评审管理办法》《生态功能保护区规划编制大纲（试行）》《全国生态功能区划（修编版）》《生态功能区划暂行规程》等规范性文件。

二、我国生态功能保护区的分级管理与建立

（一）生态功能保护区的分级管理

生态功能保护区分为国家级、省级和地（市）级。跨省域和对于维护国家生态安全具有重要作用的重点流域、重点区域的重要生态功能区，建立国家级生态功能保护区。跨地（市）及对于维护省（自治区、直辖市）生态安全具有重要作用的重点区域的重要生态功能区，建立省级生态功能保护区。跨县（市）及对于维护地（市）生态安全具有重要作用的重点区域的重要生态功能区，建立地（市）级生态功能保护区。

（二）生态功能保护区的建立

国家级生态功能保护区的建立，由省级人民政府提出申请，报国务院批准。省级生态功能保护区的建立，由地（市）级人民政府提出申请，报省级人民政府批准。地（市）级生态功能保护区的建立，由县（市）级人民政府提出申请，报地（市）级人民政府批准。跨两个以上行政区域的生态功能保护区的建立，由有关行政区域的人民政府协商一致后提出申请，并按照规定的程序申报。

生态功能保护区的建立，应当经生态功能保护区评审委员会评审。各级生态功能保护区评审委员会，由同级人民政府生态环境行政主管部门会同有关部门建立。其评审委员由有关部门推荐的代表和专家组成，专家人数应占评审委员会总人数的40%～60%。

生态功能保护区范围的确定，应满足维持和发挥主导生态功能作用，同时兼顾生态系统结构、功能、过程的完整性以及辅助生态功能的有效发挥，并便于行政管理。

生态功能保护区按照下列方法命名：生态功能保护区所在地地名＋级别＋生态功能保护区。

生态功能保护区的撤销及级别、范围、内部分区、规划的调整或者改变，应当经原批准建立生态功能保护区的人民政府批准。

三、生态功能保护区规划

生态功能保护区规划是通过分析区域生态环境特点和人类经济、社会活动，以及二者相互作用的规律，依据生态学和生态经济学的基本原理，制定区域生态环境保护目标，以及实现目标所要采取的措施。

（一）生态功能保护区规划的指导思想和基本原则

生态功能保护区规划的指导思想是，遵循《全国生态环境保护纲要》的各项原则，以实施可持续发展战略，改变粗放生产经营方式，走生态经济型发展道路为中心，以改善区域生态环境质量，维护生态环境功能为目标，把生态环境保护和建设与经济发展相结合，统一规划，加强法制，严格监管，实现区域经济、社会和环境的协调发展。生态功能保护区规划应遵循以下基本原则。

1. 保护优先、预防为主、防治结合的原则

建立生态功能保护区是为了对重要生态功能区实施抢救性保护，因此，必须坚持保护优先、预防为主、防治结合的原则，切实加强对这些地区的社会、经济活动的环境监管，防止生态功能退化。同时，遵循自然规律，采取适当的生物和工程措施，尽快恢复和重建退化的生态功能。

2. 生态保护与经济发展相结合的原则

通过调整生态功能保护区内的产业结构，改变区内粗放经济发展方式，最大限度地减轻人类活动对生态环境的影响，以达到保护生态功能的目的。

3. 统筹规划、突出重点、分步实施的原则

规划要突出重点，抓住生态功能保护区的主导生态功能，重点解决制约主导生态功能发挥的各类限制性因素。同时，应当统筹兼顾，点面结合，分步实施。

（二）各种类型生态功能保护区建设的主要任务与措施总体要求

1. 江河源头区

功能定位：主导功能是保持和提高源头径流能力和水源涵养能力，辅助功能主要是保护生物多样性和保持水土。

主要任务：严格保护自然、良好的冰川雪原、湿地生态系统和珍稀野生动植物栖息地与集中分布区，自然恢复退化中的草、灌、林植被或生态系统，科学治理水土流失和沙化土地。

主要措施：建立严格保护区域或自然保护区，设立禁挖区、禁采区、禁伐区、禁牧区、禁垦区；开展围栏封育和退耕退牧还草还林还水，适当开展生态移民；严格控制载畜量，改进粗放耕作方式；按照自然生态规律，适度开展植树种草和水土流失治理等人工生态建设工程；开展生态产业示范，培育替代产业和新的经济增长点等。

2. 江河洪水调蓄区

功能定位：主导功能是保持和提高自然的削减洪峰和蓄纳洪水能力，辅助功能主要是保护生物多样性、保护重要渔业水域和维护水自然净化能力。

主要任务：防止湖泊萎缩、湿地破坏，严格保护现有的湖滨带、河滩地，以及良好的湿地生态系统和珍稀野生动植物栖息地与集中分布区；保护湖泊通江口，维护良好的通江水道；加强退田还湖还湿（地）“双退区”的保护和“单退区”的监管，防止反弹；减轻水污染负荷，改善水交换条件，恢复水生态系统的自然净化能力。

主要措施：建立严格保护区域或自然保护区，形成完善的自然保护区网络；开展退田还湖还湿（地）和适度生态移民，在“双退区”从事渔业养殖要严格控制养殖规模，必要时采取禁渔措施，规范“单退区”资源开发利用活动；调整农林牧渔产业结构与生产布局，组织生态旅游、生态农业等生态产业示范和推广，发展绿色食品、有机食品等名优特产品；开展湿地生态系统修复工程、农业面源污染控制工程和城镇生活、工业污染治理工程。

3. 重要水源涵养区

功能定位：主导功能是保持和提高水源涵养、径流补给和调节能力，辅助功能可根据生态功能保护区类型而定。对于天然的水源涵养区，辅助功能主要是保护生物多样性；对于人工水源涵养区，辅助功能主要是保持水土，维护水自然净化能力。

主要任务：对于天然的水源涵养区，主要任务类似江河源头类生态功能保护区。对于人工水源涵养区，主要任务是严格保护现有的库滨带，维护良好的湿地生态系统；恢复库区草、灌、林植被或生态系统，治理水土流失；减轻水污染负荷，改善水交换条件，恢复水生态系统的自然净化能力。

主要措施：对于天然的水源涵养区，类似江河源头类生态功能保护区。对于人工水源涵养区，主要措施是建立严格保护区域或自然保护区，设立禁挖区、禁采区、禁伐区、禁垦区、禁牧区；开展湿地生态系统修复工程、农业面源污染控制工程和城镇生活、工业污染治理工程；开展退耕还草还林、植被恢复和水土流失治理等人工生态建设工程，适当开展生态移民；调整农林牧渔产业结构与生产布局，组织生态产业示范和推广，发展绿色食品、有机食品等名优特产品。

4. 防风固沙区

功能定位：主导功能是防风固沙，减少沙尘暴的危害；辅助功能是保护生物多样性和涵养水源。

主要任务：保护草原、沙区的湖泊、湿地，保障生态用水；严格保护现有自然、良好的草、灌、林植被；保护珍稀野生动植物栖息地与集中分布区；自然与人工相结合，恢复退化植被，治理沙化土地。

主要措施：建设水源保护区或自然保护区，设立禁牧区、禁垦区、禁采区；制止滥采、滥挖野生中草药材，合理规划和鼓励开展人工生产基地建设；严格控制载畜量，建立禁牧、限牧、轮牧制度，建设人工饲料基地，鼓励舍饲养殖；围栏封育退化草地、灌丛，开展退耕还林还草、农村新能源建设和生态移民工程；组织生态旅游、生态农业等生态产业示范和推广，发展绿色食品、有机食品等名优特产品。

5. 水土保持的重点预防保护区和重点监督区

参照国家水土保持法律、法规的有关要求执行。

6. 重要渔业水域

功能定位：主导功能是维护生物多样性，辅助功能是调蓄洪水和水质调节。

主要任务：保护鱼虾类产卵场、索饵场、越冬场、洄游通道和鱼虾贝藻类养殖场的生态环境，防治渔业水域污染；保护珍稀野生水生生物栖息地与集中分布区；维护渔业水域的生物多样性。

主要措施：建立珍稀野生水生生物自然保护区，划定禁渔区；对于鱼虾类的产卵场、索饵场、越冬场、洄游通道和鱼虾贝藻类的养殖场等重要渔业水域，划定禁渔区、设定禁渔期；控制捕捞量，避免渔业资源衰竭；推广生态渔业生产方式，科学确定养殖密度，防止养殖造成污染；防止外来物种入侵；防治农业面源污染物、工业污染物和生活污染物对渔业水域的污染；禁止炸鱼、毒鱼，不得使用禁用的渔具和捕捞方法进行捕捞；禁止捕捞有重要经济价值的水生动物苗种，确需捕捞的，应按有关规定，在指定的区域和时间内，限额捕捞；禁止围湖造田，重要的苗种基地和养殖场不得围垦。

四、自然保护区的法律规定

（一）自然保护区的概念及我国自然保护区概况

1. 自然保护区的概念

依据《自然保护区条例》第 2 条的规定，自然保护区是指对有代表性的自然生态系统、珍稀濒危野生动植物物种的天然集中分布区、有特殊意义的自然遗迹等保护对象所在的陆地、陆地水体或者海域，依法划出一定面积予以特殊保护和管理的区域。由此可见，自然保护区，是指与国家自然公园、风景名胜区、历史文化遗迹相区别，以自然保护和科学研究为目的而划定的自然区域。

建立自然保护区是保护自然环境和自然资源，防止生态破坏的一种有效途径。建立、保护自然保护区具有诸多功能：它能提供生态系统的天然“本底”；它是动植物和微生物物种及其群体的天然贮存库；它是活的自然博物馆；它有助于保护环境，保持生态平衡，如有助于水土保持、调节地方气候及有利于生物的栖息、繁衍等。建立自然保护区是保护生态环境、自然资源和生物多样性的有效措施，是加快转变经济发展方式、建设生态文明、促进人与自然和谐的重要手段。

2. 我国自然保护区建设的现状

我国重视生态建设和自然保护工作，自 1956 年在广东省肇庆市建立第一个自然保护区——鼎湖山自然保护区以来，经过 50 多年的建设和发展，自然保护事业取得了显著的成效。特别是近些年国家组织实施天然林保护、退耕还林、湿地恢复等重点生态工程，实现了森林面积和蓄积的“双增长”。国家林业和草原局 2021 年公布的中国林草资源及生态状况报告显示，中国森林覆盖率为 24.02%，森林面积达到 34.6 亿亩。截至 2017 年年底，全国共建立各种类型、不同级别的自然保护区 2 750 个，总面积 147.17 万平方千米。其中，自然保护区陆域面积 142.70 万平方千米，占陆域国土面积的 14.86%。现有国家级自然保护区 474 个。吉林的长白山等 34 个自然保护区加入了世界人与生物圈网络；黑龙江的扎龙等 82 个自然保护区被列入《国际重要湿地名录》。我国具有重要生态功能的区域、绝大多数国家重点保护的珍稀濒危野生动植物和自然遗迹都在自然保护区内得到了保护，自然保护区在我国社会经济发展与生态系统保护中发挥了无可替代的基础保障作用。

自然保护区建设的基本特征是以封闭式、强制性保护管理为主。在现有条件下，对事关国家、区域、流域生态安全的重要生态功能区实施有效保护的最佳途径，也应建立保护区，实施强制性管理。

“十二五”时期，国家林业局在《全国野生动植物保护与自然保护区建设“十二五”发展规划》中确定了我国自然保护工作的指导思想、主要目标、总体布局和优先保护对象，科学规划自然保护区布局，加强对新建自然保护区的指导，在尚未得到有效保护的典型生态系统、国家重点保护野生动植物集中分布区域及自然遗迹地，优先建立自然保护区，逐步形成完善的自然保护区网络体系。对现有自然保护区进行整合，对其范围和功能区划进行优化。

加强自然保护区基础设施建设，提高监测与研究水平，加强对自然保护区周边资源开发活动的监控引导，完善自然保护区建设与管理的法规体系，建立自然保护区的警告、升降级及定期考评制度，对部分保护价值明显下降和管理水平低下的保护区，应进行警告、降级乃至撤销，促进自然保护区管理水平的提高。

3. 我国自然保护区发展存在的问题

（1）对自然保护区的重要性认识不足。

由于社会各界没有树立可持续发展的思想，出现了保护区周围森林被过度采伐、湿地被开垦、草原退化等情况，这使保护区的自然环境发生改变，保护对象减少或丧失，进而失去保护价值。另外，公众的自然保护意识有待进一步提高。

（2）部分保护区未明确划界，土地纠纷增多。

一些保护区在建区时没有明确划定边界，随着土地的升值，开发强度加大，侵占和改变保护区土地现状的情况日趋严重。有些保护区没有解决好同农民集体等的土地权属问题，保护区管理机构无法阻止有土地使用权的部门或集体对土地的开发使用，致使纠纷不断，且解决难度较大，成为保护区屡屡遭到蚕食、破坏的重要客观原因。

（3）管理条件不能满足自然保护区事业发展的需要。

我国自然保护区的总体管理水平与环境保护先进国家相比还有不少差距，其中大多数保护区的管理机构不健全，没有专门编制、专职人员和专项经费人员，人员素质不高，基础设施薄弱、管护执法能力及装备不足等，这是导致自然保护区管理普遍落后的主要原因。

（4）资金投入不足，严重制约了保护区事业的良性发展。

我国自然保护区是在强大的人口资源压力和抢救性保护政策导向下迅速发展起来的，正面临着数量与质量、保护与利用等诸方面的突出矛盾，其中，最大的障碍就是建设资金与管护经费投入的不足。近些年，我国虽加大了对自然保护区的投入力度，中央财政通过实施“野生动植物保护和自然保护区建设工程”以及建立“国家级自然保护区能力建设专项基金”，年投入经费达到2.5亿元以上，地方财政投入达到3.5亿元以上，年投入总经费突破6亿元，但该投入远跟不上保护区建设的速度，中央财政投入的2.5亿元分摊至各个国家级自然保护区，仅为100万元左右，远远满足不了日常管护的需要。而且，自然保护区自始就缺乏稳定有效的多元化资金筹措机制，资金不足成了自然保护区建设和管理普遍存在的问题。资金紧缺使得自然保护区后续管理和建设工作停滞不前，造成不少保护区已处于“批而不建、建而不管、管而不力”的不健康状态，已无法实现可持续的良性运作发展。

（5）资源开发与保护的矛盾加剧。

全国各地大力发展地方经济的任务很重，使得保护与发展的矛盾日益突出，导致保护区的建设和管理难度越来越大。随着社会经济发展，保护区周边人为活动因素不断增加，征占保护区土地的建设项目日益增多。一些地方政府从发展经济的角度考虑，限制自然保护区的建立，甚至对已建的保护区还要求撤销。有些地方政府和部门由于眼前利益和局部利益的驱动，片面强调资源的开发利用，在未经严格科学论证和履行必要的审批程序的情况下，在保护区外围和内部进行盲目开发建设，超越了保护区的承受能力，对自然资源和生态系统造成严重破坏，甚至改变了保护区的性质或使其几近失去保护价值。

（二）我国自然保护区的立法现状

保护自然保护区，必须加强法制建设，使自然保护区的建设和管理法制化。目前，我国有关自然保护区保护的主要法律、法规及规范性文件有：《自然保护区条例》（1994年发布，2011年、2017年修订）、《森林和野生动物类型自然保护区管理办法》（1985年）、《地质遗迹保护管理规定》《海洋自然保护区管理办法》《自然保护区土地管理办法》等；《环境保护法》《野生动物保护法》及其他环境资源保护法律、法规中也有关于自然保护区管理与保护的规定。各地根据区域自然保护的需要及基于“一区一法”的保护理念，分别出台有一些地方性法规、规章及管理办法。另外，国务院办公厅2010年颁发的《关于做好自然保护区管理有关工作的通知》（国办发［2010］63号）、国家环境保护总局2009年颁布的《国家级自然保护区规范化建设和管理导则（试行）》、国家林业局颁布的《全国林业自然保护区发展规划（2006—2030年）》等，均成为规范指导自然保护区建设发展的重要文件。不过，我国《自然保护区法》的制定已启动多年都未能顺利出台。

1. 国家对自然保护区发展的基本方针

建立自然保护区是国家自然保护事业的重要组成部分，它既是环境问题，也是重大的经济、社会问题，自然保护区的建设、发展必须与经济、社会发展相协调。

《自然保护区条例》第4条规定：“国家采取有利于发展自然保护区的经济、技术政策和措施，将自然保护区的发展规划纳入国民经济和社会发展计划。”

建立自然保护区，从长远来说，它将因保护自然资源而促进经济发展，但它在短期内往往没有什么经济效益，甚至往往还与当地人民群众的生产、生活产生不少矛盾。因此，《自然保护区条例》第5条规定：“建设和管理自然保护区，应当妥善处理与当地经济建设和居民生产、生活的关系。”各地在落实这一规定上，积累了一些有益经验。例如发展生态旅游业，吸收因建立自然保护区而产生的剩余劳动力，以及发展特种经济动植物的驯养和栽培，等等。

2. 自然保护区的管理体制

我国自然保护区实行综合管理和分部门管理相结合的管理体制。国务院生态环境主管部门负责全国自然保护区的综合管理。① 国务院林业草原、农业农村、自然资源、水利、海洋等有关行政主管部门在各自的职责范围内，主管有关的自然保护区。县级以上地方人民政府负责自然保护区管理的部门的设置与职责，由省、自治区、直辖市人民政府根据当地具体情况确定。

---

① 2018年《国务院机构改革方案》规定组建国家林业和草原局，将原国家林业局的职责，原农业部的草原监督管理职责，以及原国土资源部、住房和城乡建设部、水利部、原农业部、国家海洋局等部门的自然保护区管理职责整合，组建国家林业和草原局，由自然资源部管理。国家林业和草原局加挂国家公园管理局牌子。

（三）自然保护区的建设

自然保护区建设的基本原则是：坚持生态、社会、经济三大效益相统一；坚持就地保护为主、迁地保护为辅；坚持统筹规划、合理布局、突出重点、分步实施；坚持政府主导、多方参与、共同保护；坚持统筹兼顾，使保护事业与当地经济社会协调发展；坚持立足国情，借鉴国际经验，创新保护机制。

1. 建立自然保护区的条件

《自然保护区条例》对于建立各种类型的自然保护区的条件作出统一规定。凡具有下列条件之一的，应当建立自然保护区：（1）典型的自然地理区域、有代表性的自然生态系统区域以及已经遭受破坏但经保护能够恢复的同类自然生态系统区域；（2）珍稀、濒危野生动植物物种的天然集中分布区域；（3）具有特殊保护价值的海域、海岸、岛屿、湿地、内陆水域、森林、草原和荒漠；（4）具有重大科学文化价值的地质构造、著名溶洞、化石分布区、冰川、火山、温泉等自然遗迹；（5）经国务院或者省、自治区、直辖市人民政府批准，需要予以特殊保护的其他自然区域。

此外，《森林和野生动物类型自然保护区管理办法》对于建立森林和野生动物类型自然保护区的条件也作出了具体规定。

2. 自然保护区分级的规定

自然保护区分为国家级自然保护区和地方级自然保护区。在国内外有典型意义，在科学上有重大国际影响或者有特殊科学研究价值的自然保护区，列为国家级自然保护区。其他具有典型意义或者重要科学研究价值的自然保护区列为地方级自然保护区。

地方级自然保护区可以分级管理，具体办法由国务院有关自然保护区行政主管部门或者省、自治区、直辖市人民政府根据实际情况确定，报国务院生态环境主管部门备案。

3. 自然保护区划界的规定

自然保护区的范围和界线由批准建立自然保护区的人民政府规定，并标明区界，予以公告。确定自然保护区的范围和界线，应当兼顾保护对象的完整性和适度性，以及当地经济建设和居民生产、生活的需要。

4. 关于自然保护区分区保护的规定

为了对自然保护区实行有效保护和科学管理，使整个自然保护区发展成为以保护为根本目的，并结合科学实验、参观旅游的基地，需要对自然保护区进行功能分区。只有这样，才能使自然保护区与当地的经济建设和人民生活的提高密切结合起来，同时也摆脱了传统保护区消极保护的做法，使自然保护区发挥出多种功能。

《自然保护区条例》规定：自然保护区可以分为核心区、缓冲区和实验区。自然保护区内保存完好的天然状态的生态系统以及珍稀、濒危动植物的集中分布地，应当划为核心区，禁止任何单位和个人进入，除依该条例第 27 条的规定经批准外，也不允许进入从事科学研究观测活动。核心区外围可以划定一定面积的缓冲区，只准进入从事科学研究观测活动。缓冲区外围划为实验区，可以进入从事科学试验、教学实习、参观考察、旅游以及驯化、繁殖珍稀、濒危野生动植物等活动。原批准建立自然保护区的人民政府认为必要时，可以在自然界保护区的外围划定一定面积的外围保护地带。

（四）自然保护区的管理

1. 自然保护区的管理机构

《自然保护区条例》规定：国家级自然保护区，由其所在省、自治区、直辖市人民政府有关自然保护区行政主管部门或者国务院有关自然保护区行政主管部门管理。地方级自然保护区，由其所在地的县级以上地方人民政府有关自然保护区行政主管部门管理。

有关自然保护区行政主管部门应当在自然保护区设立专门的管理机构，配备专业技术人员，负责自然保护区的具体管理工作。《自然保护区条例》第 22 条还对自然保护区管理机构的主要职责作出了规定。

2. 对自然保护区内开展活动的限制

（1）禁止性活动。

禁止在自然保护区内进行砍伐、放牧、狩猎、捕捞、采药、开垦、烧荒、开矿、采石、挖沙等活动；但是，法律、行政法规另有规定的除外。

（2）禁止进入区域。

禁止任何人进入自然保护区的核心区。因科学研究的需要，必须进入核心区从事科学研究观测、调查活动的，应当事先向自然保护区管理机构提交申请和活动计划，并经省级以上人民政府有关自然保护区行政主管部门批准。

（3）缓冲区限制。

禁止在自然界保护区的缓冲区开展旅游和生产经营活动。因教学科研的目的，需要进入自然保护区的缓冲区从事非破坏性的科学研究、教学实习和标本采集活动的，应当事先向自然保护区管理机构提交申请和活动计划，经自然保护区管理机构批准。

从事上述活动的，应当将其活动成果的副本提交自然保护区管理机构。

3. 对在自然保护区开展参观、旅游活动的管理

在自然保护区的实验区内开展参观、旅游活动的，由自然保护区管理机构编制方案，方案应当符合自然保护区管理目标。

在自然保护区组织参观、旅游活动的，应当严格按照规定的方案进行，并加强管理；进入自然保护区参观、旅游的单位和个人，应当服从自然保护区管理机构的管理。

严禁开设与自然保护区保护方向不一致的参观、旅游项目。

4. 对外国人进入自然保护区的管理

外国人进入自然保护区，应当事先向自然保护区管理机构提交活动计划，并经自然保护区管理机构批准；其中，进入国家级自然保护区的，应当经省、自治区、直辖市环境保护、海洋、渔业等有关自然保护区行政主管部门按照各自职责批准。

进入自然保护区的外国人，应当遵守有关自然保护区的法律、法规和规定，未经批准，不得在自然保护区内从事采集标本等活动。

5. 对自然保护区建设生产设施等项目的管理

在自然保护区的核心区和缓冲区内，不得建设任何生产设施。在自然保护区的实验

区内，不得建设污染环境、破坏资源或者景观的生产设施；建设其他项目，其污染物排放不得超过国家和地方规定的污染物排放标准。在自然保护区的实验区内已经建成的设施，其污染物排放超过国家和地方规定的排放标准的，应当限期治理；造成损害的，必须采取补救措施。

在自然保护区的外围保护地带建设的项目，不得损害自然保护区内的环境质量；已造成损害的，应当限期治理。限期治理决定由法律、法规规定的机关作出，被限期治理的企业、事业单位必须按期完成治理任务。

6. 对自然保护区污染和破坏事故的报告和处理

因发生事故或者其他突然性事件，造成或者可能造成自然保护区污染或者破坏的单位和个人，必须立即采取措施处理，及时通报可能受到危害的单位和居民，并向自然保护区管理机构、当地生态环境主管部门和自然保护区行政主管部门报告，接受调查处理。

第三节 自然灾害防治法

一、自然灾害问题及自然灾害防治法概述

灾害若仅被视为一种自然现象，主要是指由生态物理环境中的环境因子变化造成生态外部空间环境的灾难性恶化，灾害在人类社会发展进程中自古就有且难以避免，不断给人类生命和物质财产造成极大的危害和破坏。在现代社会，除了地震、火山活动等纯自然现象，灾害更多的与人类破坏生态环境行为密切相关，是人为因素与自然因素相互作用的产物，甚至还有的就是人为因素直接导致的结果。

一般而言，因火山、洪水、气候异常、地震、泥石流等自然灾害而给人类造成的危害属于第一环境问题或称原生环境问题，其不同于由于人类自身活动所引发的第二环境问题或称人为环境问题。[①] 显然，现代社会的致灾因素复杂，人是加剧或导致现代类型灾害的主导因素，加上自然固有与生态失衡因素的叠加作用或诱发，有害现象呈多样性态势，其影响强度大，且往往一灾多害，因此具有不确定性、难以预料性、治理难度大的特点。生态环境恶化加剧了自然灾害，频发的自然灾害不仅给人类社会造成了巨大的生命和财产损失，更引发了生态危机或环境灾难，严重阻碍了社会的进步，引起了世界各国政府对灾害问题的特别关注，灾害防治成为各国面临的共同挑战，防灾减灾是人类持之以恒的重要任务。随着人口的快速增长和社会的发展，人类活动对自然灾害的影响越来越大。这种影响对人类本身而言，有消极的一面，也有积极的一面。一方面，人为灾害与人为诱发的自然灾害不断增加，甚至诱发或演变为严重的次生环境问题；另一方面，人类的防灾、抗灾、减灾能力也在不断增强。

为了中华民族的生存和繁衍发展，我们有意识、有组织地与自然灾害作斗争十分重要，但前提是必须认识我国自然灾害的规律。只有这样，才能提高减灾意识，因地制宜

① 周珂.生态环境法论.北京：法律出版社，2001：15－17.

地采取相应的防灾减灾对策。我国作为世界上灾害最为严重的国家之一，伴随着全球气候变化和经济快速发展及城市化进程不断加快，资源、环境和生态压力剧增，自然和人为的因素叠加且相互影响，灾害种类多，发生频率高，分布地域广，灾损严重，对我国社会经济与生态环境系统的威胁与破坏性有增无减，灾害防范应对形势严峻复杂。

鉴于灾害对生态环境安全有巨大威胁与破坏性，各国普遍重视采取多种措施进行灾害防治，其中最为有效的手段之一就是法治，即通过完善法规建设，强化法治意识，规范政府主导的灾害防治行为，确保在灾害事件发生后的减灾行动有序进行。所谓灾害防治，简称防灾减灾，是指人类预测、防御、应急抗击、救助、减轻灾害的各项活动，是一项复杂的社会系统工程。防灾减灾进入法制调节领域，是现代社会的产物。20 世纪中叶以来，随着现代科技、经济的发展，灾害日趋严重，对人类造成的损失越来越大，成为对环境安全保障的严重挑战，人们认识到只有制定完善的防灾减灾法律，利用法律的强制性和规范性才能做好防灾减灾工作。我国防灾减灾法制虽取得一定成就，但总体上比较薄弱，加强灾害防治法制建设有其必然性与重要意义。

我国自然灾害防治立法分为专门立法、专类规范和相关规范三类。专门立法是指以自然灾害防治为唯一立法目的的法律规范，我国现已制定的这方面的专门立法主要包括：1997 年 8 月第八届全国人大常委会第二十七次会议通过，并于 1998 年 1 月 1 日起施行的《中华人民共和国防洪法》（以下简称《防洪法》），2001 年 8 月 31 日第九届全国人大常委会第二十三次会议通过并于 2002 年 1 月 1 日实施的《中华人民共和国防沙治沙法》（2018 年修正）等法规。专类规范是其他立法中规定的旨在防治自然灾害的法律章节或条文，如《中华人民共和国气象法》第四章“气象预报与灾害性天气警报”、第五章“气象灾害防御”等。相关规范亦称准用性规范，是其他立法中可用于调整自然灾害防治法律关系的规范，例如民法中恢复原状、排除妨碍、补救措施等承担民事责任的方式在自然灾害防治法中的准用，刑法中妨害公务罪、渎职罪、贪污罪等罪名在自然灾害防治法中的准用，治安管理、建筑安装、规划管理等行政法规中规定的行政责任方式在自然灾害防治法中的准用等。

二、防洪法

洪水是指由暴雨或急骤融冰化雪、水库垮坝等引起江河水量迅速增加，水位急剧上涨的自然现象。影响洪水特性的主要自然因素是流域气候条件、下垫面地形、地质、地貌等。洪水能否造成灾害，与人类社会经济活动有密切关系，只有当洪水威胁到人类安全和影响社会经济活动并造成损失时才能成为洪灾。因此，洪水灾害的形成是自然因素和社会因素综合作用的结果。洪水灾害历来是我国最严重的自然灾害之一。由季风导致的多暴雨气候特征和地势西高东低落差大的地理特征，我国洪水灾害频繁。我国历来十分重视防洪。新中国成立后，发布了《中华人民共和国防汛条例》《中华人民共和国河道管理条例》《蓄滞洪区安全与建设指导纲要》等行政法规和文件。1997 年 8 月第八届全国人大常委会第二十七次会议通过并颁布了《防洪法》，将防洪工作进一步纳入法治化的轨道，是我国防治洪灾的一部基本法律。其内容包括总则、防洪规划、治理与防护、防洪区和防洪工程设施的管理、防汛抗洪、法律责任和附则，共 8 章 66 条。立法体现了防洪工作的预防为主、严格规划管理、防汛与抗旱相结合、工程措施与非工程措施相结合等原则，主要法律制度包括：

（一）规划制度

防洪工作乃千百万人民生命财产安全所系，且覆盖大江大河及其流域广大地区，既要有主管部门的统一领导，又要有各方面的密切配合；既要有紧急情况下的应对措施，又要有长期的建设与部署。因此，该工作特别强调严格规划管理，这使防洪法带有鲜明的公法色彩。防洪法总则之后紧接着的就是防洪规划的专章，可见其地位之重要。防洪规划是指为防治某一流域、河段或者区域的洪涝灾害而制定的总体部署，是江河、湖泊治理和防洪工程设施的基本依据。防洪规划制度主要涉及三方面具体的规定。

一是防洪规划保留区制度。所谓防洪规划保留区，是指经防洪规划确定，依法批准划定并公告的河道整治计划用地和规划建设的堤防用地范围内的土地。《防洪法》规定，规划保留区内的土地利用，应当符合防洪规划的要求，不得建设与防洪无关的其他永久性工程设施；在特殊情况下，国家建设项目确需占用规划保留区内的土地的，应当征求有关水行政主管部门的意见。

二是规划同意书制度。规划同意书是指水行政主管部门对防洪工程和其他水工程、水电站的可行性研究报告进行审查，对于符合防洪规划的要求者予以同意签署的法定程序。《防洪法》规定，在江河、湖泊上建设防洪工程和其他水工程、水电站等，应当符合防洪规划的要求；水库应当按照防洪规划的要求留足防洪库容；有关的可行性研究报告按照国家规定的基本建设程序报请批准时，应当附具有关水行政主管部门签署的符合防洪规划要求的规划同意书。

三是占用河道审批管理制度。河道是行洪的通道，如果发生堵塞、淤积，会降低蓄洪能力，致使汛期行洪不畅，加重汛情。针对一些地方随意占用河道的行为，如跨河、穿河、临河工程设施的建设占用河道不按规定审批，甚至在河道内修建工厂和住宅，使行洪河道在紧急情况下难以启用，从而严重影响行洪的情况，《防洪法》加大了对占用河道的管理力度，规定占用河道应当符合国家规定的防洪标准、岸线规划等技术要求，其可行性研究报告按照国家规定的基本建设程序报请批准前，其中的工程建设方案应当经水行政主管部门审查同意；占用河道时，由水行政主管部门确定跨越的河道空间和穿越的河床位置。

（二）经济责任与义务制度

防洪工作涉及经济全局的重大利益和诸多方面的具体利益，因此，在强调带有强烈行政色彩的规划管理的同时，也要特别重视发挥公平原则和经济手段的作用，这也是防洪法由行政法规上升为法律的重要标志。经济责任主要体现国家或政府的职能，而经济义务则主要体现民事法律调整的功能。防洪法中的经济责任与义务制度主要包括以下两个方面。

一是蓄滞洪区的安全建设管理与补偿、救助制度。蓄滞洪区是指包括分洪口在内的河堤背水面以外临时贮存洪水的低洼地区及湖泊等，是防洪体系的重要组成部分。蓄滞洪区往往有人口居住，因此，首先要加强此区域的安全建设管理。《防洪法》规定，有关的地区和部门应按照防洪规划的要求，制定安全建设计划，控制蓄滞洪区人口增长，有计划地组织外迁，并采取其他必要的安全保护措施。其次，由于蓄滞洪区是为了确保全局而作出牺牲，政府有责任对其予以扶持和补偿、救助，作为蓄滞洪区的受益者也应有这方面的义务，《防洪法》对这类责任和义务作出了明确规定。

二是防洪投入由政府和受益者共同合理承担的制度。防洪需要大量的财产投入，这种投入一方面具有国家履行职能的性质，另一方面也有特定地区和部分民事主体直接受益的性质，因此，对这种投入的负担理应由政府和直接受益者共同合理承担。《防洪法》规定，防洪费用按照政府投入同受益者合理承担相结合的原则筹集。又规定，各级人民政府应当采取措施，提高防洪投入的总体水平。《防洪法》还明确了防洪投入的主体和中央与地方在防洪投入中的事权，并规定了江河治理和防洪工程设施建设的投资渠道和原则。

（三）洪水影响评价报告制度

这是由环境影响评价制度派生出的特殊防洪制度，主要作用在于避免进洪时对蓄滞洪区内的非防洪建设项目造成不必要的经济损失，并防止建设项目对防洪工作产生严重影响。《防洪法》规定，在蓄滞洪区内建设非防洪建设项目，应当就洪水对建设项目可能产生的影响和建设项目对防洪可能产生的影响作出评价，编制洪水影响评价报告，提出防御措施。建设项目可行性研究报告按照国家规定的基本建设程序报请批准时，应当附具有关水行政主管部门审查批准的洪水影响评价报告。

（四）保护范围制与分工负责制

防洪工作必须在强调统一规划管理的前提下，明确保护范围，落实分工负责制。首先要划定河道管理保护范围和防洪工程设施管理保护范围。为了防止在河道管理范围内从事有碍河道防护的活动，加强河道防护与防洪工程设施保护，充分发挥其防洪功能，《防洪法》规定，流域管理机构直接管理的河道、湖泊管理范围，由流域管理机构会同有关县级以上地方人民政府划定；其他河道、湖泊管理范围，由有关县级以上地方人民政府划定。属于国家所有的防洪工程设施，应当按照经批准的设计，在竣工验收前由县级以上人民政府按照国家规定，划定管理和保护范围。属于集体所有的防洪工程设施，应当按照省、自治区、直辖市人民政府的规定，划定管理和保护范围。其次要建立防汛抗洪的政府行政首长负责制和部门分工负责制，以加强对防汛抗洪工作的统一领导，确保汛期的统一指挥和调度，充分发挥各有关部门的作用，确保防汛抗洪工作的顺利进行。为此，《防洪法》规定，防汛抗洪工作实行各级人民政府行政首长负责制，统一指挥，分工负责，并规定了有关人民政府、防汛指挥机构、水行政主管部门及其他有关部门在防汛抗洪中的职责与任务。

三、防沙治沙法

土地沙化，是指主要因人类不合理活动所导致的天然沙漠扩张和沙质土壤上植被及覆盖物被破坏，形成流沙及沙土裸露的过程。土地沙化是环境退化的标志，是环境不稳定的正反馈过程。所谓的沙化土地，包括已经沙化的土地和具有明显沙化趋势的土地。防沙治沙是我国当前防治自然灾害的重要任务。

2001年8月31日第九届全国人大常委会第二十三次会议通过，并于2002年1月1日起施行的《中华人民共和国防沙治沙法》(2018年修正)，适应防沙治沙工作系统工程的需要，规范政府及有关部门在防沙治沙工作中的权力、职责，以及社会团体及公民个人在防沙治沙工作中的权利和义务，将我国防沙治沙工作进一步纳入法治化轨道，是防沙治沙工作的基本法律依据。该法共7章47条，分为总则、防沙治沙规划、土地沙化的预防、沙化土地的治理、保障措施、法律责任和附则。主要内容如下。

(一) 防沙治沙工作的基本原则

防沙治沙法总结我国多年来开展防沙治沙工作取得的宝贵经验，针对我国的现实国情，提出以下原则：统一规划，因地制宜，分步实施，坚持区域防治与重点防治相结合的原则；预防为主，防治结合，综合治理的原则；保护和恢复植被与合理利用自然资源相结合的原则；遵循生态规律，依靠科技进步的原则；改善生态环境与帮助农牧民脱贫致富相结合的原则；国家支持与地方自力更生相结合，政府组织与社会各界参与相结合，鼓励单位、个人承包防治的原则；保障防沙治沙者的合法权益的原则。

《防沙治沙法》也明确规定了在国务院领导下，由国务院林业草原行政主管部门负责组织、协调、指导全国防沙治沙工作。国务院林业草原、农业农村、水利、自然资源、生态环境等行政主管部门和气象主管机构，按照有关法律规定的职责和国务院确定的职责分工，各负其责，密切配合，共同做好防沙治沙工作。县级以上地方人民政府组织、领导所属有关部门，按照职责分工，各负其责，密切配合，共同做好本行政区域的防沙治沙工作。

防沙治沙工作不仅是政府机关的职责，使用土地的单位和个人，也有防止该土地沙化的义务。使用已经沙化的土地的单位和个人，有治理该沙化土地的义务。为了动员广大人民群众的力量，沙化土地所在地区的各级人民政府应当组织有关部门开展防沙治沙知识的宣传教育，增强公民的防沙治沙意识，提高公民防沙治沙的能力。

(二) 防沙治沙规划

我国的防沙治沙工作任务艰巨，北方大部分地区都面临着严重的土地沙化威胁，为了协调好各方面的活动，明确各自的任务和目标，防沙治沙要实行统一规划。从事防沙治沙活动，以及在沙化土地范围内从事开发利用活动，必须遵循防沙治沙规划。防沙治沙规划应当对遏制土地沙化扩展趋势，逐步减少沙化土地的时限、步骤、措施等作出明确规定，并将具体实施方案纳入国民经济和社会发展五年计划和年度计划。

《防沙治沙法》详细规定了各级行政机关编制防沙治沙规划的权限分工，指出了编制规划的依据，并强调防沙治沙规划应当与土地利用总体规划相衔接，防沙治沙规划中确定的沙化土地用途，应当符合本级人民政府的土地利用总体规划。

(三) 土地沙化的预防

为了贯彻预防为主、防治结合、综合治理的原则，《防沙治沙法》规定了各级国家行政机关对土地沙化情况的监测报告制度。

预防土地沙化的措施主要包括保护土地植被，加强草原的管理和建设，合理利用水资源，限制土地开垦和移民等。

首先，沙化土地所在地区的县级以上地方人民政府应当按照防沙治沙规划，划出一定比例的土地，因地制宜地营造防风固沙林网、林带，种植多年生灌木和草本植物。由林业草原行政主管部门负责确定植树造林的成活率、保存率的标准和具体任务，并逐片组织实施，明确责任，确保完成。除了抚育更新性质的采伐，不得批准对防风固沙林网、林带进行采伐。在对防风固沙林网、林带进行抚育更新性质的采伐之前，必须在其附近预先形成接替林网和林带。对于林木更新困难地区已有的防风固沙林网、林带，不得批准采伐。禁止在沙化土地上砍挖灌木、药材及其他固沙植物。沙化土地所在地区的县级人民政府，应当制定植被管护制度，严格保护植被，并根据需要在乡（镇）、村建立植被管护组织，确定管护人员。在沙化土地范围内，各类土地承包合同应当包括植被保护责任的内容。

其次，草原地区的地方各级人民政府，应当加强对草原的管理和建设，由林业草原行政主管部门会同农业农村行政主管部门负责指导、组织农牧民建设人工草场，控制载畜量，调整牲畜结构，改良牲畜品种，推行牲畜圈养和草场轮牧，消灭草原鼠害、虫害，保护草原植被，防止草原退化和沙化。草原实行以产草量确定载畜量的制度。由林业草原行政主管部门会同农业农村行政主管部门负责制定载畜量的标准和有关规定，并逐级组织实施，明确责任，确保完成。

再次，沙化土地所在地区的县级以上地方人民政府水行政主管部门，应当加强流域和区域水资源的统一调配和管理，在编制流域和区域水资源开发利用规划和供水计划时，必须考虑整个流域和区域植被保护的用水需求，防止因地下水和上游水资源的过度开发利用导致植被破坏和土地沙化。该规划和计划经批准后，必须严格实施。沙化土地所在地区的地方各级人民政府应当节约用水，发展节水型农牧业和其他产业。

最后，沙化土地所在地区的县级以上地方人民政府，不得批准在沙漠边缘地带和林地、草原开垦耕地；已经开垦并对生态产生不良影响的，应当有计划地组织退耕还林还草。禁止在沙化土地封禁保护区范围内安置移民。对于沙化土地封禁保护区范围内的农牧民，县级以上地方人民政府应当有计划地组织迁出，并妥善安置。

（四）沙化土地的治理

沙化土地的治理是与预防结合在一起的，是解决我国国土已经出现大面积沙化问题的必然选择。沙化土地所在地区的地方各级人民政府，应当按照防沙治沙规划，组织有关部门、单位和个人治理已经沙化的土地。

沙化土地的治理可以采用以下方式实施：单位和个人在自愿的前提下，可以采用捐资或者以其他形式开展公益性的治沙活动；使用已经沙化的国有土地的使用权人和农民集体所有土地的承包经营权人，必须采取治理措施，改善土地质量，确实无能力完成治理任务的，可以委托他人治理或者与他人合作治理；依法取得土地使用权的单位和个人在向行政机关提出申请后，可以从事营利性治沙活动；已经沙化的土地范围内的铁路、公路、河流和水渠两侧，城镇、村庄、厂矿和水库周围，实行单位治理责任制，由县级以上地方人民政府下达治理责任书，由责任单位负责组织造林种草或者采取其他治理措施；沙化土地所在地区的地方各级人民政府，可以组织当地农村集体经济组织及其成员在自愿的前提下，对已经沙化的土地进行集中治理。

（五）保障措施

防沙治沙需要大量的人力、物力和财力，必须依法保障防沙治沙者的合法权益。各级国家机关应当在本级财政预算中按照防沙治沙规划通过项目预算安排资金，用于本级人民政府确定的防沙治沙工程；也应当制定优惠政策，鼓励和支持单位和个人防沙治沙。使用已经沙化的国有土地从事治沙活动的，经县级以上人民政府依法批准，可以享有不超过70年的土地使用权。因保护生态的特殊要求，将治理后的土地批准划为自然保护区或者沙化土地封禁保护区的，批准机关应当给予治理者合理的经济补偿。国家根据防沙治沙的需要，组织设立防沙治沙重点科研项目和示范、推广项目，并对科学研究与技术推广给予资金补助、税费减免等政策优惠。

法条链接

1.《中华人民共和国环境保护法》第16条至第23条；
2.《中华人民共和国文物保护法》全文；
3.《中华人民共和国文物保护法实施条例》全文；
4.《中华人民共和国水下文物保护管理条例》全文；
5.《风景名胜区条例》全文；
6.《国家级自然公园管理办法（试行）》全文；
7.《全国生态环境保护纲要》全文；
8.《生态功能保护区评审管理办法》全文；
9.《生态功能保护区规划编制大纲（试行）》全文；
10.《生态功能区划暂行规程》全文；
11.《自然保护区条例》全文；
12.《森林和野生动物类型自然保护区管理办法》全文；
13.《地质遗迹保护管理规定》全文；
14.《海洋自然保护区管理办法》全文；
15.《自然保护区土地管理办法》全文；
16.《中华人民共和国城乡规划法》第4条、第13条；
17.《中华人民共和国防沙治沙法》全文。

深度阅读

1. 国家环境保护总局办公厅. 关于印发《生态功能保护区规划编制大纲（试行）》的

通知（环办［2002］8号）.

2. 环境保护部. 关于印发《全国生态脆弱区保护规划纲要》的通知（环发［2008］92号）.

3. 环境保护部，中国科学院. 关于印发《全国生态功能区划（修编版）》的公告（2015年第61号）.

4. 国务院新闻办公室. 中国的减灾行动（2009）.

5. 周珂. 生态环境法论. 北京：法律出版社，2001.

6. 赵学谦. 农村生态建设与环境保护. 成都：西南交通大学出版社，2005.

7. 邵琛霞. 农村环境保护立法探讨. 江苏农村经济，2006（3）.

8. 梁正海. 中国文化遗产保护理论与实践研究述评. 贵州师范大学学报（社会科学版），2009（6）.

思考与练习

1. 人文生态环境保护的意义和特征是什么？

2. 自然保护区在环境保护中有哪些作用？目前其建设管理存在的主要问题是什么？

3. 我国保护风景名胜区、人文遗迹地和国家公园有哪些主要法律规定？

4. 我国关于自然与文化遗产立法的不足与应完善的地方是什么？

5. 2008年1月中旬以来，我国南方遭受了低温雨雪冰冻特大自然灾害，群众的生产生活受到极大影响。而5月12日，四川汶川发生了8.0级地震，造成重大的人员、财产损失。请结合本章内容思考：对于如何构建应对灾难等突发事件的法律机制这一问题，你有什么看法？

6. 巍山古城地处云南西部哀牢山麓，红河源头的巍山，是一座具有浓郁地方历史文化特色的城市，是中国历史文化名城，同时也是南诏国的发祥地。巍山北城楼名拱辰楼，建于明洪武年间，是云南保存年代最早和最完整的古代城楼，是省级文物保护单位。但令人痛惜的是，2015年1月3日，历经600余年屹立不倒的拱辰楼起火被毁。目前事故原因已查明，是使用古楼进行演出经营的南诏古乐团电气线路故障引燃了周边可燃物。

此次拱辰楼被烧毁不是一个偶然事件，仅仅从2013年至2014年这两年，云南省多处历史文化遗产、遗迹被烧毁。2013年3月11日晚，丽江古城光义街现文巷一处院落发生火灾。烧毁民房107间，涉及13户，其中客栈4家，6个院落，过火面积2 243.46平方米。2014年1月11日，凌晨1时37分，迪庆藏族自治州香格里拉县独克宗古城发生火灾。烧毁房屋343栋，总受灾户数246户，古城最繁华地带变成废墟，烧损房屋直接财产损失为8 983.930 8万元。2014年4月6日，凌晨4时10分左右，丽江市古城区束河街道龙泉社区一商铺发生火灾。10间铺面损毁，烧毁4个院落，涉及11个户主，过火面积490平方米。

不到两年时间，云南省香格里拉独克宗古城、丽江古镇、大理古城接连发生火灾。扼腕叹息的同时，不得不发问：作为防火重中之重的古城古寨古建筑，缘何火灾频发？

请结合本章所学知识思考本案该如何处理。

4

PART FOUR

| 第四编 |

国际环境法基础

第十七章
国际环境法概述

重点知识

全球面临的主要国际环境问题　国际环境法的概念与特点　国际环境法的渊源与体系　国内环境法与国际环境法的区别与衔接　国际环境法的基本原则

本章的学习目的在于了解国际环境问题及国际环境保护的重要性，掌握国际环境法的概念、渊源和体系，能够从主体、立法方式、外部表现形式和法律实施途径等方面对国内环境法与国际环境法进行分析和比较，并掌握二者的关联之处。全面理解和掌握国际环境法的基本原则。

第一节　国际环境问题及国际环境保护

一、国际环境问题

国际环境问题，也称人类环境问题、全球环境问题或地球环境问题，是指超越一国国界的区域性的或全球性的环境污染和生态破坏问题。工业革命使得社会生产力不断提高，世界经济达到了空前繁荣的时代，同时，人类对环境影响的深度和广度不断加强，大气、水、土地、生物乃至外层空间不断受到破坏。自然科学家曾按照环境问题空间范围的大小以及与人类活动关联程度的大小把环境分为聚落环境、区域环境、全球环境和宇宙环境等。聚落是人类聚居和集中活动的中心，一般分为城市、集镇和村庄。因为其与人类的生产生活关系最密切、最直接，是环境问题发生最集中的区域或大范围环境问题的引发区域。许多重大公害事件都肇始于聚落环境。区域环境（regional environment）是指具有独特的结构和特征的自然环境或社会环境。划分区域环境的目的是进行区域对比，并按各区域特点，研究和解决有关环境问题。区域环境可以根据行政区划、自然区域或经济区域来划分。流域环境属于区域环境。一定的行政区可以分为几个不同的自然环境区域，同一自然环境区域也可以覆盖若干个行政或经济区域。[1] 地球环境是指大气圈

---

① 徐祥民.关于建立排污权转让制度的几点思考.环境保护，2002（12）.

中的对流层、水圈、土壤圈、岩石圈和生物圈，也称全球环境。宇宙环境是指超出大气层以外的环境。宇宙环境与地球环境具有相关性，因而也成为环境科学研究的对象。与这种分类相应，环境问题也有影响区域大小不同的四类，即聚落环境问题、区域环境问题、全球环境问题或地球环境问题（例如气候变化问题）、宇宙环境问题（例如太空垃圾问题）。聚落环境问题和区域环境问题主要发生在一国之内，比如城市垃圾处置问题。部分区域环境问题具有国际影响，比如松花江流域的水环境问题就涉及中国和俄罗斯，澜沧江-湄公河流域的水环境问题涉及中国、缅甸、泰国、老挝、柬埔寨和越南。由此可知，国际环境问题包括全球环境问题、宇宙环境问题和一部分区域环境问题。第二次世界大战以后，国际环境问题有了新的变化：局部地区的问题逐步演变为全球性的问题；暂时性的问题演变成长远的问题；潜在性的问题进一步恶化演变成公开性的问题。当前的国际环境问题主要表现为以下几个方面。

（1）全球气候变暖。气候变化问题主要指温室效应及其带来的极端性气候，这是当前国际社会普遍关注的国际环境问题。其形成原因主要是由于人类向大气排放大量的温室气体，使得全球气候逐步地变暖。温室气体，指的是大气中能吸收地面反射的太阳辐射，并重新发射辐射的一些气体，其作用是使地球表面变得更暖，类似于温室截留太阳辐射，并加热温室内空气的作用。这种温室气体使地球变得更温暖的影响称为“温室效应”。大气中已经发现的能产生温室效应的气体有将近 30 种，水汽（H_2O）、二氧化碳（CO_2）、氧化亚氮（N_2O）、甲烷（CH_4）、臭氧（O_3）等是地球大气中主要的温室气体。《京都议定书》中控制的 6 种温室气体为：二氧化碳（CO_2）、甲烷（CH_4）、氧化亚氮（N_2O）、氢氟碳化合物（HFCs）、全氟碳化合物（PFCs）、六氟化硫（SF_6）。对气候变化影响最大的是二氧化碳，是气候变化最主要的控制对象。气候变暖的危害主要有：一是两极冰川及雪山融化，海平面上升，地处低洼的沿海地带、分布在太平洋上的岛国被淹没；二是全球降水量重新分配，旱涝剧变，森林、湿地和极地冰土的破坏，直接威胁了原有自然环境生态系统的正常循环，从而导致许多物种的锐减与灭绝，自然生态系统的平衡遭受破坏；三是加剧各种气象灾害，如出现极度高温，百年不遇的旱灾、热浪、飓风和龙卷风，并将对人类和其他生物的生存造成巨大的影响；四是气候变暖既会直接影响人类健康，如持续的高温可能加快传染病的传播，加重人体循环系统的负担，增加疾病的危险和死亡率，又会通过自然生态系统的失衡、各种气象灾害而影响人类的正常生存与发展。

（2）臭氧层破坏。自然界中的臭氧，大多分布在距地面 20 千米到 50 千米的大气中，我们称之为臭氧层。臭氧层中的臭氧主要是紫外线制造出来的。臭氧层有两个重要作用：一是臭氧层可以吸收太阳紫外线辐射中对生物最有害波长的部分，使得人类和动植物免受太阳紫外线的伤害；二是臭氧层吸收太阳辐射，可以加热大气层，也就是臭氧可以把太阳辐射里的紫外线转化为热能。人类向大气排放大量臭氧层耗损物质，使臭氧层变薄甚至出现空洞，导致太阳对地球的紫外线辐射增强。这将使人体免疫系统的机能减退，人体抵抗疾病的能力下降，人类皮肤癌的发病率猛增，并诱发白内障、呼吸道疾病等。除了对人类健康造成严重影响，臭氧层破坏也危及整个动植物群落，导致谷物的减产，豆类、瓜类等农作物的品质降低和产量下降，还可能会改变森林和草地物种的组成，对鱼、虾、蟹、两栖动物和其他动物的早期发育构成危害，导致其繁殖力下降和幼体发育不全。这些危害进而又影响不同生态系统的生物多样性分布。

（3）酸雨现象严重。酸雨通常指 pH 值小于 5.6 的雨雪或以其他方式形成的大气降水，是大气污染的一种表现。它会损害森林、土壤、农作物、水体，包括危害森林的生长，破坏土壤的营养，使土壤贫瘠化，危害植物的生长，造成作物减产，妨碍水体中鱼、虾的成长，使鱼虾减少或绝迹，甚至直接对人体健康产生损害。目前世界上有三大酸雨中心，它们是斯堪的纳维亚地区、欧洲大陆和北美。在印度南部、日本列岛、中国长江以南地区也存在较严重的酸雨污染。

（4）生物多样性锐减。生物多样性是指一定范围内多种多样有生命的动物、植物、微生物等有机体有规律地结合所构成的稳定的生态综合体。生物多样性通常包括遗传多样性、物种多样性和生态系统多样性三个组成部分。由于生境破坏、环境污染、过度捕猎、外来物种入侵、人口增加、城市扩张等，目前地球上生物资源的减少已达到历史上最严重的程度。生物多样性不仅为我们提供了食物、纤维、木材、药材和多种工业原料，并且在保持土壤肥力、保证水质、调节气候、调控大气层成分和地球表面温度、保护珍稀濒危物种等方面发挥了重要作用。生物多样性使地球充满生机，也是人类生存和发展的基础。保护生物多样性有助于维护地球家园，促进人类可持续发展。① 生物多样性锐减对人类的生存和发展构成威胁，破坏了人类未来的食物来源、药物来源，并影响到整个自然界的生态平衡。

（5）土地荒漠化。根据《联合国防治荒漠化公约》的定义，荒漠化是指包括气候变异和人类活动在内的种种因素造成的干旱、半干旱和干旱亚湿润地区的土地退化。《21世纪议程》将荒漠化定义为：荒漠化是种种因素，包括气候变化和人类活动，所造成的干燥、半干燥和半湿润干旱地区的土地退化现象。土地荒漠化的原因包括自然和人为两个方面，但当前人类活动所导致的荒漠化远远大于自然力的破坏而导致的荒漠化。人类不当的生产活动，如过度放牧、过度樵采、过度农垦、水资源利用不当、工矿交通建设中破坏植被等，致使土地荒漠化成为当今国际社会的又一热点环境问题。全球共有干旱、半干旱土地 50 亿公顷，其中 36 亿公顷遭到荒漠化威胁。荒漠化使得全球每年有 600 万公顷的农田、900 万公顷的牧区失去生产力。荒漠化对世界农业发展构成重大威胁，它使土地滋生能力退化，农牧生产能力及生物产量下降，可供耕地及牧场面积减少。土地荒漠化加速了环境恶化，破坏了沙地植被，并导致水土流失、土地贫瘠，已使不少国家遭受连年饥荒，并对人类健康构成严重威胁。土地荒漠化已严重影响到人类的健康与生存，防治荒漠化已经成为全人类共同的使命。

（6）海洋污染。随着人类开发利用海洋活动的日益加强，海洋污染问题日益严重。造成海洋污染最主要的原因是石油勘探开发和船舶污染中的海损事故，如油轮搁浅、触礁等。海洋污染的直接后果就是使海生生物遭到破坏。

（7）资源匮乏，能源短缺。这是指伴随人类对资源的过多消耗和需求的增加而出现的资源供不应求状况。在对资源的需求中，能源需求更强烈，能源短缺也更突出。

（8）太空污染。太空污染是指人类的太空活动将某些物质遗留在太空给太空造成的污染以及太空物质与地球物质相互影响造成的污染。主要有以下三类情况：第一，空间

① 习近平. 共同构建地球生命共同体. 人民日报，2021－10－13.

碎片污染。空间碎片是太空垃圾的一种，包括完成任务的火箭箭体和卫星本体、火箭的喷射物、在执行航天任务过程中的抛弃物、空间物体之间碰撞产生的碎块等，是空间环境的主要污染源。第二，外空核污染。主要指航天器运行过程中发生的核泄漏会对太空造成核污染。这种情况不仅会污染外空空间或天体的环境，也会对地球环境造成极大的破坏。第三，外空生物污染。人类利用外空高真空、微重力、光辐射和重粒子辐射较强等资源进行生物实验，培养新的生物物种等，这些活动有可能造成地球—太空之间的双向污染。地球的生物在外空的条件下有可能会产生变异，培养出的新的微生物，如真菌、细菌、病毒等重返地球可能会使人类健康受到威胁。

（9）转基因技术及其产品应用。转基因技术是指利用现代分子生物学技术分离克隆研究者期望的目标性状基因，然后通过相应的转化手段将其导入受体生物中并且能持续稳定遗传及表达，从而改良受体生物原有的性状或赋予其新的性状。转基因技术通常也被称为基因转移技术、重组DNA技术、遗传转化技术、遗传工程或基因工程。转基因技术的研究始于20世纪70年代，首次在微生物大肠杆菌中获得成功。[①] 据全球咨询机构AgbioInvestor数据，2023年，全球转基因作物种植面积达到2.063亿公顷（30.9亿亩），创下历史新高。[②] 转基因技术及其产品的迅速发展在造福人类的同时，也有可能对生物多样性、生态环境和人类健康构成潜在的威胁。这些威胁包括：基因污染，破坏生物多样性和生态平衡，产生新的毒性或过敏物质，危害人体健康等。

此外，国际环境问题还包括有毒化学品和危险废物越境转移、湿地缩减、森林面积减少、国际水道污染、核污染等。

二、国际环境保护

国际环境保护是指各国政府、国际社会、各国人民为保护和改善全球环境，防治国际环境问题所采取的各种措施和行为。

国际环境保护是随着国际环境问题的发展而发展的。20世纪以来，国际环境保护掀起过两次高潮。第一次高潮主要发生在20世纪60年代至70年代的工业化国家，以“一个地球”为其口号，1972年召开的联合国人类环境会议是其顶峰。第二次高潮发生在20世纪80年代中期以来，以“可持续发展”为其特征，其顶峰标志是1992年召开的联合国环境与发展大会。其后，2002年在南非召开的约翰内斯堡可持续发展峰会进一步丰富了可持续发展的内涵，重申了世界各国坚持“可持续发展”的承诺。2012年6月，在1992年里约大会20年后召开的“里约＋20”联合国可持续发展峰会更是将全球的可持续发展战略具体到制度框架与绿色经济的推进。

1972年6月5日至12日，联合国人类环境会议在瑞典斯德哥尔摩召开。会议的目的在于通过国际合作为从事保护和改善人类环境的政府和国际组织提供帮助，消除环境污染造成的损害。会议的主要成果体现于所达成的四项协议：一是通过了《联合国人类环

① 叶荣建，林拥军．水稻转基因技术及新品种培育．生命科学，2016（10）：1268－1278．

② https://cn.agropages.com/News/NewsDetail—31111.htm［2024－03－26］．

境会议宣言》；二是确定了扩大的国际行动计划；三是在肯尼亚首都内罗毕设立常设的环境秘书处；四是设立一项 1 亿美元的环境基金，以满足会后 5 年的环境保护工作的需要。同时，会议确定 6 月 5 日为“世界环境日”。在《联合国人类环境会议宣言》的倡议下，设立了联合国环境规划署。

1972 年斯德哥尔摩人类环境会议通过的《联合国人类环境会议宣言》阐明了与会国和国际组织所取得的 7 点共同看法和 26 项原则。这 7 点共同看法主要包括如下内容：第一，人类既是他的环境的创造物，又是他的环境的塑造者。第二，保护和改善人类环境是关系到全世界各国人民的幸福和经济发展的重要问题，也是全世界各国人民的迫切希望和各国政府的责任。第三，人类总得不断地总结经验，有所发现，有所发明，有所前进。在现代，人类改造环境的能力，如果明智地加以使用的话，就可以给各国人民带来开发的利益和提高生活质量的机会，如果使用不当，或轻率地使用，这种能力就会给人类和人类环境造成无法估量的损害。第四，在发展中国家中，环境问题大半是由于发展不足造成的。因而发展中国家必须致力于发展工作，牢记它们的优先任务和保护及改善环境的必要。为了同样的目的，工业化国家应当努力缩小它们自己与发展中国家的差距。在工业化国家里，环境一般同工业化和技术发展有关。第五，人口的自然增长持续不断地给保护环境带来一些问题，但是如果采取适当的政策和措施，这些问题是可以解决的。随着社会进步和生产、科学及技术的发展，人类改善环境的能力也与日俱增。第六，现在已达到历史上的这一时刻：我们在决定在世界各地的行动时，必须更加审慎地考虑它们对环境产生的后果。为了这一代和将来的世世代代，保护和改善人类环境已经成为人类一个紧迫的目标，这个目标将同争取和平、全世界的经济与社会发展这两个既定的基本目标共同和协调地实现。第七，实现这一环境目标，将要求公民和团体以及企业和各级机关承担责任，大家平等地从事共同的努力。26 项原则包括：人的环境权利和保护环境的义务，保护和合理利用各种自然资源，防治污染，促进经济和社会发展，使发展同保护和改善环境协调一致，筹集资金、援助发展中国家，对发展和保护环境进行计划和规划，实行适当的人口政策，发展环境科学、技术和教育，销毁核武器和其他一切大规模毁灭手段，加强国家对环境的管理，加强国际合作，等等。

自 1972 年联合国人类环境会议以来，国际环境保护重要事件及相关的文件统计如表 17-1 所示。

表 17-1　国际环境保护重要事件进程

时间	事件名称及内容
1972 年	1972 年 6 月 5 日联合国人类环境会议在瑞典斯德哥尔摩召开。 会议目的：通过国际合作为从事保护和改善人类环境的政府和国际组织提供帮助，消除环境污染造成的损害。 会议达成四项协议：一是通过了《联合国人类环境会议宣言》；二是确定了扩大的国际行动计划；三是在肯尼亚首都内罗毕设立常设的环境秘书处；四是设立一项 1 亿美元的环境基金，以满足会后 5 年的环境保护工作的需要。 会议确定 6 月 5 日为“世界环境日”。在《联合国人类环境会议宣言》的倡议下，联合国环境规划署设立。

续表

时间	事件名称及内容
1982年	1982年5月，为纪念和审议联合国人类环境会议的成果，“人类环境特别会议”在肯尼亚首都内罗毕召开，通过了《内罗毕宣言》。同年10月，联合国大会通过了《世界自然宪章》。
1983年	1983年11月联合国成立了世界环境与发展委员会（WCED）。1987年该委员会向联合国提交了报告《我们共同的未来》，提出了“可持续发展”的模式。
1992年	1992年6月3日至14日，“联合国环境与发展大会”在巴西里约热内卢举行，会议的目的是回顾人类环境会议召开的20年来全球环境保护的历程，敦促各国政府和公众采取积极措施，协调合作，防治环境污染和生态恶化，为保护人类生存环境而努力。此次会议通过了《里约环境与发展宣言》《21世纪议程》和《关于森林问题的原则声明》；签署了《生物多样性公约》以及《联合国气候变化框架公约》；设立了联合国可持续发展委员会（CSD）。
2002年	2002年8月26日至9月4日，联合国地球可持续发展首脑会议在南非约翰内斯堡举行。会议以“拯救地球、重在行动”为宗旨，通过了《可持续发展实施计划》，发表了《约翰内斯堡可持续发展宣言》。
2012年	2012年6月20日至22日，在里约热内卢召开了联合国“里约＋20”可持续发展峰会。该会议的三个目标是，达成新的可持续发展政治承诺，找出目前在实现可持续发展过程中取得的成就与面临的不足，应对新的挑战。会议的两个主题是，绿色经济在可持续发展和消除贫困方面的作用和可持续发展的体制框架。会议最终达成了《我们憧憬的未来》这一成果。 “里约＋20”可持续发展会议重申了1992年里约会议的原则，特别是“共同但有区别的责任”原则，避免了国际发展合作指导原则受到侵蚀，维护了国际发展合作的基础。对于绿色经济，会议要求尊重各国主权、国情及发展阶段，重视消除贫困问题，敦促发达国家提供外部支持。会议同时要求建立高级别政治论坛，为各国实施可持续发展，统筹经济、社会发展和环境保护提供指导；要求启动透明、包容的政府间进程，就可持续发展目标进行广泛、深入的讨论。会议还重申要求发达国家履行承诺，向发展中国家提供占其国民生产总值0.7%的官方发展援助，以优惠条件向发展中国家转让环境友好型技术，加强发展中国家环境保护能力建设。
2015年	2015年11月30日至12月11日，第21届联合国气候变化大会召开，《联合国气候变化框架公约》的近200个缔约方一致同意通过《巴黎协定》。 《巴黎协定》指出，各方将加强对气候变化威胁的全球应对，把全球平均气温较工业化前水平升高控制在2摄氏度之内，并为把升温控制在1.5摄氏度之内而努力。全球将尽快实现温室气体排放达峰，本世纪下半叶实现温室气体净零排放。 中国承诺：中国将于2030年左右使二氧化碳排放达到峰值并争取尽早实现，2030年单位国内生产总值二氧化碳排放比2005年下降60%～65%，非化石能源占一次能源消费比重达到20%左右，森林蓄积量比2005年增加45亿立方米左右。
2021—2022年	2021年10月11日至15日和2022年12月7日至20日，2020年联合国生物多样性大会——《生物多样性公约》缔约方大会第15次会议分两阶段分别在中国昆明和加拿大蒙特利尔召开，会议主题为“生态文明：共建地球生命共同体”，在主席国中国的引领下，分别通过了“昆明宣言”和“昆明—蒙特利尔全球生物多样性框架”。 “昆明宣言”承诺确保制定、通过和实施一个有效的“2020年后全球生物多样性框架”，以扭转当前生物多样性丧失趋势并确保最迟在2030年时生物多样性走上恢复之路，进而全面实现“人与自然和谐共生”的2050年愿景。 “昆明—蒙特利尔全球生物多样性框架”：设立了到2050年的4项长期目标和到2030年的23个行动目标，历史性地纳入了DSI的落地路径，历史性地决定设立“框架”基金，历史性地描绘了2050年与自然和谐共生的愿景。将DSI纳入“框架”的推进进程，并提供了下一步的路线图，提出到2030年促进更多地分享DSI产生的惠益。在资金资源调动方面，要求全球环境基金尽快在2023年设立一个全球生物多样性框架基金，通过一个特别信托基金来支持“框架”的实施，直至2030年。确立了“3030”目标，即到2030年保护至少30%的全球陆地和海洋；到2030年的行动目标还包括恢复退化生态系统区域30%、外来入侵物种引入减半、高危化学品使用减半、全球食物浪费减半等。

续表

时间	事件名称及内容
2023 年	2023 年 11 月 30 日至 12 月 12 日，第 28 届联合国气候变化大会在阿联酋迪拜召开，大会达成“阿联酋共识”，通过一项“历史性”协议，首次推动各国能源系统转型摆脱化石燃料，就《公约》及其《京都议定书》《巴黎协定》落实和治理事项通过了数十项决定，正式成立损失与损害基金，完成《巴黎协定》下首次全球盘点，达成全球适应目标框架、公正转型路径工作方案，向国际社会发出了强有力的积极信号，对于维护和落实《巴黎协定》具有重要里程碑意义。

第二节　国际环境法的概念、渊源和体系

一、国际环境法的概念和特征

国际环境法，是指国际法主体（主要是国家）调整国际社会在开发、利用、保护和改善环境的国际交往中形成的国际环境社会关系的法律规范的总称，包括有关的条约、协定、宣言和国际习惯等。广义上也包括有关的法律原则、判例、国际法学说、国际组织的决议等。它作为国际法的一个分支，具有以下几个特点。

（一）国际性

国际环境法作为环境法体系中的一个分支，同时又具有国际法的属性，不论是其形成，还是它的实施，都具有明显的国际性特点。也正因为它有这一特点，环境法这个部门才被划分为国内环境法和国际环境法两个部分。国际环境法的国际性比其他国际法要更加广泛。一些环境问题所具有的全球特性使之受到了更为普遍的国际关注，而这种普遍的关注在法律上的成果就是有更多国家更广泛参与的国际环境公约、条约等。

（二）科技性

国际环境法同国内环境法一样，在很大程度上涉及自然生态规律和地理、地质、环境、生态、气候、物理、化学、工程、建筑等自然科学技术方面的问题。国际环境法与科学技术的联系主要表现在：

（1）国际环境法的制定在相当程度上依赖环境科学技术的支持；

（2）国际环境法本身包含许多技术性法律规范；

（3）国际环境法的实施需要科学数据的说明，需要进行必要的科学论证，很多情况下需要具备法律上原因与其后果的因果关系支持。

（三）公益性

国际环境法以人类共同利益为根本目的，保护和改善人类赖以生存的生态环境和能源、资源等物质基础。因此，国际环境法具有较强的公益性，它致力于在国际社会建立一个有利于人类社会和自然的持续发展的新的国际法律秩序。由于人类面临的环境问题

已经不仅仅局限在一国、一地区的有限空间和领域内，地球是人类共同的家园，人类生存发展的空间具有不可分割性、唯一性的特点，所以，各国应该进行合作，以进一步发展有利于全人类共同福利的国际环境法。比如《保护臭氧层维也纳公约》要保护的是臭氧层，而臭氧层既不归属于哪个国家，更不是某些个人的私人财产，它最典型地属于人类共同的利益。除立法目的之外，国际环境法的原则、制度等也都体现了公益性。

（四）综合性

国际环境法处于多种学科的交汇点，融会了多种学科的知识并对多种学科产生影响，具有比较显著的边缘学科的特征。在法学体系外，它与经济学、生态学、环境科学、伦理学、物理学、化学、地理学、生物学等学科有密切联系；在法学体系内，它具有国内环境法的一般特点，又与经济法、行政法以及国际法的其他分支相互交叉、相互渗透，如海洋法、国际经济法等。目前，国际环境法处理国际环境问题的方式方法及原则和规则，如“可持续发展”，已经开始渗透到国内环境法和国际法的其他领域，甚至成为各国环境、经济、社会发展规划的出发点。

（五）发展性

由于国际环境问题被人们真正认识是在20世纪30、40年代以后，国际环境法的历史相对来说很短。但是，它的发展速度很快，据不完全统计，全世界已缔结了700多个与环境保护有关的条约，其中至少有250个是为了环境保护而专门订立的。随着其调整范围的扩大，已经出现并将不断涌现许多新的领域，如绿色经济、新能源等。

二、国际环境法的渊源

国际环境法的渊源即国际环境法的表现形式。依《国际法院规约》第38条的精神及法学界的普遍理解，国际环境法的渊源主要有：

（一）国际条约

作为国际环境法渊源的国际环境条约是由世界上多个国家缔结，并对这些国家具有约束力的国际环境保护条约。国际条约是国际环境法最主要的渊源，包括有关环境问题的全球性多边条约、区域性多边条约和双边条约。

全球性多边条约经常采用“框架条约＋议定书＋附件”的模式，框架条约只作原则性的规定，议定书规定缔约方具体的权利和义务，附件会提出详细的清单。例如：《保护世界文化和自然遗产公约》，于1972年11月16日订于巴黎，于1975年12月17日生效；《濒危野生动植物种国际贸易公约》，于1973年3月3日订于华盛顿，于1975年7月1日生效；《生物多样性公约》，于1992年6月5日订于里约热内卢，于1993年12月29日正式生效；等等。

区域性多边条约是将全球性条约区域化、增强环境保护领域区域合作的有力手段之一。由于区域国家在地理、气候、文化、经济、社会、政治等方面相互依赖、相互影响，它们之间有关环境保护的条约更容易达成一致，如：《防止船舶和飞机倾倒废物及其他物质污染海洋公约（修正本）》(1972 年)，《保护波罗的海区域海洋环境公约》(1974 年)，《长程越界空气污染公约》(1979 年）等。

环境双边条约是由两个国家或两个以上的国家缔结的条约。这类条约只对缔约国具有法律拘束力，例如：《美国和加拿大关于大湖水质的协议》(1978 年)，《中日关于保护候鸟及其栖息环境协定》(1981 年）等。这类条约对于解决跨国界污染、区域污染以及生态破坏等问题具有积极意义。

（二）国际习惯法

在国际环境法的渊源中，相关的国际习惯性规则并不多见。主要原因是国际环境法是一门新兴的学科，历史较短，而国际习惯法形成过程缓慢，尚未积累起足够的国家实践。国际仲裁法庭在 1938 年和 1941 年“美国诉加拿大特雷尔冶炼厂案”的仲裁裁决中确立了一条重要的国际习惯法规则，即：“各国有权按照自己的环境与发展政策开发资源，并负有责任保证它们管辖或控制之内的活动不致损害其他国家或国家管辖范围以外地区的环境。”这项习惯法规则后来得到了《联合国人类环境会议宣言》和《里约环境与发展宣言》的反复确认。

（三）国际会议与国际组织的重要宣言、决议、大纲

有关国际环境保护的国际会议和国际组织通过的宣言、决议和大纲，由于其反映或体现着国际环境法的原则、规则和制度而得到了国际社会的普遍承认，成为国际环境法的又一渊源。这类宣言、决议和纲领主要有：《联合国人类环境会议宣言》《里约环境与发展宣言》《21 世纪议程》《世界自然资源保护大纲》等。这些国际文件虽然具有一定的法律效力，但在严格意义上不具有法律约束力，因而被称为“软法”性规范。

（四）重要的国际环境标准、准则、建议

为了进行环境影响评价，或对特定的污染物进行控制，或衡量人体、其他生物应达到的卫生目标，必须采用某些国际环境标准或某些准则、建议。这些标准、准则、建议往往是在条约的附件中出现的科学技术规范，但一旦为条约所肯定，则成为法律规范的组成部分，在一定范围内具有约束力。

（五）一般法律原则

一般法律原则是指各国法律体系共同的原则，如诚实信用、善意原则等。《国际法院规约》第 38 条所列举的渊源中包括一般法律原则，但并未作出进一步的解释。国际司法机构较少单独依据一般法律原则作出裁决，但在一些国际环境纠纷中，由于缺乏相关的国际条约和习惯，曾援用过一般法律原则进行裁判。

（六）司法判例和公法学家学说

司法判例和公法学家学说不是独立的国际法渊源，但可以作为辅助性渊源，认定和确定某项国际法原则。司法判例包括国际司法判例和国内司法判例，主要是国际司法判

例，其中又包括国际司法机关的判决和国际仲裁机构的裁决。公法学家学说主要是各国最权威的国际法学家的著作。

三、国际环境法体系

国际环境法的体系是指国际环境法规范的组成部分和彼此间的结构。国际环境法的体系正在不断发展。就目前的发展状况，国际环境法的体系大致由以下四部分构成。

（一）国际环境保护纲领性法律文件

国际环境保护纲领性法律文件，主要是一些具有宏观综合领导地位和“软法”性质的，决定有关国际环境保护的指导思想、基本原则、环境保护行动计划等内容的法律文件，例如《联合国人类环境会议宣言》《人类环境行动计划》《里约环境与发展宣言》和《21世纪议程》。

（二）针对大气、海洋等重要国际环境要素的国际环境法律文件

国际环境的重要环境要素包括大气、水、海洋、生物资源、极地、世界文化和自然遗产保护。针对重要的国际环境要素，国家之间等制定了专门的条约、公约，如联合国《气候变化框架公约》《保护臭氧层维也纳公约》《海洋法公约》《生物多样性公约》《濒危野生动植物种国际贸易公约》《生物安全议定书》《卡塔赫纳生物安全议定书》《世界文化和自然遗产保护公约》等。

（三）国际区域环境保护法律

国际区域环境保护法律的保护对象是全球范围内的某个区域，主要是流域性的国际环境保护法，如《保护莱茵河免受化学污染公约》《多瑙河水域捕鱼公约》《英国（加拿大）—美国边界水域条约》《东南亚及太平洋植物保护协定》《亚洲与太平洋水产养殖中心网络协定》等。

（四）针对影响环境的具体事项制定的国际法律文件

《控制危险废物越境转移及其处置巴塞尔公约》《核事故或辐射事故紧急情况援助公约》《及早通报核事故公约》《禁止在海床、洋底及其底土安置核武器和其他大规模毁灭性武器条约》《防止海洋石油污染国际公约》《国际防止船舶造成污染公约》《核材料实物保护公约》等都属于这类法律文件。

第三节　国内环境法与国际环境法的关系

一、国内环境法与国际环境法比较

国内环境法是某一主权国家为了实现社会可持续发展目的而制定或认可的，并由国

家强制力保证执行的关于保护环境和自然资源、防治污染和其他公害从而改善环境质量的法律规范的总称。它的调整对象只限于一国范围内保护和改善环境、防治污染和其他公害的社会关系。而国际环境法是国际法主体（主要是国家，有时也包括国际组织）在因利用、保护和改善环境而发生的国际交往中形成的，体现它们之间由其社会经济结构决定的在利用、保护和改善环境方面的协调意志的，调整国际环境法律关系的有关条约、国际习惯、规章制度等法律规范的总体。从广义上讲，与环境有关的一般法律原则、司法判例、国际法学说和国际组织的决议也是国际环境法的渊源。国内环境法与国际环境法比较，两者有明显的不同，主要体现在以下几个方面。

1. 主体不同

国内环境法的主体与其他国内法一样，主要是公民、国家机关和法人。公民既有享受良好环境的权利，又有保护环境的义务，是国内环境法律关系的广泛参加者；国家机关特别是环境保护的主管机关，经常以主体身份参加环境法律关系；同环境保护有关的工业企业或其他法人，也是国内环境法律关系的主要参加者。

而国际环境法的主体与国际法的主体是一致的，主要包括国家、政府间国际组织、争取独立的民族。国家是国际环境法的基本主体；国际组织在全球环境保护事业中起着重要的、不可替代的作用，是国际环境法律关系的一类特殊主体；而争取独立的民族在一定条件下和范围内也可成为国际环境法的主体。公民通常不能成为国际环境法律关系的主体。

2. 立法方式不同

某一主权国家的国内环境法是由该国行使立法权的立法机构制定的。西方国家的立法机构一般是国民议会等，中国则以全国人大及其常委会为立法机构的代表。此外，国务院、地方各级人民代表大会、国务院各部委和地方人民政府可以制定与环境有关的行政法规、地方性法规和规章等。

国际环境法的创制不是由专门的立法机构来完成。它是国家与国家之间或者国家与国际组织之间通过协商、谈判，签订条约、协定等产生和形成约束力。

3. 表现形式不同

国内环境法表现为一国的环境保护法律（联邦法律）、行政法规、部门规章、地方性法规（州法律）、政府规章以及环境标准等。

而国际环境法的外部表现形式主要有条约（包括公约、协定、议定书等）、国际习惯、一般法律原则、司法判例、国际法学说、国际组织的决议等环境保护法律文件。

4. 实施保证方式不同

国内环境法可以通过国家强制力保证实施，而国际环境法则没有一个公认的国际权威或国际强制力来保证它的实施。当然，国际法院、国际仲裁机构等可以帮助实施国际环境法，但是，它们本身都没有强制管辖权。国际环境法的实施主要依靠各国履行条约义务的自觉行动。

5. 适用范围不同

环境问题虽然是跨国界或地区的，但国内环境法仅在本国范围内适用，它不能要求其他国家遵守；而国际环境法对所有参加国都有法律效力，但对非参与国不具有约束力。

二、国内环境法与国际环境法的衔接

（一）国内环境法与国际环境法关系理论

关于如何看待国际环境法与国内环境法之间的关系，主要有以下三种不同的认识。

一是国内环境法优于国际环境法。这种观点认为，在内国法律有关保护、改善环境的规定与国际条约、协定有不同之处的，适用内国法律。它强调国家主权原则和司法独立性。

二是国际环境法优于国内环境法。这种观点认为，国际公约、双边或者多边条约有关保护、改善地球环境的规定不同于内国法律的，适用国际公约、双边或者多边条约，而不能适用内国法。它强调"条约必须遵守原则"和环境保护的国际合作精神。

三是国际环境法与国内环境法互不隶属，它们各自成为一个独立的法律体系。这种观点认为，国际环境法与国内环境法地位相同，效力没有高低之分，两者由于渊源、主体及实质各不相同，因而相互独立。但是，国际环境法与国内环境法又是密切相关、互相渗透和互相补充的，它们之间可以通过"移植"、"吸纳"和"接受"而相互转化。

前两种理论可称为不同的"隶属说"，第三种理论称为"衔接说"，它吸纳了前两种理论中的合理部分，为多数人所接受。

（二）国内环境法与国际环境法衔接的主要表现

1. 国内环境法是实施国际环境法的重要保证

国际环境法所规定的国家义务十分原则和抽象，需要由缔约国通过国内环境法作出具体规定来落实：一方面要将国际环境法中的原则和规则通过国内法予以转化和细化，另一方面要对国际环境法上的义务作出明确的、可操作性的规定。

2. 国际环境法不能干预国家按照主权原则所制定的国内环境法

在国际环境立法以及在保护、改善全球环境的国际事务中，应尊重国家主权和领土完整，互不侵犯，互不干涉内政，平等互利，和平共处。主权国家在国内环境立法中，有权决定自己的环境政策并采纳相适应的环境质量标准，不受其他国家和国际组织的干涉。《联合国宪章》明确规定："本宪章不得被认为授权联合国干涉在本质上属于任何国家国内管辖的事件。"

3. 在法律规范适用次序上，本国参加的国际环境条约优先于国内环境法

如果一国环境法与其并未参加的国际环境条约相冲突，那么，本国法院可以适用国内法；如果一国环境法与其加入的国际环境条约的规定相左，按照"条约必须遵守"的原则，应优先适用国际条约的规定，除非声明保留。

第四节　国际环境法的基本原则

国际环境法的基本原则，是指为各国公认的，在国际环境法领域里具有普遍指导意义的，体现国际环境法特点，构成国际环境法基础的基本准则。

国际法的基本原则适用于国际法的全部领域，当然也包括国际环境法领域。同时，国际环境法也有体现自身特色的基本原则。

构成国际环境法的基本原则需具备三个条件：第一，该原则不是具体的国际环境法规范，而是对于具体的国际环境法规范具有指导意义的基本准则。换言之，国际环境法的基本原则必须是构成国际环境法的基础的那些原则。第二，该原则必须贯穿整个国际环境法领域，而不是某一方面如国际自然资源保护法或国际污染防治法的基本原则。第三，这些原则必须得到各国的普遍认同，为绝大多数国家所接受。

法国著名环境法学者亚历山大·基斯认为，国际环境法包括九项基本原则，它们是：国家主权与尊重国家管辖范围以外的环境原则；国际合作原则；保全和保护环境原则；防治环境损害原则；预防原则；污染者负担原则；环境紧急情况下进行通知和援助原则；跨界关系中的通报与协商原则；个人的权利在环境领域平等诉诸救济和非歧视原则。

王曦先生编著的《国际环境法》认为，国际环境法包括以下六项基本原则：国家资源开发主权权利和不损害国外环境责任原则；可持续发展原则；共同但有区别责任原则；损害预防原则；风险预防原则；国际合作原则。

国内外学者对国际环境法基本原则的表述不尽相同，但有些表述还是得到了学界的普遍认可，如国家环境主权及不损害国外环境责任原则、共同但有区别责任原则、国际合作原则。怎样来判断一项表述是否是国际环境法的基本原则呢？要依据构成国际环境法基本原则的要件来综合考量，注意区别法律理念、法律原则与法律制度，注意区别基本原则与一般原则。法律理念是较原则且更为抽象的思想，而法律原则应该是法律理念的具体化，国际环境法的基本原则应该贯穿国际环境法的始终，并通过相应的法律制度体现出来。

一、可持续发展原则

（一）可持续发展原则的由来

环境保护与经济发展的关系，一直是国内及国际环境保护所关注的重要问题。1983年，联合国大会通过决议，建立了世界环境与发展委员会。该委员会于1987年向联合国提交了名为《我们共同的未来》的研究报告。该报告阐述了协调环境与发展关系的一个基本原则，即可持续发展原则。该原则提出之后，逐渐得到各国的接受及承认，于1992年里约会议正式确立，并经2002年约翰内斯堡会议进一步发展，已成为国际环境法的一个基本原则。

（二）可持续发展原则的内容及体现

可持续发展指的是“既满足当代人的需要，又不对后代人满足其需要的能力构成危害的发展。它包括两个重要的概念：‘需要’的概念，尤其是世界贫穷人民的基本需要，应将此放在特别优先的地位来考虑；‘限制’的概念，技术状况和社会组织对环境满足眼前和将来的需要的能力施加的限制”。可持续发展的能力，可以通过发展度、持续度、协调度来进行评价。依据英国著名国际环境法学者菲利浦·桑兹提出的可持续发展原则的四要素，可持续发展原则应包括代际公平、代内公平、可持续利用、环境与发展一体化四个方面的内容。中华人民共和国主席习近平指出，可持续发展是“社会生产力发展和科技进步的必然产物”①，是“破解当前全球性问题的‘金钥匙’”②。

“可持续发展原则”在国际法领域里具有普遍指导意义，体现了国际环境法的特点，因此，越来越多的国际环境法律文件承认并重申它。例如，1992 年的《生物多样性公约》在序言中重申“各国有责任保护它自己的生物多样性并以可持久的方式使用它自己的生物资源”。

此外，可持续发展原则还在一些重要的国际组织决议和宣言等文件中得到反映。例如，1992 年的《里约环境与发展宣言》宣布的 27 项原则中有多项直接提到可持续发展，其中，原则 3 提出“为了公平地满足今世后代在发展与环境方面的需要，求取发展的权利必须实现”；原则 4 提出“为了可持续的发展，环境保护工作应是发展进程的一个整体组成部分，不能脱离这一进程来考虑”；原则 5 指出各国在根除贫穷这一基本任务上进行合作是实现可持续发展的一项必不可少的条件；原则 8 指出“为了实现可持续的发展，使所有人都享有较高的生活素质，各国应当减少和消除不能持续的生产和消费方式，并且推行适当的人口政策”。

二、尊重国家主权及不损害国外环境原则

国家主权原则是国际法的基本原则之一，也是国际环境法的原则之一。根据《关于各国依照联合国宪章建立友好关系及合作之国际法原则之宣言》（以下简称《国际法原则宣言》）的规定，这一原则的基本精神之一是承认各国“均有平等权利”，包括各国法律地位平等，每一国均有充分主权之固有权利，国家之领土完整及政治独立不得侵犯，每一国均有权利自由选择并发展其政治、社会、经济及文化制度等。国家主权与国家责任相伴随，《国际法原则宣言》在规定各国“均有平等权利”的同时，也加给各国“平等”的“责任”和义务，比如每一国都有义务尊重其他国家的主权。此原则意味着在国际环境关系领域内，各国对其国内环境事务享有独立的最高权力，对国际环境事务享有平等的参与权。

在国际环境法领域，传统的绝对的排他性的国家主权原则显然不利于国际环境保护。因此国际环境法体现了尊重国家主权原则的要求，同时也对主权原则作了进一步的发展。尊重国家主权及不损害国外环境的原则就是国际环境法对尊重国家主权原则的发展。这一原则包含这样几个方面的内容：第一，各国均有按照自己的环境政策开发自己的资源的主权，简称资源开发主权权利；第二，各国均有参与国际环境事务的平等的权利，简称国际环境事务参与权；第三，各国均负有保证在其管辖或控制范围内的活动不损害其

---

① 习近平．坚持可持续发展 共创繁荣美好世界：在第二十三届圣彼得堡国际经济论坛全会上的致辞．中华人民共和国国务院公报，2019（17）：8.

② 同①9.

他国家的或在国家管辖范围以外地区的环境的责任，简称不损害国外环境的责任。

国家环境主权原则的内容在《联合国人类环境会议宣言》的原则 21 中得到充分体现："按照联合国宪章和国际法原则，各国有按自己的环境政策开发自己资源的主权；并且有责任保证在它们管辖或控制之内的活动，不致损害其他国家的或在国家管辖以外地区的环境。"

1992 年的《里约环境与发展宣言》对此原则作出进一步的解释，不仅将《联合国人类环境会议宣言》原则 21 中的"环境政策"一词改为"环境与发展政策"，强调发展的重要性，而且将其位置提前，作为第 2 项原则："根据《联合国宪章》和国际法原则，各国拥有按其本国的环境与发展的政策开发本国自然资源的主权权利，并负有确保其管辖范围内或在其控制下的活动不致损害其他国家或在各国管辖范围以外地区的环境的责任。"

资源开发主权权利在很多重要的国际法文件和司法判例中得到确认。1962 年，联合国大会通过的《关于天然资源之永久主权宣言》宣布"各民族及各国民族"对其"天然财富与资源"享有"永久主权"。1974 年联合国大会通过的《建立新的国际经济秩序宣言》重申："每一个国家对自己的自然资源和一切经济活动拥有充分的永久主权"，"任何一国都不应遭受经济、政治或其他任何形式的胁迫，以致不能自由地和充分地行使这一不容剥夺的权利"①。与《关于天然资源之永久主权宣言》同时通过的《建立新的国际经济秩序行动纲领》甚至呼吁"帮助各国行使对本国的自然资源的永久主权"②。1974 年联合国大会通过的《各国经济权利和义务宪章》对各国的自然资源主权作了更详细的规定："每个国家对其全部财富、自然资源和经济活动享有充分和永久主权，包括拥有权、使用权和处置权在内，并得自由行使此项主权。"③ 1992 年《生物多样性公约》等也都明确宣布"确认各国对其自然资源拥有的主权权利"④。

各国拥有对其资源的主权权利，是国际法的主权原则应有之义。国际环境法在承认各国主权的前提下提出了义务性要求：要求各国在行使自己对资源和环境的主权权利的同时承担不损害国外环境的义务。《联合国人类环境会议宣言》原则 21 规定：各国"有责任保证在他们管辖或控制之内的活动，不致损害其他国家的或在国家管辖范围以外地区的环境"。《气候变化框架公约》《生物多样性公约》等，也都明确宣布各国负有或应当承担不损害国外环境的义务。

三、共同但有区别的责任原则

共同但有区别的责任原则指的是由于地球生态系统的整体性和导致全球环境退化的各种不同因素，各国对保护全球环境负有共同的但是又有区别的责任。共同但有区别的责任原则初步确立于 1992 年的联合国环境与发展大会。大会通过的《里约环境与发展宣

① 《建立新的国际经济秩序宣言》第 4 条。
② 《建立新的国际经济秩序行动纲领》第八章。
③ 《各国经济权利和义务宪章》第 2 条。
④ 《生物多样性公约》第 15 条。

言》在其原则 7 中宣布："各国应当本着全球伙伴精神，为保存、保护和恢复地球生态系统的健康和完整进行合作。鉴于导致全球环境退化的各种不同因素，各国负有共同的但是又有差别的责任。发达国家承认，鉴于它们的社会给全球环境带来的压力，以及它们所掌握的技术和财力资源，它们在追求可持续发展的国际努力中负有责任。"

共同但有区别的责任原则，包括共同的责任和有区别的责任，二者相互关联。共同责任是指每个国家在保护全球环境方面都要承担共同的责任和义务。要求各国承担共同的责任是以地球生态系统的完整性为前提的。地球是一个完整的生态系统，它的任何一个部分的变化都会或早或晚或重或轻地影响到这个生态系统。地球及其生态系统是世界各国共同的家园，它的完好与破损都关涉到世界各国的利益，因此，不管是为了防止这个生态系统遭破坏，还是寻求对这个生态系统的保护与修复，世界各国都有共同责任。有区别的责任是指各国在环境保护义务的承担上应当是有所区别的，具体而言就是发达国家应当比发展中国家承担更大的或者是主要的责任。这一要求的理由与环境问题形成的历史原因是联系在一起的。全球环境问题的形成无疑是由工业化生产方式严重破坏环境生态，过度消耗环境资源造成的，而工业化发端于发达国家，发达国家极大受益于工业化。发达国家让世界各国承担了工业化的环境成本，自己占有了工业化的主要利益。此外，发达国家掌握了治理环境所需要的更多的资金、技术，它们更有能力开展环境保护工作，应该承担更多的环保责任。以气候变化为例，2021 年 4 月 22 日，中国国家主席习近平出席"领导人气候峰会"时，就强调"共同但有区别的责任原则是全球气候治理的基石。……我们要充分肯定发展中国家应对气候变化所作贡献，照顾其特殊困难和关切。发达国家应该展现更大雄心和行动，同时切实帮助发展中国家提高应对气候变化的能力和韧性，为发展中国家提供资金、技术、能力建设等方面支持"①。

共同但有区别的责任原则在一系列国际环境法律文件中得到了体现。例如：《联合国气候变化框架公约》规定的原则之一是"各缔约方应当在公平的基础上，并根据它们共同但有区别的责任和各自的能力，为人类当代和后代的利益保护气候系统。因此，发达国家缔约方应当率先对付气候变化及其不利影响"。又如在保护臭氧层方面，有关的议定书和修正案对发达国家和发展中国家各自所应承担的义务作了分别规定。

四、国际环境合作原则

国际环境合作原则，是指在解决环境问题方面，国际社会的所有成员应当采取合作而非对抗的方式协调一致地行动，以保护和改善地球环境。

当今世界，环境问题已经由一国的内部事务发展为全球性的公害，成为人类共同面临的威胁。没有哪个国家能免受环境问题的影响，也没有哪个国家有能力单独解决全球性环境问题。保护和改善环境是国际社会的共同责任，唯有国际社会所有成员最广泛的参与，各国携手合作、共同努力，才有解决全球性环境问题的可能。"唯有携手合作，我们才能有效应对气候变化、海洋污染、生物保护等全球性环境问题，实现联

---

① 习近平. 论坚持人与自然和谐共生. 北京：中央文献出版社，2022：276.

合国 2030 年可持续发展目标。”① 国际环境合作是保障所有国家有效参与国际环境事务的必然途径。

国际环境合作原则得到一系列国际法律文件的确认。例如《联合国人类环境会议宣言》原则 24 指出：“关于保护和改善环境的国际问题，应由所有各国，不论大小，以平等地位本着合作精神来处理，通过多边或双边安排或者其他适当办法的合作，是对各种领域内进行活动所引起的不良影响加以有效预防、减少或消除的必要条件，唯须妥善顾及所有国家的主权和利益。”1992 年联合国环境与发展会议通过的《里约环境与发展宣言》，再次重申了国际环境合作的原则。该宣言的原则 7 宣布：“各国应本着全球伙伴精神，为保存、保护和恢复地球生态系统的健康和完整进行合作。”此外，《里约环境与发展宣言》原则 9、原则 14、原则 18、原则 19 等都对国际环境合作原则作出了阐述。

五、损害预防及风险预防原则

（一）损害预防原则

损害预防原则是指国家应尽早地在环境损害发生之前采取措施，以制止、限制或控制在其管辖范围内或控制下的可能引起环境损害的活动或行为。该原则是世界各国在处理国内环境保护事务和在参与国际环境合作中共同遵守的原则。这一原则的贯彻既有利于国内环境的保护，也有利于世界各国对全球环境的共同的责任的履行。

损害预防原则本是国内环境法的一项基本原则，但得到很多国际法律文件的确认，成为一项国际环境法原则。例如，1982 年《联合国海洋法公约》第 194 条第 1 款规定：“各国应在适当情况下个别或联合地采取一切符合本公约的必要措施，防止、减少和控制任何来源的海洋环境污染。”1992 年《联合国气候变化框架公约》第 2 条规定，公约的目标是将大气中温室气体的浓度稳定在防止气候系统受到危险的人为干扰的水平上。

（二）风险预防原则

风险预防原则是指各国为保护环境，应按照本国的能力，广泛适用预防措施；遇有严重或不可逆转损害的威胁时，不得以缺乏科学、充分、确实证据为理由，延迟采取符合成本效益的措施以防止环境恶化。该原则的构成要件包括以下四个方面：需遇有严重或不可逆转损害的风险；风险的确是不确定的；需采取广泛预防措施；该措施要符合成本效益。

1987 年《关于消耗臭氧层物质的蒙特利尔议定书》第一次提出了不得以科学上的不确定性作为不行为或迟缓行动的理由。此后，1992 年《生物多样性公约》《联合国气候变化框架公约》《里约环境与发展宣言》重申了这一原则，如《生物多样性公约》规定，“生物多样性遭受严重减少或损失的威胁时，不应以缺乏充分科学定论为理由，而推迟采取旨在避免或尽量减轻此种威胁的措施”。

---

① 习近平. 共谋绿色生活，共建美丽家园. 人民日报，2019-04-29.

风险预防原则与损害预防原则既有相同之处，又有区别。它们之间的相同之处主要是它们都以预防环境损害的发生为目的。它们之间的区别主要在于：第一，风险预防原则重在采取预防措施以避免环境恶化之可能，而损害预防原则重在采取措施以阻碍环境损害的发生；第二，风险预防原则所针对的是严重的不可逆转损害之威胁或风险，而损害预防原则除此之外还包括实际发生的或即将发生的环境损害；第三，风险预防原则针对的是在科学上尚未得到最终明确证实，但如等到证实时再采取措施为时已晚的环境损害的威胁或风险，而损害预防原则并非专门针对此种情况。

法条链接

1.《联合国人类环境会议宣言》全文；
2.《里约环境与发展宣言》全文；
3.《生物多样性公约》全文；
4.《卡塔赫纳生物安全议定书》全文；
5.《保护臭氧层维也纳公约》全文；
6.《联合国气候变化框架公约》全文；
7.《京都议定书》全文；
8.《关于消耗臭氧层物质的蒙特利尔议定书》全文；
9.《远距离跨界大气污染公约》全文；
10.《关于环境保护的南极条约议定书》全文；
11.《控制危险废物越境转移及其处置巴塞尔公约》全文；
12.《联合国海洋法公约》全文。

深度阅读

1. [法] 亚历山大·基斯. 国际环境法. 张若思，译. 北京：法律出版社，2000.
2. 王曦. 国际环境法. 2 版. 北京：法律出版社，2005.
3. 徐详民，孟庆垒，等. 国际环境法基本原则研究. 北京：中国环境科学出版社，2008.
4. 林灿铃，等. 国际环境法的产生与发展. 北京：人民法院出版社，2006.

思考与练习

一、思考题

1. 什么是国际环境法？国际环境法有什么特点？
2. 国际环境法的渊源及体系包括哪些组成部分？
3. 国际环境法有哪些基本原则？
4. 国内环境法与国际环境法的关系如何？

二、练习题

1. 甲、乙是联合国会员国。甲作出了接受联合国国际法院强制管辖的声明，乙未作出接受联合国国际法院强制管辖的声明。甲、乙也是《联合国海洋法公约》的当事国，现对相邻海域中某岛屿归属产生争议。关于该争议的处理，下列哪一选项是不符合国际法的？（　　）

A. 甲、乙可达成协议将争议提交联合国国际法院

B. 甲、乙可自愿选择将争议提交联合国国际法院或国际海洋法庭

C. 甲可单方将争议提交联合国国际法院

D. 甲、乙可自行协商解决争议

2. 甲国在其宣布的专属经济区水域某暗礁上修建了一座人工岛屿。乙国拟铺设一条通过甲国专属经济区的海底电缆。根据《联合国海洋法公约》，下列哪一选项是正确的？（　　）

A. 甲国不能在该暗礁上修建人工岛屿

B. 甲国对建造和使用该人工岛屿拥有管辖权

C. 甲国对该人工岛屿拥有领土主权

D. 乙国不可在甲国专属经济区内铺设海底电缆

第十八章

环境保护的国际公约与国际组织

重点知识

国际环境保护的纲领性文件　国际大气环境保护公约　国际海洋环境保护公约　国际生物资源保护公约　危险废物和有毒化学品的国际条约　放射性和核污染的国际条约　南极保护的国际条约　贸易与环境保护　政府间国际组织　非政府间国际组织

本章的学习目的是掌握环境保护的国际公约及其主要内容，掌握环境保护的重要国际组织及其主要职能。

第一节　环境保护的主要国际公约

国际环境保护立法自 20 世纪 70 年代以来发展迅速，其中一个重要表现是条约数量与日俱增。与其他领域国际条约相比，国际环境保护除了规定实体性的权利义务，还有大量的框架性规定、宣示性文件和独特的制度设计。

托马斯·葛和林教授将国际环境条约的发展归纳为两个特点：一方面，条约体系的“宪法化”以及条约执行机构的“碎片化”。很多环境法条约采取设立常设机构的形式，如缔约方大会或独立监督机构，它们可以根据经济发展，技术发展以及需求的变化灵活地调整条约的实施内容，故而条文本身体现了“宪法”文件所有的概括性特点。另一方面，由于多数条约订立时会设立新的机构，各机构之上又没有一个综合权威机构，于是呈现出了碎片化的特点。现阶段，环境法领域存在 200 余个国际条约下属机构，这与其他领域如国际贸易有很大不同。这些条约的缔结往往采取以下几个方式：国家间组织外交会议谈判并签订，如许多国际水道管理的区域性条约；现存的一般性国际组织提出并召开会议通过，如联合国通过的《联合国海洋法公约》；条约下专门的国际组织在后来的常规会议中提出并表决通过，如政府间气候变化专门委员会通过的《京都议定书》。

条约也可以根据规范对象分为一般性环境保护和特定领域环境保护。前者往往就环境保护提出一些较为概括性和原则性的规定，不具有很强的执行力；后者多为国家或国际组织根据具体环境问题制定，保护特定的环境权益，如海洋、空气和动植物物种。本节限于篇幅，只能将一些主要的国际公约和条约根据内容分类，逐一介绍。

一、国际环境纲领性法律文件

这一类纲领性法律文件通常由联合国及其下属机构召开会议拟定，主要表现为各种国际环境保护决议和宣言。它们在应用中往往不具有约束力，但对于环境保护有着指导意义。许多重要的环境法原则也都是通过这类文件反映出来。国际环境保护纲领性法律文件有助于具体环保国际条约的达成、环保国际习惯形成、环保国际争议的解决，对各国的环保行动具有影响力。主要的决议、宣言如表 18-1 所示。

表 18-1　重要的国际环境保护决议和宣言一览表

序号	名称	备注
1	《联合国人类环境会议宣言》及《人类环境行动计划》，1972 年，瑞典，斯德哥尔摩	又称《斯德哥尔摩人类环境会议宣言》，系 1972 年 6 月 16 日经由联合国人类环境会议在瑞典首都斯德哥尔摩通过的宣言。 这是国际社会就环境问题召开的第一次世界性的会议
2	《内罗毕宣言》，1982 年，肯尼亚，内罗毕	系 1982 年 5 月 18 日由联合国环境规划署理事会特别会议在肯尼亚首都内罗毕发表的宣言
3	《世界自然宪章》，1982 年	系 1982 年 10 月 28 日由联合国大会通过的全球自然保护的纲领性文件，是一个承认自然拥有权利，并将其区别于人类权利的法律文件
4	《里约环境与发展宣言》及《21 世纪议程》，1992 年，巴西，里约热内卢	系 1992 年 6 月由联合国环境与发展大会通过的宣言和不具强制约束力的行动方案，是继《联合国人类环境会议宣言》后，人类环保发展史上第二个里程碑式的共同纲领
5	《约翰内斯堡可持续发展宣言》，2002 年，南非，约翰内斯堡	系 2002 年在约翰内斯堡可持续发展首脑会议上通过的重要宣言，诞生的历史背景是自 1992 年联合国环境与发展大会以来，《21 世纪议程》等重要文件的执行情况不理想，全球环境危机没有得到扭转，贫困现象普遍存在，南北差距不断增大。大多数国家认为有必要召开新的国际会议，总结 1992 年里约会议来《21 世纪议程》的执行情况，推动可持续发展①
小结	1972 年《斯德哥尔摩人类环境会议宣言》、1992 年《里约环境与发展宣言》、2002 年《约翰内斯堡可持续发展宣言》因其里程碑式的影响力，又被誉为“联合国三大环境宣言”	

（一）《联合国人类环境会议宣言》

从 20 世纪初到 60 年代，人类遭遇了一系列重大环境公害事件②，人类经济和社会发

① 朱达俊. 联合国三大环境宣言的发展及对中国的影响. 资源与人居环境，2013（9）：57-59.

② 世界环境保护史上有名的“八大公害事件”就发生在这一时期，它们分别是：比利时马斯河谷事件、美国多诺拉烟雾事件、美国洛杉矶光化学烟雾事件、英国伦敦烟雾事件、日本四日市哮喘事件、日本水俣病事件、日本痛痛病事件、日本米糠油事件。

展受到严重冲击。发达国家开始反思和总结传统经济发展模式与环境资源之间不可克服的矛盾，努力寻求新的发展模式。

正是在这一背景下，联合国人类环境会议于 1972 年 6 月在瑞典的斯德哥尔摩召开。出席会议的有来自 113 个国家和一大批政府间组织和非政府组织的约 6 000 名代表。① 这次会议是国际社会就环境问题召开的第一次世界性的会议，标志着全人类对环境问题的觉醒，是现代国际环境法发展史上第一个重大的里程碑。② 会议通过了著名的《联合国人类环境会议宣言》，该宣言是各国在保护环境方面权利义务的总宣言，被称为人类环境发展史上的一个共同纲领。

《联合国人类环境会议宣言》分为两个部分，第一部分是关于人类对环境问题共同达成的七个方面的深刻认识。这七个方面的共同认识为：对人与环境的关系的认识，对有关环境问题的严重性以及人类对保护和改善环境的重要性和责任的共同认识，对人类改造环境的能力的认识，对发展中国家和发达国家的不同环境问题及其产生原因和对策的认识，对人口与环境的关系的认识，对保护和改善人类环境这一人类共同的任务和目标的认识，对国际环境合作的必要性的认识等。

第二部分是关于自然保护、生态平衡、污染防治、城市化等一系列范围广泛的环境保护方面的共同原则，共 26 个。共同原则 1 声明了人类环境基本权利和责任；共同原则 2～7 是斯德哥尔摩大会成果的核心，它们声明了人类应保护地球上的一切自然资源，包括空气、水、土地、动植物，特别是自然生态类中具有代表性的标本③；共同原则 8～20 是关于环境保护的实施，其中有对经济建设和环境保护之间关系的宣示、关于人口政策的原则、对国家的环境管理职责的宣示及对科技作用、环境教育、科学研究、信息交流的宣示等。共同原则 21～26 是关于国际合作、国际环境关系中应遵循的基本原则及消除核军备的规定等。

《联合国人类环境会议宣言》本身不具有法律约束力，属于“软法”范畴，但是它反映了国际社会的共同信念，并在共识的基础上形成了一种行为准则。它对各国环境政策的制定，尤其对国际环境法的发展产生了重要而深远的影响。

（二）《内罗毕宣言》

1982 年 5 月 10 日至 18 日，联合国环境规划署在肯尼亚首都内罗毕召开了特别会议。这次会议是为纪念 1972 年联合国人类环境会议 10 周年而召开的，参加会议的有 105 个国家和 149 个国际组织的代表 3 000 多人。④ 会议通过了《内罗毕宣言》。

《内罗毕宣言》的全称为《内罗毕全球环境状况宣言》，共有 10 项内容。该宣言在肯定《联合国人类环境会议宣言》中所确定的 7 项共同观点和 26 个共同原则的基础上，分析了全球环境现状，指出人类无节制的活动还在促使环境日益恶化。宣言提出了综合治理、建立新的国际经济秩序和将市场机制与计划机制结合起来、反对殖民主义、种族隔

---

① ［法］亚历山大·基斯. 国际环境法. 张若思，译. 北京：法律出版社，2000：32.

② 曲格平. 从斯德哥尔摩到约翰内斯堡的道路——人类环境保护史上的三个路标. 环境保护，2002（6）.

③ 李爱年，韩广，等. 人类社会的可持续发展与国际环境法. 北京：法律出版社，2005：97.

④ http://it.sohu.com/2004/04/21/94/article219909473.shtml.

离、解决越界污染、更合理分配技术和资源、加强环境教育等 10 项共同原则。同时，《内罗毕宣言》特别强调了包括酸雨和臭氧层破坏问题在内的全球性环境问题，重申要进一步加强和扩大各国在环境保护领域的合作。

内罗毕会议及《内罗毕宣言》在人类环境保护的发展上起到了承前启后的作用。自内罗毕会议结束到 1992 年的联合国环境与发展大会的 10 年期间，国际环境法得到了极大的发展，《联合国海洋法公约》《国际热带木材协定》《保护臭氧层维也纳公约》《关于消耗臭氧层物质的蒙特利尔议定书》等 40 多个国际公约、协定都是在《内罗毕宣言》发表后签订的，极大地促进了环境保护的全球一体化的发展。

（三）《里约环境与发展宣言》

1992 年 6 月，在巴西的里约热内卢召开了联合国环境与发展大会。有 183 个国家的代表团和联合国及其下属机构等 70 个国际组织的代表出席会议，102 位国家元首或政府首脑亲自与会。① 这次会议的宗旨是要促进各国在可持续以及对环境无害的发展的前提下，制定各种战略和措施，扭转和终止全球环境继续恶化的趋势。在这一宗旨的指导下，与会各国形成了人类环境发展史上第二个重要的共同纲领——《里约环境与发展宣言》。

《里约环境与发展宣言》（以下简称《里约宣言》）分为序言和原则两个部分。首先，《里约宣言》在序言中重申了 1972 年 6 月在斯德哥尔摩通过的《联合国人类环境会议宣言》，并谋求在其基础上再推进一步。

其次，《里约宣言》宣布了环境与发展问题的 27 条原则。第 1 条原则宣布：人类是持续发展的中心，享有与自然和谐、健康生活的权利。《里约宣言》包括几条具有明确法律特征的原则，它将已经存在的原则置于广阔的背景下对之予以补充。如第 2 条原则，关于活动的跨界影响，与《联合国人类环境会议宣言》第 21 条类似，但增加了“发展”一词；第 10 条原则是关于公众参与，第 13 条原则关于责任原则的发展等。《里约宣言》同时增加了新的原则，包括预防原则（第 15 条）、污染者负担原则（第 16 条）和环境影响评价原则（第 17 条）。此外，《里约宣言》还表达了对发展的关注，要求优先考虑发展中国家的需要，并要求通过提高科学认识加强内在的可持续发展的能力。

《里约宣言》在《联合国人类环境会议宣言》的基础上有所发展与突破，它承认环境问题与发展问题之间具有密不可分的联系；提出建立新的公平的全球伙伴关系；提出人类社会与经济发展的新模式，即可持续发展的模式，并进一步明确指出实现可持续发展的基本途径，即改变传统的生产和消费方式并推行正确的人口政策；确定了在全球环境退化问题上各国负有“共同但有区别的责任”。

《里约宣言》充分体现了冷战后新的国际关系下各国对于环境与发展问题的新认识，反映了世界各国愿意携手保护人类环境的愿望。可以说，这一宣言的通过是国际环境保护史上的一个新的里程碑。

（四）《约翰内斯堡可持续发展宣言》②

2002 年 8 月 26 日到 9 月 4 日在南非约翰内斯堡召开的可持续发展世界首脑会议是继

① 马骧聪. 国际环境法导论. 北京：社会科学文献出版社，1994：172.

② 李爱年，韩广，等. 人类社会的可持续发展与国际环境法. 北京：法律出版社，2005：109.

1992 年巴西里约热内卢联合国环境与发展会议、1997 年在纽约举行的第 19 届特别联大之后，全面审查和评价《21 世纪议程》执行情况，重振全球可持续发展伙伴关系的重要会议。会议在“人、星球和繁荣”的主题下，通过了《约翰内斯堡可持续发展宣言》。

《约翰内斯堡可持续发展宣言》共 37 条，由 6 个部分组成，分别是：从人类的发源地走向未来、从斯德哥尔摩到里约热内卢和约翰内斯堡、我们面临的挑战、我们对可持续发展的承诺、多边主义是未来、力求实现目标。

《约翰内斯堡可持续发展宣言》作为一份政治宣言，是世界各国政府达成的关于世界可持续发展的共识和承诺，它使得可持续发展战略获得了一定程度的具体化，是继《联合国人类环境会议宣言》和《里约环境与发展宣言》后的又一个重要的共同纲领。

二、有关国际大气环境保护的公约

大气环境保护是 21 世纪最受全球关注的国际环境主题。为控制大气污染，控制和减少温室气体的排放、防止臭氧层的破坏，国际社会自 1979 年至今签订了许多条约，依次包括《长程越界空气污染公约》《保护臭氧层维也纳公约》及其《关于消耗臭氧层物质的蒙特利尔议定书》《联合国气候变化框架公约》及其《京都议定书》《巴黎协定》等，现简要介绍如下。

（一）跨界大气污染防治

联合国欧洲经济委员会主持制定的《长程越界空气污染公约》（CLRTAP），于 1979 年 11 月 13 日在日内瓦通过，1983 年生效。该公约是世界上第一个也是至今为止最主要的关于大气污染的区域性公约，其宗旨是保护人类及其环境不受空气污染，尤其针对远程污染物如二氧化硫和氮氧化物。

《长程越界空气污染公约》包括定义、原则、大气质量管理、研究和发展、情报交换、污染物监测、执行机构和争端的解决 8 个主要部分。它确立了监测和研究大气污染的国际合作途径，并建立了一系列以预防和控制大气污染为主的原则制度和措施。除此之外，它还要求设立情报交换的中心组织及纠纷出现时的协商解决办法。该公约对于控制酸雨污染等方面具有积极意义。

该公约内容上多为原则性规定，而且为了各国之间达成一致，对大气污染的法律责任和赔偿没有进行规定。许多措施都由其后的议定书具体化，如 1985 年关于削减硫化物排放的议定书，1994 年关于进一步削减硫化物排放的议定书，1988 年关于控制氮氧化物及其越境流动的议定书，1991 年关于低空臭氧层污染物治理的议定书，1998 年关于空气中持久性有机污染物以及重金属的两份议定书，1999 年制定了针对跨境空气污染形成的酸雨、富营养化和地面臭氧对人体和自然环境损害的议定书。该公约的缔约国主要为在北半球的发达国家，包括欧盟的成员国和北美的若干国家（美国和加拿大），目前为止，已有超过 50 个成员国和组织正式加入。

（二）臭氧层消耗

早在 1981 年，联合国环境规划署就开始了针对臭氧层保护的条约的协商。第一份关于臭氧层的保护协议，《保护臭氧层维也纳公约》于 1985 年 3 月 22 日在维也纳通过，1988 年 9 月 22 日开始生效。该公约由序言、正文 21 条和两个附件构成。它是联合国环境规划署制定的首个具有约束力的全球性的大气保护公约，主要内容包括对臭氧层破坏的基本认识和相关概念，以及规定缔约国的一般义务。但该公约的缺点是作为一个框架式的原则性公约，除了各国对臭氧层保护达成共识，在进行科学研究和共享信息上进行了规定，并未对破坏臭氧层的物质采取任何具体控制措施。

为保证《保护臭氧层维也纳公约》的实施，1987 年来自 43 个国家的环境部长和代表通过了《关于消耗臭氧层物质的蒙特利尔议定书》。首先，通过对臭氧层消耗率的计算和破坏性化学物质的科学研究，在各国科学家达成的共识基础上，议定书设定了具体的污染物削减目标和时间（包含在附件 A 中）。其次，它差别对待了不同国家，根据破坏臭氧层的历史责任不同和国内经济的需求，区分了发达国家和发展中国家的义务。议定书第 5 条规定了 10 年的过渡期限。第 10 条规定了多边基金机制，帮助发展中国家通过技术合作和技术转移削减污染物排放。最后，它规定了缔约国在与非缔约国贸易中，必须对管制物质的进出口有所限制。韩国就由于被限制汽车和冰箱的出口而不得不加入协议。通过这种策略，更多的国家加入臭氧层保护行列。

该议定书于 1990 年、1991 年和 1992 年进行了修正，其主要内容是扩大了管制物质的范围，如控制氯氟烃的使用量，将甲基溴列为管制物质，并规定了控制值的计算、限制贸易等措施。该协议兼顾了发达国家和发展中国家的意愿，为环境领域的国际合作树立了典范。

我国于 1989 年 9 月 11 日加入《保护臭氧层维也纳公约》，1991 年 6 月 19 日通过《蒙特利尔议定书》。此后，我国成立了国家保护臭氧层领导小组，制定了《中国逐步淘汰消耗臭氧层物质国家方案》和《消耗臭氧层物质淘汰行业战略》。

（三）气候变化

《联合国气候变化框架公约》（UNFCCC）是第一个全球性的应对气候变化特别是气候变暖问题的国际公约，它于 1992 年 5 月 10 日在美国纽约通过，并于 1992 年 6 月在巴西里约热内卢召开的联合国环境与发展大会上供各国讨论和签署。该公约共 26 条，其主要内容是控制人为温室气体的排放，主要是指矿物燃料产生的二氧化碳。这是一个框架性文件，就温室气体控制的全球合作提出了五项原则——代际公平原则、共同但有区别的责任原则、风险预防原则、可持续发展原则和国际协助原则，但并未对控制温室气体的具体措施作出规定。

1997 年 12 月，在日本召开《联合国气候变化框架公约》缔约方第三次会议。会议由 150 多个国家的代表团、20 多个国家的观察员代表以及非政府组织的代表等共 5 000 余人出席。此次会议将削减发达国家的温室气体的排放量作为中心议题。会议各方经过激烈和艰难的谈判磋商，终于通过了具有里程碑意义的、旨在限制发达国家温室气体排放量以抑制全球变暖的《京都议定书》。

《京都议定书》明确规定了附件一国家的强制减排目标，其主要内容是：2012 年前，主要工业发达国家温室气体排放量要在 1990 年的基础上平均减少 5.2%，其中欧盟将 6 种温室气体的排放量削减 8%，美国削减 7%，日本削减 6%。中国于 1998 年 5 月签署

《京都议定书》并于 2002 年 8 月核准了该议定书。2001 年 3 月，美国布什政府以“减少温室气体排放将会影响美国经济发展”和“发展中国家也应该承担减排和限排温室气体的义务”为借口，最终宣布拒绝批准《京都议定书》，没有承担强制性减排任务。

《京都议定书》的里程碑意义体现在：一是建立了旨在减排温室气体的三个灵活合作机制——国际排放贸易机制、联合履行机制和清洁发展机制。“京都三机制”为国际社会开展温室气体减排合作提供了具体路径。二是《京都议定书》突破“软法”，是第一个规定了强制性量化减排义务的国际法律文件。

中国、欧盟和美国是目前全球温室气体排放量最大的三个主体。中国于 2007 年成为世界温室气体排放量最大的国家。[①]《京都议定书》于 2012 年到期。世界各国在 2012 年前后围绕后京都时期削减温室气体的责任分担与方法路径展开了漫长、艰苦、激烈的争论，形成了以美国、欧盟和中国为代表的三大谈判立场。气候变化问题已经从环境问题演化为集环境、政治、发展于一体的国际博弈。后京都时期以来重要的国际气候变化谈判进程及文件统计如表 18-2 所示。

表 18-2　后京都时期以来重要的国际气候变化谈判进程及文件

时间	会议	内容
2012 年 11 月—12 月	《联合国气候变化框架公约》第十八次缔约方会议暨议定书第八次缔约方会议（COP-18/MOP-8） 卡塔尔，多哈	会议最终就 2013 年起执行《京都议定书》（简称《议定书》）第二承诺期达成一致；就第二承诺期以 8 年为期限达成一致。加拿大、日本、新西兰及俄罗斯明确不参加《议定书》第二承诺期
2013 年 11 月	《联合国气候变化框架公约》第十九次缔约方会议暨议定书第九次缔约方会议（COP-19/MOP-9） 波兰，华沙	会议通过了德班平台、资金、损失损害补偿机制一揽子决议。 中国代表团团长解振华为发展中国家据理力争，效果良好
2014 年 12 月	《联合国气候变化框架公约》第二十次缔约方会议暨议定书第十次缔约方会议（COP-20/MOP-10） 秘鲁，利马	为 2015 年的巴黎大会做准备
2015 年 11 月—12 月	《联合国气候变化框架公约》第二十一次缔约方会议（COP-21） 法国，巴黎	《巴黎协定》 里程碑意义：通过成员国提交国家自主贡献目标来实现温室气体减排。发展中国家将承担并逐渐增加温室气体减排的责任。形成了 2020 年后的全球气候治理格局。是继《联合国气候变化框架公约》《京都议定书》之后的第三个里程碑。 中国国家主席习近平出席会议并发言，展现负责的大国形象
2016 年	《联合国气候变化框架公约》第二十二次缔约方会议（COP-22） 摩洛哥，马拉喀什	《马拉喀什行动宣言》 宣言表示：国际社会有责任采取紧急行动，使温度升幅被控制在两摄氏度以内[②]

① 世界博览，2011（20）：10.

② 温源远，李宏涛，杜譞，等. 2016 年全球环境发展动态及启示. 环境保护，2017（14）：62-65.

续表

时间	会议	内容
2017 年 11 月	《联合国气候变化框架公约》第二十三次缔约方会议（COP－23） 德国，波恩	2017 年 6 月 1 日，在国际社会的惊愕和失望中，美国总统特朗普履行竞选“诺言”，明确宣布退出《巴黎协定》，引发了世界各国对《巴黎协定》所启动的“巴黎气候进程”的普遍担心。① 会议对《巴黎协定》的实施细则仅达成了一份全面反映各方关切的谈判案草案
2018 年 12 月	《联合国气候变化框架公约》第二十四次缔约方会议（COP－24） 波兰，卡托维兹	大会如期完成《巴黎协定》实施细则谈判。
2019 年 12 月	《联合国气候变化框架公约》第二十五次缔约方会议（COP－25） 西班牙，马德里	会议通过了“智利-马德里行动时刻”及其他多项决议，就采取气候行动的紧迫性达成共识。 就《巴黎协定》的规则细节进行磋商，特别关注发展中国家应得到的支持和资金
2021 年 10 月—11 月	《联合国气候变化框架公约》第二十六次缔约方会议（COP－26） 英国，格拉斯哥	即《格拉斯哥气候公约》，这是有史以来首次明确表述减少使用煤炭的计划，并承诺为发展中国家提供更多资金帮助它们适应气候变化。与会各国同意 2022 年年底提交更雄心勃勃的碳减排目标及更高的气候融资承诺，定期审评减排计划，增加对发展中国家的财政援助。 以实现“净零排放”为目标，各国提交更具体的减排计划，并讨论全球减排目标的提高
2022 年 11 月	《联合国气候变化框架公约》第二十七次缔约方会议（COP－27） 沙姆沙伊赫，埃及	聚焦《巴黎协定》务实履行，达成了包括减缓、适应、资金、损失与损害等在内相对平衡的一揽子成果，释放了坚持多边主义、合力加强应对气候变化挑战的积极信号
2023 年 11 月—12 月	《联合国气候变化框架公约》第二十八次缔约方会议（COP－28） 阿联酋，迪拜	大会达成“阿联酋共识”，通过一项“历史性”协议，首次推动各国能源系统转型摆脱化石燃料，就《公约》及其《京都议定书》《巴黎协定》落实和治理事项通过了数十项决定，正式成立损失与损害基金，对维护和落实《巴黎协定》具有重要里程碑意义。 中国就全球气候治理提出三点建议：一是必须坚持《联合国气候变化框架公约》及其《巴黎协定》确定的目标和原则；二是积极提高可再生能源比例，推动传统能源清洁低碳高效利用，加快形成绿色低碳生产方式和生活方式；三是各国充分兑现已有承诺，特别是发达国家应切实加大对发展中国家的资金、技术、能力建设支持等

① 罗丽香，高志宏. 美国退出《巴黎协定》的影响及中国应对研究. 江苏社会科学，2018（5）：184.

我国于 1992 年 6 月 11 日加入《联合国气候变化框架公约》，1992 年 11 月 7 日全国人大常委会通过《关于批准〈联合国气候变化框架公约〉的决定》；于 1998 年 5 月签署并于 2002 年 8 月核准了《京都议定书》。

三、关于国际海洋环境保护的公约

海洋环境的保护一直是国际法的重要领域。最初的海洋环境保护源于对海上资源的竞争，第一部多方协议签订于 20 世纪初，就海豹、海鱼和鲸鱼的保护进行了协商。自此之后，海洋保护的国际公约有了长足的发展。国际海洋环境保护分为防止海洋污染和海洋生态及生物多样性保护两大领域，以下列举一些重要的海洋环境保护公约。

（一）《联合国海洋法公约》（UNCLOS）

《联合国海洋法公约》于 1982 年 12 月在牙买加的蒙特哥湾通过，该公约是目前为止最为重要的综合性全方位保护条约，其目的为建立“海洋的法律秩序，以利于国际交流；促进和平地使用海洋，平等并有效地利用其资源，保护海洋生物，研究、保护和保存海洋环境”（序言）。

除了规定强制性第三方纠纷解决机制，自然保护区和禁止国家间私下订立有违背该公约的双边条约外（第 279～299、309、311 条），该公约还就海洋法上的重要基础问题进行了梳理。第一，污染海洋不再被认为是国家的自由权利，海洋作为一个整体被视为重要的人类资源来进行保护；第二，船旗国之间的利益得到了平衡，沿海国、海上航行和捕鱼的权利得到了更多的保护；第三，海洋保护不再仅限于污染责任，国家间进行合作保护海洋也成为国家的重要义务。

《联合国海洋法公约》对于不同参与方——船旗国、沿海国、港口国和国际组织规定了不同的义务，且条约本身具有很强的开放性。无论是联合国或其他国际组织，都可以在该条约的基础上补充规定，如国际海事组织（IMO）就船舶污染，联合国粮农组织（FAO）就渔业协商新规。

我国于 1982 年 12 月 10 日签署，并于 1996 年 5 月 15 日批准该公约。我国加入时发表了如下四项声明：

（1）中华人民共和国享有 200 海里专属经济区和大陆架的主权权利和管辖权；

（2）中华人民共和国将与海岸相向或相邻的国家，通过协商，在国际法基础上，按照公平原则划定各自海洋管辖权界限；

（3）中华人民共和国重申对 1992 年 2 月 25 日颁布的《中华人民共和国领海及毗连区法》第 2 条所列各群岛及岛屿的主权；

（4）中华人民共和国重申，《联合国海洋法公约》有关领海内无害通过的规定，不妨碍沿海国按其法律规章要求外国军舰通过领海必须事先得到该国许可或通知该国的权利。

（二）一般船舶污染和污染事故的公约

1954 年 4 月 26 日，由英国牵头在伦敦召开了“国际防止海上油污会议”（有 42 个国家和地区代表参加)，通过了《1954 年国际防止海洋油污染公约》，随后进行过几次修订。该公约保存在英国“外交和联邦事务部”，1959 年“政府间海事协商组织”(IMCO) 成立后，转由 IMCO［1982 年 5 月 22 日，IMCO 更名为“国际海事组织”(IMO)］“代为保存”。它在国际上“防止海洋油污染方面”起过积极、先导作用，在我国也起过启蒙作用。该公约对防止由船舶引起的海洋污染作出了一系列规定。1973 年 10 月 8 日—11 月 2 日，IMCO 召开“国际海洋污染会议”，将《1954 年国际防止海洋油污染公约》可借鉴的内容，纳入《关于防止和控制海洋污染的决议草案》作为会议工作的基础，会议通过了《国际防止船舶造成污染公约》(The International Convention for the Prevention of Pollution From Ships，简称 MARPOL 1973)，在该《公约》的第 9 条中规定：“本公约一经生效，在缔约国之间，本公约即替代《经修订的 1954 年国际防止海洋油污染公约》。” 1978 年在国际油轮安全和防止污染会议上产生了《关于 1973 年国际防止船舶污染海洋公约的 1978 年议定书》。议定书修改了 1973 年伦敦公约内的各项规定，特别是附件一内的规定，我国是该公约 1978 年议定书的缔约国，该公约及议定书于 1983 年 10 月 2 日对我国生效。

1973 年的《国际防止船舶造成污染公约》和 1978 年的议定书，合称为《73/78 国际防止船舶造成污染公约》。该公约适用于所有有权悬挂缔约国国旗的船舶和无权悬挂缔约国国旗但在一缔约国的管辖下进行营运的船舶，不适用于任何军舰、海洋辅助船舶或其他国有或国营并暂时只用于政府非商业性服务的船舶。公约规定其一般义务在于防止有毒物质的排放或含有毒物质的水流对海洋环境造成的污染。其目的是彻底消除有意排放油类和其他有毒物质而污染海洋环境并将这些物质的意外排放减至最低限度。随着形势的发展，该公约于 1984 年、1985 年、1987 年、1991 年、1992 年、1996 年、1997 年分别进行了修正，目前形成了包括三个议定书和六个附则的庞大体系。

(三) 海洋污染损害赔偿的公约

除了国家间合作，船舶污染方可能承担一定的民事责任。在这方面，主要有 1969 年 11 月通过的《国际干预公海油污事故公约》和 1971 年签订的《设立国际油污损害赔偿基金公约》。前者的签订直接源于对 1967 年英国海域“托利峡谷号”的石油污染事故的反思，因此该公约就环境污染责任分配进行了规定。《国际干预公海油污事故公约》旨在使缔约国国民免于遭受海上和海岸油污危险的严重后果。该公约规定：沿海国有权对在公海上发生的可能危害其所辖海域的油污染事件采取必要的措施；但沿海国在采取任何的措施之前，应同受海上事故影响的其他国家，特别是船旗国进行协商，应通知那些可能受其措施影响的人，并避免任何人命危险。公约特别明确，缔约国在采取保护自己利益措施时，应同实际损害或损害威胁相适应，不超过合理必要的程度。否则采取任何违背公约的措施而对其他国家造成损害，应有义务给予赔偿。

(四) 针对陆源污染的公约

陆源污染一直是海洋保护的瓶颈。截至 20 世纪 70 年代，国家间才就该问题达成第一个区域性公约。1982 年的《联合国海洋法公约》(第 207 条) 则第一次全面地阐述了国家防止污染物（不仅仅是放射性污染物和油污，还包括废物和化学品等）的义务。然而，该公约并没有要求设置基本的排放标准，只是倡议性地要求各国尽最大的可能减少陆源污染的排放；第 207 条也很少被援引为“应有之注意”（due diligence）而被习惯法采纳。

防治陆源污染的高成本以及对经济的负面影响造成了全球合作的困难。然而，对可持续经济发展的追求让封闭性及半封闭性海域的合作容易许多。陆源污染的区域性公约更为发达，如 1992 年生效的《保护东北大西洋海洋环境公约》和《保护波罗的海区域海洋环境公约》，1984 年《不来梅宣言》及其后一系列文件对北海周边陆源污染的规定，1980 年《巴塞罗那公约雅典议定书》对地中海沿岸地区污染的防治等。

当然，倾倒废物进入海洋已经不再合法。1972 年 12 月 29 日签订的《防止倾倒废物及其他物质污染海洋的公约》对此进行了规定。该公约在经过 1993 年修订及 1996 年进行新的议定书的协商后，已成为一个完整的体系。其主要内容有：

（1）适用于所有海洋以及船只、飞机等正常操作之外的一切有意倾弃废物；

（2）禁止倾弃附件一所列举的物质，附件二所列的只有得到特别许可后才能准许，而附件三所列的只有得到普通许可后才能容许倾弃；

（3）只有在特殊情况下才容许例外；

（4）缔约国将设立主管当局来发给许可证，保存记录和监测海洋情况；

（5）缔约国对所有国籍船只和飞机，以及在其领土领海内装载货物的船只和飞机都有权实施执行措施；

（6）缔约国将鼓励制定措施以防止碳氢化合物，倾弃以外所运输的其他物质和船只操作期间所产生的废物等，以及放射性污染物、因勘探海床而产生的物质的污染。

该公约于 1985 年 12 月 15 日对我国生效。

四、关于自然地域和生物资源的国际公约

生物多样性保护包括了对生物资源及其生存的自然环境的保护。它既有将自然环境作为一个整体进行保护的公约，也有就其中的具体元素单独保护的立法。起初，这类资源的保护更多地建立在对其经济价值的关注上。如在 20 世纪初，人们就对特定物种的可持续利用制定了协议。但到 20 世纪 70 年代以后，在对综合生态环境和物种多样性有了更深的认识之后，人们协商并制定了一系列法律文件来保护物种的多样性。以下将对这些条约逐一介绍。

（一）综合性保护条约《生物多样性公约》（CBD）

1992 年 6 月在内罗毕世界环境与发展大会上通过的联合国《生物多样性公约》是一部具有代表性的综合性生物资源保护公约。该公约的宗旨在于保护并合理利用地球上的生物资源。其主要内容有：（1）确定了生物资源和生物多样性的保护和持续利用的重点领域；（2）确定了一些有关的基本概述和术语；（3）确认和重申了有关的国际环境法原则；（4）规定了有关保护和持续利用的基本措施；（5）规定了关于遗传资源的取得、技

术的取得和转让、生物技术惠益的分享的基本原则。

该公约成立的缔约方大会于其后又通过了几项重要文件，如 2000 年《卡塔赫纳生物安全议定书》，规定了动植物活体在进行转基因改造时的风险控制。

1992 年里约会议期间，我国就加入了《生物多样性公约》，该公约于 1993 年 12 月 29 日正式对我国生效。随后我国政府成立了以国家环保局为首的“中国履行《生物多样性公约》协调组”，1994 年 6 月发布了《中国生物多样性保护行动计划》及《中国生物多样性国家报告》。至于《卡塔赫纳生物安全议定书》，我国于 2000 年 8 月 8 日签署，2005 年 4 月 27 日核准，2005 年 9 月 6 日生效。

（二）关于野生动植物保护的公约

野生动植物的保护既包括了对特定物种的保护，也包括了对特定行为的规范。该领域既有全球性的公约，也有不少区域性和双边多边协议。

比较早期的条约包括 1953 年《国际保护鸟类公约》和 1951 年《国际植物保护公约》。前者主要由欧洲国家签署。其对鸟类的保护、捕杀和交易作出了规定，鼓励了缔约国发展养护教育，确定保护区，并要求各缔约国采取各种适当的措施，防止因废油或其他水污染源、灯塔、电缆、杀虫剂、毒物或任何其他原因毁灭鸟类。后者的宗旨是维护并增进植物和植物产品病虫害管制的国际合作，防止其跨越国界的引入和传播。

除了对物种的保护，特定的行为也存在国际公约来规制。1973 年《濒危野生动植物种国际贸易公约》就是一个非常重要的公约。该公约拟通过对野生动植物国际贸易的管制，达到保护稀有濒危物种的目的。其采取了进出口许可证的形式，通过控制国际贸易，防止过度开发，以保护某些濒危物种。在附件 1、附件 2、附件 3 中区分了受保护的物种为三类：附件 1 所列的物种是面临灭种危险的物种，除特殊情况外一律禁止国际贸易；附件 2 所列是如不采取严格的限制贸易措施就有可能灭绝的物种，这些物种的交易要受许可证制度的管理；附件 3 列举的物种，一些国家已经通过立法加以管制，并需要国际合作以控制其贸易，以出口许可证和原产地证明的方式进行管理。

我国于 1980 年加入该公约，该公约于 1981 年 4 月对我国生效。原林业部随后设立了“濒危物种进出口管理办公室”，作为管理机构。中国科学院作为科学机构，以红皮书的形式公布受严格保护的动植物品种。

这方面另一个比较重要的公约是 1979 年通过的《保护野生动物移栖物种公约》。它主要由欧洲国家签订，目的是保护移徙野生动植物及它们的生存环境不至于受到国界划定的影响。该公约同样使用附件列举保护物种的形式。

（三）自然地域保护的公约

自然地域生态功能的保护对于生物物种的延续具有重要意义。内陆水、森林资源、土地资源、湿地资源和人文自然资源都是重要的保护对象。

（1）关于内陆水的保护，比较重要的国际公约有 1997 年《国际水道非航行利用法公约》。其建立了以有限的公平利用为原则的使用秩序。但由于水道保护国家间利益格局比较复杂，义务的范围争议很大，该公约并没能建立起综合的生态保护规范。相较之下，双边或多边协议更为成熟。它们大多数对具体河流进行管理，如莱茵河、美加边境五大湖、南美洲拉普拉塔河、亚马孙流域、湄公河等。这些条约着重于上下游之间水资源利用，对环境保护并没有过多地强调。

（2）森林资源的保护主要有2006年签订的《国际热带木材协定》。它取代了1983年的协定，但与原协定一样，主要就消费国和出口国之间就木材资源利用以及合法贸易的问题进行协商，并没有专门就环境保护进行论述。虽然部分森林资源落入世界文化遗产的范围而得到了保护，但总体上，除了1985年东盟的区域性协定有针对森林的环境保护义务，很少有协议真正提出森林的强制保护义务。

（3）关于土地资源保护，出于对国家领土主权的顾虑，土地资源保护的国际条约较少。这方面，主要有针对土地荒漠化问题的《联合国关于在发生严重干旱和/或荒漠化的国家特别是在非洲防治荒漠化的公约》（UNCCD）。该公约1994年签订，有近200个缔约方。但广泛的参与性并没能保证条约的有效实施。与《生物多样性公约》一样，该条约只是认可了土地资源的全球保护。虽然发达国家有对发展中国家荒漠化提供资金和技术援助的义务，但并没有太多实质性的制度设计。我国于1994年加入该公约。

（4）关于湿地保护，1971年的《关于特别是作为水禽栖息地的国际重要湿地公约》（Ramsar Convention）是比较重要的公约。其宗旨是“制止目前和未来湿地的逐渐侵占和损害，确认湿地的基本生态作用及经济、文化、科学和娱乐价值”。它的制度设计包括了要求缔约国至少指定一个国立湿地列入国际重要湿地名单中；要求缔约国应考虑它们在养护、管理和明智利用移栖野禽原种方面的国际责任；以及设立湿地自然保留区，合作进行交换资料、训练湿地管理人员。截至目前，已经有100多个国家的近2 000个地区被列入名单，其中大部分地区位于发展中国家。为使上述公约更有效，1982年12月又通过了《〈关于特别是作为水禽栖息地的国际重要湿地公约〉的修正》。我国1992年7月31日加入该公约。

（5）关于世界文化和自然遗产保护，1972年11月联合国教科文组织通过了《保护世界文化和自然遗产公约》，用以保护人文和自然景观。该公约区分了自然遗产和文化遗产。文化遗产包括古遗址、建筑和古物。自然遗产包括三类，自然景观、动物和植物生境、天然名胜区域。公约设立了世界遗产委员会，由其管理和制作更新《世界遗产名录》。我国1985年加入该公约。

五、关于防治放射性和核污染的国际公约

2011年3月，里氏9.0级地震导致日本福岛县两座核电站反应堆发生故障。其中第一核电站中一座反应堆发生异常，核蒸汽泄漏。3月14日反应堆爆炸，辐射物质通过风传播到中国、俄罗斯，对本国和国际核安全环境产生难以估测的负面影响。为和平地利用核物质，防止核能利用给人类带来危险，国际社会通过了许多关于防治放射性和核污染方面的国际条约和公约。

对于军用核物质，公约的目的往往并不仅限于环境保护，还包括了对国家安全和人类和平的考虑。这方面的条约主要有1963年签订的《禁止在大气层、外层空间及水下进

行核武器试验条约》、1968 年 7 月《不扩散核武器条约》、1971 年 2 月《禁止在海床、洋底及其底土安置核武器和其他大规模毁灭性武器条约》及 1996 年 9 月《全面禁止核试验条约》。

民用核材料的规范则主要集中在协商核物质安全利用及民事损害赔偿两方面。国际核安全主要由国际原子能机构负责协调。切尔诺贝利核事故之前，该机构的职能主要是促进核材料的使用，对核能的安全则较为忽视。1986 年事故之后，原子能机构调整了职能，对核利用也重新进行了评估。其于 1986 年 4 月通过了《及早通报核事故公约》及《核事故或辐射事故紧急情况援助公约》。至 1994 年，在经过各个国家多轮协商后，又协调签署了《核安全公约》。该公约是核安全使用的一个重要公约。它强调制度建设而非具体标准，要求各国建立法律和规范，包括许可证制度、独立监督机构和执行机构来保障核能的安全使用。1997 年各国又签署了《乏燃料管理安全和放射性废物管理安全联合公约》来管理放射性废物。

与此同时，在民事责任赔偿问题上，核领域为许多其他环境领域的责任体系树立了榜样，比如强调对受害人的赔偿，降低了举证标准等。这方面的公约包括了 1960 年《关于核能领域中第三方责任巴黎公约》、1963 年《补充巴黎公约的布鲁塞尔公约》和《关于核损害民事责任的维也纳公约》。切尔诺贝利事故之后，《关于核损害民事责任的维也纳公约》缔约方大量增加，包括了所有的东欧和绝大部分拉丁美洲国家。由于欧洲是世界上核能利用最为集中的区域，这对于在欧洲建立一个较为统一的责任体系显得非常重要。1997 年，各国在此基础上，又协商通过了《核损害补充赔偿公约》，加强了《维也纳公约》对于民事主体的赔偿责任。

我国对于核安全一直非常重视，于 1996 年加入了《核安全公约》。

六、关于防治危险废物和有毒化学品污染的国际公约

（一）危险废物的公约

国际公约在对待危险废物的问题上充分体现了对风险预防原则的运用，强调了生产工艺的无害化，以及贸易和国际转移的控制措施。但由于废物的处置与经济利益紧密相连，公约在要求对环境进行保护的同时，也尽量地兼顾了经济发展的需要。

1989 年《控制危险废物越境转移及其处置巴塞尔公约》（Basel Convention）是危险废物贸易控制的主要公约，其主要目的是控制危险废物从发达国家转移至欠发达国家。该条约也就废物处置中的管理进行了规定，要求采取环境友好的措施。该公约第 6 条规定了事先知情同意制度，保证了化学品运输输入国的权益。

我国于 1990 年 3 月 22 日签署了该公约，全国人大常委会 1991 年 9 月 4 日审议批准。随后，1995 年我国发布了《关于坚决严格控制境外废物转移到我国的紧急通知》，1996 年 3 月颁布了《废物进口环境保护管理暂行规定》，以配合其实施。

这方面区域性的公约包括 1989 年《洛美公约》（欧共体）和 1991 年《巴马科公约》（非洲统一组织）。

（二）有毒化学品管理的公约

许多国际公约都涉及化学品的管理。以下仅列举针对有毒化学品的条约，它们与危险废物的控制一起，构成了控制有毒有害化学物质的整体。

在 1998 年签订《关于在国际贸易中对某些危险化学品和农药采用事先知情同意程序的鹿特丹公约》之前，国际上已经有许多涉及危险化学品贸易的条约，如前述的《巴塞尔公约》，一系列船舶污染公约及联合国发布的指南。该公约则总结和补充了这些条约，主要就“禁止或严格限制的化学品”以及“严重的有毒害农药”的国际贸易进行了限制。它并没有禁止特定化学品的贸易，但设定了程序，要求贸易出口国必须提供化学品信息，取得进口国的同意等。附件三中规定的化学品种类构成了该条约的核心部分。

2004 年 12 月我国全国人大常委会批准加入该公约。

有毒化学品管理的另一个重要公约是《关于持久性有机污染物的斯德哥尔摩公约》。它于 2001 年 5 月签订，针对持久有机污染物（POPs）进行严格控制。该公约明确地提出了风险预防原则，成员国有义务禁止附件 A 中 12 种化学品的生产和使用，以及限制附件 B 中 DDT 的使用。公约的清单可以根据需要进行补充。另外，公约第 4 条规定了部分国家有限地生产和使用这些化学品，使更多国家可以加入公约中。

2004 年 6 月我国全国人大常委会批准加入该公约。

另外，在这方面欧盟发展了较为先进的区域性的管理体系，比较重要的条约有《化学品登记、评估、授权和限制法规》（REACH）和《化学品分类、标签和包装法规》（CLP）。

七、关于保护南极的国际公约

作为人类共有财产，南极极大地依赖于国际公约的保护。早在 1959 年 12 月，就通过了《南极条约》，约定了南极地区的领土所属和开发问题。随后，又于 1964 年通过了《保护南极动植物议定书》，1972 年通过了《保护南极海豹公约》，1980 年通过了《南极海洋生物资源养护公约》，1988 年 6 月通过了《南极矿产资源活动管理公约》，1991 年通过了《关于环境保护的南极条约议定书》。

我国于 1983 年 6 月 8 日加入《南极条约》，1985 年 10 月成为南极协商国；1989 年加入《南极海洋生物资源养护公约》，并成立了国家南极海洋生物资源保护委员会和科学委员会；1991 年 10 月加入《南极矿产资源活动管理公约》。

八、贸易与环境相关条款

WTO 下的自由贸易体系与环境保护条约往往容易发生冲突，体现在两个方面。首先，自由贸易的体系可能对环境条约的实施造成障碍，如 1987 年臭氧层防护的议定书要求对特定化学品的贸易进行限制，与 WTO 的自由贸易原则有冲突；其次，一些国家会利用环境保护为借口，提高贸易门槛，妨碍自由竞争。所以，制定及解释贸易体系中有关环境保护的条款就显得非常重要。1994 年《马拉喀什协议》在序言部分将环境保护与贸易的关系归纳为“最优化地使用资源的同时保证可持续的发展，保护环境但不超过应有的限度及充分考虑经济发展的需要”。除此之外，WTO 协定的许多条款也都涉及环境保护的要求，如《关税与贸易总协定》第 20 条、第 2 条第 2 款及第 3 条第 2 款；《技术性贸易壁垒协定》前言，协定 2.2；《技术性贸易壁垒协定》前言，协定 2.2；《实施卫生与植物卫生措施协定》协定 3.2；《与贸易有关的知识产权协定》第 27 条等。

第二节　环境保护的主要国际组织

国际环境保护组织对于国际环境法的演化和国际条约的实施具有不可替代的作用。如前所述，相较于其他国际法领域，环境保护的国际机构具有数量多、互相之间职能交叉的特点。根据组织的来源，其大体上分为两大类：一类是政府间组织，包括联合国及其下属组织；另一类即非政府间国际组织，包括国际绿色和平组织、世界自然基金会、世界自然保护同盟等。这两类尤其是前一类中，又有一般性机构和专门机构的分别。一般性机构往往在其职能范围内就环境保护的问题进行规制，如联合国粮油组织并非一个纯粹的环保机构；专门机构往往由条约设立，它们只就环境问题进行管理和组织协商。

国际环境保护组织的职能可以归纳如下。

（1）环境问题的调查和研究。调查和研究是国际环境保护组织的活动内容之一，国际环境保护组织在法律领域进行的研究促进了国际环境法的发展。比如国际法委员会工作中的大多数主题都直接涉及国际环境法的发展和编纂，内容包括国际责任、国际水道的非航行利用等。① 通常情况下，在国际组织就某项议题进行讨论之前，都要组织深入的调查和研究工作，进行自然科学、社会科学、比较法与国际法的研究。

（2）环境问题信息的收集和交换。收集和交换与国际环境保护有关的国内和国际项目及研究成果的信息，是在国际环境保护组织内进行合作的一个重要方面。可以说，所有国际环境保护组织都同时是信息收集、交换、交流的场所。而且，国际环境保护组织还将获得的信息进行综合研究、分析，得出有权威性、有代表性的结论。

（3）制定有关国际环境保护的规则。国际立法活动是国际组织的重要职能，许多国际组织都承担着最新的国际环境保护条约草案及文本的起草和撰写工作。国际环境保护组织还进行已有规则的编纂活动，并负责对原有规则进行新的修订和发展。

（4）监督规则的实施。很多国际环境保护条约规定：国家必须定期向国际组织和有关机构汇报和报告实施条约的情况，并接受这些机构和其他缔约国的监督。但是，一般情况下，这种监督不包括采取强制行动，如在公海用国际巡逻队对付污染者。国际组织还进行定期或不定期的抽查和检查工作，敦促条约的实施。

（5）管理国际公共区域的自然资源。由国际环境保护组织来管理公共区域的自然资源无疑是在环境保护领域进行国际合作的较高形式。② 例如：《联合国海洋法公约》第 11

---

① 戚道孟.国际环境法.北京：中国方正出版社，2004：111.

② 同①112.

部分规定了管理国际海底区域矿物资源的制度，其中，保护海洋环境是公约设立的机构（国际海底区域局）必须行使的职责。

（6）宣传、教育和培训。按照组织宗旨和目的的要求，许多国际环境保护组织在国际、区域和国家内部各个层面上开展工作，加强对各国政府和各国公众的宣传、教育和培训，提高公众的环境保护意识。

此外，国际环境保护组织还有以下职能：为环境保护提供财政及技术方面的援助，国际环境保护事务的分工协作等。

一、联合国环境保护的一般性政府间组织

环境保护的政府间组织，主要是联合国及其下属组织。1971 年，联合国大会通过了第 2849 号决议，规定了“维护和改善环境是国际社会的责任”，承担这一责任的主要机构如下。

（一）联合国环境规划署（UNEP）

联合国环境规划署是根据联合国大会 1972 年 12 月 15 日第 2997 号决议设立的机构。总部设在肯尼亚首都内罗毕。它是联合国负责协调各国在环境领域活动的机构，也是最重要的国际环境组织和国际环境活动中心，主要任务是负责处理联合国在环境方面的日常事务。该机构下设三个部门：理事会是环境规划署的实际决策机关；秘书处是该署的常设机关，其主要任务是保证高效率地进行联合国范围内的国际环境保护活动，并兼管环境基金；环境基金委员会管理并提供活动资金。

（二）世界环境与发展委员会（WCED）

世界环境与发展委员会是根据 1983 年第 38 届联合国大会第 38/161 号决议成立的一个独立机构。该委员会主席、副主席由联合国秘书长指定，成员由主席、副主席指定。该委员会由各国专家组成，委员会的任务是向联合国大会提出关于环境对策方面的建议，如 1987 年《我们共同的未来》报告即由它提出。

（三）联合国经济与社会理事会（ECOSOC）

联合国经济与社会理事会，简称经社理事会，是联合国的六个主要机关之一。经社理事会是在联合国大会权力之下指导和协调联合国经济、社会、人权和文化活动的综合系统。其主要职权包括：就有关经济、社会、文化、教育、卫生等事项的国际性行动从事研究并提出建议；促进对人权和基本自由的尊重；就其职权范围内的事务召集国际会议，起草提交给大会的公约草案，与各专门机构商订确立相互关系的协定，协调其活动；依一定条件为会员国及专门机构提供服务；同与经社理事会处理的事务相关的非政府组织进行磋商。经社理事会的上述职权也包括环境方面的内容，联合国环境规划署通过它向联合国大会报告工作。

（四）联合国粮食和农业组织（FAO）

联合国粮食和农业组织，简称粮农组织，于 1946 年 12 月成为联合国专门机构，总部设在意大利罗马。通过两年一度的大会及理事会行使职权。理事会下设立委员会，就专门问题提出建议。

除了就粮食供应和安全，以及农业技术合作进行管理，粮农组织主要就农业的可持续发展和环境保护行使职能。

（五）联合国可持续发展委员会（CSD）

联合国可持续发展委员会于 1993 年 2 月成立，是 1992 年里约环境与发展大会的后续行动机构，是联合国经社理事会的职能委员会。该机构负责审查和监督各国对《21 世纪议程》的行动计划及实施情况，并在联合国框架内加强与非政府组织、独立部门及联合国系统外其他团体的对话。

（六）联合国开发计划署（UNDP）

联合国开发计划署成立于 1965 年 11 月，通过联合国经社理事会与联合国大会联络。该署在联合国系统的业务中起协调作用，参与和管理全球环境基金、蒙特利尔议定书多边基金、防治荒漠化和干旱办公室等。

（七）联合国人类居住委员会（UN-HABITAT）

这是与联合国环境规划署相类似的机构，主要任务是解决人类居住问题，对于居住区的环境保护也做了些工作。

（八）联合国教育、科学及文化组织（UNESCO）

联合国教育、科学及文化组织，简称教科文组织，于 1945 年 11 月 16 日成立于伦敦，总部设在巴黎。该组织从事环境、文化教育、科学技术、新闻、道德、人的居住条件和社会文化环境、世界文化资产保护等活动。“人与生物圈科学规划”是教科文组织最著名的环境保护活动。

二、环境保护的其他重要政府间组织

（一）政府间海事协商组织（IMO）

即国际海事组织，它是在 1948 年 2 月通过的《政府间海事协商组织公约》基础上成立的国际机构，于 1959 年 1 月正式成立，是联合国在解决海上安全和发展海运技术方面的咨询、顾问性质的组织，总部设在伦敦。

该组织的宗旨是：在解决有关航海技术问题上为各国提供合作等。它的主要活动是制定和修改有关海运安全、防止海洋受船舶污染、便利海上运输、提高航行效率以及与之有关的海事方面的公约，交流有关经验和情报。自设立以来，该组织倡议并组织召开了一系列保护海洋的国际会议，起草了许多防止海洋污染的国际公约和协定，在防止海洋污染方面发挥着重要作用。

（二）世界贸易组织下属贸易与环境委员会（CTE）

世界贸易组织的贸易与环境委员会致力于研究贸易与环境之间的关系，以促进可持续发展。它先后就服务贸易与环境、与非政府组织的关系以及市场准入等主题组织各成员国、非政府组织和科学机构进行讨论。1999 年 3 月 15 日至 16 日在日内瓦召开了世界贸易组织贸易与环境高级研讨会。目前，这一机构已成为国际上有关环境与贸易问题的核心机构。

（三）全球环境基金（GEF）

全球环境基金成立于 1990 年，经过 3 年试验，于 1994 年成为永久性的金融机构。它由世界银行、联合国开发计划署和联合国环境规划署共同托管，职责是为全球环境保护项目提供资金。

另外，还有一些比较重要的组织如世界气象组织（WMO），就全球气候问题提出科学建议；国际原子能机构（IAEA），协商并维护核能使用的安全问题；世界卫生组织（WHO），就人体健康与环境进行管理。

至于区域性组织，比较重要的规范环境的组织包括了欧盟（EU）、非洲统一组织（OAU）、东南亚国家联合（ASEAN）以及经济发展与合作组织（OECD）等。

三、环境保护重要的非政府间国际组织

（一）世界自然保护联盟（IUCN）

世界自然保护联盟全称为 The International Union for Conservation of Nature and Natural Resources，是世界上最大的和最重要的世界性保护联盟，由各国政府有关机构、非官方机构、科学工作者以及有关自然资源专家共同参加。该同盟成立于 1948 年，全世界有 100 多个国家的有关机构参加了该组织，总部设于瑞士。它有 6 个委员会，即生态学、保护区、濒危灭绝物种、环境规划、环境政策、法规及教育委员会。该同盟的目的是在世界范围内促进对生物资源的保护和持续利用。它在联合国经社理事会、联合国粮农组织、国际海事组织、联合国教科文组织等机构都享有咨询地位。

（二）绿色和平组织（Greenpeace）

绿色和平组织是由加拿大工程师戴维·麦格塔格发起、于 1971 年成立的国际民间组织，总部设在荷兰的阿姆斯特丹。它拥有 400 余万名会员，分布于美国、加拿大等 100 多个国家。该组织的活动由全日制、半日制工作人员和志愿人员进行，经费则依靠捐助。其在反对核试验、反对捕鲸、反对在南极进行商业活动，支持全球取缔废弃物船运活动，要求用国际公约监视战争期间的环境问题等方面都发挥着积极的作用。

（三）世界自然基金会（WWF）

世界自然基金会是与绿色和平组织齐名的重要非政府组织之一，1986 年更名为世界自然基金会（World Wide Fund for Nature）。1961 年，一群致力于野生动物保护的人们签订了《摩吉斯宣言》（Morges Manifesto），正式成立该组织。发展至今日，它已经拥有约 500 万成员，分布于全球各地。其总部在瑞士注册，机构由一个主席和托管委员会组成。下设独立办公室，在各个国家执行环保任务。办公室主要通过田野项目、科学调查研究、建议地方和中央政府政策制定、推进环保教育、参与重要环境条约的制定和修改来展开活动。其中，中国办公室最为重要的一项活动就是参与到大熊猫的保护工作中。

（四）塞拉俱乐部（Sierra Club）

塞拉俱乐部是最为古老的非政府组织之一。它成立于 1892 年，总部在美国。最初的发起人是著名的生态保护学者约翰·缪尔（John Muir）。现该组织拥有约 100 万成员。它的执行机构由 15 位成员组成委员会构成。美国各州都设有分会，有些州设有多个分会。该组织是美国最大的环保非政府组织，影响着政府的决策和法律制定。

第三节 国际环境保护习惯法

按照联合国《国际法院规约》，国际习惯是“作为通例之证明而经接受为法律者”①。国际习惯是“各国在其实践中形成的一种有法律约束力的行为规则”②。国际环境保护习惯法是仅次于国际环境保护条约的主要渊源，就形成机制来看，只有具备通例的存在和通例被“接受为法律”，国际环境习惯法才可能得以形成，才对国际社会具有拘束力。

国际环境保护习惯法具有一般性和自发性，是国际环境保护条约得以产生的基础之一，国际环境保护条约以及其他国际环境法渊源往往要通过国际环境保护习惯而起作用，以国际环境保护习惯为基础来解释和适用，这一特点决定了它是最根本的国际环境法渊源。③

在国际环境法的渊源中，相关的国际习惯性规则并不多见。主要原因是国际环境法是一门新兴的学科，历史较短，国际习惯法形成过程缓慢，尚未积累起足够的国家实践。在过去的几十年里，国际环境保护条约或司法判例中出现了一些有关环境保护的国际习惯和国际习惯的萌芽。④

在具有基本的创立规范性质的环境条约中体现的可视为习惯法规则的规定包括实体性的和原则性的规定，其中包括很多条约反映的实体性义务；还有一些属于程序法的、

---

① 联合国《国际法院规约》第 38 条第 1 款。
② 梁西. 国际法. 武汉：武汉大学出版社，2000：45.
③ 蔡守秋，常纪文. 国际环境法学. 北京：法律出版社，2004：45.
④ 王曦. 国际环境法. 北京：法律出版社，2005：70.

至少在某些区域具有习惯法的约束力的义务。[①]

国际环境保护习惯法的构成因素有两个：一是属于各国重复的类似行为，二是各国都认为具有法律拘束力。所以，判断某个“行为”是否已经成为国际环境保护习惯法，应以国际环境保护实践为依据，即看它是否已经成为国际环境保护中普遍的通例和被各国普遍地接受为法律。依此，迄今为止已经被公认为国际环境法渊源的主要国际环境保护习惯法如下。[②]

一、国家资源开发主权权利和不损害国外环境责任

《联合国人类环境会议宣言》原则 21 规定：“按照联合国宪章和国际法原则，各国有权按照自己的环境政策开发资源，并负有责任保证它们管辖或控制之内的活动不致损害其他国家或国家管辖范围以外地区的环境。”[③] 这条习惯法规则包含互相关联的两个方面。其中一方面是“各国有权按照自己的环境政策开发资源”，即国际资源开发主权权利。另一方面是国家“负有责任保证它们管辖或控制之内的活动不致损害其他国家或国家管辖范围以外地区的环境”，即国家不损害国外环境的责任。这项原则的前一方面承认国家关于环境的主权权利，后一方面规定国家关于环境的义务，是国家在环境方面的权利和义务的结合。[④]

通过国际司法判例、条约和国际组织的决议等法律文件的一再确认，“国家资源开发主权权利和不损害国外环境责任”已成为国际环境保护习惯法的一部分。这条规则最初产生于国际仲裁法庭关于 1938 年和 1941 年“美国诉加拿大特雷尔冶炼厂案”的仲裁裁决中。[⑤] 在后来的 1949 年科孚海峡案、1957 年拉努湖仲裁案、1974 年核试验案等司法判例中，这一规则被反复加以适用。

国际法院在 1996 年《关于威胁或使用核武器的合法性的法律咨询意见》中指出，“各国确保在其管辖和控制下的活动尊重其他国家的或者国家控制范围以外区域的环境的普遍义务的存在现在已是有关环境的国际法整体的一个部分”[⑥]。

“国家资源开发主权权利和不损害国外环境责任”规则得到很多国际环境保护条约的确认。除上述《联合国人类环境会议宣言》外，还包括：1951 年的《国际植物保护公约》、1968 年的《非洲自然界和自然资源保护公约》、1972 年的《保护世界文化和自然遗产公约》、1978 年的《亚马孙合作条约》、1981 年的《保护东南太平洋海洋环境和沿海地区公约》、1982 年《联合国海洋法公约》以及 1992 年的《里约环境与发展宣言》《联合国气候变化框架公约》和《生物多样性公约》等。

---

① ［英］菲利普·桑兹. 国际环境法原理. 伦敦：剑桥大学出版社，2003：148.

② 林灿铃. 国际环境法. 北京：人民出版社，2004：144.

③ 迈向 21 世纪——联合国环境与发展大会文献汇编. 北京：中国环境科学出版社，1992：159.

④ 蔡守秋，常纪文. 国际环境法学. 北京：法律出版社，2004：95.

⑤ 1941 年的特雷尔冶炼厂案仲裁裁决中提出：“任何国家也没有权利这样地利用或允许利用它的领土，以至其烟雾在他国领土或对他国领土或该领土上的财产和生命造成损害。”

⑥ 关于威胁或使用核武器的合法性的法律咨询意见//国际法院判例集（英文版），1996：241-242.

在国际环境保护条约之外，还有很多国际“软法”文件承认这一习惯法规则。其中主要的有 1972 年的《联合国大会第 2996 号决议》、1974 年的《各国经济权利和义务宪章》、1975 年的《欧洲安全与合作会议最后文件》、1978 年的联合国环境规划署《指导各国养护及和谐利用两个或两个以上国家共有自然资源的环境方面行为守则》和 1982 年《世界自然宪章》。

与“国家资源开发主权权利和不损害国外环境责任”这一习惯法规则紧密联系的是国家在违背这个规则的情况下应当承担何种法律后果的问题。国际环境法在这个领域很不发达。[①] 因此，1992 年《里约环境与发展宣言》原则 13 要求，“各国还应迅速并且更坚决地进行合作，进一步制定关于在其管辖或控制范围内的活动对其管辖外的地区造成的环境损害的不利影响的责任和赔偿的国际法律”。

二、环境保护的国际合作义务

《联合国人类环境会议宣言》原则 24 规定：“有关保护和改善环境的国际问题应当由所有的国家，不论大小，在平等的基础上本着合作精神来加以处理，必须通过多边或双边的安排或其他合适的途径的合作，在正当地考虑所有国家的主权和利益的情况下，防止、消灭或减少和有效地控制各方面的行动所造成的对环境的有害影响。”

这是一条以《联合国宪章》为基础的国际环境保护习惯法规则。《联合国宪章》的序言宣布各成员国为促成社会进步和改善民生，要“力行容恕，彼此以善邻之道，和睦相处”。《联合国宪章》第 1 条第 3 款规定联合国的宗旨为“促成国际合作，以解决国际属于经济、社会、文化及人类福利性质之国际问题”。1970 年通过的《关于各国依联合国宪章建立友好关系及合作之国际法原则之宣言》重申了《联合国宪章》规定的这一习惯法规则。

在一些国际环境保护条约里，“环境保护的国际合作义务”这一习惯法规则得到了反复的确认，并成为基础制度和措施。这包括：联合国欧洲经济委员会主持制定的《跨界环境影响评价公约》、1982 年的《联合国海洋法公约》、1985 年的《保护臭氧层维也纳公约》及其 1987 年蒙特利尔议定书、1989 年的《巴塞尔公约》、1992 年的《联合国气候变化框架公约》和《生物多样性公约》等。

对于国际环境保护事业而言，国际合作不但是一项习惯法规则，而且是一项基本原则，具有特别重要的意义。面对生态环境挑战，人类是一荣俱荣、一损俱损的命运共同体，没有哪个国家能独善其身。[②] 没有各国的合作，任何国际环境保护的目标都是不可能实现的。唯有合作，各国才能克服利益冲突和政治、司法制度等方面的差异，有效地实施国际环境法。

其他几个国际环境保护习惯法规则也已经在实践中形成或正在产生。如关于专属经济区的国际习惯法、关于海洋环境保护的国际习惯法、关于有义务不对海洋倾倒高水平

① 王曦. 国际环境法. 北京：法律出版社，2005：99.
② 习近平. 共谋绿色生活，共建美丽家园. 人民日报，2019-04-29.

放射性废物的国际习惯法和有义务禁止濒危物种国际贸易的国际习惯法等。总之，可以说，这些习惯法规则构成了国际环境法的基础，适用于整个国际环境法领域。①

法条链接

1.《联合国人类环境会议宣言》全文；

2.《里约环境与发展宣言》全文；

3.《生物多样性公约》全文；

4.《保护臭氧层维也纳公约》全文；

5.《联合国气候变化框架公约》全文；

6.《长程跨界大气污染公约》全文；

7.《关于环境保护的南极条约议定书》全文；

8.《控制危险废物越境转移及其处置巴塞尔公约》全文；

9.《联合国海洋法公约》全文；

10.《南极条约》全文；

11.《关税与贸易总协定》第 20 条，第 2 条第 2 款及第 3 条第 2 款；《技术性贸易壁垒协定》前言，第 2 条第 2 款；《实施卫生与植物卫生措施协定》第 3 条第 2 款；《与贸易有关的知识产权协定》第 27 条。

深度阅读

1. 汪劲. 环境法学. 2 版. 北京：北京大学出版社，2011：第十一章.

2. P BIRNIE，A BOYLE and C REDGWELL. International Law & the Environment. 3rd ed. Oxford University Press，2009.

3. D BODANSKY，J BRUNNEE and E HEY（eds）. Oxford Handbook of International Environmental Law. Oxford University Press，2008.

4. S LYSTER. International Wildlife Law：An Analysis of International Treaties Concerned with the Conservation of Wildlife. 2nd ed. Cambridge University Press，2010.

5. P SANDS. Principles of International Environmental Law. 2nd ed. Cambridge University Press，2003.

思考与练习

一、思考题

1. 国际法中大气环境的保护主要有哪些公约？

2. 国际法中海洋环境的保护主要有哪些公约？

---

① ［法］亚历山大·基斯. 国际环境法. 张若思，编译. 北京：法律出版社，2000：65.

3. 国际法中对生物资源保护的主要公约有哪些？

4.《巴塞尔公约》对于危险废物的转移有哪些规定？

二、练习题

1. 甲、乙、丙三国均为南极地区相关条约缔约国。甲国在加入条约前，曾对南极地区的某区域提出过领土要求。乙国在成为条约缔约国后，在南极建立了常年考察站。丙国利用自己靠近南极的地理优势，准备在南极大规模开发旅游。根据《南极条约》和相关制度，下列哪些判断是正确的？（　　）

A. 甲国加入条约意味着其放弃或否定了对南极的领土要求

B. 甲国成为条约缔约国，表明其他缔约国对甲国主张南极领土权利的确认

C. 乙国上述在南极地区的活动，并不构成对南极地区提出领土主张的支持和证据

D. 丙国旅游开发不得对南极环境系统造成破坏

2. 先占是国际法中国家取得领土主权的一种方式。根据现代国际法的有关规则，下列哪些选项已经不能被作为先占的对象？（　　）

A. 南极地区　　B. 北极地区　　C. 国际海底区域　　D. 月球

3. 甲国白鹭公司与乙国黑鹰公司签订了一项进口化工废料到甲国的合同。该化工废料是被《控制危险废物越境转移及其处置的巴塞尔公约》列为附件中的危险废物，现位于乙国境内。甲、乙两国都是公约的缔约国。根据相关的国际法规则，下列判断哪些是正确的？（　　）

A. 乙国政府或黑鹰公司应将拟出口废料事项通知甲国政府，并得到甲国政府的书面准许，才能出口

B. 甲国政府必须证实黑鹰公司和白鹭公司对该废料已作出无害环境的处置安排，包括详尽的处置办法和相关合同，才能准许进口

C. 该种废料如果进行越境转移，必须有相关的保险或担保

D. 如果甲国退出了《巴塞尔公约》，这种废料就不得再由乙国向甲国出口

4. 甲、乙两国是温室气体的排放大国，甲国为发达国家，乙国为发展中国家。根据国际环境法原则和规则，下列哪一选项是正确的？（　　）

A. 甲国必须停止排放，乙国可以继续排放，因为温室气体效应主要是由发达国家多年排放积累造成的

B. 甲国可以继续排放，乙国必须停止排放，因为乙国生产效率较低，并且对于环境治理的措施和水平远远低于甲国

C. 甲、乙两国的排放必须同等地被限制，包括排放量、排放成分标准、停止排放时间等各方面

D. 甲、乙两国在此问题上都承担责任，包括进行合作，但在具体排量标准，停止排放时间等方面承担的义务应有所区别

第十九章 国际环境责任和国际环境法的实施

重点知识

国际环境损害责任的归责原则和责任形式　国际环境法的实施途径　国际环境争端的解决方式

本章的学习目的在于掌握国际环境损害责任的归责原则和责任形式，从国内和国际两个层面学习国际环境法的实施途径，掌握国际环境争端的外交和法律解决方式。

第一节　国际环境责任

一、环境损害和国际环境损害责任

1. 环境损害

国际法上的环境损害是指一国的行为导致他国环境损害后果的情形。但迄今国际环境法尚未对环境损害的定义及范围给出一个统一的、标准的答案。一般来说，可以将环境损害的范围界定为人身、财产、环境本身、全球公域的损害以及因采取预防和防范措施而产生的费用和损害等五个方面①，但国际环境条约中的环境损害概念一般不包括人身伤害和财产损害，而把两者作为环境损害的后果从而与环境损害相区别。

至于环境损害达到什么程度才引起国家赔偿责任的问题，国际环境法也没有一个标准和具体的答案。有关的国家实践、国际司法判决和国际法学家的著述一般只是笼统地要求环境损害必须达到“严重的”或“实质性的”程度。国家之间可能因确定环境损害的标准不同而发生争议。

2. 国际环境损害责任

国际环境损害责任，也可以称之为跨界环境损害责任，是指一项活动所产生的环境

---

① 《国际法不加禁止的行为所产生的损害性后果的国际责任草案》中《关于危险活动造成的跨界损害案件中损失分配的原则草案案文》对损害的界定包括：（1）人员死亡或人身伤害；（2）财产的损失或损害，包括构成文化遗产部分的财产；（3）环境受损而引起的损失或损害；（4）恢复财产或环境，包括自然资源的合理措施的费用；（5）合理反应措施的费用。

后果超越行为所在国国界，给行为所在国领土之外的区域造成损害而应承担的赔偿责任。国际环境损害责任的主体主要是国家，但这并不排除国家以外的其他国际法主体的环境损害责任问题。在跨国界环境污染造成的环境损害活动中，实际主体多为跨国公司或私人经营者，责任应由与造成损害有关的所有人或经营人承担。这些所有人或经营人，要么是国际组织、跨国公司等法人，要么是自然人。如 1969 年《国际油污损害民事责任公约》规定，损害责任属于船舶所有人；又如，欧洲理事会《关于废弃物引起损害的民事责任公约》将损害责任归属于制造者。

国际环境损害责任的归责有若干基本原则，最主要的是两个，即严格责任原则和绝对责任原则。这两个原则在理论上都归类于无过失责任原则。国际环境损害责任在归责原则上不同于传统的国家责任。传统的国家责任的归责是基于过失责任原则。传统国家责任的成立要求有违反国际义务的行为并且出于行为主体的故意或过失。而国际环境损害责任基于的是国际法不加禁止的行为，并且不要求主观过失的构成要件。就损害责任而言，绝对责任与严格责任的区别仅在程度上。绝对责任并非绝对，仍有可适用的免责条件。相对于绝对责任，严格责任的免责条件更多一些。严格责任原则是指行为者无论主观上有无过错，只要有环境损害发生，都要承担法律责任，而不以行为者有无过错作为构成要件，即“无过错”也要负责任，或者说有了“损害结果”就要负责任。绝对责任原则是无过失原则的另一种表现形式，实际上是严格责任原则的一种特殊形式：只要存在环境损害，其行为者必须无条件地承担赔偿责任，举证责任也都由行为者承担。该原则主要适用于特殊环境领域，如外空开发、核能利用等高度危险领域的污染事故。规定了绝对责任原则或严格责任原则的国际公约，有 1960 年经济合作与发展组织《关于核能领域中第三方责任巴黎公约》及其 1963 年补充协议，1963 年《关于核损害民事责任的维也纳公约》，1962 年《关于核动力船舶经营人责任的布鲁塞尔公约》和 1971 年《海上核材料运输民事责任公约》等。

二、国家环境损害责任

国际法委员会从过激行为是否为国际法所禁止的角度，将国际法的法律责任分为“国家对国际不法行为的责任（responsibility）”和“国际法不加禁止的行为所产生的损害性后果的国际责任（liability）”。前者一般称为“国家责任”，而后者一般称为“国际赔偿责任”。在国际环境损害领域，主要是指后者。

国际法不加禁止行为具有下列特征：第一，这些活动对于人类具有重要的探索和利用价值，但在带来巨大利益的同时，也存在巨大的潜在危险。第二，这些活动一般是本国在其领土或其控制下进行的，但其危害具有跨国性，一旦发生事故，常常波及其他国家乃至全球。第三，这些活动本身是国际法不禁止的。第四，受害国有权要求加害国给予合理的赔偿。对这类行为造成的损害，一般规定仅采取恢复原状和赔偿的方式，又被称为国际赔偿责任制度，以区别于一般的国家责任制度。

在环境领域有很多国际法上不加禁止的行为可能导致他国的环境损害，比如核能利用、航空航天、跨界河流开发等，对这种国家本身和其他国家实体从事的活动造成的域外环境损害，可直接由国家承担赔偿责任。如《空间实体造成损失的国际责任公约》规定，一切从事外空活动的实际主体，也不论其在国内法上处于何种地位，其活动一概被视为国家本身所从事的外空活动，发射国对本国或在本国境内发射的空间物体对他国的损害承担责任。《联合国海洋法公约》也把国家作为责任主体，另外一国的核动力船在别国港口所造成的污染损害，应由国家承担责任。

国际环境损害责任不同于传统的国家责任，区别主要有：(1) 在传统国家责任中，产生后果的损害事件的发生是对一国义务的违背；而在国际环境损害责任中，即使损害事件的发生是可以预见的，也不构成对行为国义务的违背。(2) 在传统国家责任中，如果国家能够证明它已经采取一切可以采取的合理手段来阻止违反义务事件的发生，即使努力失败，也可免除责任；但在环境跨界损害领域，只要行为造成了损害，行为国就负有赔偿责任。(3) 传统国家责任中，违背义务但未造成损害便足以成为对行为国采取行动的理由或原因；而在环境跨界损害责任中，只有当行为造成实际损害时受害国才有求偿权。(4) 传统国家责任中，行为国对违背其义务的行为采取了补救措施，包括给予赔偿后，行为国也需要停止其国际不当行为；而在环境跨界损害责任中，只要行为国对其所造成的损害给予合理、适当的赔偿，行为国的行动自由就不受限制。(5) 传统国家责任中，赔偿的目的是回复原状；而在环境跨界损害责任中，赔偿要根据各种因素决定，同实际损害可能相当，也可能不相当。(6) 传统国家责任强调行为主体主观上的“过失”或“故意”为其唯一基础，而环境跨界损害责任适用的是严格责任，不问行为主体的主观状态。

在国际环境法中，对国家的环境赔偿责任作出规定的条约和有关国家环境赔偿责任的案例较为少见。在环境条约方面，主要的有 1972 年《空间实体造成损失的国际责任公约》和 1982 年的《联合国海洋法公约》。在案例方面，主要的有 1938 年和 1941 年的特雷尔冶炼厂仲裁案、1979 年的“宇宙 954 号”坠落案、1995 年美国赔偿日本案，以及 1991 年联合国安理会关于伊拉克侵略科威特的第 687 号决议。

三、国际环境损害民事责任

关于越境损害的国际责任的实践，国际法委员会的一项论断是：“现在的各种责任 (liability) 和赔偿模式已经证实，国家的赔偿责任是一种例外情况，主要是在外层空间活动方面被接受。”① 大量存在的是国际民事赔偿的实践。

民事责任在国际环境领域的法律责任形式中是最常见、最重要的一种责任形式，跨界环境污染属于侵权行为的一种，对其所造成的环境损害承担责任的性质也就是民事责任。国际环境损害民事责任主要由相关权利主体或行为主体负担，而不是由国家承担。

比如，在核能损害民事责任方面，《关于核损害民事责任的维也纳公约》规定，赔偿责任由核设施或核动力船舶的经营者承担。海洋石油污染所致的国际民事赔偿，《国际油污损害民事责任公约》和《设立国际油污损害赔偿基金公约》规定，船舶所有人对船舶

① 王曦. 国际环境法. 北京：法律出版社，2005：142.

溢出或排放油类所造成的污染负赔偿责任。危险物质运输的国际民事赔偿责任方面，由船舶所有人对造成的环境损害承担赔偿责任。

有关国际环境损害民事赔偿责任的条约主要有：关于核设施的和平利用所致损害方面的，如 1971 年《海上核材料运输民事责任公约》，1988 年《关于适用维也纳公约和巴黎公约的共同议定书》等；关于海洋石油污染所致损害方面的，如 1969 年《国际污油损害民事责任公约》，1971 年《设立国际油污损害赔偿基金公约》；关于与废物有关的国际民事赔偿责任方面的，如 1989 年《巴塞尔公约》，1991 年《禁止对非洲出口并控制和管理非洲内的危险废物跨界转移公约》（《巴马科公约》）等。

四、国际环境损害责任的免除

国际环境损害责任的免除是指在一些特定条件下，环境损害行为者可以被免除其应该承担的赔偿责任。可以免除损害责任的主要有以下几种情形。

（1）不可抗力。包括自然的和社会的两种因素。自然因素指不可预见的自然灾害，如地震、泥石流等；社会因素包括战争、武器冲突、恐怖活动等，还包括因遵守政府的命令或法规而引起的责任。

（2）第三方的故意行为所造成的环境损害，如《国际油污损害民事责任公约》及其议定书的规定。

（3）损害归于受害人自身的过错。如《空间实体造成损失的国际责任公约》第 6 条第 1 款规定："发射国若证明全部或部分是因为要求赔偿国或其代表的自然人或法人的重大疏忽，或因为它（他）采取行动或不采取行动蓄意造成损害时，该发射国对损害的绝对责任，应依证明的程度予以免除。"

只要具备了上述三种情况中的任何一种，行为者就可以被全部或部分免除责任。由于每一个国际条约所规定的调整领域不同，其性质、特点也不一样，所以，责任免除的范围及数额也会有所不同。

五、国际环境损害赔偿基金组织

建立国际环境损害赔偿基金组织，一方面是为了在一定程度上减轻致害者因巨额赔偿所造成的财政负担，另一方面是为了对受害者提供充分的赔偿。基金组织的建立对于完善国际环境损害赔偿责任制度，解决国际环境纠纷，维护受害者权益，保护国际环境，都具有积极意义。从国际环境法的实践而言，任何一次重大国际环境灾难事故，只有成立一个国际机构，并作出努力，才能为这个灾难造成的损害提供可靠而充分的赔偿。一种环境灾难造成的重大经济损失，对其损害后果的弥补有时会给一国财力增加过重的负担，因此只能在世界范围内，通过合作来分担这种风险。共同分担风险的一种有效方式就是建立国际环境损害赔偿基金组织。

基金组织通常附属于某一责任公约，其表现形式有两种：一是重新制定一个基金公约，作为责任公约的补充，如 1971 年《设立国际油污损害赔偿基金公约》就是作为 1969

年《国际油污损害民事责任公约》之补充的；二是以专款规定在责任议定书中，如《巴塞尔公约议定书大纲》。目前，在国际环境立法中，国际环境损害赔偿基金组织以油污责任赔偿制度尤为完善。以《设立国际油污损害赔偿公约》为例，该公约规定了油污损害赔偿基金赔偿责任的范围、代位求偿权的行使、油污损害赔偿基金与保护协会的关系以及油污损害赔偿基金的来源等内容。该基金是由年运油量达到或者超过 15 万吨的石油企业每年按摊款额缴纳而来的。

第二节　国际环境法的实施

一、国际环境法实施的概念

国际环境法的实施是指国际环境法主体行使国际环境权利、履行国际环境义务的活动。所谓国际环境权利，是指由国际环境法赋予或承认的有关利用、保护和改善环境的权利。国际环境义务是指依国际环境法承担的关于利用、保护和改善环境的义务。国际环境法实施的目的是实现国际环境法的法律规范。因为国家是国际环境法的基本主体，国际组织有时也是国际环境法的主体，所以，实施国际环境法的主体主要是国家，有时也包括国际组织。其中，国家的实施是基本的、直接的、主要的和决定性的，而相对来说，国际组织的实施是非基本的、间接的、次要的和非决定性的，后者的实施最终也要通过前者的实施来实现。

国际环境法的实施和国家责任直接联系在一起，一方面，如果国家不履行甚至违反其依国际环境法所承担的义务，那么就得为之承担相应的国家责任。另一方面，国际环境法如得不到实施，各国没有切实履行其环境义务，各国在利用、保护和改善环境方面的协调意志不能实现，那么，国际环境法就不能起到调整国际环境法律关系的作用，不过是一纸空文。国际环境法实施的实质，是它的习惯法和条约如何转化为国内法，在国内得到实施的问题。一方面，国际环境法的实施由各国根据其主权，通过其国内法来决定，他国无权干涉一国对实施国际环境法方式的选择；另一方面，国家不得以国内法改变国际环境法和破坏各国通过国际环境法所确立的国际环境法律秩序。一般来说，国际环境法的习惯法规则只要不与现行国内法相抵触，由各国直接予以适用。国际环境法中的条约，则一般要由国家通过一定的立法加以认可或转化之后才能在国内适用。实施国际环境法的途径包括国内实施和国际执行。

1. 国内实施

国际环境条约一般都要求缔约国在其国内采取措施履行条约。国际环境条约在国内的实施包括两个方面：一是制定有关履行条约的法律、法规和其他法律文件，二是执行有关履行条约的法律、法规和其他有关的法律文件。前者是履行条约的第一步，如为了实施 1989 年《巴塞尔公约》，我国就前后制定了《固体废物污染环境防治法》《废物进口环境保护管理暂行规定》（现已废止）等。这种法律、法规和其他法律文件除了确认在国内履行国家依环境条约所承担的义务，还要根据条约的规定，确定管理条约履行事务的国内政府机关及其职责、国内的履约方、履行的方式、时限以及不履行所致的法律后果等。有关履行条约的法律、法规和其他有关法律文件的执行主要通过三种途径：行政执法、司法和守法。行政执法是国家行政机关及其工作人员在行使职权过程中，贯彻执行有关履行条约的法律、法规和其他有关法律文件的活动，如审批、许可、检查、裁决等。司法是司法机关依照法定职权和程序，运用国内有关履行环境条约的法律规定，处理环境案件的专门活动。守法是国内各组织和公民自觉按照有关履行条约的法律规定的要求规范自己的行为。环境行政执法和司法活动，最终都是为了促进守法。

2. 国际执行

国际执行是指国际环境法的主体通过具有管辖权的国际司法机构或国际组织的裁判程序，迫使违反国际环境义务的国家或缔约方履行其国际环境义务或从该缔约方取得赔偿的活动。有资格提起国际执行程序的是国际环境法的主体，即国家和国际组织，主要是国家。

国家的执行是指由国家通过具有管辖权的国际司法机构或国际组织的裁判程序，迫使违反国际环境义务的国家或缔约方履行其国际环境义务或从该国或缔约方取得赔偿的活动。国家的执行是纠正国际环境法律关系中的国际不当行为和救济受害方的重要手段。

国家的执行可因两种情况引起。

一是某个国家的环境权益受到他国不当行为的侵害。在这种情况下，国际法承认受害国依照国际法对加害国提起要求停止侵害和给予赔偿的权利。其典型案例是 1938 年和 1941 年的特雷尔冶炼厂仲裁案。在该案中，美国以其华盛顿州的财产受到损害为由，要求加拿大予以赔偿。

二是国际不当行为对国家管辖范围以外的环境造成损害。此种情况引起一个比较复杂的国际法问题，即：谁有权利和资格以全人类的名义对损害国家管辖范围以外的环境的致害方提出权利要求？关于这个问题，国际环境法和国家的实践目前处于很不发达的阶段。大多数环境条约对这个问题未作明确的规定，只是一般地要求按条约的条款解决争端。有的环境条约明文规定不适用于国家管辖范围以外的环境。目前，国际环境法尚未承认一国享有代表国际社会对损害国家管辖范围以外的环境的国家提起类似于国内法中的集体诉讼的权利。从保护全球环境的角度看，这项权利最终需要得到国际社会的承认，其前提是，它必须是一项以国家主权原则和共同但有区别的责任原则为根据的、平等的权利，而不是一项可以被少数国家用来限制别国的发展和为本国牟取私利的手段。

经验表明，如果有组织机构上的支持，如秘书处、缔约方大会或其他机构，国际环境法的实施在国际层次上可以得到保障。[①] 但国际组织在国际环境法的执行方面的权力很有限，它的执行权来自其成员国的授权。环境问题往往事关一个国家的战略利益，因此，各国在授予其参加的有关国际组织的执行权时非常谨慎。国际组织的执行权由该组织的章程或该组织的成员国通过条约确定。如 1982 年《联合国海洋法公约》对于利用和保护

---

① ［法］亚历山大·基斯. 国际环境法. 张若思，编译. 北京：法律出版社，2000：357－358.

“区域”，即国家管辖范围以外的海床和洋底及其底土作了全面的规定。关于利用和保护“区域”的海洋环境，该公约授予“区域”管理机构——海底管理局及其大会和理事会以一定的监督和执行权。《在环境问题上获得信息，公众参与决策和诉诸法律的公约》（《奥胡斯公约》）的缔约方大会通过了一项履约监督制度，规定了迄今为止在国际环境条约中规定最为严格的履约监督制度。①

非政府组织虽然不是国际环境法的主体，但其在国际环境法的实施中的作用是不容忽视的。1989 年《濒危野生动植物种国际贸易公约》第 7 届成员国大会关于提高非洲象的保护等级的一场争论是非政府组织影响环境条约的实施的一个很好的例子。

国际环境法在国际层次上的实施还依赖申诉、报告、调查等制度。根据国际法，条约的缔约方有权对其他缔约方违反条约的行为提起申诉。如《关于消耗臭氧层物质的蒙特利尔议定书》1992 年哥本哈根修正案设立了执行委员会，可以受理申诉。越来越多的环境条约遵循人权公约的范例，规定了报告制度，就是缔约方必须就它们实施条约的方式定期提交报告。调查主要是指对不履行国际环境义务的行为进行调查，尽可能使公众参与，随后公布对有关国家不利的调查结果。在一些情况下，还可以在一国不遵守环境义务时暂停或取消对该国的国际援助。②

二、国际环境管理手段

国际环境管理手段是指国际社会采用的、由国际环境法规定的、调整国际环境法律关系的各种具体措施。国际环境管理手段可以大致分为直接管制手段、间接管制手段和其他管理手段三大类。在实际生活中，这三类管制手段的应用往往是结合在一起的或同时平行应用的。

在国际环境法中，直接管制表现为环境条约所规定的对条约成员国一体施行的统一的环境保护规划和标准。直接管制措施往往是命令性的，它规定法律主体必须为一定行为或不为一定行为。直接管制是目前国际环境法的主要实施手段，国际环境法中的直接管制手段主要有环境标准、环境影响评价、关于报告和情报交流的规定和综合污染控制。

国际环境法中的环境标准是指环境条约规定的人类活动对环境的影响和干扰不得突破的限度。它包括环境质量标准、产品和环境标准、排放标准和工序标准。此外，它还包括国际标准组织制定的自愿性的 ISO14000 系列环境管理标准。

环境影响评价制度要求对立法、计划和建设项目的环境的影响事先作出评价，以便决策者对有关行动作出正确的决策，预防对环境的严重不利影响的出现。环境影响评价制度为美国《1969 年国家环境政策法》所首创。目前，有不少环境条约将该种制度作为一项重要的措施加以规定。第一个以环境影响评价制度为专门内容的国际环境法文件是 1985 年欧共体理事会《关于环境评价的指令》。

掌握充分、准确、及时的环境信息是有效地实施国际环境法的基本条件。不同的环

① 王曦. 国际环境法. 北京：法律出版社，2005：122－123.

② ［法］亚历山大·基斯. 国际环境法. 张若思，编译. 北京：法律出版社，2000：359－360.

境条约有不同形式的关于环境信息收集和交流的规定。环境条约规定的环境信息的收集方式主要有监测、监视、视察、观察、检查、报告等。环境信息的收集和报告是很多环境条约规定的一项权利和义务，如 1959 年《南极条约》第 7 条、1972 年《伦敦倾废公约》第 6 条第 1 款等都有相应规定。环境条约的实施也是与环境信息的交流、应用分不开的。被要求进行交流的环境信息，有关于国家政策和法律的，有关于组织机构和科学知识的，有关于整体环境状况或特定环境要素的，也有关于环境紧急事故的，等等。环境信息的收集和交流，涉及国家重大利益，因此，各国在环境信息交流方面，既是自由开放的，又是有限度的。

综合污染控制是一种新的环境保护方法，它的特点是对各种形式的污染和各环境要素实行整体的、系统的控制。传统的管制是以分散的、个别控制的方法实施的，其弊端是忽略了各种形式的污染之间的联系、转化以及各环境要素之间的联系、运动。综合污染控制方法克服了传统管制方法的这一缺陷。目前，综合污染控制方法在少数发达国家如美国和一些西欧国家的国内法中有所应用。在国际环境法中，综合污染控制尚未得到条约的广泛承认。

间接管制手段就是经济手段，它指的是从影响成本效益入手，引导经济当事人进行选择，以便最终有利于环境的一种手段。经济手段的目的是利用市场调节机制，保证环境资源的合理价格，促进环境资源的有效利用和合理配置。经济手段导致在污染者和其他社会群体之间出现财政支付转移，如各种税收、收费、财政补贴、产品税，或者产生一个新的实际市场，如许可证交易市场。经济手段应用于环境管理的主要好处是激发污染者以较低的成本获得较高的环境保护效果。经济手段可作为直接管制手段的有力补充。当前，经济手段在一些国家，主要是欧美发达国家中有所应用。国际环境法中关于经济手段的规定比较罕见。第一次规定经济手段的全球性多边环境公约是 1987 年《蒙特利尔议定书》。

三、国际环境争端的解决

在国际环境法的实践中，解决国际环境争端的方式主要有谈判、协商、调停、调解、仲裁和司法解决。人们通常将前四种方式称作外交解决方式，将后两种方式称为法律解决方式。

1. 外交解决方式

谈判和协商是两个或两个以上国际法主体为了解决彼此间的争议而进行交涉的一种方式。环境条约一般都将谈判和协商作为缔约国之间解决争端的主要方式。例如，1985 年《保护臭氧层维也纳公约》第 11 条要求缔约国以谈判方式解决关于公约的解释或适用的争端。以谈判方式解决环境争端的一个比较著名的例子是 1981 年加拿大与苏联关于苏联的“宇宙 945 号”核动力卫星解体所致环境损害之争。协商也是环境条约所普遍规定的争端解决方式。例如，1973 年《国际防止船舶造成污染公约》规定缔约国之间的争议应以协商解决。如协商不成，则应通过仲裁解决。

调停是指第三国为了和平解决争端而直接参与当事国之间的谈判，并提出参考性的条件或解决方案供争议双方参考，促使双方互相妥协，达成一致意见。调停往往是在争议双方不能以谈判和协商解决争议的情况下所采用的方法。例如，1985 年《保护臭氧层维也纳公约》第 11 条第 2 款规定如果缔约国无法以谈判方式达成协议，它们可以联合寻求第三方进行斡旋或邀请第三方出面调停。

调解又称为和解，指的是争端当事国将争端提交一个调解委员会，由调解委员会查明事实并提出报告和关于解决争端的建议，供争端当事国参与采纳。1992 年《生物多样性公约》的附件 2 第二部分对调解程序作了详细的规定。1992 年《联合国气候变化框架公约》也规定了调解程序。

2. 法律解决方式

仲裁是环境条约常常规定的一种争端解决方式。它指的是争端当事国根据协议，约定把争端交给它们所选择的仲裁员处理并接受、遵守仲裁员作出的关于争端解决方式的裁决。仲裁裁决对争端当事国具有约束力并且是终局性的。1969 年《国际干预公海油污事故公约》在其附件中不仅对调解，而且对仲裁规定了详细的程序。在国际环境法的历史上不乏以仲裁方式解决争端的案例。比较著名的案例有 1938 年和 1941 年的特雷尔冶炼厂仲裁案以及 1957 年的拉努湖仲裁案。

司法解决是指通过国际法院或法庭适用法律规范，以判决来解决国际争端。在国际环境保护领域里，可受理国际环境诉讼的国际机构主要有四种。

一是联合国国际法院。联合国国际法院设立于 1945 年，它是联合国的主要司法机关。1993 年 7 月法院内设立了一个由 7 人组成的环境事务庭。国际法院的诉讼当事国限于国家。它的诉讼管辖范围分为自愿管辖、协定管辖、选择强制管辖三种，这三种管辖都包括对国际环境争端的管辖。此外，根据《联合国宪章》第 96 条和《国际法院规约》第 65 条，国际法院还具有咨询管辖权。联合国国际法院自设立以来只作出了较少的对国际环境法的发展有重要影响的判决，而有关环境问题的咨询意见仅有 1 项。

二是国际海洋法庭。国际海洋法庭的管辖权仅限于依照《联合国海洋法公约》提交的争端和其他国际协定授权管辖的事项。国际海洋法庭所适用的法律是《联合国海洋法公约》和其他与该公约不相抵触的国际法原则。国际海洋法庭的判决对争端当事国具有约束力。

三是欧洲法院。欧洲法院是欧盟的司法机关，它的管辖权仅限于欧盟成员国，可受理欧盟成员国提起的环境诉讼。欧盟的各机构、成员国和在一定条件下的个人有权向欧洲法院提起司法程序。自 1980 年以来，欧共体委员会已向欧洲法院提起 50 多项指控成员国违反欧共体环境法的案件。

四是世界贸易组织的争端解决机构。世界贸易组织根据乌拉圭回合《关于争端解决规则与程序的谅解书》设立了争端解决机构，负责协调因环境措施问题而引发的贸易争端。发生贸易争端的双方经过磋商，斡旋、调解与调停，专家小组等程序后，仍可选择向争端解决机构上诉。争端解决机构常设的上诉机构负责审理有关上诉请求，但上诉的内容仅限于专家组报告中所涉及的法律问题以及专家组作出的有关法律解释。上诉机构的裁决为最后裁决，争端双方应当无条件接受。

法条链接

1.《国家对国际不法行为的责任条款草案》全文；

2.《国际法不加禁止的行为所产生的损害性后果的国际责任（危险活动引起跨界损害所造成的损失的国际责任）条款草案》全文。

深度阅读

1. 王曦. 国际环境法. 2 版. 北京：法律出版社，2005.

2.［法］亚历山大·基斯. 国际环境法. 张若思，编译. 北京：法律出版社，2000.

3. 林灿铃. 国际法上的跨界损害之国家责任. 北京：华文出版社，2000.

思考与练习

一、思考题

1. 什么是国家环境损害责任？它与传统的国家责任有何不同？承担国家环境损害责任的原则和方式如何？

2. 国际环境法如何实施？在气候变化领域有何体现和进展？

3. 国际环境争端的解决途径有哪些？其中法律途径有哪些？

4. 国际环境法历史上第一起著名的越境环境污染责任案件，是发生在 20 世纪 30 年代的特雷尔冶炼厂事件。该事件的经过是：位于加拿大特雷尔地区的一家矿业冶炼厂，由于其排污较大，其所排放的二氧化硫越过国境进入美国华盛顿州，造成了美国农作物和森林的损害。请结合本章内容思考：(1) 你认为该案所产生的国际环境问题应如何解决？(2) 该案的国际环境责任又如何承担？

二、练习题

1. 甲国某核电站因极强地震引发爆炸后，甲国政府依国内法批准将核电站含低浓度放射性物质的大量污水排入大海。乙国海域与甲国毗邻，均为《关于核损害的民事责任的维也纳公约》缔约国。下列哪一说法是正确的？（　　）

A. 甲国领土范围发生的事情属于甲国内政

B. 甲国排污应当得到国际海事组织同意

C. 甲国对排污的行为负有国际法律责任，乙国可通过协商与甲国共同解决排污问题

D. 根据“污染者付费”原则，只能由致害方，即该核电站所属电力公司承担全部责任

2. 甲国发射的气象卫星“雷公号”撞上了乙国飞行的遥感卫星“神眼号”，造成“神眼号”卫星坠落。“神眼号”的碎片撞上了丙国境内正在飞行的丙国民航飞机，造成该飞机坠落。同时，卫星碎片还将丙国地面的一个行人砸死。甲、乙、丙三国都是外空一系列公约的当事国。根据外空法的有关制度，下列哪些表述是正确的？（　　）

A. 甲、乙两国对卫星碎片造成的丙国行人的损害应承担绝对责任

B. 甲、乙两国对卫星碎片带来的丙国飞机的损害应承担绝对责任

C. 对于卫星碎片造成的丙国飞机的坠落，甲、乙、丙三国应各自承担过错责任

D. 对于“雷公号”和“神眼号”的相撞，甲、乙两国应根据各自的过错，承担相应的责任

3. 甲国某船运公司的一艘核动力商船在乙国港口停泊时突然发生核泄漏，使乙国港口被污染，造成严重损害后果。甲、乙两国都是《关于核损害民事责任的维也纳公约》及《核动力船舶经营人公约》的缔约国。根据上述公约及有关规则确定，乙国此时应得到 7 800 万美元的赔偿，但船运公司实际赔偿能力最多只能够负担 5 000 万美元。对此事件，根据国际法上的国家责任制度，甲国国家对乙国承担的义务是什么？（　　）

A. 甲国国家应承担全部 7 800 万美元的赔付

B. 甲国有义务在保证船运公司赔付乙国 5 000 万美元的同时，船运公司无力赔付的其余 2 800 万美元，由甲国政府先行代为赔付

C. 甲国有义务保证督促船运公司进行赔偿，但以船运公司能够负担的实际赔偿能力为限，即只能赔付 5 000 万美元，其余 2 800 万美元可以不予赔付

D. 由于该行为不是甲国国家所从事，故甲国国家不需就此事件承担任何义务

第二十章
WTO 与环境保护

重点知识

WTO 环境保护规则　绿色贸易壁垒的特征和表现形式　WTO 环境与贸易争端解决机制

伴随国际贸易在全球的快速发展，资源危机和环境污染也在全球蔓延。贸易与环境保护之间的关系，日益成为当代国际社会普遍关注的一个重要议题。在 WTO 的规则框架下，有关环境保护的规定在一定程度上体现了国际环境保护的需要。以国际环境保护或以本国环境保护为由设置绿色贸易壁垒是 WTO 环境与贸易冲突的核心问题。本章学习目的是了解 WTO 环境保护规则，了解绿色贸易壁垒的成因和 WTO 环境贸易争端解决机制，了解 WTO 框架下环境贸易争端及其解决的典型案例。

第一节　GATT/WTO 环境保护规则

一、 GATT/WTO 框架下环境保护问题的发展历程

1946 年 2 月，联合国召开了经济及社会理事会第一次会议，通过了关于筹建国际贸易组织的决定，并成立了国际贸易组织筹备委员会，1947 年 10 月，有关国家签署了《关税与贸易总协定临时适用议定书》(GATT)。GATT/WTO 致力于促进自由贸易，为缔约国之间的贸易关系提供一般性的制度框架。

GATT 建立之初，世界各国面临的主要任务是实现战后重建，尽快最大限度地促进经济发展，而当时国际性的环境问题未见端倪，因此环境问题未纳入 GATT 的议事日程。到了 20 世纪 60 年代，资源危机和环境污染问题日益凸显，在肯尼迪回合（1964—1967 年）谈判中，环境问题首次写入 GATT 条文中。1971 年 11 月，受 GATT 的任命，环境措施与国际贸易小组（Group on Environmental Measure and International Trade, GEMIT）成立，负责研究控制污染和保护人类环境的贸易政策措施，并将结果报告给理事会。但在其后的东京回合（1973—1979 年）谈判中，环境问题并没有明显进展。直到乌拉圭回合（1986—1994 年），环境问题才得到高度重视。

1995 年，GATT 被 WTO 取代。自此之后，环境问题在以 WTO 为主导的国际多边

贸易体制下，一直被当作重要的问题予以讨论。尤其是2001年的多哈回合，贸易和环境问题成为WTO的重要议题，在多哈宣言中有关贸易与环境问题的条款，已经为其后环境政策的制定勾画出了初步的框架。

在GATT/WTO体制下，对贸易与环境问题的探讨日趋深入，这在一定程度上有助于协调贸易与环境保护的关系。但由于GATT/WTO是贸易组织，其基本宗旨是促进贸易自由化，因此在GATT/WTO体制下处理贸易与环境问题会有明显的倾向性，很难恰当处理两者关系。

二、 GATT/WTO与环境有关的主要规范

GATT/WTO中与环境有关的协议主要包括：《关税和贸易总协定》《关于建立世界贸易组织的马拉喀什协定》《技术性贸易壁垒协议》《卫生与动植物检疫措施协议》《补贴与反补贴措施协议》《与贸易有关的知识产权协定》《服务贸易总协定》《农业协议》《政府采购协议》等。

（一） WTO的宗旨

WTO的宗旨是："提高生活水平，保证充分就业，大幅稳步地增加实际收入和有效需求；扩大货物和服务的生产和贸易；坚持走可持续发展之路，各成员应促进对世界资源的最优利用，保护和维护环境，并以不同经济水平下各自成员需要的方式，加强采取各种相应的措施。积极努力确保发展中国家，尤其是最不发达国家，在国际贸易增长中获得与其经济发展水平相应的份额和利益。"为此，WTO专门成立贸易与环境委员会研究贸易与环境的关系。

（二）《关税和贸易总协定》

GATT/WTO体系的核心是两个非歧视原则：最惠国待遇原则和国民待遇原则。GATT第1条规定了最惠国待遇原则，旨在确保缔约一方现在和将来给予任何第三方的一切特权、优惠和豁免，也同样给予缔约对方。GATT第3条规定了国民待遇原则，要求缔约国在民事权利方面须给予在其国境内的外国公民和企业与其国内公民、企业同等待遇。此外，GATT第11条"普遍取消数量限制"第1款要求："任何缔约方不得对任何其他缔约方领土产品的进口或向任何其他缔约方领土出口或销售供出口的产品设立或维持除关税、国内税或其他费用外的禁止或限制，无论此类禁止或限制通过配额、进出口许可证或其他措施实施。"

GATT第20条b款和g款赋予WTO各成员国"环保例外权"，即有条件地免除各成员国根据GATT第1条、第3条和第11条承担的协定义务。第20条规定："本协定的规定不得解释为禁止缔约国采用或加强以下措施，但对情况相同的各国，其实施的措施不得构成武断的或不合理的差别待遇或构成对国际贸易的变相限制……（b）为保障人民、动植物的生命或健康所必需的措施……（g）与国内限制生产与消费的措施相结合为有效保护可能用竭的天然资源的有关措施……"

要成功援用第 20 条 b 款和 g 款采取贸易限制，首先必须满足序言提出的两个条件：第一，“对情况相同的各国，其实施的措施不得构成武断的或不合理的差别待遇”；第二，“不构成……对国际贸易的变相限制”。序言的目的和宗旨是为阻止第 20 条例外的滥用。

要成功援用第 20 条 b 款，必须同时符合下列条件：（1）有关措施是为了保护人类、动植物的生命和健康；（2）该措施是为了实现上述政策目标所必需者；（3）同时符合前两个条件后，还要满足第 20 条序言的两个要求。

要成功援用第 20 条 g 款，必须同时符合以下四个条件：（1）实施的措施是为养护可穷竭的自然资源的政策；（2）该措施是关于养护可穷竭的自然资源；（3）该措施与对国内的生产或消费的限制措施一道实施；（4）实施该措施的方式符合第 20 条序言的要求。

（三）《关于建立世界贸易组织的马拉喀什协定》

该协定在序言中声明：“认识到在处理它们在贸易和经济领域的关系时，应以提高生活水平、保证就业、保证实际收入和有效需求的大幅稳定增长以及扩大货物和服务的生产和贸易目的，同时应依照可持续发展的目标，考虑对世界资源的最佳利用，寻找既保护和维护环境，又以与它们各自在不同经济发展水平的需要和关注相一致的方式，加强为此采取的措施。”将可持续发展和环境保护作为 WTO 的宗旨，既与 GATT 的宗旨不同，又预示着 WTO 新的多边贸易体制的谈判将以可持续发展为目的，而环境保护将是重要主题。

（四）《技术性贸易壁垒协议》

该协议在序言中声明：“认识到在下述措施符合以下要求的情况下，即这些措施不得作为对具有同样情况的国家的人或不合理歧视，或作为对于国际贸易的隐蔽限制的一种手段的情况下，不得阻止任何国家采取必要的措施来确保其出口货物的质量，或保护人类、动植物的生命或健康，保护环境，或阻止欺诈行为。”

该协议第 2 条第 2 款规定，各成员应确保技术规章的制定、采用或实施不得对国际贸易造成不必要的障碍，以此为目的，技术规章对贸易的限制不应超过为实现合法目标所必需的程度，并考虑不实现这些合法目标所带来的风险。这些合法的目标主要是指国家安全要求，防止欺诈行为，保护人类健康或安全，保护动物或植物的生命或健康以及保护环境。该条第 10 款规定，环境保护问题可能构成紧急问题时，成员国可以以此为理由采取较为简便的程序公开或通知其技术规章和标准。

（五）《卫生与动植物检疫措施协议》

该协议允许国家在处理国际环境标准上享有更大的灵活性，并引入了预防原则。其第 2 条“基本权利义务”中第 2 款规定：“成员方应保护任何卫生或植物检疫措施的适用范围，只是为了保护人类、动物或植物的生命或健康，并以科学原理依据，若没有充分的科学为依据，则无法立足，但第 5 条第 7 款的规定除外。”而第 5 条第 7 款规定：“在有关科学依据不充分的情况下，成员方可根据现有的有关资料，包括有关国际组织以及由其他成员方运用卫生或植物检疫措施的资料来临时采纳卫生或植物检疫措施，在这种情况下成员方应设法获取必要的资料，以便更加客观地评估危险，从而在合理的期限内评估卫生或植物检疫措施。”

（六）《补贴与反补贴措施协议》

该协议将补贴分为禁用和非禁用两类，非禁用补贴又分为可申诉和不可申诉两类，其中不可申诉补贴包括了鼓励环境改进的补贴。该协议第 8 条第 2 款规定，若有助于消除严重的环境压力，且采取最合适的环境手段，可考虑接受环境补贴，如果这些补贴符合不可申诉补贴的标准，其就不受解决争端行为的约束。

（七）《与贸易有关的知识产权协定》

该协定第 2 条规定：鼓励研究，创新，技术转让，使用包括环境技术在内的新技术，提高所有国家，特别是发展中国家保护环境的能力，对有害于环境的可以拒绝授予专利权。阻止某些有害于环境的发明、生物学方法的商业应用。

该协定第 27 条第 2、3 款规定了不授予专利的情况，其中包括有关环境保护的内容。协定规定，各成员对发明创造如涉及环境方面，在下列情况下，可以不授予专利：对人类或动物的医学诊断、治疗和外科手术方法；生产植物和动物的生物学方法。同时，成员为了保护其公共秩序或维护公共道德，包括保护人类、动植物的生命或健康，或防止对环境造成严重污染，可以拒绝授予专利，以阻止其商业应用。

（八）《服务贸易总协定》

该协定与环境保护有关的条款有：第 6 条规定每一缔约方应确保影响服务贸易的一般适用的措施均在合理、公正、客观的情况下实施，一般认为这些措施也包括环境保护方面。第 14 条“一般例外”明确规定：“本协定的任何规定不得解释为阻止任何成员采取或实施为保护人类、动物或植物的生命或健康所必须的措施。”

（九）《农业协议》

该协议在附录二载明“政府服务计划”应包括“与环境计划有关的研究”和“与环境计划有关的基础设施工程”，规定对于包括政府对环境项目有关的研究和基础工程建设所给予的服务与支持，以及按照环境规划给予农业生产者的支持支付等与国内环境规划有关的国内支付措施，可免除国内补贴削减义务，也即“绿色补贴”。

WTO 规则中的环境条款是为了维护和改善全球环境的，但其条文规定模糊、缺乏确定性和可操作性强的标准，尤其是关于“一般例外”的规定弹性较大，很容易被贸易保护者滥用，成为某些发达国家设立新的非关税壁垒的借口，从而对发展中国家的出口贸易构成威胁。

（十）《政府采购协议》

该协议第 23 条第 2 款规定：“在不对条件相同的国家构成武断或不合理歧视的一种手段，或作为对国际贸易的变相限制的情况下，本协议任何规定不得解释为禁止任何一方采取或实施为保护公共道德、秩序或安全，人类、动植物生命与健康以及知识产权所需的措施或者采取或实施保护残疾人、慈善机构或劳改产品或服务的必要措施。"

WTO规则中的环境条款是为了维护和改善全球环境，但其条文规定模糊，对行使权利缺乏有效的和明确的约束性规范，缺乏确定性和可操作性强的标准，尤其是关于"一般例外"的规定弹性较大，很容易为贸易保护者所滥用，成为某些发达国家设立新的非关税壁垒的借口。没有考虑不同国家客观上存在着不同的经济发展和环境保护水平，没有对发展中国家作出优惠安排，这会使发展中国家处于更加不利的国际竞争地位。从而对发展中国家的出口贸易构成威胁。

三、 WTO绿色规则的法律特征

虽然WTO并未直接制定有关贸易与环境的法律条文，处理环境与贸易的绿色规则是分散的，但是从这些分散的例外条款和协议中的有关条款可以看出其共有的法律特征。

1. 目的的正当性

在不同类的几个协议中，绿色规则呈现出高度的统一性，规则的措施包括文字、语言及内容、条件都有相当类似，有的甚至完全一致。对于限制贸易的环境措施的目的，都分别从两方面阐述，即保护生命和保护环境。可以认为非依环境保护的目的，不得援引WTO绿色规则寻求为违反WTO其他条款的国内措施"免责"。

2. 规则适用的限制性

在WTO中，绿色规则是用于限制自由贸易的，但为了防止其滥用，对绿色规则本身也作了许多限制。这些限制包括：第一，绿色规则中适用的限制条件。如，GATT 1994第20条："必须不构成武断的、不合理的差别待遇，不构成对国际贸易的变相限制。"《TBT协议》（Agreement on Technical Barriers to Trade，技术性贸易壁垒协议）中要求的："不得造成不必要的障碍"，"不应超过必需的程度"。《SPS协议》（Agreement on the Application of Sanitary and Phytosanitary Measures，卫生与动植物检疫措施协议）中规定："是保护……必需的"，"考虑对贸易的不利影响减少到最低限度"，等等。当然对于一项绿色规则是否满足以上条件，需要有一个权威机构的判断，在WTO中是由其争端解决机构来完成此项任务的。第二，其他条款对绿色规则的限制。《TBT协议》第20条"发展中国家成员的特殊和差别待遇"要求，"各成员在制定和实施技术规章、标准和合格评定程序时，应考虑到发展中国家成员在发展、财政和贸易方面的特殊要求，以确保这些技术法规、标准和合格评定程序不会对发展中国家成员的出口制造不必要的障碍……"《SPS协议》序言规定："承认发展中国家成员在遵守进口成员的卫生检疫方面可能遇到特殊的困难，进而在市场准入以及在领土内制定和实施动植物卫生检疫方面也会遇到困难，期望在这方面对它给予帮助。"根据以上一般性条款，各国在实施绿色规则时理应考虑到发展中国家的情况。

3. 效力的广泛性

例如依照GATT 1994第20条b款，即凡"为保护人类及动植物的生命或健康所必需的"均可援引该款实行贸易限制和禁止市场准入，其内容不仅包括生产领域还包括流通及消费领域；同时依 g 款“这类措施同限制国内生产或消费一道实施”，根据国民待遇原则和最惠国待遇原则，一旦该条款被援用，其效力不仅限于对出口国国内贸易以及贸易争端任何第三方均应采取同样措施，否则该项措施将被禁止，争端中进口方将被裁决败诉。

4. 规则的伸缩性

法律规范的伸缩性较大是环境法领域的一个普遍性问题，由于许多环境问题在立法时十分紧迫，而科学上还存在不少的不确定因素，为了快速立法，保持条约的相对稳定性和可操作性，只规定框架内容和条款，将细节和具体问题留在将来另行补充和完善。环境保护在贸易领域面临同样的问题。WTO 的绿色规则以伸缩性较大的弹性条款得以顺利通过，正视了各国环境问题和环境保护水平的巨大差异，达到了敦促各国务必建立和加强本国的环境政策和法律，同时尊重他国的环保措施的效果，是对全球环境保护的重大贡献。至于各国采取怎样的措施，保护哪方面的环境，保护哪一类生命，则不是 WTO 体制所能解决的问题。

5. 规则的模糊性

WTO 绿色规则含义的不确定性相当明显，诸如“武断的”“不合理的”“变相的”“必需的”“情况相同”以及“最少贸易限制”，等等，这些关键词在法律上都是模糊的，对这些关键词的不同理解会导致实践操作中的很大差异，从而难以避免和有效防止对绿色规则的滥用。

四、 WTO 贸易与环境委员会

在乌拉圭回合谈判过程中，环境问题得到高度重视。各缔约成员在 1994 年 4 月 14 日的马拉喀什举行部长会议，通过一项部长会议决定，即“关于贸易与环境的决议”。根据该决议，在 WTO 监管下成立了一个贸易与环境委员会（Committee on Trade and Environment，简称 CTE），其基本职责包括两项：“（a）确认贸易措施与环境措施之间的关系，以促进可持续发展；（b）在符合多边贸易体制的开放、公正和非歧视性质的前提下，就是否需对该体制的规定进行修改提出适当建议。”具体负责事项如下：

（1）多边贸易体制的规定与为环境目的而采取的贸易措施之间的关系，包括按照多边环境协定采取的措施；

（2）具有重大贸易影响的、与贸易和环境政策有关的环境政策与多边贸易体制的规定之间的关系；

（3）多边贸易体制的规定与下列各项内容之间的关系：1）为环境目的而征收的税费；2）与产品有关的环境要求，包括标准、技术法规、包装、标签和再利用；

（4）多边贸易体制中有关用于环境目的的贸易措施及具有重大贸易影响的环境措施和要求的透明度的规定；

（5）多边贸易体制的争端解决机制与多边环境协定的争端解决机制之间的关系；

（6）环境措施对市场准入的影响，特别是对于发展中国家，尤其是其中的最不发达国家而言的此种影响，以及取消贸易限制和扭曲对环境的效益；

（7）国内禁止性货物的出口问题；

（8）与贸易有关的知识产权协定中的有关规定；

（9）服务贸易中拟议的工作计划；

（10）对协调政府间和非政府间组织之间关系的有关机构给予支持。

贸易与环境委员会的成立，使得贸易与环境议题在 WTO 框架下终于有了较为正式的发展空间，同时也步入较为系统的规范管理阶段。但由于发达国家和大多数发展中国家之间、发达国家内部在贸易问题上存在利益冲突和观念分歧，贸易与环境委员会对协调贸易与环境问题并无太大进展。

第二节　绿色贸易壁垒问题

一、绿色贸易壁垒的定义和特征

绿色贸易壁垒，又叫“环境贸易壁垒”，是指在国际贸易中，进口国政府以保护有限资源、生态环境、人类和动植物健康为名，以限制进口保护贸易为根本目的，通过制定繁杂的环保公约、法律、法规和标准、标志等形式，以限制或禁止外国商品进口的贸易保护措施。

绿色贸易壁垒是一种全新的非关税贸易壁垒，是国际贸易保护的新形式。其主要特征如下。

1. 隐蔽性

绿色贸易壁垒借环境保护之名，行贸易保护之实。它以形式上的合法性、表面上的公正性，掩盖了其实质上的不公正。实施绿色壁垒的进口国主要是发达国家，这些国家大都有比较先进的环保意识及成熟的环保法规、技术、经验。对于经济发展水平较低、生产技术条件较差的发展中国家而言，发达国家凭借技术优势设定的环境标准和要求过于严格且很难达到。这种貌似公正，实际不平等的环保技术标准，对发展中国家的对外贸易影响很大，将导致发展中国家的产品被排斥在发达国家市场之外。

2. 双重性

对于进口国，主要是发达国家而言，绿色贸易壁垒实施的一系列环境保护措施，一方面促进了环保意识渗透到国际贸易领域，确实可以起到保护有限的资源、环境和人类健康的作用，有利于全球经济的可持续发展；但另一方面由于它以保护本国市场为目的，在客观上又限制了某些商品的进口。对于发展中国家而言，一方面绿色贸易壁垒严格的环境标准与环境要求，使其在进出口贸易中处于被动地位；但另一方面发展中国家也应该充分意识到可持续发展的重要性，积极主动采取措施，不断提高环保水平，依靠科学冲破壁垒。

3. 歧视性

进口国实施绿色壁垒，往往会对特定国家采取歧视性待遇，其实质是利用环境保护制度来妨碍正常的贸易活动，以保护本国市场，这违反了 WTO 的最惠国待遇原则和国民待遇原则。这种歧视一般有以下两种表现形式：一种是对来源于不同成员国但实质相同或类似的进口产品实行差别待遇；另一种是实行内外有别的双重环保标准，对进口产品的环境标准要求超过本国相同产品。这两种做法都构成了实际上的歧视。

4. 广泛性

进口国以保持环境为名设定绿色贸易壁垒的针对对象很广泛，不仅有直接关系到人体健康的食品和药品，而且还将纺织品、纸制品、电池、家庭清洁用品、家用电器等消费品纳入其中，甚至还包括转基因产品和包装材料。

绿色贸易壁垒给我国的对外贸易带来了巨大的冲击和严峻的挑战，但同时加入 WTO 也给我国的经济和对外贸易带来了前所未有的广阔市场和发展机遇。如何抓住机遇、迎接挑战，尽快适应国际市场，在打破绿色壁垒的同时更好地利用它，成为我国急需解决的问题。

二、绿色贸易壁垒的表现形式

1. 绿色附加税

绿色附加税是指对污染环境、影响生态的进口产品除征收一般关税外，课征额外的附加税。这一政策借助价格机制，将环境污染外在影响内部化，通过增加外部社会成本来达到保护环境的目的。根据《关税和贸易总协定》第 2 条的规定，在国民待遇基础上，允许其成员对进出口产品征收各种旨在保护环境和资源的税收。

2. "绿色技术标准"

发达国家以保护环境、人类动植物的卫生、安全健康为名，通过立法手段，制定严格的强制性技术标准，对商品中的有害物含量制定较高的指标，限制国外商品进口。1995 年 4 月，由发达国家控制的国际标准化组织开始实施《国际环境监查标准制度》，要求产品达到 ISO9000 系列质量标准体系。欧盟也启动 ISO14000 的环境管理系统，要求进入欧盟国家的产品从生产前到制造、销售、使用以及最后的处理阶段都要达到规定的技术标准。美国为保护汽车工业，出台了《防污染法》，要求所有进口汽车必须装有防污染装置，并制定了近乎苛刻的技术标准。目前，美国、德国、日本、加拿大、挪威、瑞典、瑞士、法国、澳大利亚等西方发达国家纷纷制定环保技术标准，并相互承认。

广义的环境标准还包括 PPM（processing & product method）标准。它是指产品加工过程或加工方法（也即在销售之前）须符合特定环境标准，但 WTO 对此作了限制。例如在技术性贸易壁垒协议中，进口国有权限制不符合本国 PPM 标准的产品进口，但这种标准必须影响产品的性能；如果这种 PPM 标准未能影响产品的性能，则进口国不得实施贸易措施。再如《卫生与动植物检疫措施协议》也规定，进口国实施 PPM 标准限制贸易，只能以保护其领域内的动植物或人类生命健康为限。

3. 绿色环境标志

绿色环境标志，又称"生态标志""绿色标志"，是一种印刷或张贴在产品包装上的图形，是由政府部门、公共或私人团体依据一定的环境标准向有关厂家颁布的证书，证明其产品不仅质量符合标准，且在生产、使用时对人类健康或生态环境没有或只有较轻的损害。1978 年德国首次采用“蓝色天使”标志，以一种画着蓝色天使的标签作为产品达到一定生态环境标准的标志。发达国家纷纷仿效，如加拿大采用“环境选择”，北欧采用“白天鹅”标志，日本采用“生态标志”。美国于 1988 年开始实行环境标志制度，有 36 个州联合立法，在塑料制品、包装袋、容器上使用绿色标志，甚至还率先使用“再生标志”，说明被标识产品可重复回收、再生使用。欧共体于 1993 年 7 月正式推出欧洲环境标志，有此标志的产品，可在欧共体成员国自由通行，各国可自由申请。目前欧盟提倡 19 种产品获得环保标志，以后要扩大为 30 种。发展中国家产品要进入发达国家市场，必须提出申请，经批准才能得到“绿色通行证”，即“绿色环境标志”。但由于发展中国家的技术水平和生产工艺和方法落后于发达国家，它们生产的产品很难拿到环境标志。

4. 绿色包装制度

绿色包装指能节约资源，减少废弃物，用后易于回收再用或再生，易于自然分解，不污染环境的包装。它在发达国家市场广泛流行，包括简化包装、可再生回收再循环包装、多功能包装、以纸代替塑料包装等。德国、奥地利、英国、日本、美国等先后制定了有关法规。这些“绿色包装”法规，虽然有利于环境保护，但也成为发达国家限制发展中国家产品进口的又一个借口。

5. 绿色卫生检疫制度

《卫生与动植物检疫措施协议》中规定：成员国政府有权采取措施，保护人类与动植物的健康，其中确保人畜食物免遭污染物、毒素、添加剂影响，确保人类健康免遭进口动植物携带疾病而造成的伤害。发达国家以此作为控制外国商品进口的重要工具，利用卫生与动植物检疫措施协议的“预防原则”，设置了严格的卫生检疫标准，有些规定已经超过了环保目标的要求。对食品中农药残留量、放射性残留和重金属含量的要求日趋严格。例如，欧共体对在食品中的 22 种主要农药制定了新的最高残留限量。

6. 绿色补贴

由于发展中国家绝大部分企业本身无力承担治理环境污染的费用，政府有时给予一定的环境补贴。发达国家认为发展中国家的“补贴”违反了 WTO 的规定，并以此为名限制其产品进口。例如，美国就以环境保护补贴为由，对来自巴西的人造橡胶鞋和来自加拿大的速冻猪肉提出了反补贴起诉。

第三节　WTO 环境贸易争端解决机制

一、 WTO 环境贸易争端解决机制的功能

国际贸易与环境保护的关系是当代国际社会关注的一个热点问题。协调环境保护和自由贸易，促进可持续发展，已经成为 WTO 的新任务和发展方向。WTO 对于环境问题

的协调解决机制大体上包括三个方面：一是决策过程的协调，主要是贸易与环境委员会对环境贸易问题的探讨；二是实体规则的协调，主要是有关环境规则的确立；三是司法过程的协调，主要是争端解决机构对环境贸易争端的裁决。

WTO 争端解决机构是协调环境与贸易关系的重要机构。WTO 只协调因环境措施问题而引发的贸易争端，国与国之间单纯的环境争端，应根据双方协议和国际法原则进行处理。如果贸易争端的双方都是多边环境协议的成员，且一方是根据该协议实施行为，那么争端适用多边环境协议规定的争端解决方法来处理。如果其中一方不是多边环境协议的成员，WTO 的争端解决机制便成为处理有关环境贸易争端的唯一争端解决机构。

WTO 争端解决机制处理涉及环境问题的国际贸易争端有其独有的优势，可以在一定程度上弥补国际环境法在解决环境贸易争端方面存在的不足，主要表现为：以贸易规则中环保措施的规定为依据处理环境纠纷，法律依据更加明确，在一定程度上减少了主观裁判和错判、误判；运用严格的程序处理环境纠纷，增加了操作性，避免了案件处理久拖不决；在环境保护方面，向有关的环境专家及科学家咨询请教，收集有关的科学信息和资料，有利于环境问题的公正解决。

运用 WTO 争端解决机制处理与环境有关的贸易争端，也有其不足之处，主要表现为：WTO 没有环境方面的专门协议，处理争端的依据不足；专家组人员构成缺少环境专家，也没有常设环境技术协助机构，专家组成员缺乏环境方面的专业知识或技术协助；环境技术标准不统一，透明度不强等。在 WTO 争端解决机制中，应进一步融入环境保护的因素，以促进环境保护和国际贸易协调发展。

二、 WTO 争端解决机制的特征

为妥善解决国际贸易摩擦和纠纷，确保贸易能公平、公正地进行，《关税和贸易总协定》第 22 条和第 23 条为产生贸易争端的缔约方提供了“双边磋商”和“总协定介入协商”两种程序。这种“磋商”机制是调解和规劝性的，争端解决程序也没有确定的时间表，缔约方全体或理事会的最终裁决不具有权威性和强制性。由于解决方式单一、没有专门性的争端解决机构、程序缺乏操作性以及裁决执行力度有限等问题，许多案件久拖不决。乌拉圭回合对此作了改进，最终形成了《关于争端解决规则与程序的谅解书》。它由 27 条正文和 4 个附件组成，其基本内容包括：适用范围和实施、机构设置及其职能、解决途径、工作程序与规则、裁决的效力和执行、最不发达国家的待遇等，其核心是争端解决程序。WTO 争端解决机制设置了精细的操作程序、明确的时间限制以及严格的交叉报复机制，弥补了原有不足。它具有如下特征。

（一）统一性

乌拉圭回合谈判所达成的《关于争端解决规则与程序的谅解书》对争端解决所适用的范围、一般性原则、方法以及程序作出了明确的规定，统一适用于 WTO 体制下除贸易政策审议机制以外的所有协议，避免了各成员国在适用法律时产生分歧。

（二）系统性

WTO 的争端解决机制设有专门的受案机构——争端解决机构（简称 DSB），设立了专家组程序和上诉复审程序，提供了自行解决（磋商）、第三方协助解决（斡旋，调解等）、提交 DSB 解决和仲裁等各种解决纠纷的途径，为解决国际贸易争端提供了一套系统和完整的制度。

（三）司法取向性

WTO 争端解决机制听取了有关专家的建议，以司法取向代替了《关税和贸易总协定》争端解决的外交取向。主要表现如下。

1. 管辖的强制性

只要有关当事国选择了投诉，另一成员方就必须应诉。无论是专家小组程序还是上诉审议程序，均采用反向协商一致的“自动通过机制”，即除非争端解决机构全体一致反对，否则就通过，对方必须接受。这一原则实际上赋予了争端解决机构对成员国的贸易争端以强制管辖权，同时也防止了某些大国运用否决权干扰争端解决。

2. 严格的时间期限

WTO 争端解决机制的每一个步骤都规定了工作期限，以避免案件久拖不决。一个案件从受理到首次裁决，一般不超过 12 个月，如有上诉，则不超过 15 个月。对紧急或复杂案件又另外规定了截止日期。

3. 设置上诉复审程序

设立了 7 人组成的执行上诉机构，其职责是对专家组报告中适用和解释法律的正确与否进行评审，并酌情对专家组报告作出维持、修改或推翻的决定。上诉机构就相当于司法程序中的终审法院，是裁决贸易争端的最后手段。

4. 执行裁决有法律保障

《关于争端解决规则与程序的谅解书》规定了报复措施。如果败诉国在合理期限内未执行裁决，也未与对方就赔偿达成协议，胜诉国可以请求争端解决机构的授权，对败诉国采取报复措施，即允许胜诉国对败诉国中止履行减让义务或其他义务。在必要时，胜诉国还可以实施“交叉报复”措施，此时报复不再局限于与争议有关的协议范围。交叉报复，就是败诉方在不履行其因败诉而承担的义务时，胜诉方可以采用其他具有实际效果的报复措施，它不仅限于同一个适用协议的同一个部门，还应包括同一个适用协议的不同部门，甚至不用适用协议下的义务。目的是用最简便快捷的方式给予败诉方以最有效的制裁，使违约方的违约成本极大地提高，以产生强大的威慑作用。交叉报复措施的效果是十分显著的，在 WTO 正式运行的前几年时间里，败诉方均遵照 DSB 的决定，或自动执行，或与对方达成执行协议，直到 2000 年 5 月，DSB 才作出了报复授权。

三、 WTO 争端解决机制的程序

WTO 争端解决机制的基本程序包括：磋商；斡旋、调解与调停；专家小组；上诉审查；对裁决或建议的监督执行以及“交叉报复”等。一个案件经过全部程序直到作出首次裁决一般不应超过 1 年，如果上诉，则不应超过 15 个月，紧急情况下，如涉及易腐商品的，不应超过 3 个月。

1. 协商或磋商

WTO 提倡各当事国通过谈判或协商的方式来解决彼此之间的贸易争端，协商是争议解决的最初和必经程序。WTO 对磋商规定了较为详细的时间表，有关当事国在收到对方的书面协商请求后，应当在 10 日内作出答复，并且应于自协商请求提出后 30 日内开始协商；在紧急情况下，如争议涉及易腐烂物品，当事国应于协商请求提出后 10 日内开始协商。磋商是秘密进行的，并不得妨碍任何成员在任何进一步程序中的各种权利。

2. 斡旋、和解或调解

这一程序是争议双方自愿而非强制选择。当事国可以在自愿的基础上，通过谈判自行和解或随时将争议提交第三方斡旋、调解解决。斡旋调解程序也是秘密进行的，可以随时开始，也可以随时结束。但是，该程序一旦被终止，申请方就有权提出成立专家组的请求。只要各方同意，在专家小组工作期间仍可继续进行斡旋、调解和调停。

3. 成立专家组

这是争端解决机制的核心程序。在下列情况下，有关当事国可以直接向争端解决机构提出成立专家组的请求：（1）有关当事国在收到协商请求之后 10 日内未作答复的；（2）在协商请求提出之后 30 日内或在双方约定的期限内未开始协商的；（3）双方开始协商 60 日后未达成解决争议协议的。

各争议当事国从专家组候选人名单中选择专家组成专家组，如果有关当事国在规定期限内未能就专家组成员达成协议的，世贸组织总干事可以根据任何一方当事国的请求，在征求争端解决机构主席和有关委员会主席的意见后，指定专家组成员。专家小组一般由 3 位专家组成，有关当事国也可以在专家组成立后 10 日内约定由 5 名专家组成专家组。除非争端各方一致同意，否则争端当事方的公民或在争端中有实质利害关系的第三方公民都不得作为有关争端的专家小组组员。在争议一方当事国是发展中国家的情况下，应该当事国的请求，专家组成员中至少有一名来自发展中国家。专家组成员是以个人身份参加工作，而不代表其所属国家或组织。

专家小组原则上在 6 个月内提交最后报告，最长不得超过 9 个月。紧急情况下，应于 3 个月内提交专家组报告。专家小组提交的报告将由全体成员国传阅，传阅后 20 日至 60 日内，除非争端解决机构一致反对采纳此报告或某争端方提出上诉，该报告即视为通过。

4. 上诉审议

对专家组报告持有异议的当事国有权提出上诉，但上诉的内容仅限于专家组报告中所涉及的法律问题以及专家组作出的有关法律解释。争端解决机构常设的上诉机构负责审理有关上诉请求。该上诉机构由 7 名公认的法律和国际贸易专家组成，任期 4 年，他们以个人名义工作，不从属于任何政府。上诉审理期限为 60 日至 90 日。上诉机构可根据具体情况作出维持、修改或推翻专家组报告的结论。上诉报告作出并送至各成员国 30 日内，除非争端解决机构全体一致反对，否则视为通过。上诉机构的裁决为最后裁决，争议各方应当无条件接受。

5. 裁决和建议的执行

在专家组报告或上诉审议报告通过后30日内，有关当事国必须就其是否执行裁决或建议作出声明。如果当事国不能马上执行裁决，争端解决机构可给予该国一个合理的期限。如果该国在合理期限内仍然没有执行裁决或建议的，也未与胜诉方磋商达成赔偿协议。胜诉方可以请求争端解决机构授权其中止实施对败诉方所作的减让或其他义务，如果这种行动仍不能使当事方执行裁决，则胜诉方可以中止另一有关协议下的减让或其他义务。争端解决机构应于合理期限届满后30日内作出该项授权，除非此项授权遭到争端解决机构全体的一致反对。

四、 WTO环境贸易争端解决机制适用的典型案例

在GATT/WTO框架下，要协调国际贸易与环境问题之间的关系比较困难。从各项协议中涉及环境问题的内容看，GATT的乌拉圭回合谈判没有对环境与贸易的协调关系达成一致的协议，从而使得GATT/WTO环保条款的规定，在很多方面不成熟，存在着缺陷。如果从环境保护主义者的立场看，WTO环境保护规则及其争端解决机制，没有有效地起到环境保护的作用，原因是在存在众多例外条款的同时，又加以种种限制，未能达到环保主义者国际贸易绿色化的要求。而从自由贸易主义者的立场看，这些所谓的环境条款，以环保之名行贸易保护之实，设置了新的绿色贸易壁垒，使得新的贸易保护主义合法化。这两种针锋相对的观点背后，表明GATT/WTO框架机制在协调环境与贸易问题上的处境，无法就协调贸易规则与环境需要之间的关系达成共同接受的法律规范。这种处境，通过如下三个WTO框架下的环境贸易争端，可以得到说明。

（一）美国墨西哥“金枪鱼/海豚（Tuna—Dolphin Ⅰ）”案

1991年的美国墨西哥“金枪鱼/海豚（Tuna—Dolphin Ⅰ）”案，起因于运用现代拖网捕鱼技术在太平洋捕金枪鱼时，把习性上与金枪鱼群结伴而游的海豚也给捕杀了。按美国1972年《海洋哺乳动物保护法》的有关规定，海豚是受保护的濒危物种，捕鱼时顺带捕杀的海豚要控制在一定数目，否则要予以制裁。墨西哥是美国最密切的贸易伙伴，但其活动在东太平洋海域的船队使用拖网捕捞方法导致金枪鱼出口受阻。1990年，美国政府先后两次对墨西哥捕获的金枪鱼实施进口禁令，由此引发本案。

原告方墨西哥指控美国实施的进口禁令违反了GATT第11条关于取消进口数量限制的规定，同时该禁令为特定的地理区域设定了特定的歧视性条件，违反了GATT第3条关于国民待遇的规定。作为被告的美国则援引GATT第20条b款和g款，认为其采取的禁令属于“环境例外措施”，同时美国还援引GATT第3条规定，认为，美国法律区分的只是捕获金枪鱼的水域，而不是金枪鱼本身的产地，并不违背国民待遇。

1991年2月6日，缔约国大会同意成立专家组。本案中，关于GATT第20条的适用问题主要集中在以下几方面：（1）关于第20条的一般适用问题。专家组认为，第20条是对总协定的其他条款项下的义务的有限的和有条件的例外，援用该例外的成员承担

证明该措施不构成此类例外的滥用的举证责任。(2) 关于第 20 条 b 款的适用范围，是否包括对缔约方管辖权外的人类、动植物的生命健康的保护，专家组认为有关记录显示该项条文的“起草者的关注的焦点是为保护进口国管辖权内的人类、动植物生命和健康的卫生检疫措施的适用问题”。专家组认为，“即使把第 20 条 b 款解释作允许对生命与健康作域外管辖（extra jurisdiction）保护，美国措施也不符合该项表述的‘所必需者’的要求”，因为美国的措施使墨西哥需要符合美国的海豚保护标准，这对墨西哥来说是不可预见的条件，建立在这种基础之上的贸易限制不能认为是保护海豚的生命或健康所必需的。根据以上分析，专家组认为美国的措施不能根据第 20 条 b 款获得正当性。(3) 关于第 20 条 g 款，专家组认为对可耗竭自然资源的保护是针对一国管辖权内的可耗竭自然资源的。“专家组认为，对第 20 条 g 款作出有域外管辖的解释，若被美国接受，那么各个缔约方都可单方面地决定养护政策，对此，其他缔约方若不牺牲他们的 GATT 权利，便无法遵守。基于这种考虑，导致专家组反对第 20 条 b 款作域外管辖的论点，同样适用于第 20 条 g 款。”专家组于 1991 年 9 月 3 日向各方提交了报告，专家组的结论全面判定美国败诉。该报告未能获得 GATT 理事会通过。

（二）1992 年美国欧共体及荷兰的金枪鱼—海豚案

本案的背景和事实与美国墨西哥“金枪鱼/海豚（Tuna—Dolphin Ⅰ）”案相似，被称为 GATT“第二个金枪鱼/海豚（Tuna—Dolphin Ⅱ）”案。由于美国禁止金枪鱼及其制品进口，涉及“中介国”金枪鱼制品的对美出口，1992 年欧共体与荷兰（代表荷属西印度洋安特里斯群岛）基于同样的理由与美国进行磋商，在磋商未果的前提下，GATT 成立专家组并于 1994 年对第二个金枪鱼案作出裁决报告，结论是美国的相关进口禁令不符合 GATT 第 3 条的注释的要求，违反了 GATT 第 11 条第 1 款的规定，并且不符合第 20 条 b 款、d 款、g 款例外的规定。

本案与环境有关的争议焦点仍然是 GATT 第 20 条的适用问题。在此诉讼中，美国提出了新的论点：它保护其领土管辖之外的，东太平洋热带区海豚的政策，是基于对人和船只的对人管辖权，所以属于第 20 条 g 款允许的范围。专家组裁决说，“美国实行的对原产国与中介国的金枪鱼及其制品的禁令，是强迫这些国家改变属它们管辖的人和事的政策，因为为了使之具有养护海豚效力，禁令才要求这种改变”。“既然采取的措施是为了迫使其他国家改变政策，只有发生了这种改变该措施才能发挥效力，所以这种措施的主要目的并不是第 20 条 g 款意义上的养护可用竭的天然资源。”最后，专家组指出：“本案所涉及的问题，不是美国保护与养护海豚的环境目标的合法性问题。问题是：在追求它的环境目标时，美国能否采取禁止进口的贸易措施，使得其他缔约方在其管辖区内改变所实行的政策。”本专家组报告也未获 GATT 理事会通过。但由于专家组在报告中对域外资源的保护以及一国是否可以采取贸易措施迫使他国改变其相关政策等敏感问题进行了深入分析，因而具有很大的借鉴意义。

（三）欧盟限制石棉/石棉产品进口案（DS135）

1996 年 11 月 24 日，法国政府通过第 96—1133 号法令，禁止所有石棉纤维以及含有石棉纤维产品的生产、加工、销售、进口、国内买卖、出口等，同时法令对缺乏可替代品、并能证明有安全技术保障的含有石棉的材料、产品、设备，作出了例外规定。法国此举影响了其他一些欧盟国家，尤其是对世界第二大石棉生产国加拿大的石棉出口造成压力。加拿大认为法国的石棉禁令违背了WTO《卫生与动植物检疫措施协议》第2条及第5条、《技术性贸易壁垒协议》(《TBT协议》)第2条和1994年GATT第3条、第11条的规定，同时认为它的利益受到了损失或损害。在与欧盟协商未果的情况下，加拿大将该争端提交WTO争端解决机构裁决。1998年11月25日，争端解决机构成立专家组调查此案。专家组于2000年7月25日提交了最终报告。经过上诉，2001年4月5日，争端解决机构通过了上诉机构报告和修改后的专家组报告。

本案主要有如下几个争议性问题。

第一，本案的争议涉及了对《TBT协议》中的“技术法规”的适用问题，但由于专家组的裁定认定争议的措施不属于《TBT协议》中的“技术法规”，因而没有适用《TBT协议》，仍按GATT的相关规定进行审查。而上诉机构的审查由于限于专家组裁定的法律问题或法律解释，因而也仅按GATT条款进行审查，使得本案绕开了《TBT协议》的管辖，争议焦点集中到了GATT第20条b款的适用问题。

第二，加拿大认为争议法令构成违反GATT第3条第4款和第11条。欧盟则认为，一项措施或者属于国内法规，受GATT第3条第4款约束；或者涉及产品进口，受GATT第11条第1款约束，加拿大混淆了两个条款的关系。专家组认为，争议措施属于GATT第3条第4款约束双方并无异议。同时根据GATT第3条注释的规定，GATT第3条第4款适用于对进口石棉产品的禁令。同时专家组认为没有必要审查加拿大关于第11条第1款的主张。

第三，GATT第20条b款的适用。欧盟以第20条b款的规定对GATT第3条第4款的义务提出了抗辩。欧盟认为，法国的石棉禁令是为了达到法国政府公共健康目标所必需的，并且其实施方式并没有在条件相同的成员间构成武断的、不合理的歧视或对国际贸易的变相的限制，因此是属于第20条b款范围的正当措施。而加拿大认为，第20条例外是有条件、有限制的例外，对其必须进行狭义解释，不能被滥用。专家组认为：(1)石棉禁令是否属于第20条b款适用的范围。GATT第20条b款规定的是“为保护人类、动植物的生命或健康所必须的”措施，适用它应符合两个条件：1)有关措施是为了保护人类的生命或健康；2)有关措施是为了实现上述目标必需的。根据欧盟提交的资料以及专家组所咨询的专家的意见，专家组认为，欧盟已经初步证明了使用石棉存在的健康危险，法国的石棉禁令措施属于第20条b款意义上用于保护人类生命健康的政策范围。(2)确认了争议措施属于第20条b款的政策范围后，专家组进一步认为，除禁令外，不存在有效的替代措施，因此认定争议措施符合GATT第20条b款的“必要性”要求。上诉机构支持了专家组的结论，但在解释的理由上则有所不同。上诉机构认为，既然WTO成员有权决定他们认为合适的健康保护水平，法国选择的保护水平是阻止石棉产生的健康风险扩散，石棉禁令正是达到这一目的所必需的。而加拿大所诉称的“控制使用”石棉的措施不足以实现法国所确定的健康保护水平，因此并非可以合理获得的替代措施。上诉机构在这里将“必需的”与所采取的措施本身所追求的保护目标联系在一起，代表WTO对第20条中“必需的”术语的解释的一个突破。

本案对WTO贸易与环境政策的协调具有重要的意义，它既是第一个被诉方援引GATT第20条例外抗辩成功的案件，也是WTO争端解决机构首次将“非贸易利益”置于自由贸易之上的案例，使GATT第20条成为贸易与环境争议的更为平衡的解决方式。

法条链接

1.《关税和贸易总协定》第1条、第3条、第11条第1款、第20条b款和g款、第22条、第23条；

2.《关于争端解决规则与程序的谅解书》全文。

深度阅读

1. 周珂，高桂林.突破绿色贸易壁垒方略.北京：化工出版社，2004.

2. 李仁真，秦天宝，李勋.WTO与环境保护.长沙：湖南科技出版社，2006.

3. 那力，何志鹏.WTO与环境保护.长春：吉林人民出版社，2002.

4. 黄辉.WTO与环保：自由贸易与环境保护的冲突与协调.北京：中国环境科学出版社，2010.

思考与练习

1. WTO环境保护规则的主要内容是什么？

2. 如何看待绿色贸易壁垒？

3. 环境与贸易争端解决机制的特点和程序如何？

4. 比较欧盟限制石棉/石棉产品进口案，美国墨西哥“金枪鱼/海豚（Tuna—Dolphin Ⅰ）”案和美国欧共体及荷兰的金枪鱼—海豚案三个案例在适用GATT第20条上的异同。

第二十一章
气候变化

重点知识

气候变化　气候谈判　联合国气候变化框架公约　京都议定书　后京都气候谈判　“巴厘岛路线图”　哥本哈根协议　坎昆协议　德班会议　哥拉斯哥气候公约　“阿联酋共识”

20 世纪 90 年代以来，气候变化被国际社会视为全球十大环境问题之首，气候变化问题事关未来各国在能源发展和经济竞争中的优势地位，事关各国的经济利益和今后的发展权益。本章的学习目的是掌握国际应对气候变化法律制度的基本框架，了解联合国气候变化大会历次缔约方会议谈判的背景、争议内容和焦点问题。

第一节　气候变化问题

一、气候变化的概念

“天气”是指短时间（几分钟到几天）内发生的气象现象。“气候”则是指某一长时间（月、季、年、数年到数百年及以上）内气候要素（如温度、降水、风、日照、辐射等）和天气过程的平均或统计状况。而所谓“气候变化”，在科学意义上，就是指气候平均状态统计学意义上的显著改变或者持续较长一段时间的（典型的为 10 年或更长）气候变动。但在当代国际政经、外交的语境中，“气候变化”（climate change）与“全球变暖”（global warming）是同义语，特指当前全球气候系统①气温整体升高、极端天气频发的现象和趋势。

气候变化可以由不同的原因造成，概括起来，分为自然的原因和人类活动的原因。

① 全球气候系统是一个由大气圈、水圈、冰雪圈、岩石圈（陆面）和生物圈组成的高度复杂的系统，这些部分之间发生相互作用，气候系统整体也随时间不断地发生演变。

政府间气候变化委员会（Intergovernmental Panel on Climate Change，IPCC）[①] 定义的"气候变化"是指气候系统随时间发生的任何变化，既可能是自然变率造成，也可能是人类活动引起的。[②] 但《联合国气候变化框架公约》（UNFCCC）中，"气候变化"专指因人类活动直接或间接引起的气候变化，同时用"气候变率"来专指归因于自然原因的气候变化。[③]

二、气候变化的观测事实

科学研究表明，地球正在经历一次以全球气候变暖为主要特征的气候变化。根据IPCC第三次评估报告（2001年），最近100年是过去1 000年中最暖的，而最近20年又是过去的100年中最暖的。自1860年有气象观测记录以来，最暖的年份都出现在1983年以后，20世纪北半球温度的增幅也可能是过去1 000年中最高的。近百年来，全球年平均气温升高了0.74℃，这种温度的升高与CO_2浓度的升高是同步的。IPCC第三次评估报告认为，最近50年全球气候变暖主要是由人类活动造成的。IPCC第四次评估报告指出，1990—2004年，全球主要温室气体排放量增加了24%，预计2030年全球CO_2排放量将比2000年增加45%～110%，因此全球会继续变暖，预计到2100年，地球平均地表气温将比1990年上升1.4℃～5.8℃。全球平均海平面将会上升0.09m～0.88m。一些极端事件（如高温天气、强降水、热带气旋等）发生的频率会增加。根据IPCC第五次评估报告，大气中二氧化碳、甲烷和一氧化氮等温室气体的浓度已上升到过去80万年来的最高水平。1880—2012年，全球海陆表面平均温度呈线性上升趋势，升高了0.85℃；2003—2012年平均温度比1850—1900年平均温度上升了0.78℃。在过去一个世纪里，全球的海平面已经上升了19cm。全球66%地区的海平面将比1986—2005年间的高出0.29m～0.82m，比2007年的预期范围（0.18m～0.59m）高。IPCC第六次评估报告指出，2011—2020年，全球地表温度比1850—1900年高出1.1℃，极端天气事件也因此变得更加频繁和强烈。

全球气候变暖后，天气和气候极端事件的出现频率随之发生变化。根据IPCC报告，自1950年以来，极端最低气温天气出现频率减少，但极端最高气温的出现频率增加。其

---

① 20世纪70、80年代，国际社会意识到气候变化问题的严重性，要求对气候变化进行研究并制定相应对策的呼声愈来愈高。联合国环境规划署和世界气象组织于1988年成立了政府间气候变化专家委员会（IPCC），其主要任务是对与气候变化有关的各种问题展开定期的科学、技术和社会经济评估，提供科学和技术咨询意见。IPCC对推动气候变化谈判，影响深远。IPCC《第一次评估报告》于1990年发表，报告确认了对有关气候变化问题的科学基础。它促使《联合国气候变化框架公约》的出台。《第二次评估报告》"气候变化1995"提交给了UNFCCC第二次缔约方大会，并为公约的《京都议定书》谈判作出了贡献。《第三次评估报告》（IPCC TRA）"气候变化2001"也包括三个工作组的有关"科学基础"、"影响、适应性和脆弱性"和"减缓"的报告，以及侧重于各种与政策有关的科学与技术问题的综合报告。《第四次评估报告》（IPCC AR4）于2007年完成，确定人类活动是气候变暖的主要原因，在世界范围内引起极大反响。《第五次评估报告》（IPCC AR5）在2014年面世，为《巴黎协定》提供了主要科学依据。《第六次评估报告》（IPCC AR6）于2023年发布，强调了在气候问题上采取行动的紧迫性，并提出"具有气候韧性的发展"的解决方案，被称为"拆除气候定时炸弹的指南"。

② IPCC介绍。《第四次评估报告》将气候变化的原因归结为或是自然的内部进程，或是外部强迫，或是对大气组成和土地利用的持续性人为改变。

③ 参见《联合国气候变化框架公约》。

他极端天气情况如表 21－1 所示。

表 21－1　20 世纪天气和气候极端事件的变化（IPCC，2001）

极端事件	观测到的变化
地表温度日较差	陆地从 1950—2000 年减少，夜间最低温度增加的频率比白天最高温度增加的速率快一倍（可能）
热日/高温天气	增加（可能）
冷日/霜日	几乎所有陆地地区在 20 世纪出现减少现象（很可能）
大陆降水	北半球在 20 世纪增加 5%～10%（很可能），但在某些地区出现减少（如北非、西非以及地中海部分地区）
暴雨事件	北半球中高纬度地区增加（可能）
干旱频率和强度	在一些地区，夏季变干和发生干旱事件的概率增加（可能）。在有些地区（亚洲与非洲部分地区）最近几十年观测到干旱频率和强度增加
雪盖	从 20 世纪 60 年代卫星观测以来，观测到全球积雪减少了 10%

对气候变化的预测存在着不确定性，但对全球平均结果及长期变化趋势的预测具有较高的信度。① 尽管科学界对 IPCC 报告科学性、对气候变化的真实性、对人类是否是导致气候变化的主因这些问题一直存有质疑②，但 IPCC 对全球变暖这一现象和趋势的预测，仍然是目前国际社会的主流共识。

三、气候变化的原因和影响

引起全球气候系统变化的原因有多种，概括起来包括自然的气候波动和人类活动的影响两类。前者包括太阳辐射的变化、火山爆发、气候系统内部要素之间相互作用产生的自然变率等；后者包括人类燃烧化石燃料以及毁林引起的大气中温室气体浓度的增加，硫化物气溶胶浓度的变化、陆面和土地利用的变化等。IPCC 2001 年的第三次评估报告作出了近 50 年的气候变化主要是由人类活动引起的重要结论。

全球气候变暖将对自然生态系统和人类社会造成灾难性后果。根据 IPCC 在 2001 年的第三次评估报告，在过去 100 年气候变化对全球生态系统和经济系统产生了明显的影响。（见表 21－2）

表 21－2　20 世纪已经观测到的气候变化的影响（IPCC，2001）

指标	已观测到的变化
全球平均海平面	20 世纪平均每年上升 1～2mm

① 在 IPCC 报告中，对人类活动与气候变化的关系的认识存在一个过程。IPCC 第一次评估报告（1990 年）认为，近百年的气候变化可能是自然活动和人为活动共同造成的。在 IPPC 第二次评估报告（1996 年）中，明确提出"越来越多的各种事实表明，人类活动的影响被觉察出来"。第三次评估报告（2001 年）直接得出气候变化主要是人为活动引起的结论。第四次评估报告（2007 年）认为气候变化是明确的事实。第五次评估报告（2014 年）指出，人类活动对气候系统的影响是明确的。第六次评估报告（2023 年）表明，"人为影响已造成大气、海洋和陆地变暖"，人类活动对气候系统的影响是既定事实和毋庸置疑的。

② 典型例子，如 2009 年丹麦哥本哈根联合国气候大会上爆出的"气候门"丑闻。

续表

指标	已观测到的变化
河流湖泊结冰期	北半球中高纬度地区大约减少了两周（很可能）
北极的海冰范围和厚度	近几十年在夏末秋初变薄40%；20世纪50年代以来，春夏季面积减少了10%～15%
非极地冰川	20世纪广泛退却
雪盖	20世纪60年代以来面积减少了10%（很可能）
永冻土层	在极地的部分地区，解冻、变暖、退化
植物生长季	过去40年当中，北半球尤其是高纬度地区每十年延长了1～4天
动植物分布	植物、昆虫、鸟类和鱼类的分布向高纬度、高海拔转移
生育开花和迁徙	北半球开花、候鸟回归、生育季节和昆虫出现时间均提前
珊瑚礁白化	频率增加，尤其在厄尔尼诺年
相关的经济损失	考虑了经济膨胀后，过去40年全球的损失增加了14倍

气候变化对自然生态和经济的这种影响，会对人类社会造成种种危害：第一，危害人体健康。气候变化，尤其是大气污染对居民身体健康有着严重危害。世界卫生组织对全球3 211个城市的研究表明，2000年全球室外空气可吸入颗粒物污染引起的过早死亡人数为79.9万人。第二，影响农业与食品安全。农业是对气候变化影响反应最为敏感的部门之一，气候变化将通过极端事件进一步加剧。非洲、拉丁美洲和亚洲一些发展中国家面临的食品安全问题，将降低脆弱人群的收入水平，并使饥饿人口的绝对数量增加。第三，影响水资源分布。IPCC第四次评估报告指出，全球温度上升，导致海水膨胀以及两极冰川积雪融化，最终导致海平面上升。第四，气候变暖将致使陆地面积减小、城市消失，会产生大量环境难民。第五，破坏生态系统。气候变化和其他因素的综合作用可能会对生态系统造成不可恢复的破坏。如果全球平均温度上升超过1.5℃～2.5℃，20%～30%的物种将会灭绝。第六，全球变暖促使冰川及冻土中的病毒、微生物复苏，造成传染性疾病容易暴发。第七，气候变化会加剧极端气候灾害的发生，厄尔尼诺、暴雨、干旱、洪涝、飓风、热浪等气候灾害暴发频率将继续增加。第八，气候变化将改变农业发展模式、能源结构和法律制度，影响人口、社会、经济发展。

四、气候变化问题的实质

气候变化不仅对全球环境、生态问题产生重大影响，而且事关人类社会生产、消费、生活方式以及生存空间等重大问题。国际气候谈判及相应制度框架，体现了主要国家利益集团的政治、经济、科技、环境与外交的综合较量。

目前国际气候治理针对的是造成气候变化的各种人类活动，根本措施是减少温室气体的人为排放。但温室气体来源主要是能源生产、消费排放的二氧化碳以及农牧业生产过程中产生的甲烷气体等，因此，减少和限制温室气体排放，就会影响和限制能源、农牧业这些事关国民经济和社会发展的基础产业，气候变化问题因此事关国家的重大经济利益和发展空间。气候变化问题的实质，“事关未来各国在能源发展和经济竞争中的优势地位，事关各国的经济利益和今后的发展权益”①。

五、国际气候谈判

当前以温室气体减排为主的应对气候变化行动是世界环境领域谈判的重要问题，同时也是谈判的焦点内容。自 1992 年里约会议至今，国际气候谈判大致可以分为三个阶段：(1) 第一阶段 (1992—1994 年)，围绕《联合国气候变化框架公约》，全球气候治理的法律框架基本形成。(2) 第二阶段 (1995—2005 年)，围绕《京都议定书》的谈判、批准进行的谈判，核心争议是有关《京都议定书》的具体实施规则。(3) 第三阶段 (2005 年至今)，后京都时代的全球气候治理谈判。

这三个阶段，分别以《联合国气候变化框架公约》《京都议定书》和后京都时代气候制度设计为中心，各缔约国为维护各自国家利益，在承诺、监督、履约制度、责任、机构等问题上争论不休。国际气候谈判的核心问题是气候变化的责任如何分担问题。气候变化谈判争议的焦点主要体现在“公平”(责任和谁应该率先减排)、“排放权分配”(应该减排多少温室气体) 和“实质性减排”(如何减排温室气体) 三大问题上。② 温室气体排放的“公平”问题，不仅包括人与人之间的关系，也涉及人与自然的关系；不仅要考虑代内公平，还要考虑代际公平；不仅要实现结果的公平，还要保障过程的公平。“公平”问题的焦点，体现在发达国家和发展中国家承担的减排温室气体的义务上。温室气体排放空间是一种稀缺资源，温室气体排放权是人的生存权利的基本内容，每个人所拥有的温室气体排放权利包括三部分，基本需求的排放权、由公共权力统一支配的排放权和完全由市场配置的排放权。“排放权分配”的焦点问题是上述三种类型权利内容的量化比例。实质性减排问题的关键是发达国家是否能按照《京都议定书》确定的目标，切实地减排温室气体。

第二节　《联合国气候变化框架公约》

一、历史与概况

IPCC 于 1991 年 2 月至 1992 年 5 月间共举行了 6 次会议 (第一次会议至第五次会议续会)。谈判各方在公约的关键条款上各执己见，互不相让；发达国家与发展中国家之间，西北欧 (现欧盟) 与美国之间立场迥异。但在里约大会召开在即的大背景下，各方最终妥协，于 1992 年 5 月 9 日在纽约通过了《联合国气候变化框架公约》，并在里约大

---

① 国家气候变化对策协调小组办公室，中国 21 世纪议程管理中心. 全球气候变化：人类面临的挑战. 北京：商务印书馆，2004：248.

② 同①250.

会期间供与会各国签署。

《联合国气候变化框架公约》（United Nations Framework Convention on Climate Change，缩写 UNFCCC，以下简称《公约》）是 1992 年 5 月 22 日联合国政府间谈判委员会就气候变化问题达成的国际公约，于 1992 年 6 月 4 日在巴西里约热内卢举行的联合国“环境与发展大会”上通过，并于 1994 年 3 月 21 日生效。《公约》由序言、26 条正文和两个附件构成，正文中的“目标、原则和承诺”是核心内容，附件一和附件二列出发达国家和向市场经济过渡国家的名单，《公约》对这两个附件中的国家的义务及履行义务的程序作出差别规定。《公约》是世界上第一个为全面控制二氧化碳等温室气体排放，以应对全球气候变暖给人类经济和社会带来不利影响的国际公约，也是国际社会在对付全球气候变化问题上进行国际合作的一个基本框架。

二、《公约》的目标与原则

《公约》第 2 条规定：“本公约以及缔约方会议可能通过的任何相关法律文书的最终目标是：根据本公约的各项有关规定，将大气中温室气体的浓度稳定在防止气候系统受到危险的人为干扰的水平上。这一水平应当足以使生态系统能够自然地适应气候变化、确保粮食生产免受威胁并使经济发展能够在可持续进行的时间范围内实现。”根据第 2 条，《公约》确立的“最终目标”是使排放“稳定在防止气候系统受到危险的人为干扰的水平上”，并未对个别缔约方规定具体明确、具有法律约束力的减排目标，但该公约规定可在后续从属的议定书中设定强制减排义务。

为实现最终目标，《公约》第 3 条规定了用于指导缔约方采取履约行动的五项原则。

1.“共同但有区别”责任原则

《公约》第 3 条第 1 款规定：“各缔约方应当在公平的基础上，并根据它们共同但有区别的责任和各自的能力，为人类当代和后代的利益保护气候系统。因此，发达国家缔约方应当率先对付气候变化及其不利影响。”

2. 发展中国家的具体需要和国情

《公约》第 3 条第 2 款规定：“应当充分考虑到发展中国家缔约方尤其是特别易受气候变化不利影响的那些发展中国家缔约方的具体需要和特殊情况，也应当充分考虑到那些按本公约必须承担不成比例或不正常负担的缔约方特别是发展中国家缔约方的具体需要和特殊情况。”

3. 风险预防原则

《公约》第 3 条第 3 款规定：“各缔约方应当采取预防措施，预测、防止或尽量减少引起气候变化的原因并缓解其不利影响。当存在造成严重或不可逆转的损害的威胁时，不应当以科学上没有完全的确定性为理由推迟采取这类措施，同时考虑到应付气候变化的政策和措施应当讲求成本效益，确保以尽可能最低的费用获得全球效益。为此，这种政策和措施应当考虑到不同的社会经济情况，并且应当具有全面性，包括所有有关的温室气体源、汇和库及适应措施，并涵盖所有经济部门。应付气候变化的努力可由有关的缔约方合作进行。”

4. 促进可持续发展原则

《公约》第 3 条第 4 款规定：“各缔约方有权并且应当促进可持续的发展。保护气候系统免遭人为变化的政策和措施应当适合每个缔约方的具体情况，并应当结合到国家的发展计划中去，同时考虑到经济发展对于采取措施应付气候变化是至关重要的。”

5. 开放经济体系原则

《公约》第 3 条第 5 款规定：“各缔约方应当合作促进有利的和开放的国际经济体系，这种体系将促成所有缔约方特别是发展中国家缔约方的可持续经济增长和发展，从而使它们有能力更好地应付气候变化的问题。为对付气候变化而采取的措施，包括单方面措施，不应当成为国际贸易上的任意或无理的歧视手段或者隐蔽的限制。”

三、缔约国义务

《公约》将缔约方分为附件一缔约方、附件二缔约方和发展中国家缔约方三类。根据“共同但有区别”的责任原则，以及各自具体的国家和区域发展优先顺序、目标和情况，《公约》对三类缔约方的减排义务作出差别规定。

1. 一般性义务

一般性义务是所有缔约方都要履行的义务。根据《公约》第 4 条第 1 款，具体包括：

（1）编制、定期更新、公布和报告《蒙特利尔议定书》未予管制的所有温室气体的各种源的人为排放和各种汇的清除的国家清单；

（2）制订、执行、公布和经常地更新国家的以及在适当情况下区域的计划以及便利充分地适应气候变化的措施；

（3）在所有有关部门，包括能源、运输、工业、农业、林业和废物管理部门，促进和合作发展、应用和传播（包括转让）各种用来控制、减少或防止《蒙特利尔议定书》未予管制的温室气体的人为排放的技术、做法和过程；

（4）促进可持续的管理，并促进和合作酌情维护和加强《蒙特利尔议定书》未予管制的所有温室气体的汇和库；

（5）合作为适应气候变化的影响做好准备，拟订和详细制订关于沿海地区的管理、水资源和农业以及关于受到旱灾和沙漠化及洪水影响的地区特别是非洲的这种地区的保护和恢复的适当的综合性计划；

（6）各国应将气候变化纳入有关的社会、经济和环境政策及行动中，通过制定和采取适当办法，以尽量减少其为减缓或适应气候变化而进行的相关政策、措施对经济、公共健康和环境质量产生的不利影响；

（7）促进和合作进行关于气候系统的科学、技术、工艺、社会经济和其他研究、系统观测及开发数据档案；

（8）促进和合作进行关于气候系统和气候变化以及关于各种应对战略所带来的经济和社会后果的科学、技术、工艺、社会经济和法律方面的信息交流；

(9) 促进和合作进行与气候变化有关的教育、培训和提高公众意识的工作，并鼓励人们对这个过程最广泛参与；

(10) 向缔约方会议提供有关履行的信息。

2. 具体义务

公约就附件一和附件二缔约方的具体义务作出规定。

根据《公约》第 4 条第 2 款，附件一缔约方（发达国家缔约方和其他缔约方），主要是指工业化国家缔约方和正在朝市场经济过渡的缔约方。这些缔约方“应制定国家政策和采取相应的措施，通过限制其人为的温室气体排放以及保护和增强其温室气体库和汇，减缓气候变化”。其中签署了《京都议定书》的缔约方答应要以 1990 年的排放量为基础进行减排，承担削减排放温室气体的义务。如果不能完成削减任务，可以从其他国家购买排放指标。

附件二缔约方（发达国家缔约方和其他发达缔约方）。这些缔约方不承担具体削减义务，但承担为发展中国家提供资金、技术援助等义务，“还应帮助特别易受气候变化不利影响的发展中国家缔约方支付适应这些不利影响的费用”。

发展中国家缔约方。这些缔约方不承担削减义务，以免影响经济发展，可以接受发达国家的资金、技术援助，但不得出卖排放指标。《公约》特别强调：“发展中国家缔约方能在多大程度上有效履行其在本公约下的承诺，将取决于发达国家缔约方对其在本公约下所承担的有关资金和技术转让的承诺的有效履行，并将充分考虑到经济和社会发展及消除贫困是发展中国家缔约方的首要和压倒一切的优先事项。”

四、组织

《公约》设立缔约方会议（Conferences of the Parties，COP），是本《公约》的最高机构。缔约方会议定期评审《公约》和缔约方会议通过的任何相关法律文书的履行情况，并在职权范围内作出必要的决定，促使《公约》得以有效履行。公约下设两个附属机构：附属科学技术咨询机构（SBSTA）和附属执行机构（SBI）。SBSTA 是为“就与公约有关的科学和技术事项，向缔约方会议并酌情向缔约方会议的其他附属机构及时提供信息和咨询”，SBI 是为“协助缔约方会议评估和审评本公约的有效履行”。负责支持该公约实施的联合国秘书处负责安排缔约方会议及附属机构会议，并提供所需的服务，汇编和转递向其提交的报告，与其他有关国际机构的必要协调。

五、技术转让和资金机制

《公约》规定，附件二所列发达国家缔约方和其他发达国家缔约方应采取一切实际可行的步骤，酌情促进、便利和资助向其他缔约方特别是发展中国家缔约方转让或使它们有机会获得无害环境的技术和专有技术，以使它们能够履行本《公约》的各项规定。

发展中国家履行《公约》的前提条件是发达国家向发展中国家提供有关《公约》履行的资金。《公约》确定建立一个在赠予或转让基础上提供资金，包括用于技术转让的资金机制，并确立全球环境基金（CEF）为《公约》资金机制的临时经营实体，同时保留了今后增加其他经营机构作为经营实体的可能性。缔约方会议决定，只有批准了《公约》的发展中国家缔约方才有资格获得资金机制的资助，并要把为发展中国家缔约方编写国家信息通报提供全部费用放在优先地位。

六、《公约》谈判中的各利益集团

在《公约》谈判中，主要形成了欧盟、“伞形集团”（美、日、加、澳、俄等发达国家组成）、“七十七国集团加中国”等三个集团。这三大集团的角逐决定了《公约》谈判的基本格局。欧盟各国国内环保势力较强，力图在国际上抓住环保旗帜，且因清洁能源在其能源构成中比例较大，并拥有先进的环保技术和较充足的资金，极力要求立即采取较激进的减、限排温室气体措施。“伞形集团”多为能源消耗大国，反对立即采取减、限排措施。“七十七国集团加中国”集团庞大，到目前为止尚能在一些重大问题上团结一致，但内部也存在一些分歧，多数发展中国家反对在目前情况下立即采取减、限排措施，不希望减、限排措施阻碍其自身的发展；产油国担心减、限排措施会影响其石油生产与出口。以小岛国为首的受气候变化不利影响较大的发展中国家，与欧盟持相似观点。

第三节　《京都议定书》

一、《京都议定书》出台背景

《京都议定书》的核心问题，是如何落实《公约》提出的目标。谈判从1995年柏林召开的COP1开始启动，经过1996年日内瓦举行的COP2，最终在1997年日本京都召开的COP3上通过《京都议定书》。自此之后，从COP4到COP10的七次缔约方大会，都围绕《议定书》具体实施规则进行谈判。这一阶段重要的会议、文件和事件包括：

（一）1995年的《柏林授权书》

1995年COP1在德国柏林举行，《柏林授权书》是会议的主要成果。它指出：根据《公约》第4条第2款（a）项和（b）项所规定的义务，无法实现《公约》的预期目标，因为其仅规定发达国家应在20世纪末将其温室气体排放回复到其1990年水平，但没有为发达国家规定量化的减排指标。[①] 因此，《柏林授权书》决议要制定一项议定书，为发

① 这次会议之前，有两次会议影响了COP1的会议主题及内容。一个是《联合国气候变化框架公约》政府间谈判组织（INC）在1995年2月16～17日召开的第11次会议，会议讨论COP1的会议安排，小岛国联盟和经合组织国家（OECD）提出应在《公约》后续议定书中，规定更严格的减排义务以弥补《公约》第4条第2款（a）项和（b）项的不足，但遭到俄罗斯联邦和欧佩克（OPEC）国家的反对。另一次会议是1995年2月17～20日在菲律宾首都马尼拉召开的气候变化亚太首脑会议，其会议成果《马尼拉宣言》要求对发展中国家利益给予特别关注，发达国家应对气候变化承担主要义务。

达国家规定2000年后的减排义务及时间表；同时决定不为发展中国家引入除公约义务以外的任何新义务。

（二）1996年的《日内瓦部长宣言》

1996年政府间气候变化专门委员会（IPCC）向COP2提交了“气候变化1995”的第二次气候变化评估报告，证实气候变化问题日趋严重，迫切需要人类采取连贯的预防行动。COP2充分肯定这份报告是对气候变化问题的影响、现有应对措施的最全面、最权威的评估，该报告认为全球性、区域性和主权国家内部的气候治理应立即采取行动——特别是发达国家、经济转轨国家——以限制、减少温室气体排放，并为所有缔约方拟定一项议定书提供了科学的依据。COP2通过的《日内瓦部长宣言》指出，各国须加速谈判，及时完成一项具备法律效力的议定书或另一法律文书案文，以供《公约》第三次缔约方大会（COP3）通过。

（三）1997年的《京都议定书》

1997年12月在日本京都举行的COP3是一次十分重要的会议，其目的是确定一个具有法律约束力的温室气体减排目标和期限，如何促使发达国家有效削减温室气体的排放量是会议的中心议题。发达国家基于自身利益考虑，对减排目标制定都较低①，并且强烈支持所谓的“新西兰提案”，即意图为富有的发展中国家确立减排义务。② 这显然违背了《柏林授权书》，因而遭到中国和77国集团的反对。经过激烈的争论、磋商和多方妥协，COP3最终通过了《京都议定书》。

《京都议定书》是一份具有里程碑意义的国际气候治理法律文件，其最大的成果就是首次为附件一国家（发达国家与经济转轨国家）规定了具有法律约束力的定量减排目标，它也为其后的气候谈判奠定了基础、建立了框架。从COP4到COP10，谈判的争议问题、焦点问题和悬而未决的问题，实际上就是围绕《京都议定书》的具体实施规则而展开的。

二、《京都议定书》的主要内容

（一）“京都机制”问题

《京都议定书》第6条、第12条和第16条规定了以联合履约（JI）、清洁发展机制（CDM）和排放贸易（ET）为核心的“京都机制”。所谓联合履约，指附件一国家之间通过项目合作，对其实现的减排单位经过核证，可以进行转让或交易（EUR）。清洁发展机制是指发达国家提供资金和技术，与发展中国家开展项目合作，实现“经核证的减排量”（CER），从而大幅降低发达国家在国内实现减排所需的成本；排放贸易，是指发达国家将其超额完成的减排义务指标，以贸易方式（而不是项目合作的方式）直接转让给另外

---

① 如：日本，承诺到2010年使二氧化碳排放量比1990年减少5%；欧盟，承诺到2015年使二氧化碳排放量比1990年减少15%；美国，承诺到2010年只能使二氧化碳排放量维持在1990年水平上。

② See Barry E. Carter & Phillip R. Trimble，International Law，Aspen Law & Business，A Division of Aspen Publishers，Inc. 1999，p. 1112.

一个未能完成减排义务的发达国家。"京都机制"本来是作为"国内行动的补充"措施出台的[①]，但对何谓"补充性"的排放削减，却没有明确规定，这为缔约方规避减排义务留下了口实。对于通过清洁发展、联合履约所得到的减排量，能否通过排放量贸易卖给其他国家这个问题，反对声音最多，很多学者都认为排放贸易机制的确立违反《京都议定书》，它的适用阻碍真正有意义的减排活动。清洁发展机制可适用于哪些减排领域，也是争议焦点。美国和日本认为，这应该由活动的实施国（发展中国家）来决定其内容；而欧盟则强调清洁发展机制应限定在可再生能源、能效提高和住宅、消费、交通等需求方管理的活动清单范围内。

（二）"吸收汇"问题

《京都议定书》第 3 条第 3、4 项提出，通过土地利用变化、造林和改善农田管理等措施来增加 CO_2 吸收量，可以抵消本国碳排放指标（京都指标），即所谓的"吸收汇"问题。环境 NGO 和发展中国家一直反对规定"吸收汇"条款，但澳大利亚、加拿大和新西兰等森林面积大的国家强烈要求，最终《京都议定书》采纳了它们的主张，但将吸收汇范围严格限定在 1990 年以后，并且是直接的人为造林、再造林和森林砍伐部分。2000 年的 COP6 上，伞形国家主张将吸收汇在第一承诺期的使用作为其批准议定书的前提，但欧盟认为吸收汇的存在不能确保《京都议定书》目标的实现，也不能解决今后长期存在的问题，因此极力反对。伞形国家和欧盟的对立，直接导致 COP 决裂。2001 年波恩续会期间，针对吸收汇各国共提出了三种对立方案：一律不纳入减排业绩中；各个国家根据其估算的吸收量通过谈判决定；统一规定一个上限值。在最后形成的《波恩协议》中重申了可以从各国减排量中扣除森林固定 CO_2 之部分的原则，但同时规定其总量不得超过所确定的各国减排目标的上限值。

（三）履约机制问题

《京都议定书》第 17 条规定："作为本议定书缔约方会议的《公约》缔约方会议，应在第一届会议上通过适当且有效的程序和机制，用以断定和处理不遵守本议定书规定的情势，包括就后果列出一个示意性清单，同时考虑到不遵守的原因、类别、程度和频度。依本条可引起具拘束性后果的任何程序和机制应以本议定书修正案的方式予以通过。"但这一规定，仅仅是原则性的要求，没有具有强制力的履约机制，这是《京都议定书》一大致命缺陷。履约机制中的焦点问题，是对不履约行为的惩罚措施，各国分歧很大。1999 年的 COP5 通过的《波恩协议》，因为对履约的手续、机制问题没有达成协议，决定该问题将在《议定书》生效后，由最初的加盟国联合会议表决。

（四）国家信息通报与履约监督

根据《公约》，缔约国必须在 2007 年以前建立估算温室气体人为排放和吸收量的制

---

① 《京都议定书》第 6 条第 1 款规定："（d）减少排放单位的获得应是对为履行依第三条规定的承诺而采取的本国行动的补充。"

度，缔约方国家每年必须向缔约方大会提交各自的温室气体人为排放和吸收量的目录清单以及相关的国家信息。COP5（波恩会议）及 SBI（附属机构）会议上，分别通过了缔约国信息通报的相关指南以及信息审查的基本框架，但是对于各国进行信息通报的形式、信息公开程度等细节问题没有确定。实际上，如果没有解决“京都机制”涉及的排放量转让和购买方法问题、没有解决碳吸收汇的定义及扣除方法，信息通报与履约监督问题也难以取得实质性进展。

（五）对发展中国家的援助、补偿、技术转让和能力建设

根据《公约》要求，发达国家承担对发展中国家实施环境保护技术和知识转让、同时提供资金以提高发展中国家的开发能力的义务。对这一规定，发展中国家认为发达国家的援助总体上来说是远远不够的。在 SBI 会议上，发展中国家提出要设立一定资金规模的气候基金，同时还要求设立针对技术转让的实施监督机构和信息收集发布的区域中心；而发达国家主张，发展中国家应立足于现有资金机制的充分利用，同时要努力改善自身的投资环境。2001 年 COP6 续会通过了《波恩协议》，明确应设立面向技术转让和支援发展中国家的特别气候变化基金，设立支援发展中国家开展应对气候变化活动的基金，同时还应设立“适应基金”以帮助发展中国家开展长期气候变化应对行动，该基金从清洁开发机制（CDM）的收益中支付。但由于美国不是《波恩协议》的缔约方，拒绝向发展中国家提供资金援助，因而《波恩协议》的成果仍悬而未决。

三、《京都议定书》的履行及其问题

议定书谈判委员会主席说：“对工业化国家的生产和消费方式可能产生深远影响的议定书并不是一个完善的国际条约，但它是国际社会在当时所能达成的最好的妥协办法。”[①]但议定书的生效及第一阶段效果都不尽如人意。就原因而论，一方面，当时温室气体排放量位居世界第一的美国没有加入议定书，使得议定书的效果大打折扣；另一方面，《京都议定书》在法律技术层面存在的缺陷也难辞其咎，具体来说包括：《京都议定书》第 3 条第 1 款和附件 B 设立的温室气体减排目标过低，温室气体定量减排国别目标过少，“京都三机制”技术性过强、规定过于简略导致其履行效率不高，发达国家向发展中国家提供的资金机制和技术援助不够具体、实在。

京都谈判中，欧盟提出的减排方案在《京都议定书》中得到部分体现，暂居气候变化谈判的领导地位。美国宣布拒批《京都议定书》后公布了新的气候变化政策，提出了应对气候变化的新机制，在此情况下，欧盟立场出现倒退，不再坚持较严格的环境标准。发展中国家在许多问题上的立场是一致的，但它们的内部矛盾也在加大，内部协调愈加困难。拉美国家、非洲一些国家、小岛国联盟以及石油输出国，在自身利益驱使及美、欧诱压之下，分裂倾向加剧，发展中国家形成整体立场的难度越来越大。

---

① MICHAEL GRUB et al. The Kyoto Protocol：A Guide and Assessment. Royal Institute of International Affairs and Earthscan Ltd.，1999：xiii.

第四节　后京都时期的气候谈判

后京都时期（2005 年至今）的全球气候变化博弈如表 21－3 所示，其核心议题是：2012 年之后世界温室气体减排责任分担与方式。

表 21－3　后京都时期以来联合国重要的会议及成果

时间	会议	成果
2005 年 11 月—12 月	《联合国气候变化框架公约》第十一次缔约方会议暨议定书第一次缔约方会议 COP11/MOP1） 加拿大，蒙特利尔	《马拉喀什协议》开启后京都时期的“双轨制”① 谈判
2006 年 11 月	《联合国气候变化框架公约》第十二次缔约方会议暨议定书第二次缔约方会议 COP12/MOP2） 肯尼亚，内罗毕	“内罗毕框架”计划 这一计划旨在帮助发展中国家，特别是非洲国家参与到《京都议定书》的清洁发展机制中，帮助其获取资金发展清洁能源
2007 年 12 月	《联合国气候变化框架公约》第十三次缔约方会议暨议定书第三次缔约方会议 COP13/MOP3） 印度尼西亚，巴厘岛	巴厘岛路线图 决定在 2009 年前就应对气候变化问题新的安排举行谈判，达成新协议
2008 年 12 月	《联合国气候变化框架公约》第十四次缔约方会议暨议定书第四次缔约方会议 COP14/MOP4） 波兰，波兹南	会议上部分发达国家试图要求发展中大国参与强制性减排，希望改变双轨制谈判模式。发展中国家对此坚决抵制，会议最终确认了坚持“共同但有区别的责任”、可持续发展的原则，以及“巴厘路线图”所确定的双轨制谈判进程②
2009 年 12 月	《联合国气候变化框架公约》第十五次缔约方会议暨议定书第五次缔约方会议（COP15/MOP5） 丹麦，哥本哈根	《哥本哈根协议》 不具约束力，收效甚微。 发达国家和发展中国家分歧严重。发展中国家内部出现立场分化。 在谈判面临失败的最后关头，美国与中国、印度、南非、巴西闭门磋商，达成不具约束力的《哥本哈根协议》

---

①　双轨制：一条是“京都轨道”，即在《京都议定书》下成立特设工作组（简称“AWG-KP”），就附件一国家第二承诺期的减排目标进行谈判；另一条是“公约轨道”，即根据“巴厘岛路线图”，在《公约》下启动为期两年的促进国际应对气候变化长期行动的对话，在长期行动对话的基础上成立长期合作行动特设工作组（简称“AWG-LCA”），开启一个包括《公约》所有缔约方在内的新的综合谈判进程。

双轨制的设计初衷是使以美国为代表的未批准《京都议定书》的《公约》缔约方不至于游离于气候体制之外，并最终能将其带回有法律约束力的议定书轨道。然而在随后的谈判中，发达国家抓住《公约》是原则性文件的特点，提出撤销 AWG-KP 工作组，将其与 AWG-LCA 工作组合并，变双轨谈判为一揽子混合谈判。此举的真实目的是试图用新的国际协议取代《京都议定书》，从而模糊和混淆发达国家应该承担的“有区别的”法律责任。朱晓勤，温浩鹏. 气候变化领域共同但有区别的责任原则：困境、挑战与发展. 山东科技大学学报（社会科学版），2010（2）：33－38.

②　侯艳丽，昂莉，杨富强. 击破气候变化谈判的“坚壳”. 世界环境，2009（1）：44－46.

续表

时间	会议	成果
2010 年 11 月—12 月	《联合国气候变化框架公约》第十六次缔约方会议暨议定书第六次缔约方会议（COP16/MOP6） 墨西哥，坎昆	《坎昆协议》 《京都议定书》之存废成为会议的焦点。日本表示要放弃《京都议定书》，俄罗斯、加拿大反对延续《京都议定书》第二承诺期；美国保持消极态度；欧盟立场模糊；发展中国家强调必须坚持《京都议定书》及双轨制谈判进程
2011 年 11 月—12 月	《联合国气候变化框架公约》第十七次缔约方会议暨议定书第七次缔约方会议（COP17/MOP7） 南非，德班	会议主要内容一是启动“绿色气候基金”，加强应对气候变化的国际合作；二是关于续签《京都议定书》第二承诺期的谈判
2012 年 11 月—12 月	《联合国气候变化框架公约》第十八次缔约方会议暨议定书第八次缔约方会议（COP18/MOP8） 卡塔尔，多哈	会议最终就 2013 年起执行《京都议定书》第二承诺期达成一致；就第二承诺期以 8 年为期限达成一致。加拿大、日本、新西兰及俄罗斯明确不参加《京都议定书》第二承诺期
2013 年 11 月	《联合国气候变化框架公约》第十九次缔约方会议暨议定书第九次缔约方会议（COP19/MOP9） 波兰，华沙	会议通过了德班平台、资金、损失损害补偿机制一揽子决议。 中国代表团团长解振华为发展中国家据理力争，效果良好
2014 年 12 月	《联合国气候变化框架公约》第二十次缔约方会议暨议定书第十次缔约方会议（COP20/MOP10） 秘鲁，利马	为 2015 年的巴黎大会做准备
2015 年 11 月—12 月	《联合国气候变化公约》第二十一次缔约方会议（COP21） 法国，巴黎	《巴黎协定》 里程碑意义：通过成员国提交国家自主贡献目标来实现温室气体减排。发展中国家将承担并逐渐增加温室气体减排的责任。形成了 2020 年后的全球气候治理格局。是继《联合国气候变化框架公约》《京都议定书》之后的第三个里程碑。 中国国家主席习近平出席会议并发言，展现负责的大国形象
2016 年	《联合国气候变化公约》第二十二次缔约方会议（COP22） 摩洛哥，马拉喀什	《马拉喀什行动宣言》 宣言表示：国际社会有责任采取紧急行动，使温度升幅被控制在两摄氏度以内①
2017 年 11 月	《联合国气候变化公约》第二十三次缔约方会议（COP23） 德国，波恩	2017 年 6 月 1 日，在国际社会的惊愕和失望中，美国总统特朗普履行竞选“诺言”，明确宣布退出《巴黎协定》，引发了世界各国对《巴黎协定》所启动的“巴黎气候进程”的普遍担心。② 会议对《巴黎协定》的实施细则仅达成了一份全面反映各方关切的谈判案草案

① 温源远，李宏涛，杜譞，等. 2016 年全球环境发展动态及启示. 环境保护，2017（14）：62-65.

② 罗丽香，高志宏. 美国退出《巴黎协定》的影响及中国应对研究. 江苏社会科学，2018（5）：184.

续表

时间	会议	成果
2018 年 12 月	《联合国气候变化公约》第二十四次缔约方会议（COP24） 波兰，卡托维兹	大会如期完成《巴黎协定》实施细则谈判
2019 年 12 月	《联合国气候变化公约》第二十五次缔约方会议（COP25） 西班牙，马德里	通过“智利-马德里行动时刻”及其他多项决议，就采取气候行动的紧迫性达成共识
2021 年 10 月—11 月	《联合国气候变化公约》第二十六次缔约方会议（COP26） 英国，格拉斯哥	《格拉斯哥气候公约》 这是有史以来首次明确表述减少使用煤炭的计划，并承诺为发展中国家提供更多资金帮助它们适应气候变化。与会各国同意 2022 年底提交更雄心勃勃的碳减排目标及更高的气候融资承诺，定期审评减排计划，增加对发展中国家的财政援助
2022 年 11 月	《联合国气候变化公约》第二十七次缔约方会议（COP27） 沙姆沙伊赫，埃及	聚焦《巴黎协定》务实履行，达成了包括减缓、适应、资金、损失与损害等在内相对平衡的一揽子成果，释放了坚持多边主义、合力加强应对气候变化挑战的积极信号
2023 年 11 月—12 月	《联合国气候变化公约》第二十八次缔约方会议（COP28） 阿联酋，迪拜	达成“阿联酋共识”，首次推动各国能源系统转型摆脱化石燃料，就《公约》及其《京都议定书》《巴黎协定》落实和治理事项通过了数十项决定，正式成立损失与损害基金，完成《巴黎协定》下首次全球盘点，对维护和落实《巴黎协定》具有重要里程碑意义

一、2005 年蒙特利尔会议（COP11/MOP1）

《京都议定书》于 2005 年 2 月生效。2005 年 11 月 28 日至 12 月 10 日在加拿大蒙特利尔召开《公约》第十一次缔约方会议（COP11）暨议定书第一次缔约方会议（MOP1，the 1st Meeting of the Parties of the Kyoto Protocol）。会议根据《议定书》第 3 条第 9 款启动附件一国家 2012 年后温室气体减排的谈判，即第二承诺期的谈判，拉开后京都时代气候谈判的序幕。本次会议的核心问题是为后京都时代谈判提供一个时间表和路线图。会议取得了两项重要成果：一是从法律上确保《京都议定书》步入实际运行的轨道，二是以“双轨制”启动后京都气候谈判。所谓“双轨制”，其中“一轨”是在议定书下成立特设工作组（Ad Working Group，AWG），针对发达国家第二承诺期的减排义务进行谈判；另“一轨”是指为使美国、澳大利亚等非议定书缔约方能够参与谈判，在公约下就促进国际社会应对气候变化的长期合作启动为期 2 年的对话。

二、2006 年内罗毕会议（COP12/MOP2）

2006 年在肯尼亚召开内罗毕会议，会议成果包括两项：一是达成包括“内罗毕工作计划”在内的几十项决定，用以帮助发展中国家提高应对气候变化的能力；二是明确“适应基金”将用于支持发展中国家具体的适应气候变化的行动。

三、2007年“巴厘岛路线图”（COP13/MOP3）

2007年12月在印尼巴厘岛召开《公约》第十三次缔约方会议暨议定书第三次缔约方会议，通过“巴厘岛路线图”，目的是为2009年年底之前达成一项减缓全球变暖的新协议确立明确的议题和时间表，以接替将于2012年到期的议定书。根据“巴厘岛路线图”，对于签署《京都议定书》的发达国家，要履行《京都议定书》的规定，并承诺2012年以后的大幅度量化减排指标；对于发展中国家和未签署《京都议定书》的发达国家（主要指美国），要在《公约》下采取进一步应对气候变化的措施。这就是所谓“双轨”谈判。由于美国反对，“巴厘岛路线图”只是规定了在2009年年底之前须完成相关谈判，并没有为2012年后的温室气体减排设定目标。

2008年，落实“巴厘岛路线图”的谈判全面展开，分别在曼谷、波恩、阿克拉和波兹南共举行了四轮会议。在《京都议定书》下，各方主要讨论了发达国家的实现减排目标的手段和方法，尚未涉及发达国家的减排指标问题；在《公约》下，各方围绕减缓、适应、资金和技术四大问题展开一般性讨论，尚未涉及发达国家减排义务可比性等问题。

四、2009年“哥本哈根协议”（COP15/MOP5）

2009年12月7日至18日在丹麦首都哥本哈根召开《公约》第十五次缔约方会议暨议定书第五次缔约方会议。会议有两个成果，一是《公约》和《京都议定书》缔约方会议分别通过了两个工作组继续按“巴厘岛路线图”授权完成谈判的决定，二是发表了《哥本哈根协议》，但该协议并没有正式通过，没有法律地位。哥本哈根会议号称第二次世界大战以来规模最大、规格最高的一次国际大会，万众瞩目，被全球寄予厚望。[①] 但是最终成果确实不尽理想，双轨、单轨谈判的界限变得模糊了；会议没有形成具有法律约束力的会议文件，发达国家实际承诺远低于预期，对发展中国家的要求高出“巴厘岛路线图”。

（一）“双轨谈判”还是“单轨谈判”

“巴厘岛路线图”规定双轨谈判。发展中国家认为，双轨制谈判体现了共同但有区别的责任原则，要遵守《京都议定书》的规定，发达国家应率先减排，应提供资金技术，帮助发展中国家适应和减缓气候变化。但美国和欧盟坚持要求发展中大国参与减排，反对双轨谈判。《哥本哈根协议》最终将发达国家和发展中国家的责任和义务写在一份会议文件里，在某种意义上，似乎是美国所希望的“并轨”，但是如果从公约和议定书两个工作组的案文来看则属于双轨制成果。

---

① 有194个缔约方、观察员国，937个联合国相关机构、专门机构、政府间国际组织、非政府组织以及1 069个媒体单位，超过4万人与会。有119个政府首脑或国家元首与会，而且主要国家的领导人直接参与谈判，史无前例。

（二）长期目标

对于减排目标，发达国家明确要求长远目标温度升高不超过 2 度，温室气体排放浓度不超过 450ppm，这就意味 2050 年全球温室气体减排目标相对于当前水平减排 50%。一些小岛国和最不发达国家则要求温度升高不能超过 1.5 度，温室气体浓度水平不超过 350ppm，即 2050 年全球温室气体排放减少 90%以上。对于快速工业化的发展中大国，特别是“基础 4 国”（中国、印度、巴西、南非），认可 2 度温度升高上限，其他的不认可。最后谈判结果确认 2 度为温度升高的上限，但浓度和减排未有结论。

（三）发达国家的中期减排目标

按“巴厘岛路线图”要求，到 2020 年发达国家应相对于 1990 年的排放水平削减 25%～40%以上。中国要求发达国家减 40%以上，印度要求减 79.1%，有些发展中国家要求减 90%以上。而发达国家的承诺最高是 30%，平均下来只有 16%，不到“巴厘岛路线图”要求的 25%。在《哥本哈根协议》中，发达国家自报减排目标，美国承诺的目标为 17%，显然低于 25%～40%的要求，针对这一目标，美国把基准年改成 2005 年，如果按照 1990 年为基准年，美国实际承诺减排只有 3%。发展中国家在哥本哈根会议上作出了比较明确的量化减排行动，相对于 2005 年，2020 年单位 GDP 温室气体减排量，印度 20%～25%，中国 40%～45%，其他国家也做了相应的承诺。

（四）资金问题

资金问题成为发达国家和发展中国家之间每次会议都有争执的问题，发达国家的立场是尽力地去压低其对发展中国家的资金援助，而发展中国家面对实现低碳发展所必须投入巨额资金的现实，努力争取从发达国家得到更多的资金与技术援助。《哥本哈根协议》规定，发达国家 2010—2012 年每年提供 100 亿美元资金，2020 年增加到每年 1 000 亿美元，明显偏低。在资金来源上，发展中国家要求发达国家政府主导，发达国家则认为资金主要来源于市场而非政府，而且发展中大国也要出资。此外，在资金管理、使用等方面争论也比较多，没有定论。

（五）“三可”标准

发达国家要求发展中国家的减缓行动需要“可测量、可报告、可核实”（MRV）。发展中国家认为，发达国家提供资金的减缓行动可以“三可”，但自主减排行动只要自我核查，公开透明就行。最后结果是接受美国的要求，对发展中国家自主减缓行动进行“国际协商和分析”。

五、2010 年“坎昆协议”（COP16/MOP6）

2010 年的坎昆协议主要有三个成果：（1）在适应方面，《坎昆协议》同意建立专门的委员会进行管理。发达国家承诺，在 2010—2012 年的 3 年时间内，向发展中国家提供

300 亿美元快速启动资金，并在 2020 年前每年提供 1 000 亿美元长期资金，这些在哥本哈根大会上确定的目标终于在此次会议上得到落实。(2) 在 MRV（可测量、可报告、可核实）和 ICA（国际咨询和分析）上，同意建立相关的原则，指导 MRV 和 ICA 工作计划的制订，对减排和资金作出报告和核实。对发达国家要求每两年提交减排和提供资金技术的进展报告等。要求建立登记簿记录发展中国家的减缓行动并使减缓行动与资金技术支持等相匹配，要求发展中国家在得到资金支持的情况下每四年提交一次国家信息通报，根据各自能力和得到的支持每两年提交包括国家排放清单、减缓行动、需求和支持在内的进展报告。(3) 同意建立绿色基金，并邀请世界银行作为该基金的托管人。

六、2011 年德班会议（COP17/MOP7）

2011 年 12 月在德班召开《公约》第十七次缔约方会议暨议定书第七次缔约方会议。“77 国集团加中国”强调必须延续议定书二期、落实减缓和适应资金、对适应作出妥当安排；欧盟强调已做好了接受议定书二期的准备，但前提条件是必须就建立一个 2020 年后、对所有缔约方都具有单一法律约束力的新协议制定路线图；美、澳、日等伞形集团国家表明已基本落实在 2009 年哥本哈根气候大会上作出的每年提供 100 亿美元作为快速启动资金的承诺，强调必须有效地解决发展中国家减缓行动透明度问题；小岛屿国家集团强调它们需要议定书二期，希望将更多排放大国纳入强制减排协议，还要求进一步评审目前减排措施的充分性；最不发达国家集团强调必须确保 2012—2020 年间的资金支持没有空当，呼吁发达国家帮助它们开展适应行动。

德班会议的成果包括：(1) 同意 35 个发达国家从 2013 年 1 月 1 日起，实施《京都议定书》的二期减排承诺；通过了土地利用、土地利用变化和林业、排放交易和清洁发展机制等技术规则；要求 35 个发达国家在 2012 年 5 月 1 日前，根据已作出的减排承诺幅度，提交各自的温室气体量化减排数量并对其进行评审。这标志着议定书二期得以延续，但关于议定书二期的实施年限是 5 年还是 8 年还有待下次会议决定。(2) 决定建立“德班增强行动平台特设工作组”，启动一个新的谈判进程，于 2012 年上半年开展工作，在 2015 年前制定一份包括公约所有缔约方在内的具有法律效力的议定书或者是法律文书，提交第 21 次缔约方大会通过并经各国批准后，从 2020 年起全面实施。(3) 决定绿色气候基金作为公约资金机制的实施主体。(4) 同意在缔约方大会下建立适应委员会，协调全球适应行动，帮助发展中国家尤其是最不发达国家提高适应能力。在大会决定中还要求议定书二期谈判工作组和公约长期合作行动谈判工作组在 2012 年年底正式结束工作，这标志着“双轨”谈判机制将于 2012 年年底全部结束。

德班会议决定实施《京都议定书》第二承诺期，不仅挽救了《京都议定书》，而且将会鼓励更多的资金投向应对气候变化的技术和基础设施方面，这是其积极意义。但参加德班气候大会的发达国家中，美国、日本、加拿大等对《京都议定书》持消极态度，美国不是《京都议定书》缔约方，加拿大在此次谈判中更是退出《京都议定书》，也正因此，非政府组织乐施会发表声明说，德班气候大会的结果“不尽如人意”，只是勉强避免了“崩盘”[①]。绿色和平组织国际执行总干事库米奈说：“美国等气候谈判的阻挠者已经成功为自己保留了一扇‘后门’，如果此门不被堵住，美国可能将我们急需的有法律约束力的全球气候协议无限期拖延下去。”中国代表团指出，德班会议虽取得重大成果，但是该次会议未能全部完成“巴厘岛路线图”谈判，落实《坎昆协议》和德班会议成果仍需时日。各方在有关2020年后加强公约实施的安排上还需要做更多工作。[②]

七、2015年《巴黎协定》(COP21)

2011年德班会议要求国际社会在2015年达成一项公约框架下适用于所有缔约方的具有法律约束力的议定结果。2012年，在卡塔尔多哈举行的公约第十八次缔约方会议暨议定书第八次缔约方会议最终就2013年起执行《京都议定书》第二承诺期达成一致，并将第二承诺期期限设定为8年，会议上，加拿大、日本、新西兰及俄罗斯明确表示不参加《京都议定书》第二承诺期。2013年在波兰华沙举行的公约第十九次缔约方会议暨议定书第九次缔约方会议通过了德班平台、资金、损失损害补偿机制一揽子决议，并确定由法国主办2015年公约缔约方会议。2014年在秘鲁利马举行的公约第二十次缔约方会议暨议定书第十次缔约方会议，为2015年巴黎大会的召开做了准备。

2015年11月29日，公约第21次缔约方会议在法国巴黎召开，经过14天谈判，会议于12月12日出台具有法律拘束力的《巴黎协定》(下文简称《协定》)。2016年4月，170多个国家的领导人于联合国总部共同签署了《协定》。《协定》启动了《京都议定书》到期暨2020年后全球温室气体的减排进程，被视为人类历史上，继《公约》《京都议定书》后的气候变化应对的第三个里程碑式的国际法律文件，是继《京都议定书》之后，《公约》框架下气候变化应对制度安排的新起点。

《协定》由序言和29个条文构成，包括前言、总体目标、自主贡献、减缓、适应、损失损害、资金、技术、能力建设、透明度、全球总结、促进实施和守约、机构和程序等内容。其主要内容如下。

(1) 明确新阶段国际气候变化应对目标。《协定》明确提出三项目标：一是将全球平均温度上升幅度控制在相对工业化前水平的2摄氏度之内，并力争将升幅控制在相对工业化前水平的1.5摄氏度之内；二是提高适应气候变化不利影响的能力，以不威胁粮食生产的方式增强气候适应能力和促进温室气体低排放发展；三是使资金流动符合温室气体低排放和气候适应型发展路径。

(2) 对发达国家和发展中国家设定性质相同的减排义务。《协定》第3条规定，所有缔约方的努力将随时间的推移而逐渐增加。第4条第4款规定，发展中国家缔约方应当继续加强它们的减缓努力，应鼓励它们根据不同的国情，逐渐实现绝对减排或限排目标。这些规定表明，《协定》不再像《京都议定书》那样为发达国家和发展中国家设定性质不

---

① 多个国家和组织积极评价德班气候大会成果.[2014-10-05]. http://www.cnr.cn/gundong/201112/t20111212_508914606.shtml.

② 中国称德班会议取得五大成果 巴厘路线图谈判未完成.[2014-10-05]. http://www.chinanews.com/gj/2011/12-11/3523112.shtml.

同的减排义务，而是将发展中国家也纳入减排义务主体的范围之中。

（3）对共同但有区别责任原则的坚持。尽管《协定》对发展中国家设定了与发达国家性质相同的减排义务，但其在具体制度安排上仍坚持共同但有区别责任原则。《协定》序言第3段表示，《协定》将推动《公约》目标的实现并遵循包括共同但有区别的责任和各自能力原则在内的公约原则。第2条第2款规定，缔约方对协定的执行按照各自不同的国情，体现平等及共同但有区别责任和各自能力原则。第4条第3款规定，各缔约方下一次的国家自主贡献将根据不同的国情，逐步增加缔约方当前的国家自主贡献，并反映其尽可能大的力度，同时反映其共同但有区别的责任和各自能力的原则。第19款要求所有的缔约方努力拟定并通报有关温室气体低排放的长期发展战略，同时根据不同国情，考虑其共同但有区别的责任和各自能力。同时，《协定》对发展中国家、最不发达国家、小岛屿发展中国家在减缓和适应气候变化、减少损失和损害、相关技术开发和转让、能力建设、增加资助透明度等方面，对其进行了适应其能力的安排。

（4）确立了“自下而上”的温室气体减排国家自主贡献模式。区别于《议定书》所确立的“自上而下”的确定、分配减排量的规制模式，《协定》确定了由各缔约方从自身能力及本国经济社会情况出发自行决定并申报减排贡献的新模式。此举有助于获得各方接受，避免因气候变化因应而对本国经济社会造成的冲击，并赋予发展中国家更多的减排灵活性。同时，《协定》第14条创立了全球总结机制，根据其规定，《协定》缔约方会议应定期总结《协定》的执行情况，以评估实现该协定宗旨和长期目标的集体进展情况；第一次全球总结将于2023年进行，此后除非缔约方会议另有决定、每5年进行一次。

（5）确立相关机制。为了确保自身目的的实现，《协定》建立了一些相关机制。一是建立了新的可持续发展机制。《协定》第6条第4款规定，将在缔约方会议的授权和指导下建立供缔约方自愿使用的促进减缓温室气体排放、支持可持续发展的机制；第7款规定，机制的规则、模式和程序将在《协定》第一次缔约方会议上通过。二是建立新的有关技术开发和转让的技术性框架。《协定》第10条第4款指出，将建立为技术机制在促进和方便技术开发与转让的强化行动方面的工作提供指导的技术性框架；第5款和第6款则首次将技术开发转让与资金资助相关联。三是创设增强行动和资助的透明度框架。《协定》第13条第1款、第4款和第5款规定，为建立互信并促进《公约》的有效执行，将设立一个关于增强行动和资助透明度的框架，依托并加强在《公约》下设立的相关机制性安排，包括国家信息通报、两年期报告和两年期更新报告、国际评估和评审以及国际协商和分析。其实质在于取代原有的减排核查制度。四是建立督促执行和遵守协议的机制。《协定》第15条规定成立专家委员会，以具有高度透明度、非对抗、非惩罚性的建设性方式履行其督促缔约方执行和遵守协议的职能。

《协定》为新时期国际社会气候变化应对工作设定了新的框架。

八、2021年《格拉斯哥气候公约》（COP26）

2021年10月至11月，第26届联合国气候变化大会在英国格拉斯哥召开。

会议于11月13日晚闭幕，达成最终协议，近200个国家签署《格拉斯哥气候公约》。《公约》共由 97 个条文构成，主要内容如下：

（1）科学与紧迫（science and urgency）：认识到最佳可用科学技术对于有效的气候行动和决策的重要性，强调在这个关键的十年中加强与减缓、适应和融资有关的雄心和行动的紧迫性，以弥补在执行《巴黎协定》目标方面的差距。

（2）气候变化适应行动（adaption）：如，强调迫切需要“加大行动和支持力度，包括资金、能力建设和技术转让，以根据现有最佳科学，提高适应能力，增强复原力，降低应对气候变化的脆弱性，同时考虑到发展中国家缔约方的优先事项和需求”。

（3）适应资金（adaption finance）：如，敦促发达国家缔约方到 2025 年至少将向发展中国家缔约方提供的用于适应气候变化的集体提供的气候资金从 2019 年的水平增加一倍，以在提供更多资金的情况下实现减缓和适应之间的平衡。

（4）减缓气候变化（mitigation）：如，重申《巴黎协定》的温度目标，即将全球平均气温升幅控制在比工业化前水平高 2℃以内，并努力将气温升幅限制在比工业化前水平高 1.5℃；呼吁缔约方加快技术的开发、部署和传播，并通过政策，向低排放能源系统过渡，包括通过迅速扩大清洁发电和能源效率措施的部署，包括加快努力实现逐步淘汰有增无减煤电和低效化石燃料补贴，认识到需要支持实现公正转型。

（5）资金、技术转让和能力建设（Finance，technology transfer and capacity-building）：如，敦促发达国家缔约方提供更多支持，包括通过财政资源、技术转让和能力建设，在缓解和适应方面协助发展中国家缔约方继续履行其在《公约》和《巴黎协定》下的现有义务，并鼓励其他缔约方自愿提供或继续提供此类支持。

（6）损失与损害（loss and damage）：如，承认气候变化已经造成并将越来越多地造成损失和破坏，并且随着气温升高，气候和极端天气的影响，如以及缓慢发生的事件，将构成更大的社会、经济和环境威胁。同时强调采取协调一致的行动应对气候变化不利影响造成的需求规模的重要性。

（7）执行（implementation）：决心迅速采取行动，全面实施《巴黎协定》。

（8）合作（collaboration）：如，认识到社会、部门和区域所有行为者在创新气候行动（包括技术进步）方面开展国际合作对推动实现《巴黎协定》目标的重要性；敦促缔约方迅速开始实施关于气候赋权行动的格拉斯哥工作方案，尊重、促进和考虑各自在人权以及性别平等和妇女赋权方面的义务。

《公约》核心成果可归纳为：一是重申《巴黎协定》的温度目标，决心努力将升温幅度限制在 1.5 摄氏度以内。二是首次提及化石燃料。公约提出各国应逐步减少煤炭使用，减少对化石燃料的补贴。三是敦促发达国家在缓解和适应气候变化方面向发展中国家提供更多资金支持。

本次大会是《巴黎协定》进入实施阶段后召开的首次缔约方会议，聚焦全球长期温控目标、资金、适应、《巴黎协定》第六条实施细则、透明度以及国家自主贡献共同时间框架等议题，开启了国际社会全面应对气候变化的新征程。这也是有史以来首次明确表述减少使用煤炭的计划，并承诺为发展中国家提供更多资金帮助它们适应气候变化。与会各国同意 2022 年底提交更雄心勃勃的碳减排目标及更高的气候融资承诺，定期审评减排计划，增加对发展中国家的财政援助。

九、2023年“阿联酋共识”（COP28）

2023年11月30日至12月12日，第二十八届联合国气候变化大会在阿联酋迪拜召开。

大会以“团结、行动、落实”为主题，198个缔约方代表最终达成气候变化领域的“阿联酋共识”，主要成果如下：

（1）细化减排目标：认识到要将全球变暖限制在1.5摄氏度以内，需到2030年实现全球温室气体排放的深度、迅速和持续减排43%（相较2019年水平），并到2035年减排60%，到2050年实现二氧化碳排放净零排放。鼓励各缔约方在下一次国家自主贡献中提交具体且全面的减排目标，以实现更加有效的气候行动。

（2）逐步淘汰化石燃料：呼吁各国逐步淘汰所有化石燃料，以公正、有序和公平的方式实现能源系统向不使用化石燃料的过渡，以便在2050年实现全球净零排放。

（3）提高可再生能源和能源效率：到2030年，计划将可再生能源能力和能源效率各提高一倍，以应对气候变化。

（4）正式成立损失与损害基金（Loss and Damage Fund）：缔约方同意启动损失和损害基金。

（5）通过全球气候适应目标（GGA）框架：该框架主要包括四项2030年目标，涉及气候变化风险评估、规划、实施、监测和学习，将用于指导全球适应工作并加强对发展中国家适应工作的支持。其他目标包括大幅减少气候引起的水资源短缺和增强对水相关灾害的气候适应能力的目标等。

（6）增加气候适应资金：强调发展中国家在适应资金方面的资金需求直到2030年每年将达到2 150亿至3 870亿美元。同时，为在2030年之前实现清洁能源，每年需投资约4.3万亿美元，此后逐渐增加至2050年每年5万亿美元，以实现在2050年达到零排放目标；到2025年发达国家要将适应资金至少翻倍（相较2019年水平）；呼吁多边开发银行和其他金融机构进一步加大在气候行动方面的投资；敦促发达国家迅速兑现直至2025年的每年1 000亿美元的目标。

这项“历史性”协议，首次推动各国能源系统转型摆脱化石燃料，就《公约》及其《京都议定书》《巴黎协定》落实和治理事项通过了数十项决定，正式成立损失与损害基金，完成《巴黎协定》下首次全球盘点，达成全球适应目标框架、公正转型路径工作方案，向国际社会发出了强有力的积极信号，对于维护和落实《巴黎协定》具有重要里程碑意义。

法条链接

1.《里约环境与发展宣言》全文；

2.《联合国气候变化框架公约》全文；

3.《京都议定书》全文；

4.“巴厘岛路线图”全文；
5.《哥本哈根协议》全文；
6.《坎昆协议》全文；
7.《巴黎协定》全文；
8.《格拉斯哥气候公约》全文；
9.“阿联酋共识”全文。

深度阅读

1. 周珂. 气候变化利益格局及应对机制. 清华法治论衡，2010 (1).
2. 翟勇. 应对气候变化的理性思考. 河海大学学报（哲学社会科学版），2008 (3).
3. 侯佳儒. 拿什么拯救你，我的地球：写给里约＋20峰会. 环境保护，2012 (12).

思考与练习

1. 简述《联合国气候变化框架公约》的基本内容。
2. 简述《京都议定书》的基本内容及不足。
3. 简述“巴厘岛路线图”出台背景、内容及意义。
4. 简述《哥本哈根协议》出台的背景、内容及意义。
5. 简述《坎昆协议》出台的背景、焦点问题及意义。
6. 简述德班会议的谈判焦点及成果的意义。
7. 简述《巴黎协定》的出台背景、内容及意义。
8. 简述《格拉斯哥气候公约》的主要内容及意义。
9. 简述“阿联酋共识”的主要成果及意义。

主要参考书目

1. 孙承咏. 环境学导论. 北京：中国人民大学出版社，1994.

2. 简明不列颠百科全书. 第 7 卷. 北京：中国大百科全书出版社，1986.

3. 郝道猛. 生态科学概论. 台北：徐氏基金会出版，1977.

4. 马世骏. 现代生态学透视. 北京：科学出版社，1990.

5. 刘大椿，岩佐茂. 环境思想研究. 北京：中国人民大学出版社，1998.

6. 汪劲. 环境法学. 北京：北京大学出版社，2006.

7. 中国 21 世纪议程管理中心. 论中国的可持续发展. 北京：海洋出版社，1994.

8. 韩德培. 环境保护法教程. 北京：法律出版社，1998.

9. 金瑞林. 环境法学. 北京：北京大学出版社，1999.

10. 蔡守秋. 调整论：对主流法理学的反思与补充. 北京：高等教育出版社，2003.

11. 柯泽东. 环境法论. 台北：三民书局，1995.

12. 曾繁正. 西方国家法律制度社会政策及立法. 北京：红旗出版社，1998.

13. 解振华. 中国环境执法全书. 北京：红旗出版社，1997.

14. [日] 原田尚彦. 环境法. 北京：法律出版社，1999.

15. 黄锡生，等. 环境与资源保护法学典型案例解析. 重庆：重庆大学出版社，2010.

16. 杨朝霞. 生态文明观的法律表达. 北京：中国政法大学出版社，2019.

17. 林灿铃. 国际法上的跨界损害之国家责任. 北京：华文出版社，2000.

18. 王曦. 国际环境法. 北京：法律出版社，2005.

19. [法] 亚历山大・基斯. 国际环境法. 张若思，编译. 北京：法律出版社，2000.

20. 国家气候变化对策协调小组办公室，中国 21 世纪议程管理中心. 全球气候变化：人类面临的挑战. 北京：商务印书馆，2004.

21. 蓝楠，戈华清，李铮. 环境保护案例. 太原：山西教育出版社，2010.

22. T GEHRING. Treaty Making and Treaty Evolution//D BODANSKY，J BRUNNEE and E HEY（eds.）. Oxford Handbook of International Environmental Law. Oxford University Press，2008.

23. BARRY E CARTER & PHILLIP R TRIMBLE. International Law. Aspen Law & Business. A Division of Aspen Publishers，Inc.，1999.

24. MICHAEL GRUBETAL. The Kyoto Protocol：A Guide and Assessment. Royal Institute of International Affairs and Earthscan Ltd.，1999.

图书在版编目（CIP）数据

环境法/周珂等主编. -- 7版. -- 北京：中国人民大学出版社，2025. 5. --（新编21世纪法学系列教材/曾宪义，王利明总主编）. -- ISBN 978-7-300-33959-7

Ⅰ. D922. 68

中国国家版本馆CIP数据核字第2025H7L868号

新编21世纪法学系列教材

总主编　曾宪义　王利明

环境法（第七版）

主　编　周　珂　苏新建　谭柏平　唐双娥

副主编　牛　翔　谷海霞　万晓玲

Huanjingfa

出版发行	中国人民大学出版社		
社　　址	北京中关村大街31号	**邮政编码**	100080
电　　话	010－62511242（总编室）		010－62511770（质管部）
	010－82501766（邮购部）		010－62514148（门市部）
	010－62511173（发行公司）		010－62515275（盗版举报）
网　　址	http://www.crup.com.cn		
经　　销	新华书店		
印　　刷	北京密兴印刷有限公司	**版　　次**	2000年8月第1版
开　　本	787 mm×1092 mm　1/16		2025年5月第7版
印　　张	30.75 插页1	**印　　次**	2025年5月第1次印刷
字　　数	688 000	**定　　价**	78.00元

《　　　　　　》※任课教师调查问卷

为了能更好地为您提供优秀的教材及良好的服务，也为了进一步提高我社法学教材出版的质量，希望您能协助我们完成本次小问卷，完成后您可以在我社网站中选择与您教学相关的 1 本教材作为今后的备选教材，我们会及时为您邮寄送达！如果您不方便邮寄，也可以申请加入我社的**法学教师 QQ 群：436438859（申请时请注明法学教师）**，然后下载本问卷填写，并发往我们指定的邮箱（cruplaw@163.com）。

邮寄地址：北京市海淀区中关村大街 59 号文化大厦中国人民大学出版社 1202 室收

邮　　编：100872

再次感谢您在百忙中抽出时间为我们填写这份调查问卷，您的举手之劳，将使我们获益匪浅！

基本信息及联系方式：※

姓名：＿＿＿＿＿＿ 性别：＿＿＿＿＿＿ 课程：＿＿＿＿＿＿

任教学校：＿＿＿＿＿＿ 院系（所）：＿＿＿＿＿＿

邮寄地址：＿＿＿＿＿＿ 邮编：＿＿＿＿＿＿

电话（办公）：＿＿＿＿＿＿ 手机：＿＿＿＿＿＿ 电子邮件：＿＿＿＿＿＿

调查问卷：※

1. 您认为图书的哪类特性对您选用教材最有影响力？（　　）（可多选，按重要性排序）

   A. 各级规划教材、获奖教材　　B. 知名作者教材

   C. 完善的配套资源　　D. 自编教材

   E. 行政命令

2. 在教材配套资源中，您最需要哪些？（　　）（可多选，按重要性排序）

   A. 电子教案　　B. 教学案例

   C. 教学视频　　D. 配套习题、模拟试卷

3. 您对于本书的评价如何？（　　）

   A. 该书目前仍符合教学要求，表现不错将继续采用

   B. 该书的配套资源需要改进，才会继续使用

   C. 该书需要在内容或实例更新再版后才能满足我的教学，才会继续使用

   D. 该书与同类教材差距很大，不准备继续采用了

4. 从您的教学出发，谈谈对本书的改进建议：＿＿＿＿＿＿

＿＿＿＿＿＿＿＿＿＿＿＿

＿＿＿＿＿＿＿＿＿＿＿＿

选题征集：如果您有好的选题或出版需求，欢迎您联系我们：

联系人：黄　强　联系电话：010-62515955

索取样书：书名：＿＿＿＿＿＿

书号：＿＿＿＿＿＿

备注：※ 为必填项。